普陀区政区图

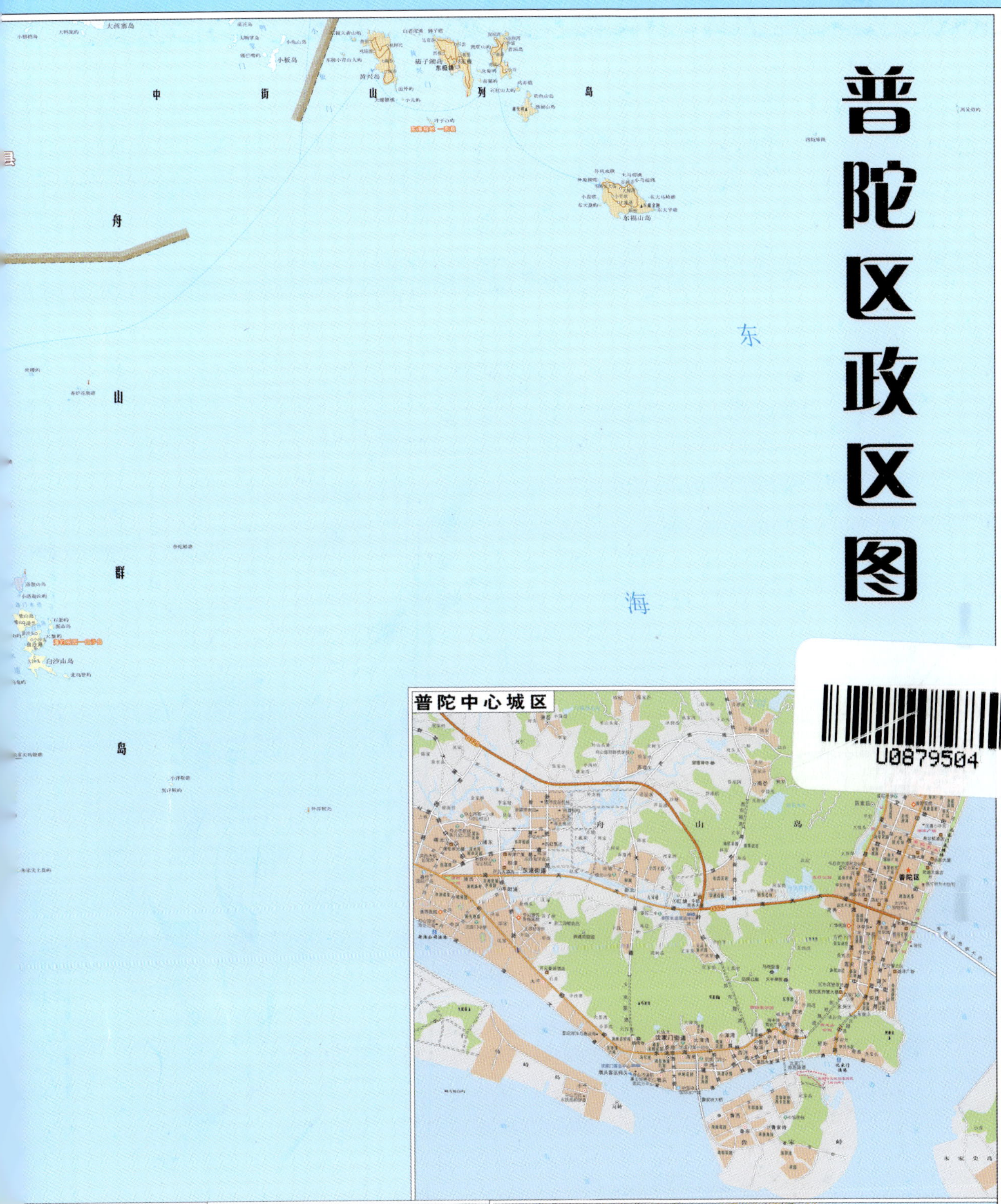

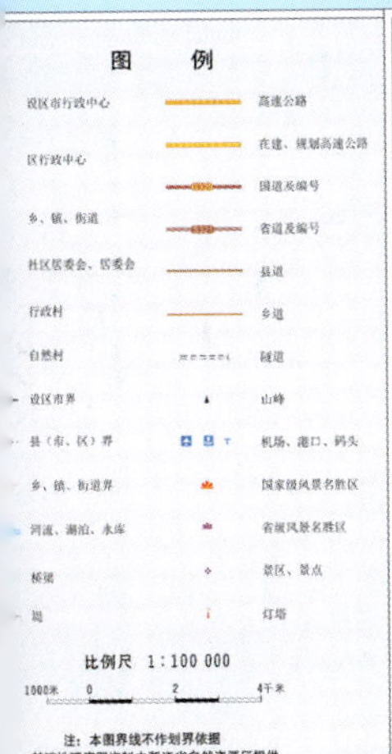

注：本图界线不作划界依据
基础地理底图资料由浙江省自然资源厅提供

普陀区行政区划简表

乡(镇)、街道	村民委员会	社区居民委员会	居民委员会
沈家门街道	大岙 沙头 竹东 大山 教场 渔湾 马峙 太平 小展 东岙 涧湾 鲁家峙 平阳浦 蚂蚁岛	中大 新街 教场 西河 大干 海星 中洲 东湾 墩头 中兴 鹦湾 舜东 码外 西大 东大 小干 鲁西 鲁东 大蒲湾 小蒲湾	
东港街道	红旗 岗岙 芦花 塘头 浦东 曙光 蒲岙 葫芦 永兴 陈家岙	文康 和津 安康 莲安 新屯 中昌 灵秀 辉普 浦西 莲祥	
展茅街道	螺门 晓辉 梁横 沙岸 大展 楼街 黄杨尖 茅洋新村		沙岸
朱家尖街道	中欣 莲兴 三和 莲和 莲花 南沙 西岙 沙湾 新校 白沙港 大洞岙 顺母新村	福兴	
虾峙镇	黄石 湖泥 东晓 灵和 栅港 兴港		灵和
桃花镇	沙岙 茅山 盐厂 对峙 公屿 塔湾 青龙		公屿
东极镇	东极		
六横镇	悬山 岑岚 青联 荃洞 小湖 杜庄 梅峙 高峰 台门 田岙 平峧 和润 青山 嵩山 积峙 山跟 五星 佛渡 张家塘新村 沙浦新村 礁潭新村 坪山新村 双塘新村 龙山新村 峧头新村 大脚坑 小郭巨 滚龙岙 石柱头 双屿港	台门 棕榈湾 东靖 蛟螂山 新民	
普陀山镇		龙沙 中山 合兴 白华	

地图审核：浙舟S（2022）008号

舟山市普陀年鉴

2023

《舟山市普陀年鉴》编纂委员会　编

方志出版社
Publishing House of Local Records

图书在版编目（CIP）数据

舟山市普陀年鉴. 2023 /《舟山市普陀年鉴》编纂委员会编. -- 北京：方志出版社，2023.12
ISBN 978-7-5144-6129-9

Ⅰ. ①舟… Ⅱ. ①舟… Ⅲ. ①区（城市）－舟山－2023－年鉴
Ⅳ. ①K295.54

中国国家版本馆CIP数据核字（2023）第253283号

责任编辑：何明忠
责任校对：张玉霞
责任印制：梅中英
出 版 者：方志出版社
地　　址：北京市朝阳区潘家园东里9号（国家方志馆4层）
邮　　编：100021
网　　址：http://www.zgfzcb.cn
发　　行：方志出版社图书营销中心（010-67110500）
印　　刷：舟山明煌印业有限公司
开　　本：889毫米×1194毫米 1/16
印　　张：37.5
字　　数：990千字
版　　次：2023年12月第1版
印　　次：2023年12月第1次印刷
定　　价：300.00元

《舟山市普陀年鉴》编纂委员会

《舟山市普陀年鉴 2023》编辑部

领 导 关 怀

2022年，浙江省四套班子主要领导先后莅临普陀区实地考察，指导工作。

4月21日，省委书记、省人大常委会主任袁家军(左五)在东极调研（沈磊摄）

8月31日，省委副书记、省长王浩在第五届世界油商大会上发言（沈磊摄）

4月8日，省政协主席黄莉新（前中）调研普陀区民生议事堂（沈磊摄）

人　代　会

2 月 13—17 日，舟山市普陀区第十八届人民代表大会第一次会议在东港召开。

2 月 13 日上午，舟山市普陀区第十八届人民代表大会第一次会议开幕　（区融媒体中心提供）

2 月 13 日，区十七届人大常委会主任戴灵芝主持开幕式　（区人大办提供）

2 月 13 日，徐炜波代表区第十七届人民政府作政府工作报告(区融媒体中心提供)

2月16日，区第十八届人大常委会当选人员进行宪法宣誓（区人大办提供）

2月16日，区第十八届人民政府区长、副区长进行宪法宣誓（区人大办提供）

区委书记孙志龙在区第十八届人民代表大会第一次会议闭幕式上讲话（区融媒体中心提供）

政协会议

2月10—15日，中国人民政治协商会议第六届舟山市普陀区委员会第一次会议在东港召开。

2月11日下午，中国人民政治协商会议第六届舟山市普陀区委员会第一次会议开幕（区融媒体中心提供）

2月11日下午，张禾波代表政协第五届舟山市普陀区委员会作区政协常务委员会工作报告（区融媒体中心提供）

2月11日下午，参加政协会议的委员和列席人员（区融媒体中心提供）

2月15日上午，区第六届政协主席夏凯慧主持区六届政协第一次会议闭幕式并代表新一届政协常委会发言 （区政协办提供）

区委书记孙志龙在区六届政协第一次会议闭幕式上讲话 （区政协办提供）

2月15日上午，区六届政协第一次会议闭幕式主席台 （区政协办提供）

重 大 活 动

2022 年，在普陀区域内举行的重大活动掠影。

5 月 23 日，第十四届中国国际普陀佛茶文化节在东港开幕（东港街道提供）

6 月 9 日，2022 年浙江省海洋水生生物增殖放流活动（舟山市）在朱家尖的省海洋维权执法基地码头举行（沈磊摄）

7 月 16 日上午，普陀区举行“共富方舟·健康守护”行动启动仪式（区发改局提供）

8月2日，“千船联动 治塑海洋”中国舟山（普陀）首届海洋生物多样性保护志愿大行动在沈家门渔港启动（区海洋与渔业局提供）

8月5日下午，第二届“中国六横岛·国际海钓公园杯”全国海钓邀请赛开幕式在六横国际海钓文化广场举行（六横镇提供）

8月31日，以“共商油气 共享机遇 共谋发展——全球油气产业转型创新的挑战与机遇”为主题的第五届世界油商大会在朱家尖的舟山国际会议中心举行全体会议（沈磊摄）

个区块，而用“全区域”“区境内”表示的则全部包括。“辖区”表述视语境而定，或指普陀区所辖范围，或指某职能部门所管辖区域范围。数据范围有变化尽量予以说明。

七、本年鉴使用名称、人名除引文外，均直书其名，不加褒贬之词，必要时加职务、职称。各种名称第一次出现时均用全称，多次使用者在第一次全称时加注简称，后即用简称。文中常用的“中国共产党”简称“中共”，“人民政府”简称“政府”等不再加注说明。“镇、街道”合称“镇街”，“镇、街道、区属功能区管委会”合称“镇街（管委会）”。缺省地名的行政区域“区”“全区”等指舟山市普陀区，“市”指舟山市，“省”指浙江省，“新区”指浙江舟山群岛新区。部分单位全称与简称对照见下页《部分组织机构全称、简称对照表》。单位名称用作目（类目、分目、条目）标题。

八、本年鉴表中“任职年月”栏的“续”指2022年1月前已在任。“机构及负责人名录”收录区直属机关正科级以上单位的正科职以上领导。

九、数字用法、标点符号分别采用国家标准《出版物上数字用法》（GB T15835-2011）、《标点符号用法》（GB T15834-2011），计量单位采用国家技术监督局1993年12月发布的《量和单位》系列国家标准。

十、本年鉴采用的文稿，均由区属各有关部门、单位和镇街（管委会）落实专人撰写或提供，并经供稿单位领导审核。撰稿人或供稿人姓名加圆括号“（ ）”列在条目后面右下方。

十一、本年鉴采用的照片，多由各撰稿单位提供，部分向个人征集而来。单位提供的，在照片说明文字后括注提供单位，单位名称一般用简称；个人摄影作品括注拍摄人姓名。

部分组织机构全称、简称对照表

全　称	简　称
中国共产党浙江省委员会	省委(或“中共浙江省委”)
浙江省人民代表大会常务委员会	省人大常委会
浙江省人民政府	省政府
中国人民政治协商会议浙江省委员会	省政协
中国共产党浙江省纪律检查委员会(浙江省监察委员会)	省纪委(省监委)
中国共产党舟山市委员会	市委(或“中共舟山市委”)
舟山市人民代表大会常务委员会	市人大常委会
舟山市人民政府	市政府
中国人民政治协商会议舟山市委员会	市政协
中国共产党舟山市纪律检查委员会(舟山市监察委员会)	市纪委(市监委)
中国共产党舟山市普陀区委员会	区委(或“中共舟山市普陀区委”)
舟山市普陀区人民代表大会常务委员会	区人大常委会
舟山市普陀区人民政府	区政府
中国人民政治协商会议舟山市普陀区委员会	区政协
中国共产党舟山市普陀区纪律检查委员会（舟山市普陀区监察委员会）	区纪委区监委
中共舟山市普陀区委员会办公室	区委办
舟山市普陀区人民代表大会常务委员会办公室	区人大办
舟山市普陀区人民政府办公室	区政府办
政协舟山市普陀区委员会办公室	区政协办
中共舟山市普陀区委组织部	区委组织部
中共舟山市普陀区委宣传部	区委宣传部
中共舟山市普陀区委统一战线工作部	区委统战部
中共舟山市普陀区委政法委员会	区委政法委
中共舟山市普陀区委舟山市普陀区人民政府信访局	区信访局
中共舟山市普陀区委台湾工作办公室、舟山市普陀区人民政府台湾事务办公室	区台办
中共舟山市普陀区委新经济与新社会组织工作委员会	区委两新工委
中共舟山市普陀区委机构编制委员会办公室	区委编办
中共舟山市普陀区委直属机关工作委员会	区委直属机关工委
舟山市普陀区精神文明建设指导中心(区创建中心)	区创建中心

续表

全 称	简 称
舟山市普陀区民族与宗教事务局	区民宗局
舟山市普陀区人民法院	区法院
舟山市普陀区人民检察院	区检察院
舟山市普陀区人民政府外事办公室(区政府港澳事务办公室)	区外事办(区港澳办)
舟山市普陀区发展和改革局	区发改局
舟山市普陀区经济和信息化局	区经信局
舟山市公安局普陀区分局	区公安分局
舟山市普陀区国有资产监督管理委员会	区国资委
舟山市普陀区人力资源和社会保障局	区人力社保局
舟山市普陀区退休职工管理委员会办公室	区退管办
舟山市普陀区住房和城乡建设局	区住建局
舟山市普陀区文化和广电旅游体育局	区文广旅体局
舟山市生态环境局普陀分局	区生态环境分局
舟山市普陀区机关事务管理中心	区机关事务中心
舟山市普陀区审批服务与招投标管理办公室	区审招办
中国(浙江)自由贸易试验区普陀综合事务中心	区自贸中心
舟山市普陀区供销(集团)总公司(舟山市普陀区供销合作社联合社)	区供销社
浙江普陀医院	普陀医院
舟山水产品中心批发市场有限责任公司	舟山国际水产城
舟山市普陀区国有资产投资经营有限公司	区国资公司
东港投资发展集团有限公司	东港集团
舟山普陀城市投资发展集团有限公司	区城投集团
舟山普陀交通投资发展集团有限公司	区交投集团
舟山普陀文化旅游集团有限公司	区文旅集团
舟山市普陀区智创城西开发建设有限公司	区智创城西公司
浙江舟山群岛新区六横管理委员会	六横管委会
浙江舟山群岛新区普陀山－朱家尖管理委员会	普朱管委会
浙江普陀经济开发区管理委员会	经开区管委会
舟山普陀山机场有限公司	普陀山机场
舟山市普陀区融资担保有限公司	区融资担保公司
国家税务总局舟山市普陀区税务局	区税务局
舟山市市场监督管理局普陀分局	区市场监管分局
舟山市市场监督管理局普陀分局	六横市场监管分局

续表

全　称	简　称
舟山市自然资源和规划局普陀分局	区资源规划分局
舟山市港航事业发展中心普陀分中心	区港航分中心
舟山市港航事业发展中心六横分中心	六横港航分中心
中华人民共和国舟山沈家门海事处	沈家门海事处
中华人民共和国舟山普陀山海事处	普陀山海事处
中华人民共和国舟山六横海事处	六横海事处
舟山出入境边防检查站执勤七队	边检执勤七队
舟山出入境边防检查站执勤一队	边检执勤一队
中华人民共和国舟山海关六横办事处	海关六横办事处
舟山市公安局交通警察支队普陀大队	普陀交警大队
舟山市住房公积金管理中心普陀分中心	区公积金分中心
中国人民银行浙江省分行舟山市普陀区支行	区人民银行
中国银行保险监督管理委员会舟山监管分局普陀监管组	区银保监组
中国人民解放军浙江省舟山市普陀区人民武装部	区人武部
中国共产主义青年团舟山市普陀区委员会	团区委
舟山市普陀区妇女联合会	区妇联
舟山市普陀区残疾人联合会	区残联
舟山市普陀区工商业联合会	区工商联
中国国际商会普陀区商会	区国际商会
舟山市普陀区科学技术协会	区科协
中国国际贸易促进委员会舟山市普陀区委员会	区贸促会
舟山市普陀区文学艺术界联合会	区文联
舟山市普陀区社会科学界联合会	区社科联
舟山市普陀区归国华侨联合会	区侨联
舟山市普陀区台胞台属联谊会	区台联
舟山市普陀区计划生育协会	区计生协会
中国国民党革命委员会舟山市委员会普陀区支部委员会	民革普陀支部
中国民主同盟舟山市委员会普陀区支部	民盟普陀支部
中国民主建国会舟山市工作委员会普陀区支部	民建普陀支部
中国民主促进会舟山市委员会普陀区支部	民进普陀支部
中国农工民主党舟山市委员会普陀区总支部	农工党普陀总支
九三学社舟山市委员会普陀支社	九三学社普陀支社
舟山市普陀区党外知识分子联谊会	区知联会
舟山商贸集团有限公司普陀分公司	普陀商贸分公司

续表

全　称	简　称
舟山市自来水有限公司普陀营业所	普陀自来水营业所
舟山市蓝焰燃气有限公司普陀销售分公司	蓝焰普陀燃气公司
中国农业发展银行舟山市普陀区支行	农发行普陀支行
中国工商银行股份有限公司舟山普陀支行	工行普陀支行
中国农业银行股份有限公司舟山普陀支行	农行普陀支行
中国建设银行股份有限公司舟山普陀支行	建行普陀支行
中国银行股份有限公司沈家门支行	中行沈家门支行
交通银行股份有限公司浙江自贸区支行	交行自贸区支行
中国邮政储蓄银行股份有限公司舟山市普陀区支行	邮储银行普陀支行
浙江舟山普陀农村商业银行股份有限公司	普陀农商行
浙江舟山普陀稠州村镇银行有限公司	普陀稠州村镇银行
浙江稠州商业银行股份有限公司舟山分行	稠州商业银行舟山分行
中国人民财产保险股份有限公司舟山市普陀支公司	人保财险普陀支公司
中国太平洋财产保险股份有限公司舟山市普陀支公司	太保财险普陀支公司
阳光财产保险股份有限公司舟山市普陀支公司	阳光财险普陀支公司
中国人寿保险股份有限公司舟山市普陀支公司	中国人寿普陀支公司
中国太平洋人寿保险股份有限公司舟山市普陀支公司	太保寿险普陀支公司
中国邮政集团公司舟山市普陀区分公司	普陀邮政公司
中国电信股份有限公司舟山普陀区分公司	普陀电信公司
中国移动通信集团浙江有限公司普陀分公司	普陀移动公司
中国联合网络通信有限公司舟山市普陀区分公司	普陀联通公司
舟山普陀华数广电网络有限公司	普陀华数公司
中国铁塔股份有限公司舟山市分公司普陀区办事处	普陀铁塔办事处

目　录

特　载

专　记

区情总述

大事记

区　委

区人民代表大会

区政府

区政协

纪检监察

民主党派与工商联

群众团体

法 治

军 事

海洋与渔业

农业农村与水利

工　业

旅　游

商 贸

交通与邮政

港航与口岸管理

开发建设

城乡建设与生态环境保护

金 融

综合经济管理

市场监督管理

教　育

科学技术

文化与体育

新闻传媒与信息产业

卫生健康

人力资源和社会保障

民　政

社会生活

镇街(管委会)综情

先进集体与先进人物

附　录

索　引

特　载

深入学习贯彻党的二十大精神 高质量推进现代化新普陀建设

——在区委十四届三次全体(扩大)会议暨区委经济工作会议上的报告

区委书记　孙志龙

这次会议的主要任务是：坚持以习近平新时代中国特色社会主义思想为指导，深入学习贯彻党的二十大精神和中央经济工作会议精神，认真贯彻落实省委十五届二次全会暨省委经济工作会议和市委八届三次全会暨市委经济工作会议精神，全面总结区委十四届一次全会以来的工作，进一步动员全区上下以坚定捍卫"两个确立"、坚决做到"两个维护"的政治自觉，践行"两个先行"使命，扛起建设现代海洋城市担当，高质量推进现代化新普陀建设。

下面，我代表区委常委会作报告。

一、拼搏实干、奋勇争先，现代化新普陀建设迈出坚实步伐

区委十四届一次全会以来，区委常委会深学笃行习近平新时代中国特色社会主义思想，认真落实"疫情要防住、经济要稳住、发展要安全"总要求，锚定"现代海洋产业新高地、现代品质海岛大花园、现代社会治理新样板"发展定位，深入开展"项目攻坚突破、全域争先进位"两大行动，现代化新普陀建设迈出坚实步伐。预计全年GDP增长4.5%，规上工业增加值增长7.5%，固定资产投资增长19%，外贸出口额增长36%，城乡居民可支配收入分别增长4.8%和7%。

(一)党建统领坚强有力。区委常委会始终把强化党建统领、全面从严治党作为根本保证，推动党建优势转化为治理效能、发展胜势。把学习宣传贯彻党的二十大精神作为首要政治任务，开展"六学六进六争先"学习实践活动，研究贯彻落实党的二十大精神的具体思路、具体路径、具体抓手，确保"总书记有号令、党中央有部署，浙江见行动、普陀要先行"。实施"红色根脉强基工程"，学习贯彻习近平总书记给"里斯本丸"号船幸存者家属的重要复信精神，蚂蚁岛精神红色教育基地获评"全国妇女爱国主义教育基地"。坚持把"七张问题清单"作为抓党建带全局总抓手，问题管控力指数整体排名全省前列。树牢正确选人用人鲜明导向，大力实施发现培养选拔优秀年轻干部三年行动，提任区管领导干部7批次79人，干部队伍来源、经历、年龄和专业结构进一步优化。坚定不移深化党风廉政建设和反腐败斗争，立案124件，处分科级以上干部3人，六横镇纪委、监察办获评"全国纪检监察系统先进集体"，政治

生态持续优化。

（二）项目投资后劲迸发。区委常委会牢固树立“项目为王”理念，把重大项目建设作为加快发展的“压舱石”“顶梁柱”，大抓项目、抓大项目。持续推进重大项目“拔钉清障”，六横人民翘首企盼十多年的六横公路大桥、引领海岛先进制造业发展的金钵盂不锈钢冷轧等一批重大项目顺利开工。6个省“4+1”重大项目和29个省市重点项目分别完成年度计划的180%和150%，省重大项目新建项目开工率、年度投资完成率分别居全省第1、第3。招引落地浙能六横电厂二期CCUS、中圣LNG冷能综合利用、七欣天中央厨房等25个亿元以上重大产业项目，预计全年实际到位市外资金近百亿元。

（三）海洋产业聚变蝶变。区委常委会按照“全面转入创新驱动发展模式”要求，全力破解发展瓶颈，加快构建高质量发展的关键支撑和内生动力。船舶修理业产值保持30%以上月度增幅，中远海运重工完成全球最大LNG双燃料动力集装箱船修理业务，鑫亚船舶成为国内首家获GTT薄膜型LNG船修理资质的民营修船企业。平太荣生物跻身国内仅有十家胶原蛋白欧盟注册企业行列。投产全省首个“不拆瓦”屋顶光伏项目，启动装机容量160万千瓦海上风电场测风工作，全市首艘氢能动力船、首个撬装式加氢站交付投运。大宗商品贸易额首破千亿元大关，限上批零增长30%，入选全省首批县域商业体系建设试点，创成省级夜间文旅消费集聚区。在全市率先出台稳经济十方面56项一揽子政策措施，创新推出44项“免申即享”“免审即享”政策，惠及市场主体12000余家。

（四）数字变革活力激荡。区委常委会把坚持系统观念、推进变革重塑作为重要方法，深入推进重要领域和关键环节改革。统筹抓好29项数字化重大改革和36项重点应用，有效承接“大综合一体化”行政执法大数据监督应用城市管理等13项省级重大应用试点，“海上枫桥矛盾调解”等3个应用列入《全省重大改革（重大应用）“一本账”S2》，“智在阅读”“社会组织服务一件事”2个应用入选《全省“一地创新、全省共享”应用一本账S0》。“船舶智造e建通”入选工业和信息化部工业互联网平台创新领航应用案例，正山智造入选省级未来工厂试点，海欣水产入选省级生产制造方式转型示范，同博科技入选全市唯一省级产业数字化服务商。“普渔乐”等一批综合服务平台正式上线。斩获省科学技术进步奖3项，舟渔公司参与项目获省科技进步一等奖。新引进“高精尖”人才31人、“银龄”人才14人、大学生4596人，新培育高技能人才1988人。

（五）海岛花园美丽绽放。区委常委会以推进各领域现代化和建设共同富裕美好社会为导向，着力提高发展的平衡性、协调性、包容性。加快推进城市有机更新，完成174幢老旧小区改造和111幢危房解危，全面清零无卫生设施住宅，极大缓解困扰多年的沈家门老城区污水收集和积水易涝问题。推进“星辰大海”计划，启动自在莲洋（北段）10个项目建设。创成省级未来乡村2个，东港城市新区入选全省城乡风貌样板区，展茅获评美丽城镇省级样板，荣获“美丽浙江十大样板地”县区第一名。普陀湾海底隧道建成通车，东极—葫芦—普陀山航线开通，城乡公交一体化率达90%，入选省交通强国建设试点区，“四好农村路”全国示范县。普陀诸湾美丽海湾建设获评全省美丽海湾优秀案例，参评全国优秀案例。第二次捧回全省治水最高奖“大禹鼎”。

（六）民生实事落地有声。区委常委会牢固树立以人民为中心的发展思想，坚持群众想什么，我们就干什么，推动共同富裕先行，探索海岛特色共富之路。大力实施“小岛你好”海岛共富行动，启动首批5个示范小岛47个项目建设。“共富方舟”扬帆起航，覆盖15个偏远海岛，驻岛老年人健康体检覆盖率提高至90%以上，入选全市“小岛你好”海岛共富行动十大标志性成果，获评省第二批共同富裕最佳实践案例。聚焦“一老一小”，启动城市社区“幸福食堂”建设，千人托位数达3.2个。建成普陀二中武岭校区，加快推进江湾幼儿园、茶湾地块学校、东港新建幼儿园等项目，教育现代化水平持续保持全省前列。创新“没有围墙的海岛创业园”高质量就业创业体系，全面消除年人均收入1万元以下农村家庭。多途径解决住房困难家庭、外来务工人员、离岛困难群体和外来人才基本住房需求，新开工安置房1796套，建成交付825套，筹集保障性租赁住房1480套，新增公租房补贴家庭238户，保障新就业大学生58户，完成偏远小岛生活困难家庭实物配租20户。获评首批“浙江省体育现代化县（市、区）”，入选省级“促进人民群众精神富有试点县（区）”、省文化保障卡建设试点地区。

（七）平安普陀和谐稳定。区委常委会下好先手棋、打好主动仗，促进高质量发展和高水平安全良性互动。扎实开展“除险保安”百日攻坚行动，高质量完成平安护航党的二十大任务，平安指数排名全省前列，安全生产事故起数、死亡人数与前三年平均数相比分别下降36.8%和22.9%，连续17年获评省级“平安区”。积极推进“141”体系建设，在全市率先贯通基层治理四平台。深化细化“八大风险清单”，精准预警灾害隐患，有的放矢抵御强台风“梅花”正面登陆，切实保障群众生命财产安全。

区委常委会加强班子自身建设，支持和保证人大、政协、监察、审判、检察机关依法履职，巩固发展最广泛的爱国统一战线，加强与各民主党派、工商联、无党派人士合作共事，工会、共青团、妇联、科协、残联等群团组织的桥梁纽带作用进一步发挥，形成了和衷共济、团结奋进的良好局面。

成绩来之不易，应当感恩奋进。我们之所以能应对风险挑战、取得可喜成绩，靠的是以习近平同志为核心的党中央总揽全局、领航定向，靠的是省委、市委的正确领导、全力支持，靠的是全区上下的团结奋斗、拼搏实干。在此，我谨代表区委常委会，向所有关心、支持、参与、推动普陀发展的广大干部群众和社会各界人士，表示崇高的敬意和衷心的感谢！

问题必须正视，更要砥砺奋进。当前我区发展仍面临一些问题，主要是科技、人才支撑还不够强，海洋经济新增长点还不够多；持续缩小“三大差距”任重道远，优质公共服务供给与百姓期盼还有差距；统筹发展和安全面临诸多挑战，有效防范化解风险的机制还不够健全；基层基础仍有薄弱环节，干部作风不严不实问题依然存在等。针对这些问题，我们必须高度重视，切实加以解决。

二、深刻把握党的二十大精神，高质量建设现代化新普陀

伟大时代需要坚强核心掌舵领航，伟大事业需要伟大思想科学指引。党的二十大报告是我们党带领全国各族人民夺取中国特色社会主义新胜利的政治宣言和行动纲领，为我们奋进新征程、取得新成绩提供了根本遵循。学习党的二十大精神是一个常读常新、常学常悟、常用常进的过程。我们要以更强政治自觉深刻领悟“两个确立”的决定性意义，以更强理论自觉深刻把握习近平新时代中国特色社会主义思想的世界观和方法论，以更强使命自觉深刻领悟以中国式现代化全面推进中华民族伟大复兴的使命任务，以更强战略自觉深刻领悟全面建设社会主义现代化国家的战略布局，以更强锻造自觉深刻领悟以党的自我革命引领社会革命的时代意义，以更强担当自觉深刻领悟发扬斗争精神、增强斗争本领、坚持团结奋斗的赶考动员，坚决把思想和行动统一到党中央决策部署上来。

省委十五届二次全会就全面学习贯彻党的二十大精神，忠实践行“八八战略”、坚定捍卫“两个确立”、坚决做到“两个维护”，以“两个先行”打造重要窗口，奋力谱写中国式现代化浙江篇章作出全面部署；市委八届三次全会提出，奋力书写现代海洋城市建设新篇章的新任务新要求。普陀作为现代海洋城市中心城区，要牢固树立首位度意识，坚定扛起使命担当，为全省全市大局多作贡献。

要聚焦中国式现代化宏伟目标，把学深悟透习近平新时代中国特色社会主义思想和党的二十大精神，与省委、市委全会精神结合起来，与普陀实际、发展要求结合起来，深刻认识中国式现代化建设的重大政治意义、历史意义和实践意义，立足“现代海洋产业新高地、现代品质海岛大花园、现代社会治理新样板”发展定位，以踔厉奋发的精神状态、笃行不怠的奋斗姿态，全力推进中国式现代化普陀实践，高质量建设现代化新普陀。

建设现代化新普陀，就要发

展实体经济、建设现代化产业体系。党的二十大报告指出，没有坚实的物质技术基础，就不可能全面建成社会主义现代化强国，要坚持把发展经济的着力点放在实体经济上。建设现代化新普陀，就要坚定不移把发展海洋经济作为高质量发展的首要任务，以项目汇企业聚产业促发展，做到高水平改革与高水平开放相结合，扩大内需与优化结构相结合，数量增长与质量提升相结合，加快建设实体经济、科技创新、现代金融、人力资源协同发展的现代海洋产业体系。

建设现代化新普陀，就要协调海陆发展、建设现代化城乡体系。中国式现代化是更加全面、可持续、高质量的现代化，突出强调要推进区域协调、美丽建设，加快绿色转型、生态保护。建设现代化新普陀，就要立足于人与自然和谐共生、物质与文化共同繁荣，城乡一体化协调统筹发展，城市有机更新和海岛乡村振兴同步推进，加快建设全域全景、绿色低碳、"城在园中，景在城里"的品质海岛大花园。

建设现代化新普陀，就要坚守人民立场、建设现代化服务体系。中国式现代化是全体人民共同富裕的现代化，必须坚持把实现人民对美好生活的向往作为现代化建设的出发点和落脚点。建设现代化新普陀，就要着力建成更加优质均衡的教育就业、医疗卫生、社会保障、精神文化等公共服务体系，让人民群众获得感、幸福感、安全感更加充实、更有保障、更可持续，让现代化建设成果更多更公平惠及全体人民。

围绕三大体系建设，我们必须突出把握三大导向：**一要以初心为舵，忠诚核心不动摇。**把"两个维护"作为最高政治原则和根本政治规矩，不断提高政治判断力、政治领悟力、政治执行力。淬炼政治忠诚、坚定信念信仰、强化责任担当，把"忠诚之心"体现在岗位职责、落实在日常言行、贯彻在建设发展中，以普陀实践全面彰显习近平新时代中国特色社会主义思想的磅礴伟力。**二要以创新为帆，提升能力不懈怠。**对标对表中国式现代化的特色、要求、举措，集中精力办好普陀的事，继续抓住并用好重要战略机遇期，科学谋划、积极作为，不断探索拓展现代化新普陀建设路径。要敢于突破思想藩篱，打破固定思维模式，激发全社会干事创业活力，让干部敢为、地方敢闯、企业敢干、群众敢首创。**三要以奋斗为桨，攻坚克难不松劲。**弘扬以伟大建党精神为源头的共产党人精神谱系，赓续红色根脉、发扬斗争精神，传承发扬新时代蚂蚁岛精神、里斯本丸营救事件精神，鼓足迈进新征程、书写新篇章的精气神，真抓实干、顽强奋斗、团结进取，凝聚起建设现代化新普陀的澎湃力量。

三、聚焦战略要求和核心任务，打造中国式现代化普陀实践成果

2023年是全面贯彻党的二十大精神开局之年，是落实"十四五"规划承启之年，是"八八战略"实施20周年，做好各项工作意义重大。全区上下要找准现代化新普陀建设的重点、难点和关键点，持续抓好重大项目、重大改革、重大政策，实施"项目攻坚、作风提升、全域争先"三大行动，力争在经济社会发展上实现六大突破，打造更多中国式现代化普陀实践成果。**主要预期目标**是：地区生产总值增长5%以上，固定资产投资增长10%以上，一般公共预算收入、居民人均可支配收入与经济增长基本同步。

重点做好6方面工作：

（一）狠抓重大项目攻坚，以项目带投资促发展，在经济总量扩张上实现新突破。持续打好招商引资、项目建设、营商环境优化提升"组合拳"，推动项目投资提速、平台功能提升、产业结构优化，实现经济稳进提质。

1.以项目集聚企业，推动实体经济增长。持续实施"项目攻坚"行动。强化项目赛马比拼机制，扎实推进省市区重点项目建设，促前期、促开工、促进度，确保全年引进10亿元以上项目5个。全面推进深化改革。以数字化改革引领系统性变革，有序推动省级重大应用贯通落地，滚动推进一批重大改革（重大应用），形成一批可复制推广的标志性成果。持续优化营商环境。不断完善企业全生命周期"一件事"改革，细化和完善社会保险补贴、创业担保贷款及贴息、税费减免等政策举措，支持市场主体稳步发展，激励恢复市场信心，实现市场主体增长。

2.以项目培植产业，推动产业链式发展。狠抓制造业项目。加快推动青山金钵盂临港产业园等项目建设，谋划拓展船舶、汽车装备制造等产业领域。加快中远海运重工、扬帆集团建造项目进度，力争在LNG船舶、豪华邮轮修理等领域构建标准化体系，进一步提升普陀绿色修船世界话语权。狠抓现代渔业产业项目。积极引进大型养殖企业，建设移动式深远海养殖智能渔场、远程控制自动升降式深远海网箱，打造普陀“深海养殖”品牌。狠抓海洋生物与健康项目。支持水产加工企业拓展预制菜项目，实施产业基础再造工程，迭代升级健康食品开发加工工艺。推动锐赛生物宫颈癌DC疫苗研发、希诺赛生命科学康疗养生基地等项目，持续壮大绿色海洋健康产业规模。

3.以项目支撑园区，推动园区转型升级。发挥园区平台作用，强化项目支撑意识，提升产业载体能级。经济开发区，发挥省级经济平台作用，加快推进普陀海洋科技产业孵化基地中试中心建设，围绕海洋生物制药、海洋电子信息、高端装备制造等产业开展招商引资、加快企业集聚。城西区块，加快海洋数据中心等项目建设，加速东港观碶头、沈家门翟岙区块项目招引，以道路、水系工程推进城市更新、带动产业更迭，建设产城融合现代化园区。其他国资、小微平台，基于发展现状和资源优势，进一步明确发展定位，打造发展载体，布局未来产业，分别引进亿元以上产业项目1个以上。

（二）推进海岛开发提速，放大内联外通开放优势，在海岛空间重构上实现新突破。开展海岛海域规划建设，拓展蓝色经济空间，变海岛“终端”为“中端”，加快打造海洋强省战略增长极。

1.实施“功能岛”首发工程，打造优势产业岛群。坚持系统观念，分步推进功能岛建设，强化海岛产业链、功能链、交通链、生态链、服务链“五链”融合。打造六横先进制造和清洁能源岛，重点发展LNG、氢能、风能、太阳能等新能源产业，推动六横、佛渡整岛开发；打造金钵盂有色金属岛，依托青山集团不锈钢产业，围绕铜、铝、钴、镍等资源，谋划布局有色金属产业；打造东白莲油品储运岛，加快布局西白莲绿色海工装备制造及船舶修造等产业；打造凉潭铁矿石储运岛，推动金属矿石贸易落地。

2.推动“港产城”一体融合，打造现代渔都港城。坚持依港兴城不动摇，把港口作为核心资源、重要平台，积极推动码头资质开放，搭建跨境电商优进优出平台。加快建设浙台经贸区进口高端鲜活水产品基地，做强鲜活帝王蟹交易集散中心。突破金枪鱼进口难问题，申报金枪鱼进口专用码头。深化舟山国际水产城品牌化建设，用好用活“普渔乐”综合服务平台，谋划国际水产城冷链物流园区建设，打造国际一流的现代化水产品资源集散中心和贸易综合体。

3.实施“大开放”制度创新，打造自贸发展新模式。实施大宗商品配置能力提升行动，聚焦天然气、矿石、粮食、高端动物蛋白领域，构建大宗商品资源发展“雁阵”，力争实现大宗商品贸易额1300亿元以上。加快中石化“海上流动加油站”建设，提升全品种船供油加注能力，争取保税油结算量1000万吨以上。围绕船舶航修、外轮供应、海事检验、船员综合服务等领域，落地引领性项目，建设完成海事综合产业园。发展数智金融，壮大产业基金、私募、证券、租赁等多元化金融业态。强化QFLP试点基金、新型国际贸易、外资投资性公司招引，落地试点基金60亿元以上。组建全市首个外资基金管理人(GP)，探索“外管外”试点基金运营模式，打造高质量外资集聚地。

（三）加强科技创新引领，实施工业发展转型行动，在产业创新发展上实现新突破。加快推进供给侧结构性改革，着力提升产能供给水平，努力打造一批具有明显竞争优势的强产业链。

1.着力推动科技创新，打造海洋创新策源地。加快构建区域科创体系，加大全社会研发投入，力争技改投资增长10%以上，规上工业企业研发投入增长8%以上。着力建设企业创新平台，助推企润食品申报省级高企研发中心，融创食品、飞鲸新材料创建省级研究院。以“产业大脑+未来工厂”为引领，推进船舶修造产业大脑建设应用，支持中远海运重工、鑫亚船舶等企业加快数字指挥中心等建设，打造省级“未来工厂”。深入实施人才“普汇”计划，紧扣产业需求靶向，在国家重点人才工程、省“特支计划”创业项目等实现新突破，打造战略人才力量。建设更具吸引力的人才平台，提高普陀湾众创码头、大健康产业园等平台服务能力，提升人才在区域创新体系中的贡献度。

2.积极扶植制造企业，打造专精特新好企业。继续实施助企纾困行动，清单化、闭环式管理回应企业诉求。修订完善新一轮制造业扶持政策，在企业拓展产业链条、实施高精制造、引进高端人才等方面加大扶持力度。积极开展企业“抓大扶中育小”行动，鼓励企业“上规上市上云上榜”，力争净增规上工业企业10家以上，培育丰宇海洋生物等优质企业成为专精特新“小巨人”企业。

3.有序提高经济密度，推动能级提升快发展。深化“亩均论英雄”改革、低效企业整治，持续推进“腾笼换鸟、凤凰涅槃”行动。实施经济密度提升工程，推进万洋众创城建设，加快中小微制造企业机器上楼。探索“竖起来的产业园”，以恒尊大厦、东港财富中心、农商行大厦等为主体，继续拓展总部经济、引进链主型企业，形成更多超亿元税收特色楼宇群。推动沈家门茶湾、中沙头、教场等区块拆后利用，加快经营性土地出让。提升建筑业竞争力，促进房地产市场平稳健康发展。

（四）厚植海岛生态底色，提升城乡品质颜值，在筑美海岛花园上实现新突破。加快城市海滨、乡村海岛更新改造、环境改善、内涵提升，推进海岛花园美丽绽放。

1. 打造海洋城市中心城区。优化城市空间布局。全面完成老旧小区改造和C级危房解危三年行动，完成龙湾、石弄区块拆除和马峙村征收工作，重点推进蒲湾一区、蒲湾二区成片危旧住宅竞争性解危。推进“星辰大海”北延南拓，落地“大海上的天空之城”、崖壁度假社区等项目，打造海上文化长廊。加快建设沈家门渔港广场、渔港博物馆、舟山市（普陀区）美术馆，重现沈家门渔港“十里繁华”。提升城乡品质风貌。建设一批未来社区、特色街巷、城市公园。建设城乡风貌样板区，深化“花海彩林”工程，进一步提升“三湾两岸滨海秀带”普陀段品质。建设通畅交通路网。构建“便捷高效、多元一体、智慧低碳、舒适安全”的交通服务体系，全力创建交通强国示范区。全力建设六横公路大桥，完成圆山客运码头、半升洞客运站场及码头主体工程，开展莲花洋客运枢纽综合体前期工作。实施“蓝色岛链”特色工程，加快老旧船舶更新进度，拓展优化航线布局，开通东极至小洋山旅游航线，谋划朱家尖西岙至六横航线。

2. 打造美丽富裕海岛乡村。各镇（街道、管委会）要以“一个标志性产业项目”“一个进岛门户”“一条特色街巷”“一个小镇阳台”“一个乡村礼堂”“一个未来乡村”“一条观光线路”等“七个一”工程为引领，绘制海岛乡村最美地图。大力推动“农村美”。补齐海岛基础设施短板，建设各美其美、全域共美的海岛乡村，推动全区渔农村环境全域达“二星级”标准。开展“百县千乡万村”示范创建，力争登步大岙村、虾峙东晓村、六横五星村列入省未来乡村第三批试点培育范围，争创国家级乡村振兴示范区。大力推动“农业强”。立足特色资源，发展现代化渔农业，打响特色农产品品牌。六横发展以生态农业为基础的休闲旅游业；展茅发展创意农业、数字农业，打造未来农场；登步、桃花等地发展精致农业，推广“物联网+生产”种植方式；蚂蚁讲好红岛故事，打响“小岛下酒菜”公共品牌，打造红旅综合体。大力推动“农民富”。全面建设“红动蓝湾·和美海岛”共同富裕示范带，开展新一轮村级集体经济提升行动，推进“空心村”综合开发利用，盘活闲置乡村资源，提升塔湾民宿集聚村，新建对峙民宿集聚村，有序发展强村公司、强岛公司。实施低收入渔农户持续增收行动，打造新型帮共体，解决低收入渔农户人员就业100人以上。

3. 守护海洋海岛绿色生态。持续加强生态示范创建。扎实推进美丽普陀建设任务，持续打好蓝天碧水净土清废降碳“五大战役”，有力推动减污降碳协同增效。不断加大生态环境宣传教育力度，厚植生态文明和环境保护理念，倡导绿色生活，推动城乡建设绿色发展。数字引领智慧生产监管。重点提升经开区园区污水处理能力，打造适合未来产业、园区发展的绿色生产体系。新建重点排污单位自动监控设施，完成水、气环境重点排污单位自动监控设施安装联网。坚守底线严格生态执法。以“重大生态环保问题清单”为抓手，严厉打击各类生态环境违法犯罪行为，优化全域生态安全格局。高质量完成中央、省生态环保督察和长江经济带警示片反馈问题整改任务。

（五）持续增进民生福祉，提升社会事业发展水平，在打造共富成果上实现新突破。全力守基本保民生、抓重点谋共富，让人民群众的生活一年更比一年好，不断提升人民群众获得感。

1. 推进共同富裕成果共享。让海岛共享成果。大力推进“小岛你好”海岛共富行动，加速首批蚂蚁岛、葫芦岛等5个小岛建设，启动第二批悬山、柴山、青浜等小岛创建。加快大树湾历史文化村落集体土地入市，加快建设蚂蚁岛共富工坊、葫芦岛十间洋房等项目，积极引进住宿、餐饮、文创等业态，提升小岛产业造血能力。让创业者共享成果。进一步打造“没有围墙的海岛创业园”，六横、白沙等地再建2—3个乡创基地。加强失业监测预警，继续实施降费率、失业保险稳岗返还等政策，实现城镇新增就业5500人。推动社会保险提质扩面，做到应保尽保、应缴尽缴，确保养老保险参保率达96%以上。让居民共享成果。实施“强社惠民”集成改革，开展社区公共服务补短板行动。实施保障性安居工程，新开工安置房730套，建成交付1400套，筹集保障性租赁住房833套。探索新业态人员参保政策，创新公益创投等形式，打造“慈行普陀”。精准、高效救助残疾人、留守老人、困境青少年等群体，最大限度解决群众所需所盼。

2. 推进公共服务均衡共享。扩大优质教育供给。创建“国家义务教育优质均衡发展县（区）”“国家学前教育普及普惠县（区）”，力争教育现代化发展水平保持在全省第一梯队。高质量完成茶湾地块新建学校、东港新建小学、城北新建幼儿园和沈一小扩建等项目。推进海岛片区集团化办学，促进区域教育高质量发展。强化优质医疗服务。不断丰富“健康普陀”内涵，深入实施健康细胞工程，建立“健身、防病、治病”一体化全民健康体系。加快推进普陀医院改扩建工程，提升医疗服务水平。深化打造“共富方舟”品牌，拓展“健康方舟”应用，进一步提升海岛公共卫生服务质量。做精做优养老托幼。完善“一老一小”服务体系，积极发展医康养护融合型养老机构，推进托育综合服务中心建设，建成8家“幸福食堂”、2家社区养育驿站，打造“向日葵亲子小屋”婴幼儿照护服务阵地，构筑“养老友好、生育友好”海滨幸福城。

3. 推进精神文化普惠共享。注重以文化人。倡导文明实践新风尚，开展“文明城·文明人”文明实践系列活动，打造“新时代文明实践圈”，塑造普陀有礼品牌。创建“一镇一品”乡村文化品牌，推动海洋海岛文化薪火传承。坚持文艺惠民、乐民，推进文艺星火赋美工程，打造流动的艺术风景线，让文艺如星星之火闪亮在城市乡村。开发文化产品。擦亮“自在普陀”品牌，做好“诗画浙江·百县千碗——普陀鲜味”系列IP打造。支持各个小岛开发非遗衍生产品等文创产品。打造文化地标。深入实施公共服务优质共享工程，持续拓展公共服务阵地，正式运营海洋文化产业创意园区、普陀非遗馆。多渠道兴建公共体育设施，创建省公共文化服务现代化先行区。

（六）创新县域治理模式，保持社会大局稳定，在推进社会治理现代化上实现新突破。深入实施社会治理创新工程，促进社会公平正义，建成全省社会治理创新区、法治建设先导区、平安建设示范区。

1.创新社会治理。坚持党建统领，深化“四治融合”，健全“141”基层治理体系，实施区级社会治理中心“服务提质、队伍提能、效率提升”行动，努力打造“全国一流、全省领先”标准体系，实现纠纷调成率上升、群众满意率上升、万人成讼率下降“两升一降”趋势。聚焦基层治理，围绕海洋执法等重点领域，形成一批地方特色应用，打造更多数字化改革硬核成果。深化“海上枫桥·平安普陀”品牌建设，培育选树先进典型，推动社会治理水平再上新台阶。

2.强化法治建设。深化综合

行政执法改革基层实践，推动执法监督规范化、标准化建设，实现行政执法案卷合格率95%以上。围绕“企业办事无忧、政府无事不扰”深化执法改革，让法治为各类市场主体保驾护航。积极承接国家“大综合一体化”海上执法试点建设，深化推进区海洋行政联合执法指挥中心建设，提升海上综合执法能力和协同执法效率。强化法治建设基础，持续推进镇（街道）法治化综合改革试点，培育新一批“共享法庭”精品点位，加强检察机关法律监督工作，积极探索完善公益诉讼制度。加快推进政法便民服务体系建设，为特殊群体推出“一对一”代办服务，切实把“办事窗口送到家”。深入实施公民法治素养提升行动，做好“八五”普法中期验收。

3.构建平安体系。迭代完善风险闭环管控大平安机制，持续强化除险保安，动态消除各领域各方面重大风险隐患，全力夺取二星平安金鼎。完善大安全大应急大减灾体系，全面提高防灾减灾救灾和重大突发公共事件处置保障能力。有序优化调整疫情政策措施，加强医疗物资储备供应，全力提升救治能力，最大程度保护人民生命安全和身体健康，最大限度减少疫情对经济社会发展的影响。健全行业监管体系，常态化开展安全生产综合治理行动，全力“遏重大、降较大、减总量”。健全社会治安整体防控体系，发展壮大群防群治力量，开展“平安联创”专项行动，以“一家”“一船”平安带动全区全域平安。深化领导干部接访下访，落实源头稳控、预警研判、情报会商等机制。持续开展“净网”专项行动，确保网络空间清朗安全。

四、抓实基层基础，为高质量推进现代化新普陀建设提供坚强保障

干好工作有千条万条，抓好党建、强化保障是首要一条。必须始终把抓基层、打基础作为长远之计和固本之举，深入开展“基层基础提升年”行动，抓紧抓实各领域各环节党建工作，为高质量建设现代化新普陀提供坚强保障。

（一）凝心铸魂，政治信仰更加坚定。完善“两个维护”制度机制。深刻领会“两个确立”的决定性意义，切实把“两个维护”体现在履好职责、做好工作的实效上。深入学习贯彻党的二十大精神，做到学在深处、谋在新处、干在实处，把思想统一起来，把力量凝聚起来，把党的二十大确定的各项任务落实下去。健全党的全面领导体系。完善党建带群建紧密融合机制，推动群团组织增强政治性、先进性、群众性。迭代升级“七张问题清单”，强化党建统领重大决策落地、重大工作推进、重大风险防控，形成以党建工作统领问题解决、以问题解决推进党建工作的良性循环。守牢意识形态主阵地。全面落实意识形态工作主体责任，巩固壮大主流舆论，不断形成“普陀人为普陀代言、普陀人为普陀担当、普陀人为普陀点赞”的生动局面。深化蚂蚁岛、东极、登步等红色教育基地建设，挖掘“蚂蚁岛精神”、里斯本丸营救事件精神的重要意义和时代价值，将红色资源转化为激励广大干群团结奋进的精神动力。

（二）善作善成，先锋队伍更加硬核。增强想干事的内在动力。严明选人用人政治标尺，突出为发展配干部、凭实绩用干部的用人导向，把那些政治过硬、实干苦干的干部发现出来，让担当者得重用、获褒奖，让碌碌无为者让位子、受警醒。提升能干事的能力本领。充分发挥党校等教育阵地作用，实施现代化建设能力提升计划，强化思想淬炼、政治历练、实践锻炼、专业训练，让广大党员干部练就干事创业的宽肩膀、真本领。强化墩苗历练，让年轻干部到一线去、优秀干部从一线来。强化干部队伍整体功能，进一步优化年龄、知识和专业结构。创造干成事的良好氛围。健全干部担当作为激励保护机制，为勇于负责的干部负责为勇于担当的干部担当，为敢抓敢管的干部撑腰，既要为“老黄牛”加油鼓劲，也要对“老油条”动真碰硬，既不能让“小聪明”得逞，也不能使“老实人”吃亏。

（三）强基固本，战斗堡垒更加坚实。建强基层组织体系。牢固树立大抓基层鲜明导向，高标准开展“基层基础提升年”行动，全面增强基层党组织战斗力。针对党内制度执行不到位、村级管理宽松软、发展党员违规违纪等薄弱环节，从严抓好基层组织

“三会一课”、主题党日、民主评议党员、“五议两公开”“三务公开”等制度落实，推动各领域党组织全面进步、全面过硬。加强“头雁队伍”培育。开展村社班子届中评估考察，常态化整治软弱涣散基层党组织，及时撤换不称职的村干部，全面建强村社干部队伍，坚决改变“基层不动”的局面。常态开展村社干部“亮诺践诺评诺”擂台比拼，巩固深化偏远小岛村干部异地办公专项整治成果。强化党员作用发挥。积极探索流动党员有效管理办法，保持党员队伍先进性纯洁性。健全“驻岛服务”“包网入户”“民情日记”等工作机制，确保“有人管事、有钱办事、有处议事、有章理事”，不断提升服务群众能力。

（四）锤炼作风，精神斗志更加昂扬。坚持实干实效工作导向。深入开展“作风提升”行动，推动全区上下走出舒适区、步入赛车道。自觉摒弃不愿为、不敢为的怠政思想，坚决抵制“庸懒散”，切实消除“中梗阻”，当好普陀发展的“战斗员”“服务员”，不当坐而论道的“观察员”“评论员”。增强争先领先拼争意识。坚持“跳起来摘桃子”，确立更高拼搏目标，保持奋勇争先的激情，向最好看齐，朝一流努力，让赶超成为新常态。围绕大事难事聚力攻坚。保持一抓到底的韧劲，决不能“把说了当做了，把做了当成了”，对看准的项目、集体决议的事情，以不获全胜不收兵的毅力抓到底，形成干一件、成一件的“滚雪球效应”。各级领导干部要以上率下，大事一夫当关、难事一抓到底、急事一马当先，团结带领人民群众干事创业、勇立潮头、再创辉煌。

（五）从严治党，政治生态更加清朗。坚持挺纪在前。严格落实管党治党政治责任，推进政治监督具体化精准化常态化，加强“一把手”和领导班子监督，重点对政治纪律政治规矩、民主集中制、党内政治生活、廉洁从政从业“五个严禁”、重大事项请示报告等制度要求落实情况进行跟进监督，落实落细“五张责任清单”。坚持严的基调。持之以恒加固中央八项规定堤坝，持续深化纠治“四风”，树立“干事且干净、干净加干事、干事能成事”鲜明导向，深化形式主义官僚主义和不担当不作为问题专项整治，持续为基层减负。一体推进“三不”，靶向整治重点领域、关键岗位腐败问题和群众身边不正之风，坚决打赢反腐败斗争攻坚战持久战。坚持系统施治。健全以党内监督为主导、各类监督协同贯通工作机制，更好发挥巡察综合监督作用，推动基层监督提质增效。全域全面推进清廉普陀建设，让普陀政治更清明、政府更清廉、干部更清正、社会更清朗、文化更清新。

同志们，征途回望千山远，前路放眼万木春。让我们更加紧密地团结在以习近平同志为核心的党中央周围，忠实践行“八八战略”、坚定捍卫“两个确立”、坚决做到“两个维护”，保持“弄潮儿向涛头立”的宏大追求、“不用扬鞭自奋蹄”的行动自觉、“咬定青山不放松”的坚韧执着、“不破楼兰终不还”的必胜信念，真抓实干、马上就办、主动有为，将党的二十大精神学至更深处、干在更实处、落到更细处，以实干实绩实效高质量推进现代化新普陀建设！

2022 年政府工作报告

——在舟山市普陀区第十八届人民代表大会第二次会议上

区长 徐炜波

一、2022 年主要工作回顾

2022 年是本届政府履职的开局之年。我们坚持以习近平新时代中国特色社会主义思想为指导，全面学习贯彻党的二十大精神，坚决落实习近平总书记"疫情要防住、经济要稳住、发展要安全"重要指示，按照党中央、国务院、省委、省政府、市委、市政府和区委决策部署，围绕"现代海洋产业新高地、现代品质海岛大花园、现代社会治理新样板"的定位，实干争先、砥砺奋进，经济社会呈现稳中快进发展态势，现代化新普陀建设实现良好开局。

这一年，我们锐意进取，拼出争先进位的奔竞气势。

全域争先成果丰硕。全力打好经济稳进提质攻坚战，重要指标实现大幅度跃升。地区生产总值增长 4%，增速位列全省第一方阵，为近五年最好位次。固定资产投资、外贸出口分别增长 20.8%和 42.4%，均位居全省前十。规上工业增加值增长 7.1%，一般公共预算收入同口径增长 7.2%，社会消费品零售总额增长 3.3%，限上批发销售额首跨千亿元台阶。城乡居民可支配收入分别增长 4.1%和 7%。

项目建设全面提速。全力实施"项目攻坚年"行动，强势推进拔钉清障，一批筹划多年的硬核项目实现重大进展。全区人民期盼已久的六横公路大桥二期盛大开工，产值超百亿的金钵盂临港产业园、六横电厂二期工程破土建设，中石化 LNG、浙能 LNG 两大百亿级项目获国家发改委核准。东白莲岛油品储运工程、科技产业孵化园等 8 个 10 亿元以上项目，夏新未来社区商务服务中心、市民中心等 14 个亿元以上项目全面推进。6 个省"4+1"重大项目投资完成率全省前十，40 个市重点项目完成年度计划的 151%。成功争取金融工具、专项债、政策性贷款项目 17 个，涉及资金 53 亿元。引进 10 亿元以上项目 3 个、亿元以上项目 29 个；实际到位市外资金 95.7 亿元，实际利用外资 1.47 亿美元。

发展动能不断积聚。新增国家高新技术企业 16 家、省级科技型中小企业 48 家、省级企业研发中心 2 家、"浙江制造"品牌企业 2 家，国家级重点"小巨人"企业实现"零"的突破。引育"高精尖"人才 32 人，实现国家瑞金计划、省海外引才计划等多项突破。完成"三区三线"划定和国土空间规划编制，成功将六横 23000 亩永久基本农田调整为一般耕地，为今后产业发展储备了宝贵的空间。完成重点区域亩均税收 5 万元以下低效企业整治，处置闲置土地 300 亩，消化批而未供土地 400 亩。盘活闲置楼宇 8.1 万平方米，新增亿元税收楼宇 2 幢。

这一年，我们夯基破局，抢占海洋产业的优质赛道。

优势产业底盘更牢。实施亚泰修船基地二期、丰宇药品研发基地等工业项目 69 个，完成投资 20.4 亿元，增长 122.8%，增速全市第一。船舶修造向绿色高端领域攀登，高附加值船型订单增长 34.5%，绿色修船占比 65%，完成全球最大的 LNG 双燃料动力集装箱船带气修理。水产加工向中央厨房、预制菜等方向延伸，精深加工率提升至 60%，平太荣生物入围国内获欧盟注册的十家胶原蛋白企业之一。成功举办中国水产品品牌发展大会。升级国内捕捞冷链渔船 281 艘，更新远洋渔船设备 392 套，水产品总产出增长 6.1%。

新兴产业跑道更宽。推进省

级低碳试点建设，年产绿电占全社会用电量比例达40%。启动160万千瓦近海风电场测风，建成全市首个撬装式加氢站，投用氢能车7辆，引进落地全市首个新能源产业基金。数字经济快速发展，核心产业营收增长19.7%，新增企业数字化改造项目20个、数字化标杆企业9家，正山智能获批省级“未来工厂”试点。健康产业积聚成势，引进舟山罕见病药事服务基地等项目20个，营收增长54.6%。

商旅文产业韧性更足。消费活力有效提振，推出“普陀购不停”系列活动超百场，培育放心消费单位1500家，获全省首批县域商业体系建设示范区。文旅品牌持续擦亮，普陀海岛公园获全省十大海岛公园考核优秀，电影《里斯本丸沉没》全市首获中央文化产业发展专项资金扶持。启动“星辰大海”计划，建成青石子度假庄园、房车营地等网红打卡点，开辟招商伊敦号游轮舟山航线，普陀自在莲洋、朱家尖黄金海岸焕发新姿。

这一年，我们聚力攻坚，走稳改革开放的坚实步履。

自贸区建设扎实推进。3项制度创新案例纳入全国首创标志性成果，落地全省首单RQFLP。出台全省首个大宗商品交易专项政策，引进物产化工、中拓浙期等一批头部企业，大宗商品贸易额首破千亿元大关。加快海事服务产业园建设，欧氏船级社、华洋海事中心相继落户，海事服务总产出占全市40%，保税燃料油结算量超900万吨，稳占全国半壁江山。

改革攻坚走深走实。“1612”体系架构迭代升级，新增省级以上改革试点51项，“办事不出岛2.0”入选《竞跑者》，“船舶智造e建通”获评省级数字经济系统最佳应用。全面推行大综合一体化改革，综合行政执法事项占整体事项的28.5%，全省率先形成“三网一庭”法制审核新模式。创新推出44项“免申即享”“免审即享”政策，实现“一网通办”率超90%，为企业减负降本12.7亿元。

开放合作持续深化。融入世界一流强港建设步稳蹄疾，港口货物吞吐量达1.1亿吨，超越温州港、台州港，跻身全球亿吨大港行列。沈家门港区口岸扩大开放获国务院批复，完成全省首单活鲜水产品进口业务。积极融入长三角一体化战略，设立长三角、甬舟一体化通办专窗，实现87个高频事项“跨省通办”、1109个事项“跨城通办”。深度参与宁波舟山港规划修编，北仑圆山码头动工开建。高质量做好东西部协作与对口合作。

这一年，我们精建细管，展呈海岛花园的魅力新颜。

城市面貌增彩添靓。东港城市新区获评省级城乡风貌样板区，百里滨海大道临海界面焕然一新，茶湾、墩头片区产城融合形象初显，沈家门夜排档重新开市，“一港两岸”城市品质不断升级。扎实推进增绿添彩行动，完成海莲路、海洲路等花园道路转型，提升城北、东港等入城口绿化彩化水平，建成江湾滨海公园、应家湾樱花绣球园、青龙山公园，新增口袋公园5个、城市绿化面积6.4万平方米。

基础设施日臻完善。完成龙湾、石弄区块征收拆除，完成174幢老旧小区改造和111幢危房解危，全面清零无卫生设施住宅。基本完成沈家门地下管网综合改造，新增污水管网19公里、防洪排涝设施4座，根本性解决老城区污水收集和积水易涝问题。新改建城市道路33条，普陀湾海底隧道建成通车，半升洞至普陀山航线正式复航，更新改造客运船舶7艘，城乡公交一体化率达90%，全市唯一入选浙江省交通强国建设试点区。

美丽乡村扩面提质。持续深化“千万工程”，新增美丽乡村精品村7个，成功创建展茅美丽城镇省级样板，东极获评中国美丽休闲乡村。新增“四好农村路”7.8公里，螺塘线获评2022年全省首批“十大最美农村路”。全面落实“林长制”“田长制”，实施国土绿化410亩，完成3000亩耕地集中连片整治。创成黄杨尖、东极2个省级未来乡村，盘活闲置农房150套。

生态治理卓有成效。打好蓝天碧水净土清废降碳五大战役，荣获“美丽浙江十大样板地”县区第一名。新增污水零直排小区33个，实现渔农村生活污水处理设施标准化运维全覆盖，省控地表水监测断面水质达标率100%，再次捧回“大禹鼎”。启动“千船联动、治塑海洋”志愿大行动，普陀诸湾建设获评全省优秀，沈家门渔港生态示范创建成果获《人民日报》头版点赞。

这一年，我们倾情惠民，勾绘共同富裕的和美图景。

疫情防控有力有效。坚持人民至上、生命至上，以最短时间、最小代价打赢疫情阻击战和遭遇战，切实守护好人民生命安全和身体健康，有效实现生产不停、物流不断、产能不减、秩序不乱。果断处置国内首起德尔塔12个病例，为国家防治德尔塔疫情第一时间提供了经验。坚决筑牢海上屏障，累计完成全国1/10国际海员换班，无一例“破防”。不断提升医疗救治能力，普陀医院传染病大楼建成投用，因时因势调整优化防疫措施，有序推动疫情防控从“防传染”向“保健康、防重症”平稳转段。

社会事业稳步发展。江湾幼儿园完成建设，普陀二中武岭校区投入使用，“双减”工作入选省年度十佳样本，重点高中录取率再创新高，义务教育质量综合评价再次位列全省A级行列。顺利通过普陀医院“三乙”复评，重点人群家庭医生签约覆盖率达82%，连续四年获评健康浙江建设考核优秀区。启用全省一流的婚登中心，荣获全省首批婚俗改革实验先进县（区）。创建省级“枫桥式”退役军人服务站11家。取得省运会一金五银五铜的历史最好成绩，入选全省首批体育现代化县（区）。

社会保障更有温度。十方面民生实事项目落地见效。城镇新增就业5663人，城镇登记失业率保持在1.39%的低位。基本养老、基本医疗参保率分别达到96%和99%。新开工安置房1796套，建成交付825套；新增保障性租赁住房1480套，全市首推海岛血透患者公有住房。完成困难老年人家庭适老化改造282户，千人托位数达3.2个。残疾人托养中心投入使用。全面实现城乡供水运营一体化。成功创建省级食品安全示范区。

共同富裕扎实推进。实施“扩中”“提低”行动，低收入渔农户年收入增长10%以上，城乡居民收入倍差缩小至1.55，位居全省前列。着力打造“红动蓝湾·和美海岛”共同富裕示范带，5个岛屿入选“小岛你好”建设名单，80%的村集体经济合作社经营性收入达50万元以上。“健康方舟”荣获全省共同富裕最佳实践。建成125个“15分钟品质文化生活圈”，入列省级促进人民群众精神富有试点县（区）。

除险保安全面压实。始终坚守安全底线，圆满完成党的二十大等维稳安保任务，电信网络诈骗损失下降27.8%，信访积案化解实现动态清零，贷款不良率降至历史低位。深化“遏重大”攻坚，建立政府常务会议必听必研究安全生产工作机制，全省率先清零帆张网渔船，未发生较大以上生产安全事故，实现省级平安区“十七连创”。成功抵御超强台风“梅花”的正面登陆，交出了“城区无内涝、人员零伤亡”的高分报表。

这一年，我们清廉守正，展现实干高效的政府形象。

常态化推进党史学习教育，第一时间全面学习宣传贯彻党的二十大精神，牢固树立“四个意识”，坚定捍卫“两个确立”，坚决做到“两个维护”。自觉接受人大、政协和社会各界监督，办理人大代表议案建议136件、政协提案148件。完善区政府常务会议议事规则，严格落实重大行政决策程序制度。全面压实从严治党主体责任，狠抓“七张清单”问题整改，完成全区机关事业单位及国有企业楼堂馆所自查自纠。严格落实中央八项规定及其实施细则精神，驰而不息纠“四风”、改作风、树新风，“三公”经费支出下降5.2%。

人民武装、民族宗教、口岸、打击走私、海防、消防、侨台外事、气象、红十字等工作取得了新成绩，融媒体、档案、慈善、工青妇、儿童和残疾人等各项事业全面发展。

各位代表，越是危急越担当，越是艰难越向前。面对繁重的疫情防控、抗台抢险、创城复评等工作任务，全区医护人员白衣执甲、逆行出征，党员干部向险而行、冲锋在前，公安干警、基层工作者、志愿者坚守一线、昼夜奋战，全区人民群众守望相助、共克时艰，形成了同舟共济、众志成城的强大合力，凝聚了知重负重、苦干实干的磅礴力量，他们都是我们普陀的英雄！

历尽天华成此景，人间万事出艰辛。过去一年的成绩来之不易，最根本的是得益于以习近平同志为核心的党中央坚强领导、科学决策，也是在省委、省政府、市委、市政府和区委坚强领导下全区干部群众团结奋斗、拼搏进取的结果。在此，我代表区政府，向大家表示衷心的感谢！

在肯定成绩的同时，我们也清醒认识到，我区经济社会发展中还存在一些问题和短板，主要是：优势产业支撑不足，新兴产业占比不高，动能转换需进一步加速；重大项目招引难，“牵一发而动全身”的产业项目少，投资持续增长压力大；偏远海岛基础设施建设、公共服务供给还难以满足群众需求；防范化解金融、房地产、安全生产等领域风险的各方责任仍需压实；基层基础还存在不少薄弱环节，应对处置风险能力亟待加强；有的干部能力素质没有跑在发展的前面，视野胸怀、担当精神、履职本领还需提升。对此，我们将强化问题导向，拿出更实举措，认真加以解决。

二、2023年主要工作安排

2023年是贯彻落实党的二十大精神的开局之年，是“八八战略”实施20周年，也是落实“十四五”规划承启之年，做好各项工作意义重大。今年政府工作的总体要求是：坚持以习近平新时代中国特色社会主义思想为指导，全面贯彻党的二十大精神，认真落实中央经济工作会议和省、市、区委各项决策部署，坚持稳字当头、稳中求进，完整准确全面贯彻新发展理念，忠实践行“八八战略”，奋力推进“两个先行”，把高质量发展作为首要任务，把缩小“三大差距”作为主攻方向，把改革创新作为根本动力，把实现人民对美好生活的向往作为根本目的，立足“现代海洋产业新高地、现代品质海岛大花园、现代社会治理新样板”三大发展定位，围绕“现代化产业、现代化城乡、现代化服务”三大体系建设，实施“项目攻坚、作风提升、全域争先”三大行动，打造更多中国式现代化普陀实践成果。

综合考虑各方面因素，建议今年全区经济社会发展主要预期目标为：地区生产总值增长5%以上；固定资产投资增长10%；规上工业增加值增长7%；一般公共预算收入、居民人均可支配收入与经济增长基本同步；节能减排指标完成上级下达任务。重点聚焦以下六个方面的工作：

（一）聚焦稳增长，掀起大干项目热潮

打好重大项目攻坚战。持续推进“项目攻坚”行动，紧盯亿元以上重大工程，绘制项目作战图，确保完成固定资产投资150亿元以上。统筹推进省市区70个重点项目，加快金钵盂临港产业园、六横电厂二期、夏新未来社区等一批重大项目建设，筑牢有效投资“压舱石”。保持拔钉清障攻坚劲头，全力破解重大项目历史遗留问题及各项难点、堵点，推动项目早开工、早建设、早投用。谋划推进六横电厂三期、六横LNG接收站二期、东白莲油储项目三期、中奥水封洞库等一批战略性重大项目。

全力推进招商引资“一号工程”。瞄准“六大百亿”产业链条，积极承接上海、深圳、杭州、宁波等发达地区优质企业战略转移、布局调整，引进一批重大产业项目和链主型企业。实施“旅游大招商元年”工程，导入高端旅游产业项目1~2个，招引落地五星级以上酒店2~3家。建立“天天招商”工作机制，确保每天有队伍、有人员跑在招商路上，招引亿元以上项目24个、10亿元以上项目3个，其中10亿元以上制造业项目1个；实际到位市外资金95亿元以上，实际利用外资1.45亿美元以上。

全面落实扩大内需战略。出台新一轮促消费政策，开业运营半升洞宝龙街区、城北水街、长乔海洋世界，重启舟山群岛马拉松、东海音乐节、沈家门渔港民间民俗大会等特色活动，做大做常“越野东海”“海钓精英”等赛事，争创省级新型消费试点县（区），全社会消费品零售总额增长5.5%。突出旅游高质量供给，落地“大海上的天空之城”、崖壁度假社区、特色温泉酒店等项目，开建马术主题田园综合体、西岙游艇帆船基地，加快宝龙酒店、悦榕庄度假村建设，拓展海上无目的地游、跳岛游、婚庆游等消费新场景，旅游总收入增长15%以上。支持刚性和改善性住房需求，促进房地产市场平稳健康发展。

统筹资源要素配置。深化“亩均论英雄”，下大决心整治提升亩均税收6万元以下低效企业，规上工业亩均税收达10.8万元。清理整备东港观碶头、沈家门翟岙等区块土地，消化批而未供土地400亩，低效用地再开发500亩。实施经济密度提升工程，推动工业企业上楼，打造“竖起

来的产业园”，盘活震洋大厦、阿鲁亚酒店等商业楼宇，新增税收亿元楼2座。积极争取地方专项债、政策性开发性金融工具等资金支持，全力保障重大项目资金需求，金融机构本外币存贷款余额增长12%以上。用足用好可再生能源、原料用能抵扣能耗总量政策，争取重大项目能耗指标单列。

（二）聚焦高质量，擂响大抓产业战鼓

实施“功能岛”首发工程。 打造六横先进制造、清洁能源与航运物流“三位一体”产业岛，加快全岛产业规划编制，提速中石化、浙能LNG接收站项目建设，推动六横-宁波春晓天然气管道工程，力促六横岛成为全省海洋经济重要增长极。打造金钵盂有色金属岛，加快布局不锈钢、高端铝、球团矿产业链。打造东白莲油品储运岛，建成华泰石油一期油品储运项目，推进西白莲整岛开发，建成船舶工业岛。打造凉潭铁矿石储运岛，推动金属矿石贸易落地。全面推进“风光普陀”计划，完成六横、朱家尖海上风电场测风，落地“海上风电+实体制造”产业联盟体，加快推进虾峙万亩光伏直流制氢工程，争取申报国家氢能应用示范项目。谋划建设第二座加氢站。

筑强工业“顶梁柱”。 推进中远蟑螂山船坞及配套工程、正源智能制造基地等亿元以上工业项目15个，确保工业投资增长20%以上。不断拓展新能源船、液货船等高附加值船型订单，确保新船交付量翻一番。建设以龙山、西白莲、小干岛为核心的国内最大、全球领先的船舶修理（航修）服务基地。进一步提升普陀绿色修船世界话语权，筹办首届国际航运与船舶修理业大会，构建LNG船舶、豪华邮轮等领域绿色修船标准体系，实现绿色修船产值增长10%以上。加快建设一批中央厨房项目，落地万洋众创城预制菜产业园，水产品精深加工产值增长10%。拓展水产品进口来料渠道，巩固提升金枪鱼、三文鱼加工在全国的市场份额。

擎稳渔农“基本盘”。 优化提升“普渔乐”综合服务平台，启动国际水产城冷链物流产业园建设，打造现代化水产品集散中心和贸易综合体，力争水产品交易量突破100万吨。全面布局现代深远海养殖产业，聚力形成年产值超10亿元的大黄鱼产业链，打造普陀“深海养殖”品牌。加强与东南亚国家、中农发集团远洋捕捞合作，实现远洋渔业总产出52亿元。深入实施科技强农、机械强农行动，建设高标准农田3180亩，建成智能大棚10个，打造全省单体最大的登步千亩大棚杨梅基地，延伸推广“桃花坞”“桃花酒”农旅文产品。

激发市场主体“新活力”。 深入推进助企纾困，推动国家惠企政策直达快享，精准对接省“8+4”经济政策体系，全年为企业减负13亿元以上。出台金融支持中小微企业持续发展的考核评价与奖励办法，确保民营经济、普惠型小微企业贷款分别增长12%和19%。积极融入“东海实验室”建设，推进城西智创城科技产业园、网驿产业园等项目，规上工业研发投入增长8%。开展科技企业“双倍增”行动，新增国家高新技术企业10家、省级科技型中小企业35家，培育省级以上“专精特新”企业10家、省级企业研发机构2家。加大“人才普汇”力度，落地人才团队15个，引育“高精尖”人才25人，新增高校毕业生4500人以上。

（三）聚焦双循环，增强改革开放支撑

抢抓重大战略机遇。 锚定建设国家海铁联运现代港区“首发站”，争先打造世界一流强港“桥头堡”，扎实推进条帚门航道扩建、六横南航道建设等重大项目，谋划建设佛渡-六横千万级集装箱泊位，探索承接梅山保税港区功能。积极融入全球海洋中心城市建设，加强与宁波科技创新、环境治理、要素循环等领域的联动，加快宁波-六横水务一体化试点等基础设施建设，推动“港产城贸”一体发展。千方百计推动外贸平稳增长，积极搭建跨境电商优进优出平台，做强进口高端活鲜水产品交易集散中心，力争进口帝王蟹1000吨以上，拓展澳洲龙虾、北极贝、俄罗斯银鳕鱼等业务，确保外贸进出口总额增长5%。加强东西部协作和对口合作。

放大自贸区开放优势。 实施大宗商品配置能力提升行动，聚焦天然气、煤炭、矿石、粮食、高端动物蛋白领域，构建大宗商品资源发展“雁阵”，实现大宗商品贸易额1300亿元以上。更大力度推进油气全产业链开放发展，持续做大中石化全球运营中心、浙江天然气交易中心，保税燃料油加注量200万吨以上。发展高端海事服务业，建成西岙海事服务综合大楼，加快“海上流动加油加气站”建设，实现锚地LNG加注业务首单突破，率先形成船用LNG加注标准和管理体系，谋划建设国际领先的LNG加注中心，海事服务总产出达180亿元。多元化发展私募基金、船舶租赁、航运期货等金融业态，落地全市首个航运保险经纪牌照，新增各类试点基金10家以上，基金总规模突破100亿元。

深入推进数字变革。承接婚俗改革一件事、“海上枫桥”矛盾纠纷化解等省级试点应用，聚焦海洋资源利用、海洋执法、海岛共富等重点领域，打造特色应用标志性成果3个以上。全面深化“大综合一体化”行政执法改革，推动行政执法一站式服务，实现网上执法办案率100%，创新“一支队伍管海洋”。深化国资国企改革，提升市场化运作能力。增强数字经济竞争力，启动海洋云数据中心、海底观测网项目建设，支持建设一批智能工厂、数字化车间，新增数字化试点示范企业5家以上，打造省级“未来工厂”1家，数字经济核心产业营收增长10%。

（四）聚焦优品质，统筹城乡融合发展

加快全域风貌提升。高质量运用好国土空间总体规划，落实“三区三线”划定成果，加速东港二期、城北勾山、沈家门中沙头等区块开发建设。深化城乡风貌样板区和未来社区建设，提速科技产业孵化园、市民中心项目，迭代升级东港内湖商圈。高品质推动“星辰大海”北延南拓，打造自在莲洋北段精品路线和渔都港城“普陀湾”。扎实推进“花海彩林”行动，打造一批花园门户、特色街巷、城市公园，“见缝插绿”城市边角地10处。以“绣花功夫”抓好城市精细化管理，着力整治违规群租、车棚住人、建筑垃圾乱堆放等顽疾，创成省级垃圾分类高标准小区9个，高水平推进全域文明创建。

加快城市有机更新。启动“十里渔港”繁荣复兴系统规划编制，推动陈家塘、教场、墩头等区块拆后利用及公共服务补短板项目建设，实施芦花河水系、海中洲隧道提升改造，加快舟山市（普陀）美术馆、沈家门体育馆建设，谋划沈家门渔港广场、渔港博物馆等项目。重塑城市发展空间，推进半升洞、鲁家峙区块路网重构，更新利用半升洞油库地块。全面完成C级危房解危三年行动计划，重点推进危旧住宅和老旧厂区征收改造。新改建城市道路26条、防洪排涝设施4座，新增城市停车位1400个，打通燃气供应“最后一公里”。

加快交通强区建设。全速推进六横公路大桥二期项目，完成北仑圆山码头、半升洞客运站场及码头主体工程，启用半升洞智能停车库，完成莲花洋客运枢纽综合体前期工作，深入研究本岛北部高速公路接轨路网，参与谋划宁波舟山港海铁联运六横—佛渡支线。加快实施“蓝色岛链”特色工程，新改建交通站场及码头7个，更新改造客船6艘，开通东极至小洋山航线，谋划开通西岙至六横航线、开辟普陀山第二通道。打造高效便捷通勤圈，推进桃花环岛公路、螺塘线延伸段等景观公路建设，贯通灵秀街隧道，开通螺门至梁横大桥。积极参与南部岛屿快行线前期工作，谋划鲁家峙至西岙通道建设。推进渔农村公路改造提升三年行动，改造渔农村公路36.6公里，争创“四好农村路”全国示范县。

（五）聚焦美环境，塑造海岛乡村画廊

打造宜居和美乡村。完成全区村庄规划编制，统筹推进农用地整治、村庄整治和低效用地整治，实施农村宅基地安置政策。开展“百县千乡万村”示范创建，新增国家级乡村振兴示范村5个，争创国家级乡村振兴示范区。实施乡村风貌整治提升“七个一”工程，新增美丽乡村精品村7个、省级未来乡村试点3个，建成东极省级县域风貌样板区。加快推进一批农田水利工程、海塘安澜工程，打造路下徐、塘头水系典范。提升改造渔农村污水管网35公里，确保渔农村生活污水治理行政村覆盖率超88%。

深入实施“小岛你好”行动。加速首批5个小岛建设，启动第二批悬山、青浜等3个小岛创建。“一村一策”壮大村级集体经济，推进“空心村”综合开发利用，盘活闲置农房100套。完善

"两进两回"政策体系，建设没有围墙的海岛乡创基地2个以上，积极引入住宿、餐饮、文创等业态，提升乡村产业造血能力。建立海岛燃气平价供应体系。加快岛际饮用水网联通工程，新建金钵盂岛1万吨/日海水淡化项目，推进朱家尖、白沙、柴山海底输水管道联网。

持续擦亮生态底色。高质量完成中央、省生态环保督察和长江经济带警示片反馈问题整改任务。有力推动减污降碳协同增效，加快环境基础设施建设，重点提升经开区污水处理能力，守护好普陀的碧水蓝天净土。抓好省级低碳试点建设，稳步推进渔光互补、滩涂光伏等项目开发，加快葫芦、白沙蓝碳经济示范岛建设，开展蓝碳交易试点。打好守海护渔攻坚战，推进3个国家级海洋牧场示范区建设，搭建普陀增殖放流平台。推进资源节约集约循环利用，争创"无废城市"。

（六）聚焦增福祉，打造共富共享生活

社会保障再加强。持续推进"扩中""提低"行动，不断壮大年收入10万元以上中等收入群体规模，确保低收入渔农户人均可支配收入增长10%以上。促进就业困难人员多渠道灵活就业，实现城镇新增就业5500人。温暖高效救助残疾人、空巢老人、困境青少年等群体，建立完善因病致贫返贫防范长效机制。新开工安置房730套，建成交付1400套，筹集保障性租赁住房833套，扩大偏远小岛困难家庭、血透救助家庭住房供给。积极发展医康养护融合型养老机构，建成"幸福食堂"8家。落实鼓励生育政策措施，着力降低生育、养育、教育成本，新增托位130个，新建"养育驿站"2家。全力做好"菜篮子"保供稳价。

公共服务再提质。以教育、卫生为重大撬动力，提升群众获得感。加快推进东港新建小学、城北新建幼儿园和沈家门一小重建工程等项目，创建全国义务教育优质均衡区、全国学前教育普及普惠区。深化"健康方舟"品牌，加快推进普陀医院改扩建、普陀二院新建工程，谋划建设普陀中医院。传承弘扬新时代蚂蚁岛精神，打造"里斯本丸"营救事件纪念设施。着力提升青少年体质健康水平，促进全民健身蔚然成风。加快落地青年发展规划，推进青年发展型县域建设。争创省级双拥模范区。

基层治理再升级。常态化推进除险保安工作，坚决打赢平安护航杭州亚运会等硬仗。抓好疫情防控有序转段，全面落实"乙类乙管"方案，统筹医疗救治资源，强化医疗物资储备，最大程度保障人民群众生命安全和身体健康。坚决"遏较大、降总量、保安全"，从严开展消防安全、城市运行、危化品、渔业生产、小型船艇等领域专项整治，加强应急救援队伍和基层应急能力建设，确保安全生产事故起数、死亡人数双下降。依法严厉打击电信网络诈骗、养老诈骗等违法犯罪活动。加强食品药品全链条严管，守护"舌尖上的安全"。全力防范化解非法金融、信访维稳、网络空间等重点领域风险，确保不发生系统性风险。

三、全面加强政府自身建设

各位代表，"后疫情时代"的帷幕已经拉开，站在建设现代化新普陀的历史起点上，我们深感使命光荣、责任重大。为确保上述工作全面落地，我们必须以更高站位、更实举措、更严作风，不断加强政府自身建设，抢时间、补思想，拓眼界、拼干劲，努力在新的赶考路上开新局、创新业、立新功。

讲政治拼担当。坚决捍卫"两个确立"，忠诚践行"两个维护"，坚持把党的领导贯穿政府工作全过程，确保中央大政方针和省、市、区委工作部署不折不扣落地见效。持续开展"争先进位"行动，聚力攻坚三个"一号工程"，扎实推进重要指标、重点项目、重点工作、重大工程"四重"工作，全力以赴争取省政府督查激励事项。

懂民意重民生。高标准开展"基层基础提升年"行动，瞄准群众、企业、基层最想解决的问题，建立需求清单，形成主动有为、马上就办的生动局面。今年我们将继续全力办好十方面民生实事，经过广泛征集和充分讨论，梳理形成了"扩大养老服务供给""提高托幼照护能力""便捷海岛群众出行生活"等12项候选项目，提请各位代表票决。

优营商强法治。规范市场准入行政许可和行政备案，加快"放管服"、招投标、信用管理等领域改革，深入实施“一件事”“掌上办”“无感智办”，维护市场公平竞争，提升企业办事便利度。严格落实重大事项依法决策、行政负责人出庭应诉等程序制度，争创全国法治政府建设示范区。自觉接受人大、政协和社会监督，高效办理人大议案建议、政协提案，努力让每一件议案建议、提案都能落地有声。

转作风提能力。健全“有为激励、无为问责”制度体系，推进“穿透式”监管、“闭环式”督办，以更加鲜明的导向拒绝“隐形式”“躺平式”等十种类型的落后干部，切实激发敢闯敢拼敢试、干部要干事的昂扬精神状态。实施干部现代化建设能力提升行动，强化生成性学习、专业性培训、实践性赋能，努力打造事不避难、实干争先的高素质现代化干部队伍。

重廉洁葆清明。坚持把“紧日子”过成习惯，算好财政预算“绩效账”，打好行政开支“铁算盘”，持续压减“三公”经费。建立政府常务会议集体听取审计报告机制制度，确保财政资金、国有资产使用合法合规有效。严格落实中央八项规定及其实施细则精神，持续纠治“四风”，全面落实为基层减负的各项规定，力戒形式主义、官僚主义。

各位代表，路虽远，行则将至；事虽难，做则必成！让我们更加紧密地团结在以习近平同志为核心的党中央周围，在区委的坚强领导下，紧紧依靠全区人民，真抓实干、马上就办，加快打造更多中国式现代化普陀实践成果，为高质量建设现代化新普陀而努力奋斗！

专 记

“小岛你好”海岛共富行动

【概况】 2022年6月，中共舟山市委、市政府作出实施“小岛你好”海岛共富行动决策部署，旨在通过3年行动，打造30个小而美、小而精、小而特、小而活、小而富、生态优美、各具特色美丽海岛。通过“一岛一品、一岛一策”差异化发展路径，激发海岛发展内生动力，全面展现各美其美、岛岛共富新图景，探索具有海岛特色的共同富裕路径。6月7日上午，舟山“小岛你好”——海岛共富行动启动仪式在新城举行，部署“小岛你好”海岛共富行动，现场12个小岛建设项目签约。普陀区庙子湖岛、东福山岛、葫芦岛、蚂蚁岛、白沙岛5个小岛入选首批创建示范岛，围绕“158”工作体系和八大攻坚行动，推进首批5个示范岛建设。

【完善工作机制】 8月，印发《普陀区“小岛你好”海岛共富行动实施方案》《普陀区“小岛你好”海岛共富行动工作规则（试行）》，成立普陀区“小岛你好”海岛共富行动领导小组，由区委、区政府主要领导任双组长，区委、区政府相关分管领导任副组长，相关部门主要负责人为成员。建立区领导联系制度，5名区领导和5个区属部门分别联系结对首批示范岛。建立“小岛你好”海岛共富行动工作专班，抽调区属有关部门和相关镇街（管委会）工作人员集中办公，统筹研究全区“小岛你好”行动实施推进、共同富裕海洋样板建设打造等重大问题和重大事项。

构建部门协调联动政策支撑体系，形成百项“任务表”和首批5个小岛54个“项目库”。明确实施主体、建设内容和时间节点，实施挂图作战，建立项目建设“周报送、旬分析、月评价”工作机制及任务清单常态化报送机制，通过定期开展工作例会，及时解决实施推进过程中困难和问题。在此基础上，各小岛也分别成立示范岛创建工作领导小组，组建工作专班，明确各项目责任领导、责任人，通过定期召开工作例会、总结项目进展与存在问题，激发海岛发展内生动力。庙子湖岛构建“党建统领+示范带动+联盟聚力”红色铁三角模式，聚力机关干部继承三张干事清单，做到“每周一总结、每月一通报、每季度一分析研判”。葫芦岛通过整治村干部异地办公，健全双向联系及驻岛办公专兼职人员轮流驻岛工作机制，建立海岛便民服务新机制，全方位推进“小岛你好”工作新机制。

【谋篇布局】 2022年，普陀区强化规划引领，重点突出岛海联动、产业导入等内容，将功能定位视为“小岛你好”行动核心和灵魂进行反复推敲和研究，推进差异化发展，形成特色鲜明海岛产业结构，初步实现一岛一品目标。葫芦岛围绕“禅修岛”定位，讲好葫芦岛与普陀山渊源故事；加强增殖放流放生、葫芦文创产品等谋划，打造生态引领共富示范岛。蚂蚁岛以“红色研学岛”为定位，依托红色精神、海洋资源、渔村文化“三大优势”，建设共富工坊等红色产业，加快形成虾皮等“一大三小”产业规模化，打造“党建引领新时代共同富裕岛”。白沙岛以“海上运动岛”为定位，明确海上运动重点类型为休闲潜水、海钓和皮划艇运动等，发

东极观光旅游车（沈磊摄）

挥旅游资源和岛礁资源优势，致力打造中国海钓第一岛。庙子湖岛以“极地文化岛”为定位，围绕“东海极地　逅会如期”主题IP，依托旅游资源优势、生态基础及独特海岛文化，发展海岛度假、文化体验等产业。东福山岛以“追光岛”为定位，融合极地民居、海岛石屋、福文化等特色资源，以“东海福岛·文旅石村”为宣传口号，打造极地体验旅游基地、高端度假及拓展观光共富海岛。

【重点项目推进】　2022年，普陀区围绕各岛规划定位及“十大重点工程”（小岛党建引领工程、小岛风貌综合整治工程、小岛产业导入更新工程、小岛基础设施提升工程、小岛集体经济壮大工程、公共服务优质共享工程、兴岛富民制度创新工程、海岛基层治理强化工程、未来海岛数字融合工程、小岛乡风文明工程），推进项目建设。全区“小岛你好”海岛共富行动5个创建示范岛合计安排重点项目54个，其中在建类项目51个、谋划类项目3个。至年底，启动47个项目建设，累计完成投资2.59亿元，完成年度建设任务。白沙岛投礁放流项目、葫芦岛饮用水提升工程、庙子湖配电网改造项目、蚂蚁岛教育基地配套设施建设项目等15个项目完工。在市“小岛你好”年度专项督查中，蚂蚁岛获评优秀等次，白沙岛、庙子湖岛获评良好等次，葫芦岛、东福山岛为合格等次。

【要素保障】　2022年，全区各部门围绕市区两级目标任务，陆续出台支持“小岛你好”行动各项文件，涉及基层党建、集体经济、教育、医疗卫生等不同领域。区级财政根据《“小岛你好”海岛共富行动市级财政奖补方案》，确定“小岛你好”区级资金保障机制，每个小岛500万元项目启动资金和2225万元市级奖补资金已到位。区民政局紧盯海岛养老问题，推进“海岛支老、一起安好”偏远海岛养老服务区域协作，完善小岛集中式养老设施及“幸福驿家”海岛服务驿站。区农业农村局围绕小岛村级集体经济发展，逐村确定“一村一策”发展模式，成立首家区级强村公司，打造“红动蓝湾·和美海岛”共同富裕示范带建设项目，探索盘活闲置农房。区文广旅体局聚焦小岛产业导入，编制《普陀区文旅项目投资指南》，推介海岛民宿项目，深化公共文化服务。区资源规划分局保障全区“小岛你好”项目新增用地指标，协助做好“小岛你好”规划编制工作。

（撰稿：蔡成林）

“共富方舟·健康守护”行动

【概况】　2022年，普陀区结合辖区海岛众多的地域实际，针对小岛居住人口老龄化比例持续攀升、海岛健康医疗服务供需矛盾突出等问题，创新启动“共富方舟·健康守护”行动。浙江大学医学院附属邵逸夫医院和普陀医院帮扶合作，旨在共同推动海岛医疗健康领域“走向共富”。“共富方舟·健康守护”行动计划以医疗服务船为服务载体、以专业医疗团队为实施主体，每月登临2个小岛为群众持续提供健康管理、健康监测、应急救治等医疗服务，并以数字化手段贯穿闭环管理，解决海岛群众看病难、配药难、急救难等难点问题。7月

7月16日，“共富方舟·健康守护”行动启动仪式（区发改局提供）

16日举行启动仪式并开展首站行动。是年，“共富方舟·健康守护”行动共服务15个偏远海岛，惠及群众5385人次。12月19日，浙江省高质量发展建设共同富裕示范区最佳实践（第二批）名单公布，普陀区“打造‘健康方舟’，打通海岛健康服务‘最后一海里’”上榜。

【启动仪式】 7月16日上午，普陀区举行“共富方舟·健康守护”行动启动仪式。省政协副主席、浙江大学医学院附属邵逸夫医院院长蔡秀军，省卫生健康委员会副主任曹启峰，区委书记孙志龙先后致辞，副市长洪碧、区人大常委会主任戴灵芝、区政协主席夏凯慧等领导出席。仪式上，区政府与中国移动舟山分公司就助力“共富方舟·健康守护”行动签约协议。健康守护队、文艺轻舟队、青春益舟队在授旗后登上“方舟”开启首站行动。仪式第二阶段举行创新技术应用介绍会，介绍“共富方舟·健康守护”行动的基本情况及最新技术在医疗领域的推广与应用。

【历次行程】 7月16日上午，“共富方舟·健康守护”行动船载两辆装有先进医疗设备的体检车和医疗、文艺、志愿服务团队到葫芦岛，开展“共富方舟·健康守护”首站活动。医疗团队由浙江大学医学院附属邵逸夫医院和普陀医院专家组成，为岛上村民提供健康体检、临床诊疗等一站式医疗服务。

7月29—30日，“共富方舟·健康守护”行动第二站走进白沙岛。30余名医务人员为白沙岛和柴山岛的300余名老人提供一站式医疗服务。

8月17—18日，“共富方舟·健康守护”行动第三站走进湖泥岛，浙江大学医学院附属邵逸夫医院和普陀医院近30名医务人员为湖泥岛、双山岛的近300名老人提供一站式医疗服务。

9月22日，“共富方舟·健康守护”行动第四站走进六横镇悬山岛，30多名区级医疗专家为岛上居民提供一站式医疗服务。

9月30日，“共富方舟·健康守护”行动第五站走进蚂蚁岛，根据蚂蚁岛有卫生院具备基础医疗服务的情况，有针对性派8个科室的10名区级医疗专家为岛上村民提供义诊、免费送药等

8月17日，“共富方舟·健康守护”行动第三站走进湖泥岛（区发改局提供）

医疗服务。

10月13日，“共富方舟·健康守护”行动第六站走进登步岛。20余名医疗专家为岛上居民提供义诊、体检、AR远程诊疗服务。

10月28日，“共富方舟·健康守护”行动第七站走进桃花镇青龙村。20余名普陀医院医生为村民提供义诊和健康知识普及服务。

11月10日，“共富方舟·健康守护”行动第八站走进虾峙镇黄石村。10余名普陀医务人员为村民提供医疗、预约购药等服务。

11月26—27日，“共富方舟·健康守护”行动第九站走进东极诸岛。10名区级医疗专家为岛上居民提供诊疗、体检等服务。

12月9—10日，“共富方舟·健康守护”行动第十站走进六横镇佛渡岛。20余名区级医院专家为岛上居民提供诊疗、体检等服务。

【服务内容】 “共富方舟·健康守护”行动主要为小岛居民提供义诊、体检、免费送药等服务。义诊和体检一般设有内科、外科、眼科、耳鼻喉科、中医科及血常规、尿常规、B超、心电图等检查。检查数据通过5G网络实时传输到后方医院。在六横镇悬山岛、佛渡岛还有胃镜检查。第三站起增设AR远程诊疗。第六站起增设家庭医生现场签约服务，签约成功后，居民可通过浙里办App中的“健康方舟”数字应用，就能预约家庭医生诊疗时间，为自己定制个性化医疗服务“菜单”。11月起，“健康方舟”数字应用推出预约购药功能。

每次“共富方舟·健康守护”行动有10~30名志愿人员相随，为岛上居民提供政策宣讲、磨刀、理发、家电修理等志愿服务。部分场次有文艺演出人员相随，在当地文化礼堂为村民表演文艺节目。

第十四届中国国际普陀佛茶文化节

【概况】 2022年5月23日上午，由市政府、中国国际茶文化研究会主办，区政府、市农业农村局、区农业农村局、区文广旅体局、区投资促进中心承办的第十四届中国国际普陀佛茶文化节在东港塘头佛茶园开幕。活动以“植此青绿　共富未来”为主题。十三届全国政协社会和法制委员会副主任、中国国际茶文化研究会会长、省政协原主席乔传秀宣布开幕。中国国际茶文化研究会常务副会长、省政府原副省长、省政协原副主席王建满，省人大环境与资源保护委员会主任委员、中国国际茶文化研究会副会长兼秘书长、省农业农村厅原厅长林健东，舟山市茶文化研究会会长、市人大常委会原主任钟达，省农业农村厅二级巡视员赵琳，副市长孙小晓，市委原常委姜建明，中国佛教协会副会长、市政协副主席、普陀山佛教协会会长道慈，区委书记孙志龙，区委副书记、区长徐炜波等出席。配套举办首届普陀佛茶斗茶赛、全民饮茶暨新茶品茗会、普陀佛茶摄影比赛、国际茶日活动、第十四届中国国际普陀佛茶文化节暨2022年普陀招商推介交流会。旨在丰富茶文化内涵，传承与发扬普陀佛茶文化。提高茶农种茶、企业制茶积极性和收入，以期通过扩大种植面积、加大扶持力度等多种方式，提高普陀佛茶附加值，以茶为媒推动乡村振兴，实现共同富裕。

【开幕式】 2022年5月23日上午，第十四届中国国际普陀佛茶文化节在东港塘头佛茶园开幕。开幕式活动分为茶园区和舞台区两部分。开幕式演出以节气为时间主线，有情景舞蹈、歌舞串烧、器乐合奏、主题诗朗诵等演出形式。《谷雨·润新茶》《春分·游茶赋》《清明·采茶调》《夏至·嬉茶图》《处暑·悟茶音》《白露·尽茶情》《茶香新普陀》《佛茶缘天下》《茶韵绘新语》等节目贯穿始终，展示种茶、采茶、炒茶、泡茶、品茶的过程，展现普陀佛茶的风采韵味与禅意文化。开幕式通过“掌上普陀”App、“中国舟山普陀”微信视频号、“嗨普陀”抖音号、“中国普陀”微博等平台进行网络直播。

【配套活动】 第十四届中国国际普陀佛茶文化节配套举办首届普陀佛茶斗茶赛、全民饮茶暨新茶品茗会、普陀佛茶摄影比赛、国际茶日活动，弘扬普陀佛茶文化，提高普陀佛茶加工技艺

5 月 23 日，普陀佛茶文化节开幕式演出（诸葛晓明摄）

和品质，扩大普陀佛茶品牌影响力，促进产业兴旺、茶农致富。首届普陀佛茶斗茶赛为第十四届中国国际普陀佛茶文化节配套活动之一，由区农业农村局主办。4 月 26 日上午，普陀区和定海区的 12 家茶业生产单位参加比赛。所有参赛茶样均贴上相应的标签号码，评委统一拆除包装，按照茶叶专业审评标准，通过对茶样的干茶外形、汤色、滋味、香气、叶底等进行全方位比对、审评、打分，按总分高低进行排序。舟山市普陀霖瑞茶叶专业合作社、舟山市普陀法雨茶业有限公司、舟山市普陀区展茅洪水湾家庭农场、舟山市普陀特产有限责任公司选送的茶样获金奖。“值此青绿　共享未来”摄影大赛收到 32 名作者 258 组（幅）作品。

5 月 23 日下午，“植此青绿·共富未来”2022 年普陀招商推介交流会举行，参加企业 40 余家，包括浙江省能源集团有限公司、杭州钢铁集团有限公司、明阳智慧能源集团股份公司、上海卓然工程技术股份有限公司等大型国企、行业领军企业、知名民企代表，部分知名企业相关负责人作交流发言，为普陀的发展建言献策。现场签约 4 个项目，涉及文旅健康、金融商贸、海洋食品等多个领域，为普陀经济社会发展注入新活力。

（撰稿：刘玥等）

2022年度十大民生实事

【实施住房安居工程】 2022 年，普陀区完成 174 幢老旧小区改造，累计完成投资 1.5 亿元；实现开工建设保障性住房 3793 套，建成 825 套。全部完成该工程（包含 2 个子项）年度目标。

【实施城市品质提升工程】 2022 年，普陀区开展桃花镇茅山村、东港街道南岙自然村及塔岭下自然村、展茅街道黄杨尖村及林吴自然村、蚂蚁岛村、登步岛竹东村等 7 个渔农村生活污水治理提标改造，新增受益户 1050 户；中大街北安路立体停车库正在优化方案；完成 600 件健身路径安装工作并验收。基本完成该工程（包含 3 个子项）年度目标。

【实施交通提升工程】 2022 年，普陀区完工“六横 1”普通客船和环岛公司 320 客位普通船舶两艘客运船舶；完成农村公路大中修 23.164 千米，农村公路提升 7.8 千米；完成东极东福山、白沙、樟州等 4 座码头风貌提升，桃花茅草屋客运站于 2022 年 11 月启动建设，计划 2023 年 10 月建成；改造完成 7 个海岛乡镇公交车站台；移动式智能化检票系统于 2022 年 4 月建成；城区 6 个重点路口交通信号灯已完成加装，交警指挥中心调度系统正在招投标，计划 2023 年 3 月建成。基本完成该工程（包含 6 个子项）年度目标。

【实施医疗惠民工程】 2022 年，普陀区共有 10 台数智药房投入试运行，点位分布于金鹰海景、金洋花园、文康街、海珠路、海洲一品、浙能蓝园等；全区筛查结直肠癌人数 16469 人；全区完成城乡妇女宫颈癌检查 7692 人、乳腺癌检查 7812 人；辖区内 89 家医疗机构运行诊疗行为大数据监管系统，接入省行政执法平台，查处违法案件 13 件。全部完成该工程（包含 4 个子项）年度目标。

【实施教育提质工程】 2022年，东港新建幼儿园项目于4月开工建设，计划于2023年12月建成；东港新建小学已开工建设，计划于2024年12月建成；完成普陀第二中学、舟渔学校、向阳小学、海城铭园幼儿园等提升改造；完成区中心幼儿园、东港幼儿园等18所幼儿园防近视灯具安装；完成沈家门第四小学、沈家门幼儿园等22所学校智慧安防设施改造。基本完成该工程（包含4个子项）年度目标进度。

【实施老幼保障工程】 2022年，普陀区老年大学工程完成设计方案招标；落实新增老年公寓100套，普陀区DT-07地块养老公寓建设工程于2月21日开工建设，计划2024年8月底完工；完成65岁以上居家老年人免费两次医养结合智能服务；完成6000人次70周岁以上老年人免费接种流感疫苗；完成20个城市社区老年人休闲驿站建设；建成东港街道红旗村、沈家门街道中兴社区、六横镇峧头新村、六横镇东靖社区、六横镇沙浦新村5家示范型儿童之家，建成沈家门街道鲁家峙社区、东港街道文康社区等31家基础型儿童之家；完成2家示范型婴幼儿家庭养育驿站建设。基本完成该工程（包含7个子项）年度目标进度。

【实施饮水安全工程】 2022年，普陀区完成东港街道葫芦岛海水淡化工程，完成供水管网主管网安装，一户一表累计完成300余户；完成东极供水管网提升改造；建成虾峙大岙到黄石、东晓供水管网联通工程。全部完成该工程（包含3个子项）年度目标。

【实施“扩中提低”工程】 2022年，普陀区实施“红动蓝湾·和美海岛”共同富裕示范带建设，覆盖3岛7个行政村共计15个项目，累计完成投资5473.5万元，完成年度计划的109%；新增就业5638人，完成全区培训各类技能人才1.2万人次；完成全区尿毒症血透患者贫困群体救助，2022年完成专项救助33人次，救助金额11.7万元；完成职工养老保险向企业扩面，全区户籍法定人员基本养老保险参保率达96.54%以上。全部完成该工程（包含4个子项）年度目标。

【实施防洪排涝工程】 2022年，普陀区开工建设6条海塘，其中小郭巨一期海塘完成工程量的90%，金钵盂海塘完成工程量的75%，该6条海塘共完成年度投资9599万元；完成沈家门红石山塘、六横西厂山塘、六横东风水库、东港塔岭下榨湾山塘4座山塘水库除险加固；建成城市“智慧排水”系统。全部完成该工程（包含3个子项）年度目标。

【实施食品安全工程】 2022年，普陀区完成全区2000家生产经营单位参保食品安全责任险；完成全区260家试点生产企业、餐饮单位前端视频监控安装。全部完成该工程（包含2个子项）年度目标。

（撰稿：孙斌）

编辑：魏斌 刘玥

区情总述

区 域

【区域位置】 舟山市普陀区地处浙江省东部，浙江舟山群岛新区东南部，长江、钱塘江、甬江入海交汇处南缘海域。位于北纬29°32′24″~30°15′01″，东经121°55′49″~123°13′12″。区域总面积6728平方千米，其中海域面积6269.4平方千米、陆域面积458.6平方千米（含潮间带69.77平方千米）。东西最大距离123.8千米，南北最大距离78.4千米。

区境东接东海，南到东、西磨盘礁以南与宁波市象山县海域相连，西南至汀子山岛以西与宁波市北仑区海域交接，西缘小干岛、黄杨尖山脊、钓梁围垦区中部一线与定海区为邻，西北至小板门、北至中街山列岛以北与岱山县海域相连。

【岛屿】 普陀区有海岛743.5个（舟山岛普陀区部分计0.5个），约占全省海岛总数的17.1%，占全市海岛总数的35.7%。其中，有居民海岛45.5个，无居民海岛698个。海岸线总长831.43千米。

境内岛屿自西南向东北呈带状分布。列岛有北部的中街山列岛和南部的梅散列岛。中街山列岛位于舟山群岛东部，介于岱衢洋和黄大洋间，从大长涂山以东至两兄弟屿呈东西走向条状排列，最高东福山海拔324.3米，小板门以西岛屿归属岱山县，小板门以东岛屿（150余个）归属普陀区管辖，岛屿土层较薄，岸线陡峭，四周无滩涂，地处近海外缘，风浪大，周围海域为中街山渔场。梅散列岛位于舟山群岛南部，由20余个海岛组成。最高大尖苍海拔158.5米，植被以灌木、杂草为主，周围海域为磨盘洋渔场。

【地质地貌】 境内地质属华夏古陆，是浙东华夏褶皱带浙东南

2022年普陀区有居民海岛基本情况表

表1

岛 名	陆地面积（平方千米）	滩地面积（平方千米）	海岸线长（千米）	最高点海拔（米）	2022年年末人口	
					户数（户）	人数（人）
舟山（普陀部分）	91.38			503.6	59960	154053
梁横山	4.22	3.74			477	1491
小 干	4.59	3.01	16.13	88.0	430	1409
鲁家峙	3.12		10.04	89.0	2242	5083
葫 芦	0.91	0.10	8.71	89.0	687	1831
普陀山	11.70	4.48	33.59	283.8	2095	5089
洛迦山	0.36	0.11	3.79	101.7		
黄 兴	2.42		12.87	207.1	450	969

续表 1

岛 名	陆地面积（平方千米）	滩地面积（平方千米）	海岸线长（千米）	最高点海拔（米）	2022年年末人口	
					户数	人数
庙子湖	2.62	0.01	12.40	136.5	787	1939
青 浜	1.39		9.69	131.6	764	1761
西福山	0.60		5.50	118.0		
东福山	2.94		9.99	324.3	229	537
柱子山	0.19	0.01	2.55	68.0		
羊峙山	0.20	0.11	2.43	56.0		
朱家尖	61.89	14.46	82.20	378.4	8688	26369
后门山	0.17	0.03	2.65	45.2		
西 峰	1.52	0.91	10.24	187.7		
柴 山	0.88	0.06	4.81	163.0	377	1056
白沙山	1.44	0.30	12.89	98.8	492	1478
外洋鞍	0.02		0.57	48.5		
西 闪	0.37	0.48	3.36	51.0		
登 步	14.50	2.50	24.34	182.8	1903	5495
蚂 蚁	2.23	0.65		157.3	1174	3553
悬鹁鸪山	0.70	0.44	6.68	144.3		
桃 花	40.56	5.39	55.62	544.4	5374	15465
东白莲山	1.38	0.60	8.87	104.0	98	280
大双山	0.69	0.38	5.67	150.2	473	1173
西白莲山	0.93	0.37	4.47	120.0	128	362
小双山	0.13	0.10	2.32	37.0		
湖泥山	1.53	0.09	9.31	87.8	414	1401
金钵盂	0.63	0.40	4.38	114.0		
虾 峙	17.14	2.08	59.52	207.4	5705	17178
走马塘	0.71	0.13	6.25	141.3	99	272
牛 山	0.15	0.19	1.96	45.5		
野佛渡	0.19	0.17	2.40	69.9		
六 横	94.46	17.78	86.35	300.1	17086	54957
汀子山	0.15	0.14	1.89	58.5		
佛 渡	7.40	1.72	18.32	183.2	835	2906
凉 潭	1.12		7.62	83.7		
悬 山	6.76	1.05	32.57	158.8	906	2849
大铜盘	0.02		0.58	25.3		
对面山	0.67	0.26	5.24	121.8		

续表 1

岛　名	陆地面积（平方千米）	滩地面积（平方千米）	海岸线长（千米）	最高点海拔（米）	2022 年年末人口	
					户数	人数
外青山	0.13		1.70	63.4		
砚瓦山	0.54		5.45	89.3		
笔架山	0.46		6.34	112.5		
大蚊虫	0.79		6.72	105.6		

说明：1.“2022 年年末人口”栏空白的岛屿有人居住但户籍不在该岛。
2.个别岛屿滩地面积、海岸线长数据暂缺。
3.梁横山岛实际已与舟山岛相连。

沿海隆起带的一部分。地层为中生界侏罗系上统火山沉积岩系所覆盖，新生界第四系也很发育。地貌属舟山群岛—三门湾低山丘陵港湾群岛区。低山丘陵占陆地面积（不含潮间带，下同）约 2/3，港湾平原占陆地面积约 1/3。低山丘陵中，海拔高于 300 米高丘占 32.35%，海拔低于 300 米低丘占 67.65%。海拔最高为桃花岛对峙山（又名安期峰）544.4 米。

低山丘陵分布黄壤、红壤 2 土类，港湾平原分布潮土、盐土、水稻土 3 土类。植被属中国–日本森林植物亚区和亚热带常绿阔叶林地带。

【海域】 境内有黄大洋、磨盘洋、崎头洋 3 个海区。黄大洋在区境北部，与岱山县共辖，面积约 1000 平方千米。磨盘洋在区境南部，与象山县共辖，面积约 35 平方千米。崎头洋在区境中西部，与宁波市北仑区共辖，面积约 166 平方千米。

境内港湾、水道众多，水路交通便利。水道 28 条，以虾峙门、小板门、普沈水道、双屿门、佛渡水道为主要交通航道。

受沿岸流、黑潮暖流两大海流流系和江浙沿岸水团、东海暖水、黑潮次表层水、黄东海混合水 4 个水团影响，海域水温、盐度、水色、透明度常有变化，适合多种鱼类季节性洄游和生长。

海域底质以粉砂质细砂、粉砂质泥以及泥质粉砂等较细粒物质为普遍，呈现随水深增加而颗粒渐细现象。潮流较急的窄水道底质多为中粗砂，间或有局部水下礁石、沙砾。整个海域海底微向东南倾斜。

【建置沿革】 普陀历为舟山一部分。春秋时属越之“甬东”。战国时楚灭越，遂属楚。秦统一后为会稽郡鄮县东境地。两汉、三国（吴）、晋、南北朝（宋、齐、梁、陈）因之。隋开皇九年（589）属句章县。唐武德四年（621）属鄞州。八年（625）鄞州废，遂属鄮县。开元二十六年（738），舟山始建翁山县，普陀属之。大历六年（771）翁山县废，复属鄮县。五代后梁开平三年（909）复翁山县，普陀属之。宋太平兴国三年（978）翁山县废，属鄞县。熙宁六年（1073）舟山建昌国县，元至元十五年（1278）昌国升县为州，明洪武二年（1369）复改为县，普陀皆为其东境。洪武二十年（1387）昌国县废，属定海县。清康熙二十七年（1688）原定海县改为镇海县，舟山建定海县，普陀属之。道光二十一年（1841），定海县升为直属厅，民国元年（1912）11 月复改为定海县，普陀仍属之。1953 年普陀始建县，隶于舟山专区。普陀县名得之于境内佛教名山普陀山。1958 年 12 月，撤普陀县，属舟山县。1962 年 6 月复置普陀县，属舟山专区（1967 年起，舟山专区改为舟山地区）。1987 年 3 月，普陀县改为舟山市普陀区，延续至今。

普陀县、区政府原驻沈家门镇（2007 年起为沈家门街道），2012 年起区政府移驻东港街道。

【地域特色】 普陀地处海岛，气候宜人，空气质量较好，自然风光优美。境内有普陀山国家级风景名胜区（含朱家尖岛东部 28.8 平方千米）和省级风景区桃花岛风景区。普陀山以“海天佛国”、中国四大佛教名山之一闻名于世,朱家尖以沙雕和独特的自然景观受国内外游客青睐,桃花岛以"金庸武侠文化"和海岛影视基地驰名,东极、白沙等地以清新自然的海岛风光和淳朴的渔村风情吸引游客。旅游特产有各类海产加工食品、海洋工艺品、普陀佛茶、普陀观音饼等。

境内港口众多,自然条件优越。沈家门港是中心渔港,也是兼集货物吞吐、客运、外贸运输、服务等功能的综合性港口,港泊渔船与鱼货吞吐量居全国首位。沈家门是舟山渔场最大的补给中心,素有"渔都"之称。桃花港(深水良港)、台门港、虾峙港为一级渔港。

普陀经济以工业为主导,修造船业和水产加工业等临港工业较有竞争力。旅游业与商贸在经济中占有较大比重。海洋渔业特别是外洋捕捞在全国占有举足轻重的地位。

普陀山机场地处朱家尖岛,有跨海大桥与舟山岛相连,并通过舟山西部的5座跨海大桥与大陆运输网连通。海、陆、空立体交通运输网络使普陀区与外界往来便捷。

普陀地方特色文化主要体现在海洋文化、民俗文化、佛教文化。"普陀渔民画""普陀船模"走向国内外,"印象普陀"及各种节庆文艺活动吸引众多国内外游客。

(撰稿:胡永久)

气　象

【概况】 普陀属亚热带季风气候,冬夏季长,春秋季短,四季分明,夏无酷暑,冬无严寒,年温差较小,温暖湿润,光照充足,雨量充沛,季风现象明显。雨量季节分布不均,春夏多,秋冬少。

按气候学四季标准,普陀区常年四季划分:春季3月26日至6月15日(候平均气温10℃~22℃),冷暖空气交替频繁,风向多变,温度变化大,降水较多;主要灾害性天气有大雾、倒春寒等,偶有冰雹。夏季6月16日至9月30日(候平均气温22℃以上),6月中旬至7月上旬为初夏梅雨期,雨量集中,暴雨增多,出梅后受副热带高压控制,多晴热天气,温度高,日照多,蒸发量大;6—8月是雷暴多发期;7—9月是热带风暴或台风主要影响期,常年有3~4个影响普陀区。秋季10月1日至12月10日(候平均气温10℃~22℃),夏季风渐转冬季风,冷空气逐渐转强,气温波动下降。冬季12月11日至次年3月25日(候平均气温10℃以下),北方冷空气频繁南下,气温迅速下降,多晴冷天和偏北大风,但无严寒,少冰雪。

2022年年平均气温比常年偏高,降水量偏少,日照时数偏多;而降水日数、大风日数和霾日数偏少。年平均气温17.5℃,连续7年平均气温超过17℃。年极端最高气温为39.1℃;年内出现≥35℃高温日4天;年极端最低气温为-1.6℃。年降水量为1303.2毫米,相比常年偏少4.2%;降水主要出现在3月、6月和9月,3个月降水占全年的五成。年日照时数为2090.3小时,相比常年偏多11%。全年主要灾情,春季多日浓雾,夏季持续高温,9月台风直袭,年底寒潮侵扰。2022年灾害重,年景差。

【气温】 2022年,普陀区年平均气温为17.5℃,比常年偏高0.5℃,连续7年平均气温高于常年,比上年低0.4℃。全年有7个月平均气温高于常年,其中1月、3—4月、7—8月、11月气温都明显偏高;12月平均气温则明显偏低。冬(2021年12月至2022年2月)、春(3—5月)、夏(6—8月)、秋(9—11月)四季全区平均气温分别为8.1℃、15.6℃、26.7℃、20.3℃,比常年分别偏高0.4℃、1.0℃、1.1℃和0.4℃,比上年分别偏低0.7℃、0.3℃和0.5℃,夏季平均气温偏高0.8℃。2022年夏季全区平均气温之高为历年同期之最。年极端最高气温为39.1℃,出现在8月20日;年内≥35℃高温日共4天。年极端最低气温为-1.6℃,出现在12月18日。

【降水】 2022年,普陀区降水量为1303.2毫米,比常年减少56.8毫米,偏少4.2%;同比减少529.9毫米,偏少29%。降水主要出现在3月、6月和9月,3个月降水占全年的50%。3—6月、11月降水量在100~200毫米;其他各月降水量<100毫米,10月降

水量最少为26.1毫米。年内重大降水为3月25日大到暴雨,6月13日、6月20日大到暴雨,9月5日暴雨、9月14日大暴雨。

【日照】 2022年,普陀区日照时数为2090.3小时,比常年偏多207.1小时,偏多11%。3—9月和12月日照分别比常年偏多15%、23%、9%、27%、29%、36%、4%和9%,1—2月和10—11月日照比常年偏少5%、15%和14%、16%;其中7月、8月日照达304.8小时和319.8小时,最少2月为95.8小时,其他各月日照时数在100~200小时。

【冷空气】 2022年影响普陀区的冷空气有6次,其中2次达到寒潮强度。11月28日至12月1日受寒潮影响,全区日平均气温下降10.1℃,最高气温从11月28日23.7℃降到12月1日6.1℃,下降17.6℃,沿海出现8~10级偏北大风。12月16—18日受寒潮影响,全区降温10.4℃,18日早晨最低气温达到-1.6℃,0℃以下低温持续时间长达8小时;沿海出现8~10级偏北大风。普陀区于12月17日进入气象意义上的冬季。

【春季大风海雾】 2022年,普陀区春季大风日数5天,比常年偏少2.2天。3月17日、3月21—22日、4月13日17时至14日7时,受低压发展影响,普陀沿海出现10级左右大风。春季(3—5月)雾日数26天,相比常年偏多3.2天。以下时间出现能见度小于500米的浓雾天气:3月4日夜里至3月5日上午、3月11日半夜到3月12日上午、3月16日夜里至3月17日下午以及3月30日早晨到上午;4月10日半夜至4月11日上午、4月11日夜里至4月13日上午、4月22日夜里至4月23日早晨、4月23日夜里至4月24日早晨、4月24日夜里至4月25日上午;5月5日夜里至5月6日早晨、5月6日下午至5月7日上午、5月7日下午至5月8日早晨。春季大风和海雾对岛际交通和海上作业造成较大影响。

【强对流】 2022年7月中下旬,普陀区持续晴热高温天气导致午后强对流天气频发。7月17日和7月19日下午到傍晚、7月21日和7月24—26日傍晚出现强对流天气,7月21日8~10级雷暴大风,局部雨量中等。强对流产生的雷暴大风、强雷电等恶劣天气具有突发性、来势凶猛等特点,预警难度大,对安全的威胁程度高。

【高温】 2022年,普陀区夏季(6—8月)气温持续偏高,平均气温26.7℃,为历年同期之最。全区≥35.0℃的高温日数为4天,为历年同期次高,仅次于2007年和2018年(均为5天),比常年平均(0.9天)偏多3.1天。极端最高气温达39.1℃,为历史最高。

【干旱】 2022年8月,降水量35.8毫米,较常年偏少73%。其中,上旬偏少65%,中旬无降水,下旬偏少62%。降水日数5天,较常年偏少6.2天,连续21天无降水。受副热带高压持续影响,全区持续高温干旱。由于连续高温缺水,农田干旱形势严峻,全区严重干旱面积约4600亩(约306.67公顷),多地出现不同程度的用水紧张情况。

【梅雨】 2022年,普陀区于6月10日入梅,较常年提早4天;6月26日出梅,较常年提早10天。梅期16天,较常年偏少6天。全区梅雨量为100.5毫米,较常年偏少52.5%,最大为东极站146.5毫米。2022年梅期呈现入梅早、出梅早、梅期短、降水量少、梅雨不典型等特点。

【阴雨与降雪】 2022年,普陀区2月上中旬雨日18天,降水量比常年偏多37%;全区日照时数比常年偏少89%,持续阴雨寡照,对生产生活影响较大。逐日平均气温2.4℃~8.3℃。积温偏低,农事滞后。2月23日出现雨夹雪,高海拔地区出现积雪,桃花岛对峙山山顶积雪深度有3~5厘米,对山区道路交通造成一定影响。

【台风】 2022年有2个台风严重影响普陀。第11号台风"轩岚诺"于8月25日下午在台湾以东的西北太平洋洋面上生成,生成后35小时内,其强度从热带风暴级迅速增强为超强台风级。"轩岚诺"在台湾南部以东海域路径出现"V"字形转向,然后沿东经125°附近北上,这种"V"字形怪异路径是有气象记录以来

渔船入沈家门港避风（区气象局提供）

首次出现。“轩岚诺”台风对普陀区造成严重影响，全区面雨量115.9毫米，最大六横东站162毫米；沿海出现10~11级大风。

2022年第12号台风“梅花”于9月14日20时30分在普陀区沈家门登陆，登陆时为强台风级，是1949年以来登陆舟山的最强台风。受“梅花”影响，全区普降大暴雨，局部特大暴雨，9月11日20时至15日8时全区面雨量163.2毫米，最大单站雨量267.4毫米（双塘站）；沿海普遍出现13~14级大风，两站达15级，分别为东亭站（50.6米/秒）、大青山站（46.9米/秒）。

（撰稿：乐方琼）

环境质量

【城区空气质量】 2022年，普陀城区环境空气质量达到二级标准，符合《舟山市环境空气质量功能区划分方案》所规定污染控制指标要求，普陀城区环境空气质量优良。全年监测345天，根据二氧化硫（SO_2）、二氧化氮（NO_2）、可吸入颗粒物（PM_{10}）、一氧化碳（CO）、细颗粒物（$PM_{2.5}$）和臭氧（O_3）6项指标监测结果统计，空气质量优良天数为338天，优良率98.0%。其中，优198天，占监测总天数57.4%；良140天，占监测总天数40.6%。

【地表水质量】 全区有1个省控地表水监测断面（芦东水库），3个市控地表水监测断面（展茅河、芦花河、龙山河）。水质为Ⅱ类的断面1个占25%，水质为Ⅲ类的断面3个占75%，100%断面满足水环境功能区目标水质要求。

【集中式饮用水水源地水质】 普陀区县级集中式饮用水水源地3个，分别为芦东水库、应家湾水库和沙田岙水库；其他乡镇水库4个，分别为展茅平地水库、小坟坑水库、石鹏港水库和浦西水库；千吨万人集中式饮用水水源地6个，分别为大使岙水库、茅山水库、南岙水库、大岙水库、五星水库、东岙水库；渔农村集中式饮用水水源地1个，为棕榈湾水库。2022年县级集中式饮用水水源地达标率100%，其他乡镇饮用水水源地全年总体达标率100%，6个千吨万人集中式饮用水水源地水质全年总体达标率83.3%。渔农村集中式饮用水水源地水质全年总体达标率100%。

2022年普陀城区空气质量监测数据表

表2

污染指标	监测浓度日均值范围（毫克/立方米）	年日均值（毫克/立方米）	国家二级标准年平均值（毫克/立方米）	是否符合国家二级标准	与2021年对比
二氧化硫	0.001~0.008	0.004	0.070	符合	下降20%
二氧化氮	0.003~0.047	0.017	0.040	符合	下降5.6%
可吸入颗粒物（PM_{10}）	0.002~0.053	0.015	0.035	符合	持平

【城市声环境质量】 2022年，普陀区设区域环境噪声监测点39个，区域环境噪声昼间平均等效声级55.0分贝，环境噪声总体水平等级为二级，评价较好。

普陀区城市道路交通噪声监测路段总长度9716米，平均路宽38.0米，监测期间昼间平均车流量为728辆/小时，平均等效声级65.6分贝，达到国家标准控制值要求。

【农村环境质量】 2022年，根据《2014年浙江省农村环境质量试点监测技术方案》及市生态环境局安排，普陀区选择东港街道芦花村实施农村环境质量现状监测，监测结果，芦花村空气质量指数级别为一级，空气质量所属类别为优。

芦花村南岙水库水质为Ⅲ类，符合指定功能水质类别。芦花村施家岙楼房里农村污水终端上半年监测超标，其余监测均达标。

（撰稿：江姿谕）

区划与人口

【行政区划】 2022年，普陀区境内有六横、桃花、虾峙、东极、普陀山5个镇，东港、沈家门、展茅、朱家尖4个街道办事处，白沙岛、蚂蚁岛、登步岛3个区属功能区管理委员会（蚂蚁岛、登步岛地属沈家门街道，白沙岛地属朱家尖街道）。年末，境内有渔农村村民委员会 88个（含舟山新城管理委员会托管的蒲岙、浦东、曙光），城市社区居民委员会40个（含舟山新城管理委员会托管的浦西），居民委员会3个。区实际管辖六横、桃花、虾峙、东极4镇，东港、沈家门、展茅3街道，白沙岛、蚂蚁岛、登步岛3个管理委员会，渔农村社区村民委员会74个，34个城市社区居民委员会，3个居民委员会。是年3月，沈家门街道分设“舟山市普陀区沈家门街道鲁家峙社区居委会”为“舟山市普陀区沈家门街道鲁东社区居民委员会”和“舟山市普陀区沈家门街道鲁西社区居民委员会”2个社区居委会；东港街道新成立“舟山市普陀区东港街道新北社区居民委员会”和“舟山市普陀区东港街道莲洋社区居民委员会”2个社区居委会。

（撰稿：区民政局）

2022年年末社区（居委会）、建制村一览表

表3

镇 街	社区（居委会）或建制村	社区（居委会）、建制村名称
六横镇	城市社区	棕榈湾、台门、蟑螂山、东靖、新民
	建制村	大脉坑、龙山新、沙浦新、洋山新、峧头新、石柱头、嵩山、小郭巨、双屿港、山西、积峙、五星、和润、悬山、岑夏、滚龙岙、青山、青联、双塘新、张家塘新、小湖、杜庄、苍洞、梅峙、平峧、高峰、礁潭新、台门、田岙、佛渡
桃花镇	建制村	茅山、盐厂、对峙、公前、青龙、沙岙、塔湾
	居委会	公前
虾峙镇	建制村	晨港、兴港、灵和、东晓、黄石、湖泥
	居委会	灵和
东极镇	建制村	东极
普陀山镇	城市社区	龙沙、白华、中山、合兴
沈家门街道	城市社区	荷东、荷外、东大、泗湾、新街、中大、西大、教场、西河、小蒲湾、大蒲湾、中洲、海星、茶湾、墩头、大干、中兴、鲁东、鲁西、小干

续表 3

镇　街	社区(居委会)或建制村	社区(居委会)、建制村名称
沈家门街道	建制村	平阳浦、大山、东岙、泗湾、教场、蒲湾、大干、中弄、鲁家峙、马峙
东港街道	城市社区	莲安、安康、中昌、灵秀、兴普、和津、文康、新北、莲洋
	建制村	芦花、红旗、南岙、永兴、陈家后、葫芦、塘头
展茅街道	建制村	茅洋、螺门、晓辉、梁横、沙井、黄杨尖、横街、大展
	居委会	沙井
朱家尖街道	建制村	中欣、莲兴、大洞岙、莲花、南沙、三和、顺母新、莲和、新桉、沙湾、西岙
	城市社区	福兴
蚂蚁岛管委会	建制村	蚂蚁岛
白沙岛管委会	建制村	白沙港
登步岛管委会	建制村	大岙、竹东、沙头
新城管理委员会托管	建制村	蒲岙、浦东、曙光
	城市社区	浦西

【人口】 2022年年末，普陀区境内户籍人口111873户、308956人，比2021年增加115户、减少2303人。人口密度每平方千米646人。男152283人、女156673人，性别比为97.2∶100。按年龄分:0~17岁32175人，比2021年减少950人;18~34岁43110人，比2021年减少3210人;35~59岁132340人，比2021年减少1899人;60岁及以上101331人，比2021年增加3756人;老龄化率32.8%，比2021年提高1.5个百分点。当年出生1123人，比2021年减少115人;死亡2574人，比2021年减少23人;人口自然增长率为-4.7‰。迁入人口952人，迁出人口816人。镇街人口以沈家门街道最多，普陀山镇最少。镇街人口流动，东港街道和普陀山镇增加，其余都减少。

2022年年末普陀区各镇街人口情况表

表 4

镇　街	总户数(户)	总人口(人)
全　区	111873	308956
六横镇	18827	60712
桃花镇	5377	15482
虾峙镇	6917	20666
东极镇	2240	5373
普陀山镇	2086	5105
沈家门街道	34079	81834
东港街道	25416	70001
展茅街道	7373	20876
朱家尖街道	9558	28907

经济和社会发展

【综合实力】 2022年，普陀区围绕区党代会和区“两会”各项决策部署，聚焦“现代海洋产业新高地、现代品质海岛大花园、现代社会治理新样板”发展定位，开展“项目攻坚突破、全域争先进位”两大行动，推进现代化新普陀建设。全年实现地区生产总值(GDP)409.67亿元，按可比价计算(下同)，比上年增长4.0%。分产业看，第一产业实现增加值80.59亿元，增长6.4%;第二产业

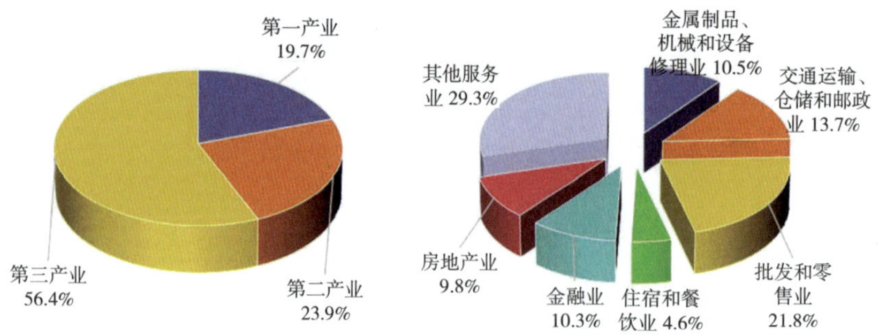

图 1 2022 年普陀区地区生产总值及第三产业增加值构成统计图

实现增加值 98.09 亿元，增长 1.9%；第三产业实现增加值 230.99 亿元，增长 3.9%。三次产业结构比例调整为19.7:23.9:56.4。按常住人口计算，人均GDP10.63 万元，比上年增长 3.7%。

全年财政总收入 48.27 亿元，比上年下降 7.3%，一般公共预算收入 32.23 亿元，扣除留抵退税因素后增长 7.2%。一般公共预算支出 67.65 亿元，增长 9.6%；其中，城乡社区支出增长 61.7%，卫生健康支出增长 22.1%，交通运输支出增长 2.7%，科学技术支出增长 15.3%。全年居民消费价格指数（CPI）比上年上涨1.7%，其中，服务类价格下跌0.3%，消费品价格上涨 3.1%。商品零售价格上涨 3.3%。

【渔业】 2022 年，普陀区全年水产品总产量 93.61 万吨，比上年增长 4.8%。其中，国内捕捞产量 34.11 万吨，增长 0.2%。年末有远洋生产渔船 445 艘，远洋渔业产量 54.72 万吨，增长 8.2%。海水养殖面积 1473 公顷，下降 0.6%；海水养殖产量 4.78 万吨，和上年持平。年末机动渔船数 2316 艘，比上年末减少 29 艘，其中，生产渔船 1897 艘，减少 19 艘；渔船总吨位 63.27 万吨，下降 0.3%，其中，生产渔船总吨位 51.78 万吨，增长 1.1%；渔船总马力 88.36 万千瓦，下降 0.7%，其中，生产渔船 73.24 万千瓦，增长 0.3%。

【农牧业】 2022 年，普陀区全年农作物总播种面积 4339 公顷，比上年增长 6.3%，其中粮食作物播种面积 1434 公顷，同比增长 20.4%。粮食产量 0.62 万吨，蔬菜产量 2.93 万吨，水果产量 1.69 万吨。全年肉类总产量 1171 吨，比上年下降 37.5%。其中，猪肉产量 987 吨，下降 40.0%；禽蛋产量 293 吨，下降 26.2%。全年生猪饲养量 2.34 万头，下降 32.2%；其中，出栏 1.33 万头，下降 38.7%。

【工业和建筑业】 2022 年，普陀区实现工业增加值 76.94 亿元，比上年增长 6.3%。实现工业投资 20.4 亿元，同比增长 122.8%；完成工业技改投资 4.4 亿元，同比增长 5.2%。浙能六横电厂二期、金钵盂临港产业园等重大项目启动，中远蟑螂山改造提升、亚泰西白莲修船基地配套工程等加快推进。投产全省首个“不拆瓦”屋顶光伏项目，启动装机容量 160 万千瓦海上风电场测风工作。全区规模以上工业企业 148 家，全年规模以上工业总产值增长 18.9%，其中重工业产值增长 20.0%，轻工业产值增长 16.6%，新产品产值增长 40.8%，战略性新兴产业产值增长 8.2%，高新技术产业增长 12.4%。规模以上工业销售产值增长 18.1%，产销率 99.2%，其中出口交货值增长 20.1%。全年规模以上临港工业产值比上年增长 21.8%；其中，船舶修造业产值增长 26.6%，全区绿色修船产值超 60 亿元，完成全球最大 LNG 双燃料动力集装箱船带气修理。万邦船舶重工（舟山）有限公司成为全国首家获评国家级“绿色工厂”的船

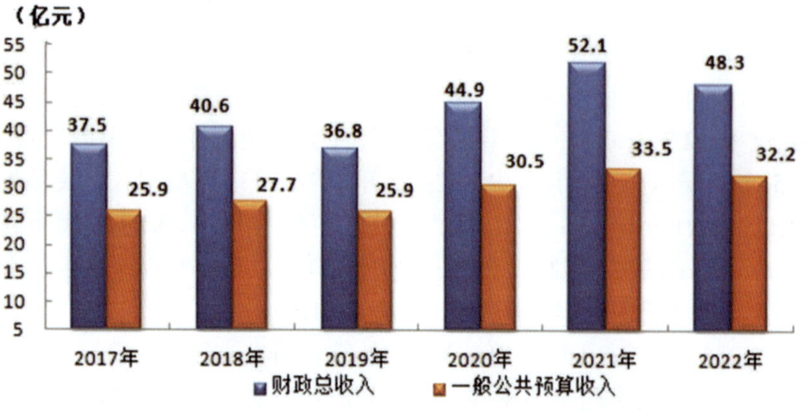

图 2 2017—2022 年财政总收入和一般公共预算收入统计图

船修理企业，舟山市鑫亚船舶修造有限公司成为首家获GTT薄膜型LNG船修理资质的民营修船企业。“船舶智造e建通”入选工业和信息化部工业互联网平台创新领航应用案例。水产加工业产值增长13.7%，电力生产业产值增长25.0%。全区规模以上工业企业实现营业收入284.31亿元，比上年增长13.3%。实现利税总额11.86亿元，增长116.1%，其中利润总额6.74亿元，增长6.16倍。全年全社会用电量19.64亿千瓦时，比上年增长7.2%。其中，工业用电7.63亿千瓦时，增长4.2%；生活用电4.55亿千瓦时，增长18.7%。全年全社会建筑业实现增加值45.52亿元，比上年增长2.4%。年末全区具有资质等级的总承包和专业承包建筑业企业65家，全年建筑施工面积278.24万平方米，其中新开工面积51.71万平方米。

【固定资产投资和房地产业】 2022年，全区固定资产投资比上年增长20.8%。从主要投资类别看，建筑安装工程投资增长18.1%，工业技改投资增长5.2%，基础设施投资增长46.5%，民间资本投资下降1.0%。全年完成房地产开发投资62.37亿元，比上年下降8.6%，其中住宅投资42.21亿元，下降16.8%。全年商品房施工面积264.96万平方米，下降19.7%；商品房销售面积45.29万平方米，下降0.5%；商品房待售面积12.44万平方米，增长0.1%。

【交通港口和邮电业】 2022年年末，全区有货物运输船舶490艘，比上年末减少34艘，总运力219.61万载重吨，比上年下降1.6%。全年水、陆货运量15289万吨，增长4.3%；水、陆货运周转量1203亿吨千米，下降1.9%。其中，水路货运量12309万吨，水路货运周转量1140亿吨千米。水、陆客运量1537万人，下降28.4%；水、陆客运周转量5.70亿人千米，下降7.0%。其中，水路客运量1355万人，水路客运周转量1.32亿人千米。全年港口货物吞吐量10916万吨，比上年增长11.7%。其中，进口货运量3659万吨，下降7.8%；出口货运量7257万吨，增长24.9%。分主要货物种类看，矿建材料吞吐量4899万吨，增长75.8%；煤炭吞吐量1902万吨，下降16.1%；铁矿石吞吐量3267万吨，下降7.6%；油品吞吐量370万吨，下降39.9%。全年实现邮电业务收入5.92亿元，比上年增长13.0%，其中电信业务收入5.24亿元，增长13.9%。年末全区固定电话用户7.61万户，移动电话用户51.26万户，年末宽带接入用户数21.13万户。全年投递函件21.80万件，包件141.67万件；全年订销报纸期发份数1.69万份，订销杂志期发份数1.90万份。

【旅游业】 2022年，普陀区以打造“文旅助力共同富裕美好生活海岛样板”为目标，促进旅游事业发展。普陀区位列2022年全国市辖区旅游综合实力百强第七位，普陀运动休闲旅游线路入选2022年国庆期间全国体育旅游精品线路。推进1个AAAA级景区城和5个金AAA级景区村提升，完成2个AAAA级景区街道、1个智慧景区创建，海上飞拉达项目营业，桃花岛塔湾金沙入选省运动休闲旅游示范基地，桃花岛风景旅游区整改通过省级验收。与舟山中外运船务代理有限公司签订邮轮靠泊协议，推出“上海—舟山，舟山人文之旅”“东南海岸文化之旅”，舟山群岛国际邮轮港将作为常态化靠泊点进行停靠。国际游艇帆船中心基地建设项目已完成概念设计方案。完成《普陀区推进邮轮旅游发展路径分析》《新时期海洋文化旅游发展路径研究》。普陀海岛公园获“2022年度浙江省十大海岛公园建设年度考评优秀”。射雕城沉浸式剧游完成工程量的80%，水幕全息投影已完成工程量的30%，景观亮化工程完成80%。完成沈家门渔港文旅驿站装修工程，继续推进沈家门渔港小镇三年行动计划编制工作，沈家门街道创成省AAAA级景区街道，成功举办2022中国(舟山)水产品品牌发展大会。培育放心消费单位1500家，获全省首批县域商业体系建设示范区。反映二战时期东极渔民营救英军战俘事件的电影《里斯本丸沉没》获中央文化产业发展专项资金扶持。做好文旅资源普查，推进文遗融入旅游，打造市级曲艺书场——展茅古书场；开展普陀文旅网络直播活动，举办“返普归真，福满仙陀”2022留普过大年新春线上“游园会”、“月满中秋，情系历史”普陀博物馆中秋节网络直播等活动。组织办好2022年“中国旅游日”普陀主题活动、2022年普陀文旅大咖采风活动、“水墨华彩，醉美普陀”中国美术学院舟山行暨普陀区东极石屋群创作采风活动、第十四届中国国际普陀佛茶文化节、“十里渔港 共富未来”2022中国沈家门渔港诗会、2022普陀区全民艺术节等活动。是年，全区接待游客599.8万人次（含普陀山、朱家尖），同比下降20%；旅游总收入78.1亿元，同比下降15.4%。其中，区本级（不含普陀山、朱家尖）接待游客300.2万人次，创旅游收入40.8亿元，同比分别下降12.5%和4.3%。普陀区民宿累计创建成为舟山市“岛居舟山”最美民宿28家，浙江省金宿级民宿3家、银宿级民宿14家，并创建成浙江省文化主题民宿2家。普陀有注册旅行社64家，其中，经营国内旅游业务和入境旅游业务的旅行社60家、具有出境旅游业务资格的旅行社4家。旅行社专职全国导游452人。

【商贸服务业】 全年社会消费品零售总额比上年增长3.3%。其中，限额以上批发和零售业增长26.7%，限额以上住宿和餐饮业下降15.9%。从限额以上批发和零售业商品销售分类情况看，粮油食品类下降12.5%，服装鞋帽针纺织品类下降9.2%，金银珠宝类增长1.0%，家用电器和音像器材类下降77.4%，中西药品类增长0.3%，汽车类增长3.8%。全年批发零售业商品销售额比上年增长23.4%，其中限额以上企业增长26.7%。住宿餐饮业营业额下降5.3%，其中限额以上企业下降15.9%。年末全区限额以上批发零售企业共163家，限额以上住宿餐饮企业共94家。年末全区各类消费品市场25个，全年成交额95.28亿元。其中，消费品综合市场9个，全年成交额0.43亿元；农副产品市场12个，全年成交额94.05亿元；工业消费品市场2个，全年成交额0.07亿元。关注区内27家重点水产企业出口转内销，全年实现销售额59.2亿元，其中内销额28.5亿元。浙江融创食品工业有限公司、浙江海士德食品有限公司2家企业获评第三批省内外贸一体化“领跑者”企业。

【对外经济】 2022年，全区实现外贸进出口总额598.67亿元，比上年增长27.6%。其中，出口总额563.63亿元，增长42.4%。从出口类别来看，船舶出口65.98亿元，增长3.2%；油品出口449.91亿元，增长57.3%；水产品出口45.83亿元，增长3.4%。全年实际到位市外资金120.78亿元，其中，市外注册资金52.32亿元，市外固定资产投资额68.46亿元。全年合同外资金额6.17亿美元，比上年增长119.8%；实际使用外资1.15亿美元，增长103.9%。

【金融和保险业】 年末，全区金融机构本外币存款余额709.50亿元，比年初增加110.45亿元。其中，住户存款余额459.36亿元，比年初增加76.71亿元；非金融企业存款余额144.57亿元，比年初增加14.17亿元。金融机构本外币贷款余额665.92亿元，比年初增加70.67亿元。其中，短期贷款余额225.39亿元，比年初增加21.59亿元；中长期贷款余额433.37亿元，比年初增加34.38亿元。全年保险公司保费收入7.12亿元，比上年增长1.6%。其中，财产保险费收入2.62亿元，增长1.4%；人身险保费收入4.50亿元，增长1.7%。保险公司赔款支出2.57亿元，增长1.5%；保险公司给付支出0.54亿元，下降5.4%。

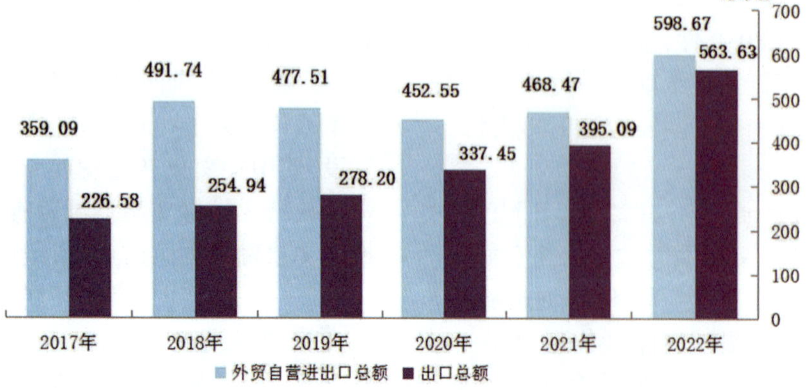

图3 2017—2022年普陀区外贸进出口统计图

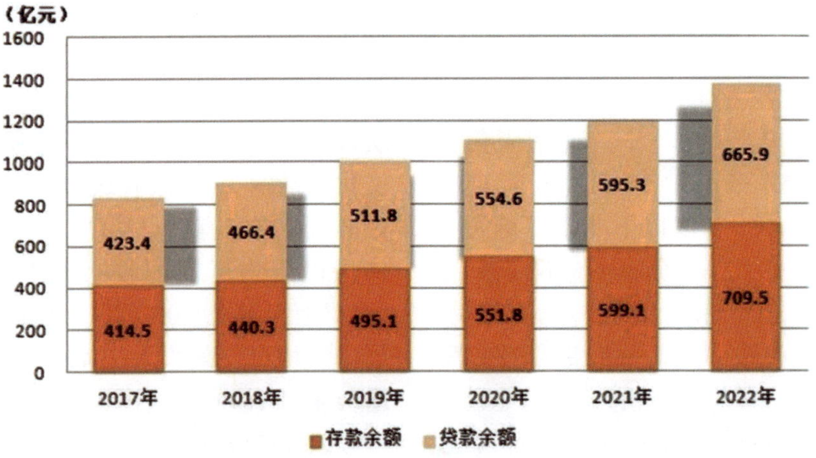

图4 2017—2022年普陀区金融机构存贷款余额统计图

【城市建设和新渔农村建设】 2022年，普陀区按“现代品质海岛大花园”发展定位，提升城市功能品质，城乡人居环境明显改善。实施海上花园城市建设七大攻坚行动累计20类42个项目，完成计划投资26亿元。完成老旧住宅改造174幢，无卫生设施住宅290户，年度城镇危房解危111幢。新增停车位400余处。沈家门夜排档重新开市，提升“一港两岸”城市品质。完成海莲路、海洲路等花园道路转型，提高城北、东港等入城口绿化彩化水平，建成江湾滨海公园、应家湾樱花绣球园、青龙山公园，新增口袋公园5个、城市绿化面积6.4万平方米。新增污水管网19千米、防洪排涝设施4座，新改建城市道路33条，新增污水零直排小区33个，普陀湾海底隧道建成通车，半升洞至普陀山航线正式复航，更新改造客运船舶7艘，城乡公交一体化率达90%，入选浙江省交通强国建设试点区。推进展茅街道、虾峙镇美丽城镇省级样板建设，展茅街道成功获评美丽城镇省级样板，完成登步岛战斗纪念碑历史建筑挂牌。加快农村生活污水治理，全年新增农污接户1050户。渔农村生活污水治理行政村覆盖率77.27%，出水达标率93%。东极镇获评中国美丽休闲乡村。新增“四好农村路”7.8千米，螺塘线获评2022年全省首批“十大最美农村路”。

完成“三区三线”划定和国土空间规划编制，将六横23000亩（约1533公顷）永久基本农田调整为一般耕地。完成重点区域亩均税收5万元以下低效企业整治，处置闲置土地300亩（20公顷），消化批而未供土地400亩（约26.67公顷）。盘活闲置楼宇8.1万平方米，新增亿元税收楼宇2幢。市自然资源和规划局普陀分局获评全省农村宅基地工作成绩突出集体。

【环境保护】 2022年，城区环境空气质量优良，全年空气质量优良率98.0%，$PM_{2.5}$年平均浓度15微克/立方米，达到国家一级标准限值。全区4个市控以上地表水监测断面全部满足水环境功能区目标水质要求。3个县级集中式饮用水水源地监测断面全部达到Ⅱ类水质标准。区域环境噪声昼间平均等效声级为55.0分贝，总体水平等级为二级。

【科学技术与教育】 2022年，全区财政投入科技经费1.7亿元，比上年增长15.3%。组织实施各类科技计划项目共126项，其中国家级2项、省级77项、市级16项。全年科技成果数29项，专利授权量547件，其中发明专利授权量154件。国家高新技术企业73家，省级科技型企业378家。新增高技能人才1700人，引进“高精尖”人才20名、创新团队20个、大学生3800名。普陀区3项科技成果获2021年度省科学技术奖。中国水产海洋渔业有限公司参与的“海捕渔业资源低碳高效开发与船载高质加工关键技术及应用”获省科技进步奖一等奖，浙江飞鲸新材料科技股份有限公司参与的“环保型多功能氟硅防污树脂与涂层材料关键技术及其应用”获省科技进步奖二等奖，浙江金鹰食品机械有限公司参与的“大吨位高速冲床及关键技术”项目成果获省科技进步奖三等奖。年末全区有义务教育学校20所。其中，初中8所，全年招生2378人，在校学生7096人；小学12所，全年招生2511人，在校学生15842人。幼儿园30所，全年招生2344人，在园幼儿7289人。全区学前三年毛入园率107.82%，小学入学率、初中入学率均为 100%,初升高率 98.64%。小学专任教师大专及以上学历比例 100%;初中专任教师本科及以上学历比例 99.84%。是年,完成普陀第二中学、舟渔学校、向阳小学、东港幼儿园、海城铭园幼儿园等提升改造。完成 18 所幼儿园防近视灯具安装。完成沈家门第四小学、沈家门幼儿园等 22 所学校智慧安防设施改造。舟山市普陀第二中学获评 2021 年浙江省现代化学校。普陀小学少先队大队获“2022 年度全国优秀少先队集体”。

【文化与体育】 全区有文化馆(站)8 个,影剧院数 6 个。全年组织文艺活动 415 次,参加人数 21.13 万人次。年末图书馆藏书 376.85 万册,图书馆年流通 47.56 万人次。年末,全区有线电视用户 8.76 万户,其中城区 5.48 万户,电视人口综合覆盖率 100%。室外广播农户覆盖率 99.5%,通村率 100%。全区有各类体育场馆数 6 个。全年参加区级以上体育运动会人数 0.56 万人次。在省级以上比赛获得奖牌 26 枚,其中金牌 10 枚、银牌 11 枚、铜牌 5 枚。2022 年,取得省运会 1 金 5 银 5 铜的历史最好成绩,入选全省首批体育现代化县(区)。

【卫生与健康】 2022 年年末,全区有各类医疗卫生机构 251 个。其中,医院 13 家,社区卫生服务中心、卫生院 11 个,社区卫生服务站 14 个,村卫生室 81 个。城乡社区卫生服务人口覆盖率 100%。卫生技术人员 3243 人;其中,执业(助理)医师 1371 人,注册护士 1148 人。医疗床位数 1967 张。孕产妇系统管理率 95.68%,7 岁以下儿童保健覆盖率 99.62%。分布在金鹰海景、金洋花园、东港商务中心、文康街、海珠路、海洲一品、浙能蓝园等 10 台数智药房投入运行。全区累计筛查结直肠癌 16469 人、城乡妇女宫颈癌 7692 人、乳腺癌 7812 人。全区 89 家医疗机构运行诊疗行为大数据收管系统,接入省行政执法平台,累计查处违法案件 13 件。全区常住人口 38.55 万人,比上年末增加 0.09 万人;城镇化率为 70.61%,比上年提高 0.76 个百分点。全年出生人口 1123 人,出生率为 3.62‰;死亡人口 2574 人,死亡率为 8.30‰;人口自然增长率为-4.68‰。60 周岁以上人口为 101331 人,占总人口 32.8%。

【人民生活与社会保障】 2022 年,普陀区打造“红动蓝湾·和美海岛”共同富裕示范带,5 个岛屿入选“小岛你好”建设名单。“健康方舟”获评全省共同富裕最佳实践。建成 125 个“15 分钟品质文化生活圈”,列入省级促进人民群众精神富有试点县(区)。全体居民人均可支配收入 62442 元,比上年增长 5.0%。其中,城镇居民人均可支配收入 70491 元,增长 4.1%;渔农村居民人均可支配收入 45570 元,增长 7.0%。城镇居民人均消费支出 38376 元,增长 5.3%;渔农村居民人均生活消费支出 31005 元,增长 6.6%。城镇居民恩格尔系数 32.1%,渔农村居民恩格尔系数 30.6%。

年末,全区基本养老保险参保人数 22.22 万人,其中职工基本养老保险参保人数 16.48 万人、城乡居民社会养老保险参保人数 5.74 万人。基本医疗保险参保人数 26.37 万人,其中职工基本医疗保险参保人数 10.77 万人、城乡居民医疗保险参保人数 15.60 万人,参保率 99.5%;工伤保险和被征地农民保险参保人数分别为 8.75 万人和 0.33

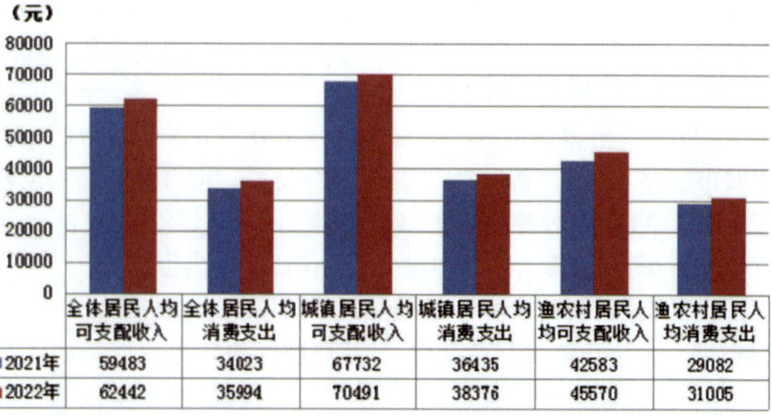

	全体居民人均可支配收入	全体居民人均消费支出	城镇居民人均可支配收入	城镇居民人均消费支出	渔农村居民人均可支配收入	渔农村居民人均消费支出
2021年	59483	34023	67732	36435	42583	29082
2022年	62442	35994	70491	38376	45570	31005

图 5　2021—2022 年普陀区城乡居民人均收入消费统计图

万人。

年末,全区各种社会福利收养性单位18个,床位2276张,在院人数845人。城镇“三无”对象集中供养率50%,渔农村“五保”老人集中供养率53%。城乡居民最低生活保障人数3000人,其中城镇低保对象428人、渔农村低保对象2572人。全年支付低保资金3029万元,城乡居民最低生活保障金标准为每人每月1035元。全区社区服务设施数420个,社区综合服务设施覆盖率100%。全年新增就业人数5663人,引导和帮助失业人员再就业1224人。年末城镇登记失业数1209人,登记失业率为1.39%。

(撰稿:区统计局等)

编辑:陈莉

大 事 记

1月

1月5日　展茅街道沙井村入选首批浙江省美育村(社区)。

1月11日　省委常委、省军区政委修长智,副省长徐文光在普陀区慰问、调研。

1月13日　普陀东部海域六横国家级海洋牧场列入农业农村部公布的第七批国家级海洋牧场示范区获批名单,海域面积190公顷。

1月24日　普陀区凉湖湾民宿获评浙江省金宿级民宿,无问西东民宿、繁尘民宿、桧庭民宿、慕舍民宿获评浙江省银宿级民宿,尘曦民宿获评文化主题民宿。

2月

2月9日　上午,全区作风建设暨“项目攻坚年”动员大会在普陀大剧院举行。区委副书记、区长徐炜波主持会议,区委书记孙志龙作动员讲话。会议传达“攻坚克难实干争先”2022年全市工作动员部署大会会议精神,回顾普陀区2021年作风建设情况,通报2021年省、市以上荣誉获得情况,表彰2021年度各类先进,部署2022年“争先进位”行动任务、“项目攻坚年”工作任务。六横镇、沈家门街道、区发改局、区投资促进中心、区自贸中心负责人分别作表态发言。

2月9日,全区作风建设暨“项目攻坚年”动员大会在普陀大剧院举行(诸葛晓明摄)

同日　浙能六横电厂二期CCUS项目获省发展和改革委员会核准批复,总投资73亿元,纳入省“十四五”清洁煤电重点建设项目,是浙江省首个百万千瓦级二次再热技术先进煤电机组。

2月10日　普陀第二中学被省教育厅、省政府教育督导委员会公布为2021年浙江省现代化学校。

2月10—15日　中国人民政治协商会议第六届舟山市普陀区委员会第一次会议在东港举行。会议听取并讨论区五届政协常务委员会工作报告、区五届政协常务委员会关于区政协五届一次会议以来提案工作情况的报告,产生政协第六届舟山市普陀区委员会主席、副主席、秘书长和常务委员。

2月13—17日　舟山市普陀区第十八届人民代表大会第一次会议在东港召开，会议应到区人大代表216名，实到206名。会议听取和审查区长徐炜波关于舟山市普陀区人民政府工作报告；审查区发展和改革局关于舟山市普陀区2021年国民经济和社会发展计划执行情况及2022年国民经济和社会发展计划草案的报告；审查、批准舟山市普陀区2021年国民经济和社会发展计划执行情况的报告及2022年国民经济和社会发展计划；审查区财政局关于舟山市普陀区2021年财政预算执行情况及2022年财政预算草案的报告；审查、批准舟山市普陀区2021年财政预算执行情况的报告及2022年财政预算；听取和审查区人大常委会主任戴灵芝关于舟山市普陀区人民代表大会常务委员会工作报告；听取和审查区人民法院代院长卢增华关于舟山市普陀区人民法院工作报告；听取和审查区人民检察院代检察长卢宏辉关于舟山市普陀区人民检察院工作报告；选举舟山市普陀区第十八届人民代表大会常务委员会主任、副主任和委员；选举舟山市普陀区人民政府区长、副区长；选举舟山市普陀区监察委员会主任；选举舟山市普陀区人民法院院长、舟山市普陀区人民检察院检察长；选举普陀区出席舟山市第八届人民代表大会代表；通过舟山市普陀区第十八届人民代表大会各专门委员会组成人员名单；评议舟山市普陀区2021年民生实事项目，票决2022年民生实事项目。

2月18日　普陀区融资担保公司推出的“助渔担保贷”业务获评2021年浙江省政府性融资担保体系“十佳优秀产品”，是全省唯一入选的助渔类政府性融资担保产品。

3月

3月2日　省政协副主席周国辉到普陀区围绕“构建育儿友好型社会”开展课题调研。

3月3日　国务院参事、原农业农村部副部长于康震等一行到普陀山、白沙岛调研休闲渔业、远洋渔业等相关工作。

3月11日　舟山市正山智能制造科技股份有限公司二期（未来工厂）、浙江海欣水产有限公司海洋鱼类蛋白源高值化产业智能示范工厂入选浙江省2022年度生产制造方式转型示范项目，为舟山市仅有的两个入选项目。

同日　普陀区获“美丽浙江十大样板地”县区级第一名，系全市唯一。

3月21日　普陀区被浙江省人民政府公布为全省首批17个体育现代化县（市、区）之一，为舟山市第一个创建成功的县（市、区）。

3月25日　普陀区3家旅游驿站入选浙江省首批旅游驿站（试点）名单。其中，普陀田园综合体旅游驿站入选一级旅游驿站，河泥漕旅游驿站、蚂蚁岛红色旅游驿站入选三级旅游驿站。

3月29日　普陀区被省委、省政府命名为2021年度平安县（市、区），已连续17年获此荣誉。

3月31日　全市首个主题式联勤警务站——武岭联勤警务站揭牌成立并投入运行。

舟山市正山智能制造科技股份有限公司车间内景（沈磊摄）

4月

4月3日　由普陀医院40名、普陀医院六横分院10名医护人员组成的核酸采样应急队连夜驰援上海，至4月4日下午完成任务返回普陀。

4月4日　普陀医院8名医护人员与市级各医疗单位20名医护人员驰援上海方舱医院参与新冠患者救治工作，至5月24日完成任务，5月31日返回普陀。

4月6日　普陀区方舱医院正式开始进场施工。5月19日通过竣工验收。方舱医院位于沈家门街道鲁家峙红石体育公园，建设面积6700平方米，其中医疗区600平方米、缓冲区300平方米、病房区5800平方米，设置床位351张。

4月8日　省政协主席黄莉新到普陀调研。

4月15日　沈家门街道西河社区团支部获评全国五四红旗团支部。

4月20—21日　省委书记袁家军到东极调研，考察“老海岛精神传承馆”“东海第一哨”，看望慰问守岛官兵；考察渔民画创作基地、东极历史文化博物馆，并在一家精品民宿与民宿业主、渔民代表、基层干部等座谈交流，了解旅游、渔业、民宿发展和未来海岛建设情况，听取意见建议。

4月21日　副省长卢山到普陀调研，召开海洋经济座谈会。

4月26日　省经济和信息化厅公布2022年省级未来工厂试点企业名单，正山智能制造科技股份有限公司为全市唯一入选的企业。

4月28日　上午，普陀区举行庆祝“五一”国际劳动节暨先进表彰大会，表彰2018—2021年度普陀区模范集体和劳动模范、2021年度普陀区工人先锋号。

4月28日上午，全区庆祝“五一”国际劳动节暨先进表彰大会举行（诸葛晓明摄）

4月29日　全省首个渔民画数字化版权交易平台——浙里好玩普陀品牌馆普陀数字渔民画特色应用上线试运行。

5月

5月5日　普陀区首批退役军人优待证在展茅街道发放。

5月11日　全市首家退役军人创业者协会成立大会在东港召开。

5月12日　省政协党组成员、副主席陈铁雄到六横调研能源岛建设情况。

5月13日　普陀区妇女联合会获“全国家庭工作先进集体”，李云表家庭获评“全国五好家庭”。

5月14日　全国人大华侨委员、省十二届人大常委会党组书记、副主任王辉忠到普陀区调研沈家门渔港相关情况。

5月23日　第十四届中国国际普陀佛茶文化节开幕。十三届全国政协社会和法制委员会副主任、中国国际茶文化研究会会长、浙江省政协原主席乔传秀宣布第十四届中国国际普陀佛茶文化节开幕。中国国际茶文化研究会常务副会长、省政府原副省长、省政协原副主席王建满等出席活动。第十四届佛茶文化节的主题是“植此青绿　共富未来”，开幕式演出以节气为时间主线，展现种茶、采茶、炒茶、泡茶、品茶的过程，展现普陀佛茶的风采和韵味，感受禅意文化。

5月25日　在北京举行的全国公安系统英雄模范立功集体表彰大会上，市公安局普陀山分局普陀山风景名胜派出所获评全国优秀公安基层单位，区公安分局张科获评全国公安机关爱民模范。

5月31日　六横大桥投资协议签约仪式在省人民大会堂举行。

6月29日，省委常委、宣传部部长王纲（中）在蚂蚁岛调研（区委宣传部提供）

6月

6月1日　六横中国石化加氢站投入运行。该加氢站总投资1300万元，日加氢能力500千克，可满足100辆次氢能车加注需求，是全市首座“海上加氢站”。

6月8日　东极镇被列入由省住房和城乡建设厅、省美丽城镇办、省村镇建设与发展研究会联合天目新闻推出的寻找“我心中的最美小镇”五十佳名单。

6月9日　2022年浙江省海洋水生生物增殖放流活动在位于朱家尖的省海洋维权执法基地码头举行。3只大海龟与一群大黄鱼、黑鲷、褐菖鲉鱼苗由“中国海监7018”号运送，在普陀莲花洋海域分批入海。副省长徐文光宣布活动启动，并随后到蚂蚁岛调研。

同日　省人大常委会副主任熊建平到普陀区调研重点项目、安全生产和养老服务等工作。

6月11日　2022年舟山市非遗“三进四季行”——普陀行暨普陀区“文化和自然遗产日”系列活动在杉杉普陀天地广场落幕。

6月15日　六横司法所所长焦熠获评全国司法行政系统先进工作者。

6月16日　广东省汕头市南澳县委副书记、县长姚玳勇等一行到舟山国际水产城考察并座谈交流，普陀区委副书记、区长徐炜波等参加座谈。

6月25日　区公安分局融媒体中心主任王占龙被公安部表彰为“全国公安政治工作成绩突出个人”。

6月29日　省委常委、宣传部部长王纲到蚂蚁岛调研，走访慰问困难群众和老党员。

7月

7月8日　普陀区获2021年度“五水共治”工作优秀市县“大禹鼎”，为第二次获“大禹鼎”。

7月11日　在浙江省科技创新大会上，中国水产舟山海洋渔业有限公司参与的“海捕渔业资源低碳高效开发与船载高质加工关键技术及应用”获省科技进步奖一等奖，浙江飞鲸新材料科技股份有限公司参与的“环保型多功能氟硅防污树脂与涂层材料关键技术及其应用”获省科技进步奖二等奖，浙江金鹰食品机械有限公司参与的“大吨位高速冲床及关键技术”项目成果获省科技进步奖三等奖。

7月12日　前期采集于朱家尖的普陀条孢牛肝菌经鉴定为全球新种，相关成果在国际权威学术期刊《PHYTOTAXA》

发表。

7 月 13 日 省人大常委会副主任赵光君一行到普陀调研中央人大工作会议精神落实情况和人大代表联络站及基层单元建设情况，考察海岛驿站“幸福驿家”。

7 月 14 日 全国市辖区旅游研究课题组及北京华夏佰强旅游咨询中心联合发布“2022 年全国市辖区旅游综合实力百强区”名单，普陀区位列第七。

7 月 16 日 普陀区举行“共富方舟·健康守护”行动启动仪式。省政协副主席、浙江大学医学院附属医院院长蔡秀军出席并致辞。

7 月 20 日 俄罗斯远东海域 20.6 吨活帝王蟹由“佐恩”轮运输抵达普陀区进境食用水生动物指定口岸——普陀台贸物流有限公司码头，是舟山市首单俄罗斯帝王蟹进口业务，普陀活体食用水生动物进境贸易取得突破。

同日 东海实验室主任、中国工程院院士郑津洋等一行到六横调研氢能产业发展情况。

7 月 27 日 上午 9 时 58 分，浙能六横电厂二期项目桩基工程正式开工建设。

7 月 30 日 普陀区晓辉至朱家公路（螺塘线）获评 2022 年浙江省首批“十大最美农村路”。

是月 展茅街道黄杨尖村被省文化和旅游厅、省农业农村厅列入全省首批金 AAA 级景区村庄培育名单。

8 月

8 月 1 日 蚂蚁岛精神红色教育基地被共青团浙江省委、省退役军人事务厅、省革命老区开发建设促进会命名为省青少年红色基因传承基地。

8 月 2 日 “千船联动 治塑海洋”中国舟山（普陀）首届海洋生物多样性保护志愿大行动在沈家门渔港启动。活动以“百长共治、千船联动、万员协同”为行动纲领，成立“东海治塑志愿联动队”，6 支志愿者队伍代表共同承诺为治理海洋垃圾，保护海洋生物多样性贡献力量。

同日 全国人大常委会委员、民盟中央副主席徐辉调研普陀区基层盟务工作。

8 月 5 日 下午，第二届“中国六横岛·国际海钓公园杯”全国海钓邀请赛开幕式在六横国际海钓文化广场举行。该海钓大赛由市文广旅体局、市体育总会、六横管委会主办，北京、深圳、浙江等地 25 支队伍 50 人参赛。

8 月 10 日 省政协副主席周国辉到普陀区就“完善绿色低碳政策措施”课题进行调研。

8 月 11 日 浙江舟山东大城市开发建设有限公司工程建设部被全国总工会、应急管理部、国家卫生健康委员会联合表彰为全国“安康杯”竞赛优胜班组。

8 月 12 日 浙江自贸区希诺赛生物科技有限公司引进诺贝尔奖获得者兰迪·谢克曼院士为首席科学顾问。

8 月 13 日 桃花海上飞拉达试运营。

8 月 26 日 蚂蚁岛打造新时代共富海岛样板结对共建签约仪式在杭州举行，该项目是普陀启动的全省首家与省属国企

8 月 2 日上午，“千船联动 治塑海洋”中国舟山（普陀）首届海洋生物多样性保护志愿大行动在沈家门渔港启动（区海洋与渔业局提供）

结对共建的共富工坊项目。蚂蚁岛管委会与浙江省商业集团有限公司、浙江浙勤集团有限公司两大省属国企达成党建结对、产业共建、工坊联营等多项合作内容，其中，达成虾皮定向采购200吨，金额超1000万元。

8月27日　新华社报道，国家主席习近平在复信“里斯本丸”号船幸存者家属中指出：1942年中国浙江省舟山渔民英勇营救“里斯本丸”号船英军战俘的感人事迹，是中英在第二次世界大战中作为盟友并肩作战、共同抗击法西斯侵略的重要见证，也是两国人民结下深厚情谊的历史佳话。

8月，普陀第二中学教育集团武岭校区正式启用（区教育局提供）

8月29日至9月1日　浙江省第二十一届群众音乐大赛决赛作品加工会在普陀举行。该活动由省文化和旅游厅主办，省文化馆、区政府、市文化和广电旅游体育局承办。

8月30日　农业农村部副部长马有祥带队到普陀督查渔业安全生产工作，现场登检渔船了解渔船设备配备、船员持证上岗、编组生产及值班瞭望制度落实等相关情况，并前往东极镇渔船管理服务站和区海洋与渔业局检查渔船动态点验及台风等灾害性天气防御指挥、日常执法检查等工作开展情况。

同日　省发展改革委等7部门公布第一批省级农村一二三产业融合发展示范园认定名单，普陀区鱼米之乡农村产业融合发展示范园为第一批省级农村一二三产业融合发展示范园。

同日　区政府与上海海洋大学签署《校地合作协议》，共同成立海洋生物科学国际联合研究中心普陀分中心。

8月31日　以“共商油气　共享机遇　共谋发展——全球油气产业转型创新的挑战与机遇”为主题的第五届世界油商大会在朱家尖舟山国际会议中心举行全体会议。

是月　普陀第二中学教育集团武岭校区正式启用。

9月

9月1日　由中国石油和化学工业联合会、浙江自贸试验区舟山管委会主办，中国化工学会联合主办的第十届亚洲炼油和石化科技大会在舟山国际会议中心开幕并举行主论坛。大会会期3天(8月31日至9月2日)。

9月2日　省发展和改革委员会公布第二批省级冷链物流园区名单，舟山国际水产城、舟山宏基浙江省冷链物流园入选。

同日　在第七届浙江慈善大会上，普陀山佛教协会获机构捐赠奖。

9月8日　在全国纪检监察系统表彰大会上，六横镇纪委、六横镇监察办获全国纪检监察系统先进集体，是浙江省获此荣誉的三个集体之一。

同日　科研团队在青龙山公园首次发现假根蘑菇。经ITS测序，与NCBI数据库、文献以及《中国菌物名录数据库》比对等程序，确认为中国新记录种。

9月14日　20时30分，第12号强台风“梅花”在普陀沿海登陆，是1949年以来登陆普陀的最强台风，对普陀造成严重影响。

9月15日　六横“海上清城”特色产业风貌区入选浙江省

9月16日，全国人大环境与资源保护委员会副主任委员刘奇（左三）、省人大常委会副主任赵光君（前排右一）一行到舟山国际水产城调研（舟山国际水产城提供）

2023年城乡风貌样板区试点建设名单。

9月16日　全国人大环境与资源保护委员会副主任委员刘奇、省人大常委会副主任赵光君一行到舟山国际水产城调研。

9月20日　省高级人民法院党组书记、院长李占国一行到普陀调研指导工作。

9月21日　区公安分局联合普陀移动公司成立全市首家警移联盟宣防中心。

9月24日　国家体育总局、文化和旅游部联合发布“2022年国庆假期体育旅游精品线路”，舟山普陀运动休闲旅游线路成为全省唯一上榜线路。该线路长度约100千米，串联普陀东港、“最美公路”螺塘线、展茅、桃花岛等地，涉及多个景区及特色文体项目。

9月27日　普陀区入选首批浙江交通强国试点县（市、区）。

9月28日　浙江省妇女联合会、省农业农村厅公布2022年省美丽庭院特色村名单，朱家尖街道南沙村上榜。

是月　舟山国际水产城被评为“浙江省电子商务产业示范基地”。

是月　舟山市引进的诺贝尔奖获得者兰迪·谢克曼签约落户普陀国际健康产业中心，为浙江自贸区希诺赛生物科技有限公司首席科学顾问。兰迪·谢克曼是美国国家科学院和英国科学院院士，主要从事蛋白质和RNA正常和病理功能传递到目标细胞的机制研究，2013年获诺贝尔生理学或医学奖。

10月

10月1日　零时，普陀湾隧道正式通车。该隧道连接东港海洲路和沈家门鲁家峙，采用“海底盾构隧道+山岭隧道”，由鲁家峙始发，穿过沈家门港，山岭隧道贯通沈家门和东港。隧道总投资11.27亿元，线路全长2225米，按一级公路标准、兼顾城市道路需要设计，双向四车道，限速60千米/小时。

10月11日　全市第一个网络普法基地——普陀山·清朗号网络普法基地揭牌仪式在朱家尖蜈蚣峙码头举行。

10月12日　沈院、“风从东海来”普陀渔民画展、中国国际普陀佛茶文化节入选浙江省第一批公共文化国际交流基地和项目名单，入选数量居舟山市第一，沈院为全市唯一入选的省公共文化国际交流基地。

10月17日　“慈航普渡，情满旅途”朱家尖—普陀山精品客运航线入选交通运输部公布的打造国内水路旅游客运精品航线试点单位及试点名单，成为浙江唯一入选沿海观光旅游类型的试点航线。

10月26日　副省长卢山调研普陀，走访东极镇、中石化保税燃料油交易中心。并在东极镇调研“里斯本丸”营救事件相关情况。

同日　“健康方舟”应用入选第一批全省卫生健康数字化

改革优秀案例(基层)。

同日　总投资20亿元的省重大产业项目虾峙镇金钵盂岛年产70万吨精密不锈钢板带及配套精加工项目正式开工。

10月27日　普陀区被省政府评为2019—2021年全省无偿献血先进集体。

同日　舟山宁泰远洋渔业有限公司所属远洋渔船"宁泰616"轮获全国首张符合开普敦协定的远洋渔船《国际渔船安全符合证明》。

10月31日　普陀区婚姻登记中心入选首届"浙江省十佳婚姻登记机关"。

同日　浙江大学医学院附属邵逸夫医院骨科主任、浙江省重点实验室主任、浙江省卫生领军人才范顺武在普陀医院设立专家工作站。

是月　沈院入选浙江省第一批公共文化国际交流基地，"风从东海来"普陀渔民画展、中国国际普陀佛茶节入选省第一批公共文化国际交流项目。

是月　朱家尖街道南沙村入选由省妇联、省农业农村厅联合认定的2022年"浙江省美丽庭院特色村"名单。

11月

11月1—2日　由省经济和信息化厅、区政府联合主办的浙江省船舶海工产业峰会暨产业链高效协同专场活动在普陀区举行。省经济和信息化厅副厅长叶健松出席活动并致辞。德国哈莫尔曼机械制造公司、浙江鼎力机械股份有限公司等产业链优质企业，以及专家学者、行业协会代表160余人参会。

11月1—3日　"普陀山"杯2022年第十四届全国沙滩足球锦标赛总决赛在朱家尖南沙举行，浙江、辽宁、山东、黑龙江、河北等地的12支男子沙滩足球代表队参赛，大连沙滩足球队、浙江全讯足球俱乐部和石家庄功夫沙滩足球队分获冠、亚、季军。开幕式上，中国足球协会为中国足球协会沙滩足球运动研究中心授牌（中国足球协会于8月9日发文，同意舟山市足球协会与浙江海洋大学共同组建该中心）。

11月2日　在全省稳进提质金融工具重大项目集中开工活动舟山分会场上，宁波舟山港六横公路大桥二期工程开工。该项目总投资132.9亿元，建设工期为2022—2027年，起自六横岛西南侧，自东向西途经六横、佛渡和梅山3座独立海岛，线路全长18.78千米，按照双向四车道高速公路标准建设，设计时速100千米。

11月4日　浙江省检察院检察长贾宇一行到东极调研数字法治、海岛基层治理等工作。

11月4—5日　"2022普陀·海稻音乐节"在展茅街道黄杨尖村路下徐百亩森林举行。

11月4—6日　2022舟山群岛帆船跳岛拉力赛在普陀举行。该赛事由市文化和广电旅游体育局、区政府主办。13支参赛队85名运动员从朱家尖舟山国际邮轮港起航，沿舟山东南部岛屿开展为期3天的帆船航海之旅。

11月7日　由区政府主办的2022中国(舟山)水产品品牌发展大会在舟山国际水产城开幕。原农业部党组成员、中国农产品市场协会会长张玉香，中国

11月7日，由区政府主办的2022中国（舟山）水产品品牌发展大会在舟山国际水产城开幕（区档案馆提供）

水产流通与加工协会会长崔和等出席大会。

11月10日 东极镇东极村被农业农村部办公厅公布为2022年中国美丽休闲乡村、中国农家乐特色村。同月15日列入文化和旅游部、国家发展和改革委员会公布的第四批全国乡村旅游重点村名单。

11月14日 由省文化和旅游厅、浙江日报传媒有限公司联合举办的“首届浙江省最美公共文化空间”评审结果出炉，普陀大剧院、六横镇综合文化站榜上有名。

11月21日 六横镇张孟孟在1分钟的时间内、负重40磅、用单手五指连续做俯卧撑35个，打破30个的原吉尼斯世界纪录。12月5日，在1分钟的时间内、负重20磅、用单手五指连续做俯卧撑44个，打破40个的原吉尼斯世界纪录。12月22日，在1分钟的时间内、负重60磅、用单手五指连续做俯卧撑23个，打破18个的原吉尼斯世界纪录。

11月30日 省政协副主席郑继伟到普陀区调研“民生议事堂”平台建设运行情况。

是月 普陀佛茶文化系统入选省农业农村厅公布的第一批省级重要农业文化遗产资源名录。

12月

12月5日 蚂蚁岛精神红色教育基地被中华全国妇女联合会命名为全国妇女爱国主义教育基地。

同日 新材料船舶数字化产业服务平台创新应用入选工业和信息化部工业互联网平台创新领航应用案例。

12月7日 中国石化浙江舟山六横LNG项目和浙能舟山六横液化天然气接收站项目分别取得国家发展和改革委员会核准批复。

12月9日 省委常委、省纪委书记傅明先等一行调研舟山国际水产城清廉国企与党建工作。

同日 普陀区正式启动“吸入式新冠疫苗”接种。

12月11日 东港街道、朱家尖街道被省“千村示范、万村整治”工作协调小组办公室确定为2022年度浙江省美丽乡村示范乡镇，桃花镇对峙村为浙江省美丽乡村特色精品村。

12月15日 连接小干岛与定海区长峙岛的茶山大桥试通车。茶山大桥全长1456米，全线按城市小干道标准设计，机动车道为双向6车道，设计时速为60千米，两侧各设置4米宽的人行与非机动车道。

12月18日 普陀区被浙江省“千村示范、万村整治”工作协调小组办公室确定为2022年度全省农村生活垃圾分类处理工作优胜县（区），桃花镇对峙村、白沙岛管委会白沙港村被确定为省级高标准农村生活垃圾分类示范村。

12月19日 普陀区《打造“健康方舟”，打通海岛健康服务“最后一海里”》获评省第二批共同富裕最佳实践案例。

12月20日 东港城市新区入选省城乡风貌整治提升工作专班办公室公布的浙江省2022年度第三批城乡风貌样板区名单。

12月24日 区卫生健康局虞海伦被全国爱国卫生运动委员会表彰为爱国卫生运动70周年先进个人。

12月26日 普陀区9座渔农村公厕被浙江省“千村示范、万村整治”工作协调小组办公室确定为省级星级公厕，展茅街道黄杨尖村庙后公厕、蚂蚁岛管委会蚂蚁岛村文化广场公厕等2座公厕为省级示范公厕。

12月27日 普陀小学少先队大队获“2022年度全国优秀少先队集体”。

同日 普陀区博物馆选送的鱼刀鱼梭创意书签文创产品获省文创大赛金奖。

12月28日 展茅街道黄杨尖村被司法部、民政部命名为第九批“全国民主法治示范村（社区）”。

12月29日 普陀区被交通运输部办公厅等4家单位联合确定为2022年“四好农村路”全国示范县创建单位。

（撰稿：陆行军）

编辑：刘玥

区　委

区委领导与区委工作机构

【区委领导】 2022年年初，中共舟山市普陀区第十四届委员会常务委员会委员12人，书记孙志龙，副书记徐炜波、何国忠(六横管委会党委副书记、主任兼)、黄林伟，常委李明、施静海、张海斌、俞能、王海涛、单伯勋、吴红卫、李莉。3月28日，免去何国忠区委副书记、常委、委员(兼)职务；任命张海斌六横管委会党委委员、副书记、主任职务。8月15日，任命马志刚区委委员、常委(挂职)职务。年底，中共舟山市普陀区第十四届委员会常务委员会委员12人，书记孙志龙，副书记徐炜波、黄林伟，常委张海斌(六横管委会党委副书记、主任兼)、李明、施静海、俞能、王海涛、单伯勋、吴红卫、李莉、马志刚(挂职)。

2022年区委书记、副书记、常委名录

表5

职　务	姓　名	性别	籍　贯	任职年月
书　记	孙志龙	男	浙江舟山(定海)	续—
副书记	徐炜波	男	浙江舟山(定海)	续—
副书记	何国忠	男	浙江嵊泗	续—2022.3
副书记	黄林伟	男	浙江舟山(定海)	续—
常　委	张海斌	男	浙江舟山(普陀)	续—
常　委	李　明	男	浙江舟山(定海)	续—
常　委	施静海	男	浙江舟山	续—
常　委	俞　能	男	浙江诸暨	续—
常　委	王海涛	男	江西吉安	续—
常　委	单伯勋	男	浙江舟山	续—
常　委	吴红卫	男	浙江舟山(定海)	续—
常　委	李　莉	女	浙江舟山(定海)	续—
常委(挂职)	马志刚	男	吉林扶余	2022.8—

【区委职能部门】 区委设置纪检监察机关1个(区纪律检查委员会与区监察委员会合署办公)，计入机构限额的工作机关6个(办公室、组织部、宣传部、统一战线工作部、政法委员会、巡察工作领导小组办公室)。区委办公室挂区档案局、区委区政府政策研究室、区委保密委员会办公室(区国家保密局)、区委机要局(区密码管理局)牌子；区委台湾工作办公室(区政府台湾事务办公室)、区委区政府信访局与区委办公室合署办公。区委组织部挂区委机构编制委员会办公室、区委直属机关工作委员会、区委老干部局、区委新经济与新社会组织工作委员会、区公务员局牌子。区委宣传部挂区政府新闻办公室、区精神文明建设委员会办公室、区新闻出版局、区互联网信息办公室牌子。区委统战部挂民族宗教事务局、区政府侨务办公室牌子。

区委、区政府直属正科级事业单位：区政策研究中心，委托区委办公室管理；区档案馆(区史志研究室)。区委直属正科级事业单位：区社会治理中心（区综合信息指挥中心），归口区委办公室管理；区委党校（区行政学校、区社会主义学校）；区融媒体中心（区广播电视台），委托区委宣传部管理；区精神文明建设指导中心（区政府创建中心），委托区委宣传部管理。

【区委议事协调机构】 区委议事协调机构10个：区委审计委员会办公室设在区审计局，区委全面深化改革委员会办公室设在区委办公室，区委全面依法治区委员会办公室设在区司法局，区委网络安全和信息化委员会办公室设在区委宣传部，区委财经委员会办公室设在区委办公室，区委国家安全委员会办公室设在区委办公室，区委外事工作委员会办公室设在区政府办公室，区委教育工作领导小组秘书组设在区教育局，区委军民融合发展委员会办公室设在区发展和改革局，区委农村工作领导小组办公室设在区农业农村局。

区委重要决策

【开展“实干争先·跨越发展”活动】 2022年4月19日，区委、区政府发出《印发〈关于开展“实干争先·跨越发展”活动的实施方案〉的通知》，提出围绕“现代海洋产业新高地、现代品质海岛大花园、现代社会治理新样板”发展定位，针对高质量发展指标和群众反映强烈突出问题，结合“全域争先进位”行动和“项目攻坚突破”行动，组织实施以“六实六争”为主要内容的“实干争先·跨越发展”活动，努力实现思想再解放、标杆再拉高、压力再传导、能力再提升、工作再落实，打好“五大会战”、决胜项目攻坚，推动全区各项事业取得突破性进展、取得标志性成果，为建设现代化新普陀打下坚实基础。

7月，区委书记孙志龙（前左）慰问高温作业人员（区总工会提供）

【加强新时代产业工人评级培养】 1月27日，区委办、区政府办发出《关于印发〈加强区新时代产业工人评级培养的若干意见〉的通知》，提出加强区新时代产业工人评级培养，完善产业工人培养、评价、使用、激励、保障等措施，提升全区产业工人职业技能水平，加快培养适应全区经济社会发展需要的技能型人才。

【实施海洋人才“普汇”行动】 3月8日，区委办、区政府办发出《关于印发〈关于实施海洋人才“普汇”行动的若干意见〉的通知》，提出深入实施人才强区战略，以更高站位、更宽视野、更大力度吸引集聚海洋人才，激发产业人才创业创新活力，打造海洋人才集聚地。

【推进“红动蓝湾·和美海岛”共同富裕示范带建设】 4月22日，区委办、区政府办发出《关于印发〈普陀“红动蓝湾·和美海岛”共同富裕示范带建设实施方案〉的通知》，提出全面推进省级农村综合改革集成建设项目和共同富裕实践试点工作，2024年建成“红动蓝湾·和美海岛”共同富裕示范带，具备年接待游客50万人次以上能力，新增海岛民宿集聚村2个以上，新增乡村经济新业态就业人员500名。渔农村居民人均可支配收入达到4.5万元，城乡居民收入倍差缩小到1.5以内。环境质量、设施建设、综合服务、特色文化等方面基本达到AAA级旅游景区水平。

【实施"共富方舟·健康守护"行动】 9月19日，区委办、区政府办发出《关于印发〈"共富方舟·健康守护"行动实施方案〉的通知》，提出开展"共富方舟·健康守护"行动，围绕区域内离岛、悬水小岛群众医疗卫生需求，以提升群众健康服务水平为改革小切口，通过"方舟"在岛屿间航行形式，持续提供健康管理、健康监测预警、应急救治等内容，并以数字化手段贯穿实现闭环管理，解决海岛群众看病难、配药难、急救难等痛点难点问题，提升健康体验获得感和满意度，加快实现公共服务普惠共享，助力海岛走好共同富裕道路。

区委重要会议

【区委十四届二次全体(扩大)会议】 2022年7月4日召开。区委书记孙志龙讲话。会议贯彻省第十五次党代会和市委八届二次全会精神，动员全区上下奋力推进共同富裕先行和现代化先行。审议通过《中共舟山市普陀区委关于学习贯彻落实省第十五次党代会精神　在高水平建设现代化海洋城市中扛起普陀担当的决议(草案)》。

【区委常委会】 2022年，十四届区委常委会共召开30次常委会。主要议题：学习习近平总书记重要讲话、重要指示精神，学习中共二十大精神，传达学习中共中央、省委、市委重要会议精神，传达学习中央纪委、省纪委、市纪委重要会议精神，传达学习省"两会"、市"两会"精神，传达学习中共中央、中央纪委、省委、省纪委、市委、市纪委重要文件精神；听取有关部门工作汇报；审议区六届政协委员初步人选建议名单、普陀区出席中共二十大和省第十五次党代会代表推荐人选名单、普陀区第五届道德模范名单，审议区"两会"有关工作报告（草案），审议2021年度镇街、区属单位及区管单位领导干部综合考评结果，审议普陀区第十八届人大常委会组成人员和区政府、区法院、区检察院、区监委主要成员候选人初步人选建议名单，审议区六届政协主席、副主席、秘书长和常务委员候选人初步人选建议名单，审议市人大代表候选人初步人选建议名单，审议2018—2021年度普陀区劳动模范和模范集体名单，审议区纪委全会工作报告，审议《区委区政府关于进一步强化安全生产责任落实坚决防范遏制较大及以上事故的意见》《普陀区委领导干部安全生产责任制清单》《葫芦岛共同富裕示范岛建设工作计划》《关于完善区委各类专员配备政策的意见》《关于实施海洋人才"普汇"行动的若干意见》《中共舟山市普陀区第十四届委员会巡察工作规划（试行）(2022—2026年)》《区属重点国有企业领导人员交流到区属事业单位任职的暂行办法》《2022年区重点调研课题安排》《2022年区委理论学习中心组学习计划》《关于落实〈关于对普陀区粮食购销领域专项整治发现问题的纪律检查建议〉的情况报告》《浙江普陀经济开发区运行体制机制优化提升方案及实施细则》《关于2022年高水平推进海岛乡村全面振兴争创国家级乡村振兴示范区的实施意见》《舟山市普陀区规范民办义务教育发展实施方案》《2022年党风廉政建设和反腐败工作组织领导与责任分工》《2022年普陀—万源东西部协作工作任务书》《关于支持大宗商品资源配置基地建设的若干意见》《2022年度镇、街道和区属单位综合考评方案》《2022年度区管领导干部综合考评方案》《2022年度上半年全区政治生态建设自查自评报告》《普陀区事业单位建立管理岗位职员等级晋升制度实施方案》《事业单位管理岗位职员等级晋升操作口径(试行)》《普陀区全面深化以集体经济为核心的强村富民乡村集成改革工作方案》《舟山市普陀区"扩中""提低"行动方案》《关于加强镇(街道)编制统筹管理深化基层管理体制改革的实施方案》《普陀区关于认真学习宣传贯彻党的二十大精神的通知》《舟山市普陀区深化国防动员体制改革实施方案(送审稿)》《2022年度全区政治生态建设自查自评报告》等研究处理重大事宜，审议干部人事调配方案。

区委办公室工作

【综合文稿】 2022年，区委办完成区第十四次党代会报告、区委十四届二次全体(扩大)会议报告等重要文稿，草拟、修改各类会议、调研、汇报材料及其他重要文稿200余篇。撰写完成署名文章、理论文章4篇，《厚植人民情怀　强化守正创新　致力打造全过程人民民主基层实践高地》《实干攻坚　争先进位　坚决扛起现代海洋城市建设新使命新担当》《舟山市普陀区：共富方舟　健康守护》《真学深悟　细照笃行　奋力推动中国式现代化在普陀生动实践》分别于《政策瞭望》《今日浙江》《舟山瞭望》等刊物刊发。

【政策研究】 区委办围绕全区经济社会发展的根本性、全局性、战略性问题，立足普陀发展实际，聚焦乡村振兴、社会治理、人才引进等热点，精选"扎实推动共同富裕的普陀实践路径研究""关于重振沈家门渔港十里繁华的思考和研究"等22项重点课题开展调查研究。参与浙江海洋大学《共同富裕的海洋经济发展探索与实践——浙江舟山普陀案例》一书编辑，为推进共同富裕提供更多普陀样板、普陀经验。2022年，撰写刊发《普陀政研》10期，区委主要领导批示率50%以上。

【信息工作】 区委办关注中央、省、市有关精神，围绕区委中心工作，加强信息报送，注重提炼在全市、全省甚至全国范围内的先行试点、优势特色，发出普陀好声音。2022年，全区被省、市信息录用127篇，综合得分位列全市第一。其中，《需避免过度围捕野生大黄鱼影响可持续发展》被中央办公厅单篇录用；省委工作交流(增刊)录用6篇；省委省政府其他信息录用50篇；市委市政府信息录用71篇；省、市领导批示3次。累计编发《普陀信息》近50期。完善全区、重点单位、区委办公室紧急信息工作3套制度，结合数字化改革工作，对标突发事件信息分类分级报送标准，按要求组织运行突发快响应用，形成逐级上报、上下贯通规范报送体系，提升应急处突水平，全区紧急信息报送工作平稳有序。

【办文办会】 2022年，区委办对标省委办公厅"办文指数"评价指标要求，累计接收流转落实各级各类文电1130余件，实现办文指数"零扣分"。持续优化党内规范性文件备案审查工作流程，完成区级规范性文件备案31件，向市委备案12件，未出现被提醒、纠正情况。完成全省重大事项请示报告制度执行情况专项检查。累计办理市委领导批示12件、区委书记批示264件、区委副书记批示116件，并已全部回复办理情况。完成区党代会、区"两会"、区委全委会、区委常委会、专题会议等会务保障80余次，统筹安排区委各类活动、会议累计110余次，其中重大会议、活动20余次，区委常委会会议29次。完成省委主要领导及其他领导到普陀考察的服务保障工作。

【督查考核】 区委办制定《全区年度重点工作督查实施方案》，聚焦全区主要经济指标、"五大会战"、经济产业平台等重点，开展"争先进位"活动；联合区政府办、区纪委、区发改局等部门，对推进较缓77项重点任务开展每季度综合督查，督查情况在全区通报。《新区聚焦》《渔都聚集》曝光的流浪犬聚集需规范管理等24个问题已全部落实处理，2期督查专报获区委主要领导批示。持续优化完善科学考评体系，强化年度重点任务过程考评，绩效突出干部重点向在项目攻坚、"七张问题清单"等全区重要工作中表现突出和承担急难险重任务的干部倾斜。建立区领导联系重点企业制度，全年组织区四套班子领导和各地各单位走访服务1794次，问题办结率99.83%。

【改革工作】 区委办印发《中共舟山市普陀区全面深化改革委员会2022年工作要点》，确定29项区领导领衔的重大改革项目和36项数字化改革重点应用清单，部署开展改革创新大会战。实现143个省级重大应用应通尽通，新增省级以上改革试点51项。推进一批重大改革(重大应用)，"健康方舟"入选全省高质量发展建设共同富裕示范区最佳实践（第二批），“数字赋能社会组织参与基层社会治理”获2022年度浙江省改革突破奖提名奖。“浙里改”公众号“竞跑者”栏目录用信息2篇，省《数字化改革（工作动态）》录用信息1篇，省委省政府信息刊物录用13篇。党建统领整体智治系统各次双月综合评价中均排在全市前2位，在省级以上媒体刊物简报发表文章报道信息20余篇，人大“数检督”和“七张问题清单”海岛医疗问题先后获省人大常委会副主任赵光君、梁黎明批示。基层智治系统在全省综合评价中保持全市第一，全省前列；累计在省级及以上刊发理论成果20篇，“党建e治理”“幸福云家”“社会组织服务一件事”等3个应用入选省农业农村厅“四治融合”优秀应用。“舟山市普陀区推动船舶修造业绿色转型带动传统支柱产业高质量发展典型案例”等3个案例上架省级分清单案例。

（撰稿：李若茗）

组织工作

【概况】 2022年年底，全区有基层党组织979个，其中党委66个，党总支91个，党支部822个。有党员19624人（正式党员19389人，预备党员235人），其中女性党员6580人，占党员总数33.53%。按年龄分：35岁及以下党员3162人，占16.11%；36~45岁党员3744人，占19.08%；46~55岁党员3521人，占17.94%；56~60岁党员2125人，占10.83%；60岁以上党员7072人，占36.04%。按学历分：研究生368人，占1.88%；大学本科5310人，占27.06%；大专学历3662人，占18.66%；高中、中专学历3658人，占18.64%；初中及以下6626人，占33.76%。离退休人员5703人，占29.06%。

全区有区管领导干部527人。其中，正科级（或相当于正科级）176人，副科级（或相当于副科级）351人；部门局办科级领导干部364人，镇街（管委会）科级领导干部139人，国企科级领导干部24人；女干部95人；非中共党员28人。平均年龄45岁，其中正科级平均年龄47.3岁，副科级平均年龄43.8岁。大学及以上学历506人（全日制研究生18人，在职研究生49人），大专及以下学历21人。

全区有公务员（含参公）1875人。其中，公务员1419人，参照公务员法管理机关（单位）456人；区级机关1145人，街道机关108人，乡镇机关166人，群团机关36人，参照事业单位工作人员420人；女性公务员510人；非中共党员502人；硕士112人，本科1357人，其他学历406人。平均年龄42.17岁。

【公务员登记】 2022年，登记公务员71人，参照公务员37人。其中2021年录用的公务员试用期满转正50人，军转干部14人，行政机关与参公单位交流人员登记27人。

【公务员录用及退休办理】 2022年，全区“双一流”选调生招录11人，公开招考公务员56人。其中镇街（管委会）机关10人，区属部门46人。按学历分：研究生9人，本科47人。办理公务员退休54人，其中机关39人，参照公务员15人；按相关规定申请提前退休3人。

【公务员培训及考核】 2022年，全区47名新录用公务员参加培训，32名新录用公务员参加基层

11月，普陀区2022年机关事业单位新录用工作人员初任培训班开班（区委组织部提供）

锻炼。

区委组织部按公务员年度考核有关文件，做好一年一度公务员年度考核审核工作，确定相应等次。2021年年度考核审核工作，审核机关（含参公）工作人员1356人，其中优秀297人，称职1011人，不定等次48人。7月，区委、区政府决定授予2019—2021年度连续三年优秀公务员记三等功59人。

【公务员职级晋升】 2022年，根据《公务员职务与职级并行规定》，全区完成公务员职级晋升139人次。其中，晋升三级调研员8人次，晋升四级调研员21人次，晋升一级主任科员24人次，晋升二级主任科员31人次，晋升三级主任科员26人次，晋升四级主任科员29人次。

【干部调配】 2022年，全区组织开展干部调配6次，研究提拔或转任重要岗位领导干部79人。其中，提任正科级领导干部21人、副科级领导干部49人，进一步使用9人。平职交流87人，退出领导职务36人，调离普陀10人。

【年轻干部选拔与培养】 2022年，制定出台《关于聚力全面建设“现代化新普陀”大力发现培养选拔优秀年轻干部的行动方案（2022—2024）》，深化“@未来”共享学堂工程，健全优秀年轻干部日常发现补充动态储备机制。举办“90后”年轻干部综合能力大比选，从参加工作3年以上的217名年轻干部中择优选出50名优秀年轻干部进行重点培养，针对性举办“90后”年轻干部进修班，区委书记出席开班仪式并做专题授课，点派11名年轻干部进行区属机关和镇街（管委会）互派挂职交流。实施选调生“源头工程”，安排27名省市区级选调生到各村任职。

【做好干部交流挂职和职级晋升工作】 2022年，围绕区委区政府中心工作，对接省市需求及区级17个专班，累计选派130余名干部到区数字化改革专班、区项目攻坚年专班、区五大会战办等重大工程、重大项目锻炼，“85”后干部占比44%。动员200余名干部参与疫情防控一线管控工作。做好东西部协作干部人才互挂工作，选派12名干部到四川万源开展挂职帮助工作，接收15名万源专业技术人才到普陀进行研修培养。统筹做好69名领导干部职级晋升工作和17名领导干部选（调）任工作。

【干部教育与培训】 2022年，区委组织部开展新提任干部培训班、乡村振兴专题培训班、年轻干部政治理论轮训班等6个主体班次，累计参训400人次；做好区管领导干部贯彻省党代会精神全覆盖轮训工作，利用视联网、钉钉直播等直播平台和干部学习在线，开展数字化改革、稳经济能力、共同富裕等相关知识技能培训9期，累计参训1734人次。推荐5名科级干部参加省市中青班培训。

【干部考察考核】 2022年，推进“实干争先　跨越发展”能力提升专项行动，开展领导班子和领导干部疫情防控大考大赛一线专项考核工作，全覆盖开展乡镇领导班子换届“回头看”工作。研究制定《2022年度区管领导干部综合考评方案》，完善细化考核指标体系，12月7日至次年初，组建6个考评组，对553名区管领导干部个人进行综合考评了解，确定考核优秀干部131人。

7月，2022年普陀区新提任干部专题培训班开班（区委党校提供）

【组织工作数字化改革】 2022年，完善“浙里好干部”系统，归集并定期更新维护全区70余个领导班子、500余名领导干部“四大场景”数据，推进干部信息数字化改革。加快“浙里干部之家”系统七大模块贯通应用和增量开发相关工作，从需求侧和服务侧出发，及时链入“党建e治理”本地特色应用场景，并作为全市县区第一家单位在全省进行路演。

【干部管理与监督】 2022年，区委组织部检视省、市委选人用人专项检查、日常监督检查中发现问题，开展全区党务工作者、干部监督工作培训。结合区委巡察和乡镇领导班子换届“回头看”工作，对全区22家区属部门、镇街(管委会)开展选人用人专项检查，掌握各单位选人用人工作情况，提出3大类9小项普遍存在的问题及60余条具体整改建议。对“回头看”期间存在选人用人主体责任落实不到位问题立项督查，开展定点指导和监督，强化整改落实。突出闭环监督，健全监督管理机制。召开普陀区领导干部离任经济事项集中交接会议，对27家交接单位、35名领导干部开展任期和离任经济责任审计。全年审核56家区属单位中层干部任用方案，妥善消化因机构改革产生的超职数、混岗配备等突出问题；规范审批71名区管领导的社团兼职申请，平衡上级文件精神与基层工作开展实际需要。组织召开全区干部监督联席会议，把“关键少数”示范效应和“绝大多数”规模效应结合起来，助推干部监督工作。突出全链监督，贯通日常监督盲区。完成本年度领导干部个人有关事项报告信息汇总，做好53名领导干部个人事项随机抽核，并按相关规定对10名存在漏报、瞒报等问题干部作出相应处理，发挥警示教育作用。运用数字化手段，丰富精密智控“大监督”系统，及时归集各联席会议成员单位5类10项6759条干部监督基础数据，成功构建立体监督场景，实现对692名领导干部“红橙绿”三色动态管理，整体智治干部大监督机制初见成效。

【党员队伍建设】 2022年，全区发展党员193人。其中，男109人，女84人；汉族193人；35岁及以下113人，36~45岁60人，46~60岁20人；研究生学历5人，大学本科学历92人，大学专科学历49人，高中、中专学历40人，初中及以下学历7人。党员受党的纪律处分110人，其中警告58人，严重警告23人，留党察看5人，开除党籍25人，劝退1人，自行脱党除名4人，取消预备党员资格2人，不予承认2人。

【基层“头雁”建设】 2022年，区委组织部实施“头雁领飞”计划，开展村社干部立规整治专项行动，搭建“亮诺践诺评诺”擂台，每季度按照优秀村10%、争先村10%、落后村5%比例进行动态排名，推动村社干部履职尽责。“一村一策”专项整治4个偏远小岛村干部异地办公问题，实行村干部“本岛驻点+小岛驻村”两地轮值模式，落实“4+1”日常工作机制和“五天四夜”驻岛工作制度。落实政治激励，2名优秀村社干部考录为镇街事业干部。

【基层规范化建设】 2022年，出台《普陀区基层党组织全域提升三年行动计划》《普陀区基层党组织规范化建设交叉互查“大体检”暨专项排查整顿工作方案》，督促完成突出问题整改380条。对中共十八大以来全区10个涉农镇街(管委会)发展及转入的2469名党员开展立体多维梳理排查，做好分析研判、甄别认定和组织处置等工作，对44名问题党员作出相关处理。对全区基层党组织3方面11类突出问题全面清查，发现整改问题63个。

【基层组织建设】 2022年，区委组织部建立基层党建“互学互评互比”机制，确定20个“揭榜挂帅”党建重点项目，“一季一主题”召开现场推进会4次，全区村社党组织书记工作交流会1次，将“互学互评互比”机制延伸至村社，推动村社“头雁”上台竞技、比拼思路，成效结果与基层党建经费直接挂钩，推动各项工作争先晋位。贯彻全市“小岛你好”海岛共富行动，桃花、登步、蚂蚁3岛7村开展“岛链式”党建联建，结对区农业农村局、区财政局、区文广旅体局、区交投集团等65个党组织，以建强党建链，带动产业链、补齐治理链，高质量建设“红动蓝湾·和美海

“红动蓝湾·和美海岛”共同富裕示范带（区委组织部提供）

岛”共同富裕示范带，入选省委组织部《深化党建联建机制 党建引领“共富工坊”建设案例集》。持续发展壮大村集体经济，推行飞地抱团、强村公司、海岛合伙人等赋能路径，全区年经营性收入超50万元村占80%。选派71名渔农村工作指导员和第一书记，开展结对帮扶指导，强化对村社智力支撑和资源支持。

【现代社区建设】 2022年，普陀区推进现代社区建设“六大改革”“十大行动”，实行专班化运作，完成年度重点指标55项。深化党建统领网格智治，理顺村社—网格—微网格三级架构，全区108个村社调整划分综合网格350个，设置微网格1900个，配备组团力量3421人，深化“逢一进格”工作机制，完善“民情工单”制度，各联社驻村团队累计开展走访8050次，收集并解决问题9725个。推进“上统下分、强街优社”省级改革试点工作，做实党建统领多方协同推进“浙里康养”，推行“党建+海岛养老”工作，破解海岛养老服务堵点痛点，该做法被《中国组织人事报》报道。

【城市基层党建】 2022年，区委组织部深化小区党建，全覆盖组建“兼合型”“联合型”等功能型党支部，创新“项目管家—综合管家—片区管家—楼道管家”四级管家自治体系，推行红色物业，赋能小区党组织实体化运行，相关做法在全省基层党建工作重点任务推进会上作交流发言。区委组织部强化智治支撑，开发推广“党建e治理”应用场景，激活小区智治新动力，并获评全省数字组工“好场景”。该应用串联志愿服务、小区自治、党组织管理等6项管理服务事项，梳理核心业务3项、具体子任务6项，贯通三级管理端权限账号28个，构建“兼合式”党组织云上框架。重构在职党员八小时外表现评价体系，以积分形式量化党员参与自治情况，综合评定党员表现。已有4672名小区党员完成线上报到，覆盖222个小区。累计开展志愿服务活动8145人次，认领微心愿1129人次，解决小区自治事件221件。56家区属单位、31名区领导及105名镇街干部下沉防疫一线，对所有村社实行“三色动态管理”。

【“两新”组织党建】 2022年，新组建“两新”组织党组织7家，全区421家员工50人以上企业全部实现党组织覆盖；18家专精特新企业全部建立党组织。强化“两新”党员教育培训，全年参加全市“两新”组织“云党课”学习5次，组织开展全区党务工作者集中培训1次，培训党员3000余人次，实现“两新”组织党员教育培训全覆盖。推动新业态、新就业群体“两个覆盖”工作，全区8大行业领域新业态企业316家，已建党组织28家。新组建区快递物流行业党委、区交通运输行业党委两大行业党委，实现对两大行业党建工作统筹领导。打造申通快递等新业态党建阵地5个，其中虾峙镇海员商会党总支、普陀区快递企业联合支部、舟山元海海洋物资有限公司党支部入选“第一批浙江省快递物流行业党建示范点”；开展“蓝海红帆　普汇新星”新就业群体关心关爱活动6次，聘任首批8名新就业群体党员为兼职网格员，探索形成新党建样本。是年，普陀区获评全市“六星双强”精品示范“两新”党组织4家、获评全市“六星双强”“两新”党组织10家。开展党建引领共富工坊建设，全区建成六大类海岛特色“共富工坊”46家，其中5家获评全市精品示范“共富工坊”，吸收农村闲置劳动力近800人，实现人均月增收1900余元。推动省属企业结对共建蚂蚁岛虾皮“共富工坊”，虾皮产品附加值提升50%以上，得到省委组织部肯定。推进“分类定级、组团包联”行动，选派65名机关党员干部包联92家“两新”组织，平战结合开展疫情防控工作。聚焦经济稳进提质，开展“结对共建、助企纾困”行动，全区54家机关党支部结对62家“两新”党组织，推动区级19大方面56项惠企政策落地见效，解决各类问题354个。

7月19日，普陀区举行“双结对”启动仪式暨“银力量　基层行”活动（区委组织部提供）

【老干部工作】　2022年全区有离休干部16人，其中异地安置1人。组织离休干部集中政治学习4次，家庭医生签约服务团队已累计上门服务1700余次，开展重大节庆日、生日祝福、住院探望、家庭变故、临终关怀以及节假日电话慰问等亲情服务216人次，做好6位离休干部殡葬抚恤事宜。举行“双结对”启动仪式暨“银力量　基层行”活动，3个离退休党支部和26名老干部与基层党支部、农村创业青年等签订“双结对”任务书，组建“银青联盟”，推动“银力量”为乡村振兴、共同富裕助力赋能。规范银领组织，明确“兼合式党组织银领党员在10人以上应建尽建”原则组建银领先锋队。是年，普陀区退休教师协会党支部、区文广旅体局离退休党支部等6个离退休支部获评省级规范化离退休干部党支部，3个志愿团队和个人被选树为全市“共富同行银耀有我”东海银辉系列先进团体和典型人物。

【老年大学】　2022学年，普陀区老年大学有学员1164人，1492人次。设29个专业，44个班级，聘任教师27人。学校利用始业教育、课前5分钟政治学习等制度，宣传党和国家重大决策和战略部署，让老年学员及时了解党方针政策，准确把握地方党委政府中心工作，组织引导学员关注经济社会发展动态，自觉融入大局。组建普陀老年教育联盟，实施老年教育资源整合试点工作；召开工作会议，明确联盟成员单位职责任务，部署老年教育资源整合工作实施路径和下步目标。设立的“老干部爱心微基金”为困难学子送上助学金4000余元。运用“老党员驿站”平台，累计开展党员活动、学习培训、志愿服务、风采展示、健康宣教、党员互助等服务300余次，参加人数8000余人次。

【关心下一代工作委员会工作】
至2022年年底，普陀区关心下一代工作委员会（简称关工委）有成员单位21个，镇街（管委会）关工委10个，学校关工委25个，社区关工委30个，行政村关工委51个，民营企业关工委2

9月，举办第六届舟山全球海洋经济创业大赛暨普陀区智慧海洋创新创业大赛总决赛（区委组织部提供）

个，特色关工委3个，行业关工委1个，青少年校外教育基地10个，工作室4个。8月，区委机构编制委员会发文调整区关工委的机构编制事项，明确区关工委主任由区领导兼任，核增区关工委专职副主任职数1名。持续开展“护苗行动”，拓展关爱帮扶实施区块，新增加东港街道区域学校。累计开展集艺术课堂、情绪认知、心理健康等内容各类活动200余场，组织入校帮扶70余次，入户走访慰问500余次，服务单亲少年儿童3000余人次，累计投入护苗行动困难帮扶专项资金15万余元。六一期间，常态化开展6所学校入校慰问活动，送出慰问金、慰问品2万余元。以“慈善+关工委”形式，成立青少年关爱专项基金用于青少年帮扶。以助力双减为目标，科技创新、劳动实践、梦想星工厂等为主要内容，项目化开展“播撒种子，助力成长”关爱青少年活动。成立青少年心理健康调研工作专班，通过座谈走访等形式，调查了解全区青少年心理健康现状、存在问题及努力方向，并形成调研报告《青少年心理健康应引起全社会的共同关注》。

【人才工作】 2022年，普陀区出台《关于实施海洋人才“普汇”行动的若干意见》与配套实施细则，开展招才引智“攻坚赛马实干争先”行动，提升全员引才合力，在2022年度全市人才工作考核中列四县区第一。全年新引育“高精尖”人才32人，高校毕业生4596人，银龄人才14人，高技能人才1988人。柔性引进全市首位诺贝尔奖得主，自主入选全市首个国家“瑞金计划”，省“引才计划”和“特支计划”连续2年重点人才工程入选者到岗率100%。落实人才项目“引进落地”“项目推进”“后续服务”三张清单，项目全过程跟踪服务，开展“揭榜挂帅”技术攻关7项。4家人才企业年营收突破5000万元；新入选“海纳计划”人才项目21个，落地到岗13个，获市级人才创新创业大赛金银奖；锐赛生物获评高新技术企业，腾宇航天研发的防热涂料应用于“长六改”运载火箭。出台高层次人才“海岛行”实施办法，组织各类人才开展成果转化、创业指导等帮扶40余次，推动人才价值实现与产业发展同频共振。结合高层次、青年、银龄等各类人才特色，开展“专享周”等系列活动3大类19次。在省级以上重点媒体刊登11篇报道，扩大普陀人才工作对外影响力。全年完成人才认定361人，安排人才公寓77套，兑现购房补贴465万元、政府津贴277.97万元，兑现各项人才服务保障政策620人次以上。

【制度建设与组织工作宣传】
2022年，区委组织部出台《现代社区建设“六大改革”和“十大行动”专项工作方案推进落实清单》《现代社区建设“四张清单”》《在全区基层党组织中深入开展“七个一”活动持续兴起学习贯彻党的二十大精神热潮》《普陀区关于开展偏远小岛村干部异地办公专项整治行动的实施方案》《普陀区基层党组织全域提升三年行动计划》《普陀区基层党组织规范化建设交叉互查“大体检”暨专项排查整顿工作方案》《舟山市普陀区“红色根脉强基指数”评价办法（试行）》《关于聚力全面建设“现代化新普陀”大力发现培养选拔优秀年轻干部的行动方案(2022—2024)》《2022年度区管领导干部综合考评方案》《部领导谈心谈话制度》《关于实施海洋人才"普汇"行动的若干意见》《舟山市普陀区人才分类评价认定办法》《舟山市普陀区人才服务保障办法》《舟山市普陀区高校毕业生来普就业政策升级实施细则》《关于推进普陀区老年教育资源整合工作的实施方案》《关于深入实施全区两新党组织"五星争创、双强示范"党建提升计划的通知》等。完成调研文章8篇、创新项目5个,其中《长三角一体化发展背景下普陀区海洋产业人才港建设路径研究》获评市委组织部二类优秀调研成果;"岛链式"党建联建赋能海岛共富获评全市组织系统特色工作。组织工作信息被中央组织部综合录用1篇,被省委组织部单篇录用3篇、综合录用2篇,被省委办录用2篇。有关组织工作报道在中央级媒体登载6篇,省级媒体登载130余篇。

(撰稿:刘可树)

宣传工作

【概况】 2022年,全区宣传思想工作贯彻中共中央及省委、市委、区委工作部署,围绕区委"项目攻坚突破"和"全域争先进位"两大主题,以思想解放引领担当争先,推动各项专题工作开展,为"实干争先·跨越发展"筑牢思想基础。

12月9日,现代越剧《浪尖上的蚂蚁岛》在普陀大剧院首演(区委宣传部提供)

【思想理论教育】 制定出台《2022年普陀区委理论学习中心组学习计划》和《2022年全区干部理论学习意见》,开展中心组专题学习会、"双休日课堂"、专题读书班等14次。6月30日,在东港街道召开全区理论学习中心组学习现场推进会,拓展延伸理论学习中心组"双向巡听旁听"机制。创新编发季刊《潮涌东海》本土学习读本。

【提升基层理论传播实效】 2022年,区委宣传部做好"潮涌东海"宣讲品牌。创新"百姓点单+按需制单"送学模式,优化、确定30个重点宣讲课题。组织开展省委部署的"六学六进六争先"学习实践活动和"共同富裕·青年说"——万名青年学习、调研和宣讲活动,举办2022年普陀区"共同富裕·青年说"理论宣讲大赛暨第六届微型党课大赛。推出线上"潮涌东海宣讲会"16期,均被"学习强国"学习平台录用。《唱响新时代的"共富"号子》获"喜迎二十大奋进新时代"浙江省第十三届微型党课大赛常规微党课复赛二等奖。《红色精神铸就"共富路"》作为全市唯一亮相"共同富裕·青春之声"新时代青年理论宣讲快闪接力活动,在中国蓝新闻客户端推出。

【传承弘扬蚂蚁岛精神】 2022年,区委宣传部持续做好蚂蚁岛精神研究阐释文章,完成蚂蚁岛创业史档案史料整理课题验收,《耕海牧渔舟山蚂蚁岛村发展研究》作为"中国村庄发展的浙江样本研究丛书"之一出版。配合做好共同富裕市级试点三年行动计划,协助召开第二届新时代蚂蚁岛精神理论研讨会。蚂蚁岛精神信息专报获省委常委、宣传部部长王纲批示肯定。12月9日晚,舟山市艺术剧院小百花越剧团原创现代越剧《浪尖上的蚂蚁

8月7日，2022年普陀区“童心同行　护苗成长”宣传活动启动仪式在东港莲花洋广场举行（区委宣传部提供）

岛》在普陀大剧院首演。

【聚焦媒体融合壮大主流舆论】 2022年，区委宣传部围绕中心大局，聚焦“小岛你好”，讲实“每个岛”故事；聚焦“普有”品牌，讲好“一艘船”故事；聚焦特色产业，讲活“一条鱼”故事。全区在省级以上主流媒体累计发稿1700余篇次，重点稿登上《浙江新闻联播》头条、《浙江日报》头版头条、《光明日报》要闻版，先后3次在《人民日报》头版亮相。融合传播，提升引导能力，综合利用短视频、手绘动画、H5、直播等融媒体传播手段，开展主题宣传。其中强台风“梅花”原创短视频，在全网收获超2000万次浏览量，手绘动画“里斯本丸”营救事件在“掌上普陀”App上收获超1万次浏览量。召开“实干争先　跨越发展”“现代化海洋产业新高地”“喜迎二十大　普陀这十年”等专题新闻策划会，实现“供”与“需”精准对接。深耕“中央媒体看普陀”外宣品牌，加强与《人民日报》、央视、新华社、《光明日报》《浙江日报》等中央、省市主流媒体对接，完成百万+爆款4篇，千万+爆款1篇。

【创新打造“护苗e校园”品牌】 2022年，区委宣传部按“八个一”标准，在普陀第二中学城北校区建立区级“校园网络普法基地”。以“网络文明家长课堂”“护苗工作站”“网络普法工作室”进校园为主要内容，推进网络文明精品课程建设。依托扫黄打非工作护苗校园工作站，经常性开展网络普法、网络安全宣传教育和文明上网实践活动。推出“青少年网络文明精品课程库”，举办“中小学网络文明漫画征集”活动，重点打造“丁阿伯说法”短视频栏目，在报纸、微信公众号、微博等平台进行优秀作品展播，推出一批网络安全、文明上网主题周边宣传品，用于线上线下宣传推广。结合“筑梦东海·共富未来”普陀区周末文化夜市活动，组织开展2022年普陀区“童心同行　护苗成长”宣传活动启动仪式，活动为普陀首批“护苗工作站”授牌，探索构建政府、学校、家庭、社会一体化，护助青少年健康成长常态化长效工作机制。

【推动文化产业提质增效】 2022年，普陀区推进“一镇一品”乡村文化产业品牌创建，4个“乡村系列”文化品牌入选市级品牌培育计划。完成《共同富裕背景下打造“一镇一品”文化品牌普陀路径的研究》课题研究，探索乡村文化产业发展新路径。面向全国举办普陀海洋文化创新创业大赛，完成杭州城市赛和厦门总决赛。组织区内动漫IP公司参展第十八届中国国际动漫节，开展2022年普陀电影文化消费季活动，累计发放18750张免费低价观影券，完成1398场次农村电影放映，记录电影《里斯本丸沉没》入选中共中央宣传部2023年度文化产业发展专项资金推动影视产业发展支持项目。修订《普陀区文化产业发展专项资金管理办法》，全年新增规模以上文化企业4家，帮助6家文化企业争取市级文化产业发展专项资金150万元，完成省文化产业发展专项资金（2019—2022年）使用绩效情况现场验收。

【推进数字化改革】 2022年，普陀区成立数字文化建设工作专班，成功争取到“浙影通”农村电

春节前文化市场专项检查（区委宣传部提供）

影放映子场景试点、“全民阅读在线”“阅来越好”子场景试点、“非遗特色专题”试点（渔民画云码头）、“青少年成长守护”试点4个省级试点和“海岛文e家”1个市级试点，“智在阅读”应用作为全市数字文化系统唯一被纳入全省“一地创新、全省共享”“一本账S0”，5—6月、7—8月、9—10月全省90个县区数字文化系统双月综合排名，普陀区均获五星评价，列为优秀县区。上线“渔民画云码头”“少年益培训”“红韵蚂蚁”“乡创未来共富市集”4个应用。

【规范文化市场秩序】 2022年，普陀区强化文化市场监管，落实对实体书店、印刷企业疫情防控、安全生产等常态监管。提升行政审批效能，至年底，全区有印刷企业17家、出版物发行单位33家。开展“扫黄打非”8个专项整治，全年查办涉黄涉非行政案件6起，刑事案件3起，收缴各类非法印刷品资料2600余册。深化“护苗”专项行动，举办2022年普陀区“童心同行　护苗成长”宣传活动启动仪式，开展“绿书签行动”系列宣传活动。全区“扫黄打非”工作位列全市考评第一。推进全民阅读工作开展，印发《关于进一步促进普陀区全民阅读工作的意见》。牵头开展“书香普陀　携手共富”等全民读书活动。做好“全民阅读在线”应用贯通，新建、改造白沙岛白沙港村、东港街道塘头村、六横镇五星村3家农家书屋。为全区农家书屋配送图书4400余册。

精神文明创建

【概况】 2022年，普陀区文明城市建设管理工作围绕“项目攻坚突破”和“全域争先进位”两大行动，健全长效体制机制建设，开展以城乡环境卫生专项整治为重点六大攻坚、十二大提升行动，持续深化群众性精神文明创建活动，推动文明城市建设管理水平，为建设新阶段现代化幸福普陀提供良好社会环境和精神动力。至年底，全区有全国文明村3个，省级文明镇3个，省级文明村16个，市级文明村30

全民清洁日活动（区委宣传部提供）

个，区级文明镇1个，区级文明村20个。全国文明单位1家，省级文明单位18家，市级文明单位30家，区级文明单位89家。

【全国文明城市创建】 2022年，普陀区围绕“项目攻坚突破”和“全域争先进位”两大行动，开展以城乡环境卫生专项整治为重点六大攻坚、十二大提升行动。把镇街（管委会）19个专项工作组均纳入全域争先进位范围，以市、区级测评、城市社区“文明擂台赛”、全域“文明红黑榜”、重难点攻坚提升行动等为抓手推进全域文明创建工作。聚焦重点环节，根据文明城市攻坚提升行动内容及阶段性重点、难点、热点问题，全年开展24项专题整治行动。突出特色拓展领域，开展特色主题活动，打造“渔都礼城”区域品牌，推出“全民清洁日”3.0版，在全区上下营造讲文明、树新风、促和谐氛围。创新载体、提升素质，建立先进模范人物宣传表彰机制，在全市率先推出“我们的村榜”。普陀区实名认证志愿者7.37万人，全年开展志愿服务活动1.06万次，惠及群众约30万人次。

【开展典型示范选树活动】 2022年，采取组织推荐、媒体寻访、团队寻找方式在全区基层发现好人典型。以一季一主题形式评选出“最美抗疫先锋”“最美妈妈”“最美教师”“最美退伍军人”“最美志愿者”为主的普陀好人37人。其中，翁鼎、王苏成、李婷、邬守凯、余君芬、蒋唯一、钱琢卓、董建海、胡丰燕、李朝晖、蒋陈、邬僚原12人入选舟山好人，董建海、王苏成入选浙江好人。张飞红、李亚珠、雷建军/唐灵艳、李立峰、郑盼、朱顺舟、吴小洋、刘兆祥、陆世杰、黄龙年获“第五届普陀区道德模范”称号。

【未成年人思想道德建设】 2022年，以“喜迎二十大　强国复兴有我”为中心主题开展“扣好人生第一粒扣子”主题教育实践活动，参与学生2万多人。组织开展原创优秀童谣征集、推广、传唱活动，征集到童谣43首。评选95名普陀区“新时代好少年”，其中5名被评为舟山市“新时代好少年”。加强对全区6所乡村学校少年宫的管理与扶持，提出优化一宫一品建设工作要求，6所乡村复兴少年宫创新工作信息累计10次在省级以上媒体进行宣传。创新推出“少年益培训”未成年人公益培训数字化应用场景，破解渔农村“春泥计划”，使“假日小队”有活动可搞。学校“四点钟课堂”得到丰富，全年利用平台开展活动218场次，受益4560人次。

【渔农村文化礼堂建设】 2022年，普陀区新建3家渔农村文化礼堂，全区共建成文化礼堂85家，实现户籍人口500人以上行政村文化礼堂全覆盖。对10家文化礼堂进行微改造，围绕“佛茶文化”“礼孝文化”“渔俗文化”打造3家区精品文化礼堂。根据省特色文化礼堂和数字化微改造建设要求，围绕“律动”“书香”两大特色主题，重点打造2家省特色文化礼堂和3家省数字化文化礼堂。实施“礼堂伙伴”品牌创建行动，通过空间集成、资源集成、服务集成搭建具有海岛特质基层公共文化空间体系，以文化供给多元集成实现海岛群众精神富有。

（撰稿：周佳瑛）

3月3日，2022年舟山市未成年人开展学雷锋志愿服务活动启动仪式在沈家门第四小学举行（区委宣传部提供）

统一战线工作

【概况】 2022年,区委统战部围绕区委中心工作,突出凝聚思想共识、服务经济社会发展、推动实践创新等工作重点,强基础、促规范、抓提升,推动统一战线工作提质增效。1—2月,全区统战系统开展“同心聚力共同富裕”新春大走访大调研专题实践活动,累计走访77人次。4月21日,全区统战工作会议召开,会议回顾总结2021年工作,安排部署2022年任务。

【强化思想政治引领】 2022年,区委统战部以迎接中共二十大、学习宣传贯彻中共二十大精神为主线,强化全区统一战线思想政治引领。支持民主党派开展“永远跟党走·奋进新征程”系列活动,在民营经济人士中持续开展“普商永远跟党走·奋进新征程”宣传教育,在无党派、党外知识分子和新的社会阶层人士中开展爱国奋斗系列宣讲,在宗教界开展“三教同行·奋进新征程”实践活动;在港澳台侨海外领域开展主题宣传教育。贯彻落实中央、省委统战工作会议精神及《省委统一战线工作实施细则》。坚持一体化和系统性推进上级决策部署,召开全区统战工作会议、区委统战工作领导小组会议,制定出台工作要点和责任分解。

【服务中心大局】 2022年,区委统战部实施“普聚同心·共富先行”专项行动,以人才、项目集聚赋能海岛共富建设。《普聚同心“九个一” 走好海岛共富路》经验做法在省委、市委统战工作会议上交流。建立全市首个海岛乡贤名医馆、一批市级新乡贤带富基地,实施“供需联动+项目认领”机制,呼吁、引导统战成员认领“情暖夕阳”困难老人救助、“快乐假期”困境儿童陪伴、平太荣助学专项基金等一批携老、扶幼、兴教、助困项目19个,捐赠善款900余万元。开展“同心聚力共同富裕”新春大走访大调研专题实践活动,启动统战系统“共富有我”积分赛,确定创建项目35个。推动数字化改革。部领导班子带班多次赴省委统战部、省工商联、省侨联等上级单位对接数字化改革工作。对标省委统战部数字统战“六条跑道”,谋划数字化应用子场景。完成统战系统政务内网接入建设工作,落实数字统战综合应用、浙里党外代表人士全链条管理服务、乡贤通等多个重大应用贯通运行,加强各类信息数据的归集录入、管理使用,保持各应用使用率和活跃度。推进招商引资。把招商引资作为统战系统服务中心大局主要抓手,突出信息、资源、人脉优势,通过感情联络、文化感召、宣传推介等途径,强化商会、乡贤、侨胞等桥梁纽带作用,为招商引资、招才引智等工作牵线搭桥,做好跟踪对接、靠前服务,助推更多项目、企业、人才落户普陀。完成年度招商任务指标。

6月25日,“普聚同心·共富先行”普陀区统一战线助力共同富裕启动仪式在展茅路下徐举行。市委统战部常务副部长刘丹恺,区委常委、统战部部长李莉,区人大常委会副主任、区慈善总会会长陈春汉出席活动。企业

召开普陀区各民主党派、区知联会季度联席会议,学习中共二十大精神(区委统战部提供)

家、乡贤、宗教界代表人士等现场捐赠共富帮扶项目资金 176 万元，认领帮富项目 10 余个，达成乡村旅游发展战略合作联盟和乡村电商助销农产品合作联盟。

【民主党派和党外知识分子工作】 实施 2022 年度区委民主协商计划，共进行民主协商 5 次，其中区委书记主持 3 次。开展“党派联合调研”活动，打造“一岛一品”社会服务基地。建立健全对口联系制度和党外特约人士制度。完成新一届政协委员换届工作，198 名委员走上新的履职平台。全程参与指导全区 6 个民主党派 2021 年度工作总结大会，了解和掌握各民主党派工作开展情况。参与各民主党派重要班子会议、支部大会、学习教育会、会员活动日等会议和活动。不定期走访各民主党派主委和副主委，沟通交流，解决相关问题。协助各民主党派对新成员吸收前考察工作。发挥各民主党派人才荟萃、智力密集、联系广泛的优势，在民主监督、参政议政、社会服务等方面取得一定成效。全区有 26 名特约人员在政府有关部门和司法机关发挥民主监督、参政议政作用；各民主党派开展送医、送教、送文化、送礼仪等活动 30 项，受惠群众 3600 余人；各民主党派走访慰问群众 150 人次。立足各自特色、需求、资源情况，推动全区 6 个民主党派与多个海岛结对打造“一岛一品”社会服务基地，已形成民盟同心·专家工作站、民建“红色基地扶贫”、九三学社“水产养殖帮扶”等品牌，以科技帮扶形式推动东极大黄鱼养殖、桃花梭子蟹育苗、蚂蚁岛虾皮生产等特色产业提质提效。完成区党外知识分子联谊会、新的社会阶层人士联谊会换届工作，选举产生新一届班子。组织季度联席会议、座谈会、专题培训会等，引导党派成员、无党派人士参与“普聚同心·共富先行”统一战线助力共同富裕、“共富方舟·健康守护”等活动。

6 月 25 日，举行“普聚同心·共富先行”普陀区统一战线助力共同富裕启动仪式（区委统战部提供）

【区党外知识分子联谊会】 2022 年，舟山市普陀区党外知识分子联谊会（简称区知联会）有六横镇、桃花镇、虾峙镇、东极镇、东港街道、沈家门街道、展茅街道、区卫计界、区教育界 9 个知联会分会和普陀湾众创码头、海创小镇 2 个新联会（新的社会阶层人士联谊会简称新联会）。5 月 31 日，区知联会换届选举，朱柳为第四届区知联会会长。有理事 57 人，其中女理事 28 人。理事中硕士以上学历 8 人，中级以上职称 21 人。是年，根据区委统战部《关于加强党外知识分子联谊会建设的实施意见》，建立健全学习培训、建言献策、社会服务、联谊交友等一系列制度，促进知联会工作规范化制度化。11 月，区知联会获评浙江省“优秀知联会”称号。

区知联会引导理事通过人大、政协平台，履行民主监督和参政议政职责，提升课题调研能力。6 月，在展茅街道路下徐村开展统一战线助力共同富裕惠民服务活动。7 月，在白沙岛开展助力海岛健康守护行动，为岛上村民送健康体检、义诊等一站式医疗服务。9 月，在葫芦岛开展送温暖社会服务活动，为敬老院老人送去文艺演出、免费拍照等服务，发放老花眼镜价值 5000 元和节日慰问品 5000 余元。

【民族宗教工作】 2022 年，区委统战部开展“寻梦中国　正言正行”“五进”宗教活动场所、“之江问道·海山共富”慈善参学、爱国主义教育、讲经交流会、僧众书

6月1日，普陀区党外知识分子联谊会四届一次理事大会召开（区知联会提供）

法大赛等活动。开展民宗系统“除险保安”专项行动，组织检查宗教（民间信仰）活动场所12批次，制定并落实民宗领域安全生产“除险保安”排查整治工作暨消防安全水平提升月活动实施方案，维护宗教领域和谐稳定。以铸牢中华民族共同体意识为主线，做好民族团结进步创建工作，开展民族工作“六进”活动，加强沈家门街道西河社区“民族之家”建设。

4月28日，全区宗教工作会议召开，贯彻落实全国、全省、全市宗教工作会议部署要求，区教育局、区公安分局、六横镇有关负责人作交流发言。

【民营经济领域统战工作】 2022年，区委统战部以点带面推进普陀区清廉民企建设，完成5家市级示范点创建。召开全区纾困解难政策落实暨金融服务对接会，开展民营企业“两个健康”暨新生代企业家青蓝大培训，举办“聚力抗疫情·携手谋发展”沙龙会，“亲清直通车·政企恳谈会”“助力乡村振兴　推动海岛共富”活动等，促进“两个健康”。

【港澳统战工作】 2022年，区委统战部组织港澳代表人士参加爱国主义主题教育活动4次，承办寻美舟山·走进普陀活动3场次，开展嘉善普陀两地港澳代表人士“伙伴行”国情研学活动，打造“海联驿站”普陀站，提升国家情怀和文化认同。

【海外统战工作】 落实侨务政策，推进“千侨扶千村”、“缘系侨界·爱在普陀” 志愿服务、“普小侨代您看家人”、“群团星·促共富”等工作，深化侨胞之家、侨心驿站建设。

【统战领域风险防范化解工作】 2022年，区委统战部制定实施《全区统战领域风险隐患防范和化解工作方案》，按动员部署、集中推进、总结深化三个阶段，发挥“三人驻点小组”等队伍作用，对统战领域风险隐患进行拉网式排查、梳理。坚持周报告月督查，形成闭环管理。发现各类风险隐患12处，均已整改完成。

开展清廉民企建设工作（区委统战部提供）

10 月 27 日，“之江同心·全省民主党派和党外知识分子社会服务现场推进活动”在普陀区召开（区委统战部提供）

【之江同心·全省民主党派和党外知识分子社会服务现场推进活动】 10 月 27—28 日在普陀区举行。省委统战部副部长王利月，各民主党派省委会、省知联会相关领导，11 个地市统战部及舟山市各民主党派、知联会负责人 60 余人参加。市委常委、统战部部长王高瞻参加活动，区委书记孙志龙致辞。舟山、嘉兴和台州市分别围绕“同舟专列·一岛一品”社会服务品牌、数字赋能社会服务和社会服务基地建设等方面作工作经验交流。活动期间，大家先后到桃花岛和蚂蚁岛，参加民盟省委会助力乡村振兴实践基地揭牌仪式，实地查看舟山民主党派和党外知识分子社会服务基地和项目。

（撰稿：刘晓晓　唐铎晔）

机构编制管理

【概况】 2022 年，中共舟山普陀区委机构编制委员会办公室（简称区委编办）落实数字化改革决策部署，聚焦变革型组织建设，完善机构设置、优化职能配置、提升编制效益，服务保障党建统建、整体智治组织新形态。

设立区委教育工作委员会，作为区委派出机关，与区教育局合署办公；将区社会治理综合服务中心更名为区社会治理中心，挂区综合信息指挥中心牌子；区综合行政执法局增挂区综合行政执法队牌子；撤销区综合行政执法大队，人员编制成建制划转至区综合行政执法队；同意普陀经济开发区党工委、管委会内设机构办公室更名为党政办公室，将党群工作部调整为在党政办公室挂牌，同意增设安全生产部（生态环境部）；区成人教育中心（浙江广播电视大学普陀分校）整合组建为浙江开放大学普陀学院；区关工委下设办公室，在区委组织部（区委老干部局）老干部科挂牌；在区委党校增挂区社会主义学校牌子；将区大数据管理中心升格为正科级事业单位；在区网络舆情和网络安全应急中心增挂区互联网违法和不良信息举报中心牌子；将区商务局综合办公室更名为国际贸易促进服务科；区人力资源和社会保障局撤销区劳动监察大队，增设内设机构劳动监察科；将区农业农村局原区水政监察大队更名为区河湖管理中心；将原在区发展和改革局军民融合发展科挂牌的能源科调整为在国民经济综合科挂牌，将原区散装水泥和新型墙体材料改革办公室相关职责划入价格科，其他维持不变；将原区能源监察大队更名为区新能源产业发展研究中心；同意区委组织部设立区干部人事档案管理中心，在区党员教育中心挂牌；同意区财政局将挂牌在预算局的经济建设科调整为单设，将原单设的会计科调整为在财政监督局挂牌；同意区教育局在教育科（挂行政审批科、安全管理办公室）增挂校外教育培训监管科牌子；同意区交通运输局交通运输行政执法队将出租车稽查科更名为出租车管理科；同意区综合行政执法局将综合行政执法指导科调整为在综合协调科挂牌，相关职能划入综合协调科；同意区经济和信息化局撤销科技服务科，设立组织人事科；同意在区劳动人事争议仲裁院加挂区劳动保障维权中心牌子；同意在区交通运输局所属副科级事业单位区公路与运输管理中心设立邮政安全管理科，挂邮政业安全中心牌子。

年末，区级机关行政编制总数为 1643 名，其中党政群行政

东港街道综合信息指挥室（区委编办提供）

编制467名，政法专项编制696名，乡镇250名，街道230名。

【基层管理体制改革】 2022年，区委编办对应“基层治理四平台”构建“1+4+X”运行架构，因地制宜设置渔农业渔农村管理办公室、文化旅游发展办公室等特色机构。编制资源向基层一线倾斜，统筹42名编制和15名股级职数，建立镇街编制和职数“周转池”，配套出台管理办法，保障重点镇街、重点领域用编用职需求；部门向镇街下沉编制136名，占区级部门编制5.94%；镇街全年新进人员36名。建立镇街岗位清单管理制度，梳理形成4大类77个岗位目录，支持镇街统筹使用人员编制。迭代组建区社会治理中心，建强镇街综合信息指挥室，加快构建整体智治格局。梳理形成《镇（街道）权力清单事项1.0版》，明确镇街“属地管理”事项73项。

【推进“大综合一体化”行政执法改革】 2022年，挂牌设立区综合行政执法队，整合撤并能源、水政等3支专业执法队伍，形成“1+2+1”区级执法队伍架构。4个赋权镇街设立综合行政执法队，由党（工）委副书记兼任执法队队长，强化对辖区内派驻执法力量的统筹协调指挥。确定7个镇街综合行政执法派驻中队60名编制和20名股级职数，由镇街统筹使用。参与组建区级“法核专家团”，保障基层法制审查力量。推动执法人员下沉，通过“单独派驻、区域联络”等方式，分别下沉编制174名和人员158名，下沉比例分别为70.1%和69.13%。

【机构职能优化】 2022年，设立区委教育工作委员会，挂牌成立社会主义学校，理顺区委国家安全委及其办公室职能配置，落实党对重大工作领导体制机制。出台《舟山市普陀区党政部门职责管理办法》，参与协调小街小弄违停车辆管理、校外培训机构无证经营等职责分工争议事项8件。理顺经济开发区与属地街道关于企业服务监管职责边界，将企业经济数据统计、生态环境、安全生产等职责划转开发区管理机构，实现区域内企业服务管理全生命周期。优化贸促会机构运行机制，明确其综合事务由商

“大综合一体化”行政执法改革（区委编办提供）

务局统筹。

【机构编制资源配备】 2022年，区委编办统筹编制资源，配强社会治理、督查考核、医疗卫生等领域工作力量。协同推进国防动员体制改革，完成区国防动员办公室机构设置、职能调整、人员转隶等工作。突出大数据服务改革功能，完成区大数据管理中心升格，统筹优化内设机构和编制配置。根据第七次人口普查数据和诊疗总量，重新调整全区基层医疗卫生机构人员编制，分三年核增事业编制80名，补齐基层医疗卫生机构编制缺口。实施公立医院编制备案制管理，置换事业编制303名，推动人才队伍建设可持续发展。优化学校布局，整合组建浙江开放大学普陀学院，独立设置武岭中学、撤并虾峙小规模学校(幼儿园)。合理配置编制使用计划，2022年度核准机关事业单位用编277名，其中行政(参公)88名、公共事业单位49名、学校(幼儿园)64名、医共体单位76名。

【推进机构编制制度体系建设】 2022年，印发《舟山市普陀区事业单位数字化改革方案》，参与海上枫桥矛调“一件事”迭代、助残志愿服务应用建设工作，贯通应用机构编制数字化监管平台。承接事业单位公益性评价指标体系建设省级试点任务，在教育、医疗和文化领域选取15家事业单位，开展公益性评价分析，相关做法在《浙江机构与编制》刊发。印发《普陀区领导干部任前机构编制事项函告制度实施办法(试行)》，对区发改局、桃花镇等7家主要领导变动部门开展函告。

【机构编制核查问题整改工作】 2022年，区委编办规范领导职数设置，核销区委改革办、区委军民融合办专职副主任职数。梳理排查“编外聘用人员在机关事业单位担任中层领导职务”问题，5个单位21名编外人员免去相应职务。联动区委选人用人专项检查，对13家主管部门及其下属事业单位机构编制工作进行核查，反馈机构挂牌名称不规范、编外用工管理不到位等14个问题，均指导完成整改。

(撰稿:徐舸争)

区委党校

【概况】 2022年，中共舟山普陀区委党校(区行政学校)贯彻落实中共二十大、省市区党代会精神和全国、全省党校常务副校(院)长会议精神，聚焦“标杆引领类”县级党校目标定位，发挥思想引领、干部培训、理论建设、决策咨询作用。区委党校获“全省党校(行政学院)系统先进集体”荣誉称号。区委党校《构建“赛场相马”机制，提升党员政治素质能力水平》项目被评为全省党校系统机关党建优秀培育项目。12月，区委党校加挂舟山市普陀区社会主义学校牌子。

【分类建设】 根据省委办公厅2021年12月印发的《关于推进全省县级党校(行政学校)分类建设的意见(试行)》，区委领导要求区委党校对照分类建设指标体系，做好自评和补短板工作，抓紧形成工作方案，力争申报标杆引领类。区委党校与区委办、区委组织部沟通联系，结合

4月11日，2022年普陀区“90后”年轻干部进修班开班(区委党校提供)

全区实际，梳理分析出本次创建全省一流党校（行政学校）涉及10家单位、6项目标任务和21条主要内容，在此基础上起草《普陀区创建全省一流党校（行政学校）实施方案》，由区委办正式发文实施。

【干部教育】 2022年，区委党校以加强党的政治建设为统领，抓好课程体系、培训内容、教学布局，提升办学质量，提高干部理论水平和党性修养。实施“全面从严治党能力培训教学提升工程”，运用“三不”（不敢腐、不能腐、不想腐）一体推进理念，把全面从严治党、党风廉政建设教育主题纳入党校教育培训体系，围绕中共十八大以来习近平总书记关于全面从严治党重要论述、习近平在浙江工作期间关于管党治党的实践与探索、清廉浙江建设地方实践等内容研发教学专题，突出全面从严治党教学比重，加大案例教学开发力度，抓好“教”与“学”两个环节，把全面从严治党能力培训融入教学全

2022年区委党校主体班次培训情况表

表6

班次名称	培训人数(人)	培训内容
普陀区“90后”年轻干部进修班	39	习近平新时代中国特色社会主义思想、廉政警示教育、年轻干部提升七种能力、红色教育现场教学、共同富裕、海洋经济、乡村振兴等
普陀区2022年上半年发展对象培训班	69	共同富裕、学党章强党性、党史学习教育等
2022年普陀区人大代表履职培训班（共两期）	96	习近平法治思想、共同富裕、人大代表履职经验介绍等
2022年普陀区村(社区)主职干部培训班	103	基层党务工作实操、共同富裕、乡村振兴、省第十五次党代会精神等
2022年普陀区新提任干部专题培训班	52	公共卫生、社会治理、党史学习教育、普廉大课堂、海洋经济、意识形态、乡村振兴、省第十五次党代会精神等
区管干部学习贯彻省第十五次党代会精神专题培训班	83	省第十五次党代会精神、省党代表分享心得体会等
普陀区纪检监察干部综合业务培训班	110	省第十五次党代会精神、共同富裕、“五时三色”监督预警机制工作实务、执纪执法工作案例教学等
2022年区直机关党员政治素质提升培训班（共两期）	136	学党章强党性、党史学习教育、意识形态、省第十五次党代会精神、党风廉政警示教育、共同富裕等
2022年普陀区人大常委会组成人员专题学习班	94	民法典、基层单元的理解与建设、习近平法治思想、提高人大代表履职建言能力等
2022年普陀区基层党务工作者培训班	77	基层党建工作、组工信息写作、共同富裕、习近平社会治理论述、基层党组织实务操作
2022年普陀区两新组织党务工作者培训班	31	习近平新时代中国特色社会主义党建思想、共同富裕、中国经济、中共第二十次全国代表大会精神
普陀区2022年机关事业单位新录用工作人员初任培训班	85	习近平新时代中国特色社会主义思想、习近平总书记关于总体国家安全观的重要论述、中共二十大精神、习近平总书记关于全面从严治党、加强作风建设的重要论述、习近平总书记关于新时代党的组织路线和好干部标准的重要论述、提高舆情处置能力、干部礼仪与公务形象、政务信息公开条例、共同富裕等
全区监察工作联络站站长业务培训班	129	党的二十大精神、如何履行好村(社区)监察工作联络站工作职责、渔农村集体三资管理政策、基层常见违纪违法案例解读等
合计	1104	

举办2022年临安区"天目新竹"优秀年轻干部培训班（区委党校提供）

过程。全年举办普陀区"90后"年轻干部进修班、2022年区直机关党员政治素质提升培训班等主体班次15期，培训1104人次。

【现场教学】 2022年，区委党校打造"海上党校"品牌。创新和拓展干部教育培训方式载体，依托普陀海岛资源优势，坚持"一岛一主题""一岛一特色"，对散落在各个岛屿教学资源进行挖掘、整理、归纳，将党课课堂搬到海岛船头，探索研讨式、互动式、案例式教学，把本地资源转化为干部教育培训的"活教材"。制作宣传折页和视频，向省内外兄弟党校推介，扩大"海上党校"品牌影响力。

【开放办学】 2022年，区委党校适应疫情防控常态，推进开放办学，统筹安排省、市、县（区）多个部门和单位各类培训、会议服务等业务，全年承接临安区"天目新竹"优秀年轻干部培训班等各门类培训班42期，培训人数2590人次。其中，区内23期1622人次，区外市内18期871人次，省内市外1期97人次。

【理论宣讲】 2022年，区委党校发挥党校在宣传思想工作中主渠道主阵地作用。与区委宣传部、区融媒体中心合作打造6期有普陀特色"党的二十大精神"系列微党课视频。借助"潮涌东海"等宣讲平台，用好"志愿浙江"等线上点单功能。全年组织教师进基层、镇街、社区、企业等开展"义务送教上门"和理论宣讲93场次，受教干群5249人次。

【教学科研】 2022年，区委党校加强核心课程体系建设，打造省市级精品党课。全年新备课《学习贯彻党的二十大精神》等16节，1节党课被评为市级样板课，1节党课在全市党校系统精品课程评比中获精品奖并参加全省党校系统精品课评比。1节党课参加全省外宣好故事英文微党课比赛。

聚焦中心工作，提升科研资政质量。全年课题立项12项（其中省级5项）；完成课题结题9项，其中省委党校课题3项；理论文章发表在国家级刊物2篇，省级获奖4篇，11人次在各类竞赛中获奖，列全市县区党校第一。编印6期《区情调研参阅》，2篇获区领导肯定性批示。其中，《海岛地区未来社区建设路径研究——以定海城西未来社区为例》获浙江省党校（行政学院）系统优秀决策咨询成果三等奖。创建学科创新团队，2名教师分获首届舟山市党校（行政学院）系统"名师""新秀人才"荣誉称号。

【数智党校】 承接浙江数智党校集成应用第四批建设单位工作，开展以物联网为基础的校园智慧化建设试点。聚焦教务教研等核心业务提升数字化率，通过人脸识别签到考勤、线上评课、学员"云管理"等方式，数字化赋能干部培训体制重塑、质效提升。

【校校合作】 2022年，区委党校与浙江舟山群岛新区旅游与健康职业学院达成战略合作协议，建立人才师资共享机制，在基地共建、教学科研、社会服务、理论研究等领域深入合作。两校举行马克思主义学院思政实践基地、马克思主义教学研究基地、党员干部教育培训基地揭牌仪式及思政教师聘任仪式，打造“党校+高校”合作新样板。

【校园建设】 位于普陀城北旅游集散中心西南侧。2022年5月，新校区建设工程（普陀区市民教育中心建设工程）项目完成所有前期工作。用地面积20484平方米，容积率1.07，建筑占地总面积为4766平方米，建筑密度23.27%。总建筑面积30989平方米，其中地上建筑面积21991平方米、地下建筑面积8998平方米。6月20日开工。至12月31日，已全部完成桩基工程、基坑围护工程施工，土方开挖外运完成90%，地下室完成50%，边坡施工完成98%，完成总工程量27%，累计完成投资额5200万元（含土地款）。

（撰稿：陈羽瑱）

2月25日，党组织书记抓党建述职评议会暨“双建争先”推进会颁奖仪式（区委直属机关工委提供）

直属机关党建工作

【概况】 2022年，中共舟山市普陀区委直属机关工作委员会（简称区委直属机关工委）以“双建争先”工程为总牵引，紧扣机关党建“走在前、作表率”总要求和“围绕中心、建设队伍、服务群众”核心任务，实施机关党建质量提升行动，推动机关党建工作提升。是年，普陀区机关党建年度考核位列全市县区第一。

年底，区委直属机关工委下辖党委13个，党总支21个，党支部199个。党员3489人，其中女党员1133人，占党员总数32.48%；少数民族党员29人，占党员总数0.8%。职业分布：机关干部在职党员1314人，国有事业、企业单位在职党员1239人，非公有单位在职党员17人，离退休党员919人。年龄结构：35岁以下662人，36~45岁880人，46~55岁711人，56~60岁405人，61岁及以上831人。文化程度：研究生196人，大学本科1994人，大学专科797人，中专157人，高中、中技152人，初中及以下193人。入党时间：1937年7月至1945年9月1人，1945年10月至1949年9月9人，1949年10月至1966年4月117人，1966年5月至1976年10月193人，1976年11月至1978年12月59人，1979年1月至2002年10月1432人，2002年11月及以后1678人。

【实施“双建争先”工程】 2022年，区委直属机关工委召开“双建争先”推进会，对“双建争先”工作进行动员部署，聚焦政治铸魂等7个方面。加强“双建争先”指数考评管理，开展“双建争先”工作先进集体评选表彰活动，区社会治理中心等3家单位先后获评省市“双建争先”工作先进集体，并在省市相关会议上交流发言；评选区级“双建争先”工作先进集体16家。启动实施机关党组织质量提升三年行动。制订《区直机关基层党组织质量全面提升三年行动计划》，以规范化建设为核心，推出“七强七促”工作举措，推进机关基层党组织建设，力争到年底实现机关基层党组织全面规范达标。开展机关党组织规范化建设暨党建质量大提升专项督查行动。抽调24名机关党务干部组建6个专项检查组，重点从机关政治建设等5个方面对52家区直机关单位党建工作情况进行全面“体检”。结合专项督查和整改落实情况对机关基层党组织进行分档定级。

【夯实机关党建基础】 2022年，区委直属机关工委抓好思想政治建设。学习宣传贯彻中共二十大和省第十五次党代会精神，督促落实“第一议题”制度，组织“七一”系列活动，举办2期区直机关党员政治素质提升班，加强对党忠诚教育、理想信念教育。开展党组织规范化建设交叉互查。组建6个专项检查组对机关基层党组织存在问题当面反馈、动态销号管理，结合检查结果倒排后进党组织。发现共性问题7类43条，现场反馈并督促整改问题223个。抓好“红色根脉强基工程”。动态更新完善“红色根脉强基工程”基础数据，对“三会一课”等组织生活实行线上督查管理。开展“堡垒指数”“先锋指数”考评管理，评出五星党支部22个、后进党支部9个、五星党员173人、不合格党员20人。举办一期机关党务工作者培训班，对7名非党员从事党务工作进行即知即改。做好党员发展和党组织换届调整工作。根据入党积极分子积分排名，结合抗疫一线表现等，新吸收预备党员34人。按程序开展基层党组织成立、换届、调整和撤销工作。深化机关基层党建特色品牌建设。开展机关党建特色项目申报工作，对14个项目予以40万元经费补助。开展党支部工作法和创新成果优秀案例征集活动，其中入党积极分子积分制管理工作入围《机关党建看“浙”里》一书（全省入围60个，其中舟山入围2个），“党建+安全，打造蓝海先锋护渔卫士”入围《党支部工作法》一书（全省市县入围19个，其中舟山入围2个）。

7月21日，蚂蚁岛新党员宣誓活动（区委直属机关工委提供）

【推动机关党建与中心工作深度融合】 2022年，区委直属机关工委动员组织机关党员干部投身社区防疫一线，在疫情防控重要卡点等组建多个临时党支部（党小组），成立由200余名党员组成区直机关防疫突击队，配合做好重要节点全员核酸检测工作。联动开展“破百难·助共富”活动。通过全面摸排、积极争取，推动全区2个共富难题事项入选全省系统联动“破百难·助共富”任务清单。协调展茅街道、区文广旅体局与省直机关工委、省文联等建立联系指导工作机制，难题事项得到解决，黄杨尖村被评为省直机关主题党日教育基地。发挥机关党员先锋带头作用。开展“绿色出行周”活动，助力文明城市常态化管理。依托“党建e治理”深化在职党员社区报到工作，推动党建带群建在基层治理中见实效。落实“小岛你好”海岛共富行动，300余名机关干部主动到小岛报到并开展服务。

【加强机关党风廉政工作】 2022年，区委直属机关工委完善落实机关党建工作责任制。把履行机关党建责任情况作为年度综合考评内容，并将机关党建工作列入党委（党组）巡察内容。开展机关党建主体责任落实情况专项督查，完善落实党组织书记逐级述职评议考核制度，推动党建责任层层落实。建立完善机关党建综合考评体系。制定《区直机关“双建指数”考评标准》，启动实施“双建指数”考评管理，考评得分折算为单位年度综合考评党建得分，考核结果作为干部工作实绩评价和评先评优依据。建立完善机关党组织编组工作机制，把52家机关党组织和10个镇街（管委会）机关党组织组成7个编组，各编组结合中共二十大等内容开展特色主题党日分享等活动。

（撰稿：佘文君）

台胞颜峻瑜在展茅考察（区台办提供）

涉台事务

【概况】 2022年，中共舟山市普陀区委台湾工作办公室（挂舟山市普陀区人民政府台湾事务办公室牌子，简称区台办）贯彻中央和省委对台工作精神，落实市委、区委“实干争先 跨越发展”活动要求，按上级台办统一部署，围绕区委、区政府中心工作，结合实际情况，开展各项涉台事务，服务普陀经济社会发展。是年，全区有涉台企业4家，台青自主创业5家。涉台婚姻350余对。

【加强工作机制和队伍建设】 2022年，区台办学深悟透习近平总书记对台工作系列讲话精神、2022年中央对台工作会议精神和全省对台工作会议精神，学习和领会中共二十大主要精神。加强对台工作机制建设，建立完善月度工作汇报制度，按时向区委分管领导汇报；强化台商、台胞长效服务机制，开展“三服务”活动，走访台企、台胞、台属，调研热点、难点问题，帮助纾困解难；响应全市台办系统一盘棋联动机制，促进与兄弟县区台办交流联络；落实学习培训工作机制，参加省市台办系统组织的各类培训及活动。遴选、培育基层对台交流、能手7人，先后组织对台干部、基层交流能手、台胞参加全省举办的“第四届海峡两岸青年发展论坛”“2022浙江台湾周”“2022海峡两岸乡村发展论坛”等活动。

【推进对台经贸合作】 2022年，区台办按照市、县（区）台办联动招商引资新要求，拓展交流渠道，挖掘有效信息，适时邀请有投资意向台商、台胞前来普陀考察。经过努力，促成台胞叶俊维的“台爸王”连锁餐饮店入驻展茅街道路下徐村，10月正式营业，重点将其打造成为普陀区“海峡两岸基层交流示范点”展示平台之一。通过多次调研、对接、洽谈，台胞颜峻瑜（丽水山耕品牌设计总监）的文创工作室落地展茅街道路下徐村，下阶段将配合市委台办“两岸文创助乡村”品牌活动，发挥颜峻瑜台湾文创团队在精致农业、文创和民宿创意运营方面的优势。指导展茅田园综合体、路下徐市集及展茅特色业态等建设，助力“小岛，你好”海岛共富行动。3月上旬、5月中旬、6月中旬先后陪同省台办、市委、区委主要相关领导赴浙台（舟山普陀）经贸合作区开展走访调研，研究指导浙台经贸合作区进境水果、进境活体水产和对台小额贸易等业务。关注重点台企生产经营状况，多次陪同省、市领导走访、调研，提升服务的针对性、实效性。上半年，协助解决重点台企——浙江融创和东和兴隆金枪鱼原料紧缺难题。扶持台胞台属创业。针对全区台胞、台属反映创业品牌难打响，市场营销有困难等问题，区台办向市委台办反映，并与有关部门沟通，通过《舟山日报》专题报道，“舟台微讯”“浙台头条”等新媒体推送，使台胞翁亚珍东极大黄鱼养殖、陈岚娜“爱夏民宿”、叶俊维“台爸王”餐饮都扩大影响，提升知名度，受到台胞、台属好评。利用走访、接待、交流等契机，向重点台企、台胞及相关对台工作部门，赠送《涉台法律法规政策汇编》，提高台胞、台商依法服务意识。

【普台两地交流】 2022年，区台办打响“海相连心相印”“海相连情相依”品牌，配合做好“在浙台青看舟山”参访团5月在普陀交流接待工作，展示现代海洋城市发展成果，促进两岸青年常态化交流。继续加强与在台同乡会、重点台胞、友好社团人士交流联络，7月、9月重点接待台湾资深媒体郭冠英、王炳忠一行、杭州台商协会参访团一行等。在建立去台老兵资料库基础上，逐步完善第二、第三代重点台胞信息。9月，为庆贺基隆舟山同乡会成立70周年，区台办协同区台联会完成视频拍摄，送去家乡人民祝福。10月，完成普陀籍“大陆配偶”群体新一轮调查，建立重点对象日常联系制度，开展台湾民心工作。根据省、市台办要求，从全区基层优秀村（社区）书记中，遴选培育一批基层对台交流能手开展民间交流。全年遴选出7名，并多次组织参加学习、培训，在条件具备时将入岛交流，充实基层对台工作队伍。打造展茅街道路下徐村“海峡两岸基层交流示范点”，该项目如期完成考察、推荐、申报、审核、验收工作，12月9日举行挂牌仪式。举办“2022普陀展茅，南投国姓特色农产品交流”活动，以“筑梦美丽乡村振兴、共谋两岸产业进步”为主题，双方通过视频交流方式推介本地特色农产品。针对台湾疫情形势，根据上级台办部署，落实完成对口地区台湾南投防疫物资赞助事宜。

【涉台事务管理】 2022年，根据国台办防范海上涉台风险要求，6月完成对全区涉海渔船尤其是抽砂船排摸，防范涉台海上风险发生。协助解决和妥善处理各项涉台事务。区台办与出入境管理服务中心建立月度通报制度，及时掌握全区台胞出入动态。持续提供台湾居民居住证服务工作。如期开展送温暖活动，走访慰问困难台属、重点返乡探亲台胞等。加强与赴台学生及家长日常沟通和联系，开展寒暑假上门走访，了解和掌握他们在台学习生活相关情况及思想动态，协同区国安分局开展防策反等教育引导工作。指导区台联会利用自身资源，发挥工作优势，加强与在台亲属感情联络，拉近两岸民众心理距离，为祖国统一大业服务。落实2022年度台胞“黄和琴助学金”有关事项，台胞黄和琴继续捐赠10万元人民币，资助10名因病致贫普陀籍学生家庭。引导热心台胞陈岚娜一行开展重阳节慰问困难台属活动。做好典型事例宣传工作，引导台胞回报家乡参与公益慈善，助力普陀社会发展。

【对台宣传和涉台信息】 2022

展茅街道路下徐村被评为市级海峡两岸交流示范点（区台办提供）

年，区台办探讨对台工宣传新方式，借助公众号、短视频等新媒体渠道，发挥台青、台胞、台属作用，向岛内宣传普陀改革建设成果和优势。关注工作过程中热点焦点，针对台胞台属、陆生等服务对象思想变化情况，形成相关调研文章上报，为上级部门做好参谋。加强涉台信息收集和编撰，全年编撰信息15篇，其中有3篇被中央、省、市等部门录用。

（撰稿：胡佳莹）

档案业务培训（区档案馆提供）

档案工作

【概况】 2022年年底，区档案馆有237个全宗，档案95998卷、318076件。其中，文书档案56714卷、256060件，业务档案20301卷、62016件，科技档案898卷，会计档案18085卷。照片档案22215张，光盘346张，实物档案1503件。馆藏图书资料8440册。

【数字档案建设】 2022年，区档案馆将城建档案纳入区档案馆档案数字化建设体系中，完善城建档案数字化加工全流程管理新模式，应用数字化改革理念，对自主研发加工管理应用软件迭代升级，利用自主编写数字化加工软件，解决原有加工系统对城建档案不兼容问题，提高数字化成果正确率。全年完成城建档案数字化加工12281卷，累计完成总量的90%。基本完成全区历年来城建存量档案扫描及目录数据库建设工作，提高各单位和市民群众查阅城建档案查阅率和使用效率。

【档案资源建设】 2022年，区档案馆开展“十四五”期间满期档案移交进馆工作，重点加强以民生档案为主业务档案接收，并适时开展专题档案接收工作。是年，接收区委组织部、区发改局、区财政局等21家单位档案进馆，合计15518卷、4.1万件；征集第十四届中国国际普陀佛茶文化节等“三重一特”（重要人物、重大活动、重点建设和地方特色）活动照片500余张。

是年，区委办印发《关于做好高质量发展建设共同富裕示范区先行典范档案、数字化改革档案和实施碳达峰碳中和行动档案归集工作的通知》。区档案馆组织召开全区“三类档案”专项档案归集工作部署会暨业务培训会，近50家单位参加。通过业务培训、线上交流等形式指导各有关单位做好“三类档案”专项档案归集工作。利用OA、浙政钉实现电子化单套制收集，接收区委宣传部、区委办等12家单位专项电子档案1363件、3.24GB。

【档案信息开发利用】 2022年，区档案馆推进线上线下查档服务，接待利用查档4013人次、5150卷次。其中，婚姻、知青等民生查档占总量的88%。

向区属各单位征集2021年大事记，经筛选、整理和完善，编纂2021年全区大事记。按《全宗指南编制规范》要求，指导全区各进馆单位规范开展编写工作，并根据上报材料汇编《普陀区档案馆指南（2001—2010）》，主要对普陀区各级机关、团体、企事业单位馆藏档案成分、起讫年代、数量、种类、载体等进行记述，全书26万字。

【行政监管工作】 2022年，区档案局（馆）开展全区基层档案治理。在总结原先“业务外包”模式经验教训基础上，以数字化加工队伍为依托，采用“自主加工”模式开展此项工作。年初印发《关于开展普陀区村(社区)基层档案治理的通知》，明确规定档案局、档案馆、镇街(管委会)、村(社区、居委会)四方责任分工，区档案局(馆)对收集指导、实体整理、数字化加工、业务建设等进行全流程统筹协调。是年，接收蚂蚁岛管委、登步岛管委会、东极镇、白沙岛管委会、桃花镇、虾峙镇6个镇（管委会)38个撤并村档案，已完成34个撤并村档案整理及数字化工作。借助数字档案室管理软件平台，提供文书、科技、业务、会计、照片、实物等门类数字化档案开发利用服务，让村民真正实现“查档不出村”。11月底，省档案局专家组来普陀进行实地考察，相关工作得到省专家组肯定。

推进党政智治，完成普陀档案归集智能监管平台设计建设，与协同办公系统、档案数字管理系统、浙政钉等系统打通接口，实现线上、线下文件归集等主要功能数据智能采集、智能管理、智能反馈全流程闭环，向全区立档单位推广应用监管平台。针对全区档案应归未归、监管困难等问题，在全省首创“档案归集智能监管服务平台”，通过对归集流程再造、算法构建等，实现公文归档状态实时监管。平台于3月在区级浙政钉工作台试用上线，6月获省级档案科研项目立项批复，8月初获“浙里数字档案”重大应用场景试点批复。10月，平台正式在区级浙政钉上线；12月，项目建设通过区级验收。

完成博通电子公文在线归档平台升级改造工作，实现全区OA电子公文流转后一键归档功能。提升档案监管服务数字化水平，靠前指导服务全区22个重点建设项目建设单位，建立线上联系，对2022年度完工3项重点建设项目进行档案服务指导，完成档案验收工作。

结合线上、线下两种方式，加强对全区档案员队伍业务培训与指导。针对全区档案员业务水平参差不齐现状，利用一个多月时间将75家单位分3批进行小班化业务培训，合计90人次。依托数字化手段，采用线上远程方式对各单位提出个性问题进行业务指导，实现档案员队伍业务培训指导数字化，全年开展线上指导服务150家次，线下带班、实地指导等17家次。组织全区档案工作人员参加初、中级档案职称考试，4人获档案初级、中级职称。

村级档案整理（区档案馆提供）

【档案行政执法】 2022年，区档案局(馆)推进传统档案管理向数字化管理转型。依托浙江省“大综合一体化”执法监管数字应用平台和“互联网+监管”平台，开展档案行政执法工作；通过浙里办“掌上执法”小程序，完成28家单位“双随机、一公开”执法检查、3家单位重点专项检查。加强档案管理数字化，对全区29家行政审批事项单位开展业务指导，实现政务服务网内行政审批事项电子归档。

通过档案业务指导与执法监管，全区有6家单位完成规范化数字档案室创建，23家单位完成档案室业务评价建设，分别完成年度计划120%和115%。

【档案文化建设】 2022年，区档案馆加强档案馆爱国主义教育基地建设，获批区级科普教育基地和中小学生研学实践教育基地。策划“6·9”国际档案日主题活动，6月9日至7月30日在普陀文化大展厅举办“喜迎二十大·档案颂辉煌”沧桑巨变看舟山图片展，以新旧照片对比方式反映舟山发展建设，累计参观人数千余人。

推广普陀旅游资源，扩大普陀知名度，申报浙江电视台新闻频道“跟着档案去旅行”纪录片拍摄点，指导六横管委会做好相关档案史料整理，进行审核把关。

开展“里斯本丸”事件史实发掘和宣传工作，通过省档案馆，收集在抗战时期东极渔民营救“里斯本丸”号英俘的国民政府授奖文件与名单，充实馆藏重大专题档案。编印《普陀记忆2021》。

（撰稿：陆行军）

6月30日，区档案馆（区史志研究室）召开《浙江文史记忆·普陀卷》评审会（区史志研究室提供）

史志工作

【概况】 舟山市普陀区史志研究室在区档案馆挂牌，负责全区党史、地方志工作。2022年，区史志研究室在推进党史学习教育常态化中发挥党史职能部门作用，将编研成果应用到党史宣传中。推进《中国共产党普陀历史第二卷（1950—1978）》审校工作，启动《中国共产党浙江省舟山市普陀区历史第三卷（1978—2012）》编撰工作。完成《舟山市普陀年鉴（2021）》出版工作，启动《舟山市普陀年鉴（2022）》编纂并完成编辑稿。开展普陀海洋历史文化研究，做好地情资料资政服务。完成《浙江文史记忆·普陀卷》定稿。1人被评为全省地方志先进工作者。

【党史编研】 3月，区史志研究室正式启动《中国共产党浙江省舟山市普陀区历史第三卷（1978—2012）》编写工作，成立由区委主要领导参与的编审委员会，并印发《〈中国共产党浙江普陀历史〉第三卷编写工作方案》；4—5月，举办两次专题史业务培训，指导各撰稿单位开展专题史资料搜集与编写；12月底，基本完成专题史初稿撰写任务。编辑、补充、校对《中共普陀区（县）委文献选编（1978—2012）》。根据中共党史出版社和省党史专家意见，做好《中国共产党浙江普陀历史第二卷（1950—1978）》修改、核实、校对等工作。

【党史资政工作】 2022年，区史志研究室利用普陀党史资源做好资政课题研究，撰写完成《关于蚂蚁岛精神红色教育基地数字化提升工作的思考》《向海图强，实干争先——在高水平建设现代海洋城市中扛起普陀担当》两份资政课题文章并提交省委党史和文献研究室。配合市、区“小岛你好”海岛共富行动，对白沙、葫芦、湖泥等9个小岛的地情掌故资料进行考证、梳理，作为市委、区委决策的参考。加大对“里斯本丸”事件的史实发掘和宣传工作力度，梳理《“里斯本丸”沉船事件及后续纪要》提供给区委宣传部作为后续开展宣传工作的依据，并参与“里斯本丸”营救纪念碑设计方案评审，支持东极里斯本丸沉船事件纪念馆数字化提升改造。4篇文章在“学习强国”学习平台刊登。推进普陀党史宣传，联合区融媒体中心完成“百年风华辉煌十年·浙YOUNG说”短视频拍摄。

【《舟山市普陀年鉴》编纂】 2022年，区史志研究室完成《舟山市普陀年鉴（2021）》总纂核实、修改、定稿，由方志出版社出版。该年鉴分类目、分目和条目3个层次，设特载、专记、区情总述、大事记、中共舟山市普陀区委、区人民代表大会、区人民政府、政协舟山市普陀区委员会、区纪委区监委、区直机关及街道镇负责人名录、民主党派、群众团体、法治、军事、海洋与渔业、农业农村与水利、工业、旅游、商贸、交通与邮政、港航与口岸管理、开发建设、城乡建设与生态环境保护、综合经济管理、金融、市场监督管理、教育、科学技术、文化与体育、新闻传媒与信息产业、卫生健康、人力资源和社会保障、民政、社会生活、街道镇综情、人物与先进集体共36个类目。大16开本彩色印刷，全书117.7万字，图、照500余幅（张），表（含图表）79张，系统翔实反映2020年普陀区各项事业发展情况。

1月，启动《舟山市普陀年鉴（2022）》编纂，由区委办、区政府办联合发出《关于认真做好〈舟山市普陀年鉴（2022）〉编纂工作的通知》。5月起，逐步进入编辑阶段。至年底完成编辑稿，并送方志出版社审校。

（撰稿：胡永久）

编辑：魏斌

区人民代表大会

综 述

2022年,舟山市普陀区人民代表大会常务委员会(简称区人大常委会)组织召开舟山市普陀区第十八届人民代表大会(简称区十八届人大)第一次会议,召开常委会会议8次,召开常委会主任会议12次。任免国家机关工作人员103人(次),依法任命区法院陪审员16人。听取和审议"一府两院"(区政府、区法院、区检察院)专项工作报告37项,对6部法律法规执行情况开展检查和督查,对18件规范性文件进行备案审查,作出决议决定9项,提出审议意见19件。收到代表议案65件、建议71件、闭会建议2件,累计138件,办结率100%,满意率100%。受理群众来信来访15件、1211人次。区人大常委会审议代表议案建议办理情况、全区生态环境状况和生态环境保护目标完成情况、区检察院关于法律监督工作开展情况、全区行政事业单位国有资产管理情况、促进渔农民增收工作情况、法治政府建设工作情况、区监委关于整治群众身边不正之风和腐败问题工作情况、普陀区经济开发区发展情况等事项。举办普陀区"民生关键小事"电视问政,检查《中华人民共和国环境保护法》《中华人民共和国就业促进法》《中华人民共和国节约能源法》《浙江省综合行政执法条例》、乡村振兴"一法一条例"等执行情况。专项监督海岛交通事业发展情况、义务教育阶段"双减"政策落实情况。组织省、市、区三级人大代表会前集中视察2022年全区部分政府重点项目和民生实事项目完成情况,组织开展省人大常委会部署的各级人大代表"六访六促"(访美好生活期盼、促为民办实事长效机制深化,访企业生产运行、促经济高质量发展,访城乡区域发展、促乡村振兴农民共富,访生态环境治理、促生态富民惠民,访亚运组织建设、促亚运会高水平筹办,访共富法治需求、促共富立法民主化科学化)推动高质量发展建设共同富裕示范区主题活动。举办国家宪法日纪念活动。区人大常委会"数检督"数字化改革工作再获"浙江人大工作与时俱进通报表扬提名奖",并在全市推广。"人大监督+审计监督"、"专项报告+专题询问"、法律监督工作"两审制"等做法,得到市人大认可并应用。"百件民生关键小事"电视问政,获群众上万次点赞。

区人大常委会领导和工作机构

【区人大常委会领导】 2022年2月,舟山市普陀区第十八届人民代表大会第一次会议选举舟山市普陀区第十八届人民代表大会常务委员会主任1人、副主任6人,委员26人,任期5年。

【区人大专门委员会】 2022年,舟山市普陀区人民代表大会(简称区人大)设有6个专门委员会,分别是财政经济委员会、法制与监察司法委员会、教育科技文化卫生与民族宗教侨务外事委员会、城乡建设环境资源保护委员会、渔农业和渔农村委员会、社会建设委员会。

【区人大常委会工作机构】 2022年,区人大常委会设办公室、研

表 7

2022 年区十八届人大常委会主任、副主任名录

职　务	姓　名	性别	籍　贯	任职年月
主任	戴灵芝	女	浙江舟山(普陀)	2022.2—
副主任	陈春汉	男	浙江舟山(普陀)	2022.2—
副主任	孙德明	男	浙江舟山(普陀)	2022.2—
副主任	王洲琼	男	浙江舟山(普陀)	2022.2—
副主任	顾志月	男	浙江舟山(普陀)	2022.2—
副主任	陈　红	女	浙江舟山(普陀)	2022.2—
副主任	马亮峰	男	浙江舟山(普陀)	2022.2—

2 月，区十八届人大常委会班子成员合影。左起：马亮峰、顾志月、孙德明、戴灵芝、陈春汉、王洲琼、陈红（区人大办提供）

究室、代表工作委员会、财政经济工作委员会、法制与监察司法工作委员会、教育科技文化卫生与民族宗教侨务外事工作委员会、城乡建设环境资源保护工作委员会、渔农业和渔农村工作委员会、社会建设工作委员会 9 个工作机构。

区人大重要会议

【区十八届人大第一次会议】 2022 年 2 月 12—16 日，区十八届人大第一次会议在东港召开。会议代表 216 名，实到 206 名。会议听取、审查并通过区人民政府、区人民法院、区人民检察院（简称“一府两院”）工作报告及区人大常委会工作报告，审查、批准区 2021 年国民经济和社会发展计划及 2022 年国民经济和社会发展计划及财政预算。选举产生人大常务委员会主任 1 名（戴灵芝），副主任 6 名（陈春汉、孙德明、王洲琼、顾志月、陈红、马亮峰），委员 26 名；选举徐炜波为区人民政府区长，副区长 6 名（张海斌、张宏华、屠定玉、朱彦波、乐舟龙、周吉敏）；选举施静海为区监察委员会主任，卢增华为区法院院长，卢宏辉为区检察院检察长；会议还选举出席舟山市第八届人代会代表 93 名。会议通过区十八届人大专门委员会组成人员。其中，财政经济委员会 7 人，法制与监察司法委员会 7 人，教育科技文化与民族宗教侨务外事委员会 7 人，渔农业和渔农村委员会 7 人，城乡建设环境资源保护委员会 7 人，社会建设委员会 7 人。会议评议舟山市普陀区 2021 年度民生实事项目实施情况，票决 2022 年民生实事项目和其他事项。通报舟山市普陀区 2022 年十大民生实事项目（交通提升工程项目、教育提质工程项目、老幼保障工程项目、住房安居工程项目、饮水安全工程项目、城乡品质提升工程项目、医疗惠民工程项目、防洪排涝工程项目、“扩中提低”工程项目、食品安全工程项目）。大会收到代表议案建议 136 件；其中，10 人以上联名议案 65 件，建议 71 件。

【区十七届人大常委会第四十三次会议】 1 月 14 日召开。会议听取关于区十八届人大第一次会议筹备情况汇报；审议区十七届人大常委会代表资格审查委员会《关于代表资格的审查报告（草案）》，审议区十八届人大第一次会议议程（草案）、日程（草案）、表决办法（草案），审议区十八届人大第一次会议《关于议案截止时间的决定（草案）》，审议区十八届人大第一次会议名单，审议区十八届人大第一次会议民生实事项目代表满意度测评办法，审议区十八届人大第一次会议民生实事项目代表票决办法，审议区十八届人大第一次会议列席人员名单。

【区十七届人大常委会第四十四次会议】 1月26日召开。会议审议区政府《关于2021年国民经济和社会发展计划执行情况、2022年国民经济和社会发展计划草案的报告（草案）》和《关于2021年财政预算执行情况和2022年财政预算草案的报告（草案）》；审议区人大财经委《关于2021年国民经济和社会发展计划执行情况和2022年国民经济和社会发展计划草案的审查报告（草案）》和《关于2021年财政预算执行情况和2022年财政预算草案的审查报告（草案）》；审查区政府2022年重大投资项目；审议《区十八届人大一次会议选举办法（草案）》；审议《区十八届人大各专门委员会组成人员人选通过办法（草案）》；审议区人大常委会工作报告；审议区人大常委会2022年工作要点。通过有关人事任免。

【区十八届人大常委会第一次会议】 3月22日召开。会议审议区政府《关于全区生态环境状况和环境保护目标任务完成情况的报告》；审议《关于设立舟山市普陀区第十八届人民代表大会常务委员会代表资格审查委员会的决定（草案）》；审议人大街道工委汇报《关于2021年度工作情况和2022年度工作计划的报告》。通过有关人事任免。

5月17日，召开区十八届人大常委会第二次会议（区人大办提供）

【区十八届人大常委会第二次会议】 5月27日召开。会议听取和审议区检察院《关于法律监督工作开展情况的报告》；听取和审议区政府《关于全区行政事业单位国有资产管理情况的专项报告》和《关于城区教育资源优化配置情况审议意见落实情况的报告》。通过有关人事任免。

【区十八届人大常委会第三次会议】 7月27日召开。会议听取和审议区政府关于《中华人民共和国环境保护法》《中华人民共和国就业促进法》执行情况的报告；听取和审议区政府关于促进渔农民增收工作情况的报告；听取和审议区政府关于乡村振兴“一法一条例”执行情况的报告；听取和审议区政府关于法治政府建设工作情况的报告；听取和审议区监委关于整治群众身边不正之风和腐败问题工作情况的专项工作报告；听取和审议2021年区本级财政收支决算的报告；听取和审议2021年区本级财政预算执行和其他财政收支审计工作报告；听取和审议2022年上半年全区国民经济和社会发展计划执行情况的报告；听取和审议2022年上半年全区财政预算执行情况的报告。通过有关人事任免。

【区十八届人大常委会第四次会议】 9月26日召开。会议听取和审议区政府关于《浙江省综合行政执法条例》执行情况的报告;听取和审议区政府关于普陀经济开发区发展情况的报告;听取区政府关于海岛饮用水保障工作审议意见落实情况的报告并进行满意度测评。通过有关人事任免。

【区十八届人大常委会第五次会议】 11月29日召开。会议听取和审议区政府《关于区十八届人大一次会议代表议案建议办理情况的报告》;听取和审议区人大法制与监察司法工委《关于规范性文件备案审查工作情况的报告》;听取和审议区政府《关于全区应急管理体系建设情况的报告》;听取和审议区政府《关于全区义务教育阶段"双减"政策落实情况的报告》;审议区政府《关于要求调整2022年区本级地方政府债务限额和财政预算的议案》;审议区政府《关于要求调整2022年全区国民经济和社会发展计划部分指标的议案》;听取和审议区政府关于《中华人民共和国节约能源法》执行情况的报告。通过有关人事任免。

【区十八届人大常委会第六次会议】 12月13日召开。会议审议《关于推迟区第74选区选举日期的决定(草案)》。

【人事任免】 2022年,区人大常委会按照《舟山市普陀区人民代表大会常务委员会任免国家机关工作人员办法》,坚持党管干部与人大依法任免相统一原则,严格执行任前法律知识考试、任命人员履职承诺、颁发任命书、宪法宣誓等程序。全年区人大常委会有6次会议审议通过人事任免事项,依法任免国家工作人员103人次,区法院陪审员16人,为全区经济和社会各项事业发展提供组织保障。

区人大常委会任前法律知识考试 (区人大办提供)

代表履职与议案工作

【代表履职工作】 2022年,区人大常委会举办新当选区人大代表履职培训3期,培训298人次,提高人大代表履职能力和水平。采取线上意见征集和线下实地调研相结合的方式,开展"八大攻坚""六促六访""代表跑小岛""小岛你好·海岛共富代表在行动""共富方舟·健康守护"等活动,促进人大代表访企业、走村庄、下海岛、进网格。扩大全区各级人大代表对区人大常委会和专委会工作的参与,邀请29名人大代表列席区人大常委会会议,组织人大代表参加专项工作调研、执法检查、专题视察、专题询问、电视问政等各类履职活动327人次。动员全区各级人大代表参与疫情防控各项工作。围绕常委会年度重点监督议题,把人大核心业务下沉到基层单元,引领常委会成员、各专工委带着问题清单进站联系人大代表,全年共下沉核心业务73次,征集意见建议4167条;建立"民生面对面·书记区长进基层单元""一府一委两院负责人进基层单元""司法为民·两官进基层单元""镇长·主任有约"等活动机制,常态推进国家机关工作人员以"主题 + 问题"形式进站联系人大代表,全年"一府一委两院"进站达171人次,解决群众问题488件;推行"双亮码"工作,实现全区联络站、各级人大代表"亮身份"全覆盖,联系群众零距离,

5月31日，区人大代表履职培训（区人大办提供）

打通基层单元与“数检督”的联系，构建法律诉求和检察需求双通道，打造“法之约·民之意”立法应用、“53753建议办理”、“平台会流”促社会治理等场景，以数智赋能基层单元提质增效，促进人大代表履职更便捷、民意更畅通、决策更科学、治理更有效。

【议案建议工作】 2022年，区人大常委会开展代表履职经验交流和年度优秀议案建议评选工作。抓好代表建议落实工作，在重点建议之外，将垃圾中转、海岛用气、网约房管理等建议转化为民生进行重点跟踪督办。区十八届人大一次会议收到代表议案65件、建议71件、闭会建议2件，共计138件，内容主要涉及经济发展、城市建设、公共交通、民生保障等多方面。区政府办发挥“牵线搭桥”作用，把代表满意度作为衡量承办单位办理质效的标准。各承办单位秉承“认真负责、积极主动、实事求是”原则，做到事前、事中、事后“三个联系”，对议案建议交办时间、沟通次数、办理环节等情况作记录存档，让每件议案建议有抓手、有落实、有总结，及时发现问题，专题解决。138件议案建议全部办结，办结率100%，满意率100%。

调研与监督

【助力经济稳进提质】 区人大常委会按照“疫情要防住、经济要稳住、发展要安全”的指示，组织开展“代表助力八大攻坚行动”“六访六促”主题活动，发动全区各级人大代表参与视察调研1300人次、走访企业122家、提出建议220条，推动解决企业和群众反映的疫情防控、复工复产、助企纾困中的问题。关注疫情期间经济运行走势，听取审议经济社会发展、计划预算执行、审计工作、地方财政债务等报告，并及时批准部分计划的调整。听取自贸试验区发展情况报告，助力打造开放合作新格局。开展经济开发区建设专项监督，促进经济开发区发展。持续跟踪监督科技创新发展工作，推动经

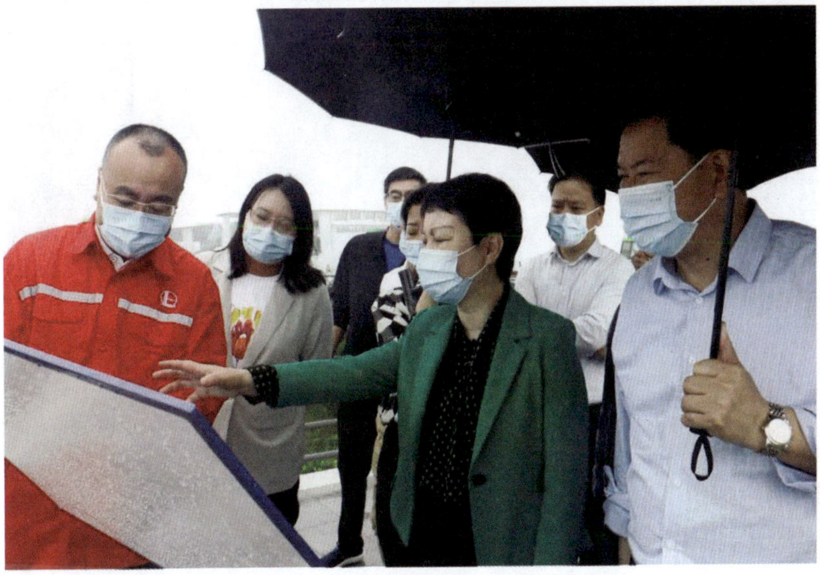

开展人大代表“六访六促”主题活动（区人大办提供）

济社会发展"第一动力"实施。专题调研疫情下的文旅产业发展，探索疫情防控常态化下复苏普陀文旅产业的新途径。融入招商引资"一号工程"，开展重大项目招引、营商环境优化等专题调研，号召全区各级人大代表当好项目招引、建设的先行者，完成全员招商任务。

【财政监督】 2022年，区人大常委会履行财政经济监督职能，针对财政收支平衡压力持续增大、预算约束力和资金使用效益还需提高、债务风险防控仍需加强等问题，提出在推进财源建设上要有新突破、在改善民生保障上要有新成效、在强化预算执行上要有新作为、在防范化解风险上要有新举措等意见。建立和落实全口径、全覆盖国有资产管理情况报告制度，采取综合报告和专项报告相结合的方式，促进国有资产监管提质增效，推动国资国企加快改革。推进重大事项决定管理规范化，在审计查出问题整改落实跟踪监督基础上，重点对政府重大投资项目建设，特别是竣工决算情况进行监督，实现项目的全周期闭环管理。持续深化预算审查监督重点拓展改革，对疫情下的服务业专项扶持资金使用情况进行绩效评估，促进服务业健康发展。

【强化法治监督公正司法】 区人大常委会抓住"关键少数"，开展人大监督法治政府建设工作，通过"专项报告+专题询问"的形式，在听取审议法治政府建设情况报告的基础上，举办行政机关行政案件专题询问会，就行政机关败诉率高、出庭应诉不积极、行政执法不规范、重处罚轻教育、法制审核力量薄弱等问题，向相关部门负责人提出询问，实现人大监督"定性与定量、宏观与微观、结果与过程、静态与动态"相结合，提升监督实效。执法检查《浙江省综合行政执法条例》执行情况。首次听取审议备案审查工作情况的报告，纠正区政府报送的两个规范性文件，切实维护法制统一。首次听取审议区监委关于整治群众身边不正之风和腐败问题专项工作报告，促进监察机关依法严格履行职责、行使权力。创新审议监督方式，在年初听取审议检察法律监督工作情况报告的基础上，年末听取检察机关和重点部门法律监督意见整改落实的情况，并开展满意度测评，以"两审制"促检察监督提质。在继续开展法官履职评议的基础上，做好"两官"履职评议"后半篇"文章，听取履职评议整改意见落实情况的报告，形成前期调查、中期评议、后期整改的"两官"任后监督全生命周期，推动司法干部队伍建设。

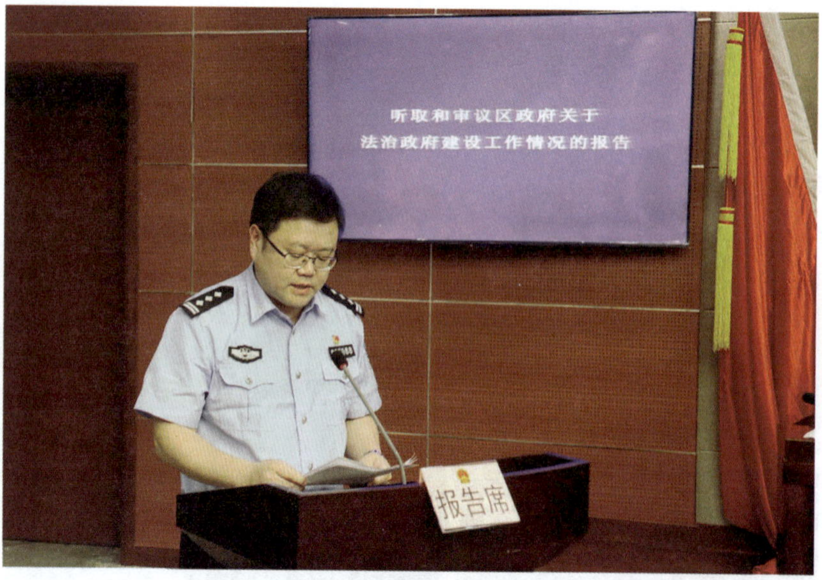

法治政府建设工作情况报告（区人大办提供）

【助推民生实事项目】 聚焦海岛共富基本要素保障，组合运用多级人大联动、定向视察、满意度测评等方式，开展海岛交通事业发展情况专项监督；持续关注海岛饮用水保障工作，解决海岛用水问题；支持政府打造"全域化"群众体育公共服务体系，推动体育强区和健康普陀建设。开展义务教育阶段"双减"政策落实情况专项监督，对城区教育资源优化配置工作进行"回头看"，推动实现"教育共富"。专题调研全装修商品住宅质量管理情况，满足群众对"普有安居"到"普有优居"的更高需求。开展乡村振兴"一法一条例"执法检查，听取审议渔农民增收工作情况的报

省市区三级人大代表会前集中视察（区人大办提供）

告，专题调研渔业高质量发展，推进农业农村现代化。上下联动开展《中华人民共和国就业促进法》执法检查，促进乡村就业、加强重点群体利益保障等，推动实现“普有厚得”。对环境提升、交通便民、医疗服务等12个 “关键小事”的落实情况开展电视问政，聚焦暗访中暴露出来的薄弱环节与短板展开讨论，助推民生实事项目落地惠民。

宣传与联络

【人大信息宣传工作】 2022年，区人大常委会宣传报道区人大及其常委会的各类重要会议、重要活动，及时发布更新区人大及常委会各类动态信息、决议决定、监督调研工作；拓展外宣途径，全年度在《浙江日报》、浙江新闻客户端、浙江人大公众号、舟山人大公众号累计发表45则。还推出普陀人大视频号，制作完成《与时代同行·与人民同心》视频，展示人大代表的风采，加强人民代表大会制度在普陀的宣传。同时，发布的教师节专题、医师节专题、行政案件专题询问、电视问政等视频内容，点击量喜人。策划推出“走进基层单元”“数字化建设在普陀”“民生面对面”“小岛你好”“助力八大攻坚”“共富路上有代表”“人代会归来话感受” 等报道168篇，以及人大代表参与防疫、抗台风典型先进事迹等报道，充分发挥普陀人大网站、微信公众号、普陀人大视频号等宣传阵地作用，讲好普陀人大故事。

【人大信访工作】 2022年，区人大常委会把信访工作作为联系群众、拓宽监督的渠道，贯彻新制定的信访工作条例，加强综合分析和督办化解，融入全区“大信访”工作格局，及时处理群众来信来访。全年累计受理群众来信来访15件，1211人次。其中，来信7件，1200人次；来访8件，11人次，同比减少12件，无集体访，100人以上联名信3件。经督办、交办、催办报结率在95%以上，一批群众信访合理诉求得到妥善处理。

【人大代表联络站工作】 2022年，区人大常委会采取新建、改建或整合提升等方式，推进1个

走进全过程人民民主基层实践基地（区人大办提供）

总站+9个联络站+若干个基层分站、点的建设，形成上下贯通的组织架构；以首批基层单元试点沈家门街道代表联络站为示范，已完成全区9个镇街代表联络站的基层单元建设任务，实现一网通联、一键直达、一站统筹的一体化格局。承接用好省、市人大开发的“人大代表履职综合应用”平台以及舟山市基层单元等统建场景，迭代升级人大检察“数检督”场景，指导试点单位做好“53753建议办理”特色场景应用开发，通过数字赋能推动代表联络站运行更加智能、更加便捷、更加有效。同时，督促每个代表联络站及时添置数字化办公设备，夯实数字支撑能力，确保数字化改革在基层人大能够“接得住、用得好”。推进代表联络站和代表码挂牌亮码工作，沈家门街道开发“建议码上提”，群众可以通过扫码向代表联络站和人大代表反映问题，拉近人大常委会与人大代表、人大代表与群众的距离。

（撰稿：潘君飞）

编辑：陈莉

区 政 府

区政府领导与工作机构

【区政府领导】 2022年年初，区第十七届人民政府在任领导：区长徐炜波，常务副区长张海斌，区政府党组成员王海涛，副区长张宏华、李莉、屠定玉、朱彦波、乐舟龙、钱善凤(挂职)。2月，区十八届人民代表大会第一次会议选举产生：区长徐炜波，常务副区长张海斌，副区长张宏华、屠定玉、朱彦波、乐舟龙、钱善凤、周吉敏。挂职领导有：区政府党组成员俞能、王海涛，副区长钱善凤。9月，马志刚任副区长(挂职)；11月，免去钱善凤副区长职务。至年末，在任领导：区长徐炜波，常务副区长张海斌，区政府党组成员俞能、王海涛，副区长马志刚、张宏华、屠定玉、朱彦波、乐舟龙、周吉敏。

【区政府工作机构】 2022年区政府工作机构23个。其中，办公室和工作部门21个：办公室、发展和改革局、经济和信息化局、教育局、公安分局、民政局、司法局、财政局、人力资源和社会保障局、住房和城乡建设局、交通运输局、农业农村局、商务局、文化和广电旅游体育局、卫生健康局、退役军人事务局、应急管理局、审计局、统计局、综合行政执法局、海洋与渔业局。区委区政府信访局与区委办公室合署办公，不计机构限额。市级部门派出机构3个，其中，市自然资源和规划局普陀分局、市市场监督管理局普陀分局计入机构限额，市生态环境局普陀分局不计机构限额。办公室挂区政府外事办公室(区政府港澳事务办公室)、区大数据发展管理局、区口岸与海防管理办公室牌子；区发展和改革局挂区政府金融工作办公室、区国防动员办公室、区人民防空办公室牌子，与区委社会建设委员会实行合署办公；区经济和信息化局挂区科学技术局牌子；区教育局与区委教育工作委员会实行合署办公；区司法局挂区行政复议局牌子；区财政局挂区政府国有资产监督管理办公室牌子；区农业农村局挂区水利局、区乡村振兴局牌子；区商务

2022年区政府领导名录

表8

职 务	姓 名	性别	籍 贯	任职年月
区长	徐炜波	男	浙江舟山	续—
常务副区长	张海斌	男	浙江舟山	续—
区政府党组成员	俞能	男	浙江诸暨	2022.2—
区政府党组成员	王海涛	男	江西吉安	续—
副区长(挂职)	马志刚	男	吉林扶余	2022.9—
副区长	张宏华	男	浙江宁波	续—
副区长	屠定玉	女	贵州六盘水	续—
副区长	朱彦波	男	浙江舟山	续—
副区长	乐舟龙	男	浙江舟山	续—
副区长(挂职)	钱善凤	男	江苏姜堰	续—2022.11
副区长	周吉敏	男	浙江舟山	2022.2—

2月16日，新当选的区长、副区长合影。左起：周吉敏、朱彦波、张宏华、徐炜波、张海斌、屠定玉、乐舟龙（诸葛晓明摄）

局挂区粮食和物资储备局牌子；区文化和广电旅游体育局挂区文物局牌子；区卫生健康局挂区医疗保障局牌子；区综合行政执法局挂区城市管理局、区综合行政执法指导办公室、区综合行政执法队牌子；区海洋与渔业局挂区海洋行政执法局、浙江普陀中街山列岛海洋特别保护区管理局牌子。

区政府重要会议

【区政府全体会议】 2022年1月14日下午，区政府全体会议在东港召开。主要内容：研究安排2022年政府工作，重点部署“项目攻坚年”行动。

5月10日下午，区政府全体会议在东港召开。主要内容：围绕《政府工作报告》提出的目标任务，分解落实重点工作责任，部署加强新一届政府自身建设工作。

【区政府常务会议】 2022年，区第十八届人民政府召开常务会议12次。3月15日，召开区政府第一次常务会议，听取近期疫情防控形势及工作情况、2021年普陀区政府质量奖评审工作、2021年度法治政府建设工作，审议《普陀区既有住宅加装电梯工作的实施意见（试行）》《普陀区既有住宅加装电梯奖补实施办法》，研究朱家尖星海湾项目清算方案、“普陀促消费”惠民季活动方案，学习《河南郑州7·20特大暴雨灾害调查报告》；4月9日，召开区政府第二次常务会议，传达学习习近平总书记、李克强总理关于安全生产重要指示批示精神和全国安全生产电视电话会议精神，听取《马峙山、鲁家峙方舱隔离点建设情况》《舟山市普陀区2022年开展突出安全生产风险防控行动方案》，学习全省“大综合一体化”行政执法改革推进大会、全市“大综合一体化”行政执法改革推进会精神，听取普陀区“大综合一体化”行政执法改革工作情况汇报，审议《“普渔乐”渔业数字化项目建设和运营方案》《关于强创新增动能加快推进制造业高质量发展的若干意见等政策的补充意见》《舟山市旭顺置业（东投·明越台、明越湾）政府帮扶方案》《浙江普陀经济开发区运行体制机制优化提升方案及实施细则》《浙江自贸试验区普陀区块2022年重点任务清单》，研究自在盛达股权担保变更事宜；5月10日，召开区政府第三次常务会议，听取《关于要求成立专业公司承接全区公共视频监控建设一体化改革具体事务的报告》，审议《舟山市普陀区关于鼓励备案非标电动自行车提前淘汰置换工作实施方案》《普陀区第三次城镇房屋调查登记专项工作的实施方案》，学习习近平总书记在中共中央政治局会议、中央政治局常务委员会会议和在中共中央政治局第三十八次集体学习时的重要讲话精神；6月2日，召开第四次常务会议，传达学习中共中央办公厅、国务院办公厅《关于更加有效发挥统计监督职能作用的意见》精神，审议《关于经济稳进提质八大攻坚行动专班工作方案（审议稿）》、《舟山市普陀区关于促进服务业恢复发展的若干政策（审议稿）》、《关于2022年高水平推进海岛乡村全面振兴争创国家级乡村振兴示范区的实施意见》、《舟山市普陀区规范民办义务教育发展实施方案(审议稿)》、2021年度普陀区“制造业十强企业”和“创新型成长企业”评定结果,研究调整启迪研究院年度绩效考核时间段相关事宜、半升洞油库改造所涉中石化地块征收补偿相关事宜;6月24日,召开区政府第五次常务会议,学习全省消防安全大排查大整治暨安全生产工作会议精神并部署近期安全生产工作,研究浙江广播电视大学普陀分校更名转型事宜,虾峙学校、虾峙中心幼儿园及六横龙山小学附属幼儿园办学调整优化事宜,普陀区镇(街道)综合行政执法改革实施方案及事项目录相关事宜,审议《关于支持大宗商品资源配置基地建设的若干意见》,听取关于要求收购海之源水产有限公司资产用于建设用地复垦的情况汇报、区城西公司组建以来工作情况汇报、上半年普陀区主要经济指标预测预警情况;7月15日,召开区政府第六次常务会议,审议《舟山市普陀区“扩中”“提低”行动方案》《普陀区服务业增量培育三年行动计划(2022—2024年)》《修改舟山市普陀区政府投资项目管理办法部分条款》《舟山市普陀区行政规范性文件管理办法》《普陀区关于落实最严格的耕地保护制度全面推行“田长制”的实施方案》《东港街道陈家后村集体土地征用和村集体资产置换安置区公建房等相关方案》,听取2022年上半年普陀区城市安全运行工作情况汇报及下半年工作重点、关于虾峙西白莲项目征收事宜的汇报;8月26日,召开区政府第七次常务会议,审议《舟山市普陀区房屋征收补偿房票实施办法(试行)》《关于进一步扶持个体工商户纾困发展的实施意见》,听取2022年上半年食品药品安全工作亮点及下半年省级食品安全示范区创建工作汇报和2022年上半年普陀区建设施工领域安全生产工作情况及下半年工作重点汇报;9月16日,召开区政府第八次常务会议,审议《关于加快科技创新推动高质量发展的若干意见》《舟山市普陀区征地地上附着物和青苗补偿标准》,听取全区高层住宅小区消防安全隐患集中整治工作情况汇报、关于为自在盛达集团有限公司使用政策性开发性金融工具(基金)提供担保的情况汇报;10月11日,召开区政府第九次常务会议,听取关于沈家门街道马峙村征收工作情况报告,审议《沈家门城区成片危旧住宅蒲湾一区、蒲湾二区竞争性征收项目》《关于进一步加大东投·明越台、明越湾帮扶措施的方案》《普陀区交通强国试点县(区)创建方案(城乡交通运输一体化方向)》《普陀区推进城乡公交一体化建设工作方案(试行)》《舟山市普陀区下达2022年度部分退役士兵安置计划》;10月23日,召开区政府第十次常务会议,审议宁波郭巨航线调整相关事宜,听取《区交投集团关于转让舟山六横跨海大桥有限公司部分股权的情况报告》《关于普陀区2022年省政府“督查激励”重点攻坚事项申报情况的汇报》,审议《东港城区旧城(城中村)改造观碶头区块项目集体土地上房屋征收补偿安置方案》;11月24日,召开区政府第十一次常务会议,审议《舟山市普陀区制造业高质量发展三年行动方案(2022年—2024年)》《关于加快推进海岛民宿产业发展的实施意见(2022年修订)》,听取《关于普陀海洋文化创意园区招商运营模式的汇报》《〈舟山市普陀区安全生产委员会成员单位工作职责规定〉修订情况的汇报》《全区临港油气设施设备安全专项整治工作及海岛加油站建设工作情况汇报》《关于区交投集团司法拍得震洋大厦的土地及在建工程房地产的情况报告》《关于2020年长江经济带生态环境警示片问题整改销号工作情况的汇报》;12月13日,召开第十二次常务会议,审议《舟山市普陀区人民政府常务会议议事规则(送审稿)》《舟山市普陀区人民政府办理人大代表建议政协提案工作规则(送审稿)》《收购恒大鲁家峙G18地块童乐园项目用于御海庄园一期保交楼方案(送审稿)》《关于阿鲁亚债权处理及资产购买情况的汇报》,听取关于普陀区2022年民生实事完成情况汇报。

【区政府专题会议】 2022年共召开53次。会议主要议题:研究和协调处理需要区政府统筹协调、组织实施的某一重要问题、重要事项。2月22日,研究推进内湖商圈一体化改造提升相关事宜;2月28日，研究朱仁民艺术馆装修工程(东港海滨公园配套管理用房装修工程)事宜;3月2日，研究舟山市鑫亚船舶修造有限公司和舟山市亚泰船舶修造工程有限公司订单船只移泊等相关事宜;3月3日,研究普陀展茅螺门后门山至梁横山桥梁工程区域禁航相关事宜;同日,协调永跃大厦权属区交投集团部分的资产用于打造普陀海事服务产业;3月15日，研究舟山正业酒店征收相关事宜;3月17日，研究2022年订单粮食收购工作;3月23日，研究国电电力浙江舟山海上风电开发有限公司风机拼装及出运码头部分透水结构未在海域使用权证书中体现等相关事宜;3月24日,研究市委粮食购销领域专项整治发现问题的意见反馈相关工作;4月2日，研究金钵盂临港产业园一期场地平整工程推进相关事宜;4月14日，研究推进内湖商圈一体化提升改造及运营相关事宜;4月20日，研究500吨区级应急粮食储备相关工作;4月26日,研究普陀区5G基站建设工作相关事宜;同日,研究调整普陀经开区展茅片区工业技改项目相关技术指标事宜;4月28日,研究虾峙镇岙口村小双山及冷坑登废弃矿山生态修复相关事宜;5月5日,研究虾峙镇西白莲岛炮台岗墩西侧边坡生态环境治理工程相关事宜;5月13日,研究中石化吴家岙加油站道路设置;5月20日，研究普陀区在“十四五”期间开展海上风电项目建设前期测风工作相关事宜;5月26日，研究新冠病毒抗原检测试剂采购相关事宜;6月8日，研究东港沿山单元地块建设项目相关事宜;6月10日,研究东港街道社工站瑞欣家园分站相关事宜;6月15日，研究东白莲岛油品储运项目整体推进实施、东白莲岛矿山治理和复垦方案等相关事宜;6月16日,研究建设东港公共服务配套用房项目;6月28日，研究普陀国有军粮供应有限公司做好种粮任务相关工作;6月30日，研究莲花洋公园休闲带项目相关事宜;7月6日，研究加快建设大润发普陀农特产旗舰店;7月11日，研究普陀区小海星儿童关爱中心相关扶持事宜;7月12日,研究原东海岸部分房屋、原新天久公司和新港冷库部分场地及码头作为水产城临时运营配套相关事宜;7月13日,研究“星辰大海”东海晚风市集暨2022普陀全民艺术节浙江音乐学院“手握梦想”音乐会相关事宜;7月26日,研究展茅工业污水处理厂建设相关事宜;7月29日，研究普陀大剧院工程施工合同纠纷相关事宜;8月5日,研究虾峙镇加油站的建设运营协调事宜;8月26日,研究普陀区海岛血透病人租住公有住房相关事宜;8月30日,研究沈家门海鲜夜排档公司体制调整工作相关事宜;8月31日,研究区就业服务中心迁移落地相关事宜;9月2日,研究东港城区旧城(城中村)改造观碶头区块集体土地上房屋征收项目;9月8日，研究东港集团原300吨级货运码头两座栈桥移交区文旅集团相关事宜;同日,研究沈家门综合教育中心建设工程土地征收和政策处理有关事宜;10月10日，研究舟山益兴海洋食品有限公司变更搬迁期限相关事宜;10月17日,研究展茅3万吨工业污水处理厂项目建设及移交事项;10月20日,研究原沈家门第一小学地块改扩建工程相关事宜;10月28日,协调中国移动浙江有限公司舟山分公司提出的“关于商请舟山市普陀区区域一体化健康服务平台项目上线时间确认及支付相关运营费”事宜;11月2日,研究金钵盂临港产业园二期场地平整工程推进相关事宜;同日,研究希诺赛(舟山)生命研究院项目有关事项;11月17日,研究加快推进东港新建小学项目有关事宜;同日,研究普陀区推进省级“七张问题清单”示范案例“普陀区沈家门渔港海洋垃圾污染问题”中关键项目落地见效有关事项;11月18日，研究沈家门街道马峙村区块集体土地上房屋征收项目有关事宜;同日,研究2022年10月27日市中级人民法院关于《合同纠纷[(2022)浙09民诉前调58号]》函告区政府事宜;12月1日,研究沈家门第一小学扩建项目和沈家门综合教育中心建设工程事宜;同日,协调普陀医院提出的“绿园街三号地块目前情况、土地收回再划拨的相关流程”事宜;12月8日,协调六横大桥涉军土地置换工作与桃花镇三处涉军土地历史遗留问题相关事宜;12月12日,研究启迪海洋科技产业研究院协议指标考核结果相关事宜。12月27日，研究东港新建小学项目用地有关事宜。

区政府重要决策

【加快经济发展】 为推进“四上”企业（规模以上工业企业、资质等级建筑业企业、限额以上批零住餐企业、国家重点服务业企业四类规模以上企业）纳统工作，积极培育经济增量，确保全区经济高质量发展，3月14日，区政府办下发《关于印发2022年经济增量培育工程责任清单的通知》；为规范工业经济运行考核指标，3月17日，区政府办下发《关于下达2022年度工业经济运行等考核指标的通知》；为减轻企业负担、激发企业发展活力，确保经济平稳运行，4月29日，区政府办下发《关于强创新增动能加快推进制造业高质量发展的若干意见等政策的补充意见》；为贯彻落实中共中央“疫情要防住、经济要稳住、发展要安全”要求，6月17日，区政府下发《关于印发舟山市普陀区贯彻落实国务院、浙江省、舟山市扎实稳住经济一揽子政策措施实施方案的通知》；为加强税收源头管控，依法征收税收收入，发挥财税对经济发展调节作用，促进全区经济平稳持续健康发展，7月15日，区政府办下发《关于印发舟山市普陀区促进税收充分落地工作方案的通知》；为提升全区现代化服务业发展水平，推动服务业提质增效，满足人民群众消费升级和产业结构调整优化需要，8月9日，区政府办下发《关于印发普陀区服务业增量培育三年行动计划（2022—2024年）的通知》；为帮助全区个体工商户应对疫情影响，稳定扩大就业，9月8日，区政府办下发《进一步扶持个体工商户纾困发展的实施意见》；为推动全区民宿产业发展，推动共同富裕，12月30日，区政府下发《关于加快推进海岛民宿产业发展的实施意见》。

【深化改革创新】 为推进全区数字化改革数字经济系统建设，完善数字化改革工作推进机制，推动各项改革落实，2月21日，区政府办下发《关于调整普陀区数字化改革数字经济组织架构的通知》；为加快实施浙江自贸试验区新一轮改革赋权，贯彻落实省、市关于提升以油气为核心的大宗商品资源配置能力各项工作，8月17日，区政府下发《关于大宗商品资源配置基地建设的若干意见》；为推进普陀区高质量发展建设共同富裕示范区先行典范，10月8日，区政府下发《关于加快科技创新推动高质量发展的若干意见》；为打造具有普陀特色数字化改革样板，12月20日，区政府办下发《普陀区“全球二维码迁移计划”示范区县域先行试点建设实施方案（2022—2025）》。

【推进城乡建设】 为加快农村公路管理养护长效机制，推动全区高质量建设“四好农村路”，3月31日，区政府办下发《关于印发深化农村公路管理养护体制改革实施意见的通知》；为展示“重要窗口”海岛风景线，争创现代化海上花园城市，高质量发展建设共同富裕示范区，5月5日，区政府办下发《关于印发普陀区2022年城镇生活垃圾分类行动计划的通知》；为推进水资源生态环境改善，7月8日，区政府办下发《关于下达2022年“五水共治”项目实施计划的通知》；为推进全区“美丽海湾”保护与建设工作，9月1日，区政府办下发《关于印发普陀诸湾“美丽海湾”保护与建设实施方案的通知》；为建立健全农村公路“路长制”管理机制，规范农村公路养护管理，9月5日，区政府办下发《关于调整普陀区农村公路“路长”工作方案》；为统筹推进城乡公交一体化发展，提高城乡公交客运服务惠普均等水平，10月27日，区政府下发《关于印发普陀区推进城乡公交一体化建设工作方案的通知》；为践行“绿水青山就是金山银山”发展理念，推进全区“无废城市”建设，12月12日，区政府办下发《关于印发普陀区“无废城市”建设实施方案（2022—2025年）的通知》。

【强化民生保障】 为贯彻落实区委、区政府关于“六个一百”工程总体部署，推动100件民生实事关键小事各项工作，1月26日，区政府办下发《关于1—12月普陀区“办好民生实事关键小事一百件”进展情况的通报》；为建立健全婴幼儿照护服务工作管理体制和运行机制，推进全区婴幼儿照护服务健康有序发展，2月22日，区政府办下发《关于印发促进2岁以下婴幼儿照护服务发展的实施意见的通知》；为加强普陀区省级慢性病综合防控示范区建设工作，提高慢性病综合防控水平和能力，3月24日，区政府办下发《关于进一步加强慢性病综合防控示范区建设工作的通知》；为推进“十四五”时期全区妇女事业与经济社会同步协调发展，6月14日，区政府办下发《关于印发普陀区妇女发展“十四五”规划和普陀区儿童发展“十四五”规划的通知》；为加强镇街（管委会）基层劳动保障力量，完善基层劳动纠纷多元化解机制，11月17日，区政府办下发《关于加强镇（街道）、管委会基层劳动保障力量完善劳动纠纷多元化解机制的通知》。

【提高公共服务水平】 为建设公共文化服务现代化，3月15日，区政府办下发《关于印发普陀区创建浙江省公共文化服务现代化先行区规划（2022—2023年）的通知》；为贯彻全民健身国家战略，激发全区体育活力，深入开展全民健身运动，7月14日，区政府下发《关于印发舟山市普陀区全民健身实施计划（2021—2025年）的通知》；为适应经济社会发展和人口老龄化需要，完善全区既有住宅使用功能，改善、方便居民生活，11月22日，区政府办下发《关于印发普陀区既有住宅加装电梯工作的实施意见的通知》；为提高全民科学素质，实现社会文明程度提高，12月22日，区政府办下发《关于印发舟山市普陀区全民科学素质行动规划纲要实施方案（2021—2025年）的通知》。

【建设平安和谐社会】 为预防食品安全事故，保障公众健康与生命安全，1月29日，区政府办下发《关于印发舟山市普陀区食品安全事故应急预案的通知》；为做好山洪灾害防范与处置工作，保障抗洪救灾工作有序进行，维护社会安定，4月22日，区政府办下发《关于印发舟山市普陀区山洪灾害防御预案的通知》；为预防和减少渔业安全事故，提高抢险救助能力，增强出海渔民海上自救互救意识，做好渔船海难救助工作，4月23日，区政府下发《关于2021年度全区渔业安全生产目标管理责任制考核情况的通报》《关于2021年度全区渔业抢险救助情况的通报》；为健全安全应急指挥系、应急响应机制，5月13日，区政府办下发《关于印发舟山市普陀区房屋安全应急预案的通知》《关于印发舟山市普陀区鲁家峙大桥通航水域突发事件应急预案的通知》《关于印发舟山市普陀区沈家门港防御超强台风船员转移应急预案的通知》；为强化地质灾害应急处置和治理工程风险管控，5月19日，区政府办下发《关于印发2022年普陀区地质灾害防治方案的通知》；为加强全区高层建筑特别是高层住宅小区消防安全工作，提升高层住宅小区消防安全管理水平，6月14日，区政府办下发《关于开展高层住宅小区消防安全隐患集中整治的通知》；为做好洪涝台旱灾害防范和处置，保证防汛防旱防台应急工作进行，减少人员伤亡和财产损失，同日，区政府办下发《关于印发舟山市普陀区防汛防旱防台应急预案的通知》；为加强普陀辖区沿海水域水上安全管理、防止船舶污染海域，维护海域生态环境，7月4日，区政府办下发《关于印发舟山市普陀区海上搜救中心水上险情应急反应预案的通知》；为提高全区海洋灾害预防能力，有序开展海洋灾害防范工作，保障人民生命和财产安全，8月30日，区政府办下发《关于印发舟山市普陀区海洋灾害预警预报防御预案的通知》；为巩固全区养老服务机构食品安全专项整治成果，保障老年人身体健康和生命安全，促进养老服务高质量发展，9月27日，区政府办下发《关于进一步加强全区养老服务机构食品安全管理的通知》；为落实食品安全行政责任，保障公众饮食安全，8月5日，区政府办下发《关于印发舟山市普陀区食品安全行政责任追究暂行办法的通知》；为落实临港油气生产经营单位的安全生产主体责任，建立健全临港油气企业安全生产责任监管机制，12月26日，区政府办下发《关于印发普陀区临港油气相关设施设备安全监管意见的通知》。

【建设法治政府】 为加强行政规范性文件管理，保障行政规范性文件合法有效，促进依法行政，7月20日，区政府下发《关于印发舟山市普陀区行政规范性文件管理办法的通知》。

区政府办公室工作

【概况】 2022年，区政府办结合全区重点，开展调研，推动政府中心工作落实，为领导决策建言献策。全年起草政府工作报告、半年度报告、区政府全体会议、季度考评会点评、中共二十大和省十五次党代会精神宣讲等领导讲话、汇报材料220余篇。

【专班推进全区经济稳进提质攻坚】 2022年，区政府办加强对各地各部门贯彻落实党中央、国务院和省市区有关方针政策和决策部署督查，分解细化政府工作报告80余项重点工作，加强对完成情况研判，督促进度迟缓单位落实责任、加快推进。推动在全市率先出台稳经济56条一揽子措施，促进全区经济平稳健康发展。

【落实政务督查】 区政府办以80余项《政府工作报告》重点工作任务分解为抓手，紧盯政府工作报告、主要经济指标等年度重点工作决策部署和议定事项，活用月度、季度督查通报机制，督查各责任单位工作进度，2022年累计下发各类通报文件10期。聚焦民生实事项目推进，通过专题会议、实地督办方式，促民生实事项目按时保质完成，至12月底，涉及全区的省、市政府民生实事均已完成建设任务，区级10方面民生实事中，9个项目完成年度目标，1个项目基本完成年度目标。加强“重大督查问题清单”管控，将问题整改作为落实省委决策部署、提升县域治理能力重要政治任务和工作抓手，累计纳入市级一类问题39个、区级一类问题118个，完成市、区两级一类问题销号97件，并有6个问题入选市级示范案例榜，年度清单管控指数列全省第三。强化人大代表建议和政协委员提案等“两案”并联督办工作，持续提升办理质量和办理水平。是年，办理市人大代表议案建议8件、市政协委员提案18件，办结率和满意率均达100%；协调推动区级人大代表议案建议142件、政协委员提案148件顺利办结，回复率100%，满意率99.31%，确保人大依法监督和政协民主监督工作开展。

【办文办会】 区政府办以“零差错”“零失误”“零缺陷”为标准，严把办文、办会质量关、时效关。持续实行会议审批制度，按“先审批、后开会”原则，严把会议审批关，审批会议及活动57个；落实会议签到和主要负责人请假制度；组织参加上级召开的各类会议。全年组织召开大中型会议31次，小型会议180余次，协助区领导抓好会议决定事项落实。全年收文2719件，发文281件。政府三类文件发文28件，政府部门三类文件发文59件。整理完成2022年各类档案，其中永久457件、长期421件、短期1072件。做好区政府重大活动组织安排，统筹做好区政府领导重要内外事项活动安排，确保区委区政府中心工作推进。

【推进电子政务】 提升项目建设水平和统筹管理效能，组织开展项目专家评审会15场，评审通过项目37个，联合区财政局下发3批数字化改革项目计划。推动数据共享开放，数据共享满足率100%，开放数据增量超17%，在IRS上完成全区77个应用系统的编目。深化“一网通办”，全年“一网通办”率94.84%，2085项事项实现“掌上办”，2102项事项实现“零跑腿”。推广“浙里办”“浙政钉”，在“浙里办”上架20个自建应用，其中“智在阅读”和“社会组织服务一件事”入选全省“一地创新，全省共享”“一本账”S0，在“浙政钉”上架35个应用。提升全区各应用安全防护能力，等级保护定级备案率80%以上，配置网络安全运营态势感知和监测平台，发布12期普陀区政务外网网络安全情况通报，组织一次网络安全攻防演练，全年未发生重大网络安全事件。出台《〈浙江省公共数据条例〉普陀区宣贯工作方案》，开展2轮《条例》落实情况督查检查。加强政府信息主动公开，发布政府信息公开月度通报12期。规范依申请公开办理，累计处理依申请10件，按时答复10件。加强政务新媒体管理，保留活跃政务新媒体4个。

（撰稿：徐祎）

外事和港澳事务

【概况】 舟山市普陀区人民政府外事办公室（简称区外事办）和区政府港澳事务办公室（简称区港澳办）在区政府办挂牌。2022年，普陀区外事和港澳事务工作贯彻落实省市外事系列会议精神，聚焦全区“现代海洋产业新高地、现代品质海岛大花园、现代社会治理新样板”发展定位，为打造“重要窗口”，致力推进外事和港澳事务各项管理服务工作。

【对外交流】 7月18日，区外事办与市外事办、市人民对外友好协会一行调研展茅街道路下徐外宾接待线路。8月3日，舟山首个国际原创展“往来津渡——中韩交流史上的舟山”开展。前期区外事办向韩国谷城郡发函征求参展相关图文、视频材料，并汇总发市外事办，配合提供友好交流相关纪念品。加强与市外事办、区委宣传部、东极镇等相关部门沟通联系，推进“里斯本丸”纪念筹备工作，反馈工作信息，翻译文本资料，参加“里斯本丸”纪念碑论证会等。9月8—9日，陪同省外事办领导一行5人前往东极镇考察。10月3日，中国驻基里巴斯共和国大使馆馆员及市外事办主任陈利文、副主任庄海波等到普陀与相关人员座谈。

【因公出国（境）】 受新冠疫情影响，根据上级指示精神调整因公出国（境）相关审批政策，除对特殊团组外，暂停一般性团组审批。12月，参加省外办组织的线上因公出国（境）业务学习会。

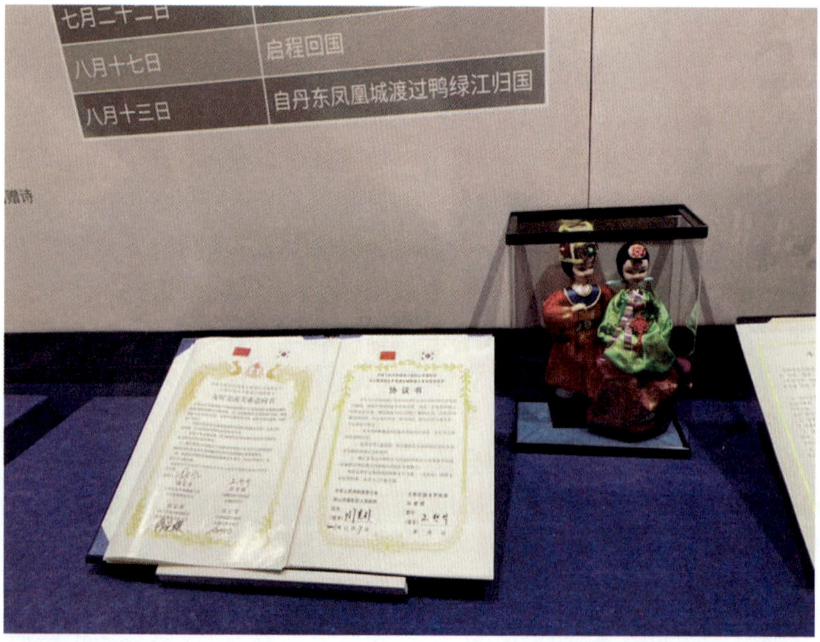

8月，国际原创展“往来津渡——中韩交流史上的舟山”谷城郡展品（区外事办提供）

【涉外人士和案（事）件的管理与服务】 8月起，涉外商务邀请函恢复为外事部门审核。7月、8月，省、市外事办分别召开外国人来华邀请工作培训相关会议。8月19日，区里组织召开外国人来华邀请工作协调会，向各镇街（管委会）、部分企业就具体工作内容作说明。2022年，备案4家企业，办理外国人来华邀请函核实单16批42人次。执行外事部门涉外突发事件处置规定，建立健全涉外突发事件处置机制，履行上传下达职责，妥善处理涉外突发事件，3月与舟山海警局普陀第一工作站和第二工作站签署工作协作配合办法。全年处理涉外突发事件6起。

【港澳事务】 2月23日，区港澳事务办响应市外事办工作要求，组织单位人员参与“敢想成就更多@香港”香港特区政府驻沪办线上研讨会，会上听取香港发展机遇和宜居性、介绍便利内地专才到香港的入境措施及嘉宾分享在港生活、工作经验。

（撰稿：沈洁）

信访工作

【概况】 2022年，普陀区委区政府信访局（简称区信访局）贯彻落实中央及省委、省政府关于信访工作制度改革系列安排部署，结合全区信访工作实际，抓各项

3月，与舟山海警局普陀第一工作站和第二工作站签署工作协作配合办法（区外事办提供）

工作措施落实，开展信访培训，健全工作机制，全区信访形势继续保持平稳有序。

全区受理信访件总量24696件次，同比上升81.47%。其中，来访121批次290人次，同比批次下降36.98%，人次下降69.2%；来信46件；网上信访11102件（上级转送网信274件、领导信箱249件、普陀网上信访10579件），同比件次上升；联名信8件次，1400人次，同比件次上升33.33%，人次上升907.19%，来电13427件次。实行每日区领导值守接访制度，区委、区政府主要领导批阅群众来信6件，区领导接访群众117批363人次。

是年，普陀区获评舟山市2022年度无信访积案县（区）、2022年度全市信访工作成绩突出集体；徐章明被省委、省政府评为“2022年度平安护航建党100周年成绩突出个人”，方勇获评“全省信访系统先进工作者”。

【信访内容】 2022年，信访件按信访目的分：意见建议类760件，咨询类1489件，申诉类694件，求决类9867件，揭发控告类101件，其他类21件。按信访内容分：经济综合类占1.95%，纪检监察类占1.2%，政法类占1.79%，劳动社保类占1.62%，卫生计生类占44.8%，教育类占0.98%，科技与信息产业类占0.11%，组织人事类占0.08%，交通运输类占3.23%，民政类占2.1%，农村农业类占0.41%，城乡建设占27.56%，党务政务类0.15%，自然资源类0.8%，军队事务类0.1%，市场管理类4.98%，文体旅游类0.785%，生态环境类5.44%，应急管理类0.29%，其他类1.64%。

【领导调研、接访】 2022年3月7日下午，省信访局副局长马骏到普陀区调研信访工作，听取全区一图一指数、新一轮信访积案化解等工作汇报。

3月10日，市长徐仁标到普陀区矛调中心接待来访群众，市府办党组书记何国忠、市委副秘书长、市信访局局长陈刚、区长徐炜波陪同接访，共接待3批来访群众。

5月24日上午，市委书记何

市委书记何中伟（右四）到沈家门街道开展接访下访活动（区信访局提供）

中伟到沈家门街道开展接访下访活动，先后接待2批群众。

【区委信访工作会议】 1月13日上午召开，100余人参加。会议以视频形式开至全区各镇街（管委会）。区四套班子主要领导，党委、政府分管领导，区公安分局局长、区法院院长、区检察院检察长等领导，以及区属有关单位主要负责人在主会场参加会议。会议由区委副书记、区长徐炜波主持，区委书记孙志龙出席会议并讲话。会议对10个信访工作成绩突出集体和李鹏飞等42名信访工作成绩突出个人予以通报表扬。六横镇、沈家门街道、区公安分局、区住建局作交流发言。

【全区信访工作联席会议暨信访积案化解推进会】 2月10日召开。会议由区委副书记黄林伟主持，区信访工作联席会议成员单位、各镇街（管委会）有关人员参加。会议通报2021年全区信访工作情况，研究部署今年信访重点工作任务。

【重复信访事项治理】 普陀区建立责任单位向区包案领导汇报、区包案领导向区联席会议汇报的“双汇报”制度，区信访工作联席会议成立专项工作领导小组，3次召开会议部署专项工作，6次听取进展情况汇报，形成“联席会议集中推动、信访部门协调指导、责任单位合力攻坚”工作格局；逐案建立一人一档，制作固定报表，实行跟踪调度、动态监管。2022年，中央、省信访工作联席办交办53件重复信访事项，已全部汇报办结，国重件、省重件化解率100%。重复信访事项实体化解33件，实体化解率62.3%。

【信访制度建设】 2022年，坚持区级领导干部调处信访矛盾制度。党政领导干部阅批群众来信、定期接待群众来访、下访约访等活动常态化开展。

完善和改进信访考核机制。把信访事项受理、办理规范化列为考核重点内容，实行个性化、差异化考核，突出责任目标针对性，形成正确工作导向和激励机制。

（撰稿：翁嘉谦）

全区信访工作联席会议暨信访积案化解推进会召开（区信访局提供）

经济合作与招商引资

【概况】 2022年，区投资促进中心贯彻落实区委、区政府各项决策部署，落实招商引资“一号工程”，健全长效招商机制，开展精准招商，拓宽招引渠道，改善营商环境，招商引资大会战取得积极成效。普陀区实际到位市外资金65.23亿元，实际利用外资8914万美元。

【重大项目签约】 2022年，普陀区新引进亿元以上项目16个，其中已开工项目10个：金钵盂岛年产70万吨精密不锈钢板带及配套精加工项目（投资额20亿元）、龙源电力舟山普陀登步岛20万千瓦渔光互补光伏发电项目（投资额1.597亿美元）、浙江远翼海运江海联运项目（投资额2.4亿元）、长龙危化品船队项目（投资额2.01亿元）、中国海洋石油东海有限公司华东总部大楼建设项目（投资额1.59亿元）、海洋产品“中央厨房”及供应链项目（投资额1.48亿元）、大型智能储存库制造及无人车间智能数控中心项目（投资额1.1亿元）、弘通江海联运船队项目(投资额1.07亿元)、白沙港村陌领佑舍众创小镇建设工程(投资额1.02亿元)、浙江东海岸船业有限公司20000千瓦(峰值)屋顶分布式光伏项目（投资额1亿元)。完成核准备案项目6个:宁波正寅专业化紧固件智能制造产业园项目（投资额1.5亿元)、浙江双智海洋工程系泊装备制造项目(投资额1.08亿元)、海勤机械智能制造项目(投资额1亿元)、永加新型光伏支架制造项目(投资额1.08亿元)、舟山元棋马术主题田园综合体项目(投资额1亿元)、多用途检测平台及特种垫片智造项目(投资额1.01亿元)。

【健全长效招商机制】 2022年，区委、区政府主要领导率队上门拜访，主动进行点对点招商,对接洽谈一批重点项目,推进“一号工程”。全区强化招商压力传导机制,建立完善“六大百亿产业集群”、“四个一”招商机制、部门“一把手”每周外出招商机制、半月听取招商情况汇报机制。各部门一把手分别赴上海、北京、深圳、杭州、武汉、宁波等地开展招商活动110余次，拜会企业130余家，接待来访客商250余批次。强化督导考核,以市委、市政府下达普陀区全年招商引资目标任务为基础,结合各单位目标责任，制定下发区属各单位2022年招商引资任务指标和区四套班子领导招商引资目标任务,形成抓产业、抓招商、抓项目氛围。建立健全招商信息报送机制,按“周总结、月通报”步骤进行纪实,工作具体到事、责任落实到人，重点汇总普陀区招商动态，将日常通报与年底考核挂钩。

【开展精准招商】 2022年,普陀区完善招商政策体系。梳理以“六大百亿产业”为主的财政奖补、税收优惠、金融支持、人才保障等招商引资优惠政策并汇编成册,内容辐射招商引资项目精准引入、落地实施、建设推进、运营见效等项目全生命周期各个阶段,为项目投产运营提供政策支持。完成新版招商推介手册、招商PPT和招商宣传片的编印制作，为全区招商引资开展提供指导。持续完善普陀区重点项目库，全面排摸可开发利用地块资料，搜集汇总全区闲置楼盘等楼宇资源信息,建立成库并持续完善。

突出先进制造业招引,瞄准高端装备、海洋电子信息、智能制造、生物制药、新材料等产业,坚持“招大、引强、择优”,注重产业聚集链条式发展，加强与央企、国企、重点民营资本对接联系,突出抓好亿元以上产业项目招引。氢燃料电池项目、预制菜产业园项目、游艇生产基地项目、罕见病药物研发中心项目等正在有序推进中。

【拓宽招引渠道】 2022年,区投资促进中心坚持多元化招商理念,以领导招商、定点招商、活动招商、小分队招商为基本方法,创新开展网上招商、视频招商等活动。突出大型招商项目推介会、座谈会等活动对招商工作乘数效应，针对性开展以生命健康、先进制造等产业为特色专题推介。在做好疫情防控前提下,5月,举办佛茶文化节招商推介交流会,邀请来自海岛开发、港航物流、海洋高新技术、智慧能源、文化旅游、大健康等产业的50余家企业参会,集中签约4个项目。参加省国际商会会员企业“走进舟山”活动、第五届世界油商大会暨第十届亚洲炼油和石化科技大会、绍兴市留学生企业家联谊会走进普陀活动、2022中国普陀海洋文化创新创业大赛、“小岛你好　星辰大海”舟山现代服务业(上海)对接会等,挖掘企业资源,开展精准对接。

【改善营商环境】 针对2022年市级考核注重实体类项目开工落地情况,区投资促进中心加强与区属相关部门联动,对项目规划、审批、建设中出现问题,第一时间召开项目推进联席工作会议,实现项目一包到底、全程服务;推动项目尽早签约、开工、投产、达效;梳理闲置资源,开展二次招商，全年累计盘活300亩(20公顷)闲置土地,为项目落地作好土地储备。树立“亲商”理念和主动服务意识,以深化“三服务”(服务领导、服务基层、服务群众)为契机,开展“走亲连心、助企纾困”,走访帮扶企业20余家,并结合企业实际情况,建立问题清单,帮助企业解决人才公

2022 普陀招商推介交流会项目签约仪式（区投资促进中心提供）

寓租赁、税收政策等个性化需求，提升人才和企业获得感。

【普陀区海洋产品“中央厨房”项目签约】 2月25日下午，浙江普陀经开区管委会与欣悦海国际控股(香港)有限公司举行“云上”签约仪式，双方就“海洋产品‘中央厨房’及供应链项目”签署投资合作协议。投资方欣悦海国际控股(香港)有限公司是七欣天国际控股有限公司下属子公司。该项目拟总投资1.3亿元，项目全部达产后，预计年产值可达3.15亿元，综合税收1800万元。

此次项目签约依托普陀区水产捕捞、加工及贸易体量大优势，通过引进培育新模式新业态，引领普陀水产精深加工、延长产业链条、提升水产品附加值。

【“植此青绿·共富未来”2022普陀招商推介交流会举行】 5月23日下午，“植此青绿·共富未来”2022普陀招商推介交流会举行，来自海岛开发、港航物流、海洋高新技术、智慧能源、文化旅游、大健康等产业50余家企业代表出席。推介会签约4个项目：浙期实业大宗贸易项目、罕见病药物创新园项目、海洋产品“中央厨房”及供应链项目、白沙陌领佑舍众创小镇项目，涉及文旅健康、金融商贸、海洋食品等多个领域。本次招商推介会吸引浙江省能源集团有限公司、杭州钢铁集团有限公司、明阳智慧能源集团股份公司、上海卓然工程技术股份有限公司等大型国企等行业领军企业、知名民企代表出席，部分企业相关负责人为普陀发展作交流发言。

（撰稿：王晶莹）

应急管理

【概况】 2022年，区应急管理局落实上级要求，统筹发展和安全，紧盯“遏重大、降较大、保安全”目标，贯彻“除险保安”和第二轮安全生产综合治理三年行动要求，构建全面覆盖基层应急管理体系，统筹开展自然灾害防御，推进数字化改革，提升应急处突水平。全区发生纳入统计考核的各类生产安全事故13起，死亡13人，未发生较大以上生产安全事故。是年，区应急管理局被评为浙江省市县防震减灾工作考核优秀单位。

【安全生产体制机制建设】 2022年，普陀区完善安全生产委员会(简称安委会)、专委会“1+9”组织机构，修订区安委会《成员单位工作职责规定》《责任制考核办法》《责任制考核细则》，调整被考核单位。开展全覆盖责任体系建设，组织召开全区性推进会议和4次镇街(管委会)、重点部门业务培训会，明晰安委会和专委会、镇街(管委会)、村(社区)领导责任695人，2324家(艘)企业(船舶)各类风险点监管责任到岗到人。推进基层应急体系逐步建立，全区97个村(社区)均组建应急管理工作组并明确1名应急管理员。制定下发《舟山市普陀区基层应急管理体系和能力规范建设试点指导意见》，细化基层应急管理体系和能力规范建设试点指导任务分解，推

9月30日，区委书记孙志龙带队开展国庆节前安全检查（区应急管理局提供）

进桃花镇试点工作。

【安全生产综合监管】 2022年，普陀区部署开展全区安全生产大检查、“百日攻坚”行动、护航中共二十大检查等工作，全年各地各部门检查生产经营单位10158家，作出整改指令1229次，责令停产停业306家（艘、辆），罚款1696万元。落实省安委会5轮、市安委会4轮综合督查以及市安委办“防溺水、自建房、森林防灭火”等多轮专项督查，督促整改隐患128项，发出预警通知、警示通知和督办函63份。以“除险保安”行动为抓手，确保企业自查和政府检查“两本账”落实落地。全年九大重点领域排查整改隐患48737项，整改率100%，其中企业自查整改26486项，政府检查整改22251项。落实省安委办11轮“除险保安”月度暗查暗访，督促整改问题隐患292项，包括一般隐患287项、重大隐患4项和重点问题1个。推进第二轮安全生产三年行动，完善专班机制，按“3+11”工作体系，加强对各专题专项整治工作跟踪督查，紧盯渔业船舶、水上交通、城市燃气等领域，完成三年行动各专题专项任务684项。

【安全生产风险防控】 2022年，区应急管理局推进七张清单中“重大安全生产问题清单”工作，将各地和行业领域重大安全生产问题纳入“清单”督办。通过建立考评晾晒、区领导包案等机制，开展多跨协同推动问题整改，优化流程机制。全区32个问题被纳入清单整改（省级清单问题7个、市级清单问题9个、区级清单问题16个）。“部分餐饮单位可燃气体报警装置使用存在安全隐患”和“涉渔‘三无’船（筏）安全问题易反复”问题被列为市级示范案例。制定《2022年普陀区开展突出安全生产风险防控行动方案》，梳理出全区八大突出风险，明确由相关副区长及专委会牵头整改，其中由区危

12月10日，执法人员开展春节前烟花爆竹企业安全生产检查（区应急管理局提供）

化专委办牵头的“临港油气设施行业监管职责不明确”和“海岛加油站建设”两项问题有效破题推进。做好中共二十大、岁末年初、极端天气、复工复产、全国“两会”等重要节点风险防控工作。根据典型事故案例下发“居民楼燃气使用、城区老旧自建房坍塌、商渔船碰撞、休闲渔船、海钓渔船、渔船舱室有限空间、皮划艇、电瓶车火灾”等事故警示。针对寒潮、大风、大雾、假日旅游等风险27次下达落实海上、旅游等安全防范预警通知。

6月15日，区安全生产委员会在杉杉普陀天地开展“第二十一个全国安全生产月”咨询日活动（区应急管理局提供）

【安全生产行政执法】 2022年，区应急管理局对危险化学品、涉氨制冷、船舶修造及工矿商贸等领域开展执法检查953家次，作出行政处罚44起，处罚金额199.72万元，执法检查频次、立案起数、罚款数等较上年增长。开展船舶修造企业全覆盖执法检查101家次，联合检查20余家次，在舟山中远海运重工有限公司组织召开全市船舶修造企业现场会，发布《高架车管理手册》。完善油气贸易企业事中事后监管体系，实现对超过承诺书许可期限企业常态化安全监管，涉及企业333家，注销违法企业201家。新建油气贸易企业服务中心沈家门基地，全区已注册油气贸易（批发无仓储）企业1249家。

【安全宣传教育培训】 2022年，区应急管理局筹划第二十一个全国安全生产月系列活动，开展安全生产“五进”（进企业、进农村、进社区、进学校、进家庭）“安全生产公众开放日”“企业第一责任人安全倡议”和安全生产“班组会”“大家谈”“公开课”基层宣讲等活动668场，参与人数超2.6万人。6月15日上午，在杉杉普陀天地开展主题为“遵守安全生产法　当好第一责任人”安全生产咨询日活动，邀请全区9家企业负责人代表上台倡议宣誓，活动现场设置心肺复苏、燃气设备、消防安全、应急救援4个安全生产体验区，开讲消防、燃气、心肺复苏主题安全微课，邀请19家区安委会成员单位代表开展安全宣传科普，现场参与人员400余人，发放资料4000余份。普及新《安全生产法》宣传，采购新《安全生产法》、应急安全科普宣传挂图、手册2000余份分发至全区10个镇街（管委会），在微信公众号上开展新《安全生产法》有奖知识竞赛。持续推进“企业百万员工安全大培训”，突出对生产加工型小微企业、危险性较高企业和高危行业企业三大企业类型企业负责人、安全管理人员和重点岗位人员、特种作业人员等群体开展针对性培训，全年完成线上培训8409人。

【应急预案管理】 2022年，区应急管理局做好全区预案编制工作，全区49个区级专项预案（除涉密3个）全部修订完毕并编印成册分发至各地。各镇街（管委会）、各行业（部门）完成区域、行业内预案修订。全区96个村（社区）全部编制完成综合性“多案合一”应急手册，全区首次实现村村有应急预案。推进基层应急队伍组建培育，各镇街（管委会）组建每支队伍30人以上的综合性应急救援队伍建设，各村（社区）组建每支30人左右应急突击队伍，并依托蓝天救援队专业力量对10个镇街（管委会）开

9月5日，普陀区应急指挥中心召开防御11号台风“轩岚诺”工作会议（区应急管理局提供）

展点对点实操化技能轮训，全区1400余名基层应急救援队员参与。

【防汛防旱防台】 2022年，普陀区完善防汛防台体系“1+12”工作机制，梳理明确区防指及区防指成员单位不同等级应急响应期间职责清单，台风应急响应期间以“一部一办+X专项组”指挥模式发挥应急联动作用。健全应对极端天气灾害工作机制，编制全区“五停”（停止户外集体活动、停课、停工、停业、停运）“五断”（断水、断电、断网、断路、断气）指导意见。推进全区基层防汛防台标准化体系建设，对照6大事项55条省级标准，落实“六张网”（情报信息网、基础防范网、视频监控网、网络管控网、打击整治网和区域协防网）建设工作，投入803万元，采购5辆500方/小时排水抢险车，增补移动式升降照明灯组、排水泵、应急包、防汛沙袋等物资。以普陀区第一次全国自然灾害综合风险普查省级试点应用项目为抓手，迭代区数字“三防”（指防洪、防涝和防风）应急指挥多跨场景应用。防御“轩岚诺”“梅花”台风，实现“不死人，少伤人、少损失”目标。“梅花”台风正面登陆普陀，影响期间，全区无人员伤亡，舟渔公司等常年内涝点全部未受淹，直接经济损失比上年“烟花”台风下降58.6%。8月16日，全区召开抗旱节水工作会议，启动抗旱Ⅳ级应急响应。受“轩岚诺”“梅花”台风降雨影响，9月16日结束抗旱Ⅳ级应急响应。全区抗旱累计投入341人次，投入抽水机、发电机等机具（台）111台，运水车68车次，运水船7船次，送水量4000吨，乡镇自筹资金458万元。

【数字应急建设】 2022年，区应急管理局开发推进数字化项目“烟花爆竹在线”应用进行“一地创新、全省推广”，11月，应用提级为市级应用，覆盖全市62家经营点，实现市、区两级业务协同。应用入选《省数字政府系统地方特色应用“一本账”》，省应急管理厅发文明确“危化品全生命周期在线”应用中增加烟花爆竹模块，构建形成贯通“省—市—县（区）—乡（镇）”四级应用场景，实现全省共享共用。做好危化品全生命周期安全在线、工业企业在线、突发事件应急处置和救援系统、防汛防台在线、森林防灭火在线等省级平台承接应用，建立健全数据常普常新机制。

【救灾减灾】 2022年，全区有应急抢险救灾队伍178支2757人。清查防汛物资并加强排水泵车、抢险机具、救生器材和照明通信报警类应急物资储备和村（社区）“三大件”（卫星电话、抽水泵、发电机）“四小件”（防汛头盔、电筒、防雨护具、救生衣）等常规储备物资配备；建成10个规范化避灾安置场所并实现可视化管控。受台风“轩岚诺”影响，转移受灾人员4555人，开放避灾安置场所62个、实际使用29个，集中安置人员1019人。受台风“梅花”影响，转移受灾人员7530人，开放避灾安置场所63个、实际使用30个，集中安置人员1232人。全年全区累计投入防汛防台抗旱资金1928万元，投入水利工程、在建工地、道路交通、地质灾害点、城镇危房等隐患区域巡查力量15400人次，车辆1371辆次、执法船只43艘次，出动抢修力量1171人次，抢修车辆237辆次。

【防震减灾】 2022年，普陀区完成10个避灾安置场所规范化建设任务，发挥避灾安置场所减灾、避灾、救灾物资储存等功能。做好东极、浦西、桃花地震站台管理维护；更换东极地震观测站太阳能供电系统，供电能力由不足4小时提升至48小时以上。推进"一带一路"地震监测台网桃花岛地震、地磁台项目落地，连续4年获评省防震减灾工作先进单位。下发《普陀区地震易发区房屋设施加固工程方案》，对全区设防烈度7度涉及10个镇街(管委会)的抗震能力严重不足房屋进行摸底排查。做好"5·12"防灾减灾周和"10·13"国际减灾日宣传，区应急管理局联合相关部门分别在虾峙庙湾村、展茅街道横街村及东港街道和津社区开展现场宣传，在城北小学举办"5·12"防震演练，活动视频在《人民日报》新媒体平台发布。

【森林防火】 2022年，普陀区召开全区森林防灭火工作会议，组织签订2022年度全区森林防灭火工作责任状。开展全区清明期间和秋冬季森林防灭火专项督查、全区野外火源治理专项行动。推进林区输配电设施火灾隐患专项排查治理，研究制定《深化林区输配电设施火灾隐患专项排查治理工作实施方案》，区应急管理局协调区资源规划分局、区供电分局落实相关工作。联合林业、公安、民政、农业农村部门开展森林火灾隐患排查整治和查处违规用火行为专项行动。强化宣传预警，组织开展"3·19"森林消防主题宣传，下发春节、元宵、清明、夏季高温、国庆、中共二十大、秋冬季等重点时段森林防灭火预警通知。做好沈家门夏新村、东极庙子湖山林火情应急和调查处置工作，5次下发加强森林防灭火工作通知。开展各镇街(管委会)和社区(村)两级森林防灭火物资清点清查和物资需求汇总统计，向10个镇街（管委会）配发森防应急物资，总计金额约26万元，其中向东极镇、沈家门街道、东港街道、登步岛管委会配发林区储水桶17只。

【消防应急救援】 2022年，全区发生纳入调查的火灾29起，未造成人员伤亡，直接经济损失220.27万元，无较大及以上火灾事故。接警出动567起(火警294起)，出动车辆1128辆次，出动警力6126人次，抢救被困人员19人。接警出动次数同比下降13.17%，出动车次下降9.76%，出动人次下降16.21%。火警出动294起，同比下降10.37%，占出警总量51.85%；抢险救援出动193起，同比下降35.45%，占出警总量34.04%；社会救助出动58起，同比上升56.9%，占出警总量10.23%。加强联勤联动机制，建立《普陀区灭火与消防应急救援联动工作机制》，组织召开专职消防队长例会3次，实地、电话拉动微型消防站2481家次，组织9部门开展工业企业厂房联合演练，联合区行政执法局开展燃气应急处置实操培训，为全区派出所民警开展溺水警情处置培训，累计对大型商市场、企业园区、高层建筑等开展演练305家次，针对性修订重点单位作战预案和作战信息卡312份。探索创新"水带推车供水操法""排水抢险车操法"训练科目，研究编制《普通居民房火灾扑救指南》。出台《驻岛联勤帮扶指导工作实施方案》，缓解悬水岛屿作战共享性差、应急队伍能力滞后等现实问题。成功处置"4·8"宫下路2号楼民房火灾、"7·28"六横镇沿街店铺电瓶车火灾和"10·18"螺门菜场商铺火灾、"11·12"浙江金鹰食品机械有限公司厂房火灾等灾害事故。

【火灾防范】 2022年，区消防部门检查单位1696家，发现及督促整改火灾隐患1367处，下发处罚决定书134份，临时查封20起，责令"三停"停止施工、停止使用或停产停业17家，行政拘留2人。全区公安派出所共检查单位4000余家，对69家单位(个人)进行消防行政处罚。针对辖区高层住宅小区隐患突出问题，由区政府办下发《关于开展高层住宅小区消防安全隐患集中整治的通知》，解决高层住宅小区消防设施久拖不改问题。部署开展高层建筑（高层住宅小区）消防安全风险集中整治工作，推动高层建筑隐患治理纳入省级"七张问题清单"，并设立高

10月12日，区消防救援大队进海岛开展“小岛你好　消防守护”服务活动（区应急管理局提供）

层建筑消防应急储备金，从政府层面建立高层建筑全生命周期全链条综合治理新机制，推动19个高层住宅小区隐患整改工作。抓好生产经营租住自建房火灾风险防范和重点行业工业企业消防治理，对展茅工业园区、海洋生物园区、机械制造协会等156家企业负责人及安全管理人员开展消防安全培训。

【消防宣传】　2022年，区消防部门联合主流媒体开展自建房(电瓶车)火灾防范提醒宣传，拍摄制作自建房火灾隐患警示片向社会宣传，在接待寺开展“僧侣说消防”活动，发动“东海渔嫂”志愿者参与“小岛你好——消防大队进小岛服务”，举办“119消防宣传月”启动仪式等系列活动。对接区委政法委，开展2期网格员消防业务培训，推动消防网格化工作；开展工业企业消防安全培训，联合展茅工业园区管委会、沈家门海洋生物科技园区，开展灭火救援演练和消防安全培训，指导企业全面应用单位自主管理平台。开展消防宣传“五进”工作，派员帮扶企事业单位开展消防安全培训和灭火演练40余次，免费发放消防宣传资料上万份，推广“全民消防安全学习云平台”及“浙里办”App“隐患随手拍”，推进全民消防。

（撰稿：林露青）

审批服务与招投标管理

【概况】　2022年，普陀区审批服务与招投标管理办公室(简称区审招办)紧扣党代会和政府工作报告任务，围绕数字化改革，推进“办事不出岛2.0”建设，完善“一网通办”服务体系，提高招投标规范化水平，深化放管服改革，优化全区营商环境。全年受理各类行政审批事项502436件，办结505209件（含上年转办）。区级招投标平台实施各类交易552宗，成交额53.76亿元，节约(增收)资金5.4亿元，节约(增收)率9.19%。

表9

2022年普陀区审批办证统计表

办证部门	收件数	办结数	其中	
			办结上年件数	转下年办结件数
发改窗口	327	329	2	0
经信窗口	59	59	0	0
公安窗口	39964	39964	0	0
民政窗口	4279	4279	0	0
住建(人防、房管)窗口	10983	10983	0	0
自规窗口	367	367	0	0
交通窗口	5125	5125	0	0
海洋与渔业窗口	3288	3288	0	0
文广旅体窗口	128	128	0	0
卫健窗口	849	849	0	0
生态环境窗口	152	153	1	0
农业农村窗口	268	268	0	0
城管窗口	656	656	0	0

续表9

办证部门	收件数	办结数	其中	
			办结上年件数	转下年办结件数
税务窗口	98414	98414	0	0
市场监督窗口	22142	22142	0	0
烟草窗口	2809	2809	0	0
消防窗口	105	105	0	0
婚姻登记中心	6669	6669	0	0
不动产窗口	30266	33036	4052	1282
综合窗口	3054	3054	0	0
出入境窗口	854	854	0	0
公积金窗口	3682	3682	0	0
应急管理窗口	729	729	0	0
人才办窗口	392	392	0	0
退役军人窗口	383	383	0	0
医保窗口	36763	36763	0	0
社保窗口	229729	229729	0	0
合　计	502436	505209	4055	1282

说明:部分审批办证事项因审批时限跨年办结。

【深化“办事不出岛2.0”】 2022年,普陀区建立以村社工作人员、“东海渔嫂”、农信办事员等为主体多元协同服务机制,为海岛居民提供就地代办、上门代办等便民服务。全区有村社工作人员组成的帮办代办员153人,“东海渔嫂”代办员110人,农信办事员60人,已完成代办事项3000余件。加快“舟到地图”“舟到指南”等数字场景建设和应用,提供事项解说和智能客服等服务。实行“证明直通车”服务,建立跨岛事项协同机制,已提供线上证明2700余件。梳理各部门423项事项形成《普陀区办事不出岛2.0基准事项目录》,实现80%以上民生事项可在镇街(管委会)、村(社区)办理。

【推进“一网通办”】 提升全区政务服务“一网通办”率,加强事项运行保障,确保事项稳定可用,2022年,全区“一网通办”率91.58%。推进“一网通办”向村(社区)延伸扩面,已实现60个村(社区)政务服务2.0事项“应领尽领”“应用尽用”,镇街(管委会)政务服务2.0事项收件5228件,村社级6038件。推进落实与省内城市“跨城通办”1109个事项,梳理103项“甬舟通办”事项,开办“甬舟一体化”通办专窗,设立长三角一网通办专窗,87项高频事项实现“跨省通办”。

【政务服务标准化】 2022年,区审招办打造和完善“24小时自助服务区”“互联网+政务服务”体验区、政务服务综合受理区和后台集中审批协同中心的“三区一中心”功能布局,推进政务大厅向智慧化“政务服务综合体”转型。推进小岛便民服务站(点)建设,9个镇街(管委会)设置62个便民服务站点,实现村(社区)服务站点全覆盖。畅通咨询投诉便

展茅街道“东海渔嫂”代办员上门代办服务(区审招办提供)

捷渠道，推出白话版办事指南79项，为办事群众和企业提供政务网络平台、“浙里办”、“12345”热线、办事窗口等线上线下咨询渠道。设立“办不成事专窗”，收集难事烦事，多部门联动优化事项服务。

【政务服务便利化】 2022年，区审招办利用上门办、专窗办、线上办等方式，为特殊群体提供暖心政务服务。集成部门打造志愿“金品牌”，组建“普惠帮”志愿服务团队，将每月15日定为“上门服务日”，由区审招办组织民政、人社等特殊人群高频服务事项部门业务骨干和帮办代办员在全区各镇街（管委会）开展政务服务“上门办”活动。优化体验升级服务，在区行政服务中心导服窗口增设特殊群体爱心专窗，配备帮办代办员。在特殊人群高频服务事项区域，开辟11个特殊人群办事免排队优先受理的“绿色通道”。精简指南，畅通网办“快车道”，梳理老弱病残孕等特殊群体办理高频事项，优化办事流程，推动更多特殊群体办理事项网上办、掌上办、自助办。

【招投标管理】 2022年，区审招办贯彻执行全市公共资源交易一体化要求，提升规范化水平。严格执行各类项目审批程序，严把改变建设工程招标方式、政府采购采购方式、公有资产协议出租审核关，全年区级招投标平台实施各类交易552宗，成交额53.76亿元，节约（增收）资金5.4亿元，节约（增收）率9.19%。开展“关口前移、服务下沉”专项活动，到白沙岛、区文旅集团、六横镇等进行招投标业务培训交流，提升其招投标工作业务水平。试行非必招项目由建设单位自主选择招标方式，优化交易流程，区内企业中标率和建筑业产值大幅提高。执行房屋建筑与市政基础设施工程招标文件新范本，提升开评标效率，杜绝串标、围标等违法行为。

【招投标监督】 2022年，区审招办对进入区公共资源交易统一平台建设工程项目累计实施开评标监督224批次，评审专家抽取监督116批次，其中有4个项目因投标人数量不足废标。对政府采购交易项目实施开评标远程监督175批次。对13宗重要的公有资产线下出租出让和公有产权交易项目实施现场监督。在信用评价、管理方面，落实市里文件规定，对35家投标单位的信用不良行为实施否决投标处理。

（撰稿：应锡锋）

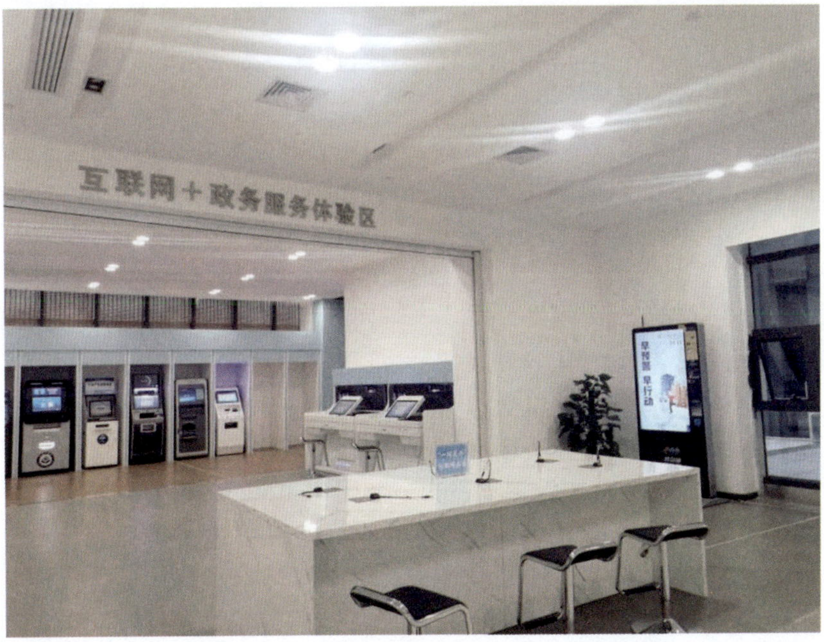

互联网+政务服务体验区 （区审招办提供）

机关事务管理

【概况】 2022年，区机关事务管理中心围绕区委、区政府中心工作，开展疫情防控、会务接待、智慧后勤、能源“双控双减”等各项任务，保障机关后勤管理服务。是年，区机关事务管理中心完成省级公共机构能源管理体系认证工作；成功创建五星级母婴室；1人获“全省机关事务先进个人”荣誉称号。

【会务接待】 2022年，区机关事务管理中心重点做好区党代会和区“两会”及省、市在普陀举办重要会议和活动服务保障工作。

消防培训演练活动（区机关事务管理中心提供）

将商务中心 6 个会议室传统幕布投屏更新为 LED 全彩显示屏，提升会务服务保障能力。经常性组织会务人员开展服务意识教育、公务接待站姿礼仪与技巧等培训。开展座位牌打印、电子屏幕输入、会场布置、倒茶技能等各类测试。全年保障区级各类会议活动 1019 场次、约 5 万人次、礼仪服务保障 21 场次，其中做好省第十五次党代会精神省委宣讲团报告会、省市区各级数字化改革大会等重大会议 1924 人次。

【智慧后勤】 2022 年，区机关事务管理中心按《浙江省机关事务数字化改革总体方案》和省市区统一部署，主动融入“数字政府”跑道。对接浙江省机关事务管理局做好“浙里好管家”应用承接贯通，数字化改革向上对接；持续推进智慧后勤二期建设，更新可视门禁 74 套，新增外来办事人员临时绿色“1 小时”停车位 24 个，开通普陀智慧后勤“餐饮外卖”功能。普陀智慧后勤系统已覆盖行政中心内全部干部职工及中心外部分企事业单位，使用单位 76 家，注册使用人数 3800 余人，占全区“浙政钉”应用日均访问量前三。投入 216 万元对商务中心安防监控实行全面升级并投入使用，提高行政中心数字化防控水平，提升处置突发事件保障能力。与 48 家商务中心各入驻单位签订安全责任状，举行消防灭火实战演练，开展新员工消防演练、反恐演练等系列主题活动，确保大楼各项设施设备安全。

【垃圾分类】 2022 年，区机关事务管理中心作为党政机关事业单位城镇生活垃圾分类牵头单位，配合省机关事务管理局、市机关事务管理中心、市发改局做好对全区党政机关事业单位生活垃圾分类督查、整改和抽查工作；完成省垃圾分类办对全区党政机关事业单位生活垃圾分类“互学互检”工作。至年底，区机关事务管理中心根据市城镇生活垃圾分类工作领导小组办公室第三方测评结果发出督办整改函 89 份，完成全区 171 家党政机关事业单位垃圾分类和源头减量督导工作全覆盖；创建“垃圾分类示范单位”132 家，创建率 77.19%。

【节能降耗】 2022 年，区机关事务管理中心抓好公共机构资源能源节约。下发《2022 年度普陀区公共机构节约能源资源工作要点》和《舟山市普陀区“十四五”时期公共机构节约能源资源工作的指导意见》，完成商务中心能源管理体系认证工作。全区成功创建国家“节约型机关”单位 6 家，累计创建率 90.8%；区级“节水型机关”单位 138 家，创建率 80.7%。人均综合能耗、单位面积综合能耗、人均水耗同比下降率达到普陀区公共机构节能考核目标。

根据《浙江省党政机关办公用房管理实施办法》文件精神部署和要求，排摸办公用房出租、出借等规范化操作情况，实地走访 74 家单位，组织完成 99 家党政机关办公用房统计上报工作；推进党政机关“一房一档”数字化管理。并依托全省办公用房、节能降耗平台，对全区 69 家办公用房、160 家节能单位，实施“全周期跟踪、全流程监管”。

根据区政府办《关于下达 2022 年“五水共治”项目实施计划的通知》要求，区机关事务管

文印一体化推动打造节约型机关（区机关事务管理中心提供）

理中心作为负责普陀区行政事业单位办公用房“污水零直排区”提档升级建设项目责任单位，经研究确定区东港商务中心、区社会治理中心、区融媒体中心、区公安分局派出所等18个单位为提升改造单位，投入资金515万元。“污水零直排区”建设共分摸排、修复设计、修复施工工程三个阶段。至年底，沈家门片区、东港片区已通过“污水零直排区”建设工程竣工验收。

按区委办、区政府办《关于实施东港商务中心文印一体化管理的通知》要求，整合东港商务中心各入驻单位文印资产，设立自助式文印中心。并按“统一采购、统一配送、统一结算”原则，对东港商务中心纸张、硒鼓等办公耗材实施统一供应。

【公务用车】 2022年，区机关事务管理中心根据浙江省公务用车管理集成应用（整体智治）实施方案要求，分批次对102辆公务用车统一更新安装“省平台”GPS定位系统。采取移动互联、云计算、大数据等新一代信息技术，整合利用省、市、县三级公务用车资源，为涉改单位提供“一站式”租用异地公务用车便利服务。做好党代会、“两会”等全区重要公务活动用车保障。全年累计日常公务派车约1.4万次，累计接送人员约4.1万人次，行驶总里程超63.8万千米。

（撰稿：李璐）

编辑：魏斌

区 政 协

综 述

2022年，中国人民政治协商会议舟山市普陀区委员会（简称区政协）坚持以政治建设为统领，加强政协系统党的政治、思想、组织、作风、纪律和制度建设。

围绕"一府两院"工作报告、政府实事项目、财政收支预算编制等开展联组讨论。围绕区第十四次党代会目标，开展"请你来协商"专题协商活动6场。其中，围绕"大综合一体化行政执法改革""高品质建设沈家门渔港公共文化空间 加快文旅融合发展"议题，分别邀请书记孙志龙、区长徐炜波与委员面对面协商，对委员提出的提高基层行政执法质量、打造沈家门渔港品牌特色街区等40余条建议，现场回应落实到位。全年开展"民生议事堂"协商议事活动20场，提出金点子80余条。上半年围绕"拓宽蚂蚁岛岛居群众就医渠道""虾峙镇全岛供水一体化"等民生议题举行协商活动，解决海岛乡镇就医难、买菜难、乘车难等民生问题；下半年围绕"共富方舟·健康守护""打造'宿造共富 优服共享'的葫芦岛"等主题，集中开展"共富议事月"活动。

省政协副主席郑继伟（右二）到普陀区调研"民生议事堂"平台建设运行情况（区政协办提供）

围绕政府重点实事项目、普陀金融更好支持海洋经济发展、水产品溯源机制、渔港文化挖掘与呈现等内容，组织委员开展专题调研活动。协同省、市政协开展数字化改革推进情况专项集体民主监督，助推普陀区统筹推进数字化改革。围绕"红动蓝湾·和美海岛"普陀区共同富裕示范带建设情况开展民主监督，助力普陀区推进共同富裕示范区先行典范建设。联合区纪委区监委制定出台《关于推进人民政协民主监督与纪检监察机关专责监督贯通协调的实施方案》，推进政协民主监督与中共党内监督有机结合。区政协六届一次会议以来审查立案的148件提案已全部办复，面商率和办结率均100%。完善信息报送和筛选机制，全年共收到社情民意信息89件，整理编报77期，其中《远洋渔业外籍船员脚气病亟待重视》信息被省政协录用并上报全国政协，社情民意信息工作在全市各县区政协中名列第一。

“民生议事堂”、数字政协等工作成为区政协新品牌，数字赋能“民生议事堂”做法被省政协领导肯定。建立健全数字政协工作机制，推进“数字政协驾驶舱”“e履职”平台建设，在省市政协组织的网上主题读书活动中，普陀区委员参与率、发帖量均为全市第一。重点搭建数字政协驾驶舱，实现政协数据全景动态展示、履职活动一体化推进、核心业务全流程管理。围绕委员履职打造浙政钉“e履职”掌上平台。依托各镇街(管委会)平台载体，推进民生议事堂、委员工作室、社情民意信息联系点“三位一体”平台建设，建立联片结对联系指导、委员履职小组、协商议事“五步”工作法等制度，实现委员履职小组、场所建设、协商活动开展三个全覆盖。成功打造12个界别委员工作室，10个区域委员工作室，全年开展中共二十大精神宣讲、急救知识讲座、爱心捐赠、慰问贫困户等各类活动50余场次。提升普陀书画院配套设施，为市区政协委员、书画爱好者提供学习交流联谊平台。

完善与各民主党派、工商联和无党派人士合作共事机制，做到重要议题共同协商、重大活动共同组织、重点课题联合调研。组建区政协应用型智库，围绕政治协商、民主监督、参政议政、凝聚共识职能，提出专业见解。开展“政协委员与现代化新普陀同行”主题活动，营造民主和谐氛围。举行普陀书画院建院十五周年书画展，以书画聚识聚力，加强与社会各界的联络联谊。首次召开全区政协系统宣传工作会议。办好办精《普陀政协》等杂志，提升普陀政协网站栏目质量，扩大微信公众号覆盖率。全年有35篇信息报道在《人民政协报》《浙江日报》《联谊报》《舟山日报》等市级以上媒体刊登，其中《舟山市普陀区政协开展年终视察活动》在《人民政协报》刊登，《“民生议事堂”帮群众走好共富路》在《舟山日报》头版头条刊登，连续6年获省政协《联谊报》宣传工作先进单位称号。全年在《今日普陀》文史专栏发表“宋韵文化之普陀印迹”文章10篇，在普陀电视台“阿法讲大道”栏目播出“渔都宋韵”6期，编印出版《蚂蚁岛红色铸印》书籍800册、《普陀文史》两期。组织召开“里斯本丸”营救事件80周年研讨会，开展文史图书进校园、进社区活动，完成“浙江城市名片——普陀篇”。

2022年区六届政协主席、副主席名录

表10

职　务	姓　名	性别	籍　贯	任职时间
主　席	夏凯慧	男	浙江舟山(普陀)	2022.2—
副主席	丁宏斌	男	浙江舟山(普陀)	2022.2—
副主席	任珊红	女	浙江舟山(定海)	2022.2—
副主席	吴壮青	男	浙江温岭	2022.2—
副主席	史海祥	男	浙江舟山(普陀)	2022.2—
副主席	林韩群	女	浙江舟山(普陀)	2022.2—

区政协领导与工作机构

【区政协领导】 中国人民政治协商会议第五届舟山市普陀区委员会(简称区五届政协)设主席1人，副主席5人，秘书长1人。2022年年初，区五届政协主席为张禾波，副主席为丁宏斌、孙德明、沈聪、吴壮青、杨建华。2022年2月，政协第六届舟山市普陀区委员会(简称区六届政协)第一次会议选举夏凯慧为主席，丁宏斌、任珊红、吴壮青、史海祥、林韩群为副主席。区六届政协任期5年，主席、副主席和秘书长组成主席会议，负责处理常委会日常工作。

【区政协工作机构】 2022年年底，区六届政协工作机构设办公室和提案委员会、委员工作委员会、经济委员会、渔农与资源环境委员会、教科卫体委员会、社会法制民族宗教与港澳台侨外事委员会、文化文史和学习委员会7个专职工作委员会。

2月，区六届政协领导班子合影。左起：汤佩军、史海祥、任珊红、夏凯慧、丁宏斌、吴壮青、林韩群（区政协办提供）

政协重要会议

【区六届政协第一次会议】 2022年2月10—15日在东港举行。应到委员198人，实到委员185人，邀请列席人员179人。会议审议批准张禾波代表区五届政协常委会所作的工作报告，审议通过区五届政协第一次会议以来提案工作情况报告。列席区十八届人大第一次会议，听取政府工作报告和其他报告。会议以无记名投票方式选举产生区六届政协委员会主席、副主席、秘书长和常务委员。会议审议通过区六届政协委员会专门委员会机构设置和人事任免。还传达市第八次党代会精神。

【区六届政协第一次常委会】 3月2日下午召开，区政协主席夏凯慧主持会议，副主席丁宏斌、吴壮青、任珊红、史海祥、林韩群，秘书长汤佩军出席会议。

【区六届政协第二次常委会】 3月25日召开，区政协主席夏凯慧主持会议。副主席丁宏斌、任珊红、吴壮青、史海祥、林韩群，秘书长汤佩军参加会议。通过开展协商议政、民主监督、视察活动、专题调研、提案办理、文史工作和重要活动，凝聚共识并加强自身建设，提升履职能力，发挥专门协商机构作用，践行全过程人民民主，为建设现代化新普陀凝聚智慧力量。

【区六届政协第三次常委会】 6月30日上午召开。区政协主席夏凯慧主持会议并讲话。副主席丁宏斌、任珊红、史海祥、林韩群，秘书长汤佩军参加会议。副区长屠定玉应邀出席会议。会议听取区农业农村局工作情况通报。围绕实施加强水利设施空间利用、统一农产品包装管理、加强农村饮用水一体化进程监督督促、加强村级供水站消毒设施维护、做好水质消毒和监测等工作提出建议。

【区六届政协第四次常委（扩大）会】 8月4日上午召开。区政协主席夏凯慧主持会议。副主席丁宏斌、任珊红、吴壮青、史海祥、林韩群，秘书长汤佩军参加会议。区委副书记、区长徐炜波通报全区上半年经济运行和社会发展情况。

【区六届政协第五次常委会】 10月27日上午召开。区政协主席夏凯慧主持会议，副主席丁宏斌、任珊红、吴壮青、史海祥、林韩群参加。副区长周吉敏应邀出席会议。会议听取区经信局（区科技局）关于科技创新能力提升情况和区交投集团运营情况通报。传达中共二十大精神并审议通过《政协舟山市普陀区委员会委员履职积分制管理办法》。

【区政协常委暑期读书会】 8月31日至9月1日，区政协常委会暑期读书会在桃花镇举行。区政协主席夏凯慧出席会议并讲话。副主席丁宏斌、任珊红、吴壮青、史海祥、林韩群，秘书长汤佩军参加会议。市政协副秘书长李朝颖解读《中国共产党政治协商工作条例》。学习省、市政协主席暑期读书会精神。7名区政协常委

8月31日，区政协举行常委会暑期读书会（区政协办提供）

作交流发言。持续深化“请你来协商”工作，以“民生议事堂”为平台，推进政协协商向基层延伸。通过数字化改革，加强数据贯通、聚焦民生实事，加快形成线上加线下，场内加场外的协商议政新格局。推动“三位一体”工作提质扩面，加快设立“协商驿站”，建立健全区镇村三级协商网络，发挥宣传平台作用，建好“委员之家”，推进各项阵地建设。落实“懂政协、会协商、善议政，守纪律、讲规矩、重品行”要求，提高委员履职意识，加强政协机关和干部队伍建设。

政协重要活动

【政协委员履职能力提升培训班】 7月12—15日，区政协组织50余名区政协委员到浙江省委党校举办履职能力提升培训班学习。区政协副主席吴壮青在开班仪式上作动员讲话。实地考察德清县五四村数据智能运营中心、燎原村，听取有关情况介绍。

【“喜迎二十大　奋进新征程”普陀书画院建院15周年书画展】 9月21日下午，由区政协主办“喜迎二十大　奋进新征程”普陀书画院建院15周年书画展开展，展览书法作品27幅、美术作品28幅，由52位书画家创作。区政协主席夏凯慧，区咨询委主任张禾波，区委常委、区委统战部部长、区政协党组副书记李莉、区政协其他领导班子及五届区政协副主席沈聪参加活动。市政协副主席方维，七届市政协副主席、普陀书画院顾问忻海平，著名画家、浙江大学教授、普陀书画院名誉院长朱仁民及市政协和兄弟县区政协领导应邀出席。书画展的举行标志着普陀书画院与普陀自在书法研究院联合办院模式的开启，提供交流合作平台。还向书法家协会、美术家协会和部分委员工作室赠送书画作品集，为部分书画师颁发聘书。

【委员年终视察活动】 11月22日起，区政协开展委员年终视察活动。区政协主席夏凯慧，副主席丁宏斌、吴壮青、任珊红、史海祥、林韩群等牵头相关专委会，带领80余名政协委员分别对普陀经济开发区建设、生态环境提升、城市品质文化生活圈打造、教育卫生领域及交通建设项目开展年终视察活动。并以座谈会的形式建言献策，与有关部门进行互动协商。

【“六送服务”活动】 10月9日，区政协在东港街道塘头村组织开展“喜迎二十大　委员在行动”——区政协“六送”服务活动（送文化、送教育、送卫生、送法律、送科技、送体育）。区政协副主席任珊红参加。为居民提供眼科、全科、神经内科、口腔科等医疗健康服务，还有法律咨询、理发、磨刀、家电维修、放心农资等便民服务，为居民赠送各类书籍、体育健身用品、优质果蔬种子等。

委员与提案工作

【政协委员构成】 2022年年底，区六届政协有委员198人，27个界别。其中，中共委员77人，占38.9%；非中共委员121人，占61.1%。妇女委员73人，占36.5%；少数民族委员2人，占1.0%；宗教界人士委员4人，占1.9%。大专以上学历192人，占97.0%。

【联络联谊】 2022年，区政协制定区六届政协主席、副主席、秘书长联系常委和常委联系委员

2022 年区六届政协委员各界人士人数及所占比例情况表

表 11

界别名称	委员人数	比例(%)	界别名称	委员人数	比例(%)
中共	26	13.1	侨联	4	2.0
民革	6	3.0	文艺体育	8	4.0
民盟	6	3.0	科技	4	2.0
民建	4	2.0	社科	7	3.6
民进	6	3.0	经济	28	14.1
农工	8	4.0	农(渔)业	17	8.6
九三	6	3.0	教育	6	3.0
无党派	8	4.0	新闻	2	1.0
共青团	4	2.0	医卫	6	3.0
总工会	3	1.5	社会福利	8	4.0
妇联	7	3.6	少数民族	2	1.0
青联	3	1.5	宗教	4	3.0
工商联	6	3.0	特邀	6	2.0
科协	3	1.5	合计	198	100

的方案。建立区六届政协镇街(管委会)政协联络员队伍。制定委员工作室管理办法，创建 12 家界别型政协委员工作室和 10 家区域性政协委员工作室，为委员提供制度性履职平台。组织开展政协委员与现代化新普陀同行主题实践活动，发动委员参加疫情防控、慈善捐助等社会活动。

【信息宣传】 2022 年，区政协有 35 篇信息报道在《人民政协报》《浙江日报》《联谊报》《舟山日报》等市以上媒体刊登，其中《舟山市普陀区政协开展年终视察活动》在《人民政协报》刊登，《“民生议事堂”帮群众走好共富路》在《舟山日报》头版头条刊登。连续六年获省政协《联谊报》宣传工作先进单位称号。全年在《今日普陀》文史专栏发表“宋韵文化之普陀印迹”文章 10 篇，在普陀电视台“阿法讲大道”栏目播出“渔都宋韵”6 期，编印出版《蚂蚁岛红色铸印》书籍 800 册、《普陀文史》2 期。牵头组织召开“里斯本丸”营救事件 80周年研讨会，开展文史图书进校园、进社区活动，完成“浙江城市名片·普陀篇”。

【服务管理】 区政协做好区六届政协委员基础工作，制作委员联系名册，完成区政协各专委会组建和委员分组工作，做好 167 名区政协委员履职情况登记、统计、考核和通报工作，并根据数字政协工作推进情况，录入“浙政钉”委员基本信息，为委员掌上履职提供服务。完成与省政协履职在线数据贯通，并在 E 履职系统上搭建委员履职系统，新建委员履职积分计分管理办法。加强对区政协委员工作室活动开展的联系指导，及时总结委员工作室各类活动开展情况，规范委员工作室运行机制。

【学习培训】 区政协抓好政协委员会前培训工作和委员履职轮训工作，建设成“政治强、履职优、素质高、形象好”的委员队伍。1 月 14 日，190 余名拟任区政协委员参加会前培训。7 月 12—15 日，组织 50 余名委员赴浙江省委党校举办履职能力提升培训班学习。持续开展“崇学系列·书香政协”委员读书活动。在组织委员参加“深入学习贯彻省第十五次党代会精神，为奋力推进两个先行贡献智慧力量”和“深入学习贯彻党的二十大精神，建功新时代，奋进新征程”两期委员专题读书活动中，普陀区委员发帖数均列全市第一名，并做到委员参与全覆盖。

【提案工作】 2022 年，区政协收到提案 186 件。经审查立案 177 件。其中，委员个人提案 151 件，占 85.3%，集体提案 26 件，占 14.7%。评选优秀提案 13 件。提案处理 158 件。未予立案的 9 件，将来信或社情民意送有关单位参阅。

区六届政协第一次会议以来优秀提案名单一览表

表 12

提案人	案由
民革普陀支部	关于提升海岸线开发利用效益推进海洋经济高质量发展的建议
民盟普陀支部	关于因地制宜以点扩面着力畅通“菜篮子”海岛配送“最后一公里”的建议
民进普陀支部	关于“双控”背景下加快推进新能源开发利用的建议
农工党普陀总支	关于做好数字赋能破解群众就医诸多难题打造“普有健康”新名片的建议
九三学社普陀支社	关于实现“普有善育”构建普陀生育友好型社会的建议
民建普陀支部周俊澄	关于普陀区文化产业发展存在问题和对策的建议
区社科联	关于赓续红色根脉打造共同富裕创业版“东海红岛”的建议
缪　军	关于推进渔农村宅基地改革激活闲置农房的建议
张玲亚	关于提升东极生活饮用水品质的几点建议
周意红	关于打造沈家门渔港特色商业街区，助力重塑渔港“十里繁华”的建议
马志伟	关于完善海上急救体系、建立长效救助机制的建议
杜　斌	关于文化植入海岛民宿经济发展助推共同富裕示范区建设的建议
孙燕芬	关于进一步提升“最美公路”交文旅融合品质的建议

经济委员会工作

【专题协商】 11月，区政协举行关于“普陀区旅游微改造，精提升，提升普陀区旅游品质”协商。区政协经济委员会与区文广旅体局对接，制定调研方案，组织委员到展茅街道黄杨尖村和桃花岛风景旅游区进行调研，形成调研意见。委员们就“沈家门夜排档如何进一步成为普陀旅游地标性标志”“如何让来普陀旅游的客人留下美好的记忆”“普陀体育赛事如何更具海岛特色”“如何进一步加快普陀民宿业发展”“桃花景区如何借整合契机，突破旅游产业发展瓶颈”等5个方面与区相关部门进行协商互动，提出建议，推动普陀区旅游品质全面提升。

【民主监督】 9月28日下午，区政协副主席史海祥一行对普陀区“红动蓝湾·和美海岛”共同富裕示范带建设情况开展专项民主监督。对共同富裕示范带涉及的登步岛、桃花岛、蚂蚁岛三个区域开展调研。与区农业农村局进行协商，针对如何盘活农村宅基地，开发好农村民居，建设美丽乡村，振兴乡村经济，达到共同富裕的建议得到落实。

区政协举行“高品质建设沈家门渔港公共文化空间、加快文旅融合发展”专题协商（区政协办提供）

【调研视察】 区政协组织委员到普陀经济开发区进行视察，在浙江海欣水产有限公司、舟山市正山智能制造科技股份有限公司、舟山中南锚链有限公司走访座谈。就经济开发区如何提高站位，加大招商力度，提振全区发展经济信心，经济开发区与展茅街道如何加强合作等进行探讨交流。开展关于普陀区粮食安全生产的视察。组织委员到普陀区小蒲岙中心粮库实地考察，对普陀区粮食生产安全提出建议。组织委员听取区交投集团运营情况的通报。组织委员到鲁家峙隧道、半升洞码头站场建设、西岙游艇码头、西岙游轮公司进行调研考察。提出意见建议。开展《普陀金融如何更好地支持海洋经济发展》的调研。和浙江海洋大学教授进行课题合作，提炼调研成果。课题组还走访区人民银行，区金融发展中心等相关部门，听取意见建议，为普陀海洋经济发展献计献策。

渔农与资源环境委员会工作

【专题协商】 6月，区政协渔农与资源环境委员会组织委员走访区海洋与渔业局及浙江普陀中街山列岛海洋特别保护区管理局了解海钓活动的海钓管理办法、人员准入制度、渔获品查验管理等，以及对中街山列岛海洋特别保护区的钓场管理、资源保护等情况。8月，牵头组织“规范休闲海钓安全管理”专题协商会议，区政协主席夏凯慧、副主席吴壮青参加协商会，副区长乐舟龙应邀参加。根据调研中发现的问题，提出8条建议，经协商形成共识，区政协办公室以协商会议纪要形式报区政府及相关部门。

【民生议事堂工作】 全年共组织“展茅街道工业园区公交站点增设”“展茅街道路下徐共富带打造”“东极镇庙子湖龙桥下段村道建设”“东极镇新居民购票便利”4场民生议事堂协商，为展茅街道和东极镇居民解决问题。

【调研视察】 4月，组织专题调研组，到区农业农村局（区水利局）及相关镇街进行调研。提出加强农村饮用水安全管理、乡村民宿及农场的品牌化效应及加大水利基础设施建设力度等9条建议。10月，赴区海洋与渔业局和舟山国际水产城调研，邀请部分水产品经营户和养殖户参加。就普陀水产品溯源机制模式、建立规则、准入机制等进行调研沟通。12月，组织视察未来智创城建设情况及城西区域水系治理情况。通过资料研究、现场视察、座谈了解和交流形成视察报告，提出建议。

教科卫体委员会工作

【专题协商】 2022年5—6月，区政协教科卫体委员会组织委员到区教育局、区卫健局和托育机构等进行调研，收集资料，做好协商准备。6月30日，组织主题为“打造‘普有善育’新名片 构建育儿友好型社会”的“请你来协商”活动，6名委员提出建议。

【视察调研】 区政协围绕“加快完善全民全生命周期健康管理”和“构建育儿友好型社会”2个主题，组织委员开展联合调研。完成《提升电子健康档案质量 创新精准便捷服务模式 高质量

区政协围绕“共富方舟·健康守护”行动举行协商议事会（区政协办提供）

推进全民全生命周期健康管理》《加强实践探索注重形成合力着力构建育儿友好型社会服务体系》等 2 篇调研报告，其中 1 篇以信息形式上报市政协。8 月，组织委员和提案办理单位进行《关于打造“青龙书院”助推沈家门老城区有机更新的建议》《关于进一步加快推动虾峙镇加油站建设》等提案面对面协商，助力沈家门第一小学和虾峙镇加油站建设加快推进。10 月 9 日，组织委员及志愿者 30 余人在东港街道塘头村，开展“喜迎二十大委员在行动”“六送”服务活动。9 月 30 日，组织 11 名市区政协委员围绕“关于提升产业科技创新能力”进行调研。10 月 14 日，4 名常委、委员在全区科技创新能力提升常委会议政性协商会议上发言。

【民主监督】 4 月 22 日，区政协教科卫体委员会组织 12 名委员开展数字赋能教育成果视察活动。7 月 27—29 日，和区纪委联合开展清廉学校民主监督。11 月 24 日，组织 14 名委员走进学校、幼儿园和养育驿站，围绕“明眸亮睛”工程工作成效、托育服务等进行年终视察并完成视察报告。

社会法制民族宗教与港澳台侨外事委员会工作

【专题协商】 4 月，区政协联合沈家门街道开展以“沈家门老城区有机更新水系管网提升改造工程”为主题的“请你来协商·民生议事堂”协商议事会。并举行“鲁家峙瑞和家园小区‘撤桶并点’垃圾分类投放点建造”民生议事活动。在白沙岛管委会召开关于白沙岛管委会果蔬生鲜超市建设的专题协商会。9 月，举行“请你来协商”书记与委员面对面关于“大综合一体化”行政执法改革专题协商会。

区政协举行“请你来协商”·书记与委员面对面“大综合一体化”行政执法改革专题协商会（区政协办提供）

【视察调研】 4 月，区政协开展关于普陀区物业管理的调研。5 月，召开调研组专题座谈会，把历史遗留问题，业主、业委会、物业公司等存在的问题进行书面梳理，进行讨论提出建议。6 月底 7 月初，完成书面调研报告上报区政协常委会。全年累计提交提案和社情民意信息 30 余篇。9 月，委员们实地视察江湾滨海公园建设工程（原江湾船厂地块），沈家门第一小学改扩建工程（陈家塘区块），沈家门广宇宝龙天地项目（半升洞一期二期征收地块）三个项目建设现场。区旧城改造中心负责人汇报普陀中心城区城市有机更新（棚户区改造）工作的基本情况等。

文化文史和学习委员会工作

【文史工作】 2022 年，区政协文化文史和学习委员会完成省政协征集普陀地方图书工作，向省政协提供 27 种 135 本反映普陀特色的书籍。完成《浙江城市名片》“普陀区”部分文字撰写、图片征集任务。特约文史研究员整理、撰写的《正本清源铸初心》《做好海岛守门员》分别入选《奋斗的印迹——全面小康路上的浙江政协人口述史料专辑》和《浙江文史资料》2022 年第 1 期。选送 5 幅作品参加市政协主办的“喜迎二十大政协书香浓”——舟山市政协系统诗书画作品展。

在《今日普陀》报“文史天地”栏目开设“宋韵文化之普陀印迹”系列专题。征集 10 篇相关文史文章，通过普陀电视台“阿法讲大道”栏目播出“渔都宋韵”节目5期。

【视察调研】 区政协文化文史和学习委员会做好“沈家门渔港文化的挖掘与呈现”专题调研工作，提出从宋韵文化、非物质传统文化、舟船文化、商埠文化、民俗文化、红色文化方向挖掘沈家门渔港文化，以沈家门渔港博物馆建设、沈家门渔港品牌特色街区打造、沈家门渔港埠头品质提升、舟船文化复兴等为呈现措施的建议。开展“15分钟品质文化生活圈”视察活动，了解有关部门在现代化海岛公共文化服务网络方面的探索。

【书画院工作】 2022年，普陀书画院与普陀自在书法研究院联合建院搬迁工作，改变普陀书画院没有办公、活动场所的状况。举办喜迎二十大暨普陀书画院成立15周年书画艺术展。完成书画作品集《盛世华章 普陀风韵》编印。完成书画院的文化袋、logo、座位牌、餐巾纸等VI设计。

区政协首场“请你来协商·民生议事堂”协商议事会在展茅街道民生议事堂举行（区政协办提供）

【专题协商】 2022年，区政协完成桃花镇、蚂蚁岛管委会2个民生议事堂硬件建设、制度完善和议事活动。桃花岛民生议事堂开展“关于如何提升民宿发展品质助推桃花全域旅游样板岛建设”“如何依托数字化赋能网格治理·助推桃花镇科技管控智治岛建设”专题议事活动。蚂蚁岛管委会民生议事堂开展“关于拓宽蚂蚁岛岛居群众就医渠道”“蚂蚁岛虾皮产业的转型与升级”协商专题议事活动。

（撰稿：胡宸逸）

编辑：陈莉

纪检监察

综　述

2022年，普陀区各级纪检监察组织履行职责，围绕中心大局，发挥监督保障执行、促进完善发展作用，深化党风廉政建设和反腐败斗争，推进纪检监察工作高质量发展。全年开展疫情防控、除险保安、粮食安全、惠企政策落实、重大项目建设、楼堂馆所专项治理等监督检查，其中疫情防控督改问题1508个，追责问责34人次，党纪政务处分8人。全区各级纪检监察组织处置问题线索405件，立案124件，党纪政务处分122人，其中涉及科级干部3人，移送司法机关3人。查处享乐主义、奢靡之风问题14个，处理19人，其中党纪政务处分12人。查处形式主义、官僚主义问题14个，处理22人，其中党纪政务处分10人。完成三轮对全区39家单位党组织政治巡察和2家单位党组织“回头看”，发现问题602个，立案4件，问责处理29人，推动建章立制67项。

重要会议与活动

【十四届区纪委第二次全体（扩大）会议】 2022年1月29日在东港商务中心举行。会议贯彻落实中共十九大和十九届历次全会精神，按十九届中央纪委六次全会、省纪委十四届七次全会、市纪委七届七次全会和区第十四次党代会决策部署，回顾全区2021年纪检监察工作，部署2022年任务。区委书记孙志龙出席全会并讲话。六横镇党委书记、虾峙镇党委书记、区农业农村局党组书记、区综合行政执法局党组书记进行述责述廉，区纪委委员评议测评。区委常委、区纪委书记、区监委代主任施静海代表区纪委常委会作题为“以自我革命精神推动纪检监察工作高质量发展　为建设现代化新普陀提供坚强保障”工作报告。会议审议通过工作报告和全会决议。市纪委市监委第二监督检查室有关人员，区四套班子领导，区检察院检察长，区政协秘书长，区纪委委员、区监委委员，各镇街（管委会）党（工）委书记、

1月29日，十四届区纪委第二次全体（扩大）会议在东港商务中心举行（区纪委区监委提供）

镇长(办事处主任)、纪(工)委书记，区属各单位主要负责人，党组织关系在普陀的省市属有关单位主要负责人、纪检工作负责人，区委巡察组组长、各派驻纪检监察组组长、区属重点国企纪委书记、委机关各科室主任，区监委特约监察员代表，党风政风监督员代表和有关列席人员等167人参加会议。

【区纪委常委会会议】 2022年，召开区纪委常委会会议28次，传达学习习近平总书记重要讲话、上级党委、纪委和区委重要会议精神等，研究召开区纪委全会、全区纪检监察工作会议事项，讨论有关人事事项，研究加强政治监督、深化作风建设、宣传教育、信访举报、审查调查等工作事项。

【党史学习教育专题民主生活会与总结会】 1月28日，区纪委常委会召开党史学习教育专题民主生活会。区委常委、区纪委书记、区监委代主任施静海代表区纪委常委班子作对照检查，并作个人对照检查；其他委班子成员依次作个人对照检查，并开展相互批评；施静海作表态发言。市纪委市监委第二监督检查室、区党史学习教育专题民主生活会指导组有关领导到会指导。

2月25日，区纪委区监委召开党史学习教育总结会暨“永葆砺剑之心、打造一流铁军”主题活动动员部署会。区委常委、区纪委书记、区监委主任施静海出席会议并讲话。会议通报表彰2021年度区纪委区监委先进个人和先进工作者，回顾总结区纪委区监委党史学习教育开展情况，并对“永葆砺剑之心、打造一流铁军”主题活动进行动员部署。

【警示教育专题民主生活会】 6月22日，区纪委区监委召开“以案为鉴严约束、护航‘窗口’铸铁军”警示教育专题民主生活会。区纪委副书记、区监委副主任贺方忠代表区纪委区监委领导班子作对照检查；班子成员依次作个人对照检查，并开展相互批评；区委常委、区纪委书记、区监委主任施静海作表态发言。市纪委市监委第二监督检查室负责人到会指导点评。

2月25日，区纪委区监委召开党史学习教育总结会暨“永葆砺剑之心、打造一流铁军”主题活动动员部署会（区纪委区监委提供）

【全区纪检监察干部综合业务培训班】 8月2日，区纪委区监委举办2022年全区纪检监察干部综合业务培训班，区委常委、区纪委书记、区监委主任施静海出席开班仪式，作动员讲话并上专题党课，全区130余名纪检监察干部参加。

【区纪委区监委理论学习中心组专题学习中共二十大精神】 11月10日，区纪委区监委理论学习中心组专题学习中共二十大精神，区委常委、区纪委书记、区监委主任施静海主持会议并讲话，会上学习习近平总书记在中国共产党第二十次全国代表大会上报告、《中国共产党章程》等内容，委班子成员围绕主题作交流发言，其他理论学习中心组成员进行书面交流。

【章青山调研普陀区纪委区监委机关】 10月26日下午，市委常委、市纪委书记、市监委主任章青山调研普陀区纪委区监委机关，听取普陀区纪委关于全面从严治党成效度、深化“多考合一”、“廉雁码”一把手廉情智控监督体系建设、2023年工作思路

10月26日，市委常委、市纪委书记、市监委主任章青山（左三）一行到普陀区纪委调研指导纪检监察工作（区纪委区监委提供）

等情况汇报，并对普陀区纪委下一步工作提出意见。

党风廉政建设和反腐败工作

【政治监督】 2022年，区纪委区监委深化政治监督“项目化管理、清单式推进、闭环链整改”机制，跟进共同富裕、贯彻绿色发展理念、落实意识形态工作责任制等方面的监督。围绕中共二十大召开，开展疫情防控、除险保安、粮食安全、惠企政策落实、重大项目建设、楼堂馆所专项治理等监督检查，其中疫情防控督改问题1508个，追责问责34人次，党纪政务处分8人，相关工作获区委书记批示肯定。协助区委、区政府完成市纪委反馈的涉粮问题、《问政舟山》曝光的2个营商环境问题等整改；监督推动区内22个市级重大项目建设提速增效。协助区委连续11年把作风建设大会作为开年首会。加强对“一把手”和领导班子监督，协助区委落实落细“五张责任清单”机制，落实区纪委专责监督责任清单，开展落实全面从严治党主体责任情况考评，区委书记、组织部部长、分管副区长等共同参与。严把回复关，为3677人次出具党风廉政意见。

【正风肃纪反腐】 2022年，区纪委区监委持续深化对国企、工程项目、基层站所等领域腐败问题治理，召开区委反腐败协调小组会议及问题线索处置集体会商会10次，运用全周期管理理念持续提升腐败治理综合效能。全区各级纪检监察组织处置问题线索405件，立案124件，党纪政务处分122人，其中涉及乡科级干部3人，移送司法机关3人。实施“一案一警示、一建议、一专报”机制，提出纪检监察建议49份，推动案发单位健全制度、堵塞漏洞、完善治理。坚持抓早抓小、严管厚爱，运用监督执纪“四种形态”处理397人次，同比增长9.4%，其中第一、第二种形态占比92.2%；落实“三个区分开来”，为4名党员干部澄清正名；完善“五时三色”监督预警机

3月19日，区委常委、区纪委书记、区监委主任施静海（右二）等到虾峙镇检查疫情防控工作（区纪委区监委提供）

制，送达绿卡4张、黄卡119张、橙卡226张。制定《关于加强年轻干部廉政教育的指导意见》等文件，开展一把手、年轻干部“诺廉”等活动；对新任副科级领导干部及家属进行集体廉政谈话，“夫妻共谈”做法被《中国纪检监察报》宣传报道；开展“作风建设永远在路上”党员干部违纪违法案例展，全区1.8万余人次参与“两法一条例”知识竞赛。

【纠治“四风”】 2022年，区纪委区监委持续狠刹享乐主义、奢靡之风，整治违规吃喝、违规收受礼品礼金、违规发放津补贴或福利等，开展违规参与“两局一场所”、违规使用办公用房、“三公”消费领域公务卡使用等问题专项治理，通过机关干部办公、就餐纪律专项监督查处党员干部17名、下发整改告知单49份。全面完成省纪委分办督办党员干部酒驾醉驾问题线索处置，累计处分38人。全区查处享乐主义、奢靡之风问题14个，处理19人，其中党纪政务处分12人。深化治理贯彻党中央和省市区委决策部署空喊口号假执行、敷衍应付打折扣等问题；切实推动深化为基层减负，年度综合考评“最多考一次”率先在全市深化改革，实现“一站式”考评全覆盖。全区查处形式主义、官僚主义问题14个，处理22人，其中党纪政务处分10人。健全完善作风建设长效机制，督促落实省委《领导干部接到请托事项记录报备制度(试行)》等。

【政治巡察】 2022年，区纪委区监委部署启动新一届区委巡察，深化落实开巡会商、巡中会诊、巡后联审、巡察中期汇报会、通报双反馈等工作机制，完成三轮对39家单位党组织的政治巡察和2家单位党组织“回头看”，发现问题602个，立案4件，问责处理29人，推动建章立制67项。推进市委巡察指导督导组反馈意见整改。用好上届区委巡察“回头看”工作成果，建立“一周一报、一月清零”工作机制，区委书记一周一次跟踪督办问题整改进展，推动34个问题整改，处理110人，推动完善或新建制度128项，十三届区委巡察整改率提升至99.9%。强化巡察整改日常监督，健全巡察整改监督检查“三方联动”审核机制，深化完善“室组办”联动机制，增强整改外部推力和内生动力。建立组长领衔重大巡视问题清单工作机制，实施专班化运作、“蓄水池”管理、闭环式整改，推进巡视巡察问题整改，全区2个案例入选省委重大巡视问题清单示范榜。

【服务基层】 2022年，区纪委区监委聚焦群众急难问题，监督推动职能部门开展新能源汽车充电难等12项漠视侵害群众利益问题专项治理，建立“一周一报、一月一听”机制，治理成效向社会公开。聚焦各项惠民富民、促进共同富裕政策落实，“室组地”联动开展同舟颐养、闲置农房激活等专项监督，以“四问”工作法深化村级“三不”问题合同治理，“村干部违规侵占本村资产资源”问题入选省纪委公权力大数据监督典型案例。注重做好初信初访工作，实施重复检举控告“清零”专项行动，全区检举控告件、重复举报量同比分别下降9.5%、75%。实施主体责任函告制度、信访预警分级定色、信访“四访”等机制，打造“海上清舟·信访无忧”驿站，设立海岛乡镇纪检监察信访举报直报点8个。开展基层监督“巩固深化年”活动，持续提升镇街(管委会)派出监察办和村(社区)监察工作联络站规范化建设水平，全区镇街(管委会)纪检监察机构处置问题线索204件，立案86件，同比分别提升24.4%、43.3%，镇街自办案件全部“破零”。

【改革创新】 2022年，完成全省“大综合一体化”行政执法监督应用城市管理领域试点任务，问题查实率居全省前列，获评全省公权力大数据监督应用2022年度“成绩突出建模单位”，其中1个模型被评为省级最佳模型，作为主要单位参与的“省纪委省监委建立健全公权力大数据监督机制”获评“2022年度浙江省改革突破金奖”。完成“廉雁码”一把手廉情智控体系和“巡改盯”系统开发并上线运行，作为市纪委“四责协同”子场景纳入全省党建统领整体智治系统“一地创新、全省共享”“一本账S0”。用好“基层公权力大数据监督应用平台”，及时精准处理各类红色预警信息。贯彻《纪检监察机关派驻机构工作规则》，加强对派驻机构领导，持续深化委机关和派驻机构“六个一体化”，健全完善片区协作、“室组地”联合办案等机制。

【清廉普陀建设】 2022 年，区纪委区监委完善“四责协同”机制，开展清廉普陀建设大调研活动，压实责任、找准问题、提炼“样本”，区委(四县区唯一)在全市清廉舟山建设推进会作汇报交流，清廉国企典型经验在全市交流。建设清廉单元，促进清廉建设深度融入部门、行业和基层治理，全区获评省级、市级清廉建设基层成绩突出单位分别为 1 家和 5 家，获评省级、市级清廉村居建设示范村（居）分别为 1 家和 7 家。巩固深化机关、村居、学校、医院、国企、民企、交通等清廉单元建设成果，推动清廉建设向公安、财政、市场监管、医保、社会组织、海洋渔业、水利、社保等领域拓展，形成“7+5+3+1”清廉建设体系。协助区委出台深化廉洁文化建设实施方案，优化廉洁文化研学路线，蚂蚁岛管委会、展茅街道廉洁文化教育基地被命名为省级、市级廉洁文化教育基地，作品《裁·廉》在第四届“玉琮杯”清廉微电影微视频大赛中获奖，普陀“莲花洋”廉洁文化公园建设纳入普陀段“星辰大海”计划。

【干部教育管理监督】 2022 年，区纪委区监委深化“第一议题”制度，开展中共二十大精神学习

10 月 28 日，区纪委区监委机关举办“廉岛先锋·畅享智汇”青年干部论坛暨“青蓝工程”师徒结对仪式（区纪委区监委提供）

宣传贯彻活动。推进区纪委常委会自身建设，执行民主集中制、重大事项请示报告等制度，传承发扬“艰苦奋斗、敢啃骨头、勇争一流”蚂蚁岛精神。持续做好“海上清舟·廉岛先锋”党建品牌，六横镇纪委、监察办获评“全国纪检监察系统先进集体”，1 名纪检监察干部获省纪委嘉奖。实施“永葆砺剑之心、打造一流铁军”三年行动，推进“廉岛先锋·薪火相传”等五大工程建设，25 人次参与省委巡视、区委巡察和省、市纪委办案等工作，12 名干部在市纪委专业能力“铁人五项”系列比拼中获奖。10 月 28 日，区纪委区监委机关举办“廉岛先锋·畅享智汇”青年干部论坛暨“青蓝工程”师徒结对仪式，10 名青年纪检监察干部选定 12 名成长导师。

落实市纪委大督查反馈 34 个问题整改，建立实施“问题清单”“揭榜挂帅”等工作机制，推进纪检监察工作规范化、法治化、正规化。深化家访谈话制度，累计家访 79 人次，谈心谈话 101 人次。落实“四维四化全周期”纪检监察干部监督机制，开展“以案为鉴严约束、护航‘窗口’铸铁军”警示教育活动，完成纪检监察系统除险保安任务，执行省纪委违规吃喝“九个严禁”、市纪委“七带头七不准”等制度规定。完成区监委首次向区人大常委会报告专项工作，自觉接受约束和监督。

（撰稿：赵晨伊）

编辑：魏斌

民主党派与工商联

民革普陀支部

【概况】 中国国民党革命委员会舟山市委员会普陀区支部委员会(简称民革普陀支部)成立于1993年12月25日。2022年,民革普陀支部发展新党员2名,提拔1名党员为副科级干部。年底有党员26人,其中在职19名,退休7名。女党员11人,男党员15人。大学本科以上21人,其中硕士2人。在职党员中政府部门8人,教育界3人,法律界1人,经济界4人,医卫界3人。是年,民革普陀支部围绕“现代海洋产业新高地、现代品质海岛大花园、现代社会治理新样板”建设等献计献策,投身社会服务。

【思想建设】 2022年,民革普陀支部学习中共二十大报告,习近平总书记重要讲话精神,《浙江省第十五次党代会报告》,市、区经济工作会议精神,学习中共党史和民革党史、中国国民党革命委员会章程、民革纪律处分条例等,加强党员对多党合作制度的认识,教育党员提高政治自觉。

1月22日,民革普陀支部委员入户走访民革老党员,送去温暖、聆听建议。3月12日,支部党员组织参加“普陀民革 幸福成长”植树节活动。民革普陀支部组织参加全区党外人士党史教育培训班,参与市委会组织的学习会、讨论会、“重走英雄路”活动等。参加普陀统一战线助力共同富裕惠民服务活动。

民革普陀支部开展“普陀民革 幸福成长”植树节活动(民革普陀支部提供)

【参政议政】 2022年,民革普陀支部党员围绕市、区政治经济发展大局和社会关注的难点,开展调查研究,做好参政议政工作,为地方政府的施政决策提建议、献良策。是年撰写市“两会”大会发言1篇,建议提案3件,区“两会”大会发言1篇,集体提案5件,个人提案7件,市区社情民意10余篇。开展沈家门渔港码头标准化管理等2个专题调研工作,为下年度“两会”准备建议提案。

民革普陀支部党员参加普陀统一战线助力共同富裕惠民服务活动（民革普陀支部提供）

【奉献社会】 2022 年，民革普陀支部社会服务活动平均参与率 80%以上。继续深化庙子湖岛“一岛一品”项目基地建设，支部党员到庙子湖岛调研 2 次，服务 1 次，为建设海上花园岛出谋划策。支部围绕“幸福成长，育健未来”品牌，联合区民政局、区文广旅体局为全区特困儿童免费送健康检查，持续关注困难儿童身心健康；支部党员为平阳浦幼儿园孩子们送上健康小课堂“护眼知识”，联合社会力量开展护牙小课堂活动，发放宣传资料。春节期间，民革普陀支部组织党员到大干社区慰问疫情中留普服务的新居民代表。

（撰稿：边金锋）

民盟普陀支部

【概况】 中国民主同盟舟山市普陀区支部委员会（简称民盟普陀支部）成立于 1989 年 11 月。陈红任第九届主委，第九届支部委员 5 名。2022 年年底，民盟普陀支部有盟员 37 人，其中女盟员 18 人。盟员组成以医卫、文教人员为主。其中，硕士学位 3 人；在职盟员 27 人，离退休盟员 10 人；有高级职称 19 人，中级职称 13 人。盟员中有市政协委员 2 人、市人大代表 2 人，区人大代表 3 人，区政协委员 6 人。2022 年度，民盟普陀支部开展“一支部一品牌”创建活动，在思想建设、组织发展、制度完善等方面提升支部工作水平。被民盟市委会评为综合先进集体。

【思想建设】 民盟普陀支部加强理论学习，提高政治站位。完成民盟市委会 2022 年学习资料汇编中的各项学习内容；学习中共二十大报告精神、中共浙江省第十五次代表大会精神，学习贯彻中共舟山市委和民盟浙江省委重要会议精神，继续推进“矢志不渝跟党走、携手奋进新时代”教育，引导全体盟员坚持读原著、学原文、悟原理、夯实共同思想根基。开展专题学习、线上“盟史天天学”、线下自学等多种方式引导盟员牢记光荣传统，履职尽责。全年组织开展专题学习

2 月，参加区六届政协第一次会议的民盟普陀支部盟员合影（民盟普陀支部提供）

会4次，还组织盟员参加市、区统战部门组织的新盟员培训、参政议政培训、社情民意工作等各类培训。

【组织建设】 2022年,民盟普陀支部发展盟员2名,分别来自教育界别和医卫界别。规范基层组织生活,继续推进"盟员之家"活动开展。组织盟员到展茅街道路下徐村参观美丽新农村建设,组织盟员集中收看中共二十大开幕,组织女盟员到浙江冠素堂食品有限公司参观。还多次走访老盟员、骨干盟员等,使盟员感受到"盟员之家"的温暖和关怀。

【参政议政】 2022年,民盟普陀支部开展民主监督视察工作。民盟界别的政协委员随界别小组视察"双减"形势下教育发展、人口发展等调研活动,通过监督视察,以参加"请你来协商"座谈活动等形式提出建议。立足"两会"建言献策。陈红当选为区人大常委会副主任,俞英超当选为区人大常委，胡瑜当选为区政协常委。民盟普陀支部在区两会上,提交大会发言1篇、集体提案7篇,个人提案、议案10篇,内容包括普陀区公职律师建设、智慧停车、"双减"政策下的教育发展等。余佩代表民盟普陀支部作《因地制宜 以点扩面 着力畅通"菜篮子"海岛配送最后一公里》发言。市政协会议上提交集体提案1件,个人提案3件。提案《关于推进我区渔业规模化品牌化融合发展的建议》被评为区政协五届五次会议的重点提案。召开参政议政工作会议,提升工作质量进行座谈，结合2022年民盟舟山市委会调研课题选题参考目录,开展调查研究,形成《积极运用衍生工具服务舟山海洋经济》《助力共富 加快我市商业体系转型升级的建议》等调研报告。全年民盟普陀支部向市、区两级政协提交社情民意23件。开展盟务信息宣传工作。共向盟市委、区政协、区委统战部报送盟务工作信息10条。民盟普陀支部获区政协2021年度社情民意信息工作先进集体称号。

【社会服务】 2022年,民盟普陀支部继续重点打造"美丽乡村志愿行"品牌服务活动。4月22日,民盟普陀支部部分盟员到盟员企业浙江永航海运有限公司走访调研;5月31日，民盟普陀支部主委到桃花镇中心学校开展"六一"慰问暨捐赠活动,为结对困难儿童捐赠3000元;6月25日,民盟普陀支部组织部分盟员到展茅街道路下徐村参加"普聚同心·共富先行" 助力共同富裕惠民服务活动;8月,民盟普陀支部组织盟员到马峙山隔离点,为防疫人员送上慰问物资;10月9日,民盟普陀支部选派盟员医生参加共富方舟赴渔农村义诊活动;10月27日,民盟普陀支部2名委员参加全省民主党派和党外知识分子社会服务现场推进活动。盟员陈正风带领企业推动"永航同茂肿瘤救助慈善基金"参与民盟公益活动；胡瑜获评2016—2020年全省普法与依法治理工作先进个人;顾颖作词创作的《听江南》获2022年浙江省群星奖。

（撰稿：孙瑜）

民建普陀支部

【概况】 中国民主建国会舟山市工作委员会普陀区支部(简称民建普陀支部)成立于2018年5月。主委鲍中南主持工作。2022年发展会员1人,年底有会员17人。大专以上学历占88%,硕士研究生以上学历占18%;中级职称以上占53%，经济界会员占71%，其中民营企业高级管理人员9人,机关行政事业单位和国有企业8人（其中副处级干部1人,正科级干部1人,副科级干部1人),平均年龄45岁。

2022年,民建普陀支部带领全体会员履行参政议政、民主监督、政治协商职能,加强自身建设,开展社会服务,为建设活力开放的幸福普陀做贡献。是年,鲍中南、刘永勇2名会员获国家专利,鲍中南还被评为"浙江民建年度人物"。

【组织建设】 民建普陀支部加强自身建设、组织建设和思想建设,持续做好舟山中南锚链有限公司民建之家建设。学习贯彻浙江省第十五次党代会精神,通过参加省委会的宣讲、组织工委班子学习、组织会员线上学习、热议等途径进行宣传贯彻。年初，学习中共十九届六中全会和民建十一届五中全会精神;3月第一次会员日,传达市党代会及区

民建普陀支部第一次工作会议（民建普陀支部提供）

“两会”精神，宣传贯彻民建发展会员、会籍管理和会费管理办法；8月4日，组织参加普陀区党外人士“共同富裕专题”培训班；11月，学习传达中共二十大精神。推荐张勇担任省企业家协会副会长。是年发展会员1人、预备会员1人。

【学习交流】 民建普陀支部注重会员政治思想教育，组织会员参加各级学习交流活动。1月12日，全体会员参加市工委2021年度会议，学习中共十九届六中全会、民建十一届五中全会精神。3月11日，第一次会员日，学习传达市党代会及区两会精神，宣传贯彻民建发展会员、会籍管理和会费管理办法。6月27日，线上学习中共浙江省第十五次代表大会报告、热议。7月6日，参加由省委会专职副主委吴立军宣讲的省第五次党代会宣讲会。7月15日，参加市政协委员普陀工作室第一次会议暨海风沙龙读书活动。7月21日，以民建市工委成立五周年为契机，在全市会员中开展“我为高水平建设现代海洋城市献一策”活动中，民建普陀支部收集助力舟山旅游稳进提质献策9篇。7月31日，参加市工委“我与民建的故事”谈心谈话会。8月31日，鲍中南参加政协常委会暑期读书会暨“三位一体”工作推进会。

【参政议政】 民建普陀支部有市人大代表1人，市政协委员3人(其中市政协常委1人)，区政协委员5人（其中区政协常委1人）。委员履行参政议政职责，2月11—15日，5名委员参加普陀区政协六届一次会议，提交集体提案1件(大会发言)、个人提案4件(其中1件大会发言)。4月12—15日，刘娜、鲍中南、张勇3名委员参加舟山市政协八届一次会议，支部会员供稿集体提案4件，个人提案3件。4月14—16日，牛振振参加舟山市人大八届一次会议，提交人大建议2件。6月9日，民建普陀支部组织参加市工委开展的“海岛共同富裕”调研活动。7月11日，民建普陀支部牵头拟定区各民主党派联合调研课题“共同富裕示范岛建设”。7月21日，鲍中南赴小沙参加各民主党派调研活动。

民建普陀支部助力“普聚同心　共富先行”惠民服务活动（民建普陀支部提供）

【民主监督】 民建普陀支部参加行风评议、专项民主监督等活动。4 月，组织参加全区各民主党派季度联席会议。4 月 8 日，落实《民建省委会关于开展“培育更多专精特新企业　提供竞争力和创新力”专题调研工作的通知》，企业家们填写调查问卷。

【社会服务】 2022 年，民建普陀支部参加市工委组织的“思源敬老”“思源助学”等活动，以及市工委对接的“一岛一品”蚂蚁岛社会服务基地活动，参加普陀统一战线助力乡村共同富裕活动，认领助力乡村振兴项目，开展惠民活动赠送助农书籍。组织会员慰问并参与疫情卡点（隔离点）值班等防疫工作。还参加“海上方舟”送医进白沙岛活动等。

（撰稿：白云）

民进普陀支部

民进普陀支部在塘头村开展喜迎二十大·“走进基层”送服务活动（民进普陀支部提供）

【概况】 中国民主促进会舟山市委员会普陀区支部（简称民进普陀支部）成立于 1997 年 8 月。2022 年，民进普陀支部发展新会员 2 名（新闻学专业和教育专业各 1 名）。至年底，有会员 27 人，其中女会员 16 人。本科以上学历 22 人，高级职称 12 人，中级职称 6 人。主委林韩群。是年，民进普陀支部获评 2021 年度“全国社情民意信息先进集体”，获评民进市委会参政议政先进支部。

【组织建设】 民进普陀支部重视教育培训工作。2022 年上半年，1 名会员参加市委组织部和市委统战部组织的全市党外科级干部培训班；4 名会员参与 9 月初区委统战部组织的党外人士培训班；相关会员参与市区智慧云课堂及市区政协委员等培训。做好数字化建设相关工作，根据省、市数字化工作要求，完成全体会员个人信息汇总上报工作，提高“浙统云”数据库完整度、准确度。发动会员参与“市统一战线迎二十大毅行活动”、革命烈士纪念活动、民进市委会“同舟之旅”调研体验等活动，激励会员不忘初心。重视组织温暖工作，通过走访看望退休老主委、生病会员，春节慰问老年会员等，增强组织凝聚力和感召力。

民进普陀支部通过专题组织、“学习强国”、微信群推送等方式学习中共二十大、中共浙江省第十五次代表大会精神，推动支部全体会员加强政治理论学习，增强会员们责任感、使命感。

会员傅剑波带领的队员在 11 月省运会田径项目中，获 1 金 3 银 4 铜奖牌；会员胡晓颖在专题教研活动音乐学科评审中获市级三等奖，所辅导的混声小合唱组获得省三等奖、市二等奖，所辅导的独唱《鸿雁》在 2022 年“筑梦中国”青少年舞台艺术成果展舟山赛区获得金奖。

【参政议政】 2022 年，民进普陀支部有 9 名会员以区人大代表和市区政协委员身份参加两会。其中，支部主委当选区政协副主席，2 名会员当选区政协常委，3 名会员担任市政协委员。大会期间，会员们通过提交提案、大会发言、各组讨论等形式，就海洋旅游、老旧小区改造、新能源开发共享等方面提出意见和建议。提交集体提案5件，委员个人提案及人大议案、建议9件。其中主委林韩群以“强化本地农产品质量监管　筑牢舌尖上的安全防线”为题在市政协会上发言，以“‘双减’背景下加强学生多元教育　培养孩子健全人格的建议”为题在区政协会上发言，获区委副书记、区长徐炜波批示。

民进普陀支部发动会员撰写社情民意信息，累计报送20余篇。其中，《我市远洋渔船船员非正常死亡事件频发　亟须重视关注》《“美食节”卫生和防疫问题需引起重视》《摩托车行驶管理不可一刀切》《关于开展名师网络课堂的建议》被市政协录用，《民宿行业复工难度大进度慢亟待重视》《旅游业寒冬期如何“抗冻”待回暖》被市委统战部录用。部分会员参与未来乡村建设专项民主监督、东极共富海岛调研座谈、定海小沙乡村振兴调研座谈、“千岛议家”义务教育劳动主题沙龙等活动，提出意见建议。

【社会服务】 2022年，民进普陀支部除开展“三送服务”外，还整合资源，开拓社会服务平台。开展民进普陀支部定点帮扶消费助农活动。发动全体会员参与“消费助农下一单”系列活动，为巩固脱贫攻坚成果助力。参与区统一战线助力共同富裕活动，在普陀区“普聚同心·共富先行”活动启动仪式上，会员袁佩君作为民主党派旅游行业企业家与展茅街道签约启动助力乡村旅游战略合作。在惠民服务活动中，民革普陀支部还为村民及游客免费发放法律、科普书籍，开展日常急救知识宣传咨询等服务项目。开展“三进服务团”下基层送服务活动。10月，开展“喜迎二十大走进基层”到塘头送服务活动，受惠群众近200人次，发放普法、卫生、健康养生、科技等宣传资料近500份；11月，开展“送书进校园”活动，向城北小学赠送各类科普、文史类书籍200余册。派会员参与“益心为公检察云平台”试点工作。上半年对市检察院办理的两件文物文化保护行政公益诉讼案件进行公开听证，深化履行法律监督职责。指派2名会员参与省民主党派在全市现场会的会务联系等工作。

民进普陀支部到普陀城北小学开展送书进校园活动（民进普陀支部提供）

（撰稿：叶奇勇）

农工党普陀总支

【概况】 中国农工民主党舟山市普陀区委员会（简称农工党普陀总支）成立于2000年3月。2022年，新发展党员1人。年底有党员53人。其中，在职29人，退休24人；男性28人，女性25人；医药卫生、人口资源和生态环境主体界别29人，占党员总数54.72%；研究生学历5人，占党员总数9.43%；副高及以上职称的25人，占党员总数47.17%。年龄最大86岁，最小29岁。周艳任主任委员。

2022年，农工党普陀总支贯彻落实农工党中央、省委会、市委会提出的各项目标任务，加强党派自身建设，做好参政议政工作，为推进“小岛你好”“共同富裕示范区”和助力现代化新普陀

农工党普陀总支参与助力"小岛你好"海岛共富行动（农工党普陀总支提供）

建设做出参政贡献。是年，农工党普陀总支被农工党中央授予"2018—2022先进集体"称号，通过中共舟山市委统战部和各民主党派市委会（工委）"一支部一品牌"创建评比，获"聚民意筑同心"参政议政品牌，被农工党省委会评为2021年度组织工作先进集体、2021年度宣传工作（纪念中国共产党成立100周年活动）先进集体，被农工党市委会评为2021年度参政工作一等奖，被区政协评为2021年度社情民意工作先进集体。1人被评为七届市政协优秀委员，3人被区政协评为2021年度优秀政协委员，3人获评2022年农工党市委会参政议政工作先进个人。

【政治学习】 农工党普陀总支以学习中共二十大会议精神为重点，传达省、市、区"两会"精神、中共浙江省第十五次党代会精神、农工省委会第十三次代表大会、中共舟山市第八次党代会精神、中共浙江省第十五次党代会精神。组织全体党员收看中共二十大开幕式，鼓励每个党员在党员微信群发表观看感言，多名党员发言被市区政协和统战部门微信公众号录用。组织参加中共二十大主题学习会，结合学习内容交流心得体会。全年组织总支部委员会专题学习7次、总支部集体学习3次。选送党员书法作品参加"喜迎二十大，政协书香浓"舟山市政协系统诗书画作品展。

【参政议政】 市"两会"期间，农工党普陀总支中的人大代表、政协委员提交议案1件，集体书面发言1件，集体提案2件，个人提案6件。区"两会"期间，农工党普陀总支提交议案1件，政协会议大会口头发言1篇、书面发言1篇，集体提案6篇，个人提案14件、立案12件。其中，由沈聪撰写的《关于加快实施乡村建设行动的建议》被列为2021年度市政协优秀提案，周艳撰写的集体提案《关于做好数字赋能破解群众就医诸多难题打造"普有健康"新名片的建议》被列为区委书记领办、区政协主席督办的重点提案。深入基层关注民生、收集民意，全年共有30余篇社情民意信息被市政协、市委统战部和区政协等录用。其中，省委会、市政协、市委统战部录用15篇，区政协录用21篇，获区领导批示1篇。农工党普陀总支中的人大代表、政协委员参与市区人大、政协组织的海岛交通代表视察，"市委书记面对面·养老托育服务""大综合"一体化行政执法改革常委会议政性协商、"请你来协商"构建育儿友好型社会，"民生议事堂"海岛供水一体化、老旧小区改造、"共富方舟·健康守护"等履职活动，建言良策得到市、区领导肯定。

【组织建设】 农工党普陀总支立足界别特色做好组织发展工作，提升队伍整体素质，吸纳1名硕士学位、副高职称的医卫系统人员加入组织。加强与区委统战部沟通，推荐优秀农工党党员纳入后备干部培养体系。加强与区财政局、区住建局等单位联系，提出意见建议。看望生病、住院农工党党员，送上组织温暖。继续发挥展茅田园综合体"同心

农工党普陀总支开展参政议政沙龙暨共富工坊调研活动（农工党普陀总支提供）

菜园”纽带作用，提供采摘、交流平台。利用春节、重阳节等节日，对60周岁以上农工党党员上门走访。组织退休农工党党员“欢度重阳节”暨参观爱国教育国防展活动。关注青年农工党党员，激发青年农工党党员参政议政热情。缪晨在农工党市委会组织的“永远跟党走·奋进新征程”主题演讲比赛中获一等奖。

【社会服务】 农工党普陀总支全年组织策划、参与社会服务累计10次，包括学雷锋义诊活动、世界环境日宣传活动、展茅街道路下徐“普聚同心·共富先行”统一战线助力共富“送绿惠民”“医疗健康”，参与“共富方舟·健康守护”等活动，3次组织农工党党员到白沙岛开展义诊，建成以“提供海岛中草药与健康服务为基础、多元化促进白沙岛共富发展”为特色的农工党市区共建同心社会服务基地。组织农工党普陀总支骨干走访展茅街道翁家岙、路下徐等村庄和虾峙镇等海岛，调研人才回乡创业情况。承接“浙爱无痕送医进岛”农工党浙江省委会“海岛医疗服务队”公益医疗服务活动进白沙岛，推进共同富裕。

（撰稿：蒲斌军）

农工党普陀总支参与“普聚同心·共富先行”统一战线助力共富“送绿惠民”“医疗健康”活动（农工党普陀总支提供）

九三学社普陀支社

【概况】 2022年，九三学社舟山市普陀支社（简称九三学社普陀支社）发展社员1人，年底有社员38人，平均年龄50.2岁。其中，女社员14人，占36.8%。有高级职称13人，占34.2%；中级职称18人，占47.4%。九三学社普陀支社获评2022年度参政议政先进支社荣誉。2人被九三学社舟山市委员会评为年度优秀社员，1人获评九三学社优秀社务工作者，1人获评社会服务先进个人。

【参政议政与民主监督】 九三学社普陀支社有市人大代表2人、市政协委员4人、区政协委员8人（其中兼任市政协委员1人）。担任市、区政协委员，市、区人大代表的社员履行职责，参加

2月，参加区六届政协第一次会议的九三学社普陀支社社员合影（九三学社普陀支社提供）

各项考察、视察和调研活动，围绕经济建设中心，提出议案、提案和撰写大会发言材料。全年提交市政协会议提案10件、市人大议案2件。参加区政协会议提交提案14件（集体提案3件、个人提案议案11件），大会发言4件《关于加快蓝碳经济发展的建议》《因岛施策　共富路上不让一个小岛掉队》《三湾两岸巧手绘　山海韵味入画来》《优化营商环境着力打造国际化港口》。九三学社普陀支社集体提案《关于加速打造国际化、世界级港口营商环境的建议》《关于实现“普有善育”构建普陀生育友好型社会的建议》《关于利用数字化平台监管全装修商品房质量的建议》，社员个人提案《大潮奔涌逐浪高　创新奋进新普陀》《关于进一步完善我区研学旅行的建议》《关于推进我区高质量养老，建设康养幸福社区的建议》《关于加快推进“城市大脑”建设的建议》《关于建立自闭症早期筛查干预机制的建议》《关于规划建设沈家门渔港旅游观光带，带动普陀旅游经济发展的建议》《关于统筹推进低速电动车“共享出行　服务大众”的建议》《关于打造东港开发纪念碑的建议》《关于提高普陀夜间景观照明水平提升城市形象的建议》《关于数字赋能引领，加快发展智慧旅游服务的建议》被政府相关部门采纳。

【民主监督】　九三学社普陀支社在普陀区政协《意见与建议》《社情民意》《普陀政协》等刊物上发表建议21篇。有1位社员担任市、区两级特邀信息员，履行经济环境行政效能、创建文明城市、教育系统、旅游行风等监督职能。监督政府重要方针政策、依法行政及领导干部履行职能、为政清廉等方面工作，直言敦谏及时反映基层和群众呼声。帮助党委政府搞好行风廉政建设。

【社会服务】　九三学社普陀支社组织青年骨干社员和民盟成员在美丽乡村路下徐开展共富

九三学社普陀支社组织青年骨干社员参加展茅路下徐共富惠民服务活动（九三学社普陀支社提供）

惠民服务活动。发放书画家题字的扇子100余份，赠送科技产品、花卉等1000余份。关爱社会基层群体，捐赠给社会组织公共服务中心1台冰柜。组建送医小分队和送科技小分队，社员钟碧峰、陈其元、陈惠珍等多次"送医下乡""送科技下乡"。是年，与市海研所支社、舟山医院支社联动，在六横镇建立"九舟水产养殖科技帮扶基地"，在鱼类苗种推介、病害防控等方面提供科技帮扶。组织14名舟山医院专家到六横镇积峙村开展医疗服务。

（撰稿：孙振坤）

区工商联开展区民营经济人士"两个健康"暨新生代企业家青蓝大培训（区工商联提供）

区工商业联合会

【概况】 舟山市普陀区工商业联合会(简称区工商联)是普陀区工商业界组织的社会团体。2022年有基层商会7家(六横商会、桃花海运商会、虾峙海运商会、东港商会、沈家门商会、朱家尖商会、展茅商会),行业商会1家(普陀石化海运联合会),其他商会4家(普陀上海商会、普陀北京工商业企业家联合会、普陀杭州商会、区新生代企业家联谊会)。会员总数427个。7月19日,区工商联被中华全国工商业联合会评为全国"五好"标杆县级工商联。

【组织建设】 2022年,区工商联继续开展《舟山市普陀区工商业联合会所属商会组织"以奖代补"实施办法》,每年由财政安排预算资金25万元作为年度优秀商会工作奖补经费,激发基层商会组织工作活力。完善《舟山市普陀区工商业联合会（总商会）轮值会长制度（修订)》，印发《2022年舟山市普陀区工商业联合会（总商会）轮值会长安排表》，全年安排8名兼职副主席(副会长)担任轮值会长。慰问原工商业者,组织新生代企业家联谊会开展有关活动。6月,在东港普陀商会大厦召开普陀区工商联基层商(协)会工作座谈会暨秘书长会议。加强异地商会建设,指导异地商会、行业协会开展交流合作。

【联谊与调研】 1月9日，普陀上海商会二届十次会长议事会议在上海宝山谷子地农场举行。3月28日,区委常委、区委统战部部长李莉到区工商联调研。5月18日，省工商联一级巡视员赵小敏一行3人到普陀区调研并征求意见。7月6日,区纪检组就党风廉政、疫情防控、清廉民企建设等到区工商联进行调研。是年,区工商联上报《党建统领 创建特色 推进清廉民企建设 试点先行》《履行社会责任 推动海岛发展 助力普陀乡村振兴》2篇调研文章，完成2021年度民营企业劳动关系监测调查、2021年度全国工商联上规模民营企业调研、2021年度民营企业社会责任调研等16个调查问卷上报工作。

【教育引导】 区工商联引导企业家重视企业党建工作,延续红色基因传承优良作风,促进普陀区非公有制经济发展和非公有制经济人士成长。组织民营经济人士收看中共二十大开幕式直播、集中听宣讲、参加专题报告会、专家讲座、论坛沙龙等,强化思想政治教育。1月,组织30名民营企业家收看全省民营经济发展视频会议;5月，组织70余

区工商联与区税务局联合举办“亲清直通车·政企恳谈会”暨落实减税降费 优化营商环境宣讲会（区工商联提供）

名新生代企业家举办“聚力抗疫情、携手谋发展”沙龙活动；9月，举办全区民营经济人士“两个健康”暨新生代企业家青蓝大培训，50余家会员企业负责人和新生代企业家参加培训，增强民营经济人士对党和政府的信任、对疫情背景下企业健康发展的信心。基层商会开展形式多样的会员活动。新生代企业家联谊会开展关于“数字统战”民营企业健康发展的沙龙等活动，一同探寻后疫情时代企业发展之道；桃花海运商会领导班子赴台州开展“坚守初心使命 护航企业发展”调研活动，邀请台州企业到桃花海运商会落户；桃花海运商会召开安全生产会、沈家门商会开展行业企业安全管理培训，提高各会员的安全生产意识，了解海上安全生产工作的法律法规和政策，提升企业安全管理水平和防范各类事故的主动性、能动性。区工商联推进“清廉民企”建设，将“清廉民企”建设与生产经营结合，打造清廉文化宣传教育阵地。5家企业列为“清廉民企”建设试点单位，至9月下旬全部完成试点任务。10—11月，市委统战部纪检组、市工商联、区纪委先后检查调研普陀区清廉民企建设情况。区工商联有关做法受到省工商联党组书记徐国龙批示肯定，在《舟山日报》头版刊登。

【会员服务】 4月15日至5月15日，开展2022年“基层基础月”活动。开展“三服务”活动，搜集国务院、省市区关于企业纾难解困政策，汇编印发给各会员企业。向企业派出助企员，走访企业67家，收集信息12条，分析会员企业面临的难点，协助企业解决困难和问题5个。利用“印象普商”微信公众号宣传平台，不定期推出项目投资、政策速递、工作动态等信息。继续联合区公检法司部门，开展工作对接，维护民营企业和民营企业家合法权益。会同区检察院开展法律维权服务，协调帮助1家会员企业免于刑事起诉。8月，组织20家企业参加市“护航2022”助企惠企风险防范能力专题培训班。

【服务经济】 区工商联以实地走访和线上沟通方式加强与省内外浙商、普商的工作联系，利用发招商手册，网站、微信等发布普陀招商项目信息，搜集投资意向。赴北京、杭州、宁波等地工商联和商会组织开展宣传推介，通过异地商会和在外普陀商会，以情聚商、以商引商，在鼓励普商回乡投资发展同时，吸引省内外客商到普陀考察洽谈，2022年外出联系招商工作9次，外地客商到普陀考察12批次。六横商会、虾峙海运商会、桃花海运商会等11家基层商（协）会利用自身优势，在协助当地政府招商工作中发挥重要作用。区工商联召开全区纾难解困政策落实暨金融服务对接会。30余家会员企业、基层商（协）会、银行参加会议，增强银企合作、促进银企融资对接，通过融资政策解读、银企对接，帮助中小民营企业缓解融资难问题。在4月和5月，以“组合式税收支持政策”和“助力稳外贸、拓市场”为主题分别联合区税务局、区商务局开展2场“亲清直通车 政企恳谈会”，近30家民营企业参加活动。8月，组织10家民营企业开展市工商联助企纾困政策落实情况专题调研会,了解企业对助企纾困政策知晓度、政策落实、操作便利性方面等情况。

【光彩事业】 区工商联牵头组织“群团星 促共富”行动,创业创新促共富。开展“万企兴万村”活动,牵头组织30家会员企业与30个村结对,从资金、人才、项目等方面给予帮扶支持,推动海岛渔农村共同富裕。根据省工商联和区政府安排,加强对金华磐安、四川万源的对口支援,推进山海协作项目。金华市磐安县工商联一行7人于6月6—7日到普陀区工商联进行山海协作助力26县发展对接考察。区工商联倡导鼓励企业家为社会献爱心,通过开展“百企结百村”

区工商联陪同区纪委领导调研普陀区清廉民企工作(区工商联提供)

“推动乡村振兴、助力海岛共富”“企业家走进渔农村”“慈善一日捐”等活动,会员企业全年捐赠金额300万元。

(撰稿:姚申盛)

编辑:陈莉

群众团体

区总工会

【概况】 普陀区总工会是区委领导下职工自愿结合的群众组织。下辖区工人文化宫和职工服务中心2个事业单位。2022年，全区有工会组织1218个，职工105444人，工会会员103040人。其中，女职工会员33217人，农民工会员47471人。舟山市龙山船厂有限公司、浙江永航海运有限公司、舟山市普陀区疾病预防控制中心、国家税务总局舟山市普陀区税务局、舟山市普陀鑫通客货运服务有限公司5家获评2018—2021年度舟山市普陀区模范集体。24名职工获评2018—2021年度舟山市普陀区劳动模范。

【加强政治教育】 2022年，区总工会在普陀举办全省“我心向党”产业工人思想政治基地宣讲交流活动。动员企业工会开展“守好红色根脉·班前十分钟活动”，以“建设新普陀、走好共富路”为主题举办知识竞赛、歌唱比赛、摄影征集、读书征文比赛、劳动赞歌书画展览等活动，引导职工群众听党话、跟党走。做好各级劳模先进培育推荐工作，筹备成立区劳模协会，组建劳模宣讲队，编印普陀劳模风采录，组织全媒体宣传报道劳模先进事迹。

11月，区总工会举办全区基层工会干部业务培训（区总工会提供）

【开展劳技竞赛】 2022年，区总工会动员职工86000余人次参加“奋进新征程、建设新普陀”主题劳动竞赛，组织劳模和工匠志愿服务队多次深入企业进行志愿服务，全区各级工会开展各类技能竞赛50场，316条职工建议、小发明、小改造得到采纳和应用。

【推进数字化改革】 2022年，区总工会牵头组织普陀区13家群众团体，建立数智群团工作协同模式。整合团区委、区妇联、区科协等群众团体组织线下服务资源，开发建设“群团e家”应用场景。探索“掌上工会”建设，建立普陀工会微信公众平台网上入会新通道，谋划推进特色应用。

【深化产业工人队伍建设改革】 2022年，区总工会新增10家企业作为市级产业工人队伍建设改革试点单位，新发展优秀产业工人入党34名，评选表彰10名“普陀工匠”，组织名师带徒70

11 月 9 日，区总工会开展企业职工消防安全操作技能大赛（区总工会提供）

对，实施“万名职工技能登高”行动，培训职工 13000 余人次，职工（代表）大会、厂务公开建制率 95%以上，确保产业工人队伍建设改革各项任务落实。

【构建和谐关系】 2022 年，区总工会深化普法宣传教育，深入申通快递公司等 36 家企业开展“送法律进班组到工地”活动。做好工会法律援助，区总工会职工服务中心为职工实施法律援助 21 起，组织普陀区各级工会成功调解劳动争议 728 起。开展“安康杯”竞赛，组织职工参与安全隐患“随手拍”，化解安全生产风险。

【统筹各项工作】 2022 年，区总工会开展“工会服务再向前”活动，在服务基层、服务职工中改进作风、提升能力。签订工人文化宫各类资产管理合同 10 份，优化资产管理；制定印发《普陀区基层工会经费补助管理办法（试行）》，加强经费管理；工会经费审查做到镇街（管委会）和重点国企“全覆盖”。助企纾困，为企业减免工会经费 460 万元，减免工人大厦租户租金 21 万元。做好对基层工会换届指导服务和基层工会干部业务培训。开展“群团星·促共富”活动，实现职工群众“普有关爱”。实施“基层工会组建集中攻坚行动”，召开全区规模以上企业工资集体协商现场推进会，开展送温暖、金秋助学、临时救助、职工医疗互助保障，组织劳模和一线优秀职工免费疗休养，提升职工服务中心品质，创建 5 家“普工@家”，促进“扩中”“提低”共同富裕。

（撰稿：胡永明）

共青团普陀区委

【概况】 共青团舟山市普陀区委员会（简称团区委）是区委领导下负责全区青年工作的群众团体。区青年联合会、区志愿者协会和中国少年先锋队舟山市普陀区工作委员会（简称区少工委）均设在团区委。普陀区青少年宫为团区委下属事业单位。2022 年，团区委完成全国县域共青团基层组织改革试点验收。年末，全区有镇街（管委会）团（工）委 10 个，区属单位团组织 22 个，社区、村团组织 93 个，“两新”团组织 67 个。全区有团员 3849 人，注册志愿者 59927 人。

【基层团建工作】 2022 年，团区委抓住中共二十大召开、中国共产主义青年团成立 100 周年等契机，持续开展“喜迎二十大、永远跟党走、奋进新征程”主题活动，引领广大青少年厚植爱党爱国情怀。深化“青浪之音”宣讲团建设，开展“强国志·青春说”青联大讲堂等线上线下宣讲活动逾 30 次，覆盖团员青年 3000 余人次。开展“青春心向党·建功新普陀”——喜迎二十大·争做新时代普陀好青年活动，选树“新时代普陀好青年”15 名，联合蚂蚁岛管委会团工委成立老团干工作室，引领全区团员青年学先进、促实干、勇担当。聚焦深化改革，凝心聚力服务提质，探索数字赋能，开发“聚力青年”子场景应用，通过数据集成、积分量化，线上衔接推优入团、团员积分管理等制度，实现社会领域团员青年管理评价，引领团员青年参与社会治理。深化少先队改革，完成区少代会换届，选优配强少工

11月27—28日，中国少年先锋队舟山市普陀区第十次代表大会召开（团区委提供）

委队伍。指导校内外少先队组织全面推进“红领巾奖章”争章活动。健全社会化工作体系，领先全市成立社区少工委4个，开展队长学校、红色研学、公益课堂等假期活动22场，服务3000余人次。通过全国县域共青团基层组织改革试点终期验收，相关成效在全省改革试点交流培训班上作经验交流，并获团省委肯定。深化团干部素质提升工程，组织团干部培训班，落实团干部目标责任制和基层团干部述职评议制。推进“一专一站两联”建设，发挥团代表带头作用。

【青年人才工作】 2022年，团区委服务人才发展，优化“海燕归巢”大学生暑期社会实践，推出27家单位63个岗位，协助落实额外实践补贴、免费人才公寓等普陀人才新政策。凝聚青年社团力量，创新推出“公益脱单便利店”、520月球漫游派对巴士之旅等活动6场。新建青年人才驿站1家，为到普陀创业、就业的青年提供7日内半价入住、政策咨询、培训交流、城市体验等集成性服务。

【青年就业创业工作】 2022年，团区委联动省青少年发展基金会开展青农帮扶项目，走访受台风影响严重的青创农场6家，发放慰问金9000元。深化青创培育工程，3名普陀青年入选浙江省“青牛奖”，通过开展“普陀青年工匠”选树、“浙江青年工匠”推荐等人才培育工作，带动更多技能型青年人才就业创业。加大新型涉农人才培训，推荐10人参加团市委“新农人”培训班，开展各级涉农人才培训，惠及青年141人次，参加众创湾码头项目联审，为返乡创业大学生提供资金帮扶。

【青少年民生关爱工作】 2022年，团区委加强银团合作，设立全市首个200万元青年共富基金，保障青少年关爱项目长效运行，每季度开展重点青少年排摸工作，海岛青少年、困难青少年关心关爱结对帮扶行动13次，

8月8日，“海燕归巢——普陀学子返乡逐梦”活动暨创新创业座谈交流会（团区委提供）

3月3日，“我在海岛写青春”普陀区银团携手助共富专项行动启动（团区委提供）

惠及200余人次。结合“圆梦大学”“精实助学”等帮扶行动，累计资助14名大学生。通过“亲青筹”平台开展“爱心化彩流，齐力暖心田”等帮扶活动3场，帮扶困难青少年14名，共筹集资金3万元。动态更新28名重点青少年信息并录入“亲青帮”平台，建立“村干部+团干部”帮扶模式，开展各类走访和帮扶130次。

【志愿服务工作】 2022年，团区委累计开展卡口送清凉志愿服务12场次，送去爱心物资500余箱。成立疫情防控青年应急先锋队2支、防台防汛志愿服务队10支。指导青年社会组织开展“守护折翼天使志愿服务项目”“公益集市便民服务进小区志愿服务项目”等6个公益创投项目。结合“邻距离”公益超市，为六横、桃花、蚂蚁等送去各类志愿服务40余场。牵头推进“群团星·促共富”主题活动，成立葫芦岛青春志愿驿站，新建共富方舟“青春益舟队”，整合群团资源走进六横悬山岛、东极青浜岛等偏远海岛，送去理发、义诊、磨刀、农产品采收等各类便民服务50余场，服务逾15000人次。升级打造“小哥驿站”10家，开展“关爱小哥·团团送暖”特色活动周等3场，发挥外卖、快递小哥“流动喇叭”“随手拍”作用，引导参与政策法规宣传、收集社情民意等工作。

（撰稿：王伶伶）

区妇女联合会

【概况】 舟山市普陀区妇女联合会（简称区妇联）是区委领导下各界妇女的群众组织。区妇联下属镇街（管委会）妇联（妇工委）10个，城市社区妇联32个，渔农村妇联74个，区属单位妇联（妇工委、妇委会）13个。2022年，区妇联实施“五大行动一项工程”，凝聚妇女群众力量。5月，中华全国妇女联合会发布《关于表彰第十三届全国五好家庭暨家庭工作先进集体、先进个人的决定》，区妇联被表彰为“全国家庭工作先进集体”。

举办“青春促共富”流动志愿服务进白沙港村活动（团区委提供）

5月，最美家庭表彰（区妇联提供）

【妇联组织建设】 区妇联实施“赋能强基”工程。完成镇街妇联换届工作，推进团体会员建设和执委项目化服务工作。东港街道妇联获评第二批浙江省示范乡镇(街道)妇联。普陀区推进新领域妇联组织建设，成立全市首个乡村振兴产业妇联，新孵化女性社会组织1个，在快递物流、小区物业、志愿团队等新领域建立妇联组织5个。持续擦亮“东海渔嫂”品牌，拓展东海渔嫂“10+X”队伍，新组建“护宝员”队伍，各级“东海渔嫂”社会组织开展疫情防控、禁毒反诈、喜迎冬奥、家教家风等宣传服务50余场次。牵头各群团开展“群团星”示范点创建，融入“群团星·促共富”活动，评定首批区级示范点6个，举办全区“群团星”示范点创建推进会。实施“巾帼红”行动，开展“百千万巾帼大宣讲”，全区妇联系统线上线下宣讲100余场次。建好网络宣传阵地，开展“把爱带回家”“家庭教育微课堂”“巾帼五大行动+强基工程”等系列宣传，蚂蚁岛基层巾帼宣讲员亮相全国妇联女性之声巾帼大学习栏目，区妇联“关爱运输线职工”等工作在“女性之声”“红船女儿”等省级及以上媒体宣传报道。12月，蚂蚁岛精神红色教育基地被中华全国妇女联合会命名为全国妇女爱国主义教育基地。

【女性创业创新】 区妇联实施“巾帼创”行动。瞄准“扩中”“提低”两大目标，推进女企业家联盟建设，实施巾帼导师行动，举办创业导师沙龙，成立巾帼共富导师工作室2个，打造巾帼共富工坊2个、市级“共富工坊·巾帼直播基地”3个，培育“巾帼云创客”2名、“巾帼云代言”3名和“巾帼村播”10名。在文创市集、电商村播、生态农业等女性从业集中的领域强化培训和互帮带动。舟山市蓝祥生态农业开发有限公司获评省巾帼农创基地，展茅创业女性妇女微家获评“省示范妇女微家”，全区创业带头人余叶的故事入选全国妇联“我奋斗·家国美”故事汇。举办“春风送岗‘职’为她来”招聘，推出需求职位85个。开展典型培树，培树认定区级三八红旗手20个，三八红旗集体10个，塑造和宣传富有示范引领效应的先进典型。探索“多对一”模式“岗村结对”，实现巾帼文明岗与妇儿驿站结对2组，新申报各级巾帼文明岗20个。张赛娜获评浙江省巾帼建功标兵，普陀区获评市级巾帼文明岗8个、市级巾帼建功标兵1人、市级巾帼建功先进集体2个。舟山市渔嫂文化创意有限公司惠艺手工坊获评“舟山市巾帼创新工作室”，余叶获评“舟山市巾帼创新带头人”。

【家庭教育建设】 区妇联实施“巾帼家”行动。制定实施《普陀区家庭教育“十四五”规划》，以大干村和沙井村为试点推进家庭教育指导服务体系标准化建设，举办加强家庭家教家风建设工作论坛，携手“渔港会客厅”栏目宣传科学家教理念，在全区范围内开展“把爱带回家”寒假儿童关爱服务活动。联合举办家庭教育指导师培训，75名妇联干部及妇女骨干获家庭教育指导师资格。开展“智汇普陀　筑梦蓝海”普陀人才家庭暑期亲子公益活动和“守护美好新生活”党群

展茅街道成立乡村振兴产业妇女联合会（区妇联提供）

联动关爱新就业群体活动。推进“普陀幸福云家”推广运营和迭代升级，覆盖家庭39564户，涉及居民103304人，“5+X”家庭积分管理项目获评全市群团组织创新项目优秀奖、全区组织系统优秀创新案例，普陀幸福云家应用入选全市2022年社会治理创新项目，被省农业农村厅评为基层治理“四治融合”优秀应用。举办东海渔嫂家庭文化节，开展好家庭好家教好家风“三评”“三亮”“三上”活动。推进白沙岛、黄杨尖茅洋片区市级美丽庭院示范区域建设，建立美丽庭院花匠联盟，开展美丽庭院培训7次，覆盖400余人。开展最美家庭、绿色家庭等家庭类创建培树，各类家庭典型90户。

【维护妇女儿童合法权益】 区妇联实施“巾帼和”行动。推出区级执委“领跑”服务项目15个，构建阵地、力量、途径“三融合”覆盖引领体系。深化公益红娘队伍建设，培育队伍2支，推荐省级公益红娘2名。完成儿童之家三年建设目标任务，建设基础型儿童之家96家，示范型儿童之家17家。整合妇女之家、儿童之家等阵地，打造省市区三级示范型妇女儿童驿站7个，沈家门街道大干社区妇女儿童驿站获评“首批浙江省三星妇女儿童驿站”。推动婚姻家庭纠纷调解工作规范化建设，建立区、镇街、社区（村）三级规范化婚姻家庭纠纷调解工作室7家，社区（村）妇女议事会100%覆盖。发挥“普陀幸福云家”“和睦E家”应用作用，深化婚姻家庭矛盾排查预警工作，排摸红色家庭4户、黄色家庭129户、蓝色家庭69户，办理“和睦E家”婚姻家庭纠纷调解处理29起。实施“巾帼爱”行动，执委“四必访四必应”，办好家庭关心事、当好妇女贴心人，各级执委走访服务应访家庭9507户次，发现并解决问题59个。按照“结好题、开好局、起好步”目标，发布实施《普陀区妇女儿童发展“十四五”规划》《关于舟山市实施妇

“小岛你好　驭爱益行”普陀巾帼新乡贤海岛服务活动（区妇联提供）

女儿童发展规划最美集体和个人的通报》，普陀区获评最美集体1个、最美个人4人。开展原村妇代会主任、困难两癌妇女、困境儿童等走访慰问，发放慰问金58万余元，惠及565名妇女儿童。深化“幸福牵手　聚力前行”品牌建设，购买妇女儿童和家庭类服务项目6个。搭建“‘普’绘新篇　聚力共富”界别结对平台，推进4个扶贫帮困等民生事项落地，惠及困境妇儿450余人。深化流动妇儿活动中心和巾帼志愿服务进基层，开展东海渔嫂成长课堂，融入偏远小岛村干部异地办公专项整治和“小岛你好”海岛共富行动。开展各类活动课程、志愿服务83场次，服务3000余人次。

（撰稿：张寒）

区科学技术协会

【概况】 舟山市普陀区科学技术协会（简称区科协）是由镇街科协、区属学（协）会、企业及园区科协组成的科学技术工作者的群众组织。2022年有六横镇、桃花镇、虾峙镇、东极镇、沈家门街道、东港街道、展茅街道、朱家尖街道8个镇街科协，会员566人；有区医学会、区中医药学会、区健康教育协会、区性病艾滋病防治协会、区护理学会、区水产学会、区农学会、区土木建筑学会、区质量协会、区老科技工作者协会、区反邪教协会、区教育学会、区青少年科技教育协会、区兰花协会、区会计学会、区旅游协会等16个区属学（协）会，团体会员379个，个人会员3788人；有9个企业科协，1个园区科协，1个校园科协；另有专业技术协会7个。是年，区科协被评为浙江省2022年度“银龄跨越数字鸿沟”科普专项行动成绩突出集体、全市科协系统成绩突出集体，区农函大分校获评浙江省农函大先进分校（2020—2022年度）。

【科学普及】 区科协围绕2022年科技活动周、全国科普日主题，开展科普展览、科技咨询、健康服务、科普电影进社区、科技医疗下乡等活动，动员各级科协组织、区属学（协）会举办各类科普宣传活动30余项，发放科普读物和宣传品8000余份，受益群众2万余人次。联合区青少年科技俱乐部、区青少年宫、各科普教育基地主管单位，开展无人机、乐高体验活动、天文、少儿计算机编程讲座、航母模型制作等青少年科技科普活动，参与青少年5000余人次。举办“留岛青少年海洋科普研学体验营”活动，让海岛青少年共享海洋科学教育乐趣，培养其科技、创新、生存、团队意识，促进青少年科学素质提升。联系对接省科普宣传中心，将240余册科普图书赠送区内5所中小学校，用科普资源助推“双减”。

【科普基地建设】 区科协以市区“群团星·促共富”示范点申报活动为契机，全面升级沈家门街道西河社区特色科普馆内科技展品，增加科普元素，发挥区内首个城市社区特色科普馆的科普阵地作用。新建1家区级科普教育基地（普陀区档案馆）。美丽普陀田园综合体获评省级科普教育基地。

2022年舟山市普陀区科技活动周（区科协提供）

区科协“群团星·促共富”科技医疗团队走进柴山岛（区科协提供）

【科普惠农】 区科协依托区农函大分校平台培育新型农民，开展各种形式的科学普及、渔农村科技培训和技术推广。2022年区农函大分校开办一年制长班183班，完成长班学员培训7794人次。组织2名基层农技协负责人参加省级农函大乡村振兴科普带头人培训班。实施“金桥工程”传统项目20个，搭建渔农科技专家和渔农合作社、示范基地的桥梁，开展技术指导和服务，促进科技富农和经济转型升级。

【院士(专家)工作站建设】 区科协干部专门到杭州帮助企业联系高端技术人才专家，为普陀医院多方对接各领域学科专家，引进浙江大学医学院附属邵逸夫医院骨科主任范顺武，建成浙江普陀医院范顺武专家工作站，依托专家团队专业优势，加强专科人才培养，在提升普陀区骨科学科发展的同时，为普陀群众创造便捷高质的诊疗条件。

【数字化改革工作】 区科协以省科协“助力双减”“银龄跨越数字鸿沟”“千博助千企”三大数字化应用为平台，推进数字化改革工作。2022年，“群团助力双减”应用上线10个基地，发布活动125场，参与活动50472人次；“银龄跨越数字鸿沟”应用31个网点，开展培训223期，培训10057人次；通过“千博助千企”应用新建博士创新站12家，其中3家成功入选首批市级博士创新站，占市级站总数的50%。在全省科协系统数字化改革工作晾晒和星级评估中，区科协完成进度列全市首位。

（撰稿：朱咪呐）

区归国华侨联合会

【概况】 舟山市普陀区归国华侨联合会(简称区侨联)成立于1984年12月。2000年5月，成立舟山市普陀区海外留学人员眷属联谊会。2022年，普陀区有各类境外侨胞和涉侨眷属6300余人，包括华侨华人、海外留学

普陀医院与浙江大学医学院附属邵逸夫医院骨科主任范顺武签约（区科协提供）

6 月 7 日，区侨联举办跟着总书记读好书活动（陈琰摄）

人员、港澳同胞、归国留学人员以及国内眷属，海外人员分布在 48 个国家和地区。区侨联继续聘请浙江民鸿律师事务所律师为法律顾问，为华人华侨提供法律援助。1 月 13 日，区侨联召开普陀区侨界人士学习中共十九届六中全会精神专题会暨区侨联主席（扩大）会议。3—6 月，区侨联调研走访六横、桃花、展茅等镇街（管委会），掌握基层侨联现状、了解基层换届情况。升级打造部分阵地，使“侨胞之家”成为凝聚侨心和归侨侨眷议事的重要场所。5 月 31 日，召开区侨联七届四次全委会，传达学习省侨联十届三次全委会精神和市侨联七届七次全委会议精神。11 月 28 日，召开普陀区侨联七届六次常委会会议，学习中共二十大会议精神。指导基层侨联完成换届工作，健全基层组织建设，依托基层落脚点成立侨联工作网络网格，11 月 29 日，沈家门街道归国华侨联合会第三次代表大会召开。六横镇龙芯湾党群服务中心新增 1 家“侨心驿站”。

【服务经济】 区侨联引导侨团侨企侨胞成为普陀区共同富裕示范区建设的参与者和建设者。发布推介政策信息，以举办世界舟山人大会普陀分会、普陀区新乡贤回乡恳谈会、海外人士普陀海岛行等活动为平台， 促成韩国籍侨商孙冲回国投资创业，成立浙江农灿农业科技发展有限公司。牵手新加坡华侨虞皓元回乡投资 2 亿元创办舟山麦哲伦环保科技有限公司。同时，发动侨企侨胞侨眷参与“同心同舟·共富有我”积分赛、“普聚同心·共富先行”专项行动、“群团星·促共富”“千侨（团）扶千村”等项目 8 个，与 5 家企业 14 个社区（村）达成合作结对。

【主要活动】 2022 年，区侨联履行侨联六大职能，打造“一个同心品牌”。成立“缘系侨界·爱在普陀”侨界志愿服务队，创建“普

5 月 31 日成立“缘系侨界·爱在普陀”侨界志愿服务队（陈琰摄）

小侨代您看家人”品牌，以“经常性走访+常态化解决”为主线，定期开展联系慰问活动。5月31日，区侨联在东港街道南岙村举办“浓浓端午寄侨情·普小侨暖侨心”活动，有30余人参与。6月7日，举办侨界医生志愿讲座与“侨心向党·跟着总书记读好书”活动。7月，区侨联走访调研海归留创企业舟山市普陀区申通快递有限公司和舟山颜如服饰文化有限公司，了解企业经营情况等。9月，开展中秋系列活动——“普小侨代您看家人”走访10余户侨领家庭和“助企纾困在行动——侨干进侨企”活动。春节期间走访慰问困难和重点归侨侨眷，送上慰问品。全年累计走访慰问60户。

3月18日，区侨联组织归国留学生志愿者与凯虹集团工作人员一起卸货、清点、打包、搬运20吨物资，为嵊泗县居民打包爱心物资。

（撰稿：陈琰）

区台胞台属联谊会

【概况】 舟山市普陀区台胞台属联谊会（简称区台联）成立于1987年，是由居住在普陀区的去台湾人员眷属，台湾回乡定居人员，在普陀台湾籍台胞自愿组成的非营利性社会团体，为促进普台两地交流交往发挥桥梁纽带作用。2022年区台联有会员55人。12月8日，召开普陀区台胞台属联谊会第八次会员代表大会，产生新一届台联会领导班子，理事15人，常务理事7人，会长乐勇。年底有台属60余户，涉台婚姻350余对。

12月8日，普陀区台胞台属联谊会第八次会员代表大会召开（区台联提供）

【加强交流联络】 区台联每季度召集台联会理事集中学习。号召台属每日收看《海峡两岸》栏目，关注台海趋势。秉承“两岸一家亲”宗旨，利用资源优势，联络台胞台属，做好台胞接待服务。在接待交流中，向台湾亲朋好友赠送相关资料，宣传大陆经济社会建设新成就。新冠病毒流行期间，通过电话、微信等渠道保持与在台亲友“云联系”。协助区台办做好“大陆配偶”调查摸底工作。配合市台联开展2022“海相连心相印”在舟台青看舟山、2022“海相连情相依”在舟“大陆新娘”代表交流活动，陪同接待重点台胞参访团组等工作。

【服务台胞台属】 全年台胞台属来电来访30余起，区台联做到件件有登记有回复有落实。元旦节区台联走访重点涉台企业、台资公司6家，重点台属5户，返乡探亲重点台胞8个，赴台学生家庭3户。协助台胞陈岚娜一行开展重阳节慰问困难台属。春节前夕陪同市台办、市台联、区台办慰问6户困难台胞台属家庭，累计发放慰问金12400元。

（撰稿：胡佳莹）

区文学艺术界联合会

【概况】 2022年，舟山市普陀区文学艺术界联合会（简称区文联）下辖区作家协会、区摄影家协会、区美术家协会、区音乐家协会、区戏曲家协会、区书法家协会、区舞蹈家协会、区民间文艺家协会等8个协会，有会员691人。其中，区作家协会86人，区书法家协会124人，区美术家协会79人，区摄影家协会94人，区戏曲家协会53人，区音乐家协会65人，区舞蹈家协会67人，区民间文艺家协会82人，六横镇文联41人。有国家级会员22人，省级会员119人，市级会员318人。新任文联主席张赛娜。

【深化文联改革】 启动区文联换届工作。年初开展区文联换届各项前期筹备工作，制定区文联第六次代表大会相关工作计划表。下发《关于做好区文联各文艺家协会换届工作的通知》，指导督促区摄影家协会、区舞蹈家协会、区音乐家协会完成换届工作。指导协会开展年检工作。8家协会均在规定时间内申报、办结年检工作，确保协会正常运作。推进乡镇文联建设，成立全市首家乡镇文联——六横镇文联。加强文联交流与合作，接待新疆阿克苏地区文联40余人到东极采风交流渔民画创作。参与“群团星·促共富”主题活动，牵头做好文化引领促共富行动。

【文艺创作】 2022年，区文联累计创作各类文学作品1000余篇（件），书法作品88件，美术作品295件，音乐作品20余件，舞蹈作品5件，戏剧作品3件，摄影作品86件。其中，音乐作品《听江南》获2022年浙江省群星奖和第二十八届全省群众音乐大赛金奖。有10余篇文学作品在《中华文学》《浙江作家》《文学港》《金山》等省级刊物发表，200余篇文学作品在市级刊物发表，长篇历史演义小说《大义千秋》由九州出版社出版，有4部作品入选《新长征礼赞》（中国文联出版社）。摄影作品《禅音》《快乐的爷孙》《国际水产城风光》《百年渔港的演变》等获市级以上奖项；有5位书法家的书法篆刻作品分别入展省级以上书法、篆刻大展；有2件美术作品入选国家级大展并获省级学术提名奖，有5件作品入选省级大展；区民间文艺家协会和区摄影家协会分别被省级协会评为全省工作先进集体，忻怡在中国民间文学大系编纂会上被评为先进个人。区文联开展优秀文艺作品成果奖——海浪花奖（2020—2021）评选工作，收到参评作品95件，经审核，有九大类84份作品入围，经专家评审评出49件获奖作品，其中银奖5件、铜奖21件、优秀奖23件。

接待新疆阿克苏地区文联在东极采风交流渔民画创作（区文联提供）

【主题文艺活动】 区文联围绕“喜迎二十大”开展系列庆祝活动。组织普陀文化精舍艺术系列展之《山海韵——陈海平中国画作品展》《大美共富——普陀区美术、书法、摄影展》《“高阔”普陀美术作品系列展》；开展书法篆刻大展、主题征文大赛、系列摄影大赛和非遗衍生产品手工文创产品创新成果评选等活动。开展专题创作及活动。线上线下推出“防疫抗疫”“云享课堂”等活动，相关协会参与录制“以艺抗疫”云享课堂活动，并在微信上进行推送。区作家协会推出“同心协力　防控疫情”专题作品8期，区民间文艺家协会报送“抗疫”作品6件参展，区美术家协会有30件美术作品在网上发布。

展茅街道“浙江省摄影之乡”授牌仪式（区文联提供）

【艺术乡建工作】 区文联打造展茅街道为省级艺术特色村。展茅街道在市文联、市摄影家协会的指导支持下，成功创建展茅街道成为全省首批“摄影之乡”。6月25日，在展茅街道举行“首届浙江省摄影之乡”授牌仪式暨“美丽展茅，山水田园，共同富裕”全省摄影大赛启动仪式，以艺术助推乡村振兴。

【文化惠民活动】 区文联参与区委宣传部组织的“筑梦东海·共富未来”周末文化夜市活动，组织“以舞会友 舞动全城”第四届普陀区少儿舞蹈大赛，开设文化精舍夜展，丰富群众精神文化生活，提升普陀城市形象和品位。鼓励文艺家们参与渔农村文化礼堂建设，开展文艺志愿服务项目化运作，将文联文化精舍、各文艺家协会的写作书画摄影等培训展览、送戏下乡等活动列入普陀区渔农村文化礼堂“公益服务菜单”，由各文化礼堂按需点单，实现文艺服务到基层。全年完成各类点单服务42场。发挥协会优势，开展文艺活动和辅导工作。举办“周一渔拓艺术展”、鲍平和海岛赏石艺术展、“文化相伴过大年”迎春文艺展演等活动。开展文艺下乡、高雅艺术和乡土文化进校园活动，全年开展公益培训辅导250场次，有6名书法家受聘于普陀第二中学为校外辅导员，为社会培养艺术爱好者。

（撰稿：蔡真）

区社会科学界联合会

【概况】 舟山市普陀区社会科学界联合会（简称区社科联）成立于2012年10月，是区委领导下的社会科学学术性群众团体。区社科联围绕区委“项目攻坚突破”和“全域争先进位”两大主题，开展社科研究、学术研讨和社科普及等各项工作，获评

“以舞会友 舞动全城”第四届普陀区少儿舞蹈大赛（区文联提供）

2022年度市县社科联省测评优秀单位。

【市区重点课题】 区社科联下发《关于做好2022年度普陀区社会科学研究课题申报的通知》,有17篇课题完成申报,有8篇列入市级课题。其中,《扎实推动共同富裕的普陀实践路径研究》《普陀区"数字海岛"发展路径研究》列入市级重点课题;《共同富裕视角下海岛文化IP赋能乡村振兴路径探究》《激活海岛文化基因助推现代海洋城市建设的路径研究》等6篇列入市级一般课题。在《今日普陀》报刊登"社科理论"专版共7期,包括相关职能部门"一把手"理论文章和调研文章。组织做好20万字《浙江文史记忆·普陀卷》审稿工作。配合第二届新时代蚂蚁岛精神理论研讨会召开。

【社科理论宣讲】 区社科联组织开展以"喜迎二十大·奋进共富路"为主题的社科普及活动。创新"百姓点单+按需制单"送学模式,在征求、收集基础上,聚焦群众关心的热点、难点问题,丰富宣讲内容,确定30个重点宣讲课题。深化学习驿站建设,配合开展"共同富裕·青年说"——万名青年学习、调研和宣讲活动,举办理论宣讲大赛。走进市民大舞台、文化礼堂,打好"宣讲+文艺""宣讲+互联网"组合拳,在传统宣讲基础上融入音乐、电影、美术等元素,推出线上"潮涌东海宣讲会"16期。

【社科普及讲传承行动】 区社科联根据"全省社科系统云上社科科普平台"建设应用要求,整合科普基地、科普活动、科普读物、视频讲座、科普志愿者专家等多元化科普资源,提供"一键式"社科普及服务。拓展科普阵地,培育新的示范基地1个,普陀区蚂蚁岛精神红色教育基地为第六批"舟山市社会科学普及基地"。《关于舟山发展网红经济的思考与建议》和《海上花园城背景下海岛乡村治理新体系和振兴的实践探索》获舟山市第十八次社会科学优秀成果奖(三等奖)。深入挖掘"里斯本丸"营救事件的时代价值,配合完成资料征集工作。

(撰稿:周洁)

12月4日,由省社科联、市委宣传部主办的第二届新时代蚂蚁岛精神理论研讨会在舟山举行(区委宣传部提供)

区残疾人联合会

【概况】 普陀区残疾人联合会(简称区残联)下设办公室、康复办、残疾人劳动就业与康复指导中心。2022年10月31日,召开普陀区残疾人联合会第八次代表大会,落实"两挂一兼"制度,配备2名挂职副理事长、1名兼职副理事长。做好全区8个镇街道残疾人联合会换届指导工作,选配镇街残联主席、理事长,与工会、共青团、妇联等负责人同等待遇。为全区镇街残疾人工作配备专职委员。推进残联专门协会建设,完成普陀区残疾人专门协会换届工作,成立第一届区孤独症人士及亲友协会和镇街残疾人专门协会。争取到7个残疾人公益性岗位。

【教育培训】 2022年,区残联发放资金12.94万元,补助14名残疾大学生助学和生活。举办残疾人职业教育和职业技能培训及

普陀区首届孤独症人士及亲友协会成立（区残联提供）

全区盲人按摩机构管理，全区职业技能培训224人次。组织25名残疾人分别参加省、市残联组织的电商客服、中级盲人按摩保健师、宠物美容、民乐及无人机操作等培训，组织1名残疾人参加全省残疾人职业技能大赛。开展全区用人单位按比例安排残疾人就业情况申报审核工作，完成线上按比例就业系统审核246家企业，核定残疾人530人，累计核定7126人·月；完成审核36家行政事业单位，核定残疾人53人，累计核定671人·月；对全区3家超比例安置残疾人的企业进行就业奖励，奖励资金共计6.12万元。开展残疾人和残疾大学生失业登记、求职登记、能力评估、职业指导、技能培训、技能竞赛、推荐就业及就业后回访工作。

【康复服务】 2022年，区残联投入资金53.4万元，适配辅助器具517件。其中，验配助听器241台，安装假肢20条，货币补贴矫正鞋、盲杖等辅具57件，配发轮椅191辆、护理床4张、小额辅助器具4件。落实残疾人康复救助政策，为39名残疾人提供人工髋或膝关节置换手术补助经费38.4万元；为8名偏瘫、截瘫残疾人提供康复救助经费3.3万元；配合卫生健康部门对1155名精神残疾人落实免费服药政策；有67名残疾儿童在小海星儿童关爱中心、东大康复医院等机构接受康复服务。与普陀医院进行康复医疗合作，实施远程康复服务残疾人19名，持续开展机构康复救助、残疾人之家康复评估、残疾人筛查和功能评定、康复业务培训等服务1566人次。普陀东大康复医院肢体康复通过省政府民生实事“规范化儿童康复机构提升建设”项目。

【社会保障和就业】 2022年，区残联与区民政部门交换残疾人证和残疾人各类补助变动信息，共同做好残疾人两项补贴审核发放工作，确保线上线下数据同步，两项补贴应补尽补。重度残

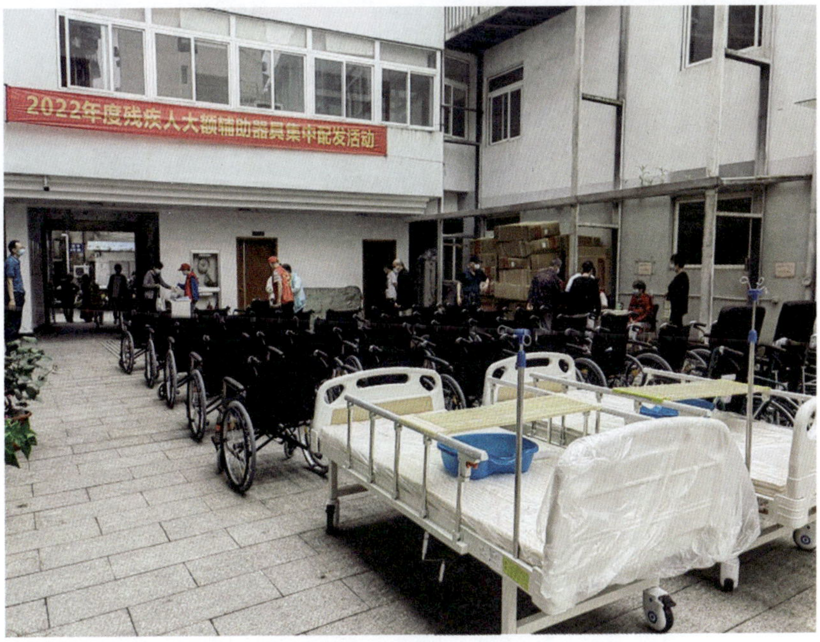

区残联开展残疾人辅具器具集中配发活动（区残联提供）

疾人护理补贴共审核新增 654 人,注销 642 人;困难残疾人生活补贴共审核新增 106 人,注销 176 人;市特困新增审核 3 户 4 人,注销 8 户 12 人。为 262 名残疾人发放个体经营及灵活就业基本养老保险补助 68 万元;下拨 2021 年残疾人之家机构运行经费 138 万元。落实从事个体经营及灵活就业残疾人城镇职工基本医疗保险补助政策,累计发放医疗保险补助 20.8 万元,惠及残疾人 54 人。会同区人力社保局组织开展 2022 年度残疾人就业援助月活动,累计帮扶就业困难残疾人 96 名,线下岗位推荐和发送岗位推荐短信 100 余条,通过援助帮扶 2 名残疾人成功就业。完成列入省级民生项目的 2 家残疾人之家赋能提升。其中,馨悦残疾人之家提升后与普陀区残疾人托养中心实行资源共享,服务残疾人 49 名;六横镇残疾人之家扩大原室内外面积,改造室外活动场地等,服务残疾人 21 人。

【无障碍设施】 2022 年,区残联投入资金 20 万元做好 10 个公共场所、88 个小点位的无障碍环境改造工作。展茅街道横街村作为第五批省级无障碍社区创建单位,于 9 月下旬通过市级单位验收,11 月初通过省残工委验收。在东港智慧停车位新设置 3 个公共无障碍停车位,全区无障碍停车位累计 38 个;完成 56 户困难残疾人家庭无障碍改造,改造资金 50.3 万元。

【各项调查与便民服务】 2022 年,区残联完成残疾人基本状况和需求调查,平台系统采集 10365 人,电话采集 705 户,入户采集 9577 户,入户率 93.14%。完成第三代残疾证换发工作,换证率 100%。新办残疾人证 755 本,换发 55 本,注销残疾人证470 本。谋划“共富方舟”助残篇章,结合医生巡诊机制,解决小岛残疾人出门评残不便问题,全年累计上门评残服务 7 次,服务残疾人 102 人。

无障碍停车位施工完成(区残联提供)

【文化体育】 2022 年,区残联开展“书香普陀”“绿植种植养护”“省民生实事项目使用体验”等活动 8 次。组织残疾人专门协会开展“国际聋人节”“国际盲人节”等活动 5 次。开展残疾人特殊艺术演出 6 场,无障碍观影 3 场次。组织开展“全国残疾预防日”“关爱孤独症儿童家庭主题活动”等,文化助残“五个一”工程受益人数 800 人。完成 61 户康复体育进家庭,占任务数的 122%。组织参加第十届全国残疾人艺术汇演(东部片区),有普陀区残疾人参演的《阿家里格啰》获声乐组一等奖,《绿水青山》获器乐类一等奖;参加省市残运会和省残联组织的残奥会体育苗子试训班,区肢残人乐雨琳被推荐到游泳组参加试训。

【维权】 区残联完善残疾人权益保障,建立残疾人法律救助工作站,实行专聘律师定期坐班制;将残疾人权益维护工作纳入“平安建设”考核内容。拓宽残疾人和残疾人组织民主参与渠道,开通区级 12385 残疾人服务热线和残联系统网上信访工作平台,畅通和规范残疾人诉求表达渠道。

普陀区残疾人运动员参加舟山市第十一届残疾人运动会（区残联提供）

【志愿服务及协会工作】 2022年，区残联组建2支助残志愿者队伍，412名助残志愿者完成注册登记，开展助残志愿活动35次，受益2200余人。开展学雷锋月·关爱困难残疾人家庭活动，为8户困难残疾人家庭送上四季被、沐浴露等慰问品；开展走访活动，为30户困难残疾人家庭送上慰问金累计3.9万元；馨悦残疾人之家和朱家尖残疾人之家开展“书香普陀”送书阅读活动，带领30余名残疾人走进沈院；组织新一届区聋人协会10余名聋人残疾人到定海马岙博物馆、三毛故居等地参观；区残联、区精神残疾亲友协会和沈家门街道残疾人之家联合开展“阳光助残·温暖你我”中秋节活动，志愿者和残障人共同参与纸飞机制作、击鼓传花、打保龄球、制作月饼等活动。开展上门评残志愿服务活动，服务残疾人106人。区残联还通过志愿者团队为岛内残疾人提供上门送菜、心理疏导、维修家电等服务，累计服务1000余人次。

【领导调研】 2月23日，省残联教育就业部部长周月如一行对普陀区沈家门街道“残疾人之家”和区级残疾人托养中心开展调研，市残联副理事长钟王燕等陪同。7月15日，副市长孙小晓一行调研普陀区残疾人托养中心建设工作，听取汇报，副区长朱彦波等陪同调研。7月28日，市残联副理事长马兰中一行到普陀区开展《舟山市辅助残疾人暂行规定》修订工作的调研。9月19日，省残联康复部部长王飞等一行到普陀，围绕儿童康复机构运行状况和入户访视了解政策落实情况开展调研活动，市残联党组书记、理事长楼世峰，市残联党组成员、副理事长杨冠培等陪同调研。

（撰稿：林哲）

区贸促会

【概况】 中国国际贸易促进委员会舟山市普陀区委员会（简称区贸促会）与中国国际商会舟山市普陀区商会（简称区国际商会）合署办公。2022年，全区有38家区贸促会委员单位，57家区国际商会会员企业。区贸促会围绕区委、区政府“聚力深化改革创新，精准施策惠企助企”“高质量发展建设共同富裕示范区”等工作，以招商引资、贸易促进、商事法律服务、企业纾困等开展“实干争先·跨越发展”“群团星·促共富”主题活动，促进普陀构筑开放经济新优势。

【深化企业服务】 2022年，区贸促会放大贸促机构功能作用，把服务外向型企业作为工作重点，到万邦船舶重工（舟山）有限公司、舟山市普陀海汇水产有限公司、浙江荣舟海洋产业股份有限公司等企业调研，了解水产和船舶企业发展现状及趋势，收集企业关于经营、外贸出口中的各类问题，为推动企业“提能增效”布好局。聚焦企业“急难愁盼”问题，打造“涉外企业之家”，助力外贸外资企业发展。依托贸促系统内引外联资源优势，整合相关服务平台及渠道，以微信群、QQ群、官网等载体推出贸促综合信息服务平台，保持与企业在线联系，跟踪、收集、整理企业遇到的困难，给予企业专业建议及发布惠企政策、市场动态、经贸预警

2月，参加浙江省贸促系统信息工作培训（区贸促会提供）

等信息100余条，做到信息服务扩面提质，走访企业30余家。是年，区贸促会新吸纳国际商会会员企业2家。

【助推两个市场拓展】 区贸促会依靠省、市贸促会平台，发挥贸促会组织传统优势，帮助企业开拓国内外市场。组织企业参加包括“浙江出口网交会”“浙江名品水产加工行业线上展”等线上展会5场，累计组织企业40余家次。针对国内企业因新冠病毒流行无法到境外参展情况，开辟数字云展会渠道，创新展会新模式，配合市级部门举办面向RCEP成员国的系列线上水产展、舟山—欧盟线上海事展，“2022香港美食博览”等。创新线上展会参展形式，支持企业以“代参展”（线下实体展示+线上即时洽谈）模式开拓国外市场。

【塑造法律服务品牌】 区贸促会围绕企业在对外贸易中遇到各类问题，整合各类资源，以商事法律服务助力企业“出海”。2022年，配合市贸促会组织第四届自由贸易港（区）国际海事法律论坛，论坛以“共商合作 共建国际海事争端解决优选地”为主题，共同探讨自贸区背景下国际海事争议解决的具体路径，线上、线下观看人数累计超11万人次。为发挥浙江省国际商事法律服务中心普陀联络点的服务职能，区贸促会于3月配合市贸促会组织举办普陀区外贸企业合同法律风险防范培训会，50余家区内外贸企业参与培训，为企业纾困解难，在建设“现代海洋城市”中发挥商事法律服务作用。区贸促会与省国际商法中心专家对接，受理涉外企业提出的有关货物滞港、合同纠纷等调解案件2件，满足企业在涉外法律及商事调解方面的需求，为普陀区外向型经济发展保驾护航。强化贸促机构自身能力建设。是年，参加市贸促会举办的“贸促讲堂”2次，参加省贸促会举办的各类线上线下培训6次，提升贸

5月，省贸促会副会长张青山（右三）考察调研普陀企业（区贸促会提供）

促干部统筹谋划、业务素质、专业能力等方面水平。区贸促会开展省、市贸促会交流考察工作，拓展对外联络新渠道，于2022年3月到金华、义乌贸促会学习先进工作经验，锻炼提升贸促队伍能力素质。结合“群团星·促共富”主题活动要求，6月，投入资金10万元建设集会员风采展示、贸促文化宣传、企业心得交流等功能于一体的贸促文化角，将其作为国际商会会员企业的“沟通交流大本营”。

【助力精准招商】 为发挥区贸促会关于“贸易促进”“招商引资”等工作职能，利用有效资源加强主动招引，拓展合作渠道。2022年，与南京三乐集团有限公司、中国华能集团有限公司、祥源旅游集团、物美集团等企业开展项目对接，其中物美集团的大型超市落户项目正在洽谈与跟进中。是年完成舟山利浩化工销售有限公司的注册落地。

【强化金融支持】 为解决外贸企业融资困境，2022年上半年，区贸促会联合区商务局、区发改局金融发展中心举办专场银企对接会，帮助搭建银行与外贸企业之间的沟通平台，以解企业融资难题，助企业发展。现场签约金额达3700万元。2022年下半年，配合市级部门做好“群团星·促共富”舟山市金融助力外贸企业推进会暨汇率避险业务培训，从强化资金支持力度、优化信贷发放模式、提供贷款优惠利率等方面为国际商会会员企业提供全方位、多元化金融服务。

（撰稿：周汀芷）

3月，普陀区银企对接会召开（区贸促会提供）

区红十字会

【概况】 舟山市普陀区红十字会，成立于2017年11月15日，是由舟山市普陀区民政局登记管理的慈善组织。传播红十字精神，依法开展募捐活动，组织救灾、救助、救护培训、红十字青少年、社区红十字志愿服务、造血干细胞和人体器官捐献等工作。2022年，全区镇街（管委会）和中小学校红十字会建会率100%，实现全覆盖。团体会员单位22家，基层组织53个，红十字成人会员4025人。各类志愿者队伍8支，红十字注册志愿者105人。普陀区连续5年获“浙江省红十字工作先进县（区）”称号。2022年7月，区红十字会被省人力资源和社会保障厅、省红十字会联合表彰为“浙江省红十字事业突出贡献奖”先进集体（红十字担当作为奖）。

【开展应急救护】 2022年，区红十字会累计开展救护培训81期。其中，普及培训53期，培训55441人次，新增普及率19.45%，完成健康浙江年度新增普及率4%的考核目标；救护员培训21期，取证933人，新增取证率0.33%；CPR+AED培训7期，取证621人，新增取证率0.28%。六横镇省级标准化应急救护培训基地试点完成示教室和培训室建设、投入运行。抓好师资队伍建设，确保培训质量持续提升，年内新增省一级师资2

红十字会为市民进行应急救护培训（区红十字会提供）

名，二级师资 8 名。全年有应急救护师资 54 名，其中一级 3 名、二级 31 名、三级 20 名。继续办好应急救护云课堂，与普陀华数公司合作，依托老年大学平台，进行自助式应急救护教学，开设应急救护线上培训课，11 个应急救护教学片存入数字电视，供群众自主学习，全年点击量 1.5 万余人次，累计学习点击量 4.1 万余人次。推进公共场所 AED 布设，全年新增布设公共场所 AED4 台，开展相关工作人员操作培训 100 余人。

【建设数字红会】 2022 年，区红十字会完成数字红会系统基础数据录入工作，实现志愿者注册、人体器官（遗体、组织）和造血干细胞捐献登记、会员入会、转会、退会及会费缴纳等网上快速服务，发展基层组织 53 个、红十字成人会员 4025 人，实现会员入会、转会、退会一网通办。

【做好救助工作】 2022 年，区红十字会完成智船科技（浙江）有限公司捐赠 650 只额温计接收和发放工作。全年累计收到社会捐赠款物价值 23.01 万元。开展“红十字博爱送万家”、博爱家园困难群众救助等活动，累计发放慰问款 31.05 万元（含上级红十字会慰问款），慰问贫困家庭265户。提供疾病救助 4 人，发放救助款 0.6 万元。为器官捐献家庭提供助学救助款 2 万元。发放捐赠物资价值 19.82 万元。向四川省万源市红十字会拨付东西部帮扶资金 3 万元，帮助当地新建应急救护培训基地。

【提供义诊服务】 2022 年，区红十字会将红十字流动医院纳入“共富方舟·健康守护”和“礼堂伙伴”点单式项目，流动医院下乡、应急救护知识培训列入区渔农村文化礼堂“公益活动菜单”，供全区 72 个渔农村文化礼堂点单。全年组织流动医院赴湖泥岛、桃花岛、葫芦岛等地开展免费巡回医疗服务 15 场次，服务群众 4800 余人次，免费发放常用药品价值 46128 元。

【推进“三献”工作】 2022 年，区红十字会继续推进无偿献血活动，全年有 4578 人次参与无偿献血，献血总量 915650 毫升。加

红十字会志愿服务活动（区红十字会提供）

大人体器官(遗体、角膜)捐献宣传动员工作力度,全年新增造血干细胞捐献志愿者50人。

(撰稿:许玉竹)

区计划生育协会

【概括】 舟山市普陀区计划生育协会(简称区计生协会)是区委领导下的地方性群团组织。2022年年末,全区建有区计生协会组织1个和各级人口家庭协会组织117个,其中镇街(管委会)10个、社区(村)97个、企业单位6个、流动人口4个。全区有会员小组485个,会员1.2万余名,会员之家102个,志愿者4253人。

【组织建设】 普陀区推进计生协会改革,融入大群团工作格局,连同全区群团组织开展"群团星·促共富"系列活动。开展中共二十大精神学习活动,组织参加全省家庭健康指导员知识与技能培训,培育首批省、市级家庭健康指导员40名。联合区教育局举办全区青春健康教育师资培训班,组织召开2022年全区计划生育协会工作会议。

【生育关怀服务】 2022年,区计生协会组织实施生育关怀项目43个,其中省级项目1个、市级项目2个、区级项目40个,累计下发项目资金21.05万元。1月24日,区委副书记、政法委书记黄林伟到沈家门街道和东港街道走访慰问计生困难家庭。元旦春节前夕联合市计生协会、中国人寿保险普陀支公司开展第八轮"生育关怀—圆梦微心愿"活动,受益群众40人。六一期间联合区关工委进校开展关爱活动,慰问困难学生20人。

区计生协会联合区教育局举办全区青春健康教育师资培训班(区计生协会提供)

【家庭健康促进】 区计生协会倡导婚育新风,开展"喜迎二十大 树婚育新风 促健康和谐"为主题的"5·29会员活动日"宣传服务活动162场次,宣传服务群众1.6万余人次。向全区征集新型婚育文化宣传作品12件,

区计生协会联合多家单位举办2022年普陀区健康家庭大奖赛暨"健康达人"评选活动(区计生协会提供)

其中2件获评浙江省计生协会2022年新型婚育文化优秀作品。在“7·11世界人口日”“9·26世界避孕日”“10·28男性健康日”“12·1世界艾滋病日”等纪念日，发动各基层协会开展上街宣传、便民服务等活动。开展家庭健康促进行动，联合区健康办、区卫生健康局等单位举办2022年普陀区健康家庭大奖赛暨“健康达人”评选活动，全年在全区开设生殖健康、优生优育、疾病预防等家庭健康知识讲座和服务活动20场次，参与群众850余人次。开展青春健康教育进学校、进海岛、进农村和青春健康俱乐部系列活动50余场次，宣传教育青少年及家长3万余人次，发放青春健康口袋书和宣传折页1.6万册。在东港街道建成运行全区首家“向日葵亲子小屋”，在六横镇同步试点探索推进婴幼儿照护服务，全年累计开展亲子服务等活动23场次，服务婴幼儿家庭900余人次。

（撰稿：杨燕玲）

编辑：陈莉

法　治

区委政法委

【概况】 2022年，中共舟山市普陀区委政法委员会（简称区委政法委）按中央、省、市委政法工作会议和区党代会部署，以“现代社会治理新样板”为发展定位，围绕普陀“项目攻坚突破”和“全域争先进位”两大行动，推进平安普陀、法治普陀建设，护航发展建设共同富裕示范区先行典范。全区政法系统受市级以上表彰236人次，其中区委政法委机关受到省级表彰1人次，市级表彰2人次。区委政法委获评2020—2021年度平安浙江建设先进集体、平安护航建党100周年成绩突出集体。普陀区连续17年被省委、省政府命名为平安区。全区调处各类矛盾纠纷3192件，调处成功率97.84%，人民群众安全感满意率98.39%。

【全区建设平安普陀暨全国市域社会治理现代化试点城市工作会议】 5月5日在东港召开。区委书记孙志龙出席会议并讲话，区委副书记黄林伟主持会议。区领导戴灵芝、夏凯慧等出席会议。区属单位主要负责人，各镇街党（工）委书记，区属功能区管委会主要负责人，各镇（街道）镇长（主任）、分管政法副书记、综治办专职副主任，各村、社区书记约220人参加会议。会议分析全区在平安普陀建设中面临新形势新任务；要求全区上下树牢底线思维、增强忧患意识，打好平安普陀争先进位攻坚战；通报表扬2021年度区级平安建设突出贡献集体和个人，命名2021年度平安村（社区）和优秀村（社区）。区法院、虾峙镇、东港街道莲安社区负责人做交流发言。

4月2日，全区政法工作会议暨国家政治安全和反恐怖、反邪教工作会议召开（区委政法委提供）

【护航发展】 2022年，区委政法委组织开展全区政法系统“铁军卫士·护航项目”专项行动，深入企业、项目一线开展走访联系、多元化解、法律咨询等工作，政法各单位累计走访联系项目40余个，“法治体检”民营企业1550家，分析研判、预警预防企业用工法律风险404件次，完成重大项目风险评估48个。组织开展扫黑除恶“回头看”和“大排查、大起底、大整治”工作，全区立案九类涉黑恶案件 44 件，采取强制措施 68 人，起诉 60 人。结合四大行业领域整治行动，排查整改问题 2 个。组织开展《反有组织犯罪法》宣传活动，累计发放宣传袋 10000 个，法律文本 10000 本，宣传册 5000 份。

【社会治理】 2022 年，通过“海上枫桥”浙里矛调应用平台，全区受理海上矛盾纠纷 207 起，化解 202 起，线上化解率 97.58%，群众满意率 100%，该应用入选《全省重大改革（重大应用）一本账 S2》，并成功争取“2022 年度数字赋能社会治理现代化场景应用揭榜认领项目”，作为全市唯一县区级应用入选全省数字法治 2022 年好应用项目，相关制度理论成果在《浙江日报》《浙江法制报》刊登宣传。推进“141”体系建设，聚焦“机制重构、功能拓展、数改数化”三大板块，围绕“运行监测、矛盾调处、分析研判、协同流转、应急指挥、督查考核”六大功能迭代升级三级矛调中心，累计受理各类矛盾纠纷 7.2 万件，调解结案 1933 件，其中疑难复杂及“三跨”案件 68 件。镇街完善“平安法治”平台建设，形成“发现—上报—分流—处置—评价—考核”各环节闭环机制，事件办结率提升至 99%。在 3 个社区试点运行“普陀幸福云家”，覆盖家庭 6500 余户。优化调整网格 365 个、微网格 1900 个，建立“1+3+N”专兼联治治理团队，落实“逢一进格”“随机夜访”制度，累计开展活动 11 次，走访群众 8300 余户，处理问题 197 个。推动“共享法庭”建设，召开全市“共享法庭”现场推进会，全区建成“共享法庭”123 个，选配庭务主任 123 名，联系法官 44 名，10 个镇街（管委会）均选配专职调解员 2 名以上，通过“共享法庭”化解矛盾纠纷 901 件，网上立案 468 件。开发建设“积分入学入住”应用场景，受理浙里办申请 13700 余个，申请受理平均用时压缩至 10 分钟内，同窗口人工申请相比，时效和申请量分别提高 3 倍和 2 倍。

10 月 27 日，全市“共享法庭”建设现场推进会召开（区委政法委提供）

【平安普陀建设】 2022 年，普陀区开展“平安建设十大领域风险隐患专项排查大行动”，针对矛盾纠纷、社会治安等重点领域排查矛盾纠纷隐患 28 个，企业、学校、小区、船只等点位 452 个，相关问题隐患均完成整改。强化考核激励，命名 2021 年度优秀平安村（社区）64 个，表彰建设平安普陀突出贡献个人 20 名。组织开展“除险保安大排查、大整治、大清零”专项行动，排查发现风险隐患 951 个，完成整改 948 个，整改率 99.68%，全区平安浙江指数在全省 90 个县（区）中的排名整体靠前。推进打击整治养老诈骗专项行动，破获涉老诈骗案件 2 起，抓获犯罪嫌疑人 4 人。开展省挂牌问题专项整治，实现“三无”船（筏）动态清零目标，6 月底，通过省级验收并摘牌。在全区 12 个人流量较大农贸市场设点开展“平安建设我参与”宣传活动，依托微信公众号开展“守护平安，你我同行”线上答题活动，联合区法学会、区反邪教协会、区妇联开展“共建幸福家”宣传活动，组织发动 17500 余名群众参加打击整治养老诈骗答题活动。

【执法监督】 2022 年，区委政法委健全完善执法检查、案件评查等制度机制，组织开展强化执法监督工作三年行动，通过强化党委政法委执法监督、强化党委政法委执法监督与检察机关法律监督衔接配合、强化检察机关法律监督、强化内控机制建设、强化案件评查、强化专项执法检查、强化智能运用、强化“六督融合”等8项具体行动，构建全方位执法工作规范化体系。全年办理司法救助案件10件13人，发放救助金16.4万元。

【政法队伍建设】 2022年，区委政法委结合“指尖”线上学习载体开展各类学习79次，累计1672人次。常态化推进“学习强国”“干部学习在线”“浙里学习”等平台推广应用，发放《习近平在浙江》等理论书籍209册。开展“喜迎二十大，传承红色基因”爱国主义教育、“共同富裕·青年说”学习宣讲、拍摄共富青年说等活动。组织机关党员干部参加疫情防控、创城等各类志愿服务52人次。组织全区132名中层正职以上政法干部参加全区社会治理风险防控专题研讨暨政法领导干部政治轮训。组织开展全区政法干部及镇街（管委会）政法委员参加《中国共产党政法工作条例》应知应会测试，抓好市委政法委《中国共产党政法工作条例》督查发现问题整改，7个问题全部整改完成。

（撰稿：虞佳美）

社会治理综合服务

【概况】 2022年7月12日，舟山市普陀区社会治理综合服务中心更名为舟山市普陀区社会治理中心。7月29日，区委办印发《舟山市普陀区社会治理中心职能配置、内设机构和人员编制规定》，明确区社会治理中心为区委直属公益一类事业单位，归口区委办公室管理，机构规格为正科级，挂区综合信息指挥中心牌子。区社会治理中心主要承担运行监测、矛盾调处、分析研判、协同流转、应急指挥、督查考核职责。

是年，区社会治理中心持续发挥社会治理“普陀模式”优势，对标省委、市委工作要求，以谋深做实“现代社会治理新样板”为总目标，推动“矛调中心”向“社会治理中心”迭代升级。1月，区社会治理综合服务中心获评2016—2020年浙江省普法与依法治理工作先进集体。

11月24日，区社会治理中心开展中共二十大精神集体宣讲活动（区社会治理中心提供）

【纠纷受理】 2022年，区社会治理中心线上累计受理各类案件80921件，同比增加21.1%。线下累计受理调解、诉讼、仲裁、援助等各类案件7247件，其中疑难复杂及“三跨”案件86件（人身死亡损害赔偿74件）。区社会治理中心发挥调解力量集成优势和专业优势，常态化开展“3+X”会商研判，成功化解涉及近400名消费者的某美容店医疗美容合同解除退款纠纷、60余名扎蟹女工讨薪纠纷、东海中路大卡车右转碾压两行人当场死亡交通事故责任纠纷、蚂蚁岛东海岸船厂一彝族外包工在宿舍死亡补偿纠纷等一批社会影响较大案件，维护社会和谐稳定。

【线上矛调】 2022年，区社会治理中心集成“浙江解纷码”、移动微法院等软件模块打造线上矛调中心,利用线上优势,简化立案、调解、协议签订等流程,将矛调工作由线下转移到线上,让群众少跑腿。以金融纠纷为切入点,创新机制,实现金融纠纷“线上调”在辖区银行全覆盖。全区调解员开展“浙江解纷码”使用,累计完成线上调解案件272件,占全市总数71%。通过“浙江解纷码”成功调处一起案值7000万元金融借款合同纠纷;在电梯坠亡重大案件中线下与线上相结合,利用“浙江解纷码”进行协议签订。

【分析研判】 2022年,根据浙江省“141”基层治理体系迭代升级要求,区社会治理中心创刊《社会治理分析报告》,建立社会治理分析员队伍,全面开展风险排查分析,加强分析研判能力,对发现的规律性、趋势性、苗头性问题,撰写报送专题和综合研判报告,为党委政府科学决策提供参考依据。累计报送20期社会治理分析报告,涉及重大矛盾纠纷调处、热点舆情、镇街全域分析等各社会领域,得到区领导肯定。其中《我区“浙江解纷码”运行情况分析与建议》《全区商品房项目排查》《宁波至我区三条航线调整风险分析》等报告分别得到区委书记和区长批示。

【“海上枫桥”浙里矛调应用平台】 2022年,针对海上纠纷多发易发等问题,区社会治理中心以海损“一件事”为模板和突破口,梳理任务需求,联合区委政法委开发建设“海上矛盾纠纷化解一件事应用场景”,通过建设海上重大矛盾纠纷受理、指派、调处、服务、预警等线上平台,创新推动矛盾化解“一件事”改革和“最多跑一次”改革。围绕降低海上矛盾纠纷、提高纠纷调处效率目标,将海上矛盾纠纷化解的机制流程、调处方式、业务模型等进行全方位再造,实现矛盾化解受理—化解—执行—反馈—预警全周期闭环管理。“海上枫桥”浙里矛调应用已被确认为全省“揭榜认领”项目,获资金150万元,入选《全省数字法治系统重大应用“一本账”S3》,并获评全省2022年第五批好应用。

【社会治理宣传报道】 根据数字法治系统建设要求,区社会治理中心加强总结提炼,及时报送数字法治经验做法。《海上数字智治的实践与探索》《浅析“浙江解纷码”的应用与推广》《关于“海上共享法庭”建设的几点思考》《浅析“疫管通”数字平台在舟山市普陀区的复制贯通》等8篇数字法治理论文章在《人民论坛》发表。把改革成果向中央、省、市媒体进行宣传,相继在“学习强国”学习平台、人民网、浙江新闻等媒体进行相关报道。

(撰稿:黄欢)

3月7日,省平安督查组组长刘树枝(前排右二)到区社会治理中心调研(区社会治理中心提供)

公 安

【概况】 2022年,舟山市公安局普陀区公安分局(简称区公安分局)贯彻落实中共二十大、十九届历次全会及全国、省、市公安厅(局)长会议精神,围绕中共二十大安保主题主线,推进分局30项重点任务。全年接报有效警情(含交通类、移车类)46696起。刑事立案1008起;其中,命案发生1起破1起,“五类”“两抢”案件各发生2起破2起。破获刑事案件506起,打击处理576人,抓获逃犯76人。查处各类治安案件2350起，同比上升12.8%。年内，有37个集体、217名个人获各级表彰。区公安分局获评“全省县级信访生态优级单位”，市公安局六横分局获评“全省优秀公安基层单位”“三能榜样·最美警队”，张科获评“全国公安机关爱民模范”，王占龙获评“全国公安政治工作成绩突出个人”，李浙舟获评“最美浙警·最美警察”，魏坤获评“全市最美公务员”“全省优秀人民警察”，陈卡、支世舟被省公安厅记“个人二等功”。

【打击暴力犯罪】 2022年，区公安分局制定各类案件侦办指导实施方案，聚焦现行发生的九类恶性案件以及可能引发社会舆论关注案件，集中警力，统筹侦查资源，两小时内破获六横“11·5”命案，“五类”恶性案件发生3起破3起，“两抢”案件发生2起破2起，案件破案率100%。

【扫黑除恶】 2022年，区公安分局常态化推进扫黑除恶斗争，紧盯面上重点警情，强化与检法机关会商协调、会诊指导等联动办案机制，制定《舟山市公安局普陀区分局常态化开展扫黑除恶斗争实施意见》，组织开展“钱潮”专项行动。破获九类涉黑涉恶刑事案件14起，移送起诉65人，行政拘留44人。

【打击侵财犯罪】 2022年，区公安分局开展“大扫除、大清零、大治理”“破小案”等专项行动，落实“案件串并寻线索、情报视频觅踪迹、巡逻蹲守抓现行”等措施，加大对“两车一瓶”、入户盗窃等多发性传统侵财案件打击力度。累计破获各类传统侵财案件380起，采取强制措施106人，行政处罚184人。

【打击治理电信网络诈骗犯罪】 2022年，区公安分局将打击治理电信网络诈骗犯罪工作纳入“基层治理四平台”体系，强化市局、分局、派出所、网格四级联动，实施“预警分级+劝阻分流+共治分责”组合拳，开展“钱潮”“云剑”“拔钉”等专项行动，推进缅北人员逼投劝返、涉诈人员管理、断卡断流等各项工作。多次组织警力到江西、河北、湖南等地开展集中收网行动。破获省内外电诈案件151起，抓获人员96人，打掉团伙4个，退赃1257.9万元。

9月1日，省公安厅党委委员、副厅长金捷（右二）到武岭警务站调研督导夏季治安打击整治“百日行动”（区公安分局提供）

【刑事执法办案】 2022年，区公安分局刑事拘留犯罪嫌疑人238人，取保候审412人（直保318人），监视居住51人，提请批准逮捕123人，移送起诉306起459人，刑事下行43起133人。

【电子物证实验室】 2022年，区公安分局成立电子物证实验室，拓展对受害人终端、犯罪窝点、服务器等网络流电子数据勘查，推动涉网新型案件电子物证勘验向流程化、标准化发展，为线索经营、落地查证提供全面支撑。累计勘查涉网新型案件508起，勘验电子物证203件，勘查率和App解析率100%，百万案件专案参与率100%，涉案App提取率32%，制作溯源分析报告270余份，提供网络流线索130余条，提供打击对象30余人，破获省督部督案件5起。年底，通过省公安厅电子物证实验室等级化评定，获三级实验室认证，成为全市首家等级实验室示范级单位。

【打击毒品犯罪】 2022年,区公安分局以“清源断流”“云战8号”及夏季治安打击整治“百日行动”为抓手,建立健全禁毒情报研判机制,实施多警种合成作战打击毒品犯罪,破获毒品案件6起,打掉6人以上吸贩毒团伙1个,采取强制措施9人,行政拘留7人。

【易制毒化学品管控】 2022年,区公安分局推行“三色”等级管理,对全区56家易制毒化学品企业划分为红色重点单位、黄色一般单位、绿色放心单位3个等级,实行分头精细管理。按“一企一策”健全台账,掌握易制毒化学品生产、经营、使用的安全管理制度、流向登记、责任书签订、监控设施配备等情况,确保安全管理制度“全落实”。全年实地检查易制毒化学品企业181家次,发现问题6处。办理第二类、第三类易制毒购买备案证明186份。

【打击经济犯罪】 2022年,区公安分局组织开展“百城会战”“猎狐2022”等专项行动,持续打击涉税、涉企、涉众型经济犯罪,加强金融风险管控,服务保障企业。侦破“10·8普陀虚开增值税专用发票用于骗取出口退税、抵扣税款发票案”等经济案件15起,移诉45人,为企业挽回损失212万元。

【打击网络犯罪】 2022年,区公安分局完善“网络技术作战中心”工作机制,创新“人员配置、队伍考核、业务协作、人才培养、平台赋能”五大核心问题解决路径,通过关键词布控、警种战果共享、常态线索会商等方式,提升涉网违法犯罪研判打击能力。破获各类网安主侦涉网案件7起,涉及犯罪嫌疑人35人;研判梳理涉网线索100余条,协助破获各类侵财案件170余起,抓获犯罪嫌疑人60余人;抓获网上目标逃犯9人。为相关案件提供服务器后台数据及检材电子数据80余起,检材280余个,出具报告90余份。

【网络基础管理】 2022年,区公安分局对全区网站、网络应用系统、网络安全等级保护及关键信息基础设施等开展风险排查,对重点单位,落实关键基础设施和重要信息系统检查,确保问题即查即改。对有安全隐患5家单位予以限期整改,1家单位予以行政警告。8月,联合网信办、区经信局和区大数据管理中心开展“护网2022”网络安全攻防演练,发现并整改漏洞隐患22个。

【打击食药环安违法犯罪】 2022年,区公安分局部署开展打击食药环安违法犯罪“昆仑”专项行动,破获“5·19”全市首起生产、销售、提供假药案,部督“7·4”污染环境案等食药环安案件8起,移诉36人,捣毁窝点2个。

【“千警万民大巡防”攻坚行动】 2022年,区公安分局开展“千警万民大巡防”攻坚行动,推行机关警力巡逻帮扶、巡特警PTU驻所支撑、警情压降警种捆绑、“12358”数字化评估等工作模式,发动“离岛管家”“警保联盟”等70余支群防群治队伍开展义巡宣防130余次,45个社区(村)、17个住人海岛实现“零发案”,分别占比41.6%、73.9%。

6月21日下午,省公共视频监控建设一体化改革联席办来普陀督导调研公共视频监控一体化改革工作(区公安分局提供)

9月16日下午，区公安分局“千警万民大巡防”攻坚行动启动仪式（区公安分局提供）

【矛盾纠纷化解】　2022年，区公安分局制定出台《舟山市公安局普陀区分局矛盾纠纷警情闭环处置工作规范(试行)》，围绕“事了结、人管牢，不升级、少复发”工作目标，按先期处置、风险评估、分流联处工作流程，推动构建“公安先期处置—区综治中心(区、街道)协调推动—权属部门及社会力量配合落地”工作模式，实施“警调衔接”“警律联调”“警综联动”等多元调处方式，开展矛盾纠纷化解。累计化解各类矛盾纠纷2253起，涉及金额679.33万元，调处成功率99.6%。

【打造“网办中心”】　2022年，区公安分局完成“网办中心”建设，实施审批、制证、出件、监督、咨询、运维等功能一体化建设，满足群众“一站式”“就近办”服务需求。首批上线居住证、无犯罪记录电子证明，7个治安派出所实体(事项)进驻镇街便民服务中心，137个治安、出入境、交管类事项实现“一窗通办”。累计办理“一窗通办”业务96起，“一网通办”业务20772起，“长三角”户口迁移、出生申报、身份证等业务649起，出生、死亡、婚育“一件事”业务2697起。高频政务服务事项2.0网办率98.23%，网上办、视频办、容缺办业务量同比上升26.1%。

【打击黄赌】　2022年，区公安分局建立“全覆盖”“常态化”检查机制，整治涉黄涉赌重点区域，挤压“站街女”400余人次，关停涉黄场所145家次，查破涉黄案件176起，摧毁团伙8个，采取强制措施41人，行政处罚272人；查破涉赌案件105起，采取强制措施39人，行政处罚467人。

【危爆物品管理】　2022年，区公安分局实行三级日常监管，采取预警信息核查、查阅流向台账、视频监控回放、技防设备测试等方式，排查枪支弹药、易制爆危化品和管制刀具等潜在安全隐患，增强危化品单位清除隐患、抵御风险能力。累计检查民爆储存库72家次、爆破作业现场168家次、易制爆危化品从业单位216家次，发现并督促整改流向登记备案不及时、入侵报警处置不规范等隐患问题22处，行政处罚从业单位2家。缴获火药动力枪支2支、废弃炮弹6枚、炸药37.6千克、子弹145发，妥善处置六横民用遗留TNT炸药事件。

【反诈宣传】　2022年，区公安分局开展“反诈载体”建设，与区电信公司开启“警翼·云盾”共建项目，联合普陀天地组织开展“520潮声集市”开街反诈宣传大型活动，与东大集团合作促成全市首个反诈宣传教育基地“东大海培”落地，与区融媒体中心合作开展多场反诈直播，推动反诈宣传向社区治理“最小单元”延伸。安装注册国家反诈中心App12.5万余条，劝阻预警人数2.4万余人，发放宣传手册6万余份，开展“五进”活动拍摄制作反诈“微视频”30余期。

【入境管理】　2022年，全区入境境外人员20469人次，其中住宿登记接待4438人次，同比下降46.4%，外国人3064人次、港澳地区居民554人次、中国台湾居民803人次、华侨17人次；入境境外船只1065艘次，境外船员16031人次。发生涉外案事件20起，其中境外人员逾期非法居留5起，外国人未按规定申报住宿登记案件4起，外国人偷越国(边)境案1起。查处“三非”(非法入境、非法居留、非法就业)案件4起、“三非”外国人3人。

【出境管理】　2022年，区公安分

5月20日下午，区公安分局与普陀电信公司举行“警翼·云盾”共建启动仪式（区公安分局提供）

局受理各类出国境证照606人次，同比下降54.7%，其中受理因私出国申请177人次，因私赴台50人次，赴港澳379人次。

【情指行一体化建设】 2022年，区公安分局完善“1+3+1”（“1”即情指行一体化合成作战中心，“3”即侦查中心、智治中心、警风民意访评中心，“1”即巡防中心）为模式“情指勤舆”一体化全成作战中心，实行平时、战时、专项三大运行模式，以智治110、合成作战平台、警指通、警情通报钉钉群为在线联动作战平台，“一站式”保障全警指令办理、警情处置、研判支撑、信息反馈等作战需求，实现警令一通到底、支撑一步到位、处置一体合成。全年累计办理各类政令指令331件，反馈率、结单率均达100%。

【海防管控】 2022年，区公安分局优化与海事、港航、海洋渔业等部门信息共享机制，在岸线巡查、船舶查验、案件办理、无人岛屿管控等方面加强合作，提升涉海基础管控能力和反走私工作能力。累计排查各类船舶2519艘，核查远洋船舶企业21家，各类船员近3万人。查处走私案件1起，查处油品20余吨，查扣船舶2艘，车辆1辆；移交路政查处2起2辆涉私油罐厢式货车，并配合渔政查处非法捕捞案件12起；化解各类矛盾纠纷53起，查获各类违规船舶28艘。

（撰稿：俞波）

检　察

【概况】 2022年，舟山市普陀区人民检察院（简称区检察院）有检察长1人、副检察长3人，检察委员会委员9人、员额检察官22人，司法辅助人员29人，司法行政人员7人，法警5人。在编干警65人，其中法律专业本科学历以上51人，获法律硕士学位15人。

是年，区检察院贯彻落实中央、省市区委各项决策部署，执行政法工作条例、重大事项请示报告制度。向人大及其常委会报告年度法律监督工作以及行政检察、公益诉讼和海洋检察等专项工作。邀请人大代表、人民监督员参加公开听证、案件评议、调研座谈14次。参与“检察官进基层单元”活动8人次。推进全省检务督察示范院培育试点工作，建立检务督察工作机制，发布督察通报3则。落实检务公开，公开案件程序性信息566条、法律文书5份、重要案件信息3件。

全年集体或个人获市级以上荣誉表彰21项。1件案件入选最高人民检察院指导性案例；市检察院、区检察院行政违法行为检察监督系列案联合办案组（胡胜、应华珍、缪彦迪）被省检察院记集体二等功一次；区检察院获评全省先进基层检察院；区检察院办公室获评浙江省检察机关司法行政成绩突出集体；张嫔获评浙江省检察机关法律监督成绩突出个人（职务犯罪检察）；区检察院新型毒品犯罪指导性案例办案组被市检察院记三等功一次。

【依法惩治各类刑事犯罪】 2022年，区检察院批捕各类犯罪嫌疑人98人，同比下降42%；提起公

区检察院组织全体干警集中观看中共二十大开幕会直播（区检察院提供）

诉352人，同比下降28%。依法打击恶性暴力、多发性侵财等影响人民群众安全感犯罪，起诉故意杀人、故意伤害、寻衅滋事等犯罪20人，“黄赌毒”犯罪57人，“两抢一盗”犯罪41人。办理全市首例以国家管制的麻醉、精神药品为对象的欺骗他人吸毒案，并入选最高检察院第37批指导性案例。对区监察委移送2件职务犯罪案件依法提起公诉，运用“三查（审查、调查、侦查）融合”深挖司法工作人员职务犯罪线索，工作做法在全省检察机关重点工作推进会上作经验交流。

【持续推进扫黑除恶常态化】2022年，区检察院根据省市检察院相关部署要求和《普陀区扫黑除恶大排查大起底大整治工作方案》，发挥检察职能，常态化推进扫黑除恶。落实“一案三查”（查办黑恶势力、追查黑恶势力背后的“关系网”和“保护伞”、倒查党委、政府的主体责任和有关部门的监管责任）、“两个一律”（对涉黑涉恶犯罪案件，一律深挖其背后腐败问题；对黑恶势力“关系网”“保护伞”，一律一查到底，绝不姑息）工作要求，对往年提起公诉黑恶势力“回头看”，对“保护伞”线索排摸结果进行核查，做好线索跟踪反馈。

【防范金融风险】2022年，区检察院加强对食品药品安全、电信网络诈骗等损害人民群众利益违法犯罪活动打击。依法惩治电信网络诈骗、传销等涉众型经济犯罪27件66人，追赃挽损320万余元。依法对一起集资参与上百人、涉案金额1.08亿元非法吸收公众存款案提起公诉。关注以针对老年人等弱势群体实施养老诈骗等犯罪活动，增强人民群众司法获得感。

【倡导人文司法】2022年，区检察院落实“少捕慎诉慎押”刑事司法政策，对犯罪情节轻微依法不捕18人、不诉213人，诉前羁押率从2021年36.8%降至17.5%，轻刑起诉率从2021年24.8%降至15.8%。推进认罪认罚从宽制度深化适用，适用率87%，减少社会对立面，修复社会关系。移诉案件适用速裁程序、简易程序占比55.7%，提高诉讼质效、节约司法资源。

【优化法治营商环境】2022年，区检察院加强重大项目建设司法服务保障，制定出台《关于深化能动司法检察护航六横“清洁能源岛”建设的实施意见》，设立检察官联络站，提供各类司法服务20余次。维护公平竞争市场环境，起诉串通投标等破坏市场经济秩序犯罪3人。开展“净化空壳公司”专项治理行动，与区市场监督管理分局建立线索移送机制，推动清理“空壳公司”3家。推进涉案企业合规工作，对一家涉安全生产责任事故案企业开展合规整改，建立涉企案件亲历性审查工作机制，通过入企调查，综合考量犯罪情节、认罪认罚、生产经营等因素，对涉企轻微犯罪依法不起诉20人，促进治罪与治理并重。

【参与海洋治理】2022年，区检察院发挥海洋检察“先行优势”，贯彻落实市人大常委会《关于加

全市检察机关涉案企业合规工作现场推进会在普陀召开（区检察院提供）

强新时代检察机关海洋检察工作的决定》，推进海上安全行刑共治、海岸线环境保护、海洋资源和海岛文物保护等工作，助力海洋治理。全年办理涉海公益诉讼案件13件，在中街山列岛国家级海洋特别保护区开展生态环境保护公益诉讼监督。开展沈家门渔港生态环境公益诉讼监督“回头看”行动。加大海洋生态修复工作力度，督促增殖放流鱼苗107万余尾。联合海警、海事部门出台强化海上航运安全执法司法会议纪要，构建海上安全“法治堤坝”。对小型休闲艇燃油加注安全问题开展调研，向区委、区政府报送专题报告，当好法治参谋。

【维护特殊群体权益】 2022年，区检察院持续打造未检“蔚蓝工作室”特色品牌。对侵害未成年人犯罪“零容忍”，批捕13人，起诉13人。坚持依法惩戒、教育帮扶，对情节轻微、认罪悔罪的依法不批捕1人，附合条件不起诉4人。开展管护帮教，向“失职家长”制发督促监护令。检察长、检察官担任六横中学等法治副校长，开展“法治进校园”宣讲活动7次，受众3600余人。加强与行政主管部门联动，构建“司法救助+综合帮扶”多元救助模式。全年办理司法救助案件8件，发放救助金16.4万元，提供社会帮扶4次。为一工作中遭无辜殴打环卫女工提供司法救助，发放救助金6000元，对接区社会治理中心进行调解，促成其所在单位补助医药费等2万余元，并为其调换合适岗位，相关做法获省级媒体宣传报道。

【助力构建社会治理新格局】 2022年，区检察院对一起提供劳务者受伤责任纠纷案原告依法支持起诉，保障实现其合法诉请。制发全省首个针对“金银箔粉蛋糕”问题检察建议，推动开展食品安全专项整治行动。开展公路隧道安全专项监督，推动主管部门对全区11条公路隧道、71座桥梁进行全面排查，及时处置相关安全隐患。

【优化诉讼监督】 2022年，区检察院加强刑事诉讼监督，监督立案3人、监督撤案27人，追诉漏犯2人，纠正侦查活动违法行为10件，提出刑事抗诉3件。推进检察派驻机制优化升级，实现辖区内侦查监督与协作配合办公室派驻公安、海警全覆盖。加强刑事执行监督，探索开展社区矫正监督“派驻+巡回”新模式，会同区司法局为8名涉海涉渔的社区矫正人员破解出海作业难题，办理一起撤销缓刑监督案获评全省精品案例。办理行政违法行为监督案件4件，1件获评全省精品案例；办理行政非诉执行监督案件8件；对接“大综合一体化”行政执法改革，建立检执联动机制，助推行政执法改革。

【民事检察】 2022年，区检察院依法惩治打“假官司”现象，融合运用“三查”手段，成功办理虚假诉讼监督案件1件，并依职权立案办理生效裁判监督案件2件。办理刑民交叉刑事案件13件。借助数字化手段，开展查封车辆民事执行专项活动，排摸线索28条，成功立案12件，向法院制发检察建议1件，助力破解执行难问题。

【行政检察】 2022年，区检察院

办理行政违法监督案件4件，对小型休闲船艇燃油加注、工程车非法改装超载超限问题开展专题调研，形成情况反映报党委领导决策参考。办理行政非诉执行监督案件8件。融入“大综合一体化”行政执法改革，建立检执联动机制，联合区司法局对六横镇、东港街道开展至赋权以来行政执法案件评查2次，提前介入重大行政执法案件1次。

【公益诉讼创新发展】 2022年，区检察院办理公益诉讼案件30件，其中行政公益诉讼案件20件，民事公益诉讼案件10件，办案质效居全市前列。强化专项带动，开展安全生产、守护海洋、服务保障乡村振兴等公益诉讼专项监督，相关做法多次被《检察日报》《浙江日报》等媒体报道。主动排查船舶修造、商住楼消防安全风险，推动职能部门加强监管，助力消除重大产业、重点领域安全隐患。针对未停止向被宣告死亡人员发放社会养老保险金、向被收监执行人员发放社会救助金等问题，制发检察建议督促相关职能部门精准规范监管，避免公共资金遭受损失。推广应用“益心为公”检察云平台，联合区委统战部、团区委招募31名公益诉讼志愿者，扩大公益保护“朋友圈”。

【数字检察实战实效】 2022年，区检察院发挥数字检察重塑变革法律监督模式作用，打造“数字赋能监督，监督促进治理”实战成果。推进数字办案，办理数字监督案件27件，其中5个案例入选全省数字检察“一本账”重点案件，被列为全省数字检察行政违法监督先行单位。强化从个案办理向类案治理转变，从一起交通肇事案中发现工程车辆超限超载线索后，通过数据比对分析挖掘出道路运输企业违规运营等多项问题，办理行政检察与公益诉讼类案监督3件，推动全市检察机关开展专项监督，提升“办一案、牵一串、治一片”监督质效。推进多跨场景应用研发建设，“看守所暂予监外执行一体化协同”项目进入省委数字化改革重大应用“一本账”。

区检察院联合普陀山检察室召开普陀山古树名木保护工作交流会（区检察院提供）

【规范执法办案】 2022年，区检察院规范办案程序，优化内部监督，完善检察官联席会议、案件质量评查、业务数据分析研判等机制，推动案件质量效果。依托统一业务应用系统，通过流程监控，发现案卡填录、文书公开等328处瑕疵，并督促纠改。组织开展各类案件质量评查5次，对193件次案件进行评查，其中评查重点案件21件次，形成案件评查综合报告2份、专项评查报告3份、个案评查报告11份。根据上级检察院统一部署，开展涉案财物、文书公开、久拖不决案件等专项清理活动。

【六横检察室】 2022年，六横检察室开展基层公益诉讼工作，探索办理船舶修造企业安全生产公益案、隧道公共安全公益案等安全生产领域公益诉讼案件，通过制发检察建议推动全区部署开展公路道路设施安全专项整治。结合“检察官进基层单元活动”，对涉及公共利益“菜篮子工程”相关问题进行走访调研，通过多种举措维护当地社会公共利益。强化基层执法司法活动监督，加强对辖内二所一厅监督工作，向相关基层司法部门提出意见建议10件次；与司法所在信访处置、社区矫正工作等方面形成合力，与六横法庭建立庭审旁听制度，对4起民事诉讼案件以现场旁听形式进行庭审监督，立案审查一起涉审判程序的民事监督线索；与海警六横工作站建立工作会商与沟通交流机制，加强对涉海刑事案件侦查引导与监督；协同公益诉讼部开展“大综合一体化”行政执法案件问题排查，推进六横辖内行政检察工作。融入基层社会治理，接待来访23批42人次，均予以妥善处置与答复，其中对一起10余年信访积案实现息诉息访。加强与镇综治部门、公安、法庭等部门联系交流，促进信访信息互通，在信访维稳工作上形成合力。以服务党委政府中心工作、服务地方社会经济发展为切入点打造检察室特色品牌工作，制定出台《创建检察服务六横“清洁能源岛”建设工作品牌的实施方案》；以推进项目、发展企业为着力点，发挥海岛检察室职能作用，能动履行基层法律监督职能，打造特色服务品牌，结合该项工作，以检察院名义出台《深化能动司法检察护航六横“清洁能源岛”建设的实施意见》获区委书记批示。

（撰稿：黄云霞　赵质群）

法　院

【概况】 2022年，舟山市普陀区人民法院（简称区法院）设立案庭（诉讼服务中心）、刑事审判庭、民事审判一庭、民事审判二庭、民事审判三庭、行政审判庭、执行局、政治部、司法警察大队、审判管理办公室、综合办公室及六横、桃花、虾峙、朱家尖4个派出人民法庭和1个巡回人民法庭。有政法编干警105人，事业编人员6人，（其中员额法官41人、审判辅助人员51人、司法行政人员19人），聘用人员49人。在编干警中，本科及以上学历107人，占96.40%；其中，研究生学历21人。

是年，梅鹏被省高级人民法院记个人二等功，2人被市中级人民法院记个人三等功，政治部被市中级人民法院记集体三等功。区法院新接收各类案件5843件，办结6073件（含旧存）。

【刑事审判】 2022年，区法院打击刑事犯罪，办结一审刑事案件248件。审结“两抢一盗”、故意伤害、涉毒等犯罪案件50件58人。审结电信网络诈骗及下游犯罪案件26件76人、开设赌场犯罪案件3件5人。加强海洋生态环境保护，依法打击涉非法采砂犯罪，审结隐瞒犯罪所得等案件17件32人；对纠集他人向海洋倾倒油污的高某判令支付生态修复赔偿金。打击侵害妇女、儿童犯罪，审结相关案件12件12人，对因情感纠纷而对未成年人实施绑架的陈某判处有期徒刑5年。保持惩治腐败高压态势，审结职务犯罪案件2件。落实证据裁判、非法证据排除等法律原则和要求，侦查人员出庭做证成为常态。准确适用认罪认罚从宽制度，依法做好审查工作，审结适用认罪认罚案件193件304人。

【民商事审判】 2022年，区法院妥善化解民事纠纷，办结一审民商事案件2777件。深化家事审判方式改革，审结婚姻、扶养、继承等案件313件，发出人身安全保护令3件，判令家务补偿2件，维护公序良俗、促进家庭和谐。加强涉案民生保障，审结人身损害、交通事故、医患纠纷等各类侵权赔偿案件218件，审结劳动争议、劳务合同等案件89件。依法保护金融债权，规范和引导民间融资行为，审结金融借款、民间借贷等案件1016件，解决争议标的额5.51亿元。依法规范市场交易秩序，审结各类合同、合伙、公司股权等纠纷案件985件。适应全市知识产权案件由区法院集中管辖变化，审结一审知识产权案件51件；加强知识产权司法保护，一批涉“舟山带鱼”“舟山小黄鱼”等本土地理标志商标侵权纠纷得到妥善处置。

【行政审判】 2022年，区法院监督支持依法行政，办结一审行政案件68件、行政非诉申请执行案件26件。深化行政与司法互动，联合召开府院联席会议，发

法官向群众答疑解惑（区法院提供）

布2022年度行政审判司法审查报告。开展多层级、多形式工作联动，邀请相关部门参与协调，组织行政机关执法人员旁听庭审，针对司法领域发现的问题制发司法建议，助推法治政府建设。落实行政机关负责人出庭应诉工作，行政机关负责人出庭应诉率100%。依法保护行政相对人合法权益，判决行政机关败诉2件。探索建立败诉预警机制，发送调解建议函，督促行政机关自我纠错，促成行政争议实质化解，行政案件调解撤诉率30.8%。

【执行工作】 2022年，区法院执结执行案件2765件，执行到位标的额3.15亿元。加强失信惩戒，发布限制高消费令1843人次，限制出境224人次，列入失信被执行人名单917人次，罚款849人次，作出拘留决定81件。持续开展打击拒执专项行动，向公安机关移送犯罪线索43件，在全市率先畅通刑事自诉渠道，引导刑事自诉14件14人，公诉和自诉并行打击工作体系基本形成。巩固扫黑除恶专项斗争工作成果，涉黑涉恶犯罪刑事财产刑案件全部执结，执行到位罚金284.6万元，追缴违法所得1273.76万元。开展“为群众办实事高效执行”等专项行动，集中执结涉中小微、农民工工资等民生案件111件，为5家企业屏蔽失信，为56家企业负责人解除限制高消费措施，促成27家被执行企业主动履行债务1.04亿元。

【统筹保障疫情防控和经济社会发展】 2022年，区法院落实“疫情要防住、经济要稳住、发展要安全”要求，出台《助企纾困十六条措施》，针对性开展司法帮扶。聚力“保交楼、保民生、保稳定”，与相关主管部门建立纠纷预先介入机制，加大“示范判决+批量调解”做法应用，妥善处置建设工程合同、房屋买卖合同等案件195件。在涉某公司逾期交房系列纠纷处置中，选取典型案例快速立案、快速判决，最终剩余50余名购房户按“示范判决”与公司达成和解。防范化解因疫情带来的涉餐饮、旅游行业风险。朱家尖法庭综合实施示范性调处、发布倡议书、宣传处理标准等举措，强化预期引导，后续该区域潜在涉民宿餐饮承包、租赁纠纷

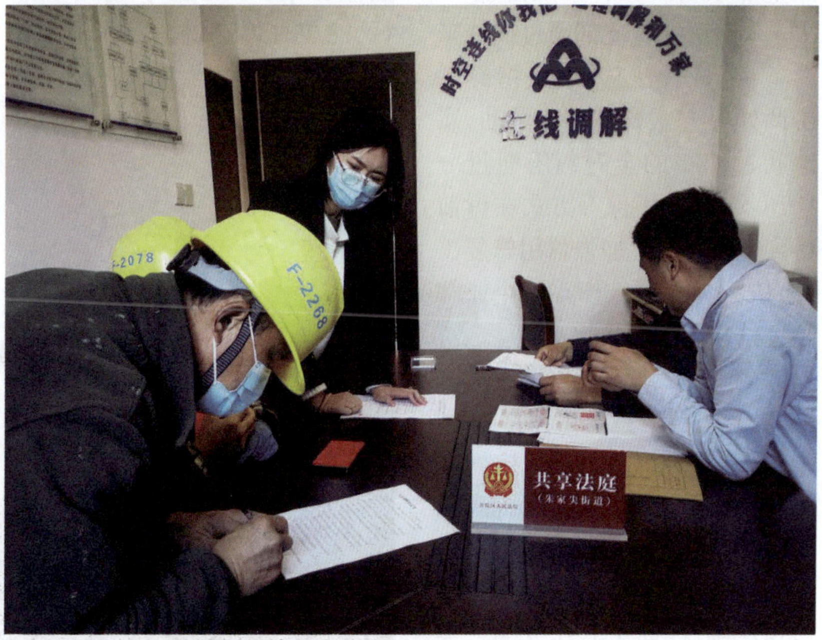

朱家尖人民法庭对相关案件进行调解（区法院提供）

无一成讼。运用利益平衡原则处置涉疫情纠纷，对因疫情引发合计 55 件商业用房租赁纠纷，适用“合同僵局”理论，判令解除合同，累计调整减免租金、违约金 83.5 万元，引导双方共渡难关。

【打造法治化营商环境】 2022 年，区法院依法平等保护各类市场主体权益，审结涉企纠纷 920 件，解决争议标的 20.05 亿元。发挥破产审判“积极拯救”和“及时出清”功能，审结破产案件 23 件，盘活企业存量资产 10.28 亿元，释放土地资源 973.44 亩（约 64.90 公顷）、房屋 15.23 万平方米，化解金融债权 57.50 亿元。舟山阿鲁亚大酒店公司成功引进重整投资人，以 4.6 亿元的对价裁定批准重整计划，重启因资金链断裂停工长达 8 年之久的项目。发布《“护项目·助共富”专项行动实施方案》，院长、庭长结对区重点项目，累计开展走访 47 次。六横法庭党支部通过接待来访咨询、开设法律课堂、指导纠纷调处等方式开展共建活动，属地超过 70% 的金融纠纷通过分期还款、增加担保等方式在诉前得到妥善化解。加强信用修复工作，依法为 4 家破产重整企业解除失信。

【推进矛盾纠纷多元化解】 2022 年，区法院贯彻落实“坚持把非诉讼纠纷解决机制挺在前面”要求，强化诉前解纷工作指导，对 963 件调解组织调解成功案件予以司法确认，同比上升 26.5%。完善金融纠纷多元化解机制，专门开辟线上解纷通道，就不良债务出具“预查废证明”13 份，金融借款合同一审新收案件同比下降 12.54%。融入“141”基层治理体系，法官主动联系走访镇街（管委会）、村（社区）90 余次，诉讼服务中心、派出人民法庭协同区社会治理中心、综治所等化解矛盾纠纷 2500 余件次。实施“平安护航”工程，建立健全风险隐患排查化解机制，开展院领导大走访、大接访活动。强化风险预警，发送《要情专报》《情况反映》等 14 期，发挥专业优势提前介入重大事件处置。全年区法院收案总数同比下降 16.1%，降幅居全省前列。

【全域数字法院建设】 2022 年，区法院回应互联网时代人民群众司法新需求，为当事人提供在线诉讼服务。疫情期间数字法院应用，全年有 73.73% 案件通过网上立案，56.64% 庭审在线上进行，88.73% 诉讼材料以电子方式送达。依托“一体化办案办公平台”，推行立审执各环节全要素线上办案模式，建立完善不动产处置、税务协作、保险等“执行一件事”改革工作机制 7 项，同期结案率上升 6.54 个百分点，平均执行天数减少 5.27 天，上诉移送、执行款发放等用时均同比缩短。

【“共享法庭”建设】 2022 年，区法院推动司法服务向基层延伸。建成“共享法庭”124 个，实现镇街（管委会）、村（社区）全覆盖，国际水产城、六横矛调中心 2 个“共享法庭”入选省级示范点位，为全市法院仅有。先后出台《“共享法庭”建设管理办法》《庭务主任队伍建设意见》等文件制度 8 项，在全市率先设立 20 万元庭务主任专项奖励资金。桃花、虾峙人民法庭依托“共享法庭”点位开展“枫桥式人民法庭”创建工作，促进法治乡村建设。10 月，全市“共享法庭”建设现场推进

全市“共享法庭”建设现场推进会在普陀区召开（区法院提供）

会在普陀区召开,普陀建设经验在会上作交流。"共享法庭"运行以来,已化解纠纷1114件,协助执行253次,开展普法宣传活动153场,提供法律咨询530次。

【司法体制综合配套改革】 2022年,区法院落实司法责任制,压实院庭长监督管理责任,纳入"四类案件"数字监管122件。开展审判辅助事务集约化改革试点工作,将程序性文书制作、送达、记录等18项辅助性事务从审判庭剥离,统筹到集约中心实行集中管理、一站办理。聚焦民间借贷等虚假诉讼多发领域,探索建立"十必查"工作法,查处并打击虚假诉讼行为21件。《关于劳动人事争议虚假仲裁的调查报告》获省高院主要领导批示,并借此推动虚假仲裁案件防范查处工作。持续加强案件质效管理精准性和及时性,围绕核心指标、短板弱项,实行日监控、月通报、季分析,通过数字赋能、画像到人,推动质效全面提升。"程序空转"现象监测指数"程序比"降至1.462,为全市基层法院最优;5项案件质量管控核心指标中,有4项居全市法院首位,其中2项在全省法院中排第一。

【司法业务提升及联络宣传】 2022年,区法院组建以青年干警为主体的"法韵工作室",结合实务组织业务研讨14次,形成研讨综述14篇、案例解析21篇,其中12篇在市级以上平台发表,2篇获奖,推动办案能力和研究能力双提升。加强干警业务能力建设,组织参加业务培训30余场360余人次。实现专业法官会议常态化,集中讨论案件218件次。

贯彻区十八届人大第一次会议决议,落实代表审议意见。配合开展好员额法官履职评议工作,对区人大常委会提出意见逐条落实整改,持续提升司法能力水平。向区政协及党外人士专题通报法院工作,听取意见建议,改进自身工作。办结政协委员提案1件。贯彻落实中央及省市区委关于加强新时代检察机关法律监督工作的意见,邀请检察长列席审委会5次,办理检察建议、函件等3件。推进司法公开,直播庭审502场,上网裁判文书1921份,向社会各界寄送《工作通报》2400余册。落实人民陪审制度,普通程序案件陪审率98.68%。开展法官律师互评工作,推进"司法公正在线"应用实体化运作,畅通线上投诉、建议、评价及法官反馈双向渠道。

(撰稿:陆珏羽)

司法行政

【概况】 2022年,全区司法行政系统围绕法治普陀工作争先进位、打造法治普陀新典范,履行司法行政职能,为建设现代化新普陀提供法治保障和法律服务。

是年,区司法局党组强化领导班子"一岗双责",建立加强对"一把手"和领导班子监督"四张责任清单"机制;建立作风建设常态化监督检查机制,成立党风廉政内部督查小组,堵住廉政风险和监管漏洞。突出党建引领,深化"法雨春风·润民生"特色党建项目,为法治化营商环境提供法律服务保障。区司法局获评全省司法行政系统法治建设工作成绩突出集体。区人民调解委员会获评2021年度全市"十佳调解组织";展茅街道黄杨尖村被命名为第九批"全国民主法治示范村(社区)";六横镇五星村,朱家尖街道白沙港村,沈家门街道蚂蚁岛村、西河社区、墩头社区、大干社区,东港街道文康社区、安康社区被命名为2022年度省级"民主法治村(社区)"。焦熠获评全国司法行政系统先进工作者;唐海峰、章文生获评全省社区矫正工作成绩突出个人;洪春芝获评浙江省最美司法行政人;张观根获评全省司法行政系统法治建设工作成绩突出个人。

【依法治区工作】 2022年,普陀区印发《关于深化法治普陀(法治政府)建设的实施意见》,发挥区委依法治区办统筹职能,协助召开区委依法治区委员会第三次(扩大)会议、基层法治化综合改革会议、区委依法治区办(扩大)会议暨法治建设考核推进会等全区性会议。强化党政主要负责人履行法治建设第一责任人职责,落实区委常委会专题听取法治政府建设情况汇报、法治(政府)建设年度报告制度。落实区政府常务会议学法制度,出台常务会议工作规范,区发改局、区财政局、区司法局、区审计局等4家单位被列为固定席位。配合区政府办做好2022年度重大行政决策目录立项、部门会审、合法性审查等工作，指导推进全区12家单位公布年度重大行政决策目录，其中镇街层面持续保持全覆盖。完成重大行政决策合法性审查4项，确保全区所有重大行政决策纳入法治化轨道运行。常态化推进法治巡察，对8家单位开展法治督查，提出意见建议30余条。贯彻落实宪法宣誓制度，全年区政府及区属相关单位组织开展宪法宣誓活动3批次105人。沈家门街道成功创建市级法治建设示范乡镇；培育区级法治政府建设“最佳实践”7个；区司法局“打造海岛公共法律服务‘人人共享’”品牌项目入选2022年市法治为民办实事项目。

【法制监督事务】 2022年，区司法局助推“大综合一体化”改革，在全省率先形成区域法制审核保障体系；依托区社会治理中心资源，在全市率先建立区级中心法制审核专区，选聘28人组建“区级法核专家团”。以浙江飞鲸漆业有限公司和冠素堂食品有限公司为试点，设立2个行政执法协调监督联系点；在4个司法所挂牌执法监督工作室，实行“室所合一”办公模式；在全区7个镇街明确14名专职监督员，实现基层监督专职力量配备100%全覆盖，推动赋权街道行政执法工作规范化。做好行政机关合同“全生命周期一件事”集成管理，推动行政合同流转高效，责任到人，加强对标的额1000万元以上、招商引资合同及区政府名义签订合同的合法性审查。组织开展“行政机关合同管理系统2.0版”操作培训，实现区属各单位行政合同全流程闭环审查，强化政府风险源头防控。全年审查重大行政合同草案38件，累计标的额700余亿元，提出审查意见180余条，备案登记部门涉企合同800余件，累计标的额140余亿元，未发生因行政机关合同引发的行政争议。制定出台《舟山市普陀区行政规范性文件管理办法》，保障政府决策合法有效，促进依法行政。坚持应审尽审、应备尽备原则，累计审核区政府（区政府办）拟发的规范性文件25件，其中优化营商环境、助企纾困政策8件，提出合法性审查意见75条，采纳率99%，备案审查区属单位制发的规范性文件38件。强化动态管理，开展规范性文件专项清理工作，拟废止、修改区政府、区政府办行政规范性文件4件，废止区属各单位规范性文件17件。出台《舟山市普陀区政府法律顾问管理办法》，全区政府法律顾问继续保持区、镇街两级全覆盖，34家单位聘请政府法律顾问，参与重大行政决策、重大项目推进、合同审查等活动300余次。

8月26日，普陀区召开区委全面依法治区委员第三次（扩大）会议（区司法局提供）

【复议应诉工作】 2022年，全区复议诉讼案量比值为1.15。办结行政复议案件32件，其中经调解撤回复议申请20件，调撤率63%，高于法治浙江考评指标30%要求。召开2022年度府院联席会议，印发《舟山市普陀区行政争议案件闭环管控实施办法》，促进行政与司法的良性互动。强化风险预警，落实《关于加强和改进行政应诉工作的通知》，推行行政诉讼案件信息互通机制。是年，全区行政诉讼案件“零败诉”，行政机关负责人出庭率连续4年保持100%。

【普法与依法治理工作】 2022年，启动“八五”普法规划，以守法普法协调小组第三次会议为依托，落实“谁执法谁普法”普法责任制；创新推出《以案说法》、法治童谣、法治文艺汇演等普法形式；“海上枫桥　法随远洋”法治宣传品牌被列为2022年度全省“十大普法影响力事件”提名奖；六横镇台门村、区远洋渔业协会被列为省级公民法治素养观测点；展茅街道黄杨尖村完成法治公园建设。全年开展各类普法宣传活动60余场次，受众6万余人。深化乡村法治人才选树和培育工作，全区现有“法律明白人”235人，“学法守法示范户”74户。持续提升民主法治村（社区）创建率，2022年推选国家级民主法治村1个、省级8个、市级26个，市级以上创建率87%。

【人民调解工作】 2022年，成立“在线解纷”工作室，推动“浙江解纷码”全域应用贯通，为数字调解普陀模式开辟解纷途径。吸收镇街干部、乡贤、东海渔嫂、人民调解员等加入“共享法庭”庭务主任队伍，为全域解纷提供人才支撑。打造金牌“东海渔嫂”调解工作室3家。全区成功调处各类矛盾纠纷6234起，其中疑难复杂纠纷75件，涉及金额近3.5亿元，调处成功率和满意率均99.9%，调解协议履行率99.7%。

【社区矫正和安置帮教】 2022年，接收社区矫正对象124人，至年底，在管在册367人；开展审前社会调查评估案件128件，提请收监执行3人。在区社区矫正中心挂牌成立全省首个“驻检室”，主动全程接受检察监督。构建以区社区矫正中心为核心，辐射全区7个镇街司法所社区矫正网络，实现集监管帮教、考核奖惩、人员查找、信息调度、督导指挥为一体的社区矫正立体工作模式，为争创部级“智慧矫正中心”奠定基础。全区入矫严管期8名渔船长通过远程监管，实现出海作业和自我改造两不误，解决同船50余名船员的家庭生计问题，该案例被《浙江法制》头版头条专题报道。沈家门司法所在全省基层智治系统片区协作会议上作演示交流。加强社区矫正职能部门工作协同、信息共享，实现全区镇（街道）社区矫正委员会全覆盖。持续推进社会力量参与“一县（区）一品牌”建设，提高社会力量参与社区矫正工作质效。全年度全系统持续保持安全稳定无事故。

区司法局开展民法典宣传活动（区司法局提供）

【公共法律服务】 2022年，创新建立公职律师共享机制，全区律师万人比3.46，党政机关公职律师覆盖率100%。深化“小岛你好法助共富”专项行动，全区111个村（社区）实现法律顾问全覆盖；依托“双月十日”活动品牌，律师深入白沙、蚂蚁、庙子湖等偏远海岛，提供法律服务，开展法治体检1870余次，提供法律咨询860余次。持续推进“一站式”建设，设立“涉企绿色通道”和涉企矛盾纠纷流转机制，推动涉企案件规范高效办。继续推动行政执法多领域“首错免罚”清单提级扩面，发布区级事项72项。全区实施“数据共享”“部门核验”“告知承诺”证明事项，涉及办件量累计5.1万余件。区司法局公共法律服务助力乡村振兴相关做法被司法部《简报》

区司法局开展“双月十日”公共法律服务活动（区司法局提供）

刊发。

【法律援助】 2022年，区司法局针对普陀海岛多区域实际，完善农民工法律援助案件受理“绿色通道”与“容缺”机制，受理容缺案件25件；开展欠薪法律援助专项行动，妥善处理3起信访案件和16起群体性讨薪案。全年办理各类法律援助案件719件，为受援人挽回经济损失近1400万元，群众满意率100%，连续14年保持法律援助案件“零投诉”。

【律师事务所】 2022年年底，全区有律师事务所14家，其中浙江震舟律师事务所、浙江星舟律师事务所、浙江明达律师事务所、浙江民鸿律师事务所、浙江恒顺律师事务所为合伙所；北京大成（舟山）律师事务所、浙江泽大（浙江自贸区）律师事务所为分所，浙江星岛律师事务所、浙江晓纬律师事务所、浙江松臻律师事务所、浙江松立律师事务所、浙江宁久律师事务所、浙江长路律师事务所、浙江畅洲律师事务所为个人所；有基层法律服务所2家：舟山市普陀区星光法律服务所和舟山市普陀区星欣法律服务所。年底，全区有专职律师93人，实习律师5人，辅助人员22人；法律服务工作者6人，辅助人员2人。全区律师担任484家党政机关、企事业单位、社会团体组织法律顾问。聘用80名律师、基层法律服务工作者担任全区108个社区（村）法律顾问，实现社区法律顾问全覆盖。是年，办理各类诉讼案件2589件，仲裁案件171件，非诉案件178件，律所业务总收入8903万元。基层法律服务所办理各类诉讼案件211件，代写法律文书并解答法律咨询440件，担任法律顾问2家，业务总收入136万元。

（撰稿：徐敏）

编辑：魏斌

军　事

人民武装

【概况】 中国人民解放军浙江省舟山市普陀区人民武装部(简称区人武部)续隶舟山警备区建制，受舟山警备区和普陀区委、区政府双重领导，下辖镇街武装部9个，企事业单位武装部7个。2022年，区人武部贯彻上级党委决策部署，按“坚定举旗铸魂固根本、聚焦使命任务抓备战、保持改革转型求突破、坚守安全发展保稳定”建设思路，推进单位建设高质量发展。展茅街道办事处被市政府、舟山警备区通报表彰为“征兵工作成绩突出单位”；3人被市政府、舟山警备区通报表彰为“征兵工作成绩突出个人”；6人分别被舟山警备区表彰为2022年度优秀专武干部(2人)、优秀民兵连(分队)长(2人)、优秀民兵信息员(2人)。

【战备建设】 区人武部围绕军事斗争需要，拟制战略决胜国防动员方案、日常联合管控方案。更新作战数据，完成重要防卫目标信息，收集整理重要岛屿兵要地志情况。抓好潜力数据摸排，全年累计完成战区潜力点名任务15次。深化联训联演，协调辖区军地相关部门联动参加战区二级部署演练。

【民兵训练和建设】 2022年，按年度军事训练计划和大纲要求，推进民兵训练任务落实。先后组织民兵教练员队伍集训、民兵干部集训，分批次组织民兵应急连、专业分队基地化轮训，组织海上民兵参加专业训练跨区联训，协调军兵种部队开展挂钩训练。5月18日，组织民兵干部进行轻武器射击训练。6月1日，召开全区基干民兵点验大会。7月2日，遴选民兵骨干参加舟山警备区第五届岗位练兵比武。以任务行动为牵引，结合演习演练、岗位练兵比武等时机，组织开展以抢险救灾和海上维权为行动背景任务行动训练。

采取“行业+属地”编兵模式，按规模适度、布局合理、结构科学要求，初步构建应战应急一体化民兵体系。基干民兵党员占比36.35%，退役军人占比22.03%，专业技术岗位对口率达到80%以上。

【兵役征集】 2022年，区人武部以“传统+网络”“全面+精准”宣传模式为主要手段，利用电视、广播、《今日普陀》报、普陀新闻网等传统媒体和信息、微信推送等传媒进行普遍宣传，在普陀政府门户网建立征兵平台，开设征兵政策咨询中心，为各级征兵工作人员开通征兵宣传电话彩铃业务，并在大型广场和主要路口设置公益广告和横幅标语。重点征集理工类大学毕业生和取得高级工以上职业技能证书技师学院毕业生。

【基层基础建设】 2022年，区人武部开展基层“示范单位”创建活动，整合军地资源力量，着眼新时代民兵调整改革任务，新建六横镇张家塘新村、东港街道芦花村和展茅街道黄杨尖村3个普通民兵连“一室一库”和沈家门街道武装部“三室一库”，完成31个村(社区)评星挂牌工作，推动规范化建设向村(社)全覆盖进程。开展保密管理工作，配发武装工作专用电脑，组织安全保密专题教育，抓实安全保密专项整治。

【装备预征预储工作】 2022年，区人武部做好年度装备预征预储工作。组织9个镇街工作人员对所编组的情报信息船等海上民兵分队进行逐个走访和签订相关协议；现地走访国企、非公企事业单位20多家，签署装备预征预储协议50多份，装备种类70余件套，较好完成民兵保障事宜。

【区域保障中心建设】 区人武部落实好省军区、舟山警备区关于做好2022年度区域保障中心建设相关指示和要求，协调区政府办组织相关中心单位协议签订工作。与普陀中学、普陀医院、区国有粮库储备中心等30多家企事业单位做好保障中心工作相关事宜。

【“守护戎装”专项行动】 2022年，贯彻军委、国防动员部、省军区、舟山警备区决策部署，区人武部联合区公安分局、区市场监督分局、区教育区、区网信办等部门开展“守护戎装”专项行动，全面清理整治出售假冒军服等行为，为全面正规化建设提供较好环境保障。

【国防动员工作】 2022年，区人武部重点围绕“深入开展潜力数据统计核补、科学组织潜力资源分析评估、严密组织统计调查业务培训”3个方面，落实国防动员潜力统计调查工作任务。3月，召开任务部署会和业务培训会，利用1个多月时间对辖区内综合潜力、人民武装、经济动员、人民防空、交通战备、信息动员、政治动员和重点潜力进行摸底排查。发挥本级国防动员工作组织、协调和牵头作用，协调国防动员委员会成员单位，完成辖区船厂、油库等战场建设领域潜力核查，做好以海上支前为重点国防动员准备。

（撰稿：李冬　邹超异）

人民防空

【概况】 2022年，区人防事务中心贯彻落实《中华人民共和国人民防空法》和《浙江省实施〈中华人民共和国人民防空法〉办法》，以“战时防空、平时服务、应急支援”为使命，推进组织指挥、通信警报、防护工程、人民防空宣传、专业队伍等体系建设。10月21日，浙江省人防办主任徐良平在舟山市人防办主任陈皑、区委常委王海涛等陪同下考察沈家门人防工程。

区人防事务中心被评为2022年度全省人民防空先进单位。

【人防宣传教育活动】 “3·1”国际民防日和“5·12”防灾减灾日宣传期间，区人防事务中心委托舟山广电总台制作普陀人防视频宣传，通过凯虹商业广场、杉杉商业广场、普陀长途客运汽车站显示大屏播放，舟山广电微信公共视频号进行推送。在“5·12”防空防灾期间，发送移动短信约8万条进行防空防灾知识宣传，提高广大居民人防意识。

【人防指挥通信体系建设】 3月，普陀区启动防空警报器数字化升级改造工作。根据工作部署，新增数字化中央控制器1

在普陀杉杉天地广场开展人防宣传（孙旺挺摄）

台，中继端1台，数字化防空警报器2台（分别在沈家门半升洞澜湾府邸小区、东港街道海洲一品小区进行安装）。每年淘汰原有模拟警报器逐步更换为数字化警报器。全部警报器在“5·12”全国防灾减灾日和“9·18”国防日、“江泽民主席逝世哀悼日”开展警报试鸣工作，警报试鸣鸣响率100%，城区覆盖率90%以上。

（撰稿：孙旺挺）

5月11日，普陀区退役军人创业者协会成立大会召开（区退役军人事务局提供）

退役军人事务

【概况】 2022年，区退役军人事务局围绕“让军人成为全社会尊崇的职业”目标定位，持续完善政策制度体系，推进政策法规落实，加强基层基础建设，提高服务保障质量，推动退役军人工作高质量发展。4月8日，全区退役军人工作推进会召开，区委退役军人事务工作领导小组副组长、副区长朱彦波出席会议并讲话，各镇街及区委退役军人事务工作领导小组办公室成员单位参加会议。区退役军人事务局党组书记、局长张剑敏作全区退役军人工作报告。5月11日，全市首家退役军人创业者协会成立大会在东港召开，军创企业、金融机构以及支持关爱退役军人工作的社会各界人士共49位代表参会。会议宣读协会批复并审议通过包括工作筹备、章程（草案）、财务管理办法等在内的各类文件。宣布成立功能型党支部，召开协会第一届理事长第一次会议与第一次支委会会议，依次选举产生会长、支部书记等职位并表态发言，并为会长、副会长、理事长19家单位授牌。7月27日，区委退役军人事务工作领导小组第四次全体（扩大）会议在东港召开。受区委书记孙志龙委托，朱彦波出席会议并讲话，会议通报表彰12名普陀区第二届最美退役军人。区人武部部长罗宏亮、区委退役军人事务工作领导小组成员单位及各镇街分管领导参加会议。

【双拥走访】 2022年，区退役军人事务局研究部署推进《关于进一步加强新时代双拥工作的意见》《关于深入开展普陀区军民共建社会主义精神文明活动的通知》的贯彻落实，调整双拥工作领导小组及办公室组成人员，推进军地协同深入发展；春节、八一期间，不断丰富双拥慰问活动内容及形式。走访慰问边海防官兵家庭、现役军人家庭11户，困难优抚对象250人，看望慰问参战人员及军队离退休干部148人，全年支出拥军慰问经费158万元；对接区文化馆组织开展文艺下乡慰问老兵演出活动2场，实现走访慰问工作全域覆盖；打造首个具有普陀辨识度的“崇军商圈”，得到军方和市人大代表考察团肯定；营造双拥氛围，在车站、码头播放双拥宣传广告，拍摄双拥宣传片，利用“报、网、微、屏”宣传双拥工作；“普陀区选育‘兵支书’打造基层领头雁”经验做法被省委办公厅内刊转载。

【抚恤优待】 2022年，区退役军人事务局做好1460名优抚对象定期抚恤生活补助金的调标及核发工作，合计发放900余万元。与民政、社保比对享受物价补贴优抚对象，按一种身份就高享受原则，全年发放物价补贴合计 33 万元；组织军休所老干部、遗属及现役义务兵父母、在乡重点优抚对象免费体检，完善军休干部健康档案；为义务兵、应征入伍大学生和预备消防士发放优待金和奖励金 465 万元；推进社会化帮扶，投入 21.6 万元资金，为 6 个镇街 800 余名优抚对象和现役军人家属开展优抚服务 1600 余次。加强英雄烈士纪念设施保护管理，投入资金 190 余万元，为全区 71 座散葬烈士墓和 10 座烈士纪念设施进行全面修缮。

7 月 27 日，召开区委退役军人事务工作领导小组第四次全体（扩大）会议（区退役军人事务局提供）

【退役军人移交安置】 区退役军人事务局严格执行国家阳光安置政策，2022 年，组织 40 名返乡退役士兵欢迎仪式，组织退役军人参加市退役军人事务局联合浙江国际海运职业技术学院、舟山市美线网络科技有限公司等单位开展的电商直播技能培训。接收 3 名转业军官，完成 10 名转业士官选岗安置工作，2 名大学毕业生退役士兵事业单位招聘任务；提前完成 2022 年度 29 名自主择业军转干部年度登记、年度医疗保险申请与代收代缴业务工作，代收代缴金额 4 万元；完成发放 28 名随军家属生活补助金 14.75 万元；各项安置工作指标完成率 100%，让退役老兵安心返乡就业。

【区退役军人服务中心】 2022 年，普陀区投入创建资金 30 余万元，成功创建全省“新时代枫桥式退役军人服务站”10 家，其中街道（镇）级 4 家、社区（村）6 家。创建市级功能型退役军人服务站 2 家。设立专项法律服务窗口，全年为退役军人提供法律咨询 27 人次；建立适应性培训、创业培训等五大培训项目体系，开展专场招聘会，发放推荐书 300 余份，推荐岗位 100 个，并组织 4 场“三送”进军营活动，促进 15 家企业提供 70 余个就业岗位，受益官兵达 300 余人。引进军创企业 6 家，市外规模企业 2 家，帮助就业 8 人。加强协会金融服务，成立全市首家退役军人创业者协会，与多家金融机构共同推行“军创贷”合作项目，发放贷款 1.5 亿元。推进老兵数字建档及优待证申领发放工作，截至 12 月 6 日，全区退役军人及其他优抚对象数 7000 人，建档立卡 6916 人，优待证申领发放 6804 人。

【军休活动】 2022 年，区军休所针对军休干部特点，以就近便捷为原则，丰富充实军休干部晚年生活。提升军休所老干部工作、学习硬件设施条件，落实好优抚待遇，完成新办公用房的选址、装修设计工作；加强军休干部思想政治引领。每月召开支委会会议，管委会会议；开展党史专题学习会，如专题学习《中华人民共和国退役军人保障法》《中国共产党历史》等；丰富军休活动，除集体钓鱼外，还开展游览舟岱大桥，“八一”统一放映革命影片，中秋节结对做中式面点，重阳节组织游览定海小沙及最美公路，邀请浙江省舟山市阳光公证处为军休干部开展《遗嘱及遗嘱公证法律知识讲座问题》讲座等活动。

（撰稿：周巧璐）

编辑：魏斌

海洋与渔业

综　述

2022年，普陀区有涉渔镇街(管委会)11个，渔业村（社、公司)70个，经农业农村部批准有远洋渔业资格的企业20家。渔业人口72812人，渔业从业人员47500人，其中直接下海捕捞渔民35717人。市外捕捞渔工11651人，占下海捕捞渔民总数的32.62%。

2022年，全区渔业总产量93.61万吨，同比增长4.75%；总产值143.61亿元，同比增长10.7%。其中，国内捕捞产量34.11万吨，同比增长0.2%；远洋捕捞产量54.72万吨，同比增长8.2%；水产养殖产量4.78万吨，同比持平，产值10.58亿元，同比增长0.4%。

年末机动渔船数2316艘，比上年末减少29艘，其中生产渔船1897艘（含远洋生产渔船445艘)，减少19艘。渔船总吨位63.27万吨，下降0.3%，其中生产渔船总吨位51.78万吨，增长1.1%。渔船总功率88.36万千瓦，下降0.7%，其中生产渔船73.24万千瓦，增长0.3%。

海洋与渔业综合管理

【概况】 2022年年底，区海洋与渔业局辖事业单位5个：区海洋行政执法中队、区水产科学技术推广站、区渔船检验站、区渔港管理站、区远洋渔业产业发展中心；其他单位2个：浙江渔业互保协会普陀办事处、舟山(普陀)国家绿色渔业实验基地和创新中心。全区明确经营主体的休闲渔船有108艘，合计功率1.06万千瓦，全年接待游客26.39万人，总产值4186万元，税后利润1939万元。

【国家绿色渔业实验基地建设】
自舟山(普陀)国家绿色渔业实验基地和国家绿色渔业发展创新中心成立起，陆续引进新材料船舶产业链企业20余家，打造玻璃钢产业中心，更新改造玻璃钢材质渔船（含休闲、远洋)16艘。搭建新材料船舶综合服务平台，平台交易额超9000万元。成立中创船舶新材料研究中心，引入新材料新能源博士人才，创新组建集“产、学、研、用”一体化的联合体。

【国家级海洋牧场示范区建设】
2022年，区海洋与渔业局以“耕海”后“牧渔”为指导方针，全力打造海上“蓝色粮仓”。白沙国家级海洋牧场示范区建设完工，桃花国家级海洋牧场示范区实施方案通过省级评审，六横国家级海洋牧场示范区获第七批示范区称号。探索白沙牧场“渔旅结合”、六横牧场“渔养旅多产融合”发展模式，打造全省乃至全国现代化海洋牧场先进典范。

【渔业资源增殖放流】 全区全年投入资金近400万元，增殖放流海蜇、乌贼受精卵、三疣梭子蟹、大黄鱼、小黄鱼、黄姑鱼、黑鲷、条石鲷等海洋生物苗种12个批次，约1.82亿个单位，促进渔业种质资源恢复、海洋生态环境修复和渔民增收共富。8月，举办“千船联动、治塑海洋”中国舟山(普陀)首届海洋生物多样性保护志愿大行动启动仪式，以“百长共治、千船联动、万船协同”模式，持续养护海洋渔业资源。

8月，“千船联动、治塑海洋”中国舟山（普陀）首届海洋生物多样性保护志愿大行动启动仪式现场（区海洋与渔业局提供）

【浙江省渔业互保协会普陀办事处】 浙江省渔业互保协会普陀办事处属浙江省渔业互保协会下属部门，接受地方政府、区海洋与渔业局指导、检查，主要任务是通过组织渔区渔民会员参加互助保险，为会员生命财产提供经济补偿，并向会员提供安全生产服务，提高会员防灾抗灾能力，维护会员合法权益，促进渔业发展。办事处下设六横、虾峙、桃花、沈家门、朱家尖、东极、螺门7处展业点，开展的责任互保业务种类主要有：渔船互保（全损责任、综合责任），雇主责任互保（意外身故责任、意外致残责任、意外医疗责任、附加第三者人身伤亡责任）。开展试点的互保业务种类有：水产养殖互助保险（试点大黄鱼、厚壳贻贝）、渔业基础设施、渔船修造企业财产互助保险、休闲渔业承运人责任互助保险以及团体意外险。2022年，组织1693艘渔船参加渔船互助保险，14188名渔工参加雇主责任互助保险，10家大黄鱼养殖单位、1家厚壳贻贝养殖单位参加水产养殖互助保险，2477名休闲渔船（小快艇、小舢板）船员、游客参加承运人责任险，6家渔业制冰厂参加团体意外险，1家渔业船舶修造厂和26座渔港码头参加财产保险。办事处推动60马力以上作业渔船船东投保雇主意外身故险保额140万~150万元/人、意外致残险保额100万元/人以上，推广附加第三者人身伤亡险、渔船足额保险，意外事故保障金额基本满足会员实际赔偿需求。互保费规模8000余万元，提供风险保障服务266亿元，会员享受各级财政补贴800万元，享受无理赔奖励金850万元。全区作业渔船安全生产风险保障覆盖率99%以上。理赔方面遵循“主动、迅速、准确、合理”的工作原则，为渔民会员提供“一站式”保障服务。全年渔船、渔工、其他涉渔保险理赔案件结案649起，为渔民会员提供灾后经济补偿5082万余元。

海洋捕捞与海水养殖

【国内捕捞】 2022年年底，全区有机动渔业船舶2316艘，比上年末减少29艘。总吨位63.27万吨，总功率88.36万千瓦。其中，捕捞渔船1897艘，总吨位51.70万吨，总功率73.04万千瓦。捕捞渔船中600马力（约441千瓦）以上433艘。作业方式主要有拖网、围网、刺网、张网、钓具等。全年全区国内捕捞产量34.11万吨，同比增长0.2%。全年全区全面推广船载超低温冷冻保鲜技术，升级改造国内捕捞渔船256艘，实现全区80%以上拖虾作业渔船低温冷链全覆盖，预计提升水产品附加值30%以上。鼓励发展资源友好型捕捞作业方式，全区40艘帆张网渔船全部“减船转产”，压减功率1.13万千瓦，全省率先“清零”，经验做法在全省推广。

【远洋捕捞】 2022年年底，全区有各类远洋渔船445艘（含中国农业发展集团有限公司、中水集团远洋股份有限公司等所属远洋渔船），其中直接捕捞渔船430艘，占全市远洋渔船总数的70%。全年全区远洋捕捞总产量54.72万吨，同比增长8.2%，占全市的75%，占全省的57%。全区试点远洋渔业国资企业股权改革，探索远洋渔业企业股份制改

2022 年普陀区国内捕捞分品种产量统计表

表 13　　　　　　　　　　　　　　　　　　　　　　　　　　　　单位:吨

项　目	2021 年	2022 年	2022 年比 2021 年增减(%)	项　目	2021 年	2022 年	2022 年比 2021 年增减(%)
海洋捕捞产量	340273	341065	0.23	龙头鱼	4716	3091	-34.46
一、鱼类	187678	184238	-1.83	金枪鱼	203	226	11.33
其中:海　鳗	8665	11801	36.19	鲳　鱼	10105	9014	-10.80
鳓　鱼	1147	639	-44.29	马面鲀	702	560	-20.23
鳀　鱼	844	661	-21.68	竹荚鱼	986	651	-33.98
沙丁鱼	1773	1616	-8.86	鲻　鱼	1731	1559	-9.94
鲱　鱼	1073	1146	6.80	其　他	42968	39193	-8.79
石斑鱼	25	44	76.00	二、甲壳类	144457	148286	2.65
鲷	447	419	-6.26	1.虾	118298	123014	3.99
蓝圆鲹	4520	3599	-20.38	其中:毛　虾	11947	7550	-36.80
白姑鱼	4183	4450	6.38	对　虾	28299	29688	4.91
黄姑鱼	3236	3466	7.11	鹰爪虾	44245	45933	3.82
鮸　鱼	10406	10082	-3.11	虾　蛄	8754	8801	0.54
小黄鱼	10541	11879	12.69	2.蟹	26159	25272	-3.39
梅童鱼	26108	23282	-10.82	其中:梭子蟹	25188	24274	-3.63
方头鱼	2065	2858	38.40	青　蟹	17	18	5.88
玉筋鱼	9965	10550	5.87	蟳	600	657	9.50
带　鱼	26568	26935	1.38	三、贝　类	5929	6573	10.86
金线鱼	160	168	5.00	四、头足类	2209	1968	-10.91
梭　鱼	20	23	15.00	其中:乌　贼	848	828	-2.36
鲐　鱼	10640	9398	-11.67	鱿　鱼	1284	992	-22.74
鲅鱼(马鲛鱼)	3881	6928	78.51	章　鱼	77	120	55.84

革新路径，全区 20 家远洋渔业企业股权改革率达 95%。坚持“造大船、闯深海”,培优做强全产业链,全年核发国际履约奖补与能力建设补助资金 4.2 亿元,引导远洋渔业企业新购省外带配额的远洋渔船 7 艘,更新改造远洋渔船装备设施 392 套,组织远洋船员行前培训 44 期、培训船员 2750 人。

【海水养殖】 2022 年,全区海水养殖总面积 1473 公顷，同比下降 0.27%;产量 4.78 万吨,与上年持平;产值 10.58 亿元,同比增长 0.4%。其中，浅海养殖面积 213 公顷,同比下降 8.2%;产量 1.59 万吨,同比下降 0.1%。浅海养殖主要品种有海带、贻贝等。滩涂养殖面积 207 公顷,同比增长 0.98%;产量 0.62 万吨,同比下降 9.3%。主要品种有蛏、蚶、泥螺、蛤等。围塘养殖面积 1053 公顷,同比增长 4.0%;产量 2.57 万吨,同比增长 2.8%。全年推广应用配合饲料养殖面积 1.55 万亩(约 1033.33 公顷)、浅海标准网箱 4600 只。推动全区规模以上养殖单位建设尾水处理设施，投资约 100 万元实施全区养殖尾水排放数字化检测设备安装项目,以养殖尾水“零直排”促进海水产品“高颜值”。开展争创省级健康养殖示范县活动，成功创建 6 家省级健康养殖示范场。

渔港建设

【概况】 2022 年年底，全区有渔港 20 个。其中，国家级中心渔港 2 个，为沈家门中心渔港、舟山中心渔港；一级渔港 3 个，分别为虾峙渔港、台门渔港和桃花渔港；二级渔港 4 个；三级渔港 5 个；自然岙口 6 个。

【区渔港管理站】 主要职责：协助做好全区渔港建设与规划，组织申报、转报渔港建设项目。协助做好渔港建设工程项目的推进、督查和验收。协助做好渔港资产的运作、维护和增值保值及渔港水域环境污染的防治工作。协助做好保障沈家门中心渔港港区两岸防浪堤及港池、桥隧水域的安全。

【渔港改造提升】 以沈家门城市有机更新为主线，做好渔港改造提升工作，初步实现渔港分区、渔船分类、渔货定点上岸的有序化管理。投资 622 万元建成沈家门渔港休闲渔船停泊基地，新建休闲渔船泊位 61 个。台门一级渔港扩建工程、沈家门渔港美化亮化二期工程完成交工验收并投入使用，沈家门渔港美化亮化三期工程通过建设方案评审开展施工图设计。

沈家门中心渔港集中预处理中心（海洋云仓）（区海洋与渔业局提供）

【“海洋云仓”平台建设】 以沈家门中心渔港为核心，在舟山中心渔港普陀段、沈家门中心渔港、月岙和樟州二级渔港、桃花一级渔港，布局“1+5”模式“海洋云仓”，自动生成可视化产废单、收集单、运输单、处置单和监管单“电子五联单”，搭建形成渔业水污染物防治网。出台《普陀区等级以上渔港污染防治综合管理办法》《渔船环保三色码管理办法（试行）》等，构建“事前研判预警、事中监测干预、事后执法监管”的全流程闭环管理。将全区 1500 余艘 24 米以上渔船全部纳入“海洋云仓”治污管理。到 2022 年年底，规范处置渔船水污染物 42 艘次，约 11.33 吨。

渔业安全监管

【概况】 2022 年，普陀区渔业领域发生等级以上水上事故 3 起，死亡（失踪）3 人，未发生较大以上安全事故，未超过省、市、区下达的控制指标。区海洋与渔业局出台《舟山市普陀区加强渔业领域安全生产系统治理促进海洋渔业高质量发展行动实施方案（2022—2024 年）》等措施，开展渔业领域安全生产“春雷行动”、伏休期专项整治攻坚、除险保安“百日攻坚”和海上平安护航月行动，持续完善渔船安全管理长效机制和综合治理体系。

【整合基层点验中心】 区海洋与渔业局采取“大并小”跨乡镇融合模式，将原有 11 个基层渔

6月7日，召开海上专项整治再深化暨“三无”船筏集中销毁现场会（区海洋与渔业局提供）

船点验中心整合提升为7个，实现点验中心场所标准化、组织规模化、队伍专职化、职责清单化、保障制度化，推动渔船点验由“被动值守”转变为“主动干预”。

【常态化渔船隐患排查】 区海洋与渔业局依托“除险保安”和“风险普查”平台，常态化开展渔船安全每月自查、每季度政府检查全覆盖，实现渔船重大风险辨识率100%、10人以上渔船安全隐患整改落实率100%。紧盯渔船开捕节点，开展区党政领导登船检查行动，做到“检查一艘、合格一艘、放行一艘”，严防渔船“带病出海”。开展海上平安护航月行动，集中派遣5个工作小组深入渔村、港口、码头等基层一线，开展蹲点指导和安全服务，现场登船检查317艘、排查整改隐患203处，做到力量下沉、关口前置、严防死守、风险可控。

【提升船员综合素质】 区海洋与渔业局全面推进渔业船员综合管理改革，推行船员实名制保险和安全生产责任挂钩机制，实施“线上+线下”船员培训制度，开展渔业船员违法违规记分管理，确保渔业船员“人证相符”、职务适任、岗位适配。全年培训职务船员2598人、普通船员5202人；开展渔船船东船长“面对面”安全教育1982人次，组织违规渔船船东船长强制学习203人次。

【巩固提高渔船本质安全】 区海洋与渔业局推进“船图不符”“船证不符”专项排查、海上“病老”渔船专项淘汰整治和海上“千万工程”等工作，严把渔船检验关、整治关、淘汰关。累计受理检验渔船1639艘，培育示范渔船65艘，完成整治渔船420艘；排查发现“船图不符”渔船66艘、“船证不符”渔船200艘，同步开展专项攻坚整治。

【“浙渔安”系统应用】 区海洋与渔业局为全区1161艘12米以上渔船安装“天通电话”，1321艘24米以上渔船安装“宽带入海”，实现海陆互联互通“全覆

区委书记孙志龙调研小型休闲船艇安全管理工作（区海洋与渔业局提供）

盖”。组织全区1604艘渔船、1.37万名船员推广应用渔业安全码（即“渔船码”“船员码”），实现“船员扫码上船、渔船验码出海”闭环管理。启用浙江省渔船安全精密智控一体化工作平台，建立健全“监测—预警—处置—反馈”工作机制，推动编组生产、值班瞭望、主动报告、安全提醒、动态干预等制度落实落细，实现渔船“全天候、全时段、全区域”监管。

【“浙里钓”应用升级】 区海洋与渔业局聚焦海上小型船艇安全管理和休闲产业发展，以六横国际海钓公园为试点，融合钓船、钓客、钓场、钓货等要素，开发建设“浙里钓”应用平台，实现“浙里办”和“浙政钉”双端上线。该项目获工业和信息化部第五届绽放杯5G应用征集大赛浙江区域赛决赛三等奖。在此基础上，紧盯“一码溯源、一屏通办、一键救援、一镜识别”功能，谋划更新迭代“浙里钓2.0”版本，通过建立18个多跨场景应用，解决15项重大需求、实现8项重大改革创新。

海洋与渔业行政执法

【区海洋行政执法中队】 区海洋行政执法中队为区海洋与渔业局所属公益一类（执法）事业单位，机构规格相当于正股级，挂区渔业应急处置指挥中心牌子。在岗人员76人。有海洋与渔业执法船艇6艘：中国渔政33022船、中国渔政33111船、中国渔政33112船、中国渔政33113船、中国渔政33122船、中国渔政33126船（借调中街山列岛海洋特别保护区使用），船艇吨位37~365吨，航速11~25节不等，能适应中、近海海上行政执法检查和抢险救灾等任务。

【渔船安全专项执法行动】 区海洋与渔业局以“雷霆”系列、“铁拳2号”等专项行动为抓手，综合运用行政处罚、停航整改、违规记分、司法移送等手段，使渔船船东船长主动落实安全生产主体责任。全年开展海上行政执法检查1002次，检查渔船1173艘次，责令现场整改103艘、限期整改254艘、停航整改98艘；查获“三无”船舶101艘，查处各类违规案件399起，收缴罚没款366.7万元，收缴违禁网具816顶、违规流刺网1.2万余米，依法行政拘留1人、刑事移送5起45人。

【海洋渔业资源保护专项执法行动】 区海洋与渔业局采取“海查陆巡、部门联动、夜间突查”等方式，联动区公安分局、区市场监管分局、区城管执法局、舟山海警支队等职能部门，全时段、全区域、全链条打击非法交易、运输、收购、捕捞违禁渔获物行为。伏休期间，组织陆上执法检查92次，检查市场、排档及道路摊位1638家次；收缴查获违禁渔获物4657.68千克，放生梭子蟹幼蟹、章鱼等385.23千克。

【“海盾”“碧海”“护岛”专项执法行动】 区海洋与渔业局实行“日常巡查、复核检查、专项巡查、联合执法”相结合，依法查处违法使用海域、损害海洋环境与资源、破坏海上设施等违法违规行为。全年组织海监执法检查83次，检查各类用海项目67个（其

8月30日，农业农村部副部长马有祥（中）调研普陀渔业工作（区海洋与渔业局提供）

中海域类45个、海洋类18个、海洋工程类4个)，立案查处10起，罚款金额14.70万元。

（撰稿：许振磊）

【浙江省海洋维权巡航执法基地】 浙江省海洋维权巡航执法基地（简称省海洋执法基地）是省农业农村厅下属副处级公益一类事业单位，主要负责省海洋与渔业执法总队执法船艇的调度及后勤保障补给、执法船员日常管理、海上定点值班、参与抢险救灾及海上突发事件处置、协助海上打私、辅助海洋与渔业执法及维权巡航等工作。办公地址在朱家尖街道福利门路23-8号。

基地有使用岸线200米，陆域占地总面积50亩（约3.33公顷）。建有指挥中心综合楼、船员宿舍等，总建筑面积3454.8平方米；前沿外侧布置2000吨、600吨海监船停靠固定码头各1座，快艇停靠浮码头1座，另建有扣船区、网络指挥中心、短波通信等设施。执法船艇4艘，即中国海监7008船(1500吨级)、中国渔政33001船(500吨级)、中国渔政33002船(300吨级)、中国渔政33009船(快艇)，总资产3亿余元。

2022年，省海洋执法基地围绕除险保安、稳进提质、变革重塑等工作，发挥执法辅助和服务保障职能，开展渔船安全监管、伏休执法、长江口禁捕、抢险救灾等任务，推进重点时段海底光缆巡护和军演警戒，维护渔业秩序稳定向好，全年执行各类任务118航次、856天，航程近2.1万海里，海上见警率较上年提高64.3%。牵头探索渔业执法检查“海空联动”新模式，多跨协同，统筹省市县执法“一张网”，提升海上执法监管效率。省海洋执法基地通过常态执法、交叉执法、海陆联动等多形式执法，紧盯关键节点、易发隐患，配合推进除险保安百日攻坚行动，组织开展涉海涉渔领域“春雷”“铁拳”行动等安全类执法30航次，其中联合执法行动7次。以预防和减少渔船安全事故为导向，调度执法船及时做好海上应急救助、渔事纠纷调处和涉渔管控工作，全年开展渔政船安全救助定点值班和日常安全生产监管巡查15航次、82天，航程2613海里；实施抢险救灾3航次，救助伤病渔民2人，搜救侧翻渔船1艘，保障渔民生命财产安全。强化执法巡航和动态监管，完成中共二十大、进博会、北京冬奥会和冬残奥会期间浙江海域海底光缆巡护执法行动，共5航次、48天（其中单次单船最多连续航行15天）；根据部署配合开展海上特定区域扫海警戒任务10航次，累计出动执法人员129人次，巡航1614海里，劝离、引导渔船驶离特定水域42艘次，为重大活动和演习开展营造良好海上环境。

海上执法部门开展联合执法（省海洋执法基地提供）

通过“海上打”“港口堵”“陆上巡”，利用伪装侦察、驻点蹲守、夜间突袭等多种战术战法，开展以“雷霆”行动为核心的海洋伏季休渔专项行动。与东海区海警局航空力量对接，推动执法检查“海空联动”，形成多跨联动、集成执法攻坚态势。伏休期间，调度执法船艇开展任务26航次、355小时，航程3886海里。落实长江“十年禁渔”制度管控，全年根据总队部署，安排3艘执法船艇定期开展长江口水域专项执法行动和常态化执法巡航值班，利用“技防+人防+责任防”手段，严管鳗苗特许捕捞，严查刀鲚凤鲚非法捕捞，严打各类违法违规行为。累计开展任务20航次，航程6121海里。紧盯辖区海域渔业态势，重点围绕关键水域、交界水域、违规高发水域等开展执法监管。2022 年 2 月起，派员协助总队直属二支队推进瓯江、椒江等八大流域浙南部分禁渔执法监管。

每月定期组织“船艇安全日”，推进应急演练，通过消防救生、应急逃生、船艇灭火等多项实战模拟，抓好船员专业技能增强、安全素养提升和岗位风险防控等工作。保障渔政海警执法协作机制推进活动和 2022 年浙江省海洋水生生物增殖放流活动两大活动在基地举行。强化“互联网+执法”数字赋能作用，迭代升级信息化设备，提升工作质效。联合舟山樟州村、东海救助局宁波救助基地共建基层支部联盟，利用举办座谈会、走访宣讲政策、联合村两委检查渔船等形式，对接管理部门和渔村渔民，以平台共创助推资源共享、机制联动，破解渔业基层治理难题。对外组织策划甬舟执法船艇主要职务船员业务实务培训，以理论学习、实操模拟、技能演练等多种形式为抓手，增强经验交流与学习，提升影响力。对内围绕驾驶、甲板、轮机等岗位，选树有经验的业务老手、岗位骨干组成“小教员”队伍，推动业务培训常态化、标准化、长效化。坚持“强队”训练，以准军事化训练、岗位练兵、技能比武等载体为抓手，强调全员、全面、全程参与，系统锻造铁军。

（撰稿：颜芬玲）

远洋渔业企业选介

【舟山宁泰远洋渔业有限公司】 舟山宁泰远洋渔业有限公司成立于 2009 年 8 月，法人代表余昌军，注册资金 3000 万元，具有农业部颁发的远洋渔业企业资格证书。汇集专业技术及管理人员 40 余人。公司主营：船舶管理、远洋捕捞、冷藏运输、销售与贸易、仓储冷链。公司拥有一支由 60 余艘组成的现代化远洋船队，其中鱿钓渔船 49 艘，全市首批印度围网渔船 2 艘，配套远洋冷藏运输船 9 艘（4 艘渔业辅助船，5 艘方便旗），拥有 2.5 万吨储藏量冷库，是全国最大的鱿钓及冷藏运输民营企业。2022 年公司派遣赴北太平洋、东南太平洋、西南大西洋、印度洋公海鱿钓作业渔船捕获并运回鱿鱼 6.3 万吨，年产值约 6 亿元。

公司冷藏运输船队年运输量达 20 个航次，年转载鱼货量近 20 万吨，航行往返从各公海渔场及各港口间，主要有浙江舟山港及台州港、山东石岛港、福州马尾港，成功开拓台湾远洋市场运输业务。船队建设方面，公司拥有欧盟注册渔船 8 艘，运输船 6 艘，欧盟注册项目打通公司运输欧盟鱿鱼从捕捞、运输到加工的全链条。公司在渔船的通导设备、船位监控设备、监控探头、电子渔捞日志、船队网络布局后台系统建设上，通过与科研院校、设备供应商、网络服务商的联动，逐步探索实施海上组网方案，探讨出驾驶台无人值守警报系统、温控传感系统等新型管理方式，完善海上信息化水平。

2022 年，公司参与中国远洋渔业协会的团体标准制订工作，作为船冻鱿鱼加工标准制订应用项目示范单位，常年高捕货量和高回运量，为鱿鱼市场定价提供参考价值。年度鱼货销售额超 8 亿元，贸易额超 6 亿元，客户主要分布于中国沿海城市，并有部分初加工品和原料出口。公司成为全省百家渔业共富主体之一。

公司多次承担部、省、市级公海渔业资源探捕项目：率先拓展远洋鱼货短驳巴拿马港口集装箱中转运回国内的新项目；与中国水产科学研究院东海水产研究所、上海海洋大学共同开展科学技术部 863 计划项目“鱿鱼资源捕捞与加工技术开发”课题研究，派遣“宁泰 61”“宁泰 62”鱿钓船赴北太平洋开展 LED 集鱼灯、鱿鱼钓机海上试验工作，并完成试验；多次承担中东太平洋赤道海域鱿鱼资源探捕项目、东太平洋赤道北部公海茎柔鱼资源探捕项目、蓝色粮仓课题等，为后续渔船出海生产提供参考，达到探捕预期效果。2022 年，公司参与的“东太平洋鱿鱼可持续开发与养护关键技术及应用”获 2019—2021 年度全国农牧渔业丰收奖一等奖。

公司建立渔场网格化管理，健全渔船安全管理体系，推进“平安渔业”建设，夯实远洋渔船安全管理水平。牵头成立全市远洋合作化经营首个创新试点——舟山宁彦渔业专业合作社，实行统一管理、联合采购、联合销售、联合运输的经营管理模式，打破远洋渔船分散经营格局，构建远洋渔船配套保障服务平台，完善远洋渔船后勤保障结构，实现风险共担，利益共存。2021年10月，公司通过CCS远洋渔业企业安全管理体系评定并获符合证明，2022年10月成为全国首家拥有“开普敦协定符合证明”渔船的公司。

【平太荣远洋渔业集团有限公司】 平太荣远洋渔业集团有限公司成立于2007年，总注册资本5.6亿元，从业人员1500余人，是一家集远洋捕捞、运输、加工、储藏、销售、集装箱冷链物流、货物进出口、船舶修造、生物技术研发运用、餐饮服务、职业培训及石油化工于一体的综合性集团企业，是浙江省远洋渔业协会副会长单位、舟山市远洋渔业协会副会长单位、金枪鱼分会会长单位。集团下设15家子公司：浙江荣舟海洋产业股份有限公司、浙江平太荣生物科技有限公司、浙江荣畅海工实业集团有限公司、舟山平太荣船员管理有限公司、荣升（舟山）石油化工有限公司、深圳荣恒远洋渔业有限公司、舟山荣优荣远洋渔业有限公司、上海平太荣生物工程研究发展有限公司、舟山平太荣餐饮服务有限公司、嘉兴平太荣餐饮管理有限公司、江苏荣辅远洋渔业有限公司、杭州平太荣新媒体科技有限公司、舟山平太荣旅游管理有限公司、杭州平太荣餐饮管理有限公司、达州平太荣供应链管理有限公司。集团共运营51艘金枪鱼延绳钓船和3艘（仓储温度达到-60℃）6000吨级远洋超低温运输船。船队年鱼货捕捞量近2万吨，运输量近3.5万吨，金枪鱼捕捞量位居全国前茅。2022年，集团获批成立“中国远洋渔船修造中心”。

（撰稿：许振磊）

编辑：陈莉

农业农村与水利

综 述

2022年，普陀区第一产业实现增加值80.59亿元，比上年增长6.4%。渔农村常住居民人均可支配收入4.56万元，同比增长7%。

全年农作物播种面积4339公顷，比上年增长6.32%。其中，粮食播种面积（含马铃薯）1434公顷，产量6172吨；蔬菜种植面积1901公顷，产量29297吨；园林水果产量6730吨。全区生猪存栏1.01万头，同比下降21.1%；生猪出栏1.33万头，同比下降40.85%。

普陀区按照“五大振兴”（乡村产业振兴、乡村人才振兴、乡村文化振兴、乡村生态振兴、乡村组织振兴）总要求，印发《关于2022年高水平推进海岛乡村全面振兴争创国家级乡村振兴示范区的实施意见》，围绕同舟共富、普惠共享、共同富裕总目标，联动推进渔农业高质量发展、海岛全域美丽大花园、强村富民集成改革、四治融合乡村治理建设、党建统领红色根脉强基五大行动，打造共同富裕大场景下的乡村振兴海岛样板。普陀区连续5年获评乡村振兴工作考核优秀单位，获“神农鼎·铜鼎”，被省强村富民集成改革专班列为宅基地盘活+乡村建设试点县区、农业“标准地”改革试点，被确定为农村公路养护体制改革省级试点；获评2021年度农村生活污水治理工作专项考核优秀县。组建全市首家跨岛的红动蓝湾强村经营发展公司。制定“五级书记抓乡村振兴”建立海岛乡村振兴指战员一线工作法。展茅街道黄杨尖村入选第九批“全国民主法治示范村（社区）”，东极村入选2022年度中国美丽休闲乡村。

2022年，全域打造新时代美丽乡村，对照《新时代美丽乡村建设规范》《舟山市渔农村评价标准》《新时代美丽乡村全域发展创建标准》，创建完成7个市级美丽乡村精品村，建设完成全域创建项目即蚂蚁美丽小岛、虾峙美丽乡镇、六横美丽风景带各1个（条），启动全域创建项目即白沙美丽小岛、桃花美丽乡镇、登步美丽风景带、葫芦岛空心岛各1个（条）。以数字赋能，助推乡村振兴，创建完成展茅街道黄杨尖村、东极镇东极村省级未来乡村试点村；启动创建3个省级未来乡村，即蚂蚁岛管委会蚂蚁岛村、白沙岛管委会白沙港村、桃花镇塔湾村。依托省级“浙里未来乡村在线”平台，贯通应用展茅街道“乡创未来·共富市集”特色应用小程序；总结、提炼和推广东极未来乡村建设典型模式做法，为共同富裕先行贡献“未来”力量。

2022年，推进乡村风貌整体提升行动。整治交通主干道两侧农田环境，打造美丽田园、整洁村庄升级版，完成东西快速路沿线环境整治。完善长效管护和责任落实机制，制定环境整治长效机制。新增农村生活污水处理设施改造8个，新增农村生活污水处理设施标准化运维136个；创建省级星级公厕10座（示范性公厕2座）；创建美丽庭院1700户、一米菜园3个。深化“千万工程”，实施和美海岛共富示范带，完成投资5373万元，完成任务数的107.5%。实施5个“小岛你好”共富提升行动；新增具有普陀特色的市级美丽精品村7个；推进全域发展创建，完成蚂蚁美丽小岛、虾峙美丽乡镇及六横美丽风景带创建。启动建设蚂蚁岛省级历史文化村落重点村。黄杨尖村、东极村首批2个试点村通过省级成效评价工作,东极村被列入全省十大未来乡村创建模式。浙里办数字社会“我的家园”上线率与活跃度全市第一。登步岛沙头村、虾峙镇东晓村、六横镇五星村列入省级第三批未来乡村培育对象。

2022年,全区宅基地易地新建加原拆原建累计审批279宗,面积34226.45平方米。累计盘活闲置农房1281套。以“浪舞白沙·海钓乐园”为发展主题,通过政府扶持、社会投入,将黄沙头自然村作为闲置农房盘活试验点,打造白沙特色化众创小镇。

2022年,普陀区出台《普陀区新一轮村级集体经济提升发展五年行动计划》,上报村级集体经济项目6个,总投资1685.90万元。全区74个渔农业村(股份)经济合作社,村级集体经济总收入21183.68万元。74个村共完成村集体经济总收入30万元以上,经营性收入15万元,提前完成省农业农村厅“到2025年全省集体经济年收入30万元且经营性收入15万元以下行政村基本消除”任务目标。

2022年,经工商注册登记渔农民专业合作社154家,其中土地股份合作社1家。合作社成员2189人。全年农民专业合作社总收入21630万元,当年盈余1030万元。全区经工商注册登记家庭农场253家,经营土地面积11800亩(约786.67公顷),家庭成员劳动力568人,年销售农产品总值8200万元。认定区级以上示范性专业合作社53家,其中国家级2家、省级9家。认定区级以上示范性家庭农场50家,其中省级13家,市级17家。培育农创客180人。

2022年,舟山市海塘加固工程普陀区项目续建海塘2条,总长1470米,完成年度投资1258万元;普陀区海塘安澜工程(乡镇海塘)项目续建加固海塘1条,新建加固海塘14条,总长12970米,新建配套闸站3座,完成年度投资2亿元;持续推进农业水价改革,完成提升改造农业灌溉泵站机埠2座,投资10万元。

(撰稿:刘奕汝)

展茅街道路下徐未来乡村立面改造(区农业农村局提供)

新渔农村建设

【美丽乡村建设】 2022年,区农业农村局全域打造新时代美丽乡村,对照《新时代美丽乡村建设规范》《舟山市渔农村评价标准》《新时代美丽乡村全域发展创建标准》,创建完成7个市级美丽乡村精品村,建设完成全域创建项目即蚂蚁美丽小岛、虾峙美丽乡镇、六横美丽风景带各1个(条),启动全域创建项目即白沙美丽小岛、桃花美丽乡镇、登步美丽风景带、葫芦岛空心岛各1个(条)。

【未来乡村建设】 以数字赋能,助推乡村振兴,创建完成展茅街道黄杨尖村、东极镇东极村省级未来乡村试点村;启动创建3个省级未来乡村,即蚂蚁岛管委会蚂蚁岛村、白沙岛管委会白沙港村、桃花镇塔湾村；依托省级“浙里未来乡村在线”平台，贯通应用展茅街道“乡创未来·共富市集”特色应用小程序；总结、提炼和推广东极镇未来乡村建设典型模式做法，为共同富裕先行区贡献“未来”力量。

【历史文化重点村打造】 区农业农村局为蚂蚁岛管委会蚂蚁岛村申报浙江省历史文化（传统）村落保护利用重点村和一般村，确定蚂蚁岛管委会蚂蚁岛村为第十一批历史文化（传统）村落保护利用重点村，做好蚂蚁岛历史古建筑保护修缮和传统文化挖掘传承工作。

【渔农村环境卫生】 区农业农村局以构建渔农村风貌为牵引，从村庄环境整治入手，推动乡村风貌变化，巩固拓展整洁村庄、整洁田园双提升专项行动成果。通过组织开展城乡环境整治专项、东西快速路沿线渔农村环境综合整治提升、渔农村全域整治提升攻坚三大行动，纠治渔农村乱堆放、乱丢弃、乱搭建等问题，累计清理废弃垃圾 8560 吨，乱堆乱放 2862 处，河塘沟渠 121 条，家禽散养 96 户，整治规范棚架、围栏、管理房 2345 处，修补美化立面 2500 余平方米，完成绿化复种补植 7430 平方米，投入 8760 人次，全区渔农村环境水平有较大提升。由区农业农村局工作领导小组办公室牵头，每季度采取第三方机构考核、区委农办复评的方式对全区 61 个行政村进行常态化检查考评，将考核结果进行通报公示，并与资金奖补、单位考核、评优推荐挂钩，通过以考促进，不断压实压紧各级主体责任，推动渔农村环境卫生向好、向优发展。从全年检查考评情况来看，行政村合格率 95% 以上，全年下拨奖补资金 937.9 万元。

【渔农村厕所革命】 区农业农村局推进农村公厕建设改造，按“满足居民需求、体现当地特色、融入村容村貌”的工作思路，在合理规划、科学布局基础上，突出乡土元素，强化地域特色，完成 40 座渔农村公厕建设改造，景观特色具代表性的有展茅街道黄杨尖路下徐公厕、蚂蚁岛管委会蚂蚁岛村入岛口公厕、东极镇东福山公厕、六横镇和润村里岙公厕、展茅街道横街村翁家岙公厕、普陀田园综合体游客服务中心公厕。渔农村公厕由单一服务向多元服务转变，在满足基本需求的同时，注重提升个性化服务水平，将无障碍通道及厕位、第三卫生间、热水系统、烘手器、母婴折叠板、厕间警报器、衣帽钩、急救药包、地图导航、应急照明等个性特色服务设施作为提升重要内容，建成无障碍通道及厕位 76 个、第三卫生间 21 间，配备热水系统 45 套、烘手器 32 套，安装厕间警报器 37 套、应急照明灯 74 盏。建管兼行，对标《浙江省农村公厕建设改造和管理服务规范》《浙江省农村公厕星级评定表》等，加大资金保障力度，采取新建或改建的方式进行完善提升。投入 930 余万元，新建渔农村公厕 19 座，改建渔农村公厕 21 座。在日常管理维护上，下发《普陀区全面推进渔农村公共厕所服务大提升行动方案》《关于开展渔农村公共厕

建设后的渔农村厕所（区农业农村局提供）

所设施和管理提升大行动的通知》《渔农村新建(改建)公厕规范文件汇编》等文件,通过培训评审、实地指导、检查考评等方式,强化管护力度。全区已建立健全第三方机构+村专人管护机制,每年安排渔农村公厕管护经费300余万元。普陀区成功创建并获评省级星级公厕28座、省级示范公厕8座。

【渔农村生活垃圾分类】 区农业农村局以垃圾分类数字化改革为突破,在黄杨尖村试点运行基础上,今年安排资金312万余元,展开垃圾分类一件事数字化应用平台——E网扫净提质扩面,加快渔农村生活垃圾分类大数据应用场景落地,推进展茅街道、桃花镇、蚂蚁岛管委会、登步岛管委会、白沙岛管委会5个镇街 (管委会)19个渔农村垃圾分类数字化改革建设。通过建立农村生活垃圾业务全流程数字化监管+村民源头分类成效积分奖励机制,实现渔农村生活垃圾源头可溯、去向可追、过程可控、分清可奖。区农业农村局牵头起草《舟山渔农村生活垃圾数字化管理规范》。全年完成2个省级高标准生活垃圾分类示范村创建,1个五星级资源化站点创建,2个资源化站点技改提升,3个渔农村回收网点建设提升,1个农村中转站建设提升,23个垃圾分类村巩固提升等任务。

【宅基地审批及闲置农房盘活利用】 2022年,普陀区宅基地易地新建加原拆原建累计审批279宗,面积34226.45平方米。全区盘活闲置农房1281套。完成白沙岛2022年度闲置农房示范区创建工作。白沙岛闲置农房盘活示范区位于白沙岛白沙港村黄沙头区域,实行整体打造,由浙江自贸区佑舍文化发展有限公司开发,预计总投资1亿余元,立足“五美发展”理念,依托未来乡村、美丽小岛建设,以海洋渔家风情为主线特色,以“浪舞白沙·海钓乐园”为发展主题,通过政府扶持、社会投入,将黄沙头自然村作为闲置农房盘活试验点,打造白沙特色化众创小镇。

(撰稿:吴琼)

农村经营管理

【村级集体经济】 2022年,上报村级集体经济项目6个,其中薄弱村项目2个、飞地抱团项目1个,总投资1685.90万元。全区74个渔农业村(股份)经济合作社,村级集体经济总收入21183.68万元。其中,经营收入10532.62万元,发包及上交收入4359.82万元,投资收益2348.65万元,补助收入3379.62万元,其他收入562.97万元。74个村全部完成村集体经济总收入30万元以上,经营性收入15万元,提前完成省农业农村厅“到2025年全省集体经济年收入30万元且经营性收入15万元以下行政村基本消除”任务目标。

【新型经营主体】 2022年,经工商注册登记渔农民专业合作社154家,其中土地股份合作社1家。合作社成员2189人。全年农民专业合作社总收入21630万元,当年盈余1030万元。全区经工商注册登记家庭农场253家,经营土地面积11800亩(约786.67公顷),家庭成员劳动力568人,年销售农产品总值8200万元。认定区级以上示范性专业合作社53家,其中国家级2家、省级9家。认定为区级以上示范性家庭农场50家,其中省级13家、市级17家。培育农创客180人。

【清廉村居建设】 2022年,普陀区各镇街(管委会)申报创建沈家门街道鲁家峙村、展茅街道茅洋新村、东港街道永兴村、桃花镇盐厂村、虾峙镇东晓村、六横镇高峰村、登步岛管委会沙头村7个清廉村居试点村。12月中旬,组织对全区清廉村居试点村进行自查验收,7个试点村达到清廉村居建设内容及评价标准。

【善治示范村创建】 2022年,区委组织部、区委宣传部、区委政法委、区民政局、区司法局、区农业农村局等部门创建完成10个善治村,其中,六横镇积峙村、梅峙村、双屿港村,桃花镇沙岙村,登步管委会沙头村、竹东村共6个村被推荐为省级善治村,虾峙镇兴港村、桃花镇对峙村、六横镇滚龙岙村和六横镇青山村被推荐为省级善治示范村。

【新时代乡村集成改革】 根据省委、省政府部署要求,结合普陀区实际，围绕“渔农民发展”，以“扶持渔农民创业就业”为切入点，推进试点任务，确保试点工作推进、取得实效。普陀区构建海岛乡村人才振兴制度框架和政策体系，出台乡村振兴返乡大学生创业示范基地帮扶机制、推进高素质农民继续教育机制，推进成立农民培训机构运行机制，激活渔农村资源要素，形成一批改革经验，打造新时代集成改革方法的“普陀样本”。普陀区作为全市唯一成功入选首批试点名单。

（撰稿：沈依雯）

粮食功能区（区农业农村局提供）

种植业

【种植业生产情况】 2022年，农作物总播种面积4339公顷，比上年增加6.3%。其中，经济作物播种面积2905公顷。粮食播种面积（含马铃薯）1434公顷，比上年增长20.40%；产量6172吨，比上年增长12.10%。水稻播种面积502公顷，产量2968吨。番薯播种面积116公顷，产量654吨。马铃薯播种面积144公顷，产量477吨。玉米播种面积110公顷，产量514吨。大豆播种面积220公顷，产量541吨。油菜种植面积479公顷，比上年增长5.3%；产量802吨，比上年下降1.6%。蔬菜种植面积1901公顷，比上年增长3.9%；产量29297吨，比上年下降0.9%。果用瓜种植面积385公顷，比上年下降11.9%；果用瓜产量10125吨，比上年下降5.21%。果园面积479公顷，比上年下降30.38%；园林水果产量6730吨，比上年下降35.28%。茶园面积134公顷，比上年下降12.42%；茶叶总产量43.4吨，比上年增长17.62%。普陀区继续将粮食生产任务作为农业重点工作来抓，对果树种植园、苗圃等非粮化土地进行非粮化整治，对基本农田进行高标准建设，对低产盐碱地进行改造并种植高粱、油菜等作物。故瓜果、果树、茶叶等经济作物面积有较大幅度减少，而水稻、油菜等粮油作物面积有大幅度增加。

【粮食生产】 2022年，普陀区粮食播种面积1434公顷，比上年增长20.4%。其中，早稻播种面积94公顷，中晚稻播种面积408公顷，旱杂粮播种面积932公顷。粮食产量6172吨。完成粮食功能区范围确定和“非粮化”整治。普陀区粮食功能区范围入库经省农业农村厅审核通过，全区累计360公顷。

【数字农业】 2022年，区农业农村局做好浙农优品贯通应用、浙农田贯通应用、浙农富裕农家乐管理贯通应用、浙茶香贯通应用工作。对升级版的浙农优品应用进行培训，肥药两制主体入库77家，激活77家，激活率100%。农资店14家已全体入库。各镇街（管委会）粮食生产功能区5400亩（360公顷），其中展茅街道1200亩（80公顷）、登步岛管委会500亩（约33.33公顷）、桃花镇1400亩（约93.33公顷）、六横镇2300亩（约153.33公顷），全部完成入库，通过市级和省级验收。完成农家乐四星申报18家，录入农家乐170家。茶企已录入13家。把展茅街道田园牧歌打造为市级未来农场。把智慧田园特色应用的组件放到乡村大脑末

高标准农田建设（区农业农村局提供）

来市集板块中。

【高标准农田建设】 2022年，普陀区新建设高标准农田861.8亩（约57.45公顷）；其中，六横镇红卫盐场818亩（约54.53公顷），东港街道芦花村43.8亩（2.92公顷）。补建高标准农田1142.7亩（76.18公顷）；其中，补建项目2个，建设面积992亩（约66.13公顷），地点分别在六横镇龙山沙浦和展茅街道黄杨尖村、茅洋新村，建设内容主要是沟、渠、路等基础设施的修补与完善。认定高标准面积150.7亩（约10.05公顷），认定区域为展茅街道大使岙村张虹桥畈61.6亩（约4.11公顷）、六横镇台门村中胜畈48.6亩（3.24公顷）、桃花镇公前村学耕畈40.5亩（2.7公顷）。

【蔬菜基地建设】 2022年，舟山锦敏旭生态农业科技有限公司在六横双塘青联村建设300亩（20公顷）蔬菜生产基地，实际完成建设内容：（规格2米×2米）长度3740米灌水渠；（规格1米×1.5米）长度2060米排水沟；4050立方米蓄水池；2条机耕路，一条（规格宽6米）长1450米，另一条（规格3米宽）长985米。总投资104.9万元，市级补助资金54.4万元。

【田园整治】 实施美丽田园建设。区农业农村局在展茅区域实施油菜—水稻轮作593亩（约39.53公顷），单轮油菜田295亩（约19.67公顷），打造“共同富裕”“农机强农”“科技兴农”3个创意图案。草花面积10108平方米；在桃花区域种植单轮油菜和景观向日葵2690亩（约179.33公顷），打造“海上桃花源”1个创意图案。在登步岛和东港街道改建农田管理房103套，计1314平方米，投入建设资金130万元。实施抛荒地整治。全区对抛荒地579亩（38.6公顷）进行复垦种植，增加农作物种植面积，改善田园景观。

【农技推广】 2022年，区农业农村局开展薄皮甜瓜砧木品种对比试验。从宁波农科院新引进“砧甜一号”和“黑武士”，与上年应用的三砧木品种放在一起开展砧木品种对比试验。成功申报省级果树产业创新团队项目（登步杨梅设施栽培技术示范基地建设项目）。该项目由浙江仙璟梅林果业有限公司实施，主要内容是示范海岛杨梅连栋大棚设施栽培技术和肥水一体化技术。试验示范推广水稻品种。示范推广高产量杂交水稻品种“甬优1540”等5000多亩（超333.33公顷），引进试验示范优质品种“南粳46”等800多亩（超53.33公顷），新引进与水仙轮作的特早熟水稻品种“宁粳43”等7个品种。编写《2022年种植业主导品种和主推技术介绍》一书。印发1000份，书中遴选种植业主导品种60个和50项主推技术进行介绍。

（撰稿：江鸿飞）

畜牧饲养业

【养殖概况】 2022年，普陀区畜牧饲养业以标准化、绿色化、规模化、循环化、数字化、基地化为引领，推进畜禽养殖污染治理，开展病死(害)动物无害化处理，加强非洲猪瘟等重大动物疫病综合防控和畜产品安全监管，推进畜牧兽医行业高质量发展。全区有猪场5家，生猪全年饲养量2.34万头，年末存栏1.01万头，同比下降21.1%；羊全年饲养量1700只，年末存栏1200只。獐年末存栏260只。牛年末存栏9头。家禽全年饲养量16.87万只，存栏7.01万只，肉类总产量1171吨。禽蛋总产量293吨。

【疫病防控】 2022年，区农业农村局开展以春、秋季畜禽集中免疫防疫专项行动，确保全区存栏畜禽免疫密度和质量，落实动物疫病强制免疫政策改革，对高致病性禽流感、口蹄疫、猪瘟、小反刍等主要强制免疫病种纳入“先打后补”范围。全年全区有免疫生猪口蹄疫23929头次、猪瘟25667头次，高致病性禽流感80740羽次，牛羊口蹄疫2610头次，小反刍兽疫1932头次。使用猪口蹄疫疫苗4.9万毫升，猪瘟疫苗5.71万头份，禽流感疫苗6.425万毫升，牛羊口蹄疫苗0.825万毫升，小反刍兽疫0.575万头份；做好强制免疫抗体的监测，全年采集家禽样本710份，家畜样本714份，兽医实验室检测家禽样本1622份，家畜1820份，免疫抗体合格率80%以上；抓好动物及动物产品的流通监管，全区动物及产品调入备案22批次，安全调入家禽15000羽，调入动物产品20.7吨。

【无害化处理】 2022年，区农业农村局完成六横镇病死动物收集点建设。采取以集中收集专业化第三方机构处理为主，规模养殖场专业设施设备自行处置为辅模式，规范病死动物无害化处理。全年在屠宰环节检出病死猪23头，病变内脏4378千克，养殖环节处置病死猪1511头，均按要求进行无害化处理。

【畜产品安全】 区农业农村局落实非洲猪瘟检测结果和检疫出证联动制度，2022年全区生猪产地检疫12770头，屠宰检疫8796头；加强“瘦肉精”检测，在养殖环节分别抽检盐酸克伦特罗、莱克多巴胺、沙丁胺醇80批次1276头，屠宰环节分别抽检322批次1619头，未发现阳性样品；开展多部门联合执法行动，全年出动检查人员100余人次，对区内各农贸市场、大型超市、畜产品经营门店进行检查，确保上市畜产品质量安全。

（撰稿：胡磊挺）

农业机械

【新农机具引进推广】 2022年，全区有农业机械总动力376167.3千瓦，大中型农用拖拉机30台，耕作机械673台，增氧机6294台，水稻插秧机11台，联合收割机17台，植保机械608台，排灌机械1075台，农副产品加工机械487台。其中，新增引进水稻插秧机2台，增氧机540台，农用拖拉机13台，收割机6台，粮食烘干机5台。在茶园、蔬菜田块和大棚内、水产养殖等广泛使用，省时、省力、省工。

【农机作业量】 普陀区开展耕地“非粮化”“非农化”行动。随着耕地面积扩建，机械耕地面积达37584亩次（2505.6公顷次），机械植保面积15200亩次（约1013.33公顷次），机收面积17100亩次（1140公顷次），机电灌溉面积59250亩次（3950公顷次）。

【农机安全管理】 2022年，区农业农村局开展拖拉机和联合收割机年度检验，驾驶员培训、牌照管理与发放、安全生产及外籍农用拖拉机等监管工作，全面开展路查、纠正违章、清理“黑车”“非驾”安全整治活动。是年，培训新农机操作人员30人，发放拖拉机牌照26副，收割机9副，发放螺丝35副，粘贴反光条800张，宣传资料300份，年检拖拉机和联合收割机26台，审验率100%，开展日常检查24次，路面巡查4次，纠正违章1人。

（撰稿：虞乐艇　郑叶）

农口水利行政执法

【农业投入品管理】 普陀区根

据《中华人民共和国种子法》《农药管理条例》《饲料和饲料添加剂管理条例》《兽药管理条例》《肥料登记管理办法》等法律、法规，开展农产品质量安全专项整治、“绿剑”系列集中执法行动，强化农药、“瘦肉精”、兽用抗生素、生猪屠宰监管、农资打假专项整治力度，2022年抽检农业投入品45批次，查处农业违法案件8起，罚没款人民币14947.8元。加强对农资生产经营单位管理培训，全区有农药经营门店14家，全部安装并启用农资信息化系统，培训率、承诺书签订、告知书发放及巡查覆盖率均达100%，农药实名制销售工作扎实推进，全年农资网上销售台账78166笔。

【农产品质量安全监管】 根据《中华人民共和国农产品质量安全法》《浙江省农产品质量安全规定》及有关文件的规定，开展农产品质量安全监管工作。2022年农产品定量检测136批次，快速检测2068批次，实现年度监测覆盖辖区内每个生产经营主体。推进农产品生产主体合格证使用建设工作，发放食用农产品合格证使用告知书400余份。全年农产品生产经营主体打印承诺达标合格证（浙农码）40532张。开展多种形式的农产品法律法规和科普宣传活动，全年以“保障舌尖安全、助推农业共富”为主题开展农产品质量安全政策法规及科普知识宣传，累计举行宣传活动102场，参与人数万余人，发放宣传资料3000余份，提高市民对农产品质量安全知识的了解，增强农产品质量安全意识。

（撰稿：虞乐艇）

水资源管理

【水资源管理工作】 2022年，普陀区继续落实水资源管理制度，规范水资源论证及取水审批工作，全年累计取水户18家。按规定开展水资源费征收工作，收缴水资源费797994元。

【节约用水管理工作】 2022年，普陀区计划完成企业水平衡测试3家，建成节水型企业2家，建成节水型居民小区3个；建设节水标杆酒店1个，节水标杆企业3个，节水示范居民小区1个。是年，各项节水管理工作均已经完成。

【水政执法工作】 2022年，区水利局开展巡查每月4~5次，监管对象51个，巡查河道长度218.35千米，巡查水库面积5平方千米。对取用水监管、水土保持监管等开展专项检查。采用“互联网+监管”模式，使用掌上执法进行专项检查，检查水法等法律法规的落实情况。其中“综合查一次”监督检查开展2次，排查“纪委下发水资源云监管”红色预警10家，单村供水模式的问题举一反三调查4家，相关问题均落实反馈及整改。

【水法宣传工作】 2022年3月22日，区水利局组织开展第三十届世界水日、第三十五届中国水周系列宣传活动。通过组织线上线下“节水、爱水、护水”专题扫码答题活动，普及社会群体节水、护水知识，全面节水、高效用水、依法护水的科学理念。推送普陀区“守护生命之源”节水公益宣传视频，展示普陀区近几年节水工作成效。组织“世界水日随手拍”线上征集活动，用镜头捕捉水韵普陀的秀美，展示普陀五水共治和水利工作的成果。唤起更多人护水、爱水的意识。组织沈家门第一小学和普陀小学线上节水讲座，使学生树立珍惜水、节约水、爱护水的意识，自觉养成节水护水良好习惯，通过学生的宣传和行动，辐射家庭及社区。

（撰稿：卓湧）

水利围垦

【海塘加固】 2022年，普陀区加大海塘建设投入，加强沿岸景观建设，满足当地社会经济发展和城市品位提升的需求。舟山市海塘加固工程普陀区项目续建海塘2条，总长1470米，完成年度投资1258万元。舟山市普陀区海塘安澜工程(乡镇海塘)项目续建加固海塘1条，新建加固海塘14条，总长12970米，新建配套闸站3座，完成年度投资2亿元。是年，完工海塘2条，分别为湖泥保护区海塘（老厂跟海塘)加固工程和登步冯家海塘加固工程，共1470米；完工配套闸

2022年普陀区海塘加固项目一览表

表14

工程名称	建设单位	建设标准	海塘长度（米）	2022年完成投资(万元)	建设年限
湖泥保护区海塘(老厂跟海塘)加固工程	虾峙镇	50年一遇	770	596	2021—2022
登步冯家海塘加固工程	登步岛管委会	20年一遇	700	562	2021—2022
小郭巨一期海塘工程	六横镇资产经营有限公司	50年一遇	1640	2248	2021—2023
金钵盂海塘提升工程	虾峙顺联商贸有限公司	50年一遇	2910	7000	2021—2023
小鸡爪湾海塘工程	六横镇资产经营有限公司	20年一遇	1120	340	2022—2023
外石海塘工程	六横镇资产经营有限公司	20年一遇	670	1550	2022—2023
地爿海塘工程	六横镇资产经营有限公司	20年一遇	400	350	2022—2023
小盐外海塘工程	六横镇资产经营有限公司	20年一遇	640	1350	2022—2023
聚源新海塘工程	六横镇资产经营有限公司	50年一遇	610	473	2022—2023
田岙海塘工程	六横镇资产经营有限公司	50年一遇	1440	750	2022—2023
群建海塘工程	六横镇资产经营有限公司	50年一遇	990	750	2022—2023
里黄沙海塘工程	六横镇资产经营有限公司	20年一遇	480	960	2022—2023
凉帽潭海塘永丰新闸配套泵站工程	六横镇资产经营有限公司	50年一遇	30	305	2022—2023
永安外涂塘永安闸配套泵站工程	六横镇资产经营有限公司	50年一遇	30	884	2022—2023
协耕海塘工程	桃花镇人民政府	50年一遇	1060	155	2022—2023
鸦鸪门海塘工程	桃花镇人民政府	20年一遇	480	100	2022—2023
大厂海塘工程	登步岛管委会	20年一遇	470	830	2022—2023
合　计			14440	19203	

2022年普陀区闸站建设工程项目一览表

表15

工程名称	建设单位	建设内容	建设标准	2022年完成投资(万元)	建设年限
学耕海塘(一期闸站)建设工程	桃花镇人民政府	建设规模6.0立方米/秒(3台×2.0立方米/秒)	50年一遇	228	2020—2022
东升海塘配套闸站建设工程	登步岛管委会	新建4立方米/秒泵站1座	50年一遇	392	2021—2022
凉帽潭海塘配套凉帽潭闸站建设工程	六横镇资产经营有限公司	新建泵站2×2立方米/秒	50年一遇	1200	2021—2023
合　计				1820	

虾峙镇湖泥保护区海塘（老厂跟海塘）加固工程（区农业农村局提供）

站2座，分别为学耕海塘（一期闸站）和东升海塘配套闸站建设工程。

【水库、山塘除险加固】 2022年，普陀区为保障居民用水安全、改善水库库区环境、消除水库工程安全隐患，全区在建水库除险加固3座，总投资3022万元，总库容217.42万立方米，是年东风水库已完工。综合整治山塘3座，总投资1017万元，总库容14.33万立方米，已完工。

【百项千亿扩排工程】 普陀区有8个百项千亿防洪扩排工程项目，总投资43101万元，至2021年年末已完成7个工程项目。2022年，还剩1个项目六横龙山片防洪扩排工程，由建设单位港城公司续建工程，建设年限2019—2023年，建设内容新开挖龙腾河长467米；建设龙腾闸站水闸规模为4孔×2.0米、泵站排涝流量12立方米/秒；改建龙泉老闸3孔×2.0米。是年，完成年度投资3238万元，累计完成防洪扩排投资40856万元。到2022年年底，普陀区排涝能力达到20年一遇标准。

2022年普陀区水库、山塘除险加固一览表

表16

工程名称	建设单位	建设性质	总投资（万元）	建设年限	建设内容
东风水库除险加固工程	六横镇资产经营有限公司	新建	383	2022	水库综合整治，总库容36.8万立方米
五星水库除险加固工程	六横镇资产经营有限公司	新建	1083	2022—2023	水库综合整治，总库容148.39万立方米
范家水库除险加固工程	六横镇资产经营有限公司	新建	1556	2022—2023	水库综合整治，总库容32.23万立方米
西厂山塘综合整治工程	六横镇资产经营有限公司	新建	371	2022	综合整治山塘1座，总容积5.17万立方米
红石山塘综合整治工程	沈家门街道办事处	新建	496	2022	综合整治山塘1座，总容积6.68万立方米
塔岭下榨湾山塘综合整治工程	东港街道办事处	新建	150	2022	综合整治山塘1座，总容积2.48万立方米
合　计			4039		总库容231.75万立方米

西厂山塘综合整治工程（区农业农村局提供）

【中小流域整治工程】 2022年，普陀区实施中小流域综合治理2条。舟山群岛水系六横岛中小流域（双塘片）综合治理工程总投资20883万元，综合治理河长28.12千米，2022年完成投资3000万元，完成治理河长2千米。普陀区城西区域水系整治一期工程总投资7579万元，综合治理河长1.54千米，2022年完成投资6973万元，治理河长1.4千米。

【农业水价改革】 2022年，普陀区持续推进农业水价改革，完成提升改造农业灌溉泵站机埠2座，投资10万元，安装计量设施2套，累计改善灌溉面积220亩（约14.67公顷），受益人口500人。

（撰稿：郭彦坊）

【水利工程标准化管理】 根据《浙江省水利数字化改革实施方案》以及省水利厅考核任务清单要求，实施水利数字化建设任务。完成普陀水利数字大屏建设，将水利工程基本信息及水位雨量等实时动态结合到平台中，推进水利工程防汛和日常管理工作。根据《普陀区水利工程标准化运行管理与维修养护绩效考评奖补办法》，将水利工程管护补助资金与每季度考评挂钩，

普陀区舟山群岛水系六横岛中小流域（双塘片）综合治理工程—岑山河段工程（区农业农村局提供）

2022年普陀区中小流域综合治理工程建设一览表

表17

工程名称	建设内容	总投资（万元）	建设年限	2022年完成投资（万元）
普陀区舟山群岛水系六横岛中小流域（双塘片）综合治理工程	整治千丈塘河、双塘河、青萝河等河道28.12千，及水生态环境等	20883	2022—2025	3000
普陀区城西区域水系整治一期工程	整治河道总长1540米	7579	2022—2023	6973
合　计		28462		9973

2022 年普陀区农业水价改革工程建设一览表

表 18

项目名称	建设内容	总投资（万元）	建设年限
蓝祥 1 号	泵站内外墙提升改造，计量设施安装，标识标牌安装，周边环境整治。	5	2022—2022
蓝祥 2 号	泵站内外墙提升改造，计量设施安装，标识标牌安装，周边环境整治。	5	2022—2022
合计		10	

蓝祥 1 号泵站提升后外观（区农业农村局提供）

根据评估等次在补助定额范围内予以奖补，并对管护情况进行每季度通报，加强水利工程标准化运行管理与维修养护，确保水利工程安全、高效、持久运行。

【水利工程安全鉴定及山塘安全评估】 2022 年，区农业农村局根据《浙江省水利厅办公室关于切实做好海塘工程安全鉴定工作的通知》等要求，完成安全鉴定海塘 8 条，分别为草盘海塘 290 米、地爿海塘 370 米、后沙洋海塘 380 米、煤电海塘 1650 米、武港南海塘 1320 米、小盐外海塘 340 米、聚源新海塘 607 米、龙桥下海塘 134 米，共计 5091 米。加强山塘安全管理，补齐安全短板，推进山塘系统治理，确保山塘安全运行。根据《浙江省水利厅关于开展山塘安全评定工作的通知》《浙江省农村水利管理中心关于开展全省山塘安全和需求排查工作的通知》要求，普陀区于 2022 年完成涉及全区所有镇街（管委会）的 90 座山塘安全评定工作。

【水旱灾害防御】 区农业农村局成立水旱灾害防御工作领导小组，落实更新区、镇、社区（村）三级包片领导、驻村干部、转移责任人、预警责任人等各类责任人 426 人，落实更新全区 40 座小（二）型以上水库、103 条海塘、1 座中型水闸等水利工程的防汛责任人，并在报纸、网站等媒体进行公布，接受社会监督。及时更新省水管理平台、山洪灾害监测预警平台等系统各类责任人信息。2 月初，组织开展水旱灾害防御汛前检查工作，对辖区内水旱灾害防御工作进行摸排检查，累计投入 762 人次，检查各类工程 231 处，查出隐患点 18 处，重点对责任制落实、工程调度运用、预案方案修订、水毁工程修复等工作。针对检查中发现的风险隐患和薄弱环节，及时制定整改措施，尽快消除隐患，确保安全度汛。对 17 个小流域山洪灾害重要村落的防御对象进行全面排摸，确定危险区人员 37 户 115 人，同步完成安全码赋码。与区气象部门建立山洪灾害预警信息联合发布机制，"梅花"台风影响期间，发布山洪灾害预警 5 次，按照"叫应"机制原则，通过浙政钉、短信等方式"叫应"基层主要负责人，累计发送预警短信 1487 条次。编制《普陀区山洪灾害综合防治方案》，从工程措施、非措施等方面提升山洪灾害防御能力。落实水库防汛"三个责任人"，规范水库汛期调度运用，严禁擅自超汛限水位运行。监视雨水情变化，严格按照批复的调度方案，科学精准调度水利工程，发挥工程体系防灾减灾的整体功效。6月，开展普陀区舟山群岛水系六横岛中小流域（双塘片）综合治理工程度汛应急抢险演练。

【美丽山塘创建和幸福河湖规划编制】 2022年，普陀区完成创建六横镇南湾平岭山塘、梅峙西湾山塘和东港街道大湾里山塘等3座美丽山塘。开展幸福河湖规划方案编制，于年底前完成初步方案的编制。

【水库管理设施改造提升工程建设】 2022年，普陀区根据《浙江省小型水库综合评估指导意见》及水库现场情况调查，完成7座水库管理配套设施改造提升。分别为潭弄水库、小蒲岙水库、石棚港水库、浦西水库、大沙浦水库、三坑水库、蚂蝗坑水库，共计完成投资710万元。

【水利数字化建设】 2022年，普陀区提升自建平台应用水平。完成水利数据资源规范化（水利数据仓）建设、"五统一"应用支撑体系建设任务，在"浙政钉"应用整合接入普陀区防汛大屏、普陀区山洪灾害监测预警平台和普陀区水利项目计划及建设全过程管理平台等平台，初步完成建设内容并投入试运行。开展水利感知体系建设。区农业农村局持续对全区78个各类水文遥测站点进行日常维护和保养工作，确保站点数据发送正确、及时。新建雷达水位遥测站6处，改建雷达水位遥测站5处，升级改造河道水位、雨量遥测站各2处，水尺安装40座等，新建2处声光电预警设备对山洪灾害重点村落进行监测。

（撰稿：李承言　丁琪挺）

编辑：陈莉

工　业

综　述

2022年，普陀区全面实施“专班攻坚”“项目攻坚”“强企攻坚”“维稳攻坚”“示范攻坚”“场景攻坚”“技术攻坚”“培育攻坚”八大攻坚行动和数字化改革，促进优势产业提档升级，推进全区经济社会高质量发展。全区实现规模以上（以下简称规上）工业产值267.7亿元，同比增长18.9%；实现规上工业增加值61.2亿元，同比增长7.1%。76个工业投资项目，全年完成投资20.4亿元。

2022年，全区有工业企业500余家，其中规上企业155家。有省级技术中心8家，市级技术中心13家，省级创新型示范中小企业18家；浙江炜驰机械集团有限公司、浙江同博科技发展有限公司等12家被评为市级“专精特新”企业。舟山市正源标准件有限公司、浙江金鹰食品机械有限公司、浙江飞鲸新材料科技股份有限公司获评国家专精特新“小巨人”企业。“明珠”“冠素堂”为中国驰名商标。全区有省、市级水产名牌产品40余个。舟山中远海运重工有限公司（以下简称中远海运重工）、舟山鑫亚船舶修造有限公司（以下简称鑫亚船舶）、万邦船舶重工（舟山）有限公司（以下简称万邦重工）、舟山市龙山船厂有限公司（以下简称龙山船厂）4家行业重点企业均已成为中国顶级修船企业“斯佩克”（SPCC）成员单位，其中万邦重工、中远海运重工被中国造船工程学会授予全国仅有的2家“绿色修船示范企业”称号。全区工业有两大支柱产业，分别是船舶修造业和水产加工业。全区船舶修造业企业29家，其中规上企业14家，有中远海运重工、扬帆集团股份有限公司（以下简称扬帆集团）、鑫亚船舶、万邦重工等行业龙头企业。全区船舶企业总坞容超228万载重吨，有万吨级以上船坞18座，其中10万吨级及以上船坞11座，包括30万吨级船坞3座、20万吨级2座；有万吨级以上船台5座，船台总吨位达40.5万载

表19　2022年普陀区规上工业分行业产值统计表

分行业	产值（万元）	同比（±%）
规上工业总产值	2676697	18.9
石料开采业	20049	-60.1
水产品加工	759129	13.7
机械制造业	108593	-2.4
金属制品业	42257	48.3
船舶修造	985417	26.6
船舶修理	714842	33.8
船舶制造	270575	10.8
电力生产业	521828	25.0
电子机电业	32023	64.5
医药制造业	7373	-9.9
化工制造业	21591	3.2

重吨，最大船台为 9.25 万吨。年造船能力 350 万载重吨，最大单船建造能力 30 万载重吨，造船能力约占全国的 5%；年修船能力 8000 万载重吨，最大单船修理能力 40 万载重吨，外轮修理量占全国总量的 25%。普陀区已成为全国重要的船舶制造基地和外轮修理基地。2022 年，全区船舶修造业实现规上产值 98.54 亿元，同比增长 26.6%，占全省的比重达 32.4%，是浙江省规模最大的船舶修造产业集群。全区有水产加工企业 200 余家，其中规上水产加工企业 77 家，分别占舟山市规上水产加工企业产值总数的 70.1%，占全区规上工业企业数的 49.6%。有各类现代化加工生产线 150 余条，年加工能力 70 余万吨，冷库 150 余座，冷藏能力 30 万余吨，自动化设备普及率达 60%以上，水产品精深加工率达 55%以上，产品远销美、日、韩等 100 余个国家和地区。2022 年，全区规上水产加工业实现产值 75.9 亿元，同比增长 13.7%，占全市规上水产加工行业产值的 69.1%。年产值上亿水产加工企业 21 家。

工业分布和园区建设

【工业分布】 2022 年，普陀区工业主要集中在六横镇、沈家门街道、东港街道、展茅街道、朱家尖街道，占全区工业总产值的 95.3%，其余镇街工业产值占全区工业总产值的 4.7%。

表 20

2022 年分镇街（管委会）规上工业总产值统计表

单位名称	规上工业总产值（当年价）	
	2022 年产值（万元）	同比增长（%）
全区总计	2676697	18.9
六横镇	1223695	20.0
桃花镇	3199	0.2
虾峙镇	80056	28.0
沈家门街道	453154	19.2
东港街道	373186	22.2
街道管辖	266211	26.7
勾山区域	106975	12.4
展茅街道	388048	14.7
朱家尖街道	112311	2.5
蚂蚁岛管委会	40347	35.7
登步岛管委会	2701	16.8

【沈家门海洋生物工业园区】 该园区创建于 2000 年 4 月，位于沈家门街道西部，规划用地面积 596 亩（39.73 公顷），园区内有河道、污水处理站、公共物流等配套设施，是普陀区集生产、加工、研发于一体的工业园区，园区内有机械制造、水产品加工等企业 37 家，其中国家、省、市、区农业龙头重点企业 20 余家。产品除供应国内市场外，主要外销美国、欧盟、日本、韩国、东南亚等 30 余个国家和地区约 350 家客商。2022 年，园区企业实现规上工业产值 16 亿元，同比增长 14.2%。

【北部工业区块】 该区块分 A 区（鱿鱼市场）、B 区、C 区、茅洋窑潭畈、晓辉畈、钓梁围垦三期 6 个区块，总占地面积约 10519 亩（701.26 公顷），其中 A 区（鱿鱼市场）700 亩（约 46.67 公顷）、B 区 364 亩（约 24.27 公顷）、C 区 550 亩（约 36.67 公顷）、茅洋窑潭畈 320 亩（约 21.33 公顷）、晓辉畈 585 亩（39 公顷）、钓梁围垦三期 8000 亩（约 533.33 公顷）。2022 年，整个北部工业区块（包括螺门临港企业）实现规上工业产值 38.8 亿元，同比下降 14.7%。

【六横工业区块】 六横镇共有 4 个工业区块，分别为小郭巨围垦区块、小湖工业区块、峧头工业区块及六横龙山船舶工业城。2022 年，六横镇 4 个工业区块实现规上工业产值 122.4 亿元，同比增长 20.0%。

小郭巨围垦区块规划围垦面积 31500 亩（2100 公顷），一期已围垦 7000 亩（约 466.67 公顷），有水深 10 米以上岸线 9 千米；二期 22500 亩（1500 公顷）基本完成围垦工程。小郭巨围垦区基础设施建设还未完成，该区域作为大型临港装备制造用地，需要引进大型项目实施一体式开发。

小湖工业区块约有土地1500亩（100公顷），区块征地和回填工作已全部完成，落户企业5家，规划引进船舶配套企业、水产品精深加工企业等。

蛟头工业区块土地面积430亩（约28.67公顷），落户企业11家，剩余可用土地230亩（约15.33公顷），其中涉及耕地180亩（12公顷），已实施复绿，等待土地转性。

六横龙山船舶工业城成立于2004年，区域范围在六横岛北部龙山区域、沙岙—东浪嘴沿岸，岸线长7200米，已使用岸线6900米，岸线前沿水深等深线达16米以上，陆域面积9000亩（600公顷）。船舶工业城在功能上分为两个区：船舶修造区和船舶工业配套区。船舶修造区总用地4230亩（288公顷），入驻企业3家，分别是中远海运重工、鑫亚船舶、龙山船厂。船舶工业配套区总用地面积500亩（约33.33公顷），入驻企业主要有舟山市普陀区巨龙实业有限公司、舟山市欣达气体有限公司、舟山市海鸥船舶装备服务有限公司、舟山市普陀区舟港水产有限公司等17家。

【浦西工业园区】 该园区于2000年开始建设，主要区域位于勾山街道内，园区规划面积8250亩（550公顷），以发展工业为主，是集居住、商贸、仓储、物流等多种功能的市级经济开发区。园区内有各类工业企业70余家，以水产加工业为主，从事水产加工的企业有30余家，出口创汇20亿元，产品外销欧盟、俄罗斯、美国、日本、韩国、东南亚等地，是舟山最大的农副产品加工生产基地。园区年加工水产品能力30万吨，优势农产品加工能力95.6%，有省级水产龙头企业7家。园区内年产值超千万元的规模企业20余家，其中超产值亿元企业5家，园区内企业先后通过HACCP、FDA和ISO 9000质量体系认证。2022年园区实现规模工业总产值10.7亿元，同比增长12.4%。

船舶修造业

【船舶修造业发展情况】 2022年，全区船舶修造业企业29家，其中规上企业14家，全年实现规上产值98.54亿元，同比增长26.6%，占全省的比重达32.4%。鑫亚船舶、中远海运重工、万邦重工3家企业跻身“全球修船十强”，中远海运重工、鑫亚船舶、龙山船厂、万邦重工为中国顶级修船企业组织“斯佩克”（SPCC）发起单位。中远海运重工、鑫亚船舶、扬帆集团3家企业年产值超10亿元。普陀区年外轮修理量约占全国的25%，是国内最大的绿色修船基地。中远海运重工、万邦重工是全国仅有的两家“国家级绿色修船示范企业”，万邦重工成为全国首家获评国家级“绿色工厂”的船舶修理企业，鑫亚船舶成为全国首家获GTT薄膜型LNG船修理资质的民营修船厂。相关绿色修造经验获国务院推广，先后得到副省长高兴夫、卢山批示肯定。在全省率先推动并打造船舶修造产业数字化转型样板，参与打造全省首个“船舶修造行业产业大脑”，“船舶智造e建通”应用入选工业和信息部2022年度工业互联网平台创新领航应用案例和浙江省2022年数字经济系统最佳应用。龙头企业市场竞争力不断提升：中远海运重工交付全国首艘具备DP3动力定位海工生活驳船；扬帆集团自行研发建造国内首艘最大型7800车双燃料汽车滚装船；万邦重工在行业内率先开发应用智能高空作业平台、超高压水射流装备等智能维修装备。

【舟山中远海运重工有限公司】 该公司是中国远洋海运集团有限公司（总部设在上海）旗下的装备制造产业集群，是以船舶和海洋工程装备建造、修理改装及配套服务为一体的大型重工企业，2017年由舟山中远船务工程有限公司更名。中远海运重工有大中型船厂9家，年可建造各类商船750余万载重吨，至2022年年底累计交付各类船舶860余艘，其中10余个船型填补中国造船业的空白。年可承建海工产品12个、海工模块20组，覆盖从近海到深海的全部类型，多个项目属世界首制和国际高端产品。年修理和改装船舶可达1500余艘。是船舶和海工的专业化配套服务商，能在中国沿海任

舟山中远海运重工有限公司建造的 15.2 万吨穿梭油轮（区经信局提供）

何港口提供专业技术服务。在上海设立经营中心，在中国香港、新加坡、美国、希腊等地设有专门工作机构，客户遍布全球 100 余个国家和地区。有多个国家级企业技术中心、一流的海洋工程装备研究院，以及 2500 余名技术研发设计人员和 1 万余名技术工人。公司在全国率先倡导并探索智能建造的新模式，推动产品优化升级，向“绿色化、智能化、高端化”发展。

【舟山市鑫亚船舶修造有限公司】 该公司成立于 2002 年 8 月，位于六横镇东浪嘴，总投资约 32 亿元，总占地面积超 90 万平方米，建筑面积约 23 万平方米，海岸线长约 3600 米，有员工 1350 余人，内协员工 3000 余人。有生产基地 3 个，泊位 10 个、船坞 4 座，具备承包境外钢质船舶修理工程和境内国际招标工程资质，年承修船舶超 400 艘。承修船舶以集装箱船、油船、散货船、化学品船、工程船、汽车滚装船等大中型船舶为主，不断提高 LPG、LNG 运输船等“双高船舶”维修比例。引入 ABB 涡轮增压维修、阿法拉伐冷却器维修、德国 MAN 公司、大连万方液压维修等在厂内设立分公司或维修网点。客户遍及意大利、加拿大、韩国等 30 余个国家和地区。先后通过中国船级社质量管理体系、职业健康安全管理体系、环境管理体系三合一认证。

【万邦船舶重工（舟山）有限公司】 该公司位于小干岛，占地 45.7 万平方米，海岸线长 900 米，水深 20 米以上，主营船舶修造、船舶改装、海洋工程、船舶清理等相关业务。具备承接 30 万载重吨以下的各类船舶修理及改装工程能力，有能力按照中外船级社的规范要求和 ISO 9001 质量管理体系要求对 VLCC 以下油轮、散装船、滚装船、集装箱等运输船和海洋工程进行改装和专业维修。与希腊、德国、塞浦路斯等 20 余个国家和地区建立

万邦船舶重工（舟山）有限公司修理的德国 SEAMAX NORWALK 诺沃克轮（区经信局提供）

合作关系。持续推进船舶维修坞修工艺改革及绿色修船技术改造项目，从德国、奥地利等国家引进购置船舶货舱维修多功能作业平台(ITP8)，各种类型的超高压水除锈作业机等先进装备，及国内其他先进船舶维修设备。万邦永跃绿色修船装备生产车间于2020年4月全面建成投产后，分批向大连船舶重工旗下的山海关船舶公司以及青岛奥博公司等企业出售整套绿色修船高端装备，2022年实现营业收入3000万元。

【扬帆集团股份有限公司】 该企业于2006年8月改制，被北京建龙重工集团有限公司收购，成为建龙集团旗下一个业务板块。总占地面积118万平方米，总岸线2100米。下属企业包括：造船子公司2家(浙江东海岸船业有限公司、舟山大神洲造船有限公司)、船配公司1家(浙江扬帆通用机械制造有限公司)、船舶设计研究院1家(扬帆集团船舶设计研究院）和船型研发所1家(扬帆集团上海船舶技术有限公司)。年造船能力达150万载重吨。企业推行精度造船、数字造船、绿色造船，致力于高附加值、高技术含量出口船舶产品的研发和制造。主要产品为大中型汽车运输船、集装箱船、散货船、油船、化学品船、海洋工程船、多用途船等。

扬帆集团股份有限公司建造的1868集装箱船（区经信局提供）

【舟山市龙山船厂有限公司】
该公司于2002年6月转制为股份制企业。地处六横镇沙岙，是省口岸办批准的外籍船舶修理点。有7万吨级干船坞1座(长235米、宽40米、型深11.5米)，6千吨级船坞1座(长118米、宽17米、型深8米)及6万吨级舾装码头、6千吨级码头各1座。分别匹配32.5吨、16吨、25吨42米的龙门吊机；有乙炔气供应站、液氧站、压缩空气站各1座，3.5万伏低压变电站1座。配备高架作业车、汽车吊、高压冲洗机、400吨液压机以及车铣刨钻床重型机等设备设施，能基本满足8万吨级（巴拿马型船型)以下各类船舶的修理需要。有职工1000余人，占地面积133334平方米。通过ISO 9002质量体系认证。修船质量得到中国船级社、英国LR、法国BV、日本NK、挪威DNV等验船机构认可。成功突破一批化学品船、液化气船、冷藏船等特种船舶的修理和货船改造挖泥船项目。与国内航运部门，挪威、希腊、德国等国家和地区的航运公司建立业务关系。

【舟山亚泰船舶修造工程有限公司】 该公司位于虾峙镇西白莲岛西侧，占地20.35万平方米，海岸线长约1205米。在建20万吨级和8万吨级干船坞各1座，配备大型的门座起重机、桥式起重机及各类完善的船舶修造设施设备和专业维修车间，主要提供船舶修造服务，经营船舶配件、重油及燃料油。具备承接20万载重吨以下的各类船舶修理及改装工程能力，能按照中外船级社的规范要求和ISO 9001质量管理体系要求对VLCC以下油轮、散装船、滚装船、集装箱等运输船和海洋工程进行改装和专业维修，修理质量满足英国LR、德国GL、美国ABS、挪威DV、日本NK等各船级社认可要求。

【浙江东海岸船业有限公司】 该公司是扬帆集团股份有限公司的独资公司，位于蚂蚁岛。占地

74.5万平方米，配备大型串联式造船坞、750米×25米舾装码头。按照现代造船模式布置钢材预处理、内场加工、室内平面分段流水线和曲面分段流水线、室内涂装等。配备国内最先进的室内薄板生产线，平面分段流水线由芬兰进口，配备600吨门座式吊机、300吨门座式吊机、150吨门座式吊机以及等离子数控切割机、高精度门式切割机、800吨油压机、大型三辊卷板机、4.5米和3.2米预处理线等设备。年造船100万以上载重吨，主要产品为5000车以上汽车运输船、化学品船、多用途散货船、集装箱船等船舶产品。

水产品加工业

【水产品加工业发展情况】 2022年，普陀区水产加工企业200余家，其中规上水产加工企业77家，分别占舟山市规上水产加工企业产值总数的70.1%，占全区规上工业企业数的49.6%。全年全区规上水产加工业实现产值75.9亿元，同比增长13.7%，占全市规上水产加工行业产值的69.1%。年产值上亿水产加工企业21家。有各类现代化的加工生产线150余条，年加工能力70余万吨，有冷库150余座，冷藏能力30余万吨，自动化设备普及率60%以上，水产品精深加工率55%以上，产品远销美、日、韩等100余个国家和地区。普陀区有“明珠”中国驰名商标，省、市级水产名牌产品40余个，有“海星”“栋栋”“银豪”“富丹”“渔婆婆”“璐久”“甜爱”等品牌。200余种水产加工品受到国内外消费者青睐。普陀区先后制定出台《普陀区水产加工业转型发展三年行动计划》《关于进一步推进水产加工业转型升级的若干意见》《关于强创新增动能　加快推进制造业高质量发展的若干意见》等文件，引导该行业向高端化、高值化、前沿化、绿色化、品牌化发展。抢抓国内国际双循环的机遇，全面推动产业“2+2”模式(即面向国内外2个原料市场和2个产品市场)。重点对技术改造、产品销售、科研投入、基础设施配套、人才用工、数字化提升、工业机器人等方面给予靶向支持，瞄准新兴细分行业及市场，支持企业开拓海洋肽、海洋旅途食品、低值生物综合利用等。2022年，为水产加工企业补助资金897.55万元。强化产业转型提升。持续深化水产精深加工全流程自动化改造提升行动，推进水产加工企业智能化诊断服务，指导企业聚焦金枪鱼、鱿鱼等主要加工种类，引进研制关键智能化装备，实现取肉、去皮等人员集中的重要工段“机器换人”，推动先行企业建成一批从原料处理到成品输出的水产品加工全流程自动化生产线。支持企业加大技术创新投入，利用水产加工副产物提取生物活性物质，开发深海鱼油、海洋肽等海洋保健食品。强化项目招引建设。围绕发展水产品精深加工产业链，强化关键产业链补链强链。立足水产原料资源优势，招引绿色水产品预制菜、生物医药与保健食品等产业项目，加快推进已落地项目建成投产。实施产业园区经济密度提升工程，进一步提升冷链物流、污水处理等基础设施配套水平，推动优质水产加工企业入园集聚，打造一批“工业上楼”示范样板企业。强化产业市场拓展。助力企业把握“双循环”战略机遇，稳住水产外贸业务；抢抓扩大内需战略机遇，通过直播带货、微商营销、线上买菜平台、社区团购等新兴渠道，推动金枪鱼泥系列辅食、三文鱼风味颗粒罐头、海洋肽等系列精深加工优质产品“走出去”。组织企业参加青岛渔博会、上海进博会等国内知名展会，开展线上、线下产业链对接活动，助推普陀优质水产加工产品拓宽市场渠道。

【浙江丰宇海洋生物制品有限公司】 该公司成立于2002年6月，是一家集水产品收购、加工、销售、科技开发和成果转化于一体的拥有自营进出口经营权的海洋生物制品加工企业。生产加工鱼粉、鱼油、虾膏、虾粉、生物钙粉、酶解鱼溶浆、饲用鱼蛋白多肽，饲用诱食剂等20余种产品，是浙江省最大海洋生物生产企业之一。有全资公司2家、研发中心1个、生产厂4家、综合行政办公楼1幢。有一支大专以上学历22人的科研队伍，在海洋生物制品加工、综合利用、增加产品附加值方面有较强的能力。以科技创新为依托，以研发生产高科技、高附加值海洋生物产品为发展重点的战略目标。走产学研相结合的企业经营道路，先后与各高校合作共同研发开发新兴的海洋生物制品，成立“麦康森院士工作站”。先后承接了区科技局的海洋重点项目攻关课题，并取得成功，项目饲用鱼蛋白肽关键技术研究、利用鱼体废水生产酶解鱼溶浆产品已产业化，并取得良好的经济效益和环保生态效益。

浙江融创食品工业有限公司食品罐头车间蒸煮生产线（区经信局提供）

【浙江荣舟海洋产业股份有限公司】 该公司成立于2012年7月，属平太荣远洋渔业集团有限公司的远洋渔业加工基地，也是中国南方金枪鱼交易中心。拥有现代化产品加工车间及各类设施，均以欧盟、美国FDA、日本、韩国及东南亚区域等国际商检规范要求建造，主要从事远洋金枪鱼、鱿鱼产品的精深加工、销售，金枪鱼精深加工车间日加工能力为15~20吨，年产6500吨，结合配套的4000吨级-55℃超低温冷藏库容和3000吨级-28℃常温库容，具备年冷藏2万吨左右金枪鱼鱼货的能力，其规模居华东地区前列。

【浙江融创食品工业有限公司】 该公司成立于2012年，位于展茅工业园B区，是一家专业从事各类金枪鱼系列产品加工和销售的中外合资企业。主要经营水产品收购、加工、销售，专门生产各种金枪鱼产品，产品包括鱼柳产品和金枪鱼罐头，份额占比9:1。金枪鱼产品的90%以上销往欧洲、中东、东南亚等地区，10%销往国内市场。有国际化水平的鱼柳加工生产线、罐头生产线以及8000吨级冷藏库和200吨级速冻库，年处理金枪鱼原料约2万吨。采用国际先进水平的生产线及各种速冻设备，拥有先进的生产设备、检测设备、水处理系统和高标准的生物化验室。先后获SC认证、出口食品生产企业备案资格及国外注册资格，并通过了ISO 22000:2005食品安全管理体系认证、HACCP体系认证及BRC认证。

浙江荣舟海洋产业股份有限公司金枪鱼生产线（区经信局提供）

【舟山佳必可食品有限公司】 该公司成立于2012年，是专业从事海洋水产品收购、金枪鱼系列产品精深加工和销售的民营股份制企业。与海内外一些著名的远洋捕捞企业订有长期合作协议，每年定向采购大批量天然的海水鱼作为产品原料。有先进的水产品精加工自动生产线6条和先进的罐头生产线7条，年精加工能力为2.5万吨。冷藏贮藏能力8000余吨，速冻能力为50吨/次，有出口产品精密检测设备。产品远销泰国、印度尼西亚、南非、土耳其、西班牙、法国、墨西哥等国家。

【中国水产舟山海洋渔业有限公司(原中国水产舟山海洋渔业公司)】 该公司是一家集远洋捕捞、水产加工贸易、渔港物流、渔业产业服务为一体的大型国有独资公司。位于中国(浙江)自贸试验区，总占地面积约637亩(约42.47公顷)，总建筑面积约30万平方米，海岸线总长约1500米，另在登步岛有养殖滩涂1196亩约(79.73公顷)。总资产约30亿元，有8家所属二级单位、7家全资(实际控制)子公司、3家控股公司和3家参股公司，从业人员约5000人；具有自营出口、保税油供应、外籍船靠泊修理、对外工程承包及对外劳务合作经营等资质，通过ISO 22000食品安全管理体系、ISO 14001环境管理体系和ISO 45001职业健康安全管理体系、美国FDA食品卫生检测、欧盟HACCP食品安全体系和英国零售商协会(BRC)等认证。公司有远洋生产船舶51艘，年捕捞海水鱼3万余吨；有4.5万吨/次冷库群，17座码头，20个泊位，1.4万立方米保税油库以及4个专业水产品生产加工车间和1个水产品研发检验中心。

中国水产舟山海洋渔业有限公司旗下的“明珠”品牌有休闲、膳食、礼品和冻品类四大系列上百种的水产精深加工产品；是中国极地研究中心南、北极科考水产品的指定供应商和上海迪士尼、东方航空、吉祥航空、沃尔玛山姆会员店、海底捞、永和大王等国内外品牌企业的指定供货商，是鱿鱼丝、烤鱼片等产品的国标和行标起草者。“明珠”牌鱿鱼丝、烤鱼片享誉海内外，被国内外同行称为“马面鱼王”和“鱿鱼王”。

【浙江富丹旅游食品有限公司】 该公司成立于2003年，位于展茅工业园。经过多年的发展，已形成内外贸并举，生产与工业旅游相结合的多元化经营格局，是专业化规模化生产的水产加工企业，技术力量雄厚，设备先进。通过ISO 9001、ISO 22000、ISO 14001、HACCP管理体系认证。主要产品有休闲海洋食品系列，冻鱿鱼产品系列，鱿鱼干品系列，冻煮金枪鱼鱼柳产品系列，产品种类达100余种。以冻鱿鱼制品、鱿鱼干品为代表的产品，品质优良，获客户广泛好评，远销欧洲、美国、日本、中国香港、中国澳门、中国台湾、东南亚等地区。是普陀区水产品精深加工骨干企业之一。

(撰稿：丁欢)

电力生产与供应

【概况】 2022年年底，浙江省电力公司舟山电力局普陀供电分局(简称普陀供电分局)供电区域458.60平方千米。普陀区有220千伏变电所2座(岑山变、渔都变)，变电总容量108万千伏安；110千伏变电所8座，变电总容量86.3万千伏安；35千伏变电所10座，变电总容量28.8万千伏安。10千伏配电变压器(公用)2085台，变电总容量125.085万千伏安。500千伏高压输电架空线路168.2千米；220千伏高压输电架空线路438.6千米；110千伏高压输电架空线路716.7千米，电缆及海缆293.3千米；35千伏高压输电架空线路278.7千米，电缆及海缆182.6千米。10千伏配电公用线路199条、2248.399千米(另有专线4条)、环网室177座、配电室409座；岛际10千伏海缆10条、31.19千米。

【电力经营】 2022年，全区用电量19.09亿千瓦时，同比增长5.32%；上网电量283.299万千瓦时，社会最高用电负荷43.6万千瓦，同比增长12.83%，创历史新高；综合线损率1.906%；全年综合电费收入13.95亿元，同比上涨14.52%。平均电价为0.748元每千瓦时。全口径供电可靠率为99.9867%，较上年提升0.013%；停电时户数4935.15，较上年压降47.65%，超额完成压降目标，支线以上故障累计94起，同比压降40.88%；自动化总有效覆盖率提升至90.46%，同比提升9.2%

2022年，普陀区配网建设总投资2.108亿元，同比增长9.8%。全年完成新建配网项目18个、

2022年普陀区各行业用电量及所占比重表

表21

行　业	用电量（万千瓦时）	所占比重（%）
全社会用电总计	190909.19	100
农、林、牧、渔业	1868.43	0.979
工业	73458.05	38.478
建筑业	5877.43	3.079
交通运输、仓储和邮政业	8390.64	4.395
信息传输、软件和信息技术服务业	2897.20	1.518
批发和零售业	15115.24	7.918
住宿和餐饮业	11938.36	6.253
金融业	588.75	0.308
房地产业	3813.04	1.997
租赁和商务服务业	4423.11	2.317
公共服务及管理组织	16929.88	8.868
城乡居民生活用电	45609.06	23.89

续建项目5个。桃花岛、登步岛、六横岛等海岛配网互供互联能力大幅提升，普陀210条公用线路实现联络率100%，特别是六横110千伏双屿变与港兴变新增10千伏联络通道1条，变电所间负荷接带不平衡问题得到缓解；完成东极庙子湖4座环网室新建工程投运，“主线落地+支线窄基塔防风改造”模式经受住“梅花”台风考验。六横电厂—岑山220千伏线路工程，完成项目年度核准；普陀6号海上风电—岑山改接宁波厚墩220千伏线路工程，完成线路规划选址论证报告和项目稳评报告编制；普陀北塘110千伏输变电工程进入“二证”审批阶段；舟山普陀骐骥110千伏输变电工程，调整站址并完成可研报告评审；舟山普陀海洲（沈家门）110千伏输变电工程，项目可研报告及选址选线报告通过专家评审，相关安置补偿方案与政府相关部门达成初步意向。

【电力供应服务】 2022年，普陀供电分局创新办法，拓宽不停电作业应用，停电时间显著降低。普陀全口径供电可靠率99.9877%，较上年同期提升0.016个百分点，户均停电时间由2021年2.1052小时下降至0.9348小时。普陀供电分局融合海岛特点，利用机器人、绝缘杆法新型设备和技术克服海岛无法带电作业客观因素，拓展带电作业范围。全年完成带电作业409次，减少影响11245时·户，业扩不停电作业占比达到100%；拓展不停电作业范围，在日常检修计划时，运用桥接法、旁路沟通以及发电车保供电方式共完成20次，确保停电时间短、范围小。

2022年，普陀区最高负荷43.62万千瓦（8月20日12时54分），较上年上升12.89%。普陀区域配网故障次数较上午下

7月8日，普陀电力人员在东极庙子湖岛检修架空线路（普陀供电分局提供）

6月20日，六横供电所员工在码头沿线进行电力隐患巡视（普陀供电分局提供）

降40.88%。迎峰度夏期间未发生线路设备重载及实质性的低电压情况，完成对11号“轩岚诺”、12号“梅花”台风的防御工作，10小时内供电恢复率100%。

全年完成普陀区小区充电设施安装情况调研，核查全部210个小区，有101个小区具备地下充电桩配套设施整体加装条件，改造完成其中9个小区，缓解电动汽车充电难题。全市率先完成10所中学的双电源改造，实现普陀中高考考点双电源全覆盖。联合属地政府出台电力分担政策文件，实现延伸投资政策细化落地。全年打造需求响应资源池12.52万千瓦，建成1.18万千瓦空调负荷感知调控能力。加强负荷精准管控，成立普陀区负荷管理中心，深挖全区需求侧“限用”潜能，加强数字牵引负荷管理。编写2022年度优化营商环境白皮书，开展“获得电力”成效宣传，发表国家级报道2篇，省级报道1篇。

（撰稿：刘波）

【浙江浙能中煤舟山煤电有限责任公司】 该公司成立于2007年6月，位于六横岛的东北岸，是一家集大型火力发电厂及煤炭中转煤码头为一体的企业，被誉为“海上坑口电厂”。浙能舟山煤电是省委、省政府提出的打造“平安浙江”和发展“海洋经济”战略的配套项目。电厂项目占地面积约1300亩(约86.67公顷)，规划建设高参数、大容量1000兆瓦超临界机组4台，并留有扩建余地。电厂一期2台1000兆瓦超超临界机组1号机组和2号机组已正式投入商业运行。超低排放设备与主机同步配套建成投产，是全国首个新建燃煤机组实行“超低排放”的电厂，其中湿式电除尘技术是国家环保部的示范项目。舟山煤电煤炭中转码头是华东地区最大的煤炭储备、配煤、中转码头，设计年吐吞量3000万吨，单泊位可停靠最大吨位20万吨，堆存能力310万吨。煤炭中转码头已全面租赁给浙江浙能港口运营管理有限公司经营管理。

【国电电力浙江舟山海上风电开发有限公司】 该公司位于六横镇台门人民南路34号，前身是

浙江浙能中煤舟山煤电有限责任公司（区经信局提供）

国电浙江分公司于2009年组建的舟山风电项目部,2010年6月,由国电电力批复成立舟山公司;2011年7月26日,公司在普陀区注册成立。注册资本13823万元,在职员工42人。主要经营风力发电的开发、建设、生产与销售,风电技术开发咨询、技术服务等业务。国电舟山普陀6号海上风电场2区工程是浙江省第一个海上风电项目,也是普陀区"三重"项目,项目总投资45亿元。项目建设场址位于六横岛南侧,东西长约12千米,南北宽约3千米,风电场中心点距离六横岛约11千米,涉海海域面积35平方千米。该项目规划总装机容量252兆瓦,拟安装单机容量4兆瓦的西门子SWT-4.0-130型风机63台,风电场年理论发电量为106063万千瓦时,年上网电量为75338万千瓦时,等效满负荷小时数为3038小时。每年节约标煤27万吨,减少二氧化碳排放70万吨。

其他门类工业

【概况】 2022年,普陀区电力生产业实现规上工业产值52.2亿元,同比增长25.0%;电子机电业实现规上工业产值3.2亿元,同比增长64.5%;医药制造业实现规上工业产值0.7亿元,同比下降9.9%;化工制造业实现规上工业产值2.2亿元,同比增长3.2%;石料开采业实现规上工业产值2.0亿元,同比下降60.1%;机械制造业实现规上工业产值10.9亿元,同比下降2.4%;金属制品业实现规上工业产值4.2亿元,同比增长48.3%。

【浙江舟山市正源标准件有限公司】 该公司是专业化标准件生产厂家,经国家批准的具有自营进出口权。位于沈家门海洋生物工业园区正源路65号,年实际生产能力2.6万吨。有中、高级技术职称人员80余人。专业生产的主导产品有:风能产品、桥梁高速列车产品、石化石油电力产品、航空汽轮机产品、船舶铁道产品、核电、兵工产品等。产品出口远销北美、欧洲、韩国、日本、东南亚各国,覆盖全国各省市、自治区。主要以红打螺母生产线、红打螺栓生产线、冷镦生产线、牙条生产线、热处理生产线等国内先进的生产流水线和正源技术中心、员工培训中心、CNC数控加工中心为主导,技术中心下设理化计量检测检定中心,拥有一整套新型、齐全的检测检定设备,主要用于材料化学分析、金相检验、力学性能试验、物理性能测试、无损检测、防腐性能测试、量具检定等一系列技术检验和开展科学研究,控制和提高产品质量。

【浙江炜驰机械集团股份有限公司】 该公司是以生产汽车模具、汽车零部件、制药机械、食品机械、包装机械、印刷机械为主的综合型机械制造企业集团。有员工560余名,专业技术人员92名,舟山制造基地占地面积120亩(8公顷),厂房面积3.5万余平方米。拥有以DM-3000型立式加工中心为代表的各种精密机床130余台,以及LH108德国进口三坐标测量仪等各种检测设备。通过ISO 9001:2000质量管理体系认证。集工、贸、研于一体,有浙江、江苏、上海3个制造基地,并在上海设有企业技术中心。

舟山市正源标准件有限公司叶片螺栓滚丝自动生产线(区经信局提供)

浙江炜驰机械集团股份有限公司汽车零部件自动冲压生产线（区经信局提供）

【浙江飞鲸新材料科技股份有限公司】 该公司始建于1985年5月，前身为浙江飞鲸漆业有限公司，是一家专业研发、生产、销售船舶涂料、重防腐涂料、工业涂料和特种涂料的国家级高新技术企业。占地3.35万平方米，建筑面积1.2万平方米，注册资本2308万元，有员工110人，其中专业技术人员30余人，工程师（中级）11人，高级工程师1人。能生产醇酸、氨基、氯化橡胶、丙烯酸、环氧、聚氨酯、氟碳涂料等13个系列600余种产品，已经成为国内船舶涂料、重防腐涂料的主要供应厂家。公司先后通过中国船级社CCS和中华人民共和国渔业船舶检验局ZY的双重工厂认可，部分产品获得德国劳氏GL工厂型式认可，全面引进ISO 9001、ISO 14001、OHSAS 18001质量、环境、职业健康安全3个管理体系；公司是国家标准和行业标准的制订单位之一，已参与制订、修订国家标准和行业标准数10个；已获得发明专利授权2项；2008—2022年，“飞鲸”牌商标连续被认定为“浙江省著名商标”“浙江名牌产品”等称号；2009—2022年，公司连续被认定为国家级高新技术企业，历年承担国家、省、市、区数十项各类技术项目。

浙江飞鲸新材料科技股份有限公司中控调漆（区经信局提供）

【舟山市正山智能制造科技股份有限公司】 该公司成立于2017年8月30日，是正源实业旗下的子公司，位于展茅街道展辉路3号，是一家高强度紧固件专业生产厂家，涵盖大数据、智能化、自动化三大板块的新型现代化工厂。年生产能力2万吨，产品主要应用领域为海上风电、陆上风电、石油化工、核能核电、桥梁、高铁、重型机械等产业链，致力于开发智能螺栓等高精产品。有生产设备108台（套），其中数字化设备101台（套），主要有钢棒感应加热调质线3条、剥皮矫直生产线2条、全自动金属圆锯机生产线6条、数控车床50台，大多数连线均为自动化设备，并配备机械手，实现机器人作业。引进德国永恒力立体库，存储吨位约2500吨。建有占地面积约600平方米的实验室，有国内先进检测设备20余台。建立大数据指挥中心，实现公司信息共享、产品设计数字化、制造过程自动化、数据互联互通等功能，开发建设智能工厂的信息化平台，打造工业4.0模式的智能工厂。已有6项软件著作权。

工业性投入

【概况】 2022年，全区工业投资项目76个，完成工业投资20.4亿元，其中技术改造项目37个，完成投资4.4亿元。按镇街分，六横镇完成投资7.3亿元；沈家门街道完成投资0.8亿元；东港街道完成投资0.3亿元；展茅街道完成投资4.3亿元，其他镇街完成投资7.6亿元。按投资规模分，1亿元以上项目20个，完成投资13.3亿元；5000万~10000万元项目13个，完成投资3.9亿元；1000万~5000万元项目29个，完成投资2.6亿元；500万~1000万元项目14个，完成投资0.5亿元。按行业分，船舶修造16个，投资额为2.3亿元；食品水产16个，投资额为3.6亿元；机械化工10个，投资额为1.1亿元；能源项目23个，投资总额为11.2亿元；其他行业11个，投资额为2.2亿元。

【浙江盛海六横清洁能源项目】 该项目总用地约89亩（约5.93公顷），依托浙能煤炭中转基地的堆场及码头，建设清洁能源生产基地，年加工产能500万吨。其中，一期用地50亩（3.33公顷），建设年产能250万吨。建设年限为2020—2022年，2022年计划投资3000万元。2022年8月底竣工投产。

【舟山海奥可再生资源利用项目】 该项目为8万吨/年橡胶颗粒综合利用项目。项目分两期建设，一期2万吨/年，二期6万吨/年。主要建设内容包括生产车间、公辅设施（变电所、消防泵站）、办公楼等。生产车间主要由破碎、胶粉、热解车间和炭黑加工生产车间、脱硫脱硝区域和原料仓库等组成。建设年限为2021—2025年，2022年计划投资8452万元。2022年年底，一期项目完工。

【浙江海港中奥能源有限责任公司码头改扩建工程】 该项目对既有的1号油品及液体化工泊位（5万吨级）、2号油品及液体化工泊位（3千吨级）进行改扩建。将1号泊位改扩建为15万吨级泊位，码头结构按30万吨预留，将2号泊位改扩建为15万吨级泊位，设计吞吐量为980万吨/年。建设年限为2021—2024年，2022年计划投资6000万元。2022年，2号油品及液体化工泊位（3千吨级）改扩建完工。

【万洋众创六横仪表船配产业园建设项目】 该项目总用地约339亩（22.6公顷），其中一期约111亩（7.4公顷），建设生产车间15.8万平方米，非生产性用房2.8万平方米。建设年限为2021—2023年，2022年计划投资1000万元。项目已开工建设。

【盛达燃料油中转加注基地项目】 该项目总用地面积187114.01平方米，结合油品储运扩建工程规划，新建8号、9号、10号三个罐组，储罐25座，总罐容79.4万平方米，并规划新建长输管道输送首站和码头油气回收装置。建设年限为2020—2023年，2022年计划投资50000万元。截至2022年年底，完成开山边坡工程、场地平整完毕，完成土建工程50%，安装工程10%。

【中奥能源油品储运扩建工程项目】 该项目建设规模87.6万立方米，建设罐组四、五、六、七共29座储罐及生产辅助用房。建设年限为2019—2022年，2022年计划投资20000万元。截至2022年年底，已完成土建及安装工程，设备调试。

【浙能六横电厂二期工程】 该项目投资建设2台100万千瓦级利用先进环保节能技术、高参数大容量机组。建设年限为2021—2024年，2022年计划投资35000万元。2022年，该项目主厂房结顶，设备安装开始。

【自在盛达集团有限公司3号码头项目】 该项目拟新建1座5万吨级油品3号码头，码头泊位总长度为383米。建设内容主要包括码头平台2座，系缆墩7座，靠船墩4座，引桥1座，管廊桥1座，码头综合楼平台1座，码头综合楼1座。包括约6.85万立方米港池疏浚。建设年限为2022—2023年，2022年计划投资8000万元。2022年，已开展项目建设。

【中远8号、9号码头工程】 该项目在9万吨船台东西两侧顺岸分别建设9号和8号码头,以及码头后沿驳岸,后方布置陆域堆场等。其中,8号码头总长524米,宽40米,新建引桥1座,新建海堤313米;9号码头总长476米,宽40米,新建引桥1座,新建海堤559.7米。建设年限为2022—2024年,2022年计划投资3000万元。2022年,8号码头完成项目前期,开始打桩作业;9号码头完成施工图设计及施工图审查,开始打桩作业。

【中远4号船坞工程】 该项目主要建设430米×120米的30万吨级船坞及相关配套设施。建设年限为2022—2024年,2022年计划投资3000万元。2022年,已完成项目前期,基本完成蟑螂山山体开采。

【浙能舟山六横液化天然气接收站项目】 该项目设计规模为年接收能力600万吨,配套15万总吨专用码头1座、综合码头1座、20万立方米以上储罐6座,配套建设外输管道,一期征地面积670亩(约44.67公顷)。建设年限为2022—2025年,2022年计划投资35000万元。截至2022年年底,工程总体形象进度达到10%。

【中石化浙江舟山六横LNG项目】 该项目建设8万~26.6万立方米LNG码头1座、LNG装船码头(2个4万立方米泊位)1座,陆域建设4座22万立方米储罐及气化外输、LNG装车等工艺设施,接转规模达700万吨/年。建设年限为2022—2024年,2022年计划投资50000万元。截至2022年年底,工程总体形象进度达到11%。

【金钵盂岛临港产业园(一期)物流仓储项目】 该项目建设年吞吐量1000万吨物流仓储基地及5万平方米仓库、堆场。建设年限为2021—2023年,2022年计划投资4000万元。2022年,完成码头改建及仓库、堆场建设。

【宁波-舟山港六横港区东白莲岛油品储运工程】 该项目包括建设15万吨级泊位、3万吨级泊位、5000吨级泊位各1座,建设82.4万立方米储罐及配套设施。建设年限为2021—2023年,2022年计划投资30000万元。2022年,该项目完成全部储罐结顶,进行储罐和码头设备管线安装。

【浙江宏旺年产70万吨高品质不锈钢冷轧板带及配套加工项目】 该项目包括建设五连轧连退酸洗机组,生产不锈钢冷轧板带70万吨/年;配套建设不锈钢精加工项目,生产不锈钢精加工产品30万吨/年。建设年限为2022—2023年,2022年计划投资15000万元。2022年,该项目完成车间建设,完成设备订购,开展设备基础设计及建设。

【西白莲200万立方米油品储运项目】 该项目在现有5万立方米油品储运规模的基础上再新建总库容为228万立方米的储油库,建成后项目总库容将达到232.7万立方米,各体量储罐共计46座。建设年限为2022—2026年,2022年计划投资1300万元。2022年,该项目场地平整,对现有5万立方米库区进行修复。

【海欣海洋生物精深加工及海洋肽项目】 该项目总建筑面积约2.7万平方米,主要建设生产车间、仓库及配套设施,生产鱼极等中高端海洋生物制品、海洋鱼蛋白源抗氧化肽、抗冻肽、抗疲劳肽等系列产品。建设年限为2020—2022年,2022年计划投资5000万元。2022年已完工。

【现代智能冷链物流平台项目】 该项目总建筑面积46218平方米,布局建设智能冷藏区、配送加工区、商务服务区3大功能区,其中智能冷藏库37950平方米,配送加工中心4890平方米,服务中心及配套用房3378平方米;冷藏能力3.5万吨。建设年限为2021—2022年,2022年计划投资5000万元。2022年已完工。

【舟山(普陀)万洋众创城项目】 该项目总建筑面积约20万平方米,以发展海洋生物科技、海洋装备制造、海洋电子信息等支柱产业。建设年限为2019—2023年,2022年计划投资15000万元。截至2022年年底,该项目04地块交付,20地块主体结构完成60%,二次结构完成40%,粗装修完成30%。

工业企业管理与服务

【概况】 2022年，普陀区坚持以促进中小企业、民营企业平稳健康发展为总目标，实施新一轮制造业“腾笼换鸟、凤凰涅槃”攻坚行动，培育促进“专精特新”中小企业高质量发展，促进优势产业提档升级，数字化改革行稳致远，创新动能日趋强劲，推进全区中小企业和民营企业高质量发展。

【统筹中小企业梯度培育】 2022年，区经信局贯彻国务院促进中小企业发展领导小组办公室《为“专精特新”中小企业办实事清单》《提升中小企业竞争力若干措施》和省政府办公厅《关于大力培育促进“专精特新”中小企业高质量发展的若干意见》等政策精神，改善营商环境，促进中小企业和民营企业发展。建立分级分类的企业梯队培育库，推荐舟山市普陀海汇水产有限公司、舟山新鲨制药机械有限公司等11家企业申报省级“专精特新”企业，浙江金鹰食品机械有限公司升级为国家重点“小巨人”企业。围绕全市规上企业倍增行动，做好舟山市华超水产有限公司等新建项目达产上规、浙江华刚电气科技有限公司等规模以下企业上规升级、规上企业稳规提质等工作，2022年，新增规上工业企业18家。深化“双倍增”行动。完善科技企业“微成长、小升高、高壮大”的梯次培育机制，对培育库内企业开展点对点上门辅导。2022年，全区新认定省级高企研发中心2家、省级科技型中小企业48家；新培育国家高新技术企业16家，国家科技型中小企业101家，培育数均为全市第一。

【聚焦主业服务企业转型升级】 2022年，区经信局建立健全激励奖补政策体系。相继出台《普陀区制造业高质量发展三年行动方案》《推进制造业高质量发展补充意见八条》《加快科技创新推动高质量发展的若干意见》等文件，在全市率先实行工业企业新建多层厂房奖补及普惠性研发投入奖励政策，兑付省市区各级科技专项资金8070.6万元，兑付率100%。绿色修船产值超60亿元，完成全球最大LNG双燃料动力集装箱船带气修理；万邦重工成为全国首家获评国家级“绿色工厂”的船舶修理企业，鑫亚船舶成为国内首家获GTT薄膜型LNG船修理资质的民营修船企业。推动水产加工业向精深智能领域发展，支持浙江融创食品工业有限公司、浙江好德食品集团有限公司等实施水产品精深加工全流程自动化改造项目；鼓励企业抢抓预制菜产业风口，实施融创食品预制菜生产线技改，引进欣悦海中央厨房等预制菜项目；持续聚焦海洋肽等深加工领域，推动浙江平太荣生物科技有限公司跻身国内仅有的10家胶原蛋白欧盟注册企业行列。实施“科技+产业”行动计划。启动区级“揭榜挂帅”行动，着力突破新业态船舶修造、海洋生物高值化利用、高端装备制造等关键技术，2022年，组织实施区级“揭榜挂帅”项目5项。发布普陀区科技项目申报指南，组织实施区级科技计划项目15项，认定第一批省级新产品试制计划42项，择优推荐上报第二批省级新产品试制计划91项，市揭榜挂帅项目6项。重大创新成果竞相涌现，获省科学技术进步奖3项，获奖数量位列全市四县区第一。其中，中国水产舟山海洋渔业有限公司参与的项目获省科技进步一等奖。围绕船舶、水产、仪表等传统行业，引导企业建设可推广可复用的典型应用场景。以“产业大脑+未来工厂”为导向，建设智能工厂和数字化车间，舟山市正山智能制造科技股份有限公司入选省级未来工厂试点、浙江同博科技发展有限公司入选省级产业数字化服务商，浙江海欣水产有限公司入选省级生产制造方式转型示范，浙江融创食品工业有限公司通过国家两化融合贯标，浙江冠素堂食品有限公司、浙江荣舟海洋产业股份有限公司等7家工业企业入选市级数字化应用。支持企业深度用云，培育区级“云上企业”5家，市级“云上企业”2家，推荐省级上云标杆企业2家。

【推进长效赋能惠企行动】 区经信局加强重点行业系统谋划。分类帮扶核心行业发展，落实“一业一策”帮扶措施，重点助推国际航行船舶修理、进口冷链食品加工企业审单制度优化调整。

2022 年，普陀区船舶修理、水产加工行业分别同比增长 33.6%和 15.4%。区经信局推动产业稳链固链畅链。组织“十链百场万企”系列活动，通过企业码直播，聚集 8000 余名观众线上观看，以“直播+服务”的形式聚焦船舶修造产业链，联合省经济和信息化厅举办全省首届船舶海工产业峰会，发布全省首个船舶修造行业产业大脑，推动 4 个产业链合作项目现场签约。聚焦水产加工产业链，举办普陀优质水产品产销对接会，邀请 50 余家国内知名零售商，搭建沟通新渠道、拓展销售新模式。开展助企纾困服务。建立区领导联系规上工业企业、助企服务员帮扶重点企业机制，已实际解决企业问题 515 个。如针对企业融资难题，协调相关金融机构，为浙江炜驰机械集团股份有限公司、舟山市正源标准件有限公司设计融资方案；协助舟山市正山智能制造科技股份有限公司、浙江中科立德新材料有限公司等企业成功申请国家设备更新改造专项再贷款。持续发力“万名干部助万企”活动，根据省委组织部、省经济和信息化厅开展“万名干部助万企”精准服务活动要求，派 25 家单位的 32 名干部对全区 2021 年产值 1 亿元以上、“专精特新”工业企业开展“一对一”精准服务，建立企业诉求“收办—分派—办理—反馈”的闭环工作机制。6 月以来，各助企服务员工收集企业诉求 32 件，办结 32 件，办结率 100%。

（撰稿：丁欢）

编辑：刘玥

旅　游

综　述

2022年，普陀区以打造文旅助力共同富裕美好生活海岛样板为目标，促进旅游事业发展。普陀区位列2022年全国市辖区旅游综合实力百强第七，普陀运动休闲旅游线路入选2022年国庆期间全国体育旅游精品线路。做好景区建设和管理，推进1个AAAA级景区城和5个金AAA级景区村提升，完成2个AAAA级景区街道、1个智慧景区创建，海上飞拉达项目营业，桃花岛塔湾金沙入选省运动休闲旅游示范基地，桃花岛风景旅游区整改通过省级验收。做好文旅资源普查，推进文遗融入旅游，打造市级曲艺书场——展茅古书场。开展普陀文旅网络直播活动，举办"返普归真，福满仙陀"2022留普过大年新春线上"游园会""月满中秋，情系历史"普陀博物馆中秋节网络直播等活动。编制以普陀美食、特色海岛为主题《慢慢走》系列杂志3期用于宣传推广。是年，颐神香牌系列产品获2022年第十届中国（浙江）工艺美术精品展"金奖"。

2022年，普陀区（含普朱）接待游客682.4万人次，创旅游收入102.2亿元，同比分别下降21.2%和16.7%。其中，区本级接待游客338.1万人次，创旅游收入53亿元，同比分别下降17.2%和7.8%。

（撰稿：姜慧芬）

旅游开发建设

【重点项目建设】 2022年，普陀区实施文旅项目20个，完成投资额21.19亿元。

普陀水街综合开发项目始于2020年，总用地面积约5.05公顷，总建筑面积约5.68万平方米，包括水街主题酒店、水街健康邻里中心、水街城市花厅等建筑体，其中地上建筑面积3.31万平方米、地下建筑面积2.37万平方米，完成投资6.27亿元，2022年竣工。

江湾滨海公园建设工程始于2021年，建设内容包括景观构筑物，园林景观、幼儿园、办公及配套用房、社区用房及开闭所、道路、人行天桥、屋顶绿化、景观铺装、水体景观给排水等，总建筑面积3.17万平方米，完成投资2.17亿元，2022年竣工。

鲁家峙至东港公路工程始于2018年，总用地面积约4.27公顷，始于鲁家峙岛东侧，穿沈家门渔港、终点与东港海洲路相接，路线全长约2.2千米，按一级公路标准设计，完成投资11.27亿元，2022年竣工。

沈家门夜排档提升改造项目始于2021年，总建筑面积8680平方米，包括建设标准排档52间，商业房16间，公厕6间，配电房、煤气站各1间，中心节点1处，完成投资额6200万元，2022年竣工。

沈家门渔港休闲船舶停泊基地工程始于2020年，建设梳式浮桥363米，浮栈桥1345平方米、浮桥定位桩56根，改造管理房1座、港池清淤2.84万立方米、通信导航设施、渔港监控设备、水电等配套设施，完成投资1822万元，2022年竣工。

【海岛公园建设】 2022年，《普陀海岛公园建设规划》发布。普陀海岛公园建设以"微改造、精提升"为主，发挥东极、桃花、蚂蚁主题岛建设引领作用，打造海上花园示范样板。完成桃花岛景区“精致”改造，塔湾金沙外立面改造、景观改造、绿化提升、旅游服务中心改造、飞拉达项目、桃花射雕城灯光照明项目和剧本杀项目等系列工程竣工并对外迎客。推进蚂蚁岛精神红色教育基地项目建设，加快蚂蚁共富工坊、红船展览馆、蚂蚁岛创业纪念馆等项目建设，提升蚂蚁岛红色品牌。完成庙子湖街景彩绘美化、东极特色海岛公园IP周边文创开发、出台民宿管理系列制度等，提升中街山海岛公园旅游品质。普陀海岛公园获2022年度浙江省十大海岛公园建设年度考评优秀等级。

【普陀海岛民宿】 2022年，普陀区申报并纳入浙江省“浙韵千宿”培育名单21家，东极国际青年旅舍创建成为浙江省文化主题民宿。年底，全区民宿累计创建成为舟山市“岛居舟山”最美民宿28家，浙江省金宿级民宿3家、银宿级民宿14家，并创建成浙江省文化主题民宿2家。加快民宿产业培育，修订并发布《舟山市普陀区人民政府关于加快推进海岛民宿产业发展的实施意见》，推进普陀区民宿规范化、集群化、品牌化、数字化、低碳化发展，将海岛民宿产业培育成为全区渔农民创业创收富民产业。

（撰稿：刘倩倩）

旅游节庆活动

【“返普归真，福满仙陀”2022留普过大年新春线上“游园会”】 2022年1月26日，在“舟山普陀文旅”视频号及“兔子集市”微信小程序采用直播带货形式举办“返普归真，福满仙陀”2022留普过大年新春线上“游园会”直播活动，现场推出文旅消费券、精品民宿、酒店餐饮、旅游线路、普陀特产等产品，活动期间累计4.4万人在线观看，539件商品抢购售出。

东极国际青年旅舍（东极国际青年旅舍提供）

【第十四届中国国际普陀佛茶文化节】 5月23日上午，第十四届中国国际普陀佛茶文化节在塘头佛茶园举行。十三届全国政协社会和法制委员会副主任、中国国际茶文化研究会会长、浙江省政协原主席乔传秀宣布开幕。开幕式通过掌上普陀App、“中国舟山普陀”微信视频号、“嗨普陀”抖音号、“中国普陀”微博等平台进行网络直播。下午，举行第十四届中国国际普陀佛茶文化节暨2022年普陀招商推介交流会。配套还有首届普陀佛茶斗茶赛、全民饮茶暨新茶品茗会、普陀佛茶摄影比赛、国际茶日活动。（详见“专记”）

【第二十三届中国舟山国际沙雕节】 6月底，第二十三届中国舟山国际沙雕节作品创作完成，供游客观赏。共雕塑60余件沙雕作品，以“沙话亚运”为主题，作品分为“杭州亚运”“中国亚运”“亚运简史”3个板块，演绎亚运历史，传播亚运文化。为增加趣味性，设计小火车、滑沙、摇摆桥等具有参与性、娱乐性的配套活动。

【2022普陀·海稻音乐节】 11月4—5日，“海稻梦想 醉美田园”2022普陀·海稻音乐节在黄杨尖村路下徐百亩森林举行。音乐节期间，推出创意市集，包括

5月23日，第十四届中国国际普陀佛茶文化节开幕式（区文广旅体局提供）

“青创联盟”“农夫市集”“后备箱市集”“妈妈的味道”4个区块,共招商60余个摊位，其中村民摊位20个。吸引游客3万人次,带动周边旅游收入50万余元。

旅游宣传促销

【2022年“中国旅游日”普陀主题活动】 5月16—19日，邀请普陀具有影响力导游在普陀本岛、桃花和东极开展“导游带您云旅游”兔子集市直播、“跳岛云游普陀”直播两场网络直播活动,在多个直播平台带领全国游客“线上跳岛游”,当天直播流量超75万人次，同步通过移动短信向当地民众发送“中国旅游日”手机祝福短信7.6万条,提高“中国旅游日”社会知晓度,发挥旅游带富兴岛作用。

【2022年普陀文旅达人采风活动】 5月18日至7月1日,以葫芦岛、展茅、六横海岛乡村旅游资源为背景，邀请26名全网影响力超1700万的旅游达人到海岛分别开展“自在普陀,醉美夏至”“六横岛梦游仙境”达人体验游,活动产生plog(图片博客)210组、图片4644张、vlog(视频博客)12条,超百万播放量视频2条,两场活动全网话题综合量超过1亿次,讨论2.7万人次,推广宣传平台覆盖包括微博、今日头条、马蜂窝、携程、去哪儿、抖音、大众点评等15个平台。

【“水墨华彩,醉美普陀”中国美术学院舟山行暨普陀区东极石屋群创作采风活动】 7月20日,由区文广旅体局主办,网易宁波联合中国美术学院承办“水墨华彩,醉美普陀”普陀区东福山石屋群创作采风活动在东极岛举行。美院学子将运用手中画笔将海洋生活、海洋气象等内容进行艺术表达,勾勒东极岛百年历史文化。此次活动组织中国美术学院绘画老师3名、学生12名前往东极东福山进行采风创作活动,创作绘画作品15幅。视频直播活动观看数据15.04万人次，图片直播合计286张照片，在新浪新闻、网易新闻等11家媒体平台宣传推广。

【2022年“新普陀嗨一夏”文旅消费券】 7月22日至9月10日,在“嗨普陀”平台开展2022年“新普陀嗨一夏”文旅消费券发放活动,涵盖全区景区、酒店、民宿、餐饮四大类企业,发放两波文旅消费券60万元。活动期间核销消费券4214张，总交易额89.95万元，拉动普陀文旅消费449.75万元。

（撰稿:崔思媛）

旅游管理服务

【旅游行业管理】 2022年,全区有注册旅行社64家;其中,经营国内旅游业务和入境旅游业务的旅行社60家，具有出境旅游业务资格旅行社4家。旅行社专职全国导游员452人。区文广旅体局开展旅行社品质提升工作,完成舟山市普陀大众国际旅行社有限公司品质旅行社创建工作初评验收工作;完成浙江海中洲国际旅行社有限责任公司、舟山海星金潮旅游有限公司四星级品质旅行社,舟山市普陀金诚旅行社有限公司三星级品质旅行社复评初评工作。继续落实《普陀区“诗画浙江·百县千碗—普陀鲜味”工作实施方案》,逐步完善“诗画浙江·百县千碗——普陀鲜味”数字菜品库,持续更新百县千碗体验店营业数据。完成“十冷盘”“十热菜”“十点心”的三十大碗菜品分类,并邀请专家编写菜品来源故事,组织参加2022年“百县千碗进校园”暨“舟创未来”中式烹调师技能精英大赛。继续指导旅游行业企业按要求做好疫情防控工作。召开2022年全区旅游安全(消防)工作会议,与旅游企业签订旅游安全责任书,全年出动293人次,开展安全检查150次。

【旅游市场执法管理】 2022年,区文广旅体局优化旅游监管执法模式,强化旅游市场监管力度,执行“互联网+监管”工作要求,开展“双随机”抽查工作和“春季行动”“暑期整治”“秋冬文旅体市场综合整治工作”等专项行动。全年出动执法人员332人次,检查各类场所158家次,其中旅行社26家次,酒店81家次,景区27家次,小型休闲船艇点位24次。组织“双随机”抽查2次,其中跨部门“双随机”抽查1次,出动执法检查人员48人次,检查旅行社16家。立案查处违法违规行为1起,结案1起,罚款1.2万元,没收违法所得3980元。处理旅游类举报投诉8起。

完善旅游领域跨部门联合执法机制,提升旅游综合管理服务水平,加强旅游市场联合执法,会同城管、公安、交通、市场监管等部门联合整治旅游市场突出问题,规范旅游市场经营秩序。是年,开展联合执法21次,出动执法人员142人次,主要检查重点为滨港沿线及城北客运站非法揽客、黑车现象,检查涉旅企业112家次,劝离非法揽客人员50人次,查处黑车非法营运立案16起,罚款12.1万元。

(撰稿:俞皓)

旅游服务企业选介

【舟山海星金潮旅游有限公司】 该公司位于东港街道香榭街47号,成立于2009年2月18日,国有控股企业,由舟山海星轮船有限公司和朱剑锋投资组建而成,注册资本200万元。有员工35人。是集旅游、酒店管理于一体的专业旅游企业。推出普陀山、朱家尖、桃花岛、东极等地自由行旅游产品,打造集交通、票务、订房于一体的旅游集散服务窗口。公司先后获“浙江省四星级品质旅行社”“浙江省百强旅行社”“舟山市最佳旅行社”“市级青年文明号”“市级巾帼文明岗”等荣誉称号。2022年接待游客7362人,营业额720万元。

【舟山君澜大饭店】 该企业位于东港街道海洲路711号,是由君亭酒店管理集团管理,集客房、餐饮、会议、娱乐于一体的综合性酒店。主体建筑20层,有253间海景客房,涵盖11种房型,面积47平方米至119平方米,有880平方米无柱式大宴会厅和4间多功能会议室,有渔人码头全日餐厅、桃源小馆中餐厅、东大堂吧,4楼配备棋牌室、桌球室、健身中心、瑜伽室、水疗中心等康养娱乐设施,5楼配备270°全海景户外花园望海阁,可定制聚会、户外烧烤及时尚派对。曾获评浙江省绿色饭店、中国酒店大奖年度商旅酒店、飞猪双十一人气酒店、2022年度酒店大赏臻选旅游目的地酒店、携程口碑网豪华酒店榜、“诗画浙江·百县千碗”特色美食体验店等奖项。2022年接待游客42994人次,营业额3773.6万元。

【凉湖湾民宿】 该民宿位于虾峙镇凉湖村,建筑面积1400平方米,临海而建,具纯白色调地中海风格,有15间客房,附带花圃小院,30平方米起跳空间、全景观落地窗。2022年接待游客3505人次,营业额120万元;旺季平均房价1080元/间天,淡季平均房价580元/间天。

(撰稿:乐思妤)

普朱旅游管理

【概况】 普陀山-朱家尖功能区(简称普朱功能区)由浙江省舟山群岛新区普陀山-朱家尖管理委员会(简称普朱管委会)管理。2022年,普陀山、朱家尖景区接待游客量(各小景区累计口径)1144.46万人次,同比下降19.8%;其中普陀山接待香游客487.50万人次,朱家尖接待游客656.96万人次。普朱功能区实现旅游经济总收入89.82亿元,同比下降21.10%。

1月,息耒·宝陀行舍被评为浙江省金桂品质饭店;舟山悦来度假酒店被评为浙江省银树叶级绿色旅游饭店。普陀山素德福素食餐厅、舟山市朱家尖鱼味海鲜排档、舟山璞缇海旅游酒店有限责任公司获第三批“诗画浙江·百县千碗”浙江省级美食体验(示范)店。2月,观音传说和观音法界被省文化和旅游厅列为“优秀解码项目”。朱家尖有茶有海美丽民宿获评“浙江省文化主题民宿”。3月,朱家尖街道福兴社区获2021年度省级“民主法治村(社区)”称号。朱家尖街道综合文化站获评“浙江省特级文化站”。5月,普陀山政务服务中心获评“2020—2021年度浙江省青年文明号”。朱家尖街道中欣村、沙湾村、西岙村、莲和村获“浙江省善治村”称号。普陀山海天佛茶公司生产部获2019—2021年度舟山市“工人先锋号”称号。6月,舟山海华客运有限公司“新海华68”轮获“2020—2021年度浙江省青年文明号”称号。7月,“普陀山一码通”获评浙江十大文化和旅游数字化改革优秀案例。10月,普陀山环卫公司张成春获“浙江省城市市容环境卫生工作成绩突出个人”称号。12月,在2021年度全省基层医疗卫生机构绩效考核省级监测评价中,普陀山社区卫生服务中心被评为A等。

【文旅体活动】 4月23日,普朱功能区各单位以“世界读书日”为契机,依托文化阵地开展读书活动,推进全民阅读。普陀山综合文化礼堂开展“四月主题读书”分享会,朱家尖莲兴文化礼堂举办“荐书·读书”文化进万家活动;朱家尖街道新时代文明实践所图书馆开展全民阅读活动,街道机关、村社网格青年人围绕“学习强国”开展知识问答比赛;普陀山学校、朱家尖中心幼儿园等开展“万物复‘书’3W共读”“读书伴我行”等活动;朱家尖小学根据不同年龄层级推出月度“悦读”清单。

11月，普朱管委会组织参展2022浙江（四川）旅游交易会(普朱管委会提供)

6月11日上午,由普朱管委会主办,普朱管委会旅游文体局、朱家尖街道、普陀山文化研究会承办的普陀山朱家尖“文化和自然遗产日”宣传展示活动在蜈蚣峙码头举行。推出普陀山佛茶、观音饼、渔绳结、剪纸、沙雕、泥蛋制作等12个非遗摊位,设置普陀山朱家尖文物和非遗宣传专题板块,4500余名游客群众参与。

6月17日,普朱管委会和市旅游集团联合主办“情系佛国　奔向山海”2022长三角重点旅行商普朱专题推介活动在朱家尖举行。长三角一体化旅游联盟、中国旅游合作联盟和汇聚（中国）会议产业联盟成员单位50位代表参观印象普陀、观音法界、海天台温汤酒店等景点,调研普朱旅游资源。推介会上,普朱管委会、市旅游集团与长三角一体化旅游合作联盟签署旅游推广战略合作协议。6月底,第二十三届中国舟山国际沙雕节作品创作完成。

7月10日,“海天佛国　鹭遇美好”“海天佛国　海丝相会”普朱文旅推介活动在厦门举办。现场推介普朱文旅资源,签署旅游推广战略合作协议。推介会后,普朱管委会与厦门当地文旅局、航空公司和旅游业同行开展座谈交流。是月,普朱功能区海天佛茶有限公司、印象普陀演艺公司、朱家尖旅游公司等涉旅单位携带特色旅游宣传品参加2022中国国际旅游交易会。

10月,由普朱管委会、市文学艺术界联合会主办,普陀山文化研究会、普朱管委会旅游文体局、市作协承办的2022“普陀山杯”全国文学征文比赛征集活动结束。收到全国各地来稿527篇,评选出优秀作品24篇。

11月13日,“普陀山杯”2022年第十四届全国沙滩足球锦标赛总决赛在朱家尖南沙景区落幕。该赛事由中国足协、市政府共同主办。浙江、辽宁、山东、黑龙江、河北等地12支男子沙足代表队参加,大连沙滩足球队获冠军。

12月初,为完善“15分钟品质文化圈”和农家书屋建设,普朱管委会旅游文体局联合市新华书店开展“送书下乡”活动。向功能区16个村(社区)农家书屋,配送图书2000册,并持续引导各图书馆分馆、城市书房、农家书屋开展阅读活动。

【景区建设】 2022年,朱家尖街道盘活闲置土地和厂房,招引符合舟山市九大产业链招引方向的项目,新引入舟山航工智能装备有限公司(高新技术企业)落户朱家尖。

1月,佛顶山商亭改造工程完成竣工验收工作。该项目总投资约288万元,改造商(摊)亭49个,总面积约380平方米。普陀山旅游集团公司完成百子堂商亭群的电力升级改造工作。该工程总投资20余万元,线路总长168米。

2月中旬,普陀山进山门广场和普济寺莲花池区块两处“席地能坐”保洁区通过考核验收。普朱功能区开展(始于2021年)摩崖石刻保护和开发,至2月底前,已完成“震旦第一佛国”摩崖石刻整体修复和周边环境提升工作。是月,普陀山金沙路硬路肩改造工程完工。工程总投资约450万元,改造面积1700平方米。项目增设580米人行步道,实现人车分流;在上坡处架设80米爬升步道,修建40平方米休憩平台;新增钟形灯21盏。

3月初,“观音”轮(仿古游船)航班首航。该航班营运线路起始点为朱家尖蜈蚣峙码头,经南海观音洋面、洛迦山洋面,终点为普陀山码头,航程约1小时10分钟。

7月12日,普济寺庭院景观改造提升完工,改造面积350平方米。

8月,普朱功能区第一家教授(专家)工作室在浙江舟山普陀新兴药业有限公司挂牌成立。该工作室由浙江海洋大学陈小娥等4名教授(博士)组成科研团队,主要研究源自海洋的食品、药品用氨糖葡萄糖系列产品提质增效开发,为企业定制化培养和输送研究生、大学本科、专科生等技术研发人才。同月,朱家尖蜈蚣峙(柱子山)通用码头投入运营。普陀山景区码头停车场、紫竹林停车场、南海观音等11座公厕完成智慧化引导系统安装并投入使用。

9月,朱家尖“海市盛宴”开业,是舟山首家沉浸式人文商业空间及首家以IP人物为原型打造的商业空间。该空间占地面积6800平方米,包括18个海鲜档口和7个特色档口。是月,普陀山大数据公司与“链玩”平台合作打造的舟山首个景区类数字藏品馆“普陀山 尽欢喜”亮相。

朱家尖自在海城市书房·欢喜书店 (沈磊摄)

3月，“观音”轮首航（普朱管委会提供）

【数字化改革】 2022年，普陀山推进数字化重点特色场景建设，通过“‘普陀山一码通’、文旅热力地图、游客画像分析应用、市场健康管理应用、文化信息推送应用、共同富裕协同应用”多板块应用，提升旅游品质和游客体验。以“普陀山一码通”为核心，实现健康码、行程码、疫苗接种码、预约码、通行码等多码合一，支持度假预约、滴滴导游、行李管家、寺院服务、游客画像等多场景功能，创新搭建普陀山朱家尖旅游年均2000万流量大平台。

慈航广场未来交通枢纽应用场景智能管控一体化平台完成基本框架搭建和基础数据上传。4月底，平台已实现海天佛国旅游交通驾驶舱专题总览、票务、停车、船舶、监控、运营6个专题的业务、数据可视化。

9月，“5G消息+大数据”普陀山智慧文旅获第五届“绽放杯”5G应用征集大赛5G消息专题赛商用方向特色奖（普朱管委会提供）

5月初，普陀山大数据公司和浙江大学舟山海洋研究中心联合共建并成功申报全市首个博士创新站——普陀山大数据公司陈惠芳博士创新站。是月，普陀山市场监管分局完善服务机制，开展“一件事”集成改革。宣传新版《全省卤肉食品小作坊、小食杂店登记要求》《全省卤肉食品生产销售单位操作指南》，做好事前踏勘，把握卤肉食品生产经营单位准入条件，加强一体监管，形成登记、许可、监管环节全链条闭环管理。深化“证照分离”改革2.0版，推进照后减证并证。依托政务服务网“浙江企业在线”，实现“一次采集、一网申报、并联审批”，实现经营者一次填报、信息实时流转，已完成食品预包装登记备案12家，“三小”行业登记备案210家。升级注销“一网服务”功能，推进“照章联办、照银联办、证照联办、破产联办、税务预检”5项注销机制，梳理“证照并销”事项清单，优化流程、减压时间，实现营业执照与公章备案信息、银行账户销户、食品经营许可证等“一表办、一窗办、一网办”。

7月初，普陀山景区推出首款数字文创纪念票，普陀山十二景之一的“磐陀夕照”。该纪念票采用手绘和仿真设计，用数字化效果呈现景区景点特色，使用区块链技术保护IP版权。

【景区管理】 1月中旬起，普陀山执法分局开展为期一个月的景区非法小广告专项集中整治行动，排查景区内市政设施、绿植配置及经营户门前屋后等地非法小广告乱张贴情况，清理小广告30余处、广告灯道7处，劝离违规人员2人次。开展两个重点区域违规人员整治行动，实行实时蹲点、实时监控、不定时突击检查举措，查处违规人员3人，对普陀山码头和慈航广场内违规揽客、无证带客人员展开清查。发现违规导游8人，查扣违规兜售物品1171件。

5月，普朱管委会抓好防汛防台各项准备工作，研究制定新一轮“委领导包镇（街道）、镇（街道）领导包村、村干部包户到人”工作责任制；成立由镇街主要负责人担任指挥长的防汛防台领导小组，16个村（社区）均建立防汛防台工作组，统筹负责防汛防台抗旱、防灾减灾等工作。月底，已与12家单位签订安全度汛责任书。调配应急处置队伍，与辖区武役森林防火救援队、嵩发应急救援队签订服务协议，提升综合应急救援能力。依托基层防汛防台平台、视联网会商系统和避灾安置点规范化建设，推进基层防汛防台体系标准化建设。调配40支1000余人应急处置队伍，完成10台抽水泵、2万只防汛沙袋、10台应急发电机等抢险救灾物资采购入库工作。组织开展2022年度防汛防台检查暨隐患大排查，出动检查人员576人次，检查点位514处，发现隐患20处，已全部完成整改。

6月22日，普陀山镇、朱家尖街道挂牌成立综合行政执法队。

普陀山公用事业管理中心推进2022年度国有房租3个月租金减免政策。至7月底，全山59家小微企业和个体工商户享受房租减免实惠，减免金额33.3万元。

8月初，根据市《政务服务“规范化建设年”活动实施方案》文件要求，普朱管委会推进基层便民服务中心（站）建设。普陀山镇、合兴社区、莲和村3个便民服务中心（站）试点完成市标杆基层便民服务中心（站）建设目标。是月，普朱管委会会同区海洋与渔业局等单位开在白山北岙码头、樟州码头、蓝堡码头等地开展联合执法排查，发现证照不全船舶42艘，指定地点拆解“三无”船舶5艘。

10月，普朱功能区开展“清街扫店”专项行动。出动队员132人次，督查980家次沿街店铺，登记扫码员172人。开展消防安全检查宣传，已出动26人次，清查300余家。

【生态环境管理】 2月下旬起，普朱功能区开展冬春季爱国卫生清洁整治专项行动。对景区景点、城区主次干道沿线卫生死角、乱堆乱放点位进行重点排查，督促沿街商铺做好门前三包清理工作。一个月内，排查77处，清理23处。春节前后对辖区内所有执勤室、办公室等20处进行全面大扫除，每日使用消毒液擦拭消毒，对进入执勤室人员，做好场所扫码管理。联合白桦社区在各居民小区、民宿等地开展蚊媒传染病防控知识宣传，要求清除垃圾、积水等，累计发放宣传册200余份。

3月，朱家尖城区污水处理厂改扩建项目进入试运行。该项目用地面积6万平方米，总建筑面积1.37万平方米，总投资1.56亿元。

为推进环境污染问题发现机制，普朱功能区于3月上线企业“环保码”，强化环境监管力度，该场景通过企业统一社会信用代码建立的企业环境健康电子账户，生成“红、黄、绿”三色二维码，动态反映企业环境管理水平和企业环境安全风险状况，向企业精准输出问题清单，实时提醒、主动服务，引导企业主动整改、自律守法。月底完成23家企业“环保码”申领工作并持续做好企业领码工作。

7月，朱家尖支线Ⅱ至香莲路污水工程竣工，该工程投资总额约90万元，铺设污水管900余米，新建污水检查井21个。

10月，普陀山镇联合执法、环卫等相关单位，开展全山综合环境卫生大整治行动，针对车棚楼道乱堆放、景区乱晾晒、非机动车乱停放背街小巷等问题开展排摸和攻坚，动员志愿者70余人次，累计清理卫生死角10余处，清运垃圾杂物30余车，绿化补种10余平方米。

（撰稿：张豪）

编辑：魏斌

商　　贸

综　述

2022年，普陀区社会消费品零售总额201.06亿元，比上年增长3.3%。

全年批发零售业商品销售额比上年增长23.4%，其中限额以上批发和零售业增长26.7%。限额以上批发和零售业商品销售分类情况，粮油食品类下降12.5%，服装鞋帽针纺织品类下降9.2%，金银珠宝类增长1.0%，家用电器和音像器材类下降77.3%，中西药品类增长0.3%，汽车类增长3.8%。年末全区限额以上批发零售企业163家。

全年住宿餐饮业营业额35.53亿元，同比下降5.3%。其中，限额以上企业下降15.9%。年末限额以上住宿餐饮企业94家。

年末全区各类消费品市场25个，全年成交额95.28亿元。其中，消费品综合市场9个，全年成交额0.43亿元；农副产品市场12个，全年成交额94.05亿元；工业消费品市场2个，全年成交额0.07亿元。

商务管理与服务

【概况】 2022年，普陀区持续强化政策供给，加快布局新型消费，打造高品质消费场景，先后获评2022年度省级首批县域商业体系建设示范区（共13个项目）、省级绿色商场（舟山杉杉普陀天地）、省级供应链创新与应用专项激励企业（两批共计4家）；市级示范智慧商圈1家、市级现代商贸特色镇2家、市级百佳夜间经济店铺（个体工商户）35家、市级高品质步行街改造提升项目1家等荣誉。

【扩内需促消费工作】 2022年，区商务局根据市区统一部署，上半年先后出台的稳经济一揽子政策和“两稳一促”等一系列促消费政策落地显效。及时兑现中央、省、市、区各级政策奖励资金，支持企业发展。年度流转各级资金突破3000万元，比2021

1月，浙江凯虹集团东港凯虹广场“2022幸福普陀年货节”活动（区商务局提供）

年增加约 1.3 倍，惠及企业和个体户逾 100 家。

区商务局加强重点单位走访调研，与统计、市场监管、税务等部门排摸产业活动单位、对接讨论研究相关工作举措建议。2022 年新增入库 35 家，其中批发业 29 家、零售业 6 家。

普陀区以“浙里来消费·消费促进月”“浙里来消费·黄金购物节”等主题活动为纽带，推出各类节庆促销活动，全年推出“2022 幸福普陀年货节”“幸福普陀·嗨玩五一”“金秋购物节”等活动超百场。依托“普陀幸福购”线上小程序，发放消费券 1000 万元。3 月底至 7 月底推出“普陀购不停”千万元促消费活动，累计带动销售额约 2.7 亿元。其中，600 万元用于线上消费券，累计核销金额 594.29 万元，核销比例 99.05%，带动销售额超 7000 万元；400 万元用于线下购车补贴，累计销售车辆 567 台，补贴金额 399.6 万元，带动销售额 1.96 亿元。

普陀区通过“政府搭台，企业唱戏”，以“浙货行天下”为宣传契机，以浙江出口网交会、第二届浙江国际进口商品海淘汇、广州渔博会等国内外展销会为突破口，组织区内优质水产企业线上参展布展，助推外向型水产加工企业开拓内销市场，提高普陀水产品国内市场占有率。成功推荐浙江融创食品工业有限公司、浙江海士德食品有限公司为全省第三批外贸一体化“领跑者”企业。1 月，普陀区开通“普陀幸福购”视频号，先后拍摄发布“幸福普陀年货节”“端午安康·幸福有礼”“普陀区购车补贴”等 20 余条原创视频内容。同步推出“普陀幸福购”小程序直播，其中幸福普陀年货节之普陀好物商超直播及普陀好物原产地溯源直播 2 场直播合计观看近 4 万人次，直播间互动评论超 1.3 万条。截至 2022 年年底，平台已上架商品超 600 份、入驻商家 358 家、累计访问量达 1200 万人次。

普陀区于 2022 年 9 月被正式列为全省首批县域商业体系建设示范县区之一，成功争取中央服务业补助资金 1000 万元，建立区级项目库，在库项目 13 个，包括农产品流通渠道和旅游服务建设、商贸综合体建设、冷链物流体系建设、商贸休闲旅游集聚建设等，累计投资额 30 亿元。全区推进省级农商互联农产品供应链项目、省级供应链创新与应用专项激励项目；完成市级示范智慧商圈、市级商贸特色镇、商贸示范村、市级高品质步行街、市级百佳夜间经济店铺创建等。

【加强行业监管】 为加强对普陀区散装汽油加注业务的管控，区商务局协调出台区内加油站必须实施定量、凭证明购油的新规。2022 年共受理成品油零售经营资格年检证书 52 家，通过 46 家，注销 1 家、歇业 1 家，退回 3 家。为引导区内商贸企业树立绿色发展理念，实施绿色服务、节能减排和资源循环利用，带动流通领域绿色产业链发展，将绿色流通工作纳入常态化监管范围。明确企业的“限塑”主体责任，已与东港凯虹广场等 4 家大型超市签订限塑承诺书，同时督促商超与其租赁户同步签订承诺书。积极应对行业投诉。重点处置妃斯医疗群体退款事件，退款 200 余万元，涉及消费者 300 余人。2022 年投诉件累计 283 件，办结 283 件。区商务局投诉件办理时效和满意率均在全区名列前茅。全年开展元旦、春节、清明、五一、防灾减灾日、安全生产月、七一、中秋国庆和中共二十大期间等安全生产专项检查、部分联合检查 30 次以上，检查加油站点 50 家次以上、商超 30 家次以上。

【农村电商巩固提升工作】 普陀区于 2022 年 4 月成立普陀区电子商务公共服务中心，中心致力发展成全流程一站式电子商务综合性服务机构，旨在为普陀区电商企业提供指导、咨询、培训，解决企业痛点和难点等全方位服务。中心成立以来已连续开展线上公益助农直播 7 场，累计带货 70 余种，成交订单超 300 件，被央视作为“乡村振兴”的典型案例进行转播。

全区开展农村电商示范创建工作，培育一批示范村、示范网点和示范企业，推动农村电商提质增效。截至 2022 年年底，已创建省级电商产业示范基地 1 个、省级电商示范村 2 个、省级电商专业村 5 个、省级新零售企业 1 家、销额超千万电商企业 10 余家、2 个项目晋级“之江创客”2022 全球电子商务创业创新省级决赛。

普陀区电子商务公共服务中心（区商务局提供）

2022年，普陀区先后举办“舟山梭子蟹溯源直播培训会”“共同富裕　行业振兴直播带货答疑会”“抖音直播专场培训交流会”等高规格培训会，通过梳理直播间推流逻辑、直播流程拆解、金牌主播养成等专业理论知识，更新从业者的行业现状认知与实操技巧。与抖音官方合作组建“抖音生鲜海产舟山产业带商家群”，邀请抖音运营团队在线提供专业指导，吸收成员400余名，累计开展线上培训16期。

批发零售业

【概况】 2022年年末，普陀区有限额以上批零企业149家，其中限额以上批发企业124家，限额以上零售企业25家；亿元以上市场3个，分别是舟山中国国际水产城、舟山市普陀区干水产品交易市场、普陀东河市场；浙江省重点流通企业3家，分别是浙江凯虹集团有限公司、浙江海中洲集团有限公司、舟山水产品中心批发市场有限责任公司；浙江省老字号企业4家，分别是浙江东海酒业有限公司（2008年首批）、舟山市冠素堂鼎和园食品有限公司（2010年第二批）、浙江冠素堂食品有限公司（2011年第三批）、中国水产舟山海洋渔业有限公司（2015年第五批）。

2022年普陀区限额以上批发企业名录表

表22

单位名称	主要业务活动	主要营业地址
舟山市普陀国有粮食收储有限公司	大米批发	东港街道小蒲岙路288号
舟山市普陀勇进石化有限责任公司	柴油批发	东港街道华宇路8号华宇大厦902-2室
中石化浙江舟山石油有限公司	燃料油批发	东港街道海洲路727号恒尊大厦11楼
舟山普陀城投贸易发展有限责任公司	建筑材料批发	东港街道麒麟街215号401室
舟山明鸿石化有限公司	石油及制品批发	东港街道沙田街52号昌正商务大厦801室
舟山市普陀顺通实业发展有限公司	钢材批发	东港街道兴北东路599号9层东
浙江汇邦石油化工有限公司	柴油批发	东港街道海中洲国际广场西楼
舟山市沈沪建材有限公司	建材批发	东港街道兴普大道298号港汇广场511
舟山市晟博能源有限公司	燃料油批发	东港街道昌正街82号昌正大厦1301室
舟山晟良石化有限公司	成品油批发	东港街道海印路78号九洲花园8幢501室

续表 22

单位名称	主要业务活动	主要营业地址
舟山众茂能源有限公司	煤炭批发	东港街道海州路 179 号鑫海家园 9 幢 205 室
舟山市徐福酒业有限公司	批发酒类	东港街道新驰路 80 号
舟山市普陀医药药材有限公司	西药批发	东港街道海洲路 239 号
舟山鹏泽能源有限公司	汽油批发	东港街道海印路 528 号
舟山泓祥建材有限公司	金属材料批发	东港街道海莲路 528 号
舟山市宝舵贸易有限公司	有色金属批发	东港街道新新家园 4 号网点
舟山程亿物资有限公司	金属材料批发	东港街道海莲路 528 号万宇大厦 25 层
舟山市世纪星海洋食品有限公司	渔业产品批发	东港街道海中洲国际西楼 1002 室
舟山市宏金石化有限公司	燃料油批发	东港街道昌正大厦 1703 室
舟山市中瀚油品销售有限公司	柴油批发	东港街道麒麟街 211 号
舟山鑫江贸易有限公司	钢材批发	东港街道海莲路 528 号万宇大厦 101 室
舟山道昇商贸有限公司	建材批发	东港街道山海街 6 号山海华府 52 幢 101 室
浙江双海实业有限公司	铜材批发	东港街道海印路 765 号海景时代广场 3 幢 1310-8 室
浙江自贸区博森化工贸易有限公司	有机化学原料批发	东港街道海印路 821 号海天大厦 505 室
舟山锦辰贸易发展有限公司	钢材批发	东港街道海莲路 528 号
舟山鑫创贸易发展有限公司	钢材批发	东港街道海莲路 528 号
舟山隆瑞贸易发展有限公司	钢材批发	东港街道宁兴街 202 号
浙江自贸区新嘉畅贸易有限公司	纸制品批发	东港街道海印路 765 号海景时代广场 1 幢 1002 室
舟山润昌贸易发展有限公司	钢材批发	东港街道海莲路 528 号
舟山市普陀区恒盛贸易发展有限公司	钢材批发	东港街道海莲路 528 号万宇大厦 25 层
舟山市普陀区桃花百润水产品有限公司	渔业产品批发	东港街道海中洲国际广场 21 楼
启和(浙江自贸区)石化有限公司	成品油批发	东港街道昌正街 82 号昌正大厦 1502-A 室
浙江恒优贸易发展有限公司	纸制品批发	东港街道海景时代广场 2 号楼 1002 室
舟山盈创能源有限公司	成品油批发	东港街道昌正街 82 号昌正大厦 1701-1702 室
浙江高捷能源有限公司	沥青批发	东港街道兴普大道 338 号
舟山宇策石化有限公司	燃料油批发	东港街道海印路 821 号海天大厦 1202 室朝南一间
舟山市鹏达石化有限公司	燃料油批发	东港街道山海街 38 号壹品尊园 6 幢 703 室
舟山广嘉燃料有限公司	燃料油批发	东港街道海天国际广场 2 号楼 1303 室
舟山沣洋水产有限公司	渔业产品批发	东港街道新津路 7 号和津苑 1-801 室
舟山礼博水产贸易有限公司	海鲜批发	东港街道水岸丽都 15 幢 1 单元 302 室
浙江国星大宗供应链有限公司	成品油批发	东港街道麒麟街 211 号东港财富中心 A 座 10 楼
舟山海贝实业发展有限公司	成品油批发	东港街道沙田街 52 号
浙江中土进出口有限公司	钢材批发	东港街道沙田街 66 号商会大厦 1501-226 室(自贸试验区内)
中耀石油化工有限公司	液化天然气批发	东港街道麒麟街 211 号

续表 22

单位名称	主要业务活动	主要营业地址
浙江舟山东大国际贸易有限公司	成品油批发	东港街道麒麟街 233 号东港集团大厦
中纯石油化工有限公司	天然气批发（客户槽罐车自提）	东港街道麒麟街 211 号东港财富中心 A 座 11 楼油气贸易企业服务中心 1105-9 室
浙江自贸区润颜化工有限公司	油墨批发	东港街道沙田街 66 号商会大厦 1501-364 室（自贸试验区内）
浙江浦力能源有限公司	成品油批发	东港街道麒麟街 211 号东港财富中心 B 座融资租赁产业园区 1002-12 室
舟山众宇能源有限公司	天然气批发	东港街道麒麟街 211 号财富中心 B 座 1001-477 室（自贸试验区内）
浙江浙期实业有限公司	橡胶制品批发	东港街道麒麟街 211 号东港财富中心 B 座
浙江中忻能源有限公司	槽罐车装天然气批发	东港街道麒麟街 211 号东港财富中心 B 座 901-0086 室
浙江自贸区合盛万盈贸易有限公司	铁精粉批发	东港街道海洲路 721 号永跃大厦 2 楼 205-107 室
舟山合圆能源有限公司	天然气批发	东港街道麒麟街 211 号东港财富中心 A 座 11 楼油气贸易企业服务中心 1103-40 室
舟山市普陀德辰贸易有限公司	水泥批发	东港街道茶壶甩村北顶地
舟山亿登实业有限公司	建筑材料的批发	东港街道海洲路 819 号
浙江巨久石油化工有限公司	危险化学品批发	东港街道麒麟街 211 号东港财富中心 B 座 1001-371 室
物产化工（浙江自贸区）有限公司	精对苯二甲酸批发	东港街道沙田街 66 号商会大厦 15 楼
浙江舟山徽传石油化工有限公司	燃料油批发	东港街道麒麟街 211 号东港财富中心 B 座 1001-475 室
浙江舟山东大城市运营服务有限公司	建材批发	东港街道麒麟街 233 号东港集团 502 室（自贸试验区）
浙江宏俞医疗设备有限公司	医疗器械批发	东港街道海印路 1055 号全民健身中心 3 号楼国际健康产业中心二楼 A13 号
光证贸易（浙江自贸区）有限公司	乙二醇批发	东港街道麒麟街 211 号东港财富中心 B 座融资租赁产业园区 1002-90 室
常林（浙江自贸区）石化有限公司	燃料油批发	东港街道海洲路 721 号永跃大厦 2 楼 203-63 室
舟山华泰能源有限公司	燃料油批发	东港街道沙田街 66 号商会大厦 901 室
浙江舟山东大资源有限公司	成品油批发	东港街道麒麟街 233 号东港集团 502 室
浙江黔瑞能源有限公司	槽罐车装天然气批发	东港街道海洲路 721 号永跃大厦 2 楼 205-103 室
浙江自贸区三融供应链管理有限公司	成品油批发	东港街道麒麟街 211 号东港财富中心 B 座 902-0410 室
怡馨化工（浙江自贸区）有限公司	成品油批发	东港街道麒麟街 211 号
舟山市海顺风石油有限公司	柴油批发	东港街道昌正街 82 号昌正大厦 1408 室
浙江正川新能源有限公司	液化天然气批发	东港街道麒麟街 211 号东港财富中心 B 座 901-0011 室
浙江辉硕石化有限公司	成品油批发	东港街道麒麟街 211 号东港财富中心 A 座 11 楼
浙江晟初国际贸易有限公司	电解钢批发	东港街道麒麟街 211 号东港财富中心三层 Q303 室
舟山市骏瑞工业气体有限公司	槽罐车装天然气批发	东港街道麒麟街 211 号东港财富中心 B 座 602 室
舟山市普陀液化气公司	液氨批发	东港街道东海中路 918 号 1 幢 206 室

续表 22

单位名称	主要业务活动	主要营业地址
浙江传璞进出口贸易有限公司	成品油批发	东港街道沙田街 66 号商会大厦 2202 室
舟山昌达石油有限公司	燃料油批发	沈家门街道佛国商城 B 区 6 楼
舟山邦博水产有限公司	水产品批发	沈家门街道文军弄 8 号 1 楼
浙江易晟能源发展有限公司	甲醛批发	沈家门街道新街 48 号 5 层 007 室
舟山向往石桥采砂装运工程有限公司	海沙批发	沈家门街道东河路 139 号 801 室
浙江永得利能源有限公司	煤制品批发	沈家门街道新街 48 号 4 层 028 室
舟山金誉建筑装饰新材料有限公司	铝型材批发	沈家门街道船厂路 168 号
浙江高科石油化工有限公司	燃料油批发	沈家门街道定海蓉浦公寓 4 号楼 1205 室
舟山久和能源有限公司	混合芳烃批发	沈家门街道食品厂路 78 号 212 室
舟山市海富能源有限公司	燃料油批发	沈家门街道食品厂路 78 号 209 室（自贸试验区内）
浙江舟山佰丰石化有限公司	燃料油批发	沈家门街道滨港路和馨花园 2 幢 207 室
舟山小枪水产有限公司	活蟹批发	沈家门街道国际水产城活品四弄 88 号门店
舟山万连水产有限公司	水产品批发	沈家门街道渔市一路 95 号海贸大厦 8 幢 8 层
舟山正东船舶燃料供应有限公司	燃料油批发	沈家门街道金宅绿园 1 号楼 203 室
舟山明珠水产品交易市场有限公司	水产品批发	沈家门街道兴海路 1 号
舟山通益轻工机械有限公司	机电产品批发	沈家门街道中沙头东海西路 500 号
浙江富科贸易有限公司	金属材料批发	沈家门街道鲁家峙路 169 号西大楼 2 楼财务室
舟山东奥工贸实业有限公司	乙二醇批发	沈家门街道滨港路 258 号
舟山市万乐电器有限公司	日用家电批发	沈家门街道兴建路 68 号
舟山市普陀区远大贸易有限公司	渔业产品批发	沈家门街道东大街 6 号楼 72 号网点
舟山市普陀华晨民爆建材有限责任公司	爆炸物品批发	沈家门街道东海西路 48 号
中创海洋科技股份有限公司	船舶批发	沈家门街道渔港路 2 号 402 室
舟山金东元经贸有限公司	食品添加剂批发	沈家门街道正源路 69 号
浙江舟山腾晟能源有限公司	成品油批发	沈家门街道夏新路 85 号
浙江金府能源有限公司	成品油批发	沈家门街道夏新路 85 号
舟山龙宇燃油有限公司	燃料油批发	沈家门街道竹山村 143 号
舟山齐信贸易有限公司	石油及制品批发	沈家门街道伏虎路 4 幢 201 室
浙江东韵能源有限公司	成品油批发	沈家门街道东海中路 928 号和润金樽花园 2 幢 301 室
浙江海能贸易有限公司	MEG 化工产品批发	沈家门街道滨港路 258 号 10 楼
浙江舟山旅游集团国际贸易有限公司	油品批发	朱家尖街道普渡路 2 号慈航广场二期四期楼 407 室
舟山市盛迦科技有限责任公司	乙二醇批发	朱家尖街道顺母社区机场 16 间 101 室
舟山市盛皓科技有限责任公司	成品油批发	朱家尖街道银雁路 100 号 231 室
舟山中燃船舶燃料有限公司	成品油批发	临城街道金岛路 20 号
舟山庆海石化销售有限公司	石油制品批发	临城街道千岛路 171 号 1311 室

续表 22

单位名称	主要业务活动	主要营业地址
舟山市荣帝欧进出口贸易有限公司	船用钢板批发	展茅街道富丹路 1-5 号 1 幢 211 室
舟山恒尊贸易有限公司	钢材批发	展茅街道鱿鱼市场 1 路 58 号 1 幢
浙江双循贸易发展有限公司	计算机设备批发	六横镇峧头三八路 235 号 417-6 室
中承(舟山)石油化工有限公司	成品油批发	六横镇梅峙村王家 61 号
中海油(舟山)交通新能源有限公司	天然气批发（客户槽罐车自提）	六横镇六横路 260 号
舟山天达环保建材有限公司	脱硫石膏批发	六横镇环保路 1 号
舟山富兴燃料有限公司	煤炭及制品批发	六横镇兴港 1 号
自在盛达集团有限公司	乙二醇、甲对苯、电解铜等批发	六横镇海港中奥能源有限责任公司内
舟山市半岛铜业有限公司	金属材料、五金产品批发	六横镇夏家村 9 号
舟山市鸣达石化有限公司	成品油批发	六横镇青联村清港外厂 23 号 1 楼
木棉供应链(浙江)有限公司	电子计算机批发	六横镇峧头三八路 235 号 423-20 室
京造(浙江)科技有限公司	通信设备批发	六横镇峧头三八路 235 号 423-19 室
缤纷出彩科技服务有限公司	影视设备批发	六横镇三八路 235 号 417-3 室
舟山市金晖能源石化有限公司	柴油批发	六横镇涨起港
浙江自贸区乾潮供应链管理有限公司	煤炭批发	白泉镇综合保税区企业服务中心 306-17 室
舟山惠港食品有限公司	水产品批发	白泉镇新港大道 217 号
浙江惠盛能源有限公司	成品油批发	桃花镇桃源东路 28 号 217 室

2022 年普陀区限额以上零售企业名录表

表 23

单位名称	主要业务活动	主要营业地址
舟山利星汽车销售服务有限公司	梅赛德斯奔驰零售	东港街道新惠路 68 号
舟山市普陀同舟电子科技有限公司	计算机零售	东港街道金城街 197-199 号
舟山市普陀葆仁堂医药有限公司	西药零售	东港街道海洲路 239 号 1 楼
舟山欧尚超市有限公司	超市综合零售	东港街道海天大道 2773 号
舟山市陆峰阳光农业开发有限公司	蔬菜超市零售	东港街道海珠北路 87 号
舟山中石油华宁油品销售有限公司	加油站汽油零售	东港街道海莲路 799 号
浙江永福黄金珠宝有限公司	黄金首饰零售	东港街道文康街 24 号
舟山杉杉生活广场有限公司	服装零售	东港街道海印路 850 号
舟山普陀日惠蔬菜配送有限公司	蔬菜零售	东港街道大岭下粮食仓库
舟山市明迪汽车销售服务有限公司	汽车零售	东港街道新驰路 20-24 号
舟山宝驿汽车销售服务有限公司	汽车零售	东港街道新驰路 77 号
浙江凯虹集团有限公司	百货零售	东港街道新驰路 29 号

续表 23

单位名称	主要业务活动	主要营业地址
舟山市明迪荣威汽车销售服务有限公司	汽车零售	东港街道新晨路 80 号
舟山景迪服饰有限公司	服装零售	沈家门街道新街 40 号
舟山市普陀金利达电子科技有限公司	电脑配件零售	沈家门街道食品厂路 75 号
舟山布衣医药连锁有限公司	西药零售	沈家门街道兴建路 593-601 号
舟山阿开渔获商贸有限公司	互联网水产品零售	沈家门街道渔市一路 95 号海茂大厦 1 幢 503 室 5 号
舟山东半山电子商务有限公司	互联网水产品零售	沈家门街道滨港西路 158 号国际水产城 6 幢 301 室
舟山市普陀百信达通讯设备有限公司	手机零售	沈家门街道船厂南路 5 号华之友地下室
舟山中石油鲁家峙加油站有限公司	机动车燃油零售	沈家门街道莲桥路 25 号
舟山市陆峰阳光农副产品有限公司	果品蔬菜零售	沈家门街道长兴弄 20 号 1 楼
浙江普陀区新华书店有限公司	图书零售	沈家门街道东河路 26 号
舟山中石油联合能源销售有限公司	加油站燃油零售	朱家尖街道民航加油站
舟山市普陀区六横景兴液化气有限公司	石油液化气零售	六横镇千丈塘
舟山市六横兴岛浙石油综合能源销售有限公司	机动车燃油零售	六横镇峧头三八路 235 号 415-5 室

【浙江凯虹集团】 该企业是以商品零售为主业的民营股份制企业。主营业务包括:百货零售业、连锁超市、宾馆服务。主要经营门店:东港凯虹广场、新城凯虹广场、定海凯虹广场、舟山一百、华之友超市连锁门店、HELLO 城市超市、普陀华侨饭店、岱山华侨饭店、嵊泗全季酒店等。2022 年营业收入 21.35 亿元,实现利润总额 5846 万元,全年缴纳税额 5328 万元。是普陀区重点限额以上零售企业之一。

【舟山宝驿汽车销售服务有限公司】 该公司是浙江宝驿控股集团有限公司投资的全资子公司,总投资 6000 余万元,占地总面积 1.07 万平方米,建筑面积 10680 余平方米,是舟山首家五星级标准的豪华汽车品牌 4S 店,有德国宝马及华晨宝马全线产品的代理资质。截至 2022 年,是舟山市规模最大、功能最齐全的集整车销售、配件、信息反馈、维修服务于一体的宝马汽车销售服务旗舰店。公司有展厅车辆展位 18 个,车辆维修工位 20 个,员工人数 140 人,全年实现营业收入 4.8 亿元,年销售量 1200 台,售后服务产值 5000万元。

【中石化浙江舟山石油有限公司】 该公司是中国石化集团燃料油业务专业化公司中国石化燃料油销售有限公司的全资子公司,是中国石化从事保税船供油业务的法人实体。在中石化内部称为“全球船供油业务中心”,实行“一个团队,两块牌子”管理。公司依托全国连锁经营资质,船供油网络覆盖国内沿海港口及海外 50 余个重点港口,在营油库 18 座,配送驳船超过 100 条,是唯一在浙江自贸试验区注册、网络覆盖全球的船用燃油供应商。公司与浙江自贸区联合在全国开展一系列政策创新,“全国首单保税资源调和”“一船多供”“跨关区供油”等一系列举措,为业务发展创造良好条件,实现结算主体落地舟山,做大保税燃料油结算,对整条油气产业链起到支柱作用。2020 年以来,公司打通 16 家炼厂,低硫资源占全国的比重超过 60%,成为合规低硫船燃保障的主渠道,加速全球船供油终端需求向中国港口转移。公司在舟山设立的华东中心库承接来自中国石化多个炼厂的资源,为舟山业务发展提供重要保障。同时做好海上疫情防控,首创“无接触供油”模式,为疫情时代保障市场供应做出突出贡献。2022 年实现销售额 546.2 亿元,是普陀区最重要的限额以上批发企业。

【浙江浙期实业有限公司】 该公司是浙商期货有限公司全资子公司,成立于2013年4月,是中国期货业协会首批核准的8家期货风险管理子公司之一。2021年1月迁址普陀,是2021年全市招引的首个10亿元以上项目。公司核心业务为期现基差套利、场外衍生品业务、做市商业务,共有员工150余人。已与3000余家单位建立基差贸易业务往来,2022年期现套利业务范围扩展至有色、贵金属、原油,涉及的品种实现国内期货交易所上市品种全覆盖,其中橡胶、棉花、螺纹、沥青、甲醇等多个品种在行业内已具有较高的知名度。场外衍生品业务已签约客户数1800余家,场外名义本金超2200亿元。公司连续3年跻身"企风计划"创新业务行业排名前三,场外团队负责实施的扶贫项目"保险+期货"超350项,承保项目涉及玉米、生猪、橡胶、棉花、大豆、鸡蛋等品种,惠及农户20余万户,保障金额近百亿元。其中,山东省武城县"保险+期货"玉米收入保险项目,入选"第三届全球减贫案例征集活动"最佳减贫案例。截至2022年年底,公司注册资本22亿元,全年实现营业收入116.62亿元,为浙江省服务业百强企业。做市业务拥有期权做市牌照37个,期货做市牌照37个,"浙期实业做市交易系统"于2022年12月取得计算机软件著作权。

(撰稿:余佩)

电子商务

【概况】 2022年,普陀区围绕"数字化改革"主题,聚焦"完善县域电商、发展直播电商、搭建公共服务"三大主要领域,推进"电商直播式共富工坊"培育、助农直播活动开展、电商公共服务体系打造等各项工作,发挥电子商务在促消费、拓市场、助共富等方面的重要作用。全年网络零售额19.61亿元,比上年增长28.9%,增幅位居全市第一。

【服务电商发展】 2022年4月,普陀区成立电子商务公共服务中心,创新性打造"中心辐射海岛"的电商服务新模式,在技能培训、网络宣传推广、包装设计、供销渠道拓展等方面开展全方位指导,形成"全区一盘棋"。中心成立以来,已指导举办助农类直播活动40余场,帮助推广本地农产品品牌20余个,产生订单4万余件,助推销售额超550万元。

区商务局重视树立新电商产业园区标杆。普陀区规模最大的电商园区——水产城新电商产业园集聚27家电商企业,成立专业电商公司,配备公共直播间,入驻京东快递物流网点,增设党群服务中心,多措并举为企业营造凝心聚力共同创业的优良氛围,年均线上交易额可达5亿元。2022年被省商务厅授予省级电商示范基地荣誉称号,为全市唯一。

2022年,区商务局组织以电商分管领导带头,平均每月一次开展"送服务入企"调研活动,旨在加强政府与企业之间沟通,在倾听企业诉求后及时匹配合适资源。8月,区商务局邀约国内直播电商行业的专家到企业共同调研,和电商负责人面对面沟通。

【电商培训与监管】 2022年,区商务局组织电商从业人员参加

9月1日,电商企业培训会在舟山国际水产城举办(区商务局提供)

“舟山梭子蟹溯源直播培训会”“共同富裕行业振兴直播带货答疑会”等培训会百余人次，结合抖音直播板块，给电商企业输入直播间推流逻辑、直播流程拆解、金牌主播养成等专业理论，更新从业者的理论与实操技巧。商务系统与抖音官方合作组建“抖音生鲜海产舟山产业带商家群”，邀请抖音运营团队在线提供专业指导，该群已有成员 400 余人，累计开展线上培训 16 期。依据省、市两级的专项工作部署向企业普及合规化经营的法规性文件精神，坚持实施“服务+监管”模式，提醒电商企业合法合规开展直播业务，共同维护健康的网络直播行业大环境。利用电商服务中心官方公众号更新《网络直播营销活动合规指引》等法律法规，引导电商企业在直播行为上健康有序发展。

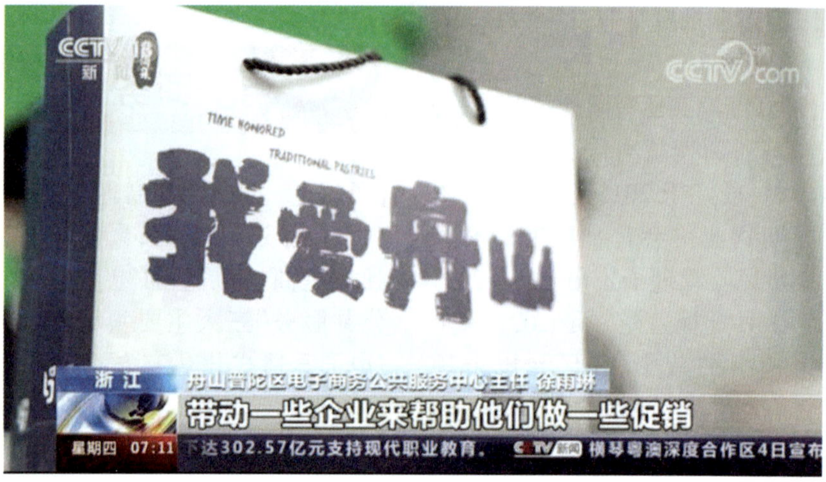

5 月，普陀区电商公共服务中心登上央视（区商务局提供）

【新政策提升软实力】 区商务局发挥财政资金的杠杆作用。2022 年，普陀区启动电商产业扶持新政策，根据产业现状制定的销售额爬坡补助可进一步规范电商企业经营方式、提升线上营业额。浙江凯虹集团线上销售额突破 1200 万元，获奖励资金 5 万元；冠素堂食品有限公司被省商务厅认定为全市唯一省级新零售示范企业，获奖励资金与政策扶持。2022 年上半年，区商务局共下拨电商类补助资金 20 余万元。

【助力农村电商发展】 2022 年，区商务局加强与组织部门的沟通联系，共同做好直播式共富工坊的排摸、培育与典型挖掘。全年累计申报 5 家直播式共富工坊，其中舟山国际水产城的“一条鱼直播共富工坊”获评全省首批“百家电商直播式共富工坊”典型案例。响应乡村振兴、数字兴农战略部署，培育省级农村电商标杆。截至 2022 年年底，已有大岭下村、东极村、沙井村、莲和村、塔湾村被评为省级电商专业村，其中东极村因其独特的离岛旅游资源和大体量民宿产业被省商务厅评定为电商示范村，获补助资金 2 万元。开展助农直播，普陀区电商公共服务中心不定期下海岛为当地农特产品与旅游产品带货，将优质产品“带上来”进行公益直播。5 月，以“嗨玩五一，吃喝玩乐这里都有”为主题开展的公益助农直播被作为乡村振兴的典型案例被央视

9 月 16 日，2022 年线上东海开渔节开幕式（区商务局提供）

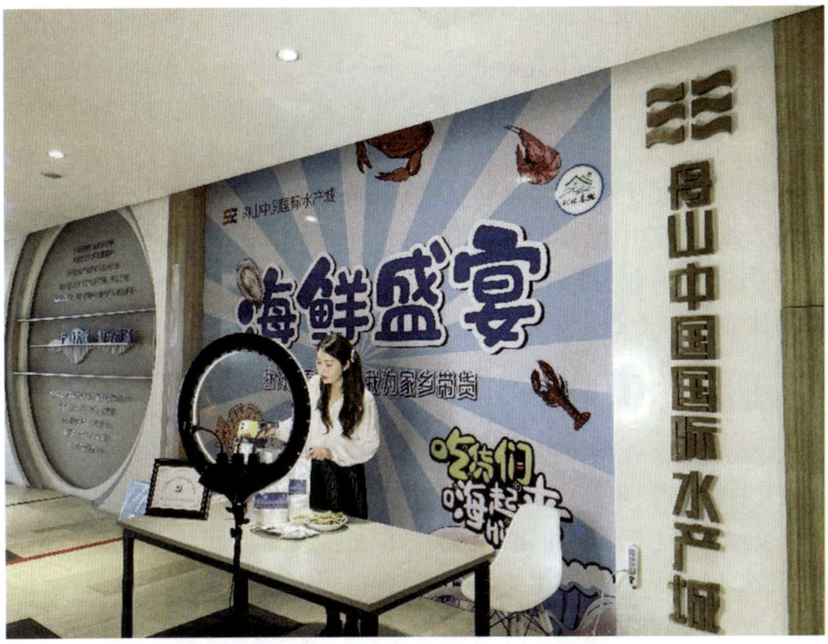

水产城电商园区公共直播间（区商务局提供）

转播。

【舟山东半山电子商务有限公司】 该公司位于舟山国际水产城电商园，是一家专注于舟山水产品线上零售业务的电商企业，经营平台主要有天猫旗舰店、抖音旗舰店、自有小程序平台“渔记海味”等。公司秉承“让全家人吃上放心海味”理念，将舟山海鲜带进千家万户。公司连续几年位居舟山市电商TOP10企业名录，2021年度销售额突破2500万元。

【浙江舟山嗨呗电子商务有限公司】 该公司是普陀区互联网赋能服务商，为平台型企业提供全方位电子商务服务的创新创业团队。公司由经历过携程、阿里巴巴等互联网大厂工作的3名舟山户籍返乡大学生创立，注册资本300万元，旨在打造舟山电子商务服务第一品牌。公司是浙江省电子商务促进会会员单位，第六批浙江省电子商务实践基地名录企业。公司总部位于普陀区普陀湾众创码头大学生创业园，承接舟山及全省范围内的电子商务综合业务，业务辐射至南京、湖州、杭州等地。2022年4月，公司被区商务局确定为2022年普陀区电商公共服务中心运营服务单位。

（撰稿：胡旭丹）

对外经济贸易

【概况】 2022年，普陀区实现外贸进出口总额598.67亿元，同比增长27.57%。其中，外贸出口规模和增速均创历史新高，首次突破500亿元大关，达到563.63亿元，同比增长42.36%，全市占比48.78%，全省占比1.6%，体量居全市首位，全省第十五，增幅在全市4县区中排名第二，全省第九。

从出口行业看，普陀区全年实现油品出口449.91亿元，同比上升57.34%。修造船出口65.98亿元，同比上升3.19%。其中，造船出口12.20亿元，同比下降47.46%；修船出口53.78亿元，同比上升34.62%。水产品出口45.83亿元，同比增长3.42%；其中，金枪鱼制品受原材料影响同比下降11.14%。

从出口地区看，贸易伙伴拓展趋于多元化。出口国家和地区157个，比上年同期增加11个。从市场分布看，利比里亚、巴拿马、马绍尔群岛、新加坡排名前列。普陀区对“一带一路”国家出口增长42.47%，对RCEP国家出口35.67%。

全区新设外资企业13家，合同利用外资实现6.17亿美元，实际利用外资1.15亿美元，4个县区排名第一。全区境外投资项目1个，实现中方投资总额880万美元。

【建立重点外贸企业库】 2022年，区商务局建立出口1500万美元以上重点外贸企业库，紧盯龙头扩存量。中石化保税燃料油结算量844万吨，出口额447.5亿元，同比增长60%，拉动全区外贸出口39个百分点；中石化保税油供应量占全国市场份额的44.7%，全国排名第一。区商务局推动规上工业企业外贸经营者备案全覆盖，全区共有426家企业线上进行外贸经营者备案，进出口贸易实绩企业149家，较上年同期增加10家。加快培育一批传统外贸与跨境电商新业态相互融合的新型外贸主体，截至2022年年底，共有64家外贸企业入驻速卖通、阿里巴巴、谷歌独立站等跨境平台，开展国际营销。

【助企拓市场保订单】 2022年，区商务局加大展会补助支持。把上海国际渔业博览会、中国国际服务贸易交易会等重点国际性境内展会纳入补助范围；对企业在境外设展的场租费、产品运输费进行全额补助。鼓励企业线上拓市场。组织、指导企业参与“2022年浙江出口网上交易会”水产品专场、海事专场等特色线上展会；组织13家水产企业以“代参展”模式参加境外展会，截至2022年年底企业参展64家次。开拓新兴市场。抢抓RCEP自贸协定生效契机，鼓励企业参加越南和独联体专场网交会，1—12月对RCEP国家出口增长35.67%，对“一带一路”国家出口增长42.47%。

【落实专项资金和出入境管理】 2022年，区商务局落实各级外贸专项资金扶持，实际下拨给企业1442.93万元(1419.63万元通过惠企平台拨付)，惠及企业200余家次。加大出口财税金融支持，1—12月共受理企业的出口退税申报120户，共计办理出口退税60332万元；开展出口信保扩面推广，小微企业覆盖率达76.5%，出口信保补助比例提升到60%；在全市率先推出“稳外贸担保贷”，为小微外贸企业提供信贷支持和汇率避险增信服务，截至年底，已为25家外贸企业担保7493.8万元。保障商务人士出入境，推荐中国农业发展集团舟山远洋渔业有限公司和浙江商旅企业服务股份有限公司2家企业入选舟山市“外经企业出入境白名单”；协同各街道镇和区防控办完成外籍人员（经贸类)“快捷通道”申报工作，促进商务人士入境交流便利化，获批72批次1266人；推进出入境便利化工作，定期发布商务包机信息和各国赴华防疫政策，指导有出入境需求的企业在海外智慧物流平台上填报预约。

【外商投资促进】 2022年，全区实际利用外资1.87亿美元(含普朱)，其中区级完成实际利用外资1.15亿美元。

区政府建立“天天招商”专班机制。区主要领导聚力抓外资招商，率队上门拜访，点对点招商，对接洽谈一批重点项目。强化外资招引压力层层传导机制，建立完善部门“一把手”每周外出招商机制、半月听取招商情况汇报机制，全区各部门一把手分别到上海、北京、深圳、杭州、武汉、宁波等地广泛开展招商活动。强化督导考核机制，以市委、市政府下达普陀区的全年外资招引目标任务为基础，结合各单位目标责任，制定下发区属各单位2022年外资招引任务指标和区四套班子领导外资招引目标任务。

围绕普陀特色产业招引方向，不断夯实招商基础工作。完善招商政策体系。梳理财政奖补、税收优惠、金融支持、人才保障等招商引资优惠政策并汇编成册，内容辐射外资招引项目精准引入、落地实施、建设推进、运营见效等项目全生命周期各个阶段，为项目投产运营前后降成本、提质效、促发展提供政策支持。完成新版招商推介手册、招商PPT和招商宣传片的编印制作。持续完善重点项目库。全面排摸可开发利用地块资料，搜集汇总全区闲置楼盘等楼宇资源信息，建立成库并持续完善。突出先进制造业招引。瞄准高端装备、海洋电子信息、智能制造、生物制药、新材料等产业，坚持“招大、引强、择优”，注重产业聚集链条式发展，加强与央企、国企、重点民营资本对接联系，突出抓好重大产业项目的招引。有序推进七欣天海洋产品“中央厨房”及供应链项目等重点外资项目。

推动国家战略落地，深化QFLP（合格境外有限合伙人)试点扩面，探索外资高质量招引路径。出台普陀区QFLP基金试点实施细则，推进人民币国际化，探索落地全省首单RQFLP试点基金——浙江自贸区艾克思焦距私募股权投资基金合伙企业(有限合伙)。截至2022年年底，已落地QFLP试点基金4家，落地规模18亿元，实际利用外资2165万美元。

（撰稿：邵华波）

对台经济贸易

【推动建设普陀国际海事综合服务产业园】 普陀区为满足普陀国际海事服务产业发展需求，加速国际海事服务基地建设，推动西岙片区一体化发展，完善综合海事服务体系。计划在台贸物流二期土地建设普陀海事综合服务产业园，该项目拟布局3幢不同功能的大楼，建筑面积约3.4万平方米，投资预算1.5亿元。该项目于2022年8月通过各项审查并完成监理招标工作，由区交投集团负责建设管理。与华洋海事中心签订合作协议，联合打造海事服务基地，设立船员驿站和活动室为船员提供休息场所。

【"海上巴士"专线启动】 2022年6月13日，区交投集团旗下的普陀台贸物流中心有限公司(浙江自贸区普陀国际海事综合服务产业园开发建设有限公司)与舟泊通(舟山)港口服务有限公司签署合作协议，正式启动"海上巴士"专线，以普陀国际海事服务产业园区为基础，将船供业务辐射整个舟山的船厂、码头和锚地。该专线根据船方需求，为锚地船舶提供伙食补给、物料补给、人员轮替等综合性海事服务，大幅度节约物流交通和时间成本，吸引更多国际航行船舶在普陀补给。截至12月，共完成物供及人员接送服务86个航次，累计收费56169元。

【推进台贸物流中心口岸扩大开放验收工作】 8月，根据《国务院关于同意浙江舟山港口岸扩大开放的批复》(国函〔2022〕73号)、《舟山市普陀台贸物流中心有限公司对市联合检查问题整改的通知》要求，普陀区对部队撤离、查验办公用房、生活用房完善配置、码头面卫生整改、《港口设施保安符合证书》取得、核验材料完善、500吨级泊位使用性质变更等工作进行整改。年底，整改工作基本完成，并通过省市两级检查组核验，视频验收资料已呈交部级口岸开放管理部门审批，待部级检查组验收后，可获正式开放。

【远洋渔船靠泊装卸业务】 普陀区开展常态化、规范化远洋渔船靠泊装卸业务，为远洋渔船铺就"绿色通道"，打造金枪鱼卸货基地，保障远洋渔船出海作业。该业务由于受口岸扩大开放及临开工作影响，于2022年8月7日起暂停装卸业务，2022年11月获得第十二次临开批复并恢复生产。截至年底，共靠泊远洋运输渔船18艘次，其中完成远洋渔船装卸作业13艘次，共计吞吐量约5.1万吨。累计收费约168万元。

【拓展东南亚水果进境贸易】 普陀区为打造高端进口果蔬食品集散基地，原计划以进口中国台湾水果为突破口，做好货源组织及运输渠道建立，实现中国台湾进口水果常态化运行。后续调整方向，尝试开辟东盟航线，不断拓展进口货源渠道，丰富进口果蔬品种。2022年6月22日，与上海福斯凯尔水果公司合作，进口南非苹果23.49吨。

【发挥食用水生动物指定口岸优势】 普陀区利用台贸码头的地理条件和技术支持，发挥食用水生动物指定口岸优势，开拓进境活体食用水生动物（帝王蟹)进口业务。2022年8月，由俄罗斯籍船只"佐恩"轮装载20.6吨帝王蟹到达台贸码头，经过清关、海关查验，顺利卸货至暂养池，完成浙江省首单帝王蟹进口业务。

（撰稿：林威威）

自由贸易试验区建设

【概况】 浙江自贸区普陀区块区域面积6.17平方千米，包括东港区域和沈家门区域，关联区域包括航空产业园、小干商务区。区自贸中心促"赋权26条"落地见效，做大做强油气全产业链，构建以大宗商品产业、国际海事服务、海洋金融、国际健康旅游等为优势板块的开放体系。

2022年，普陀区块围绕现代化新普陀建设，以服务国家战略为导向，招引企业1535家，新增制度创新成果30项，新材料船舶智造E建通、东海渔云仓等9个案例入选自贸区制度创新成果，新材料船舶智造E建通应用、数字化改革推进自贸试验区"港域智治"、"健康方舟"集成优化海岛居民医疗服务供给3项制度创新案例纳入“全国首创”标志性创新成果。

【大宗商品资源配置高地建设】2022年，普陀区块实现大宗商品贸易额1268亿元，实现增长298.6亿元。助推全区外贸出口实现增速42.4%，位居全省前九。成功探索大宗商品转口贸易、新型国际贸易等外商投资模式，实际利用外资5000万美元。强化顶层设计，8月26日，区政府出台全省首个大宗商品专项政策——《普陀区关于大宗商品资源配置基地建设的若干意见》并配套出台相关产业政策。建设全省首家大宗商品贸易企业服务中心，搭建“1+X”企业服务平台，形成服务中心、服务平台、大宗商品贸易企业层层递进的服务链。提供全生命周期服务。围绕惠企政策兑现落地全链条，先行先试给予重点优质企业“无协议合作、无见面代办、无申请兑现”服务模式。

【大宗商品贸易企业选介】 中石化全球运营中心船供油网络覆盖国内沿海港口及海外50余个重点港口。中石化浙江舟山石油有限公司（中石化全球船供油中心）2022年国内保税油供应量902万吨，创历史新高，市场占有率位列全国首位，其中在舟山港供应量191万吨，经营规模持续排名第一，公司2022年总供应货值17.5亿美元。

物产化工（浙江自贸区）有限公司控股股东为物产中大集团股份有限公司。主营化工、粮油、轮胎、医药的供应链及产业链，业务遍及全国各地以及全球30余个国家和地区。2022年，公司总资产5.20亿元，营业收入128.43亿元，同比增长36.19%，实现利润6000余万元，同比增长13.44%。

浙江浙期实业核心业务为期现基差套利、场外衍生品业务、做市商业务。期现套利业务范围2022年扩展至有色、贵金属、原油，涉及的品种实现国内期货交易所上市品种全覆盖，其中橡胶、棉花、螺纹、沥青、甲醇等多个品种在行业内已具有较高的知名度。场外衍生品业务已签约客户数达1800余家，场外名义本金超过2200亿元。2022年年底，公司注册资本22亿元，做市业务拥有期权做市牌照37个，期货做市牌照37个，“浙期实业做市交易系统”取得计算机软件著作权。是年，公司营业收入116.62亿元，为2022浙江省服务业百强企业。

【国际海事服务基地建设】 2022年，普陀区块集聚航运企业100家，船舶444艘，总载重吨195万吨。其中，化学品运力近29万载重吨，占全国的20%左右；国际海运企业10家、运力43.8万吨。基本形成立足国内，面向国际的海事服务产业体系。2022年，普陀区块年船用保税油结算量近902万吨，占比全国的40%以上。年船用保税油供应量258.6万吨，占比全国的13%。建成国际知名的外轮修理基地，实现年外轮维修999艘次，高附加值船型订单增长34.5%，绿色修船占比65%。舟山中远海运重工有限公司、舟山市龙山船厂有限公司、舟山市鑫亚船舶修造有限公司3家船企入列全球前十。

【海洋金融产业建设】 2022年，普陀区块聚焦能源金融、海事金融、产投金融领域数智化发展，推动中基协在备案新规出台前试行允许中外合资QFLP试点基金备案的窗口期政策。服务人民币国际化示范区建设，以QFLP、RQFLP、QDLP等形式探索资金“走出去”“投进来”自由化便利化。招引浙江自贸区菲莎股权投资合伙企业（有限合伙），探索落地全省首单RQFLP试点基金，初步形成产业基金、私募基金、证券、融资租赁等多元化发展业态，至年底，共落地QFLP试点基金4家，实现落地规模18亿元，完成3栋税收亿元楼打造。

浙江省空港融资租赁有限公司于2018年5月成立，是浙江省机场集团有限公司全资子公司。2022年，实现8个项目15.3亿元的业务投放，主要承接地方重大城市建设改造项目，聚焦省级开发区和浙江省先进制造业产业集群区域，在交通、能源、水利、防灾减灾、新基建等领域的融资租赁业务，支持地方实体经济建设。先后获评舟山市2021年金融支持地方经济发展社会贡献奖、省机场集团2022年度基层党建工作先进单位、省租赁业协会2022年度统计先进单位。

浙江自贸区艾克思焦点私

募股权投资基金合伙企业（有限合伙）成立于2016年，有中基协私募基金管理人资格，在管基金总规模8.5亿元。投资项目为具有网络效应或规模优势的网络和平台。

浙江自贸区菲莎股权投资合伙企业（有限合伙）成立于2022年。管理规模超5亿元，重点投资硬科技（芯片传感器、先进计算、先进制造、航空航天）、产业互联网（工业、农业、物流、消费）、人工智能、5G、数字经济等领域。

国信证券股份有限公司浙江自贸区分公司成立于2022年，为全区首个证券分公司。分公司主要围绕上市公司及其股东、私募基金管理人、金融同业机构、高净值个人及企业集团等机构客户展开限售股托管、股票质押回购、种子基金、资产托管等业务。

【大健康产业建设】 普陀区块立足资源禀赋，谋划推进国家健康旅游示范基地创新区和普陀国际医疗旅游先行区创建，搭建普陀国际健康产业中心、普陀区大健康产业园、普陀海洋生态创新谷等健康产业发展平台。突破细胞产业发展的政策瓶颈，推动市自贸综合协调局印发《支持浙江自贸试验区舟山普陀区块探索开展细胞技术创新发展备忘录》，明确企业可依法开展细胞制备和免疫细胞研究的发展路径。截至2022年年底，累计招引健康类企业130余家，企业总营收超14亿元，引进硕士及副高职称以上人才120余名，其中国家、省“引才计划专家”14名（包含诺贝尔奖获得者1名、国际院士1名），成功培育国家高新技术企业6家、省“专精特新”企业1家、科技型中小企业8家。浙江自贸区希诺赛生物科技有限公司引进全市首个诺贝尔奖获得者——院士兰迪·谢克曼。

普陀国际健康产业中心成立于2018年3月，位于东港街道海印路1055号，占地20亩（约1.33公顷），建筑面积5.8万平方米，由1幢22层高的主楼和1幢4层高的裙楼组成。重点引进细胞技术研究、先进医疗器械展示培训、高端健康管理，打造“医药养健游”一体的全生命周期健康旅游产业集群。成功引进浙江自贸区迈顺生物科技有限公司、浙江自贸区锐赛生物医药科技有限公司、浙江自贸区希诺赛生物科技有限公司、普慧医疗科技有限公司、浙江捷宁港生物科技有限公司、浙江自贸区霍普金斯生物科技有限公司、舟山市雅各国际医疗培训中心、浙江自贸区京恩诊所有限公司等数十家企业。

普陀区大健康产业园占地40亩（约2.67公顷），总建筑面积2.26万平方米，位于东港街道新驰路68号。是舟山群岛新区首个以健康产业为主题的科技创新创业园，拥有国家级海洋生物制品制备全技术链产业公共服务平台，集聚浙江麦大基因科技有限公司、浙江常青藤基因科技有限公司、舟山赛莱特海洋科技有限公司等15家健康科技类企业。

普陀海洋生态创新谷依托“孵化器+加速器+科创园区”的创新载体，集聚海洋科技、研发、创意等创新资源，以科技合作、协同创新、转移转化为主要途径，重点培育发展海洋生物产业区、海洋科创园区、海洋文化休闲区、临港产业发展区及海洋高端装备制造产业区，打造产业特色鲜明、生态环境优美、城市功能完善、创新要素聚集、宜居宜业宜旅的海洋产业新城。已成功引进明峰智能化医学影像设备

海洋生态创新谷（区自贸中心提供）

研发与生产、浙江东极海洋产业、浙江品级基因、荣和海洋肽等项目。

浙江自贸区荣昇企业管理有限公司于2022年6月入驻普陀国际健康产业中心。公司立足中国罕见病资源，探索建立独特的孤儿药研发体系，在化药、生物药、细胞和基因治疗上形成仿制、改良、创新路径，解决中国罕见病患者购药难、购药贵的困境。公司采用创新金融和商业模式，以解决小部分弱势群体尤其是罕见病儿童的疾病为切入口，进而完成罕见病诊断与治疗、孤儿药研发与制造、药物国内外销售、基本医疗保险、商业支付体系、慈善基金的生态圈建设，探索罕见病患儿和残疾成人的抚育、教育、康复、心理干预和再就业等社会福利新模式。

（撰稿：胡佳星）

粮食和物资储备供应

【概况】 2022年，普陀区粮食物资工作围绕贯彻落实“大粮食安全观”，以保障全区粮食安全为核心，全面落实粮食收购政策，不断深化粮食产销合作，健全完善应急保障体系，着力提升军粮保障能力，实施“优质粮食工程”，粮食物资保障各项工作得到较好落实。

【粮食安全】 普陀区落实粮食安全党政同责。成立区粮食安全工作协调小组，定期研究粮食安全保障工作，明确相关职能部门责任清单，促进各部门按照责任分工，全面落实粮食安全责任。区政府常务会议传达学习习近平总书记和党中央领导关于粮食安全的重要指示精神，专题研究听取粮食工作汇报，分管副区长多次召开会议对粮食工作进行部署，形成政府主要领导亲自抓、分管领导具体抓、涉粮部门合力抓的工作氛围。

4月，粮库检查（区商务局提供）

执行粮食收购政策。2022年落实早稻订单全覆盖和晚稻订单余缺调剂奖励政策，广泛开展为农优质服务活动，加强政策宣传引导，确保粮食订单收购有序进行。

加强粮食流通监管。组织开展政策性粮油库存检查，确保粮油库存数量真实、质量良好、轮换管理符合要求，收购政策执行到位。强化粮食质量安全监管，完成储备粮食库存监测任务。

【粮食产业】 2022年，普陀区巩固拓展粮食产销合作。实施“走出去”和“引进来”战略，以经济利益为纽带，以市场为导向，建立稳定的储备粮粮源供应基地，增强普陀区粮食流通市场抗风险能力。

【应急物资保障】 普陀区加强物资库规范化建设。落实《救灾物资储备使用管理联动机制》，规范储备使用管理流程。加强对救灾物资库的管理，落实管理职责、明确职责分工、规范管理制度、落实配送车辆，做好救灾物资储备规范化建设。在台风防御期间，做好应急物资的接收和发放工作，根据调拨指令及时发放物资，满足防台防汛的需要，完成全区防台防汛应急物资保障任务。

（撰稿：胡葫）

供销合作

【概况】 舟山市普陀区供销合作社联合社（简称区供销社）是为农服务的合作经济组织，参照公务员法管理的事业单位，成立于1953年10月。1993年5月组建（集团）总公司，注册资金2847万元，企业性质为独立核算，自主经营、自负盈亏的集体所有所制企业。普陀区供销社与（集团）

总公司实行“两块牌子、一套班子”工作机制。2022年年末，区供销社全系统在册干部、职工77人。

区供销社辖有普陀乐尔利农资公司、土产日用品公司、农兴贸易公司、宏润副食品公司4家全资企业，蔬菜果品有限公司、供销贸易中心2家控股企业，以及六横、桃花、虾峙、舟渔、勾山、展茅、朱家尖7家基层供销社。创办或领办农民专业合作社19家，建设为农服务中心5家，创建村级服务社22家。全系统主要从事农资、烟花爆竹、日用消费品、农副产品等经营业务。

2022年，区供销社总经营收入6.51亿元，同比增长5%；利润总额639万元，同比增长16.61%；所有者权益4331万元，同比增长9.51%。六横供销社和勾山供销社被浙江省供销合作社联合社评为“2022年度百强基层社”。

5月20日，舟山市普陀区供销合作社联合社第五次代表大会（葛恩嘉摄）

【恢复“三会”制度】 5月20日，舟山市普陀区供销合作社联合社第五次代表大会在东港商务中心召开。市供销社党组成员、理事会副主任魏芳军，副区长屠定玉出席会议。会议听取并审议通过区供销社工作报告，审议并通过《普陀区供销合作社联合社章程》《大会选举办法》。大会通过投票选举产生区供销社第五届理事会和监事会，选举产生新一届理事会主任、副主任，监事会主任。中断30余年的普陀区供销社理事会、监事会、社员代表大会制度恢复建立。

【完成区镇两级渔农合联换届】 8月9日上午，舟山市普陀区渔农民合作经济组织联合会（渔农民合作经济组织联合会简称渔农合联）第二届会员大会召开。市渔农合联监事会主任樊海林，区委副书记黄林伟出席会议。大会选举产生新一届区渔农合联理事会理事34名、监事会监事5名。副区长乐舟龙当选为理事会理事长，区财政局副局长陈嗣韦当选为监事会监事长。大会召开前，按照“自下而上”的换届步骤，完成区内4家街道（镇）级渔农合联换届，撤销沈家门街道—东极镇渔农合联，新组建登步—蚂蚁渔农合联，增设沈家门、东极镇、白沙3家工作站。

【保障社会化农业生产】 2022年，区供销社承接区政府农资储备任务，落实普陀区1000吨化肥淡季储备、300吨农资应急储备任务，在疫情反复、市场波动大、产品价格不稳定的形势下，以质优、量足、价稳的农资满足全区农业生产需求；在偏远农村及海岛多次开展“平价农资下乡进村、农产品回购进社区”活动，开展农技指导、政策宣传、新型化肥赠送推广等服务。2022年，新建农事服务中心1家、新增村级服务社6家、新领办专业合作社1家，提升为农经营服务能力。

【开展农产品流通服务】 2022年，区供销社共组织“供销助农小集市”19场次，将优质农产品上行推向机关、群众，新购置“老供销货郎车”，组建“志愿快递员小分队”，定期下行偏远农村开展为农服务；充分调动系统内农贸、水果市场以及为农服务中心、社区菜店等资源平台，以线上线下融合的直播带货、农产品展示展销等活动方式助销本地农产品，加大对“普陀禅农”品牌农产品的推销力度。其中，水果市场设立助农摊位、六横农贸市场提供廉价摊位、社区菜店设立农产品

10月28日，普陀区渔农合联粮油产业分会成立大会暨第一届会员大会（王绍誉摄）

直销点，助农销售西瓜、橘子、葡萄等地产水果1000余吨。2022年全系统农产品批发市场交易额1.66亿元，特产公司佛茶年产量3400千克。

【成立普陀区渔农合联粮油产业分会】 2022年10月28日，普陀区渔农合联粮油产业分会成立大会暨第一届会员大会正式召开。会议审议通过《舟山市普陀区渔农合联粮油产业分会章程（草案）》《舟山市普陀区渔农民合作经济组织联合会粮油分会会员大会选举办法（草案）》，选举产生第一届理事会领导班子以及监事。

【加强社有资产管理】 2022年，区供销社强化对社有资产的监督管理，成立普陀区供销社社有资产管理委员会，吸收发展规划、合作事业等业务资源，整合财务审计、监事会等监督资源，优化完善社有资产管理机制；减免租金开展为企纾困解难工作，履行社会责任，在自身经济困难的情况下，响应号召，参照国有资产类经营房屋租金减免政策，对承租供销社房产的租户予以租金减免，惠及160余户，租金减免115万元，与中小企业及个体户共渡难关；存量资产盘活和项目建设稳步推进，六横500平方米危房拆除重建工程有序进行，平阳浦水貂场2900平方米地块配合区政府完成征迁工作，供贸中心家电市场完成提升改造。

【巩固传统经营业务】 2022年，区供销社烟花爆竹以及农资两大传统主营业务稳中有升，全年烟花爆竹和农资销售额分别达到450万元和370万元，都比上年略有增长；巩固发展“老供销”便民菜店，2022年新增2家，累计达到13家，在春节及疫情防控期间平价供应蔬菜、禽蛋等民生商品27.5万吨，开展送菜上小岛、上渔船服务，为部分海岛老年人以及船员等购买生产生活物资提供便利。

【开展废弃农药包装物和废旧农膜回收工作】 依托农资销售和庄稼医院网络，普陀区设有“两废”回收网点16个，2022年，在六横、桃花增设农膜回收点，农膜回收覆盖面扩大至海岛，全年回收废弃农药包装物78.5万只，回收金额13.8万元，回收废旧农膜14.6吨，回收金额2.9万元，推进普陀美丽乡村建设。

（撰稿：滕倩颖）

烟草专卖管理

【概况】 普陀区烟草专卖局（分公司）主要经济指标稳中向好，2022年实现卷烟销量2.2万箱，同比增长2%；销售额11.7亿元，同比增长3%；毛利3.4亿元，同比增长3%。推进党建与共富相融合，助力共同富裕示范区建设，开展零售终端赋能、香溢帮扶、香溢助企助农、香溢公益“四大共富行动”。聚焦“香溢红色驿站”建设，高标准建成“香溢红色驿站”11家。聚焦“香溢”志愿服务，开展“疫情防控”“助农采茶”“无偿献血”等系列活动。聚焦助企纾困政策落实，面向符合条件的 25 户承租户减免租金 29.05 万元。

【卷烟营销终端建设】 区烟草专卖局(分公司)终端建设稳步推进,持续优化"会查、会答、会用"三张清单,以"培养一批,带动一批,影响一批"为抓手,稳步推进"四香一钉"平台拓展和深度应用,充分发挥先用、会用头部优质客户示范引领作用,截至 2022 年年底,"四香一钉"网订比例 98.1%,香溢通客户占比 31.6%,发展香溢家会员 14.6 万人,活跃会员数保持在全市前列,建成加盟终端 39 户、现代终端 637 户,占比分别为 1.5%、24.8%。

【专卖管理】 2022 年,区烟草专卖局(分公司)开展"渔都利剑"专项行动 10 余次,查获违法案件 185 起、违法卷烟 9452.9 条,其中省外烟 5573.2 条,同比增长 39%。聚焦打假打私,抓好"8·25"网上销售加热卷烟案件深挖工作,至年底,已对 1 人采取刑事强制措施;召开公、检、法、烟联席会议推进"8·31"案件,该案查获实物货值 5233.64 万元,涉案 5 人已一审判决;协同食药环大队成功破获舟山首起生产、销售伪劣雪茄烟案件,至年底,抓获犯罪嫌疑人 4 人,现场查获假冒雪茄烟 6700 余支及若干涉案物品,该案涉案金额近 300 万元。聚焦许可管理,持续实践"最优时间勘验"制度,全年提供前置服务 220 次,同比增长 33.5%,办证时长 1.6 天;开展许可证后续监管专项行动,清理许可证 86 本,至年底,全区许可证总量 2613 本,同比减少 1 本;申报可办出电子烟许可证总量 12 本,准予许可 12 本,歇业 1 本。

（撰稿:蒋梦婷）

区烟草专卖局召开"8·31"案件公、检、法、烟联席会议（区烟草专卖局提供）

个体私营商业和居民服务业

【个体私营商业】 2022 年,普陀区在册个体商业户和私营商业企业,呈现户数和注册资金总量双增长态势。2022 年年末,全区有个体和私营商业批发和零售业 14406 户,2022 年新设 3122 户,注销 1331 户,净增长 1791 户;住宿与餐饮业 3359 户,2022 年新增 698 户,注销 534 户,增长 164 户;租赁和商业服务业

2022 年普陀区私营企业(商业)统计表

表 24

项目	在册户数(户)	投资者与雇工人数(人)	注册资本(出资金额)(万元)	2022 年新设数(户)	2022 年注销数(户)
批发和零售业	3116	6756	4793151	766	260
住宿和餐饮业	176	1436	71820	18	12
租赁和商务服务业	1678	4416	3866128	544	222

说明:本表数据不含六横、普陀山、朱家尖。

表 25

2022 年普陀区个体工商户(商业)统计表

项　目	在册户数(户)	从业人员(人)	资金数额(万元)	2022 年新设数(户)	2022 年注销数(户)
批发和零售业	11290	16926	161378	2356	1071
住宿和餐饮业	3183	8365	95506	680	522
租赁和商务服务业	1173	1966	19023	140	693

说明:本表数据不含六横、普陀山、朱家尖。

2851 户,2022 年新增 684 户,注销 915 户,负增长 231 户。

2022 年,中国香港居民个体工商户新设立 0 户、中国台湾居民个体工商户新设立 3 户。

【居民服务业】 2022 年年底,在区市场监管分局登记注册的居民服务业、修理和其他服务业企业有 234 家(数据不含六横)。其中,汽车修理和维护企业 30 家,理发及美容服务企业 17 家,建筑物清洁服务企业 9 家,家庭服务企业 14 家,养生保健服务企业 7 家,摄影扩印服务企业 4 家,托儿所 12 家,婚姻服务企业 4 家,洗染服务企业 2 家,洗浴服务企业 1 家,日用电器修理企业 2 家,家具和相关物品修理企业 1 家,其他居民服务业企业 16 家,其他清洁服务企业 43 家,其他宠物服务 1 家,其他未列明日用产品修理业企业 1 家,其他未列明服务业企业 70 家。

(撰稿:郑夏雯)

商品市场建设

【概况】 2022 年年底,普陀区(不含朱家尖和六横)有各类商品交易市场 24 家,其中农贸市场 16 家、工业消费品市场 3 家、生产资料市场 1 家、水产品交易市场 4 家,市场建筑面积 115014 平方米,年成交额 204.17 亿元。

舟山商贸集团有限公司普陀分公司(简称普陀商贸分公司)主要负责普陀区域内国有农贸市场的管理与服务,承担市、区政府“菜篮子”工程及保供应、保民生职责。公司下辖 7 个农贸市场(交易点)和 1 个商城,分别为东河市场、西大市场、中兴市场、平阳浦(含芦花交易点)市场、展茅市场、桃花(含蚂蚁交易点)市场、虾峙市场和沈家门商城。所属市场建筑面积 17380 平方米,长期摊位 916 个,长期经营户 578 户,从业人员 1156 人,全年市场成交额 82826 万元。因惠众直供菜市需要,2022 年 11 月底,中兴市场由普陀商贸分公司划入舟山菜篮子服务有限公司,更名为中兴直供菜市。2022 年,公司相继完成西大市场、中兴市场的“五化市场”创建;西大市场、中兴市场、平阳浦市场、展茅市场、桃花市场的省级“放心市场”和省级三星级市场创建;虾峙市场的二星级市场创建;沈家门商城的一星级市场创建。

【贯彻落实“菜篮子”工作】 2022 年,普陀商贸分公司贯彻落实市、区及集团公司相关“菜篮子”工作。要求东河市场对场内 4 个猪肉品种(前腿肉、后腿肉、肋条肉、肋排)执行最高限价供应,平均价格不高于宁波白沙市场,同时做好东河、西大市场 2 个农贸市场的猪肉、杀白鸡、淡水产行业严格执行政府指导价工作;根据《舟山商贸集团有限公司关于印发〈国有房屋租金减免工作实施方案〉的通知》,普陀商贸分公司开展对所属市场摊位、营业房、仓库租金减免工作,根据 2022 年度摊位、营业房租金缴纳方式和缴纳比例分“直退”“直减”2 种,受惠经营户 670 户,减免租金 512 万元;在公司所属市场设置自产自销摊位 413 只供市场周边自产自销农户使用;2022 年,公司投入资金 130 余万元,加快农贸市场经营场所基础设施提档升级,主要完成桃花市场自产自销改造,市场地坪维护,市场棚顶补漏,卷帘门、遮阳棚更换,摊位面板、挡板维修等,

8 月，市委书记何中伟（前右）考察东河市场菜篮子工作（费斯杰摄）

并增设带盖垃圾桶、刷卡开水机、共享雨伞等设备。

【市场管理与服务工作】 2022 年，普陀商贸分公司以市场为管理主体，在加强市场管理精细化、常态化管理的基础上，进一步解读《全国文明城市测评体系实操手册》《国家卫生城市标准指导手册》以及省放心、省级星级、“五化”市场等创建标准，把握市场精细化管理的重点、疑点、难点问题，以标准化模式规范提升农贸市场精细化管理水平；在日常管理中，深入开展环境卫生、经营秩序和“小门”管控等专项整治行动。将市场按网格化管理的要求进行网格划分，从商品摆放、卫生保洁、空摊位（营业房）管理、通道堆物、立柱挂物等方面着手精细化管理工作，“小扫把、小畚箕、小拖把”随身带，分片包干、责任到人；加强队伍建设，组织公司党员、团员及市场管理人员开展“全民清洁日”“党团同心·周末公益”等志愿服务活动，带动引导市场经营户“每日一清洁”“每周大扫除”，督促做好“门前三包”、诚信经营、疫情防控等工作。

【市场安全生产工作】 2022 年，普陀商贸分公司明确安全生产责任目标，同经营户和管理者层层签订《2022 年度安全生产、食品安全工作目标管理责任书》。通过开展安全生产（消防、食品安全）检查、培训演练和食品检测等，增强人员安全意识，提高人员技能本领，消除安全隐患。2022 年，所属市场食品检测 79989 批次，其中监测农药残留 59325 批次、食品添加剂 20664 批次，不合格 1 批次，销毁量 0.25 千克，合格率 99.99%。为满足群众需求，在所属市场开展“食品安全便民检测日”活动，随时为消费者提供咨询和免费检测。

（撰稿：费斯杰）

桃花市场自产自销提升改造工程（费斯杰摄）

"菜篮子"工程建设

【概况】 2022年，普陀区根据《普陀区推进新一轮"菜篮子"工程建设的实施意见》等相关文件精神，以加强源头管控体系建设、流通体系建设、平价供应体系建设、市场监管体系建设、体制机制建设等为重点，基本形成一个源头供应稳定、市场体系基本完善、食用安全放心的"菜篮子"工程体系。

【"菜篮子"源头管控体系建设】 普陀区聚焦建设放心菜园。以市场需求为导向，以供保增效为目标，努力扩大蔬菜播种面积，提升蔬菜产量。截至2022年年底，普陀区蔬菜种植面积1466亩(约97.73公顷)，累计蔬菜播种面积2.69万亩（约1793.33公顷)，总产量3万吨，落实保障性叶菜种植面积104亩(约6.93公顷)。引导批发市场、"菜篮子"惠民店对接市内外产销对接渠道和平台。2022年城北批发市场共销售蔬菜21650吨，其中市外直采7230吨，市外采购占比33%。

【"菜篮子"流通体系建设】 普陀区为提高"菜篮子"商品流通能力，优化市场结构，合理平抑菜价，便捷居民购物，形成了以农贸市场、农批市场为主体，直供店、惠民店、社区菜店为补充的流通体系。截至2022年年底，全区农贸市场18个，其中国有农贸市场8个，民营农贸市场10个。市区两级直属"菜篮子"直供店和惠民店21家，其中区级供应店14家。2019—2022年提升改造社区菜店13家，其中2022年提升改造2家。

【"菜篮子"市场监管体系建设】 普陀区建立健全价格监测预警网络。不断完善全区农贸市场大众菜品价格采集制度和手段，通过区政府网站、普陀电视台、《今

2022年普陀区农贸市场基本信息表

表26

市场名	地址	企业性质
普陀东河市场	沈家门街道东河路	国有
普陀沈家门西大市场	沈家门街道同济路	国有
普陀区平阳浦农贸市场	沈家门街道平阳浦	国有
普陀区展茅农贸市场	展茅街道竹山路6号111室	国有
普陀区芦花农贸市场	东港街道芦花街218号	国有
普陀区桃花农贸市场	桃花镇庆太路	国有
普陀区虾峙农贸市场	峙镇大岙街头	国有
普陀区阳光三六五农贸市场	东港街道海珠北路87号阳光365商场	国有
普陀昌正消费品综合市场	东港街道香榭街153号	私营
普陀区乐业消费品综合市场	东港街道乐业市场菜场A区(海华路367号)	私营
普陀区东港消费品综合市场	东港街道海珠路112号	私营
普陀区欣和农贸市场	沈家门街道舟渔明珠公寓A、B楼一层	私营
普陀区金穗农副产品综合批发市场	沈家门街道东海中路1088号	私营
普陀区普景农副产品综合市场	沈家门街道东海中路638号	私营
普陀区金叶消费品综合市场	沈家门街道船厂路15号	私营
普陀区城北生活里农贸市场	东港街道兴北中路237号恒尊生活里一层	私营
普陀新北邻里中心农贸市场	东港街道兴北东路568号新北邻里中心2栋	私营
普陀区鲁家峙农贸市场	沈家门街道鲁川路96号	私营

2022年市区菜篮子惠民店、直供店名单情况表

表27

店　名	地　址	
浙江凯虹集团有限公司华之友城市广场分公司	沈家门街道船厂南路5号	区级菜篮子供应店
舟山市普陀区欧佳生鲜超市	沈家门街道豪庭路5号	
舟山市普陀区昭君生鲜超市	东港街道海洲路188号东港店	
舟山欧尚超市有限公司	东港街道兴普大道266号	
舟山市普陀区鲁家峙世纪华联超市	鲁家峙鲁川路96号	
舟山市普陀区杭中超市(挂牌华联超市)	沈家门街道新街160号2楼	
浙江凯虹集团有限公司华之友超市沈家门店	沈家门街道东大街1号	
浙江凯虹集团有限公司舟山凯虹广场分公司	东港街道海天大道2755号	
浙江华之友商贸有限公司和津广场店	普陀区和津广场北侧	
舟山欧尚超市有限公司	东港兴普大道266号	区级鱼篮子销售店(点)
鱼鲜汇渔业专业合作社普陀东港街道香樹街店	东港香樹街142号网点一楼	
鱼鲜汇渔业专业合作社普陀东港街道莲洋街店	东港街道莲洋街22号	
明珠水产专营店	普陀区兴海路111号	
鱼鲜汇专业渔业合作社鲁家峙店	沈家门鲁家峙北路网点1-2	
舟山国际水产城昌正菜场鱼篮子专营店	东港香樹街153号昌正市场二楼	
舟山市菜篮子服务有限公司东港和润花园直供店	东港街道金城街231号	市级菜篮子直供店、惠民店
舟山市菜篮子服务有限公司中兴菜场直供店	普陀区沈家门荷外中兴路108号(中兴)	
舟山市菜篮子服务有限公司西大菜场直供店	普陀区沈家门街道同济路137号(西大)	
舟山市陆峰阳光农业开发有限公司阳光365惠民店	东港街道海珠北路87号	
舟山市陆峰阳光农业开发有限公司沈家门长兴弄店	沈家门街道长兴弄20号	
海然合作社所属老供销菜篮子惠民店(普景店)	东港街道东海中路638号	
鱼鲜汇渔业专业合作社鲁家峙菜篮子惠民店	鲁家峙北路1号	
鱼鲜汇渔业专业合作社普陀东港街道香樹街店	东港莲洋街22号	市级鱼篮子专营店
鱼鲜汇渔业专业合作社普陀东港街道莲洋街店	东港香樹街142号	
鱼鲜汇渔业专业合作社展茅鱼篮子专营店	展茅沙井小区12号楼101	

日普陀》、“掌上普陀”等渠道及时公布价格信息，以引导群众向低价菜场流动。对沈家门和东港的东河菜场、西大菜场、金叶菜场、东港菜场、昌正菜场、桃花菜场、阳光365菜场、乐业菜场8个农贸市场50余种菜篮子价格进行采集汇总，实时比价对标宁波菜场，30个蔬菜品种、4个禽肉品种、2个禽蛋品种、7个水产品种中绝大部分的平均价格能够与宁波市场持平。

建立健全农产品质量安全监管制度。区市场监管分局按年度计划或风险管控需求开展农产品监督检查和抽检工作，重点检查畜禽肉“两证”(检验检疫证、品质合格证)情况和以蔬菜、水产为主的农产品禁用限用农兽药情况。开展市场诚信经营、明码标价整治工作，建立健全“一户一档”经营户诚信档案，确保省农贸市场综合监管平台信息录入有效。建设快速农产品检

测室(定性)18个,联合舟山市食品药品检验检测研究院、省农科院等三方机构开展定量检测,由区市场监管分局主导,对各农贸市场、批发市场的农产品安全检测结果进行复核。

【"菜篮子"平价供应体系建设】 普陀区打造高质量"菜篮子"年货供应会品牌。区"菜篮子"工作领导小组办公室坚持"菜篮子"年货供应会在"政府搭台、市场运作、服务民众"基础上提升产品的丰富性、渠道的完整性、群众的知晓率。受疫情影响,2022年从线下供应会转型到线上年货节,仍吸引不少商家加盟,供应商品有增不减,消费者通过"线上购买+线下免费配送"模式采购年货。

全区做好特殊节假日的平价供应。在春节期间(疫情防控)、伏休期间和中秋国庆期间开展"菜篮子"平价供应活动,市、区两级同步启动平价供应方案,涵盖绝大多数"菜篮子"直供店、惠民店和部分社区菜店。2022年开展春节、疫情、伏休期平价供应,供应土豆、西红柿、黄瓜、芋艿、茄子、杀白鸡、猪肉、冻带鱼、冻梅鱼、冻红虾、冻马面鱼等约430吨。

扩大海岛菜篮子配送服务覆盖范围。2022年,海岛配送服务已在全区开通申请,实际配送有葫芦岛、柴山岛、白沙岛、庙子湖岛、青浜岛、黄兴岛、东福山岛、虾峙岛、湖泥岛9个海岛。2022年累计配送467次、金额74.6万元。

做好猪肉保供稳价供应工作。落实冻猪肉储备规模130吨并每年进行轮换,该储备项目由舟山市普陀国有粮食收储有限公司承储,浙江省农村实业发展有限公司代储。

2022年春节"菜篮子"平价供应(区商务局提供)

【"菜篮子"工程体制机制建设】 普陀区成立以区长为组长、区常委为副组长的区"菜篮子"工作领导小组,办公室设在区商务局,设"菜篮子"工作服务中心,并配有专职工作人员开展日常工作;设立供应店、社区菜店的管理体制,并建立相关的考核制度和奖惩机制;2022年严格按照相关文件落实500万元专项扶持资金,其中生产环节290万元,流通环节210万元。

【舟山市陆峰阳光农业开发有限公司】 该公司成立于2017年4月13日,位于普陀区东港街道海珠北路87号(阳光365商城一楼),经营面积1200平方米,属于舟山市市级"菜篮子"惠民店。该项目以生鲜超市的模式运作,生鲜经营面积占总面积的65%。基本实现产地直达,减少中间环节,让利于民。2022年,实现零售总额1625万元。

公司承担由市、区"菜篮子"办公室组织的特殊节假日的平价供应活动,供应品种包括蔬菜、猪肉、禽蛋、海鲜等品类。2018年年底起,公司还承担普陀区"菜篮子"海岛配送任务,组织配送团队在各个小岛上设置便民服务地点,先后为葫芦岛、柴山岛、白沙岛、庙子湖岛、青浜岛、黄兴岛、东福山岛、虾峙岛、湖泥岛9个偏远小岛配送"菜篮子"商品,包括蔬菜、水果、肉类、禽蛋、豆制品、海鲜、调料、粮油等生活必需品。2022年共配送476次,金额74.6万元。

(撰稿:何炯烨)

舟山国际水产城

水产码头交易场景（舟山国际水产城提供）

【概况】 舟山水产品中心批发市场有限责任公司（简称舟山国际水产城）创建于1989年，为国有独资企业，有员工238人。2022年，舟山国际水产城以打造“国际一流的现代化水产品贸易综合体”为目标，推动转型升级向纵深发展，名列“浙江省冷链物流园区”“浙江省电子商务示范基地”，获“浙江省五四红旗团委”、全市首批“群团星”示范点、市级巾帼文明岗等称号。

【水产品交易】 舟山国际水产城引导集聚船源货源。2022年8月，秋季交易高峰期前，临时使用西侧尚未开发建设的区域，建设临时货车停车场、渔需物资和生产工具堆放区、三产服务区、电瓶车停车场等水产品交易服务临时设施，启用原新天久和新港冷冻厂码头，缓解水产城岸线码头和区域空间不足的压力，推进投售船源和交易货源集聚，突显市场竞争新优势。9月，12号超强台风“梅花”正面袭击舟山国际水产城码头，7个码头不同程度受损。舟山国际水产城第一时间采取紧急措施进行抢修，临时启用4座震洋码头，保障投售船只卸货，将损失减小到最低程度。2022年，在疫情严重影响、渔业产量大幅下降、超强台风影响等情况下，实现水产品交易91万吨，交易额172亿元，基本与上年持平；主营业务收入8230万元。

8月19日，浙江广电集团大型融媒行动《共同富裕在浙江》的直播在舟山国际水产城拍摄（舟山国际水产城提供）

【提升数字产能优势】 2022年，舟山国际水产城推进“普渔乐”渔业综合服务项目建设。以“渔业产业集群、数字赋能价值、渔民生活改善、资源优化配置”为抓手，建设“生产服务+生活服务+金融服务”的渔业综合服务平台。组建完成“普渔乐”供应链管理服务公司，“普渔乐”合作运营公司正在抓紧注册中。“普渔乐”平台完成157个小项开发，完成率87%。“普渔乐”渔需物资采购服务平台、供应链金融服务板块开发完成，顶级渔获平台开发工作于年底完成，“普渔乐”网站域名注册、网站备案、微信小程序注册认证、微信支付平台认证、微信商户号均申请完成。物资采购板块于2022年8月1日上线试运营，与大润发、凯虹集

8月1日，“普渔乐”渔需物资采购服务平台上线启动仪式（舟山国际水产城提供）

团、舟山肉联厂、蔬菜基地等30余家商企达成合作意向，上线七大类1500余款商品，注册渔船617艘，走访有一定规模的意向合作经销商50余家，各项招商工作正在持续推进中。供应链金融服务板块的聚合支付系统以及普渔乐商户通小程序于11月15日上线试运营。系统运行稳定，数据准确无误，成功率100%。

舟山国际水产城针对无“冷链物流及仓储设施”的严重短板和省内外同业市场的激烈竞争，谋划水产城西拓战略，编制完成《舟山国际水产城冷链物流园区(暂名)概念性规划方案》，各项项目前期工作正有序对接开展中。项目施工设计相关工作已开始。

【招商引资】 2022年，舟山国际水产城坚守打造沈家门渔港商业中心目标，“活”用现有资源，深度激发市场活力。针对原闲置资产比重较高的实际，多措并举开展招商引资，优化渔民广场功能业态和商业模式，激发市场活力和经济活力，聚焦重点环节和关键领域，海滨电影院、“帆船咖啡”、“便邻士”24小时便利店、“柒巧奶茶”、“大黄鱼展示馆”、“海鲜体验店”等开业运营，品牌酒店管理等招引持续跟进。整合盘活商旅区8号楼房产资源，引入“普渔乐”科技有限公司等企业入驻。全年招引市外资金6020万元。

【2022中国（舟山）水产品品牌发展大会】 2022年11月7日，由区政府主办、舟山国际水产城承办的2022中国（舟山）水产品品牌发展大会在舟山国际水产城开幕。原农业部党组成员、中国农产品市场协会会长张玉香，中国水产流通与加工协会会长崔和，省农业农村厅副厅长杨大海，市委常委、常务副市长毛江平，浙江海洋大学副校长卢金树，省市场协会会长张志益，区委书记孙志龙，区委副书记、区长徐炜波，浙江大学海洋学院副院长阮啸等出席大会。大会以水产品品牌发展高峰论坛、水产品产销对接会、“一宴知舟”黄鱼宴

11月7日，2022中国（舟山）水产品品牌高峰论坛（舟山国际水产城提供）

等形式展示和演绎水产品品牌。活动当天全市40余家水产企业应邀参展，集中展示中国（舟山）水产品经销企业品牌、主营品牌产品，实现与全国各地采购商的合作联系、云端对接洽谈，10余家水产企业与知名超商、供应链公司、互联网电商达成初步合作意向。活动由新蓝网全程直播，观看人数达152.55万人。《人民日报》、新华网、中国日报网、中青网、国际在线新闻等20余家中央、省市区媒体报道。微博话题“2022中国（舟山）水产品品牌发展大会”阅读量超过3719万次，图文直播观看量超4万人次。

【领导专家调研】 2022年1月11日，温岭市人大常委会主任陈辉到舟山国际水产城调研文化旅游工作；7月1日，省委组织部副部长曹锦喜到舟山国际水产城调研党建工作；8月11日，市委书记何中伟到舟山国际水产城调研疫情防控工作；9月14日，省民政厅副厅长江宇到舟山国际水产城调研党建引领下的青年发展和青年创业工作；9月16日，全国人大环境与资源保护委员会副主任委员刘奇一行到舟山国际水产城渔港小镇调研，省人大常委会副主任赵光君、市委书记何中伟、市人大常委会主任张明超陪同；11月7日，原农业部党组成员、中国农产品市场协会会长张玉香，中国水产流通与加工协会会长崔和，省农业农村厅副厅长杨大海等人受邀参加2022中国（舟山）水产品品牌发展大会；11月24日省高院审判委员会委员程建乐到舟山国际水产城调研“共享法庭”工作；12月9日，省委常委、省纪委书记傅明先到舟山国际水产城调研“清廉国企”工作；12月14日，省妇联主席佟桂莉到水产城调研“群团星”示范点妇联建设工作。

（撰稿：钟梦诗）

编辑：刘玥

交通与邮政

综 述

2022年，全区完成水陆交通基础设施建设投资6.46亿元，其中公路项目8个，完成建设投资1.08亿元；码头项目4个，完成建设投资0.23亿元；站场项目4个，完成建设投资1.90亿元；其他项目10个，完成建设投资3.25亿元。水上更新改造客(渡)船5艘，至年底，全区拥有陆上客(渡)运航线36条，客(渡)船51艘、13310客位、150车位。陆上营运城区公交车班线26条，有城市公交145辆；长途班线58条，有客运班车87辆，旅游包车51辆；农村客运班线31条，农村公交客运班车86辆；营运汽车拥有量为1334辆，其中出租车314辆，营运货车1020辆。全年完成陆路货运量2980万吨，货运周转量63亿吨千米；陆路客运量182万人次，客运周转量4.38亿人千米；水路客运量1355万人次，客运周转量1.32亿人千米；水路货运量12309万吨，货运周转量1140亿吨千米。

民用航空舟山普陀山机场全年客流量78.6万人次，同比下降47%。

全年邮政业务收入7005万元，同比增长10.12%。快递业务收入17922万元，同比增长11.69%。

陆上运输由区交通运输局管理。海上交通由区交通运输局、区港航分中心管理。普陀山机场由舟山普陀山机场有限公司经营管理。邮政业务由中国邮政集团公司舟山市普陀区分公司经营管理。

海上交通设施建设

【全区陆岛交通码头风貌提升工程完工】 2022年，对白沙交通码头、漳州码头、东极东福山交通码头及东极东福山北岙交通码头进行码头结构及周边设施涂装等码头形象风貌提升工作。风貌提升以海岛为主体特色，结合渔船、鲸鱼、浪花、海洋生物等海洋元素，设计风格为扁平风格，侧重于用几何图形和特别颜色对画面进行组合，强调构图美

东极东福山交通码头风貌提升（区交投集团提供）

悬山交通（旅游）码头（区交通运输局提供）

感和画面冲击力，彰显海岛海洋文化。5月开工，12月完工，完成总投资200万元。

【悬山交通（旅游）码头工程】 该工程在悬山岛台门一级渔港扩建工程东侧，新建1座50米×10米靠泊平台，方位角为N115°~N295°，码头前沿线位于-10.0米等深线附近。靠泊平台通过新建1座25米×4米钢桥及18米×6米栈桥与后方陆域连接，栈桥顶面高程为3.2米（国家85高程，下同）。在栈桥东侧新建1座20米×（20~26.5米）架空平台，平台顶面高程3.2米，其上布置1座建筑面积250平方米候船室。2021年11月开工，2022年11月完工，完成总投资1170万元。

【庙子湖客运码头工程】 该工程位于东极镇庙子湖岛南岙，新建1个1000总吨级（兼靠2个500总吨级）客运泊位及配套设施，水工结构按3000总吨设计，设计年通过能力为68万人次，总投资3964万元。用海面积控制在2.4371公顷内，使用港口岸线140米。新建码头位于现有客运码头西南侧10米，前沿线与现有交通码头齐平，位于-12~-8米（国家85高程，下同）等深线之间。码头平台长140米，宽16米，前沿布置1个1000总吨级（兼顾2个500总吨级）客运泊位，后方设一座55米×8米栈桥，并通过长10米、宽6米通道与现有客运码头连接。码头平台面高程4米，栈桥高程4.0~5.3米。2021年10月开工，至2022年年底完成投资2689万元。

海上客运

【客（渡）航船】 2022年，全区有水上客渡运企业4家（六横运输总公司、环岛客运有限公司、东极海运有限公司、皓通轮渡有限公司），客运服务企业1家（普陀鑫通客货运服务有限公司），归属管理客运站3家（国际邮轮码头、墩头客运站、半升洞客运站）；拥有船舶51艘（其中普通客船20艘、渡船12艘、高速船8艘、客滚船11艘），总客位13310座、150个标准车位；经营航线

表28

2022年普陀区客运船舶（渡船）一览表

公司名称	数量	载客定额（车/客）	客船		渡船	
			数量	载客定额（车/客）	数量	载客定额（车/客）
舟山市普陀环岛客运有限公司	22	47/4996	16	47/4429	6	315
舟山市普陀区六横运输总公司	19	103/4434	17	103/4245	2	189
舟山市普陀区东极海运有限公司	7	3386	6	3310	1	76
舟山市普陀皓通轮渡有限公司	3	494			3	494
合　计	51	150/13310	39	150/11984	12	1074

2022年普陀区水上客运客流量、周转量及车流量统计表

表 29

公司名称	客流量（万人次）	同比（%）	周转量（万人千米）	同比（%）	车流量（车次）	同比（%）
舟山市普陀环岛客运有限公司	138.37	-10.46	2608.35	-10.5	36838	-2.61
舟山市普陀区六横运输总公司	165.96	-13.3	3248.78	-3.1	333688	-14.6
舟山市普陀区东极海运有限公司	60.92	5	3657.66	9.73		
合　计	365.25	-9	9514.79	-1	370526	-12

说明：不含渡船运量 67.72 万人次，周转量 794.52 万人千米。

36 条，其中区内 24 条（新增 4 条：西岙至虾峙，虾峙栅棚至东白莲，朱家尖至葫芦至东极，沈家门至普陀山至葫芦岛），跨区 8 条（新增 1 条：东极至沈家湾），跨市 4 条。水上客运总客流量 433.24 万人次，同比减少 5%；周转量 10309.28 万人千米，同比增加 1%；渡运车辆 370526 辆，同比减少 12%。

【“普陀观云”客船完工】 该船由普陀环岛客运公司出资建造，载客定额 237 客，船体总长 41.73 米、宽 9 米、型深 3.55 米，满载吃水 2.1 米，总吨位 498 吨、净吨 249 吨，主机总功率 2684 千瓦，航速 16 节，总投资 2600 万元。计划营运沈家门至普陀山至葫芦岛航线。

“普陀观云”客轮（区交通运输局提供）

【“普陀星云”客船完工】 该船由普陀环岛客运公司出资建造，载客定额 300 客，船体总长 45.5 米、宽 9.6 米、型深 3.45 米，满载吃水 1.98 米，总吨位 485 吨，主机总功率 2684 千瓦，航速 15.5 节，总投资 2590 万元。计划营运沈家门至虾峙航线。

【“马峙渡 2”渡船完工】 该船由普陀环岛客运公司出资建造，载客定额 49 客，船体总长 16.3 米、宽 5.6 米、型深 2.4 米，总吨位 88 吨、净吨 44 吨，主机总功率 73 千瓦，航速 7 节，总投资 190 万元。营运沈家门墩头至马峙航线。

【“六横 1”客船完工】 该船由普陀区六横运输总公司出资建造，载客定额 323 客，船体总长 47.17 米、宽 8.5 米、型深 3.4 米，满载吃水 1.9 米，总吨位 498 吨、净吨 249 吨，主机总功率 2796 千瓦，航速 17 节，总投资 2050 万元。营运沈家门至六横航线。

【新增航线】 2022 年新增航线 5 条，其中区内新增航线 4 条：西岙至虾峙滚装客船航线，虾峙栅棚至东白莲渡船航线，朱家尖至葫芦至东极普通客船航线，沈家门至普陀山至葫芦岛普通客船航线；跨区新增航线 1 条：东极至沈家湾普通客船航线。

“六横1”客轮（区交通运输局提供）

陆上交通设施建设

【概况】 2022年，全区通车公路207条，总里程416.37米。其中，国道1条，长度6.49千米；县道22条，长度177.98千米；乡道10条，长度36.76千米；专用道4条，长度5.24千米；村道170条，长度189.90千米。有大、中、小公路桥梁73座，总长度3242.55米，其中大型桥5座，长度1765.25米；中型桥12座，长度586.92米；小型桥56座，长度890.38米。有公路隧道15座，总长度10372米。

【嵊泗至定海公路普陀鲁家峙至东港公路工程】 该工程起于鲁家峙规划新二路与万绿路交叉口，沿规划万绿路，经沈家门港，穿过刺棚山，终于海州路与晨晖街交叉口，路线全长约2.225千米。工程采用一级公路标准，设计速度60千米/小时，路基宽度23.5米，按分离式断面布设。其中，隧道段全长1939米（山始隧道长779米，沈家门工作井长25米，海底盾构段长770米，鲁家峙工作井长20米，明挖暗埋段345米），接线道路长286米，自刺棚山东港侧爆破开挖贯通至沈家门滨港路盾构接收井处，双洞双向四车道，其余为敞开段及接线路基段，山岭隧道段单洞及明挖段9.75米（单洞），净高均为5米，最大纵坡4.5%。已完成交工验收，2022年10月1日通车试运营，总投资11.27亿元。

【东港（半升洞）客运站场及城市广场建设工程】 该工程位于沈家门滨港路675号，包括01—02地块、01—03地块及地块相邻滨港路区段，总用地面积21195平方米，总用海面积13937平方米，总投资70341万元。项目总建筑面积43108平方米，其中地上建筑面积18737平方米，包括客运站场地上建筑面积10537平方米，北侧服务设施综合体地上建筑面积8200平方米；地下建筑面积24371平方米，包括客运站场地下建筑面积8904平方米，北侧服务设施综合体地下建筑面积15467平方米。新建道路长380米，宽23米。2020年10月开工，至2022年年底，站场部分完成总工程量的60%，码头部分完成总工程量的85%，累计完成投资39960万元，占项目总投资的51.4%。

普陀湾海底隧道（区交通运输局提供）

【"四好农村路"路网完善工程】 5—8月，区公路运输管理中心对分布于六横、虾峙、登步3个镇（管委会）9条农村公路进行路网完善，施工里程7.8千米，投入资金560万元。主要建设内容为对原路面进行处理并加铺水泥混凝土面层。

【农村公路大中修】 2022年，区公路运输管理中心对全区23条农村公路路线进行大中修，施工里程23.16千米，投入资金2163万元，9月底完成施工。纳入大中修计划23条路线分别位于普陀本岛、六横岛、桃花岛、虾峙岛和登步岛。根据病害程度轻重，对各路段采取不同修复措施。

【公路标志标线及安全设施】 2022年，区公路运输管理中心投资70万余元持续开展"千灯万带"、"五小工程"、公路交通安全设施精细化提升等11项工程，对舟山岛（普陀区域）及海岛公路标志标线及附属设施进行隐患排查整治，主要内容包括公路沿线护栏、减速带、警示桩、爆闪灯、标志标线等。

【公交站台】 2022年，全区新改建7个海岛农村公交站，合计投资50余万元。普陀城区有146个智能电子公交站牌，实现普陀城区公交站点智能电子公交站牌全覆盖。为公路使用者提供包括停车休息等便利服务，建成综合运输服务站2个（虾峙、登步），合计投资25万余元；建成公路驿站1个（东极），投资60余万元。

【农村客货邮路线】 2022年，区公路运输管理中心联合普陀邮政、顺丰、中通、申通、圆通、百世汇通、韵达等快递公司共同推出全新客货邮融合模式。该模式以资源共享、客货兼顾、运邮结合、融合发展为原则，推进农村客货邮融合发展工作，依托乡镇和建制村通客车成果，推动县乡村三级农村物流体系建设，统筹解决农村群众幸福出行、物流配送、邮政寄递三个"最后一公里"问题。11月，开通台门到田岙、苍洞、小湖3条邮路。至年底，全区有东极、展茅等农村物流服务点10个。

公交站　（区交通运输局提供）

城乡公共交通运输

【城乡公交】 2022年，全区有公交车145辆，其中更新能源车28辆（305路7辆、306路8辆、308路6辆、310路2辆、317路2辆、318路1辆及机动车2辆）。有公交线路26条，其中常规公交线19条，2号高峰快线，微公交1301，微公交1302，微公交1303，微公交1305，兼营线2条。累计发班23.8万班次，其中各类接驳加班2574班，完成客运量968万人次。农村公交方面，普陀交通运输公司负责桃花岛、登步岛、虾峙岛农村公交运营，六横环岛客运有限公司负责六横岛农村公交运营。是年，六横岛有农村公交47辆，客位813座；虾峙岛有农村公交12辆，客位253座；登步岛有农村公交车4辆，客位76座；桃花岛有农村公交23辆，客位593座。更新农村客运班车5辆（虾峙、六横），完成投资额270万元。

【微公交1301开通】 2月22日起，新开通微公交1301号线（东

2022年普陀城区公交分布线路一览表

表30

公交线路	起止点	开通日期	车辆数(辆)	总座位(个)	里程(千米)
301路	东港公交总站—墩头客运站	1993.2	10	620	23
302路	东港公交总站—鲁家峙璞园	1993.2	10	950	33
303路	慈航广场—舟渔公司	1993.7	10	600	35
305路	东港公交总站—大展车站	2003.1	6	150	59
306路	鲁家峙公交站—舟渔公司	1993.7	8	136	40
7路	东港公交总站—山头黄	1994.12	6	324	40
7路兼营线	东港公交总站—姚坝门	2006.4			44
308路	墩头客运站—塘头	2003.1	6	198	28
380路	墩头客运站—陆房	2007.6			31
309路	海洲路公交站—新城公交总站	2006.8	15	1140	38
310路	欧尚—新港客运站	2013.12	2	134	56
311路	大展车站—沈家门—大展车站	2002.1	9	621	33
312路	大展车站—东港—大展车站	2002.1	7	642	25
313路	大展车站—东河—大展车站	2020.10	5	425	28
315路	大展车站—北禅	2017.8	2	144	17
317路	墩头客运站—马峙渡口	2016.2	2	121	23
318路	海洲路公交站—普陀长运	2012.10	1	46	13
319路	东港公交总站—长峙车客码头	2016.1	6	570	58
322路	鲁家峙公交站—东河—鲁家峙公交站	2016.9	4	240	14
323路	鲁家峙公交站—普陀小学—鲁家峙公交站(环线)	2022.10	4	304	12
330路	东港公交总站—鲁家峙公交站	2018.3	4	184	42
2号高峰快线	海洲路公交站—新城公交总站	2017.6	1	20	35
微公交1301	东港公交总站—慈航广场	2022.2	2	190	19
微公交1302	大展车站—泰和路—大展车站	2021.7	2	38	11.5
微公交1305	大展车站—田公岙—翁家岙—大展车站	2022.10			9
微公交1303	海洲路公交站—荷东—海洲路公交站	2022.9	1	13	13.5

港公交总站—慈航广场)。线路设置东港公交总站、普陀小学、普陀疾控中心等11个停靠站点，运营时间为6:30—17:40,日发班次18班,票价2元/人次。

【微公交1303开通】 9月24日,新开通微公交1303号线(海洲路公交站—荷东—海洲路公交站)。线路设置海洲路公交站、外滩嘉园、普陀税务大楼等22个停靠站点,运营时间6:30—16:50,工作日日发班次8班,公休日及法定节假日日发班次10班,票价2元/人次。

【微公交1305开通】 10月15日,新开通微公交1305号线(大展车站—田公岙—翁家岙—大展车站)开通。线路设置大展车站、张家预制厂、田公岙牌楼等

更新后的农村客运班车（区交通运输局提供）

14个停靠站点,运营时间6:00—17:10,日发班次5班,票价2元/人次。

【323路公交开通及306路公交调整】 10月1日起，新开通323路公交环线（鲁家峙公交站—普陀小学—鲁家峙公交站），设置鲁家峙公交站、鲁洲路、景海铭园北门等32个停靠站点，运营时间6:30—18:30,日发班次28班,票价2元/人次。并同步对306路公交(普陀长运—舟渔公司)线路进行调整,撤销原莲欣公寓、沈家门小学、中兴路等7个站点,增设东港外滩嘉园、鲁家峙公交站等站点,调整后设置25个停靠站点，运营时间6:20—19:00,日发班次36班。

【出租车客运】 2022年,全区有营运出租汽车314辆（不含六横），其中更新63辆，报废65辆,完成客运量417.09万人。载客里程1399.43万千米。全区有出租汽车从业人员461人,其中

2022普陀区出租车车辆统计表

表31 单位:辆

单位	公司自有车辆	委托服务车辆	单位车辆总数
普陀友谊	128	13	141
普陀奥拓	21	0	21
新运	70	77	147
普陀交通(桃花)	5	0	5
总计	224	90	314

安徽、河南等外省籍从业人员214人，占全区从业人员总数46.4%;本地籍从业人员247人，占全区从业人员总数53.6%。全区出租车投诉10起，比上年下降23.1%。查处出租车及网络预约出租车违法违规行为为42起，罚款金额30万元。“安全生产月”期间,普陀交通运输行政执法队在各场站悬挂横幅并广播宣传,要求出租车、网约车驾驶员在营运期间要佩戴口罩、消杀车辆，并要求乘客主动扫场所码,建立辖区内出租车新冠疫情防控监督体系。根据区卫健委要求做好出租车、网约车驾驶人员返乡、出入市的核酸统计工作，核酸检测数100%，强化针接种率100%。

【长途客运】 2022年,全区有长途班线58条，其中跨省线路19条,跨市线路39条,具体由舟山市汽车运输有限公司、舟山市普陀国旅旅游客运有限公司、舟山普陀南顺旅游客运有限责任公司等客运公司进行营运。客运总量182.22万人次,日发班约248班次。

【客运站场】 2022年,全区有道路客运站场7个：展茅客运站、桃花汽车站、六横客运中心、普陀客运乘换中心(普陀长途客运中心)、东港汽车客运中心、螺门客运站、虾峙大岙汽车客运站。总建筑面积7734平方米。

【集装箱运输】 2022年,全区陆上货运重点在长途货运的集装

2022 年普陀区集装箱运输企业及车辆数一览表

表 32

单位名称	注册地址	车辆数	核发日期	另有车辆
舟山市华鑫国际集装箱运输有限责任公司	沈家门海洋生物园区内	1	2021.4.15	2 挂车
舟山润捷物流有限公司	展茅街道丰岛工业园区 A 区	3	2019.5.22	9 挂车
舟山凯诚物流有限公司	桃花镇上公前 23 号 3 号楼 506	6	2021.5.14	7 挂车
舟山市坤巍物流有限公司	六横镇台沙线邬家路	15	2021.5.26	2 厢式 +5 普通货车 +21 挂车
合计		25		

箱运输上，货物主要以水产品冷链运输为主，运送方向集中在长三角地区范围内。全区有 4 家集装箱运输公司：舟山市华鑫国际集装箱运输有限责任公司、舟山润捷物流有限公司、舟山凯诚物流有限公司、舟山坤巍物流有限公司，公司业务收入以冷链、集装箱、普通货物运输为主，至年底，有集装箱车 25 辆，总运力 964 台。

【货运站场业务】 2022 年，全区有货运代理(代办)业务相关业户 2 家：舟山市稻香物流有限公司、舟山市普陀区展茅大顺运输队，经营范围以货运代理(代办)经营为主。落实货运代理(代办)企业主体责任，区交通运输局持续开展除险保安、安全检查、疫情防控等日常督查，要求企业落实上级相关政策、文件精神，提升安全管理水平，确保货运安全。督促货运代理(代办)企业落实 100%实名制登记和开箱验货制度，对货物托运人、收件人、物品、通信、车辆等信息进行收集，确保不运输各种危险物品。

交通运输管理

【交通综合执法】 2022 年，普陀交通运输行政执法队持续开展道路客运市场专项整治，打击“黑站点”“黑车”等非法营运活动，查处出租车行业两方面 7 个具体违规行为，加强对客运站场、码头管理监督，规范出租车经营活动。以危运整治专项行动为突破口，加强企业源头管理和现场执法检查力度，推进实施联合执法，规范净化全市危险化学品道路运输市场。开展公路路域环境集中整治行动，重点打击挖掘公路，抛洒滴漏、公路用地范围内摆摊设点等公路违法现象，开展“迎亚运”公路两侧“三化一平”行动和普陀区城乡卫生专项整治提升行动，集中对辖区内公路及公路两侧问题进行集中执法和清理，逐步建立路域环境治理长效机制。全年普陀交通执法队出动执法人员 2231 人次，检查各类车辆 2590 余辆次，处理交通运输行政处罚案件 168 起，处罚金额 105.5 万元；其中，公路管理类案件 78 起，道路运政类案件 90 起。

【机动车维修行业管理】 2022 年，全区有机动车维修企业 91 家，摩托车维修企业 4 家。其中一类维修企业 7 家（含 4S 店 4 家），二类维修企业 19 家，三类专项维修 59 家(含快修 25 家)，完成机动车维修 104260 辆次，实现维修总产值 13913.76 万元。成立全区汽车维修企业应急救援保障队，根据地段和维修对象不同安排 9 家维修企业承担救援任务。应急维修小组配备有专用维修机具设备及人员保障，实施 24 小时救援服务，满足节假日及特殊天气期间故障车辆维修需求。

【汽车驾驶培训】 2022 年，普陀辖区有机动车驾培机构 2 家：舟汽驾校、圣岛驾校鲁家峙分场地。理论培训中心 1 家。普陀教练车 54 辆（含摩托车 5 辆），教练员 62 名（含理论教练 2 名）。普陀驾校报名 2548 人，结业 1947 人。全区组织(客、货、危、出)考试42期,新增道路运输从业人员323人(其中客运出租247人、客运16人、货运41人、危运19人)。鲁家峙驾驶理论培训点组织培训68期,培训人数4521人。

【营运车辆年审】 2022年,完成营运车辆年审约1260辆次,营运货车年审率98%以上,营运客车年审率100%。

【公路运行安全】 2022年,区公路运输管理中心做好春运及重要节日保畅工作,加强行业安全监管,消除安全隐患,开展监督管理检查296家次,发现整改细节隐患320处,整改率100%。做好市级挂牌事故多发路段鸭东线与展城线(展茅大石头边)"T"字形非灯控交叉路口整体改造工作。加强公路应急机制建设,做好"三防"工作。落实公路应急保障基地行业标识涂装。联合多部门对事故易发多发点段进行评估,从人、车、路、环境、管理等方面分析路段安全设施情况,完成相关路段安全设施精细化提升工作。开展两客一危、客运站、城市公交企业消防安全教育培训及安全生产宣传,进行公路与运输行业突发事件应急处置联合演练,提高道路运输企业应对突发事件快速反应、应急处置能力和协调作战能力。

【公路养护】 2022年,全区农村公路养护由区公路运输管理中心实行管理职能,普陀华通公路养护工程有限公司履行公路养护职能。全年修补路肩30.51立方米,疏通排水1585米,修补路面坑槽约846.74平方米,裂缝封口灌缝处理2069平方米,修复更换百米桩58根、清理边沟366263平方米。

【交通安全管理】 2022年,区交通运输局围绕安全生产专项整治三年行动和"除险保安"工作,学习贯彻"国务院安委会15条""省25条",将安全生产工作内容纳入党组会议和中心组理论学习,召开安全生产例会,部署各阶段安全生产重点工作。深化"一岗双责"工作机制,落实部门监管责任和企业主体责任。做好交通运输行业打非治违和隐患排查治理工作,完成工程运输车综合整治、"三防""除险保安"大排查大整治、三年行动收官年、平安交通建设年、安全生产月、除险保安百日攻坚等专项行动。全年检查企业346家次,发现隐患487处,已整改487处,整改率100%,无重大隐患;上路检查335天,出动执法人员2123人次,查处各类违法违规行为168起,处罚105.5万元。开展冬季、雾季、春运、五一、复工复产等安全生产工作,完成"冬奥"、全国"两会"等重大活动维稳安保工作,全区交通运输系统安全生产形势总体稳定。

【交通信息化建设】 2022年,区交通运输局以客运设施设备数字化改造为抓手,实现全流程岛际智慧出行,已实现全区本岛城区公交车移动支付、公交站点智能电子公交站牌全覆盖,市民可通过浙里办App等智能终端实时公交查询功能随时掌握公交动态。全区所有客船航线均实现网上售票,船票网售率达到70%,水路客运站点无纸化检票通关应用全覆盖,同步推出电子发票在线申领服务。舟山市首个

危险货物运输安全风险治理(区交通运输局提供)

农村公路应急信息化管理平台基本框架已搭设完成，内场指挥平台配备指挥系统、视频监控系统、应急调度系统，外场通过80处高清监控摄像头及1架无人机对辖区三高（高边坡、高挡墙、高落差）、桥隧、临水临崖等80处特殊路段进行24小时全天候监控，实时查看辖区公路安全状况。在全市率先为农村公路引入“移动医生”，接入桥隧坡一体化动态安全结构监测系统，保障农村公路桥隧安全稳定。

【交通行政审批服务】 2022年，区交通运输局持续通过窗口主动告知、日常检查提醒、发放宣传手册等多种形式，开展线上线下“浙里办”“跨省通办”“全市通办”等政策、渠道、程序及电子证照领用、亮证方法、功能和应用场景宣传，方便群众及时获取办理信息。全年受理行政审批业务5690件，其中运政5637件、水运42件、公路11件，全部在承诺期内办结，办结率、满意率100%，政务服务2.0事项全面实现“一网通办”。推进交通政务服务事项“甬舟通办”工作，设立“甬舟政务服务通办专窗”，为企业群众提供政策咨询、异地收发件等线下服务，超限运输许可、道路危险货物运输驾驶员换证、补证等14个事项实现“通办”。

【交通工程质量监督】 2022年，区交通工程管理中心对新建和在建项目工程质量、安全、监理市场、合同管理等方面开展监督检查，监督在建项目9个，进行专项检查33次，下发意见书33份，排查质量安全隐患70余条，办理交工质量评定备案3个。是年，所有辖区内中心监管项目未发生质量、安全事故。

（撰稿：冯珍）

道路交通安全管理

【概况】 2022年，舟山市公安局交警支队普陀大队（简称普陀交警大队）贯彻区委、区政府和上级公安机关决策部署，紧扣中共二十大安保工作主线，围绕安全、畅通、便民三大业务工作和“三能”交警铁军打造，开展“夏季百日攻坚行动”“减量控大”等专项行动，推进打造“现代化海上花园城市”。普陀交警大队下设办公室、调度中心、车管所、事故中队、沈家门中队、东港中队、城北中队、六横中队、桃花中队、虾峙警务站10个部门。有民警51人、辅警128人、原三轮车公司流转人员9人。

【道路交通和秩序管理】 2022年，全区交通事故接处警17711起（日均48.52起），事故类接处警15540起（日均42.57起），发生亡人道路事故12起，死亡13人。查处各类交通违法行为16.7万余起；其中，电动车违法46589起（包括闯红灯8099起，骑车载人3796起，在机动车道内行驶2025起，逆向行驶4143起，不戴头盔18591起等），货车闯禁7457起，酒驾醉驾402起。查获“两非”（非法营运、非法上路）车75辆。普陀交警大队，建立交通拥堵警情“六快”响应机制（警情快发布、指挥快协同、警力快投入、诱导快同步、措施快调整、警情快复盘），开展堵点“消红变绿”、绿波带建设、TOP拥堵道路治理、快速路提速、交通设施提升等攻坚行动。

开展全警大巡控、大整治行动（普陀交警大队提供）

【交通设施和装备】 2022年，普陀交警大队完善交通设施。在上年创城复评建设基础上，全年维护及新装隔离护栏4465米，护栏刷漆57榀；警示桩拆除及新装62根，警示桩反光膜更新414根；维修交通标志40余块；施划标线4070平方米，其中行人等候区施划12处。结合城区道路改(扩)建工程，联合设计和业主单位对半升洞码头、普陀湾隧道、海洲路、海印路、兴建路等重要道路交通组织调整作专项会商论证，明确改(扩)建道路增设交通安全设施、调整开口及公交站点位置等事宜，源头上提升改(扩)建道路的安全通行条件；配合区城投集团、舟山国际水产城等单位，结合水产城渔运货车渔汛期流量较大实际，在兴建路西段改(扩)建期间，利用原震洋公司停车场提出建设货车专用等候场地，缓解之前渔市大街一带交通乱象问题。以全市“防事故、治隐患”竞赛为载体，开展道路隐患大排查大整治，累计排查治理隐患2500余处，通过道路绿化全面矮化，爆闪灯、减速带、隔离护栏安装、标志标线规范、“海松湾”警示，停车泊位取消，移动红绿灯摆放、红绿灯调整等方式，提高通行安全。排查报送“7张问题清单”临水临崖危险路段7处，各职能部门按要求于7月底整改完毕。针对危化品车通行安全，做好浦西大桥、大干码头通行安全管理工作，加强车辆、驾驶人审核把关，确保危化品车辆运输事故零发生。

召开普陀辖区工程车连队化企业交通安全工作会议（普陀交警大队提供）

【车辆和驾驶员管理】 2022年，全区有机动车79490辆，同比增长7.7%，其中小型汽车63819辆，同比增长6.8%，月均新增汽车283辆；有机动车驾驶人112582人，比上年增加3.66%；其中，汽车类驾驶人108625人，月均新增驾驶人309人。电动自行车上牌数9470辆（仅指新国标），残疾人机动轮椅车8辆。普陀交警大队办理机动车注册登记、检验标志申领等业务4759件，机动车驾驶证补换、驾驶证审验等业务8899件，办理普通货车、危险品运输车、工程车等通行证49613张，全年可网办事项网办率达到97.02%。水产运输协会全年有886辆渔用货车注册入会，办理通行证4221起。9月起，交警部门联合城管、住建等部门开展“僵尸车”专项整治行动，拖移“僵尸机动车”12辆、“僵尸非机动车”18辆，统一指定专场停放，专人看管，并备案登记。对2家省、市挂牌工程车运输企业，开展每月重点检查，督促企业规范落实源头管理责任，加强驾驶员学习教育，共检查21次，发现整治隐患29处。联合其他部门每月走访检查重点车辆企业，督促企业落实安全管理主体责任，对发现的问题下发改正通知书，对2家违法多的进行企业约谈，累计检查160余次，检查企业、车辆773次，发现隐患201处，均整改完毕。交警部门将辖区104家重点企业、1164辆重点车辆、852名重点驾驶人录入工作平台，根据车辆、驾驶人事故、违法、驾驶证检验审验等情况，每月“风险画像”，确定风险突出企业，加压管理措施落实，确保“两客一危”等重点车辆不发生事故，三率每月达到考核目标，“两客一危”车辆事故零发生，重点车辆三率均达到省考核要求。对全区“两客一危”、工程车等重点车辆驾驶人与在册385名吸毒人员及精神病人进行比对，未发现异常情况，责令企业对发生亡人事故的2名工程车驾驶员予以解聘。4月底成立交通、交警、城管等部门组成联合执法队，5月起每月开展3次联合执法，重点检查“两客一危”、货车、面包车、大中型客车等重点车辆，加大查处力度和震慑效应，查出客运超员30起，货运超载超限97起，非法营运13起。交警、区市场监管局联合查获国标电动自行车非法改装案件15起，对销售者作出罚款2万元处罚。加大宣传力度，制止电动自行车非法改装行为。

普陀交警大队进校园开展交通安全宣讲（交警支队普陀大队提供）

【交通安全宣传教育】 2022年，普陀交警大队根据路口交通守法管理要求，结合违法主体及违法行为特点，进企业、进学校、进教宣站、进村入户，进文化大礼堂等地，通过典型案例播放、讲解，警示信息群发、海报张贴、语音喇叭提醒等方式，针对学生、老年人、特殊驾驶员群体等交通安全进行宣传，累计宣教5万余人。安排警力对重点客货运、危化品运输企业，组织企业负责人、安全员及车辆驾驶人开展交通安全知识培训。深入辖区客运公司、公交出租车公司及农村短途客运场站等地，宣传“一盔一带”“不疲劳驾驶”“不超载、不超员、不超速”等内容。做好常态宣传工作，采取曝光典型案例、以案说法等方式，重点讲解安全行车、车辆保养常识、车况检查等内容，告诫驾驶人员要自觉树立遵章守法的职业道德理念，杜绝“三超一疲劳”等违法行为。对危险化学品运输车辆、客货物运输车实行逢车必查制度。围绕“知危险、会避险”主题，大队派民警在放假前和开学前进校对中小学学生群体宣传，教育广大学生自觉抵制交通违法行为，做到文明出行、安全出行；深入社区、车站和幼儿园，通过讲解典型事故案例、发放宣传画册等方式，教育学生拒绝乘坐非法客运车辆出行。将宣传活动与路面执勤执法工作结合，提高违法当事人安全交通意识。

（撰稿：王丹妮）

交通运输企业选介

【普陀华通公路养护工程有限公司】 该公司是具有法人资格的国有独资企业，专业从事公路养护、有公路大中修施工资质，注册资本800万元，由舟山普陀交通投资集团有限公司出资，委托普陀区交通运输局管理。公司有

普陀华通公路养护工程有限公司（区交通运输局提供）

正式编制人员35人，合同用工16人；其中，二级建造师3人，工程师4人，经济师1人，助理工程师16人，中级会计师1人，助理会计师1人，技师2个，高级工6个，中级工25个。公司下设沈家门、朱家尖、六横、桃花、虾峙5个公路养护站。管养全区公路386.53千米，其中国道23.16千米、省道11.20千米、县乡道306.34千米、代养公路45.83千米。2022年公司总产值6751万元。

（撰稿：冯珍）

【舟山普陀交通投资发展集团有限公司】 该公司是国有独资有限责任公司，注册资金1亿元，实行政府监管、独立核算、自主经营、自负盈亏。内设办公室、党群纪检部、财务部、企业发展管理部、工程建设部、安全部、招投标办公室、信息中心8个职能科室，地址东港街道兴北东路599号。全资子公司12家：普陀鑫通客货运服务有限公司、普陀顺通实业发展有限公司、普陀环岛客运有限公司、普陀皓通轮渡有限公司、舟山市坤翔沥青拌和有限公司、舟山群岛国际邮轮港有限公司、普陀华通养护工程有限公司、普陀台贸物流中心有限公司、舟山市海宇围垦开发有限公司、普陀国际海事综合服务产业园开发建设有限公司、舟山市普陀德辰贸易有限公司、舟山普陀东莲交通发展有限公司。参股公司9家：北仑宁舟汽渡有限公司占股50%、普陀交通运输有限公司占股49%、舟山市凯腾工程管理有限公司占股49%、舟山海星莲华交通旅游有限公司占股49%、舟山普陀东润交旅发展有限公司占股49%、六横跨海大桥有限公司占股37.5%、浙江武港航运有限公司占股30%、上海蓝梦国际邮轮股份有限公司占股30%、舟山海华客运有限公司占股21.58%。9月25日，经上海新世纪评级机构评审委员会评审，区交投集团通过企业信用等级评价认证，获主体信用AA级。

2022年，区交投集团完成固定资产投资建设5亿元，融资23.67亿元，招商引资市外资金落地5000万元。1月17日，“和龙”号客船正式运营（朱家尖西岙码头至桃花茅草屋码头航线）。1月20日，朱家尖西岙客运站投入使用，总投资20295万元；同日，区交投集团联合申通快递开通普陀本岛至六横惠民便民物流配送服务。4月19日，区交投集团下属普陀环岛公司“马峙渡2”轮投入运营，总投资190万元。6月9日，展茅至东港公路矿区段水毁修复工程完工，总投资900万元。6月13日，区交投集团下属舟山普陀台贸物流中心有限公司（浙江自贸区普陀国际海事综合服务产业园开发建设有限公司）与舟泊通（舟山）港口服务有限公司签署海事物理项目合作协议。7月2日，“普陀观云”轮交船仪式在珠海江龙船艇中山厂举行。总投资2623万元。7月20日，区交投集团旗下舟山市普陀台贸物流中心有限公司完成首单俄罗斯帝王蟹（总重20.6吨）进口业务。7月22日，东福山交通码头风貌提升完工，工程造价60.80万元。9月10日，中国首艘自主运营高端邮轮“招商伊敦”号靠泊舟山群岛国际邮轮港10万吨级邮轮泊位，舟山群岛国际邮轮港有限公司与舟山中外运船务代理有限公司签订邮轮靠泊协议，达成常态化停泊合作。9月24日，沈家门半升洞至普陀山航线正式复航。9月30日，区交投集团完成对舟山六横跨海大桥有限责任公司2022年度增资扩股工作。11月4日，宁波北仑峙头车客渡码头工程正式开工，总投资19084.23万元。12月15日，白沙交通码头、樟州码头风貌提升完工，工程造价65.86万元。

（撰稿：郑希源）

普陀山机场

【概况】 2022年，普陀山机场按“疫情要防住、经济要稳住、发展要安全”要求，推动机场各项工作稳进提质。增开贵阳、沈阳、南宁、哈尔滨、达州等新航点，调优北京航班时刻，通航城市35个。全年完成旅客吞吐量78.6万人次，同比下降47%，恢复指数超过全中国民航机场平均水平14个百分点。在全国机场中排名第80位。保障航空器起降1.8万架次，同比减少19.86%。“海岛快巴”第三季飞行152班次、运送旅客1781人次；保障急救飞行38架次。全年航班正常性指标97.58%，继续领先华东机场。通过民航华东地区管理局空管安全管理体系(SMS)持续审核。首次获全国100万~200万量级服务质量“优秀机场”。“舟山市通用航空发展”被列入省交通与旅游融合发展试点名单。持续复评“省级文明单位”。

“厦门—舟山—哈尔滨”航线首航（普陀山机场提供）

【新增航线航班】 1月24日,开通太原航线,恢复合肥航线,“舟山—合肥—太原”航线由中国东方航空公司执飞。航班时间每周一、三、五、日,8:00从太原起飞,在合肥机场短暂停留后飞往舟山,12:35抵达舟山机场;13:25从舟山机场起飞,返程继续在合肥机场短暂停留,17:40抵达太原。

3月29日,开通“舟山—衢州—贵阳”航线。由华夏航空公司执飞,每天一班,贵阳起飞时间14:40,在衢州机场短暂停留,17:25从衢州起飞,18:30抵达舟山,19:10从舟山起飞,20:10抵达衢州,在衢州机场短暂停留,23:35抵达贵阳机场。

5月19日,开通“厦门—舟山—哈尔滨”航线,由福州航空执飞,航班时间每周二、四、六,厦门起飞时间9:35,11:10抵达舟山,在舟山短暂停留后12:20从舟山起飞,15:15抵达哈尔滨。哈尔滨起飞时间19:05,22:00抵达舟山,短暂停留后22:45从舟山起飞,0:30到达厦门。

5月29日,开通“舟山—沈阳”航线,由东海航空执飞,航班时间每周一、三、五、日往返各一班。舟山起飞时间11:00,13:30到达沈阳;沈阳起飞时间15:00,17:30到达舟山。

6月18日,开通“舟山—长沙—南宁”航线。由北部湾航空执飞,航班时间每周二、四、六,南宁起飞时间11:05,在长沙短暂停留后,14:00从长沙起飞,15:50抵达舟山。舟山返程时间17:00,19:00抵达长沙,在长沙短暂停留后飞往南宁,22:00抵达南宁。

7月8日,开通“舟山—达州”航线。由四川航空执飞,执飞机型为空客A320系列,航班时间每周一、三、五、日往返各一班,达州起飞时间8:50,舟山返程时间12:15,空中飞行约2.5小时。

10月30日,调整优化舟山—北京(大兴)航班时刻,北京(大兴)起飞时间14:50,17:10到达舟山,舟山起飞时间16:10,18:30到达北京(大兴),执飞机型为波音737-800,每天一班。

11月1日,开通“舟山—黄山—成都”航线。由成都航空公司ARJ21机型执飞,航班时间每周二、四、六,黄山起飞时间13:10,舟山返程时间15:05,空中飞行约1小时15分。

【机场生产经营】 1月21日,位于机场到达层外厅的“一嗨租车”租车业务正式开放,填补普陀山机场通航以来租车服务空白。3月27日,机场历史上第一个航食特许经营项目——舟山味联空港食品有限公司开始试营业。5月24日下午,宁波、舟山机场互为异地货站项目签约揭牌仪式落幕,标志着舟山、宁波机场互为异地货站项目正式启动。浙江省机场集团及相关部门、宁波机场及下属翔鹰公司,舟山机场及相关部门负责人作为代表出席本次签约揭牌仪式。7月22日下午,舟山普陀山机场有限公司和浙江省空港融资租赁公司签署全面开展产融结合工作企业合作框架协议，拓展产融结合发展绿色经济的创新模式。省机场集团副总经理朱潜出席签约。

【机场项目建设】 2022年，普陀山机场结合数字化改革、双碳经济，协同推进“四型机场”相关项目建设。实施通航贵宾楼装修，至年底，完成并启用场区交通提升、出租车服务站、智慧停车场、道路沥青铺装等项目，推进重点服务场所升级改造，强化硬件保障。启用机坪高杆灯节能改造项目，完成太阳能光伏电站、搭建智慧能源管理平台、空气监测站，推进雨污分离改造项目，发展绿色经济。实现数据中心与集团对接共享，配合集团搭建“浙里飞”旅客服务平台，编制运行指挥中心项目建议书，国家民航局科研项目GBAS地基增强系统完成设备安装，进入实地测试阶段。

【机场安全生产】 2022年，普陀山机场围绕中共二十大召开、国庆中秋双节等关键节点及生产隐患风险，落实安全生产“党政同责、一岗双责”，持续推动安全生产责任升级。推进安全隐患大排查、法定自查、安全专项整治、机坪安全整顿、“百日攻坚”整治等行动，开展各项综合实战演练，承办集团消防技能大比武，建立并用好“四级安全巡查体系”“安全吹哨人”“随手拍”等制度，保持安全监督管理高压态势，持续优化作风建设，确保机坪、运行、空防、消防、防台、建设、网络等安全。6月23日，由浙江省机场集团主办、民航浙江监管局和民航温州监管局协办、普陀山机场承办的浙江省运输机场消防技能比武在舟山举行。7月13日，普陀山机场开展防汛防台应急处置实战演练。11月17日，普陀山机场顺利通过民航华东管理局空管安全管理体系(SMS)持续审核。12月15日，浙江辖区中小机场空管高质量发展专项帮扶工作会议在普陀山机场召开，提升辖区空管安全保障效能，持续推动空管“三基”建设。同日，普陀山机场组织开展“航空器空中非法干扰及落地中冲偏出跑道”应急救援综合演练，持续强化普陀山机场应对航空器紧急事件整体救援能力。

12月15日，组织开展“航空器空中非法干扰及落地中冲偏出跑道”应急救援综合演练（普陀山机场提供）

【提升服务品质】 2022年，普陀山机场推进服务质量管理体系建设，编制完成《旅客服务质量管理手册》，发布升级服务承诺，完善服务质量风险库，增强投诉处理能力。1月21日，普陀山机场推出春运保障新举措，“租车服务”正式开放，填补机场通航以来租车服务空白。7月，普陀山机场升级“航旅融合”，推出“普陀山行李管家”服务，提升旅客“出行即服务”体验感和“轻松旅游”舒适感。6月27日，《2021年民用机场服务质量评价报告》发布，普陀山机场获评100万~200万量级服务质量优秀机场，这是自机场开航以来首次获民航服务质量优秀奖项。7月，普陀山机场推出通航25周年限量版纪念登机牌。

（撰稿：陈旭）

邮　政

【概况】 中国邮政集团有限公司舟山市普陀区分公司(简称普

陀邮政公司）辖寄递事业部、金融业务部、集邮与文化传媒部、渠道平台部4个专业经营单位，普陀山、六横、沈家门、朱家尖、桃花、虾峙6个支局，台门、展茅、蚂蚁、登步、白沙、东极6个邮政所，东港、沈家门和浦西3个特快揽投部，12个金融网点。2022年，有在岗职员工366人，其中管理人员10人、专业技术人员6人。完成邮政业务收入7005.12万元，实现利润649.88万元。

普陀邮政公司连续17年获区、市、省三级文明单位称号，被省邮政分公司评为集邮业务发展先进团队；沈家门邮政支局被评为全省邮政普遍服务网点示范窗口；文化路营业所被省邮政分公司评为助力乡村振兴先进网点和浙江省邮政企业优秀教育学习点；工英、邬海红、余本平被省邮政分公司评为党员先锋岗；邓丹妮被省邮政分公司评为服务质量明星员工。

【邮政普遍服务】 2022年，全区未发生总包、机要文件丢损失密事故和媒体曝光及违规经营事件，未出现违反普遍服务“两条红线”行为。普陀邮政公司抓好普服邮件信息断点工作，强化全区“河长制”工作管控机制，推进薄弱网点经营发展，开展实地整治提升服务质量工作，全面推进薄弱普服网点问题整治。在全国“两会”、北京冬奥会及冬残奥会、中共二十大会议期间，对全区各收寄网点开展明察暗访，提升窗口收寄验视工作质量。确保完成“三升三降、六个100%”工作任务要求，按“五个到人”原则，将工作数据化、指标化，提升普服全程时限质量。持续做好扫黄打非、禁毒堵源截流工作，强化报刊亭供货、销售和邮件收寄等重点环节管控检查，杜绝毒品从邮政寄递渠道流入市场。组织全区营业、投递人员开展普服知识培训，培训内容涉及普遍服务标准解读、邮政普遍服务法律法规宣贯、邮政营业收寄验视指导手册、实名收寄培训及日常检查问题分析等。

【邮政安全生产】 2022年，普陀邮政公司投入维修资金15万元对储蓄和营业网点进行改造，优化生产环境。购置部分防弹衣、头盔和款箱，保障离行ATM加钞、运钞人员安全。推进邮政安全保卫管理信息系统、远程集中监控系统升级改造、功能优化和应用，做好安检机视频图像联网及运钞车管理系统等推广工作，加强智能分析技术在安全监测和报警领域应用，提升安全管控信息化水平。全面清查网点安防设备，确保营业网点配足配齐安防设备。全年增加监控主机2台，探头10余个，更换联动门、ATM机及门禁2套，110报警主机3台，确保安防设备正常运行。邀请杭州八进消防培训中心教官开展消防知识培训，指导新入职员工现场模拟救火演练，提高火灾事故应急处理能力。每季度开展金融网点资金防抢防暴和消防灭火演练，累计开展各类应急演练51场次，参加人员326人次。

【邮政通信设施】 2022年，全区有邮政信筒(箱)54个，其中城区13个，农村各地分布41个。有181家邮乐购站，中邮驿站20

普陀邮政公司开展世界邮政日宣传活动（普陀邮政公司提供）

个。全区(含普陀山)有 99 个村邮站。投递使用汽车 58 辆,摩托车 8 辆,三轮车 28 辆,二轮车 28 辆。

【绿色邮政建设】 根据中国邮政集团有限公司和省邮政分公司关于 2022 年加强绿色邮政建设实施方案及国家邮政局开展“9917”工程绿色邮政建设相关指标,下发《关于印发普陀区分公司 2022 年绿色邮政建设行动暨生态环境保护工作要点的通知》等文件明确职责。2022 年,普陀邮政公司完成包括可循环包装箱数量和回收瓦楞纸箱数量等“9917”工程相关考核指标。日常做好绿色邮政宣传工作,配合市邮政管理局开展绿色邮政宣传周工作,借助区电视台平台宣传绿色邮政活动,号召重复使用、回收瓦楞纸箱。举办第 53 届“世界邮政日”主题活动,围绕“邮政守护地球家园”主题在东海路营业所门口开展定点摆摊、业务宣讲、产品展示等形式多样的业务宣传活动,向附近居民和来网点用户发放金融、寄递类宣传册和一些往期杂志图书,并详细讲解各业务活动具体内容。

【邮政金融业务】 2022 年,普陀邮政公司发展储蓄业务。抓旺季储蓄业务,结合主题营销活动,落实配套政策,将存量客户盘活、片区客户拓展、意向客户回收等形成整体销售模型,抢占跨赛期间市场份额。抓好保险业务。以“拓规模、调结构、增效益”为原则,拓展保费规模。把中邮保险业务放在代理保险业务第一位,形成发展格局。紧抓 AUM 核心,聚焦价值定期增长。改变传统方法,做到大理财业务“卖”和“保”两手抓。依托系统,抓好科技赋能,利用 CRM、云平台、智能电话等系统,有效筛选客群,提高网点经营能力。借助“邮惠万家”直销银行平台,精准获客,利用产品优势进行他行策反,提高全量 AUM。全年完成金融收入 4584.13 万元,完成全年目标 100.75%,完成率列全省第 5 名。

六横台门 3 条客货邮开通 (普陀邮政公司提供)

【邮政寄递业务】 特快业务围绕政务、商企、电商、海鲜配业务开展经营。做好共享药房寄递和朱家尖旅游学院项目开发。抓好市民卡、机关公文等项目,重点落实法院专递,探索有舟山特色审判辅助事务服务新模式。以六大目标客户为抓手,重点对海鲜类电商进行销号式营销,抓好同城、省内和长三角邮件,利用现有 7 条优势线路提升发件量。快包业务方面通过盘活现有邮政大楼场地资源,推进快包客户引仓入驻工作,已引仓入驻 6 家电商客户,累计产生电商件 84.53 万件,实现业务收入 207.39 万元,占整体快包收入的 52%。2022 年,全区寄递业务完成收入 852.48 万元,同比增长 16.85%。

【邮快合作项目】 2022 年,普陀邮政公司与 3 家民营快递公司签订邮快合作协议代投偏远海岛区域邮件。推动普陀海岛三级物流体系建设,对已转型网点蚂蚁邮政进行再转型,在蚂蚁岛以中邮驿站模式建设乡镇级快递运营中心,参照普陀山支局与民营快递合作模式开展邮快合作,极兔跟丰网邮件每日进口 150 件左右。客货邮项目以首批开通的虾峙黄石和河泥漕这 2 条客货邮班车邮路为试点，在六横台门开通台门至田岙、台门至小湖、台门至苍洞 3 条“客货邮”班车邮路，解决农村群众幸福出行、物流配送、邮政寄递三个“最后一公里”问题。

壬寅虎生肖邮票首发现场（普陀邮政公司提供）

【祈福邮局】 普陀邮政公司持续祈福邮局线上转型发展，打造新媒体专业化团队，做好祈福品牌线上线下宣传。2022 年，新开通普陀山祈福邮局抖音企业号，进一步提升流量，开辟祈福邮局线上宣传模式。与多家文创公司开展合作创新，设计开发多款具有祈福特色、IP 衍生文创产品，通过“百店触网”项目，上架中邮微邮局平台，并通过集团直播带货方式，实现祈福邮局线上销售。创新开展“2022 年 2 月 22 日星期二（或农历二月二十二）”千年吉日新品预售活动，通过线上祈福邮局微邮局，线下主题邮局实体店同时发售，并提供“2022.2.22.22”祈福邮局戳记盖章。在增加主题邮局曝光量同时丰富祈福邮局产品线，活动期间进店客流量 200 人次/天。“五一”期间开展“进门有礼，祈福送福”活动，创收约 3000 元。聚焦“邮政文化”“祈福文化”，探索“邮政特色+文创体验+创新驱动”发展路径。全年完成业务收入 226 万元。

【邮政集传业务】 2022 年，普陀邮政公司组织开展“暴风行动”专项营销活动，累计营销《虎虎生威》金钞套装、大版加金钞和金镶银锭组合套装、生肖纪念币套装 115 件，税后收入 15.16 万元。做好新老客户维护与开发，销售 2021 年宣纸年册和经典年册 280 册，合计收入 5.62 万元。推动“金融+集邮”业务转型发展，组织开展《财富传承》第三、四套人民币册营销活动，累计营销 72 套，收入 12.73 万元。在省邮政公司创意支撑下，组织开发《千年吉日》礼品套装，并在全省范围内开展营销，累计营销 1300 套，收入 13 万元。做好普陀山祈福邮局 IP 推广工作，传播祈福文化，推荐《越来越好》上上签套装 691 套，收入 9.79 万元。

【邮政函件业务】 2022 年，普陀邮政公司抓好冬奥会等重大节庆热点组织营销衍生品，营销《双奥之城》主题折、冰墩墩雪容融文创产品、冰雪系列邮册等冬奥衍生品合计 8.41 万元。销售奥运吉祥物冰墩墩和雪容融摆件 207 件，收入 2.65 万元；销售冰墩墩钢制明信片 12 套，收入 0.18 万元。为客户定制形象化年册。持续开展《红船》观影主题教育活动第二阶段工作，对接政企单位，组织线上线下售出红船电影票 445 张，收入 1.78 万元。为客户设计发布朋友圈广告，推送全区 10 万人群宣传内容，实现客户公众号涨粉近 0.4 万，收入 0.8 万元。

【邮政报刊业务】 2022 年，普陀邮政公司为客户设计制作有声图书墙项目，收入 2.5 万元。对接政企单位营销政务图书《习近平在浙江》、《习近平浙江足迹》、《习近平治国理论》第四卷等政务图书 1.41 万册，收入 103.21 万元。其他类政务图书收入 3.25 万元。在普陀区内开展校园报刊线上订阅活动等，校园报刊订阅收入 11 万元，教育期刊订阅收入 38.9 万元。报刊收入 366.3 万元,完成年计划 101.75%。

【电商扶贫】 2022 年,普陀邮政公司落实邮政服务“乡村振兴”政治责任,加强掌柜质量提升,做实站点基础,走访各邮乐购店,叠加“6+X”业务。全年累计完成活跃站点 238 个,优质站点 107 个,日均分享邮乐小店 86 个,日均邮乐小店成单数 5.34 户。组织邮乐优鲜团购 436 场,累计销售额 151.7 万元。持续推进惠农业务叠加和农产销售,协同发展金融、寄递业务,全年完成活跃合作社覆盖 63 家,完成“2 个 1000”合作社 10 家,完成融资 E 客户数 34 户,完成融资 E 贷款净增额 989 万元,农产品销售 484.2 万元。

【邮善邮乐】 2022 年,全区邮善邮乐项目常态化运营,建成“邮善邮乐”慈善超市 12 家,累计服务普陀区内 3600 余户低保、低边以及重点优抚对象,贫困户到邮政网点领取物资 4342 笔、金额 28.8 万元。

(撰稿:郑遥)

编辑:魏斌

港航与口岸管理

普陀港航管理

【概况】 2022年年底，舟山市港航事业发展中心普陀分中心（简称区港航分中心）管理区域有水路货运企业100家，水路运输辅助企业29家（其中船舶管理企业17家、船货代企业12家）。运力保有量196.77万载重吨。水路货运固定资产投资124662万元；水路货运企业全年完成周转量1038.68亿吨千米。管理区域完成货物吞吐量1104.03万吨。其中，油品154.09万吨，矿建材料894.02万吨，金属矿石4.58万吨，钢铁8.02万吨，水泥25.32万吨，其他货物18万吨。

【引领航运产业发展】 2022年，区港航分中心落实航运业帮扶政策，做好2021年度江海联运发展专项资金补助申报材料审核上报。2021年度江海联运发展专项资金补助共申报企业12家，申请补助资金474.63万元。做好年度航运业稳定发展专项资金申报摸底统计上报工作。扩大保税油加注业务影响力，管理区域有保税油供应资质企业2家，保税油加注量258万吨。

【港航安全管理长效机制建设】 2022年，区港航分中心落实“一岗双责”。主要领导与分管领导、分管领导与部门负责人逐级签订安全责任书，督促企业签订各类责任书，确保签订率达到100%。开展安全工作督查。全年召开安全例会和其他安全工作会议20余次。主要领导带队检查12次，分管领导检查100余次，工作督查4次。强化信息化支撑。开展电子巡查76109次，启动应急响应12次，发布预警信息101条，累计抽查船舶动态939次，企业值班292次。

【港口领域综合治理】 2022年，区港航分中心开展低效港口企业整治提升。有7家企业纳入提升整治范围，全部完成整治任务。落实长江经济带岸电改造计划和低压岸电插件升级改造工作。舟山群岛国际邮轮泊位完成

普陀港航执法队联合海事、海防大队、海洋与渔业局等相关部门在春节前夕开展执法检查行动（区港航分中心提供）

岸电设备改造，皓鑫混凝土、大润航道两家码头完成低压岸电插件升级改造。牵头修订宁波舟山港整体规划(已完成初稿)。开展港口企业专项治理工作。实施各类专项检查 10 次，累计检查港口企业 100 家次，出动检查人员 260 人次，发现隐患 120 个，其中重大隐患 3 个，已全部完成整改。开展港口企业许可及备案。办理港口经营企业许可证延期和新增各 2 家，新增港口服务企业 6 家，备案船舶 8 艘。

【航运安全防控体系建设】 2022 年，区港航分中心先后开展节前安全检查、防汛防台、“除险保安”、“清街扫店”等专项(整治)检查，累计检查企业 287 家，出动检查人员 624 人次，发现问题隐患 95 个，均已完成整改。核查国内水路运输企业 100 家，船舶管理企业 17 家，船货代企业 12 家，国际航行船舶 43 艘。发现问题 145 项，已完成整改 144 项，正在整改 1 项，下发预警通知书 8 份，经营资质整改通知书 5 份，移交执法部门 5 起。申报新增运力企业 7 批，上报企业 83 家次，涉及船舶 99 艘。

【专项治理行动】 2022 年，区港航分中心牵头开展水上专委会相关工作。落实“四项制度”，对水路货运企业和船舶进行严控，年底，有重点监管企业 10 家，重点监管船舶 61 艘。做好企业移除申请复核上报、日常监管、开展约谈、抽查点验等工作。梳理上报“绿色通道”企业申报材料，管理区域 7 家航运企业被评为“绿色通道”企业。做好临时作业点和无证废弃点管理，确定临时装卸作业点 24 个，所有临时作业点均已提交《设立审核表》。梳理无证(废弃)点 31 个，已全部取缔。开展“除险保安”百日攻坚行动。以“三张清单”为抓手，推动安全责任落实，建立“责任领导—责任人—企业负责人”三点一线责任网格、企业问题隐患清单和整改措施清单、风险评估清单和管控措施清单，对港航企业开展两轮全覆盖检查，所有隐患均已整改完毕。开展非法海砂打击“猎鲨”专项行动。牵头做好陆上组相关工作，以护航中共二十大为契机，利用夜间，对涉砂码头、企业、场地开展联合执法，从海沙装卸、加工、经营销售，开展全链条式全覆盖排查，做好对管理区域涉砂临时作业点动态监管。开展“利刃 3 号”、反恐、反走私、港内供油等各类专项行动，查处海上违法违规行为。全年出动执法人员 636 人次，出艇 42 艘次，出车 84 辆次，检查船舶 47 艘次，码头 (临时作业点)71 座次，港航企业 22 家次，开展航道岸线巡查 10 次，办理行政案件 24 件。

（撰稿：范佳佳）

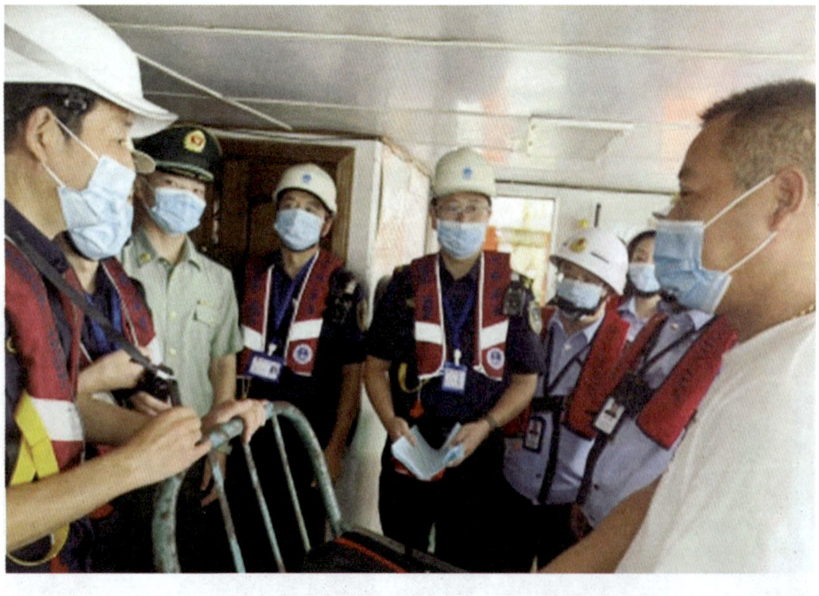

9 月 29 日上午，由区港航分中心、海事、海警等部门组成的“蓝锚护航先锋队”在普陀水域开展“蓝锚护航，除险保安”海上联合执法行动（区港航分中心提供）

六横港航管理

【概况】 2022 年，舟山市港航事业发展中心六横分中心(简称六横港航分中心)加强对港口作业审批和水路运输监控，履行主管单位职责，确保管理区域港航生产形势基本稳定，主要经济指标整体保持平稳。六横辖区完成港口吞吐量 9811.95 万吨，同比增长 12.69%；完成货物周转量 101.09 亿吨千米，较上年增长

2.36%。完成水运固定资产投资3.35亿元。辖区在册建设项目2处，其中，浙江海港中奥能源有限责任公司码头改扩建工程完成17000万元，六横小郭巨二期围垦区一阶段场地回填工程完成16457万元。年底，六横辖区有各类货运船舶54艘，其中成品油船28艘，化学品船3艘，总运力22.84万载重吨。

【落实行业管理】 2022年，六横港航分中心根据上级部门相关要求并对照年度考核目标，持续做好辖区经营市场秩序管理、港航领域绿色环保建设、各类资金补助审核和行业市场分析统计等各类行业服务管理工作，结合日常监督检查，向企业宣传贯彻反走私、禁毒、反恐等社会综合治理相关要求；贯彻落实省、市除险保安百日攻坚行动要求，强部署、多举措，为中共二十大召开营造安全稳定环境。

【行政执法】 2022年，六横港航分中心落实局、队、指挥中心部署的各项专项执法活动、执法协同要求，强化执法力度，全年开展海上执法(含联合执法)79次，出动港航艇37艇次，出动执法人员174人次；开展陆上执法(含联合执法)83次，出动执法车辆83车次，出动执法人员193人次，查处违法违规案件15件。开展互联网+监管工作，掌上即时检查23次，临时性双随机抽查任务13次。

【安全监督管理】 2022年，六横港航分中心按市局年度监督检查计划和各类安全专项检查行动要求开展行业安全监管工作。累计检查港口企业82家次，发现问题隐患278项，已整改245项，下发17份整改通知书，已销号10份；检查航运企业51家次，发现问题隐患98项，已整改98项，下发整改通知书5份，已销号1份；安全警示约谈港口企业8家次、航运企业1家次，并将约谈记录实时录入信用管理系统；完成港口危货作业审批1066次，开展危货作业现场检查72次。港口领域：持续强化港口危货安全监管。累计对辖区危货企业开展安全体检4次；重点监管辖区两家重大危险源企业，针对辖区海港中奥库区管廊架施工现场开展每周必查。持续提升港口设施保安履约水平。完成辖区7家港口设施保安履约单位年度核查工作；每季度组织开展辖区港口设施保安演练集中观摩和交流座谈活动。持续开展低质普货码头整治提升行动，涉及违法违规行为的移交执法队立案查处8起。航运领域：加强水路货运企业经营资质动态管理。完成辖区12家航运企业年度核验工作，重点检查企业经营资质维持、海机务履职、安全经费提取使用等方面工作落实情况，累计发现问题隐患40项。强化恶劣天气防范。及时向企业传达气象预警信息，督促企业根据气象信息及时做好航次风险评估，合理安排航次计划；向企业转发恶劣天气停航避风指令，督促指导企业做好所属船舶避风管控工作，通过系统及时上报船舶动态并做好值班值守和船舶点验记录。

8月24日，六横港航、海事、海警、公安、渔政等部门联合组织开展水上交通安全除险保安“百日攻坚”暨“猎鲨”陆海联动联合执法行动（六横港航分中心提供）

【港航产业服务】 2022年,六横港航分中心结合六横经济发展现状,多次现场踏勘双塘、棕榈湾等重点岸线区块,完成总规修订初步方案及意见反馈,已上报市交通局。根据省、市"十四五"规划编制要求,结合六横港航实际,明确今后五年港航发展目标、功能定位、发展思路、发展重点、保障措施及近期建设项目。全年完成申报浙能港口公司和武港码头岸电建设资金补助分别202.5万元和121.5万元;完成辖区10家港口企业防疫补助,补助金额11.4万元。辖区申请船舶受电装置改造资金补助企业1家(武港航运),补助金额77万元,已按要求完成审核申报工作;防疫补助涉及辖区11家航运企业,补助金额7.95万元。

(撰稿:施颖杰)

普陀长宏国际项目口岸开放验收(区口岸开放服务中心提供)

口岸综合协调管理

【概况】 2022年,普陀区口岸海防反走私工作围绕区委、区政府"幸福普陀"建设工作,融入自由贸易试验区建设,优化口岸环境,开展海防建设,协调开展反走私综合治理工作。完成总投资1188万元的2020—2021年度海防基础设施建设项目。完成2022年度海防项目计划上报,并开展相关前期工作。

【重点项目临时开放】 2022年,区口岸开放服务中心完成对台直航项目临时开放申报工作。做好与国家相关部委、省、市级查验单位对接工作,督促指导业主做好监管设施日常保养维护工作和查验后勤保障落实工作。项目第十一次、十二次临时开放均获国家交通运输部批复(交海批〔2022〕12号、28号文件)。

【开放区域内项目开放启用验收】 2022年,区口岸开放服务中心工作人员多次到普陀长宏国际项目现场和相关负责人协调,对照海关总署公告2019年第68号(关于发布《海关监管作业场所(场地)设置规范》的公告),逐项抓好口岸基础设施建设,适时组织相关部门对企业口岸基础设施建设情况进行督查,并督促指导企业抓好整改落实。该项目于2022年5月17日通过省政府验收,5月23日正式获批(浙政函〔2022〕79号)开放启用。

【全国海防基础设施普查】 2022年,区口岸开放服务中心参加省海防办组织的全国海防基础设施普查工作培训,根据上级要求完成已建海防项目信息排查,及基础数据专网录入、校对等工作,下一步将转入数据质量复审和数据信息拓展完善阶段。

【反走私专项行动】 2022年,开展普陀区"舟盾—2022"反走私联合行动。组织开展多部门联合行动20余次,公安、海警、市场监管部门累计查获走私或经营无合法来源油品、冻品、卷烟案件38起(包括行政案件),其中查获无合法来源油品25吨、冻品约0.7吨、海砂8万吨、走私卷烟33条,案值900余万元。

【反走私领域重点整治】 2022年,普陀区多次组织开展市场联合检查行动以及海上疫情防控联合检查行动,累计检查冻品仓库经营场所50余处、码头风险点200余个(次),发现码头管理人员不到位、物防技防设施落后缺失等反走私管控风险隐患5处,分别对相关责任单位作出约谈或限期整改处置。做好涉案“三无”船舶处置工作。清理取缔“三无”船舶52艘。妥善处置“浙玉机853”案件诉讼事宜。经法院调解,5月20日,该“三无”船舶在舟山某拆船厂完成拆解。至10月底,全区“三无”船舶已全部依法完成处置。

【反走私基层治理】 2022年,按“六有六无”(有组织机构、有管理制度、有反走私队伍、有巡防行动、有“一点一策”措施、有宣教活动;无参与走私贩私的人员、无参与走私贩私的车船、无“三无”和重大非法改装船舶、无供走私贩私贮藏物品的场所、无黑加油点、无被走私活动利用的码头和港口)标准,在蚂蚁岛及12个社区村开展创建反走私村活动。各创建点位健全反走私机构、制度、队伍,推进“一点一策”措施,所有码头、风险场所实现监控全覆盖,居民对反走私工作知晓率明显提高。探索基层综合治理与反走私工作相结合模式,在东港街道塘头村开展智慧管控试点,将塘头村智慧综治项目应用到反走私工作中,基本实现技防物防为主力,人员巡控为补充基层反走私防控工作模式。开展反走私宣传“六进一上”活动(进公交、进市场、进学校、进企业、进村头、进码头、上船头),提高市民对反走私工作知晓率。

(撰稿:陈富其)

海　关

【概况】 2022年,舟山海关监管三科围绕“五关建设”“多彩杭关”建设要求和全关中心工作,深化业务改革和科技微创新,提高监管效能,提升通关效率,为维护进出口秩序、服务和促进六横对外开放和外向型经济发展做出贡献。8月8日,海关总署党委委员、副署长王令浚一行到六横看望驻岛关员。是年,周炯林获评浙江省“稳外贸”工作成绩突出个人荣誉称号。

全年舟山海关监管三科监管进出境/港国际航行船舶1118艘次,进出境/港人员24582人次。监管进境/港修理国际航行船舶688艘次,产值38.14亿元,办理船舶吨税减免手续668艘次,减免船舶吨税8751.52万元。检验进口铁矿311批次、1625.26万吨,检验进口煤炭56批次、464.82万吨,检验进口油品13批次、51.6万吨。实施人工查验515票,其中未见异常放行504票。

【科技创新】 2022年,舟山海关监管三科在关区内率先试点“卫检通”远程检疫模式,牵头撰写作业指引、工作方案,指定工作记录表,并在杭州海关“直击一线”线上跟班作业调研活动上做展示交流,实现船到即靠泊,靠泊即检疫,有效消除海岛天气、船班对通勤影响,检疫流程和船舶通关提速,港口竞争力增强,企业受惠。试点落地后,离岛监管点单船远程检疫平均耗时较专班跨岛登临检疫降低80%,码头作业周转效率提升20%,每月为辖区港口企业创造实际经济效益约500万元。

反走私宣传进客轮(区口岸开放服务中心提供)

利用科技设备开展远程卫生检疫（舟山海关监管三科提供）

【强化监管】 舟山海关监管三科强化监管维护口岸通关秩序，强化对船舶物料供退的单证审核和现场检查工作，按《中华人民共和国海关行政处罚实施条例》对违规行为予以处罚，维护海关执法权威。严查进口冻品供船“四证一码”，与地方部门建立信息沟通渠道，确保冷链食品供应安全。

【服务企业】 2022 年，根据杭州海关统一部署，舟山海关监管三科开展“三走进、三找准”和“十地百团助千企” 等利民助企服务，全年赴中远船厂、武港码头、六横煤电码头等企业开展政策解读、场所设立指导、意见征集等活动 40 余次。配合关领导开展实地调研，现场为企业“把脉问诊”，服务企业发展。协助职能部门开展好 AEO 企业培育工作，助力舟山中远海运重工取得“中国海关 AEO 高级认证企业”资质证书，正式成为全市第三家 AEO 高级认证企业，可以享受最低查验率、免除担保、减少稽核查频次、设立协调员、优先通关等便利。

（撰稿：苏彬）

沈家门海事管理

【概况】 2022 年，沈家门海事处以浙江海事局“两稳一进”工作为基调，围绕“构格局、提能力、强体格”，落实上级各项决策部署，完成年度各项工作任务。管理区域货物吞吐量 1658.18 万吨，其中危险货物吞吐量 568.66 万吨；安全保障水上旅客出行 1181.77 万人次，车辆吞吐量 5.98 万辆次。船用燃料油供应作业 6042 次，其中保税船用燃料油供应作业 1601 次。国内航行船舶进出港报告 15 万余艘次。

【船舶监督管理】 2022 年，沈家门海事处开展海上巡航 846 次，累计巡航时间 1993 小时，巡航里程 2.1 万海里，陆上巡查 566 次，巡查时间 691 小时。开展船舶一般性检查 2998 艘次，实施船舶安检初查 503 艘次，查处缺陷 3292 项；安检复查 482 艘次，纠正缺陷 3359 项。

【客渡船安全监管】 2022 年，沈家门海事处加强客渡运风险隐患排查治理，针对 5 项客渡运风险落实举措 22 项；推动“马峙渡1”“虾峙” 轮提前清退，“马峙渡2”轮正式运营；成功推动“朱家尖蜈蚣峙客运中心港区通用码头管理无序”隐患销号。压实涉客公司安全主体责任，督促“两张清单”，建立“排序发船”机制、船员奖惩机制；联合 CCS 督促指导东极客运公司完成客船主机遥控操纵电路升级改造、海华公司制定客船主机遥控操纵电路低压报警装置故障排查制度，督促管理区域客船完成隐患排查整改。强化客渡船监督检查，按浙江海事局“一规定一手册”、舟山海事局客渡运船舶分类分级风险防控机制要求，开展客船现场监督检查（含安检）1122 艘次、查纠缺陷 259 项，“联检联验”30 艘次、查纠缺陷 38 项，电子点验 3776 艘次。协同地方强化小艇管理。督促 10 艘“普锚供”系列完成国籍登记合法航行、殡葬专渡建立落实月度维护保养机制；落实恶劣天气交通艇、游艇点验全覆盖；相关部门建立小型船艇规范管理工作意见，向属地街道发送游艇安全管理函 5 次 25 份。深化心渡品牌输出渡运 “公交化”经验，推动普陀区南部岛屿全部 9 条渡运航线 11 艘渡船实现“公交化”经营管理。

船长30余人，提升涉海涉渔从业人员安全水平。

执法人员对客船开展现场检查（沈家门海事处提供）

【商渔船防碰撞共治】 2022年，沈家门海事处强化沿海公共航路综合治理。依托智控平台预警预控功能，开展“船籍+辖区”预警宣传，累计发布预警信息281次，发送安全预警短信21万条；落实专人对航路过往船舶开展点验宣传，点验商船3800艘次、发放函告书103份。普陀段航路纳归率提升至83%，同比提升30%。巩固商渔联合巡航执法成效。抓住“通报、清网、惩戒”三个关键环节，对碍航锚泊、捕捞作业渔船予以干预和驱离，“一日一清”向属地渔业部门通报；主动对接渔业部门以“远程核查+现场检查”等方式，对布置在航路内网位仪开展清理。联合海洋渔业部门开展执法71次，清除网位仪21顶；通报碍航渔船779艘次，联合拆解“三无”船舶71艘，对渔船船员开展现场教育28人次，保障两次“开渔”安全。巩固商渔船防碰撞联合宣教成效。聚焦船籍港船舶和到港船舶，将公共航路培训作为公司走访必查项，通过进出港报告系统实现到港船舶100%宣贯；渔业伏休期，开展专题宣讲6场次，覆盖商渔船船员1100人次；开展商渔船船长面对面活动3次，覆盖

【海上过驳非法海砂专项整治】 2022年，沈家门海事处加强分析研判，成立海上过驳非法海砂打击工作专班，落实专人加强“盯屏”监管。加强驻点打击，实施“海域巡查+驻点待命”联动，采用海巡艇AIS更名、借助社会船艇力量等多种“隐形”执法手段增强执法实效。强化联动执法，牵头海上联合执法组开展集中拦截、错时执法；配合港航、公安等加强巡航巡查。紧抓源头管控，组织9家砂石宕口业主落实每日作业计划报备制度。持续推进AIS虚拟信号研究核查，联合无线电管理局、公安等部门探索监管举措。

【船载危险货物安全监管】 2022年，沈家门海事处强化涉危涉污风险防控。开展“舟山马峙锚地大型油轮洗舱清舱作业火灾爆

海事、公安执法人员开展联合巡航执法（沈家门海事处提供）

炸风险”风险隐患治理，落实六大举措，参加清舱评审会38次，开展现场检查28艘次，发放《船舶清舱作业安全和防污染告知书》93份。查处涉危涉污类违法行为24起，罚款36.99万元。加强“两员”日常从业行为监督，船员违法记分24人次、扣57分。推进供油船、小型油船专项检查。突出“两个首次”船舶检查，聚焦平安护航“二十大”，对供油船加大检查力度，检查率30.51%，行政处罚3起，罚款1.05万元。强化港内重载危险品船动态管控，落实专人保持“盯屏”监控，以船舶关键性设备、商渔船防碰撞措施落实等情况为重点实施检查。强化虾峙门北锚地保税油加注作业监管。通过智控平台、船载视频监控等手段加强对虾峙门北锚地保税油加注作业管控，查处保税油加注作业未报告违法行为，及时制止超抗风等级供油作业21艘次，约谈保税油供应企业5家次。

【海上安全隐患排查与整治】 2022年，沈家门海事处聚焦重点船舶、重点公司、重点水域、重点时段，召开10次专题会研判水上安全风险，确定20项风险隐患及72条管控举措，定责、定岗、定时限滚动开展管理区域安全风险管控和隐患排查治理，三年行动“两个清单”5项隐患销号闭环。突出锚地扣押船防台隐患，加强扣押基地建设，对存在较大安全隐患且不配合处理的海事扣押内河船实施强制措施，以函告等形式督促各扣押单位落实行政主体责任，推动管理区域扣押船动态清零。

【海事行政执法】 2022年，沈家门海事处完成现场综合执法任务7326项，出动执法单元3012次，行政处罚立案902起，结案771起，罚款1653.9万元。

（撰稿：刘浩立）

普陀山海事管理

【概况】 2022年，普陀山海事处推进水上客运安全监管示范区建设，提升干部队伍综合执法能力，强化“海浪花”品牌等海事服务，各项目标任务有序进行。全年管辖水域船舶进出港69585艘次，货物吞吐量57.3万吨，安全输送游客919.5万人次（含洛迦山航线125.3万人次），水上安全形势持续稳定。

是年，普陀山海事处党支部获浙江海事局党组2021—2022年度“精品支部”荣誉称号。吴定军获浙江海事局“建设模范机关先进个人”称号。2人分获浙江海事局“优秀新闻宣传骨干”“优秀新媒体运维人员”称号。

【海事综合执法机制】 2022年，普陀山海事处推进规范公正文明执法。细化任务分解，制定涵盖59项任务工作清单。推进现场综合执法规范运行，执行智控平台智能查违功能，系统报警处理率、值班室任务发起率和处领导审核率均达100%，全处发现海上违法行为均在1个工作日内录入系统。开展常态化执法大走访、大调研活动，讨论制定5项为群众办实事项目清单并落实。定期开展“处长接待日”活动，强化与企业群众面对面交流，倾听企业对海事执法工作意见和建议，并回应企业发展诉求。

【水上客运安全监管示范区建设】 2022年，普陀山海事处做好重大节假日和重点时段水上客运安全监管。把握监管重点，统一检查标准，突出客船开停航动态全过程掌控，落实客船三次全覆盖检查要求。压实航运企业安全生产主体责任。深化船籍港管理，开展常态化公司走访检查，督促体系内客运企业有效运行安全管理体系，建立完善防范水上交通事故安全管理体系五项制度，落实水上客运安全“五项制度”和客渡运企业“5+X”自律制度。执行公司管理“查、谈、会”制度，组织客运企业开展水上综合应急演习，加快推动老旧客渡运船舶淘汰更新。依托数字化改革提升水上安全监管智治水平。参与地方政府海天佛国旅游交通驾驶舱、海岛旅游应急处突和莲花洋船岸智能协同管控3个应用场景建设，参与制定地方政府《莲花洋船岸智能协同管控管理办法》《滞留游客应急疏散安置工作预案》等涉及水上安全管理各项工作制度文件，持续提高水上安全管理整体效能。强化大风大雾恶劣天气和客渔船防碰撞安全监管。加强恶劣天气预警，执行客船开停航管控措施，

普陀山海事处保障“元宵节”期间辖区水上客运安全（普陀山海事处提供）

督促客运企业严格落实客船开停航自律标准，完成平安三部曲之“平安雾季，青春同行”活动。强化大风前后客渔船防碰撞管理，通过智控平台针对性发布预警信息，并联合海洋与渔业部门在主要航路开展巡航警戒，维护水上通航秩序。推动管理区域舟旅公司制定渔船集中进出港时段客船停航避险管控机制并纳入体系。

【海事应急处突工作】 台风来袭前窗口期，普陀山海事处联合港航、渔业部门，重点开展对渔船返港主要航道、各客货运码头及客运航线等水域联合巡航巡查，对管理区域水上安全隐患开展滚动式排查整治。安排专人24小时紧盯管理区域重点水域和岸线，严防内河船、浮吊船以及特定国家船舶擅自闯入。联合地方政府和客运公司做好台风来临前应急疏客工作，台风“轩岚诺”和“梅花”影响期间分别完成应急疏客27305人次和7600人次，紧急救助受伤群众5人。推动普朱管委会发布《关于进一步做好普朱区域海上生命通道应急救援船只保障工作的通知》，建立包括地方应急管理部门、海事、客运公司、医院等各司其职的应急救援工作机制，并通过电子护航、现场护航等方式做好海上生命通道安全保障工作，保障人员特殊情况下及时出岛，确保人民群众生命财产安全。全年累计开展防疫应急运送132次，运送急救病人24次。

【海事专项整治】 普陀山海事处贯彻“2+2+N”理念，开展各类重大专项整治和安保行动，打击各类违法违规行为。管理区域行政处罚工作实现“首次对客船违法行为实施行政处罚、首次对到港货船实施防污染处罚、首次实施非法黄沙过驳案件向公安部门移送”的3个“首次”新突破。聚焦商渔共治行动，2022年累计

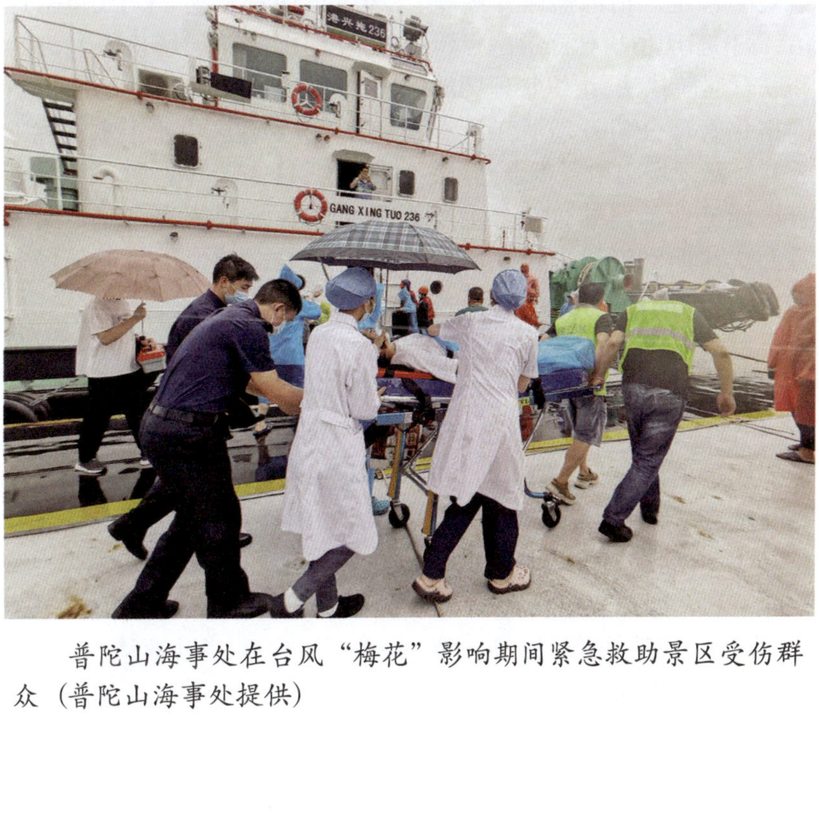

普陀山海事处在台风“梅花”影响期间紧急救助景区受伤群众（普陀山海事处提供）

停航让渔8次,开展商渔船防碰撞专题宣讲3次,商船船员及渔民受众500余人,向普陀区海洋与渔业局书面通报163艘次、电话通报17艘次。联合普陀渔业部门、海警、港航、公安、普陀山政府等开展“商渔共治”海上联合巡航45次,海上执法14次,陆上联合执法8次。内河船涉海运输、砂石船治理提升行动,联动局指挥中心及公安部门查获二程运砂船1艘并现场人、船移交公安部门。9月1日,推动普陀区水上交通安全专业委员会对沈家门港区锦东建材有限公司塘头石料码头实施关停。游艇和交通艇专项执法,前期研究形成《关于朱家尖北岙码头存在安全风险及隐患的情况报告》报送属地政府,并持续推动属地政府实施综合整治、制定出台游艇安全管理办法,压实属地管理责任,确保管理区域水上通航环境持续安全稳定。沿海航路专项整治,深化船舶值班值守提醒点验和联合巡航执法,组织管理区域网格化管理公司开展浙江沿海公共航路现场集中宣贯会,并联合海洋渔业部门结合安全生产月和伏休期对渔船进行现场宣贯,实现本地籍、外地籍商船宣贯全覆盖。

【船舶管理】 2022年,普陀山辖区船舶进出港69585艘次,货物吞吐量57.3万吨。船舶现场监督检查1028艘次,发现和纠正缺陷160项;船舶安全检查91艘次,发现和纠正缺陷352项。全年重大节假日前组织客船安全检查3次,实施船舶安检68艘次,查出缺陷184项。开展安检后评估5艘次,对船检质量安全检查57艘次。

【船员管理】 普陀山辖区内营运客船33艘,船员约390人,其中管理级船员158人。2022年,普陀山海事处组织船员适任能力现场检查1053艘次1579人次,跟踪检查见习(实习)船员32人次。3月,组织船员雾航安全知识更新培训28人;7月,组织船员暑期安全教育培训25人。全年船员实操能力检查313人次,对33艘客船进行弃船、消防和救生3个科目应急演练。

【通航管理】 2022年,辖区水域发生事故0起。全年组织海上巡航263次,累计巡航时间502小时,巡航里程4587海里,参巡人员530余人次,海上巡航现场纠正违章行为71个(包括巡航过程中船舶现场检查),海巡艇特殊时段及偏远岛屿驻点值守76次。辖区内水上水下施工作业项目2件(短姑码头勘探及朱家尖水域疏浚已完结),开展3次安全约谈,作业现场安全监管7次。

【海事行政处罚】 2022年,普陀山海事处查处各类违法船舶34艘,已立案74起,同比减少41.27%;罚款113.2万元,同比增加21.06%。查处并移送非法海砂过驳1起2艘次,查处非法排污案件1起。

(撰稿:苗雨洁)

六横海事管理

【概况】 2022年,宁波—舟山港六横港区完成货物吞吐量1.26亿吨(含3000多万吨渣土),旅客吞吐量208.2万人次,车辆吞吐量49.2万辆。六横海事处围绕工作目标,推动六横海事监管履职、服务发展、队伍建设等提升。是年,李云表获评交通运输部系统建设模范机关先进个人,六横海事处获评舟山海事局建设模范机关先进集体。

【通航管理】 2022年,六横海事处组织海上巡航257次,巡航里程8206海里,发现10起通航环境安全隐患。组织开展包括客船、海巡艇溢油应急演练8次,其中,6月8日,六横海事处联合地方港航、边检、海关等职能部门,开展“绑架和劫持”保安演习,检验码头企业应急处置能力和涉海职能部门联动处置能力。6月23日,六横海事处联合地方港航、安监等部门,召集舟山市佳腾洗舱有限公司、舟山市欣汇船舶货运代理有限公司、舟山市金润油库码头、宁波市江北豪城物资有限公司等10家涉海港航企业及专业清污单位,联合举行2022年舟山南部水域海上综合应急演习。5月5日凌晨,六横武港码头凉谭岛上一名女职工突发脑溢血,情况紧急,接报后六横海事处立即启动应急预案,紧急协调各方力量保障重症患者得到及时救助。

六横海事处组织开展2022年舟山南部水域海上综合应急演习（六横海事处提供）

【船舶监督管理】 2022年，六横海事处完成现场执法任务5151项，巡航385次，船舶现场监督2550艘次，FSC检查558艘次，发现问题2867项，载运散装危险货物船舶检查370艘次，载运包装危险货物船舶检查141艘次。

【打非治违】 2022年，六横海事处深化联合执法机制。海事、港航、安监、海警、渔政5个部门每周开展两次联合执法，吸收反走私办、公安、边检、航标及毗邻海事处等单位共同参与，并对查获违法船舶实施联合惩戒，全年开展联合执法99次，取缔非法作业点。严防非法海砂过境风险。重点打击非法海砂过境行为，主要通过核查智能查违报警、AIS信号、码头作业信息等方式，查处黄砂船虚假进出港报告71起；参与舟山海事局统一部署毗邻水域和外海区巡航执法，在辖区外拦截查处某内河船，实施扣押并处罚82.5万元（单船处罚金额最高）。强化低标准砂石船治理。开展静态监控和动态执法联动，9月起对“3个月内未检”和“频繁夜间到港作业”船舶实施专项检查，全面治理监管盲区。是年，检查砂石船186艘次，查处违章26船78起，行政处罚68.9万元，实施安检31艘次，滞留“大船小证”2艘次。

【客船监管】 2022年，六横海事处压实企业主体责任。对发生3次涉客类不安全航行行为，六横海事处会同甬舟两地职能部门约谈某运输公司3次，在某轮不安全航行行为发生后，督促公司制定15条整改措施并全部完成整改。推进老旧客船淘汰，是年推动更新2艘。受梅山铜精矿项目建设影响，“沙岙—郭巨”客运航线11月起调整为“沙岙—白峰”，经营主体、运营船舶和航行时间均发生变化，六横海事处采取航线评估、处领导带队跟船、船舶动态跟踪点验等措施保障航线顺利运行。六横海事处强化现场作业监管，全年开展客船现场检查1129艘次，安全检查170艘次；针对锂电池车辆安全装载新课题，指导客运公司制定锂电池车辆装载安全须知，采取锂电池车辆集中停放、加强巡舱、增配消防设备等安全措施。

六横海事处组织开展海巡艇应急演练（六横海事处提供）

【海事行政处罚】 2022年，六横海事处深化海上联合执法机制，协调六横边检大型无人机开展全域空巡执法，与宁波三江口、鄞奉海事处就渣土船监管开展合作共建；与宁波穿山海事处开展客运联合监管；与宁波梅山海事处开展商渔共治行动。全年查处各类违法船舶188艘次，立案429起，发放违法行为整改告知书188份，责令离岗通知书25份。

【商渔船防碰撞】 2022年，六横海事处联合渔政、海警等部门开展“商渔共治2022”执法92次，查处“三无渔船”30艘次，拆解20艘次，通报违规渔船52艘次、双屿门水道和小郭巨水域渔船碍航安全隐患2项。开展船长“面对面”交流、渔民安全知识培训等宣教活动7次，500余名从业人员参加。通过六横煤电、武港等大型码头业主、代理及水工项目部及网格内航运公司发放电子版和纸质版《浙江沿海公共航路》，引导商渔船规范航行。协助中央电视台《天网》栏目拍摄《迎头撞击》纪录片，真实还原辖区商渔船碰撞事故案例，扩大宣教影响力。

【服务地方经济发展】 2022年，六横海事处强化业务指导和安全保障，保障中奥能源码头改扩建工程、小郭巨围垦等大型工程建设，主动接洽六横大桥、佛渡开发、LNG码头等新建项目，保障重点工程顺利落地。对六横煤电、武港、中奥油库等大型码头，实施优先审批、优先锚泊等助企措施，指导企业制定完善组合靠泊作业方案，提升货物中转效能；实施超吨位靠泊作业“一船一议”，并强化现场警戒和安全预警。全年累计保障2700万吨铁矿石、1962万吨电煤和242万吨油品等重点物资中转，开展限制吨位船舶进出港护航8次。聚焦船舶修造、保税油供应两大港口服务产业集群，在船舶进出港调度、船员下地就医、作业审批、现场监督、船舶试航等方面加大扶持力度，为产业发展添注新动能。

（撰稿：马瑞棠）

普陀边防检查

【概况】 舟山出入境边防检查站执勤七队（简称边检执勤七队）隶属中华人民共和国舟山出入境边防检查站，由国家移民管理局垂直管理，主要担负舟山口岸2个执勤区域7个海岛、3个锚地共45个执勤点的原油中转、外锚地燃料油供应、外轮修造、境外观光邮轮、活水鱼出口、冰鲜鱼出口、远洋捕捞等出入境边防检查和监管任务。2022年，边检执勤七队以中共二十大安保维稳为主线，开展中共二十大精神宣讲和日常普法宣传，抓规范、提能力，全年检查出入境（港）船舶4311艘次，出入境船员、旅客68211人次，查处各类违法违规案件13起，协助海警部门处置海上涉嫌走私船舶1艘次，保障辖区口岸安全稳定。

是年，2人获评浙江出入境边防检查总站执法标兵；1人获评2022年度全省工作成绩突出青年民警；1人获评全省中共二十大安保工作成绩突出个人。

【边检口岸服务】 2022年，边检执勤七队深化移民管理领域“放管服”改革，开展“我为群众办实事”实践活动，落实“服务便利企业生产经营活动若干举措”，紧盯企业“急难愁盼”问题，组织召开2次边检便民举措宣讲会，为企业现场答疑解惑。推行全天候预约通关、船员紧急就医、信息备案无纸化提交等便民举措，全年为11356名换班船员提供服务，为118名受伤船员开通绿色救助通道，为企业、群众解答各类法律问题20余个，网上审批签发人员备案4175人次、上下登轮许可65052人次。

【边检执勤执法】 2022年，边检执勤七队围绕边检主责主业，以中共二十大安保维稳为主线，开展“猎影2022”“獴猎”及清港专项行动，多次走访渔业协会、港航局、沈家门海事处、海警工作站等职能部门，牵头建立普陀区口岸单位海上管控工作群，完善情报信息沟通机制。发挥边检艇优势力量，对非法搭靠、驶入对外开放口岸以外地区、擅自出入境等海上违法违规行为进行重点整治，全年开展海上巡查44次，排查内外锚地和停泊点30余个，检查各类供应船、外轮100余艘次，维护沈家门开放海域安全稳定。

（撰稿：边检执勤七队）

船艇海上锚地巡航（边检执勤七队提供）

入境、船舶违规驶入对外开放区域以外地区等各类海上违法犯罪行为。利用警用无人机开展海上巡查，派遣民警开展一线巡查824次，查处登轮码使用失信人员1615人次。成立海上联防联控处置小组，对接口岸执法部门，先后开展海上联合执法35次，核查海上船舶500余艘，提升海上见警率，形成严打严控震慑效果。联合反走私办、市监、公安、海事、海警等部门开展“深化反走私宣传　喜迎二十大胜利召开”宣传活动，营造警民和谐、同心协力护航中共二十大环境。

六横边防检查

【概况】 2022年，舟山出入境边防检查站执勤一队（简称边检执勤一队）贯彻落实国家移民管理局、浙江出入境边防检查总站和舟山出入境边防检查站三级年度工作会议精神，以中共二十大安保维稳工作为主线，开展疫情防控、北京冬奥会安保、全警实战大练兵和队伍正规化建设等工作，加强自身建设、打造海岛枫桥式边检作为重点工程，完成上级赋予各项工作任务。全年检查出入境（港）船舶1867艘次，出入境人员42442人次，开通绿色通道115人次，协助地方政府处理涉疫船舶27艘次、涉疫人员56人次。边检执勤一队被舟山市口岸办评为优质服务窗口，1名民警因中共二十大安保成绩突出被浙江边检总站授予嘉奖。

【口岸管控】 2022年，边检执勤一队面对全国“两会”、冬（残）奥会、中共二十大等安保重任，成立后台核查和数据研判专班，根据辖区日常执勤执法实际，坚持每天对出入境（港）船舶进行轨迹核查和数据研判，排查和打击船舶无证搭靠外轮、船舶非法出

【边检服务】 2022年，边检执勤一队坚持现场勤务督导和执法研讨相结合方式，强化民警日常执勤执法着装、礼节和言行举止规范，抓日常养成，提升执勤执法正规化水平。贯彻落实“一警一企、一抓到底”服务方针，借助线上线下警企联络平台，建立警

边检执勤一队联合海事部门开展海上联合执法（边检执勤一队提供）

边检执勤一队民警联合地方公安开展反电信网络诈骗宣传(边检执勤一队提供)

务区与企业负责人信息直联和服务直通机制,随时了解企业困难和需求,为码头船厂企业提供边检业务和法律服务。边检执勤一队民警联合地方公安开展反电信网络诈骗宣传,开设法律咨询接待日等。全年走访辖区企业205次,受理解答企业和地方群众咨询1500余次,帮助解决实际困难530余个。打造“小事不出厂、大事不出岛”海岛“枫桥式”边检品牌,落实“网上办”“掌上办”和“只跑一次”等便利举措,营造便捷高效出入境通关环境。

(撰稿:边检执勤一队)

编辑:魏斌

开发建设

综述

2022年,浙江普陀经济开发区管理委员会(简称经开区管委会)围绕打造高质量发展建设共同富裕示范区先行典范的目标,加快优化园区产业布局,加速区域产业集聚。开发区全年实现财政收入33.29亿元,同比下降13.45%;规模以上工业总产值243.86亿元;规模以上工业增加值44.80亿元,同比增长6.59%;实际利用外资1.15亿美元;出口总额546.57亿元,同比增长42.65%;实现规模以上企业研发经费支出3.89亿元,同比增长1.94%。

2022年,经开区管委会聚焦凸显船舶修造品牌,加快推进船舶修造优势产业转型升级,加强船舶修理新技术、新设备研发,绿色修船"普陀经验"成全国标杆。舟山中远海运重工有限公司、舟山鑫亚船舶修造有限公司、舟山市龙山船厂有限公司3家企业入围全球修船前十强,舟山中远海运重工有限公司、舟山鑫亚船舶修造有限公司、舟山市龙山船厂有限公司、万邦船舶重工(舟山)4家单位是中国顶级修船企业组织"斯佩克"(SPCC)发起单位,舟山中远海运重工有限公司、万邦船舶重工(舟山)是全国仅有两家绿色修船示范企业。舟山中远海运重工有限公司成功交付具备DP3动力定位海工生活驳船,自主研发建造的15.2万吨穿梭油轮获省首台(套)装备认定;万邦船舶重工(舟山)自主研发的绿色坞修装备"船坞勇士""船坞蓝鲸"达到国际领先水平;舟山鑫亚船舶修造有限公司成为全国最大的民营船舶修理企业,成功完成全省首艘LNG船舶修理业务;扬帆集团股份有限公司自主研发建造国内最大型7800车汽车滚装船,已累计交付7艘。

经开区管委会聚焦水产加工优势提升。全面提质升级水产加工行业,做强金枪鱼、鱿鱼产业链,推动海洋健康食品向高值化发展。浙江融创食品工业有限公司、舟山格林食品有限公司等一批企业率先实施自动化、智能化生产线技术改造,园区水产加工企业自动化设备普及率60%,产品精深加工率55%。海洋生物肽产业从无到有,产业集群逐步壮大,舟山市常青海洋食品有限公司、浙江平太荣生物科技有限公司等一批企业已实现海洋肽终端品产业化,实现海洋生物肽产值1.2亿元。浙江平太荣生物科技有限公司成功获得欧盟注册资质,跻身国内仅有的十家胶原蛋白欧盟注册企业行列。

经开区管委会聚焦机械制造转型提速。以创新驱动发展,深入贯彻浙江省建设制造业"单项冠军之省"实施方案,实现规模以上工业企业研发中心全覆盖。园区涌现出舟山市正源标准件有限公司、浙江金鹰食品机械有限公司等国家专精特新"小巨人"企业,浙江炜驰机械集团有限公司、舟山市鲨鱼制药机械有限公司等省级专精特新企业。舟山市正源标准件有限公司深耕海上风电装备紧固件领域,产品在细分市场全国占有率70%以上。旗下舟山市正山智能制造科技股份有限公司成功入选全市唯一的省级"未来工厂"试点企业。

经开区管委会聚焦清洁能源建设。以浙江普陀经济开发区全域为载体,建立油气、风电、光伏、氢能等于一体的低碳能源产业体系。“海上氢岛”工程全面推进，全市首台氢燃料冷链物流车、首台乘用车投入运行。

经开区管委会聚焦加快海洋新材料发展。把握科技创新主攻方向，向新材料、新技术发展，舟山腾宇航天新材料有限公司生产的防热涂料成功应用于长征六号改运载火箭，成为“普陀制造”又一张金名片。中创海洋科技股份有限公司建成全国首个新材料船舶综合服务信息平台，成功入选省级工业互联网平台。

经开区管委会聚焦电子信息产业育新开局。培育海洋电子信息产业，以普陀海洋科创园为载体，发展海洋大数据、船舶电子、海洋通信、海洋感知装备产业，集聚浙江同博科技发展有限公司、浙江极海供能装备有限公司等一批科技含量高、产业附加值高的海洋电子信息企业。其中，同博科技北斗船舶视位仪等产品在全国200余个地区，2.8万余艘船舶上应用。

普陀北部工业区块开发建设

【概况】 普陀北部工业区块北面临海，有丰富的山水资源，生态环境优越，交通便利，境内有4条高等级公路。根据全省开发区（园区）整合提升工作需要，2022年6月起，原展茅街道负责的企业安全生产、环境保护、全流程服务等工作由经开区管委会负责。2022年，园区有5000吨/日污水处理厂2座，3000吨/日污水应急处理系统1座，300吨/日污水应急处理设施1座。

2022年，普陀北部工业区块实现规模以上工业产值388042万元，规模以上利税10498万元，工业技改投资7621万元。

【晓辉区块建设】 该区块位于展茅街道晓辉村西侧，始建于2002年，2012年开始建设，占地面积约570亩（38公顷），土地为一类工业用地。2016年始，经开区管委会对该区块进行重新规划，重点以海洋装备制造、海洋电子信息产业兼顾科技孵化为主；相继建设海洋科创园一期、二期、中试中心一期等科技孵化园区。2022年8月，为深化校地融合，促进成果转化，普陀区与上海海洋大学在共建“东海海洋生物资源工程技术中心”基础上，新成立“海洋生物科学国际联合研究中心普陀分中心”。

2022年，晓辉区块重点在建项目5个。其中，正山智造二期项目完成总工程量的75%；鸿德测控项目全面完工；普陀北部海洋科技产业孵化基地项目中试中心一期项目全面完工；普陀北部海洋科技产业孵化基地项目中试中心二期完成外立面工程，完成总工程量的90%；孵化基地三期项目完成桩基础和围护梁施工，进入地下室开挖及底板浇筑，完成总工程量的25%。

【A区（原鱿鱼市场）建设】 该区块位于展茅街道北端，始建于1997年，占地面积约700亩（约46.67公顷），土地为二类工业用地。原有各类企业及鱿鱼加工户79家，2016年为解决园区环保及安全生产等问题，加速产业转型，经开区管委会会同展茅街道对鱿鱼市场进行整体升级改造，改造后主要产业以海洋生物肽、水产精深加工为主。

2022年，鱿鱼市场地块重点建设项目6个。舟山（普陀）万洋众创城项目二期已竣工备案、三

欣悦海项目 （叶芳芳摄）

期全面完工;欣悦海项目完成总工程量的85%;瑞盛装备项目全面完工。海欣海洋生物精深加工及海洋肽制造项目投入试生产、和盛金枪鱼海洋蛋白肽及烽顺现代智能冷链等2个项目正式投产。

【螺门区块建设】 普陀展茅螺门后门山至梁横山桥梁工程于2022年2月开工建设,12月底全面贯通,进入桥面铺装及配套设施施工阶段,完成总工程量的80%。为进一步优化产业布局,挖掘发展空间,先后完成新螺门渔港区块和螺门单元PT-01-C街区控制性详细规划调整。完成原浙江恒宇造船有限公司产权移交前的所有资产数量清点工作。

(撰稿:林威威)

东港新区开发建设

【市政建设】 2022年,东港新区建设完成东港二期海印路、横一路、横二路部分路段标准道路工程共21220平方米,完成各类配套管线约900米,包括自来水管安装约700米、电力排管建设约200米。市政道路绿化建设约700平方米。全年完成市政项目投资1300万元,提升城市品质,优化城市形态。

2022年,由舟山东海岸投资置业有限公司负责建设的东港至塘头滨海道路工程(观潮路)被评为舟山市市政工程“优质城镇道路”工程。

东港街道横二路西(东港集团提供)

【土地开发】 2022年12月,东港沿山单元PT-10-04-01(横路里)地块成功挂牌出让,浙江舟山东大城市运营服务有限公司竞得该宗地土地使用权。横路里地块位于东港山海华府西侧沿山坡地,出让面积7574.52平方米,土地用途为商务金融用地,规划设计条件:1.5≤容积率≤1.6。根据规划方案,浙江舟山东大城市运营服务有限公司将在该地块建设打造复合商务办公楼,功能布局上兼顾商务办公及综合服务配套。项目以人为本,采用智能化、生态化的理念,塑造一个面向未来、布局合理、环境优雅、整体协调的商务办公中心,缓解该区域附近综合配套不足的问题,优化东港城市建设及现代化环境。

【民生保障】 2022年9月,东港

陈家后村安置房项目一期(东港集团提供)

内湖水质治理工程开工，并于12月完工。东港内湖水域面积32700平方米，治理工程采用国际国内先进技术“食藻虫引导的水下生态系统构建技术”，通过底泥改良，构建“食藻虫+水下森林+水生动物+微生物群落”共生系统，实施立体的生态修复及富营养资源化，逐渐恢复水体自我净化能力。治理后的内湖水体具备自净能力，再引入外源净水补充，让内湖水流动起来，构建“草型清水态”水体，激活“水清、岸绿、景美”的商圈活力。

2022年11月，陈家后村拆迁安置房项目一期工程完成竣工验收和备案。该工程是列入省“七张实事清单”的重点民生项目，项目总用地面积100456平方米，总建筑面积130524平方米，项目总投资概算为61186万元。由36栋住房单体，5栋配套用房和3个地下室组成，建成后可提供安置用房825套。

【健康产业】 2022年5月25日，东大康复医院通过省政府民生实事“规范化儿童康复机构提升建设”项目，为舟山市唯一一家。东大康复医院儿童康复区建筑面积850余平方米。主要收治0~18周岁的各类肢体残疾(含脑瘫)、听力言语残疾儿童少年。主要开展康复服务内容有康复咨询、康复评估、运动疗法、作业疗法、理疗、言语疗法、生活自理能力训练、社会适应性训练、家长培训等，设康复训练室个别化训练室(一)、个别化训练室(二)、运动治疗室、作业治疗室、感觉统合训练室、多功能教室、言语治疗室、生活辅助用房共8间。有专业技术人员12名。

（撰稿：丁广晔）

城西片区开发建设

【控规编制】 2022年，区智创城西公司结合《普陀经济开发区未来智创城控制性详细规划》和城西区域发展实际情况，完成《芦花河水系景观及滨海岸线方案》《综合能源利用方案》等规划方案编制；以高标准水系及生态景观建设、主干道综合管线廊道建设，提升城市品质价值，完善城市功能；通过举办全国“数绘普陀”数字化方案设计大赛，为普陀未来智创城的数字化设计方案的落地注入创新活力。

【征收拆迁】 2022年，区智创城西公司开展重大项目征地拆迁工作，确保重大项目的用地需求。完成石弄区块、龙湾区块居民征迁工作，全年共拆迁居民1005余户；启动观碶头村拆迁安置，完成居民排摸与确权工作345户，计划2023年3月完成签约；重点推进城西区域“低、小、散”企业整治，征迁企业19家。全年投入居民征迁资金7.29亿元，企业征迁资金4.94亿元。

【夏新未来社区商务服务中心项目】 该项目位于夏新未来社区，占地面积28.3亩(约1.89公顷)，总建筑面积9.3万平方米，总投资8亿元。主要建设内容包括写字楼、人才公寓、海丝连廊及其他相关附属配套设施。项目于2022年3月开工建设，已完成桩基础施工、西侧混凝土支撑浇筑，全年完成投资2.6亿元，完成总工程量的30%。

夏新未来社区商务服务中心建设工程（区智创城西公司提供）

普陀区城西区域水系整治一期（区智创城西公司提供）

【水系建设工程】 普陀区城西区域水系整治一期工程位于城西片区夏新区域，为省民生实事项目，该工程主要涉及沈家门街道，北至海天大道，南至板桥头，东至新驰路，西至板桥路，总面积约0.29平方千米。主要工程内容包含河道整治工程、水环境提升工程，对夏新河、夏新支河、夏新横河3条河道进行设计，整治河长1.54千米，对现有阻水桥梁进行改造，对过河涵洞进行清疏，拆除阻水农桥5座，清疏桥涵2处。同步对河道岸坡进行整治，河道两岸绿化3.17万平方米。项目总投资约0.75亿元。项目于2022年6月开工建设，全年完成投资约0.5亿元，年底完成河道建设。

【安置小区建设】 该项目位于夏新未来社区南侧，占地面积40.75亩（约2.72公顷），总建筑面积约12.35万平方米，其中地上建筑面积8.9万平方米，户数730户，总投资约8.6亿元。于2022年12月开工建设。

【观碶头未来科技产业园一期项目】 该项目位于城西观碶头区域，系小微产业园，主要用于腾笼换鸟企业安置及需求面积偏小的企业。先期实施面积约40亩（2.67公顷），总建筑面积8万平方米，其中地上建筑面积5.84万平方米，总投资约3.5亿元。于2022年10月开工建设。

【基础设施建设】 区智创城西公司2022年续建实施普陀区沈家门西片区有机更新水系管网提升改造工程，项目总投资约4400万；全年完成明珠路、兴海路、平渔路雨污分流、混凝土路面恢复、地下排水暗渠整治，其中明珠路、兴海路于2022年4月竣工，平渔路于2022年10月竣工；新建普陀城西平渔路延伸段一期工程，项目总投资约400万元，于2022年6月开工，8月完工。

（撰稿：林子萌）

城北片区开发建设

【概况】 普陀城区北部片区（简称城北片区）属于东港街道办事处行政管辖，东接东港，南连沈家门老城，西连浦西、临城，定位打造宜居新城，规划高端住宅、酒店、办公商业综合体、果蔬批发市场、农贸市场、幼儿园、城北小学、普陀第二中学等院校。根据《舟山市普陀区北部片区控制性详细规划》，城北片区开发建设范围涉及东港街道红旗社区的舵岙、新塘、大岭下、徐家、刘家湾、吴家岙、观碶头7个股份经济合作社。区域内总用地面积3.83平方千米，可实施项目建设用地3.55平方千米，可供建设用地2.02平方千米。

2022年，城北片区共有20个工程项目在运作，其中开工建设11个，前期项目9个。开工建设项目主要工程包括1个综合商业体、1条隧道、3条市政道路，以及其他绿化、亮化、开山、边坡治理等工程。2022年投入资金3.6亿元，其中工程建设投入2.9亿元。

【城北水街商业综合体】 该项目位于普陀区城北区域，总用地面积158154平方米，总建筑面

城北水街（区城投集团提供）

积 50610 平方米，项目计划总投资 6 亿元。分风情商业区、休闲餐饮区、办公商贸综合区、湿地公园、精品民宿区 5 块区域。主要建设打造商业开发、餐饮娱乐、旅游观光等元素，形成普陀海岛文化地标特色商业综合体。该项目于 2020 年开工，计划于 2023 年 6 月竣工交付及竣工备案，2022 年，项目主体结构基本成型，正在实施装修装饰、附属设施建设等，全年完成工程投资 1.6 亿元，累计完成投资 4.8 亿元，工程总进度完成 95%。

【道路等基础配套设施建设】兴普大道（海天大道）南侧城市次干道一期工程位于普陀区城北区域，是普陀区重要城市公共设施带。2022 年，该工程主要建设内容为灵秀街隧道及接线工程，项目起点为海莲路与灵秀街交叉口，路线向西北，穿越尖峰岗，终点为尖峰岗隧道西北侧出口，接规划纬二路，路线全长 1302 米，道路等级为城市次干路，设计速度每小时 40 千米。该项目总投资为 2.4 亿元，工程于 2021 年 9 月 16 日正式开工，计划于 2024 年 9 月完工。2022 年完成投资 1.2 亿元，累计完成投资 1.4 亿元，完成工程量的 58%。

普陀城北中段路道路建设工程，位于城北区域吴家岙村，道路整个线型为“L”形，北起城北主二路中梁文澜府小区西侧处，东段接天吴隧道北侧天吴道，是兴普大道（海天大道）南侧城市次干道工程接线道路标段之一；施工内容为道路新建、道路排水（雨污水管铺设等）、主路车行道路及两侧非机动车道路面沥青浇铺、人行道铺装、箱涵施工、成套型路灯安装、路面标志标线、道路西侧边坡处理等，道路总长度 550 米，宽度 30 米，项目总投资为 1100 万元，于 2022 年 8 月 10 日开工建设，计划于 2023 年 6 月完工，2022 年完成投资额 700 万元。

普陀城北兴北中路道路拓宽工程，位于普陀区东港街道城北区域，起点与天吴路平面交叉，桩号为 K0+000，由西向东布线，随后与西刘家湾路、东刘家湾路及次一路平面交叉，并继续向东至桩号 K1+128.650，与 329 国道平面交叉。该项目为普陀水街基础设施配套一期工程（兴北中路），主要对城北兴北中路进

普陀城北兴北中路道路拓宽工程（区城投集团提供）

行道路提升改造，改造道路长度1129米，其中设置板桥、箱涵各1座，拆除K0+355.1处现状桥梁。主要建设内容包括道路工程、桥涵工程、排水工程及其他相关附属工程。道路按城市次干道标准设计，设计车速为40千米/小时，双向四车道。项目总投资2000万元，计划工期为2022年10月7日至2023年6月30日，2022年完成投资800万元，完成工程量的40%。

【城北区域景观亮化工程】 该项目覆盖范围为海天大道（普陀段）途经城北沿线建筑物、构筑物进行亮化工程，包括城北幼儿园、城北小学、商住小区（美的·德信翰城、颐景名苑、融信·九号府）、普陀第二中学（行政楼、图书楼、体艺楼、食堂、宿舍、大门及附属）、中颢商务大厦、海天1—5号桥、新塘桥、康腾桥、BRT及公交候车亭、舵屿公园木栈桥、舵屿公园石拱桥、汽车站东侧公园构筑物、沿线绿化景观等工程。项目于2021年10月开工，于2022年9月完工，项目总投资2000万元，2022年完成投资800万元。

【开山及边坡治理工程】 徐家山二期场地平整工程，项目位于城北区域徐家村，用地面积约126660平方米，主要建设整地平场和开山工程，计划开采土石方总方量261万吨，采矿期4年。项目于2019年年底开工，于2022年12月完工，总投资8000万元，2022年完成投资1500万元。

徐家山二期场地平整工程（区城投集团提供）

城北E-03地块场地平整工程，位于普陀区城北加油站东侧、舵岙花苑北侧和政府保障房四期西南侧连接线地段，总用地面积15000平方米，主要建设整地平场及边坡治理，建设内容包括削坡、锚杆支护、主动防护网、挡土墙、截水沟、绿化及相应附属工程。总方量39万吨，采矿期2年，总投资约2200万元。该工程于2020年10月28日开工，至2022年10月完工，项目投资1200万元，2022年完成工程投资400万元，累计完成总投资约0.22亿元。

城北徐家山边坡治理工程，该项目位于城北徐家村，边坡治理面积19223.3平方米，主要建设内容为坡面清理、系统（锚杆+主动网）、包塑镀锌钢丝网、喷播覆绿、坡脚挡墙、排水沟、截水沟、给水（绿化灌溉）等。项目总投资1890万元。该项目于2021年5月开工，2022年完成工程投资额360万元。

（撰稿：周豪）

鲁家峙开发建设

【概况】 鲁家峙岛位于沈家门渔港南岸，岛长约2.5千米，宽约1.5千米，陆域面积3.85平方千米。2022年，普陀湾海底隧道建成通车，线路全长2225米，总投资11.27亿元。

2022年，区城投集团有5个工程项目在运作，其中开工建设3个，前期项目2个。开工建设项目主要工程包括鲁家峙岛环岛路道路一期工程、鲁家峙6号河提升改造工程、鲁家峙海城铭园北区外墙整修工程。全年完成投资3475万元。

【鲁家峙岛环岛路道路一期工程】 该工程位于鲁家峙岛东部，道路总体呈南北走向，北起普陀湾隧道出洞口南侧343米处，南至鲁海路交叉口，交叉口纳入该次设计范围。道路全长520米，红线宽度30米。道路等级为城市主干道，设计速度60千米/小时，工

鲁家峙岛环岛路道路一期工程（区城投集团提供）

程主要包括道路工程、绿化工程、排水工程、交通标识、智能交通设施（信号灯与电子警察）、路灯工程等。工程于 2022 年 3 月 29 日开工建设，11 月 19 竣工。全年完成投资 2175 万元，包括绿化投资 34 万元。

【鲁家峙 6 号河提升改造工程】 该工程位于鲁家峙岛东南侧围垦区，为适应鲁家峙岛建设发展需要，对 6 号河道普陀湾公园北侧至鲁海路河段进行改线拓宽，河道岸线向西侧偏移。工程涉及河道改线 468 米，新建堤防 945 米。工程防洪标准为 20 年一遇，排涝标准为 20 年一遇，暴雨不受淹。堤防等主要建筑物级别为 4 级，临时建筑物级别为 5 级。河道采用复合断面，河道设计底高程-0.80 米，设计洪水位 2.64 米，常水位 1.15 米。直立式挡墙采用灌砌石挡墙，控制宽度 15 米，灌砌块石挡墙与规划环岛路（规划地面高程 3.50 米）采用斜坡连接，斜坡采用植物护岸，宽度 5.6~9.5 米。工程于 2022 年 3 月 9 日开工，9 月 27 日完工。全年完成投资 650 万元。

鲁家峙 6 号河提升改造工程（区城投集团提供）

【鲁家峙海城铭园北区外墙整修工程】 该工程对鲁家峙海城铭园 23 幢多层外墙脱落进行修复，主要包括原外墙水砂铲除，外墙面刷反射隔热涂料、防盗窗、空调拆除等，建筑面积约 6000 平方米，外立面改造面积 5000 平方米，总投资约 1800 万元。工程于 2022 年 10 月 17 日开工建设，至年底完成维修 10 幢，投资额 650 万元，完成总工程量的 35%。

（撰稿：庄碧舞）

六横开发建设

【概况】 2022 年，六横功能区全年经济总量同比增长 3.6%；完成规模以上工业产值 120 亿元，同比增长 17.3%，规模以上工业增加值增速 5.4%；完成固定资产投资 25 亿元，同比增长 53.7%；实现地方财政收入 5.45 亿元，按自然口径计算增长 0.24%。城镇和农村居民人均可支配收入分别增长8%和9%。全年修船868艘，其中外轮674艘，实现产值63.4亿元，同比增长17.4%。全年完成火力发电120亿千瓦时，光伏发电1550万千瓦时，海上风力发电7亿千瓦时，实现产值52.4亿元。六横港区全年货物吞吐量首次突破亿吨，达到1.025亿吨，同比增长17.7%，跻身亿吨港区行列。推进项目攻坚，宁波舟山港六横公路大桥11月初正式进入开工建设；LNG接收站地基处理工程于12月初获得国家发改委项目核准；浙能电厂二期争取到建设容量、能耗指标等关键要素，主厂房建设全面启动；全市首座加氢站建成投运、首条氢动力示范船舶下水、首批氢动力环卫车投入使用。全年实际使用外资3259万美元，超额完成3000万美元的年度目标任务；到位市外资金30.5亿元，超额完成30亿元的年度目标任务。密集对接宁波及周边地区的汽车及船舶配件、机械零部件企业，在招引投资1亿元以上"短平快"制造业项目方面取得突破性成绩，累计签约6个项目，其中5个已取得土地，1个近期完成供地。

【宁波舟山港六横公路大桥】 该项目计划总投资176.5亿元，设计分两期实施：一期梅山互通至柴桥枢纽段10.8千米、投资43.6亿元，采用双向六车道高速公路标准；二期六横至梅山互通段18.8千米、投资132.9亿元，采用双向四车道高速公路标准。截至2022年年底，一期工程已完工；二期工程于11月2日开工，正在全面建设中。

【中石化浙江舟山六横LNG项目】 该项目计划总投资120亿元，设计一期建设1座8万~26.6万立方米LNG码头、1座LNG装船码头（2个4万立方米泊位），陆域建设4座22万立方米储罐及气化外输、LNG装车等工艺设施，接转规模达700万吨/年。2022年计划年度投资5亿元，计划工作船码头主体结构完成施工；计划LNG码头完成引桥及码头钢管桩施工。截至2022年年底，该项目已获得国家发改委核准，地基处理已完成70%，形象进度达到90%。工程总体形象进度达到11%。全年完成投资8.77亿元。

11月2日，六横大桥开工仪式（六横双屿港文化传媒有限公司提供）

【浙能舟山六横液化天然气接收站项目】 该项目计划总投资105亿元，设计一期建设规模为年接收能力600万吨，配套1座15总吨专用码头、1座综合码头、6座20万立方米以上储罐，配套建设外输管道，一期征地面积670亩（约44.67公顷）。2022年计划年度投资3.5亿元，计划场平和地基处理完成70%。截至2022年年底，该项目获得国家发改委核准，地基处理完成70%，全年完成投资4.7亿元。

【浙能六横电厂二期工程】 该项目计划总投资73.28亿元，设计建设2台100万千瓦级利用先进环保节能技术、高参数大容量机组。2022年计划年度投资3.5亿元，计划启动主厂房建设，完成桩基工程，完成主机设备招标。截至2022年年底，该项目主厂房桩基施工已完成，开始主厂房土建工程，已完成工程量的5%，全年完成投资5.67亿元。

【浙江海港中奥能源有限责任公司码头改扩建工程】 该项目计

浙能电厂二期工程（六横双屿港文化传媒有限公司提供）

划总投资4.76亿元，设计对既有的1号油品及液体化工泊位（5万吨级）以及2号油品及液体化工泊位（3千吨级）进行改扩建。将1号泊位改扩建为15万吨级泊位，码头结构按30万吨预留，将2号泊位改扩建为15万吨级泊位，设计吞吐量为980万吨/年。2022年计划年度投资1.7亿元，计划2号油品及液体化工泊位（3千吨级）进行改扩建完工。截至2022年年底，该项目2号泊位已完工，进入调试阶段，全年完成投资1.84亿元。

【舟山海奥可再生资源利用项目】 该项目计划总投资2.74亿元，设计建设8万吨/年橡胶颗粒综合利用项目。项目分两期建设，一期2万吨/年，二期6万吨/年。主要建设内容包括生产车间、公辅设施（变电所、消防泵站）、办公楼等。生产车间主要由破碎、胶粉、热解车间和炭黑加工生产车间、脱硫脱硝区域和原料仓库等组成。2022年计划年度投资8400万元，计划主体施工，完成总工程量的60%。截至2022年年底，该项目已完成综合办公楼至一层梁板浇捣、控制室及检修间、炭黑车间等砖基础，全年完成投资7000万元。

【中远4号船坞】 该项目计划总投资7.79亿元，设计建设30万吨级船坞1座，船坞主尺度为长430米，宽120米，深15.2米；主要设备包括2台50吨门座式起重机。2022年计划年度投资5000万元，计划完成开山工程及部分船坞建设。截至2022年年底，该项目完成4号船坞项目环境影响报告书二次审查并出具意见，全年完成投资1300万元。

【六横小郭巨垦造耕地项目】 该项目计划总投资8亿元，设计总规模2554.03亩（约170.27公顷），新增耕地面积2089.98亩（约139.33公顷），其中旱地1668.69亩（约111.25公顷），水田421.29亩（约28.09公顷），新增耕地质量等级为8等。主要包括土地平整、灌溉与排水、田间道路、农业防护与生态环境保持、其他工程等。2022年计划年度投资2亿元，计划完成总工程量的20%。截至2022年年底，该项目开展隔堤充砂管袋段，节制闸1、节制闸2水泥搅拌桩，支河3抛石挤淤及陆域吹填施工，累计完成总工程量的14%，全年完成投资9100万元。

（撰稿：施涵博）

虾峙开发建设

【东白莲油品储运项目】 该项目位于虾峙镇东白莲岛，由舟山华泰石油有限公司投资建设，根据原整体规划，建设450万立方米油罐群和30万吨级码头1座、15万吨级码头2座、5万吨级码头2座，3万吨级、5千吨级油料装卸码头及1千吨级工作码头各1座。项目分两期建设，一期油品储运项目（155.4万立方米）总投资33.6亿元，分两个阶段实施，其中一阶段（82.4万立方米）计划投资19.4亿元，二阶段（73万立方米）计划投资约14亿元；二期原规划建设储罐约295万立方米，用地715亩（约47.67公顷）。2022年1月19日，企业完成重组，新公司由中化兴中石油转运（舟山）有限公司（下称“中化兴中”）35%、浙江自贸区荣华企业管理合伙企业30%、宁波能源集团股份有限公司20%、北京京甬企业管理发展有限公司15%共同出资组建，项目建设由中化兴中主导实施。中化兴中主导后修改方案，拟将二期项目

东白莲油品储运项目在建现场（虾峙镇提供）

申报列入国储项目计划，国储项目拟建设储罐610万立方米（其中地上160万立方米、地下450万立方米）。

一期一阶段工程主要包括82.4万立方米库容的成品油罐区（27座储罐），15万吨级、3万吨级、5千吨级油品码头各1座，1千吨级工作船码头，以及油库配套附属设施、行政区块。截至2022年年底，项目油品码头工程累计完成水工结构总量的99%；库区工程累计完成库区工程总量的47%；完成27台储罐主体安装施工；完成行政区工程总量的5%。累计完成投资137496万元。

【西白莲船舶修造项目】 该项目位于虾峙镇西白莲岛，由舟山亚泰船舶修造工程有限公司投资，计划投资8.56亿元，建设20万吨级船舶修造基地。已完成30万吨级修船坞、15万吨级修船坞、车间及综合办公大楼、35千伏变电站等一期主体工程。2022年实现年规模以上工业产值6.9974亿元，同比增长59.8%。根据匹配企业订单及船只类型需要，2022年下半年，舟山亚泰船舶修造工程有限公司启动二期技改项目，计划总投资9亿元，通过设备的迭代升级，码头及车间的配套新建，宿舍楼的后勤保障建设，完善企业综合布局，提高综合产值产出，力争跻身世界前流的知名国际船舶修理企业名单。为响应舟山市发布的“一岛一功能”西白莲先进临港产业岛的布局，虾峙镇通过项目招引，浙江鑫泰海工科技有限公司拟计划在西白莲岛东部区域进行投资建设现代化绿色海工制造项目，总投资20亿元，打造西白莲岛成为以绿色、海工、先进制造业为主题的临港产业岛。

【金钵盂临港产业园项目】 该项目位于虾峙镇金钵盂岛，由浙江青山数科科技有限公司实施整岛开发，项目规划总投资50亿元，用地1320亩（88公顷），规划建设年产70万吨精密不锈钢板带及配套精加工、不锈钢下游高端产品制造及临港物流仓储基地等项目。该产业园项目主体部分年产70万吨精密不锈钢板带及配套精加工项目列入省重大制造业项目、省重大产业项目和省重点建设项目。2022年2月22日上午，金钵盂临港产业园项目举行开工仪式。至年底，产业园配套厂房基本完成工程施工和设备安装，办公楼、宿舍楼完成主体工程，精装修工程已确定施工单位。

金钵盂岛航拍图（虾峙镇提供）

（撰稿：吴姿萱）

编辑：刘玥

城乡建设与生态环境保护

综 述

2022年，普陀城乡建设贯彻落实市委、市政府《关于建设海上花园城市的指导意见》《印发〈关于开展“实干争先·跨越发展”活动的意见〉的通知》精神，紧扣打造自由贸易先行区、海上花园会客厅发展定位，出台《舟山市普陀区2022年海上花园城市建设攻坚行动实施方案》，实施海上花园城市建设七大攻坚行动20类42个项目，完成年度总投资约26亿元。是年，全区长江经济带通过省级销号验收，完成东极镇美丽城镇省级样板复查复评工作；完成展茅街道建设美丽城镇省级样板创建。全面完成三年行动任务，东极镇和展茅街道获评省级样板镇，虾峙镇获评市级样板镇，桃花镇创成达标镇。普陀区被评为2021年农村生活污水治理优秀县区。

改善城乡人居环境

【推进城市更新】 2022年，普陀区完成石弄区块棚户区276户、建筑面积1.65万平方米和龙湾区块棚户区728户、建筑面积4.4万平方米改造房屋签约腾空。实施舟渔公司地块、国际水产城地块、普陀智创园区等3个项目，涉及被征收企业27家，土地面积274亩。继续推进小蒲湾、长地爿、陈家后、永兴村等4个安置项目，启动大蒲湾、夏新未来社区安置工程建设项目。完成老旧住宅提升改造173幢。完成城镇C级危房解危103幢。

【保障性住房建设】 2022年，全区新开工永兴村（黄沙湾）安置房796套，总建筑面积11万平方米，项目总用地面积3.9万平方米，投资概算8亿元，拟建11栋高层住宅及相关配套用房。全区竣工验收陈家后村安置房800套，总建筑面积13万平方米，总投资6亿元。

【老旧住宅小区改造】 2022年，普陀区投入资金19900万元，推进全区173幢老旧既有住宅改

保障性住房建设——永兴村（黄沙湾）安置房（区住建局提供）

造，主要建设内容为房屋构件加固；建筑外立面防盗窗拆除及空调机位规整，晾衣架、防盗窗、雨棚统一增设，外立面粉刷及户外公共落水管修复，屋顶渗水修复；小区内公共道路及地下雨污水分流改造，配套空中管线综合整治；公共设施设备提升，公共区域智能化数字监控设备安装，公共机动车停车位及非机动车充电车位扩增等。

虾峙镇美丽城镇建设样板镇创建（区住建局提供）

【无卫生设施提升改造】 2022年，继续开展无卫生设施住宅改造，按“一户一案、一幢一册、一片区一规划”原则，采取征迁安置、异地搬迁安置、就地改造等方式，分片区、分阶段完成区内290户无卫生设施住宅提升改造工作。并完成市级“七张问题清单”销号工作。

【美丽城镇建设】 2022年，全区累计完成桃花镇茅山村渔农村生活污水提标改造工程、桃花镇渔农村生活污水处理终端提升改造工程、展茅街道黄杨尖村及林吴自然村农村生活污水治理提标改造二期、展茅街道横街村翁家岙生活污水提升改造工程、蚂蚁岛渔农村生活污水处理设施后岙处理终端改造、蚂蚁岛渔农村生活污水处理改造二期工程、登步岛竹东村竹山渔农村生活污水处理改造工程等项目；继续开展桃花镇青龙、公前、对峙三村渔农村生活污水提标改造工程、庙子湖污水三期提升工程、南岙村南岙自然村渔农村生活污水处理改造工程、南岙村塔岭下自然村渔农村生活污水处理改造工程。总计投入3061万元，新增接户1940户。渔农村生活污水治理行政村覆盖率77%，出水达标率达到93.07%，处于全省前列；新增标准化运维设施44个，实现日处理能力20吨及以上农村生活污水处理设施标准化运维全覆盖。

【“三改一拆”】 2022年，区住建局把“控新增去存量”作为工作主线，实施“三改”项目33.03万平方米，完成全年指标136.15%；拆除违建面积4万平方米，完成全年拆违指标102.65%，土地利用率为50.5%。整治“四边三化”问题点位23处。根据市“三改一拆”办专项工作要求，排摸涉及防汛安全隐患违法建筑59处，涉及建筑面积2958平方米。

市政建设

【城市园林绿化建设】 完成沈家门江湾滨海公园建设，总投资11500万元。推进中央山体公园（青龙山、刺棚山部分）建设。建成社区、口袋公园5处。推进城镇绿化彩化建设，新增绿地2公顷，新改建立体绿化2处。完成青龙山游步道建设，总投资50万元。完成庙子湖绿道建设，总投资76万元。

【城市道路建设提升行动】 2022年，推进城北大道建设工程，灵秀街隧道完成毛洞掘进50%。推进沈家门半升洞片区市政配套工程、鲁家峙环岛路工程一期、沈家门泰莱周边地块道路、东港二期市政配套建设工程等11条城市道路建设。推进东港海洲路“晨晖街—朱家尖大桥”白改黑和地下管网改造、东港一期市政道路提升改造二期、沈家门西片区有机更新水系管网提升改造等5条城区骨干道路提升改造。鲁家峙环岛路工程一期主要建设连接鲁家峙海底隧道至御海庄园段，全长约500米。累计完成投资5200万元。

沈家门老城区有机更新水

东港海洲路"晨晖街—朱家尖大桥"白改黑和地下管线改造项目（区住建局提供）

系管网提升改造工程完成中大街、食品厂路、天打岩路、蒲湾东路、戚家湾区域道路等道路，完成渔市大街、天打岩路道路飞线上改下。累计完成投资2亿元。东港海洲路"晨晖街—朱家尖大桥"白改黑和地下管线改造项目完成路面"白改黑"及雨污分流实施排水管改造长1.5千米。累计完成投资2900万元。

【城市建设品质提升】 2022年，完成东港风貌样板区建设。推进夏新未来社区建设。完成东港商务中心大楼景观提升工程。推进普陀水街旅游综合开发项目。

房地产和物业小区管理

【房地产市场管理】 2022年，区住建局落实各项房地产调控政策，规范房地产市场秩序，促进房地产业平稳健康发展。审批发放商品房预售许可证9本，批准预售面积13.6万平方米，套数1142套；办理商品房现售许可1件，批准现售商品房18套，核准现售面积2940.35平方米。处理各类房产领域信访投诉纠纷693起，办结率100%。持续对房产中介机构违法违规行为开展整治工作，全区中介市场总体情况尚好，未发现明显违法违规现象。

【房产交易】 2022年，区住建局持续推进最多跑一次，落实商品房销售一房一价制，全区办理二手房网签交易3022件，交易面积26.75万平方米：办理商品房网签备案6027件，面积55.78万平方米；办理预售商品房合同变更22件、退房85件。

【物业管理】 2022年年底，全区有物业服务企业39家，其中外来企业备案12家，注册定海区与新城9家，注册普陀区18家；物业服务在管项目100（包括商业）个。全年收缴专项维修资金3511.81万元；办理保修金收缴3721.90万元；93个小区申请物业专项维修资金，累计划拨物业专项维修资金776.11万元；办理物业用房证明41件。

是年，在实现全区物业管理全覆盖基础上，推进物业全覆盖管理服务提质工作，选定莲欣公寓小区进行试点，并结合全区老旧住宅小区改造工作，完成试点小区外立面、监控、车辆道闸系统改造，拟定《舟山市普陀区莲欣公寓物业全覆盖工作方案2.0》，完成老旧住宅区物业管理服务升级工作。

【保障性住房管理】 2022年，健全完善公租房保障政策，常态化受理公租房申请，促进公租房保障基本公共服务标准化。加强现有公租房动态管理，继续推进公租房数字化转型。坚持"租补并举"，发展公租房租赁补贴，重点保障城镇中等偏低以下收入家庭住房问题。探索海岛血透病人住房援助机制，符合条件的血透病人依申请"应保尽保"。全年全区新增城镇中等偏低以下收入住房困难公租房保障家庭238户，享受租金补贴保障家庭1717户，享受实物配租保障家庭1473户。发放公租房租金补贴1170.7万元。新增新就业大学毕业生公租房保障54人。根据2020年《舟山市普陀区关于进一步加大高校毕业生招引工作支

2022年度普陀区公租房（中低收入）家庭实物配租摇号仪式（区住建局提供）

持力度的实施办法》文件精神，对83名全日制本科毕业生予以免租3个月政策优惠。新增偏远小岛生活困难家庭住房保障20户，解决海岛血透病人家庭住房援助8户。

【白蚁防治】 2022年，全区承接新建房屋白蚁工程19个，面积82.57万平方米，新建房屋白蚁预防工程完工面积82.57万平方米。完成住房保障服务中心白蚁防治外包公开招标前期工作，涉及白蚁防治面积119万平方米，投入保障资金约90万元。

建筑业管理

【概况】 2022年，普陀区实现建筑业总产值64.76亿元，全年平均从业人员0.8万人，工程项目一次验收合格率100%。全区建设系统安全生产形势总体平稳。实现建筑业产值约64.76亿元，恒尊建设集团有限公司被评选为市、区龙头企业，获奖励资金157万元。实现绿色建筑全覆盖，舟山员工周转业务大楼获评高星级绿色建筑项目，完成高比例可再生能源3.04万平方米，可再生能源利用18.63万平方米。

【建筑企业】 2022年，全区有建筑施工企业99家（一级企业14家，二级企业59家，三级企业20家）；监理企业9家；招标代理机构7家，质量检测机构8家。至年底，全区建筑业工程各类专业工程师以上总数1122人，其中一级建造师213人，二级建造师1178人，注册监理工程师90人。

【建筑行业管理】 开展建筑市场行为、招投标行为、建设工程合同履约检查等专项检查，2022年办理行政处罚案件4件，累计对5家单位和3人实施行政处罚，罚没款101.08万元；对5家企业和8个责任人记入不良信息；将检查中发现的部分项目涉嫌存在未取得施工许可证擅自施工、未经竣工验收擅自投入使用、未经消防验收擅自投入使用、涉嫌违法转包的违法行为，根据要求，将案件移交给区综合行政执法局调查处理，共移交项目9个。处理4起招投标投诉。巩固“无欠薪”创建成果，基本实现在建工程“六项制度”全覆盖，实现智能化考勤项目63个，占全区大中型建筑项目100%以上，建筑企业拖欠问题得到有效控制。

【建设工程质量安全监管】 2022年，区住建局创新监管方式，强化日常监督和巡查力度，完善“双随机、一公开”等监督检查方式，以“督”“查”促进责任制落到实处。开展春节节后复工、建筑工程质量安全综合执法检查等各类专项检查和安全生产月等活动，累计检查建筑工地170余次，发现并督促整改各类质量安全隐患700余条。重点对全装修住宅工程装修原材料、保障性住房工程实体进行抽查。

【建筑节能】 实现绿色建筑全覆盖，民用建筑按一星级以上绿色建筑标准建设，政府投资公共建筑，按二星级以上绿色建筑标准建设。2022年完成可再生能源利用18.63万平方米。完成新开工装配式建筑41万平方米。

【行政服务】 2022年,区住建局简化审批流程,优化审批服务,网上办件比例达到100%。试点建设项目监管验收服务集成改革(联合验收),共完成4个项目。继续推进"延时服务""预约服务""上门服务",开展"我来办"服务60余次,最大限度减少企业和群众跑腿次数。全年受理办结申请件879件,即办件836件,即办比例达到95.1%。24个项目实现竣工图电子化,平均每个项目为企业节约图纸扫描时间5天,累计节省图纸扫描和打印费用100余万元。

(撰稿:邵峰)

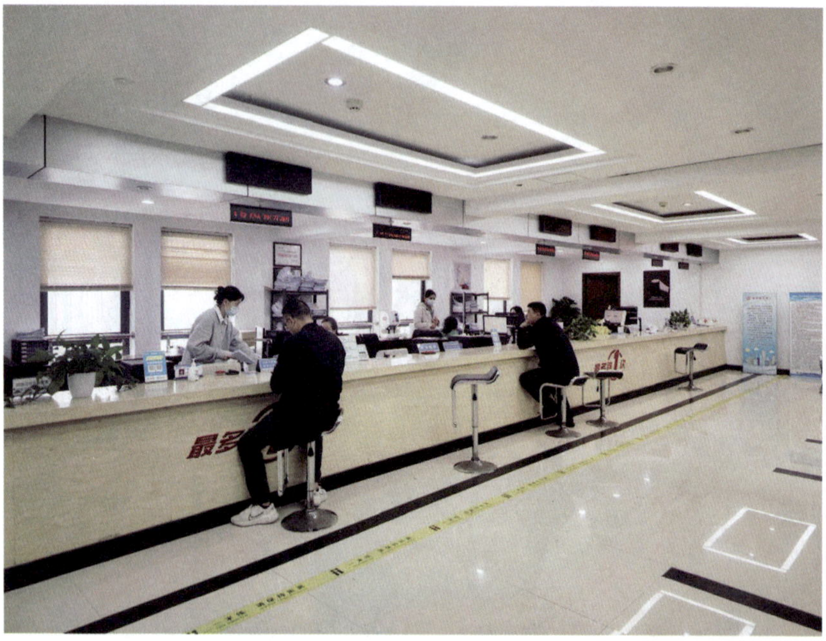

区公积金分中心办事窗口(区公积金分中心提供)

住房公积金管理

【概况】 舟山市住房公积金管理中心普陀区分中心(简称区公积金分中心)根据舟山市住房公积金管理中心授权,负责普陀区业务范围内住房公积金归集、支取、使用等管理工作。2022年,公积金业务收入5509.66万元,同比增长8.15%。业务支出2979.75万元,同比增长8.72%。增值收益2529.91万元,净收益率1.34%。根据收益分配规定,本年提取公积金贷款风险准备金1517.95万元,提取公积金管理中心费用420万元,提取廉租房建设补充资金591.96万元。

是年,区公积金分中心窗口获评2022年度全市住房和城乡建设系统"红旗窗口"。

【住房公积金归集】 2022年,全区归集住房公积金7.60亿元,同比增长6.79%,完成全年计划105.52%。正常缴存住房公积金单位1062家,实缴职工36222人,全年净增43家单位、646人。至年末,住房公积金归集总额64.26亿元,归集余额18.82亿元。

【住房公积金支取】 2022年,全区支取住房公积金5.31亿元,同比减少4.88%。其中,购建房支取8230.87万元,职工离退休支取5981.80万元,偿还购房贷款本息支取3.07亿元,支付房租支取2910.67万元,封存五年到期及其他原因支取5261.30万元。历年累计提取公积金总额45.43亿元。

【住房公积金贷款】 2022年,普陀发放住房公积金贷款1133笔、3.99亿元(含贴息贷款置换573笔、1.72亿元),同比增长93.95%,完成全年计划104.37%。收回住房公积金贷款1.80亿元。年末逾期贷款余额1.34万元,无三期以上逾期贷款,贷款逾期率为0.0008%。至年末,累计发放贷款11434笔,尚有存量贷款5868笔,贷款余额15.95亿元,同比增长15.92%,存贷比为84.72%。

【住房公积金政策调整】 缴存政策调整:2022年职工住房公积金月缴存工资基数上限为市统计部门公布的2021年度全市非私营单位从业人员月平均工资9970元的3倍,即29910元;缴存基数下限为2021年度养老保险最低缴费基数,即3957元。个体工商户、灵活就业人员公积金缴存比例在5%~12%区间自愿选择。

提取政策调整:两人(含)以上非配偶或非直系亲属共同购

房提取住房公积金，需增加提供提取人本人或配偶缴纳6个月及以上该房屋水、电、燃气中任何一项缴费凭证和购房资金凭证。缴存职工在浙江省内非缴存地非户籍地购买自住住房提取住房公积金，需提供提取人本人或配偶购房资金有效凭证和不少于6个月实际居住证明。缴存职工与单位解除或终止劳动关系，先办理个人账户封存。账户封存期间，在异地开立住房公积金账户并稳定缴存半年以上的，办理异地转移接续手续。未在异地继续缴存，封存满半年后可提取。

贷款政策调整：职工首次申请住房公积金贷款购买首套自住住房的贷款最高额度由40万元调整为60万元；职工首次申请公积金贷款购买第二套住房的最高额度为40万元；职工已结清公积金贷款第二次申请公积金贷款的贷款最高额度由30万调整为40万元。高层次人才、退役军人首次申请住房公积金贷款购买首套自住住房或者已拥有一套住房并已结清住房贷款购买第二套住房的贷款额度在最高60万元基础上按原规定比例上浮。同一对夫妻在2013年11月19日(含)后生育二孩、2021年5月31日(含)后生育三孩的职工家庭首次申请住房公积金贷款购买首套自住住房或已拥有一套住房并已结清住房贷款购买第二套住房的贷款额度可上浮20%。公积金异地贷款额度调整至与本地缴存职工一致。取消再次申请住房公积金贷款与上次住房公积金贷款还清后间隔3个月的时间间隔要求；职工还清上次住房公积金贷款后，即可再次申请住房公积金贷款。申请公积金贷款的单方缴存公积金职工家庭，贷款最低额度由15万元调整为20万元；双方缴存公积金职工家庭，贷款最低额度仍为25万元。

当年住房公积金存贷款利率执行标准：2022年10月1日起，下调首套个人住房公积金贷款利率0.15个百分点，即首套个人住房公积金贷款利率5年以下(含5年)和5年以上利率分别为2.6%和3.1%；第二套个人住房公积金贷款利率5年以下(含5年)和5年以上利率分别为3.025%和3.575%。

【便民服务】 2022年，区公积金分中心推进数字化改革，实现公积金账户转移，离休、退休提取住房公积金，偿还购房贷款本息提取住房公积金，住房公积金贷款提前还贷智能速办，非本市户籍职工终止劳动关系提取公积金等5项公积金业务“关键小事”智能速办应用场景运行；实现商业性个人贷款数据信息共享，与全部委贷银行商业住房贷款信息数据共享，新增异地公积金贷款信息、离退休信息、出生证明等材料共享；继续通过“全程网办”“代收代办”“两地联办”等模式扩大跨省通办业务覆盖范围，完善跨省通办专窗设置；提升住房公积金业务银行延伸服务网点服务水平，组织26家银行延伸服务网点柜员开展业务轮训，提高网点人员对公积金政策熟悉度和业务操作熟练度，提升群众办事体验感；落实稳经济措施，以上门走访、电话询访、邮寄资料、短信推送方式向全体建缴企业、个体工商户和灵活就业人员宣传住房公积金阶段性支持政策宣传，帮助企业群众纾困解难。

（撰稿：张雨琦）

旧城区改造

【概况】 2022年，区旧城改造中心围绕区委、区政府工作安排，创新成片老旧住宅小区竞争性征收模式，在规定期限内“双百”完成龙湾小区及石弄小区征收工作。重点推行“房产超市+房票”政策，出台印发《舟山市普陀区房屋征收补偿房票实施办法(试行)》。

【项目库制定】 2022年，区旧城改造中心在《普陀中心城区棚户区(城中村、旧厂区)改造计划(2021—2023)》基础上，提前谋划，对棚户区、旧厂区等进行摸底分析，编制完成《2022—2026年普陀区棚户区(城中村)改造计划候选项目库》，包含24个待改造项目(含新农村改造项目)，涉及户数8000余户，建筑面积约110万平方米。专项研究蒲湾一区、蒲湾二区竞争性改造项目、小干马峙岛北侧区块征收项目。

【危旧住宅竞争性改造】 2022年，区旧城改造中心以推进棚户区改造及实质性危房解危工作为“双抓手”，创新成片老旧住宅小区竞争性征收模式，在龙湾小区和石弄小区率先试行并取得成功。其中，龙湾小区地块在规定期限内以签约率和腾空率“双百”完成征迁工作，石弄小区及发达路地块签约率99%以上。两个项目地块涉及被征收房屋1005户，涉及30幢C级危房，房屋建筑面积约6万平方米。

【城乡危房治理】 2022年，区旧城改造中心对照2022年度103幢目标任务，以《普陀区城镇危房实质性解危三年行动方案(2021—2023年)》为指导，以存量清零、动态清零为目标，通过拆改结合方法累计完成111幢实质性危房解危工作，超额完成年度目标任务108%。做好对已解危危房和未实质性解危城镇危房及部分农村老旧房屋日常监测防危工作，累计现场情况处理30余次。

【其他征收工作】 2022年，针对城西片区企业数量大、情况复杂等实际情况，区旧城改造中心分类处置、统筹指导，协助属地街道及城西公司完成19家企业征收签约工作，征收土地面积323亩(约21.53公顷)，房屋建筑面积10.33万平方米，征收补偿金额6.3亿元。完成虾峙西白莲浙江享欣石油储运有限公司及舟山市淞翔化工有限公司2个企业征收工作，涉及征收面积144亩（9.6公顷），征收补偿金额2亿元。

【房票政策】 2022年，为推进征迁安置工作，优化货币补偿模式，促进房地产市场去化，区旧城改造中心结合全区实际研究制定《舟山市普陀区房屋征收补偿房票实施办法(试行)》。通过组建房产超市，引入房地产企业的存量商品房以低于市场实际成交价一定比例的价格进入房产超市，使被征迁人切实得到实惠。通过引入房票核发结算系统，保障房票的发放、结算“线上+线下”一体化，房票流程“大数据化”，操作、管理更加便捷有效。通过房票购房补助，提高房票使用率，引导被征收人进入房地产市场购买优质商品房。房票政策的推行有利于提高货币安置比率，有利于房地产市场去库存，有利于减少安置房建设。《舟山市普陀区房屋征收补偿房票实施办法(试行)》由区政府发布规范性文件并已在开展的征收项目中实施。

（撰稿：严萍）

副市长方铁道（左一）到沈家门街道教场社区检查危房整治和防台防汛工作（区旧城改造中心提供）

城市管理与综合行政执法

【概况】 2022年，舟山市普陀区综合行政执法局（城市管理局）围绕市、区中心工作，聚焦重大改革、重点任务、示范创建，推进“大综合一体化”行政执法改革，提升城市管理数字化、精细化水平，为建设现代化新普陀提供保障。

是年，区综合行政执法局被评为2022年度浙江省生活垃圾分类工作成绩突出集体。

【执法体制改革】 2022年，普陀区推进“大综合一体化”行政执法改革。完成综合执法、卫健、应急、海洋“1+2+1”执法队伍体系重塑，整合档案、发改、公安、水利等1508项行政处罚权及强制权，覆盖26个领域，三街四镇挂牌均成立综合行政执法队，推行基层“一支队伍管执法”建设。创新“三网一庭”基层法审模式，破解基层法制审核难题。在全市率先组建“大综合一体化”协同指挥中心，贯通连接数字监管平台、智慧城管、警综联动与“基层治理四平台”指挥协同，实现执法资源有效整合与统一指挥管理。认领“监管一件事”场景64个，创建“综合查一次”应用场景82个，其中自主开发“广场舞一件事”应用获全市推广。

【法治政府建设】 2022年，区综合行政执法局围绕法治政府建设，推进三项制度落实，完善自由裁量权、案件查处、案件办理期限、基层法制审核等制度建设，构建网上执法办案体系，执法信息网上录入、执法程序网上流转、执法活动网上监督，网上公开行政处罚信息、许可信息1100余条。持续加大市容、规划、燃气等领域执法办案力度，全年办理一般程序案件652件，简易案件1382件（不含违停），罚款974万元。推进“非现场执法”办案，提高行政处罚精度和准度，开展“掌上执法”检查303次，“非现场执法”案件134件。

智慧城管建设（区综合行政执法局提供）

【智慧城管建设】 2022年，区综合行政执法局整合数据资源、统一案件受理、加强决策分析、强化智能应用，深化“智慧+网格”巡管模式，非现场执法、车辆违停抓拍、广场舞一件事等应用深入一线。全年智慧城管平台受理案件53000多起，街面智能预警系统发现处理案件6000多起，车辆违停智能抓拍2312起，各类问题及时处置率99%以上。

【巩固全国文明城市创建成果】 2022年，区综合行政执法局以巩固创城成果、复评迎检等工作为中心，坚持市容管理高标准常态化，持续加大城市管理中薄弱环节的专项整治和管控力度，防止“脏乱差”现象反弹回潮。全年累计开展城乡环境卫生、流动摊、小广告清零、海天大道沿线市容市貌等专项整治523次，拆除海天大道两侧晾衣架235个，查纠各类市容问题12000余起。

【城乡环境整治大会战】 2022年，区综合行政执法局组织8大整治行动。精品示范街(路)建设行动：实施海洲路、灵秀街精品示范街建设，完成路面、人行道铺装，路灯、合杆安装等工作。累计完成投资5067万元。背街小巷改造提升行动：完成戚家湾路、泗湾路提升改造，累计完成投资1408万元。“席地能坐”保洁区创建行动：完成东港海滨公园、东港体育公园、沈家门滨港公园、鲁家峙文化公园等4个保洁区创建工作。“门前三包”示范街创建行动：持续开展“乱停车辆、乱堆物、乱倒污水、乱扔垃圾、乱拉电线”等专项整治，对海印路、莲洋街、食品路、泰莱街等沿街店铺开展红黑榜评选。污水管网提升改造行动：累计完成污水管网提升改造8千米。装修垃圾规范集置行动：完成城区70个装修垃圾投放点、渔农村8个集置点和14个投放点建设改造任务。“马路拉链”规范行动：制定《普陀区“马路拉链”管理实施细则》，强化城区“马路拉链”常态化监管。“广场舞”规范行动：取缔东港莲洋街和海华路交界处、鲁家峙莲桥路与鲁中路交叉口广场舞点2个，强化已取缔点位巡查力度，落实长效管理机制。

【城镇生活垃圾分类攻坚】 2022年，全区城镇垃圾分类投放、收集、运输、处理系统实现100%全覆盖，城镇生活垃圾实现零增长，资源化利用率和无害化处置率100%。创建“撤桶并点”小区125个、省级高标准小区9个，开展 45个物业小区垃圾分类智能AI改造。累计开展分类宣传1200多场次，居民垃圾分类知晓率100%，参与率95%。持续加大垃圾乱扔、分类不到位、混投混运等问题执法办案力度，全年查处垃圾分类案件180起。

【城市运行领域平安建设】 2022年，区综合行政执法局开展道路脱空、城镇燃气、城市桥梁隧道等“遏重大”排查整治，推进城市管理领域平安建设工作。深化城镇燃气安全治理，推动形成城市燃气安全闭环管理体系，开展燃气报警装置安装、瓶改管、海岛餐饮业、沿街店铺、车棚违规用气等专项整治，检查燃气用户5074户（处），发现隐患990处，完成600家燃气用户“管进瓶退”工作。加强道路安全隐患治理，完成海印路桥头跳车整改，改造桥梁道路面积2500平方米。开展鲁家峙大桥、沿海高架桥静（动）载试验检测、桥梁加固等工作，加固维修B级桥梁8座。启动城区44条道路约32千米地下空洞勘测，发现隐患11处并完成整改，解决道路安全隐患。提升城市防洪排涝能力，重新梳理城区易涝路段，编制完善6条易涝道路“一路一策”预案，推进城市智慧排水建设，完成13个入海排水口视频监控安装和城区45千米排水管网CCTV检测。

海岛燃气联合检查（区综合行政执法局提供）

【便民服务】 2022年，区综合行政执法局加快“智慧停车”补充设点，实现城区全覆盖。继续推进“公厕革命”，城区6座公厕完成整体改造，38座公厕实现服务提升。新建城市老年休闲驿站20处。落实排水许可制度，累计办理排水许可证1721本，办理率达97%以上，抽检排水户760户。审批事项“网上办、掌上办、跑零次、材料电子化”比例均达100%，全年办理行政审批事项674件。联合开展旅游环境执法，对非法揽客、黑导游等加大整治力度，检查涉旅企业112家，立案16起。全年受理提案议案26件，受理各类市民诉求626起，市民诉求解决率、结案率均达100%。加大街面流浪犬及不文明养犬行为查处，收捕流浪犬718只，立案84起。累计出借公共自行车16.5万辆次、共享单车105万辆次。

【市政设施养护】 2022年，区综合行政执法局加强市政设施管养，修复城区道路面积12705平方米，修复调换损坏窨井盖315只、警示柱2839根，更换侧石963米；修复护栏4557米；更换广告178幅；维修灯具449盏；安装路灯19盏；更换变压器1台；安装单灯控制器200只；安装人行道遮阳棚5个；对493套市政公共消火栓、鲁家峙大桥18座航标进行日常维护；规范管理道路挖掘审批修复，挖掘审批件27件；定期对设施开展安全排摸，保障设施能安全正常运行。

鲁家峙大桥静（动）载试验检测（区综合行政执法局提供）

加强城区排水设施的管理，疏通、清理各类排水管网231千米，清理渠道2.6千米，加强河道日常巡查和管理，建立应急机制，确保河面整洁，水质达标。完成普陀城区智慧排水项目（自动化控制系统）建设工作。

提高桥梁隧道管养水平，定期清洗6座隧道，落实鲁家峙海底隧道电梯定期检修和专人管理；完成鉴定等级为B、C级的8座桥梁维修工作，加强对D级桥梁—莲心桥监测和数据对比，确保桥梁隧道安全使用。

开展设施安全专项排查，除日常巡查和定期排查外，对鲁家峙大桥、沿海高架桥开展静(动)载试验检测，对普陀城区44条区管道路约32千米开展勘测检测，发现并整改11处空洞、脱空隐患；对普陀城区三条总长9.2千米海塘开展安全鉴定。

【园林绿化建设】 2022年，对城区公园、广场、绿地等实行全日制巡回保洁，做好绿化修复补种等工作。全年培育草花160万盆，补种灌木花卉等60余万株，草坪9000多平方米，新移交绿化面积29.2万平方米。开展鲁家峙北岸公园、青龙山公园等服务大提升。

完成绿化建设工程11项，总投资约2170万元，其中完成“口袋公园”工程建设5项，道路绿化改造工程3项，绿化景观工程3项。2022年度沈芦公路两侧绿化景观建设工程项目获浙江省风景园林学会优秀园林工程奖金奖，被评为舟山市园林绿化优质工程。

【环卫保洁提升】 2022年，完成城区291万平方米道路、社区日常保洁工作。清运城区生活垃圾、装修垃圾14.9万吨，海岛生活垃圾0.7万吨。完成荷外垃圾中转站提升改造，推进城北垃圾渗液处理站建设，提升城区垃圾处置、转运、生化处理水平。逐步扩大餐厨垃圾机械化统一收运覆盖面，城区57条街路、1424家餐饮店实现“定时、定点、定线路”统一收集。61家小区退让部分实现“一把扫帚”，在全市率先实现街道、物业、环卫多把“扫帚”合一。

【“四害”防治】 2022年，做好城区“四害”防治工作。累计使用BS生物制剂1228千克、灭蚊幼缓释剂（孑孓灵）3320千克、敌百虫

环卫日常保洁（区综合行政执法局提供）

300千克、菊酯类药物780千克。开展春季灭鼠活动，投入灭鼠颗粒剂2500千克；夏季灭蟑活动，投入灭蟑饵剂1600千克、胶饵500盒、烟熏片3000包，在城区公共厕所周边、中转站等点位安置防鼠设施300余个、捕蝇笼200余个。

（撰稿：郑莹洁）

城区供水

【概况】 舟山市自来水有限公司普陀营业所（简称普陀自来水营业所）位于普陀城北学运路33号，承担普陀城区及近郊供水营销、社会承诺服务、管网管理等工作。

2022年，普陀自来水营业所供水服务管辖范围东至东港、沈家门半升洞及普陀山镇，西至勾山小碶干河、任家河、大湾河、荷花浦，北至展茅，南至普陀城区及鲁家峙，供水区域包括舟山岛范围内的沈家门街道、东港街道、展茅街道、千岛街道部分区域（荷花浦以东海天大道南侧区域）及普陀山、鲁家峙等岛屿，供水总面积为26.8平方千米，辖区内水表计量结算户13.63万户，供水普及率100%，业务涵盖供水企业服务社会所有功能。经省里复评，普陀自来水营业所继续保持“浙江省城市供水现代化营业所”荣誉称号。

【重点项目】 2月，朱家尖供水专线基本建设完工，累计安装管道9.5千米。3月，为分担东港二期区域供水压力，公司计划将东港二期部分区域由朱家尖专线供水，普陀自来水营业所事前完成东港一期、二期主管网（海莲路、海印路、海洲路）大排放，避免主管道并网后水流方向改变对东港区域管网造成水质影响，管道并网后，又对管线内最不利用水点进行为期3周的压力跟踪观测，3月底，完成朱家尖供水专线并网任务。

【管网管理与维修】 2月下旬，工作人员通过在线水量数据分析，确定鲁家峙至登步岛段海底管道（管道长度约6千米）发生管损，因该海底管段受线路长、海水深、潮流急等因素影响，短时间内无法确定漏水点准确位置，为应对鲁家峙至登步岛DN560PE供水管突发断供现象，普陀自来水营业所立即参与制定水厂应急生产和船装水等应急方案，确保登步岛全岛居民生活用水应急供应。组织海底管道作业人员对管道漏损进行探测，其间创新引进内窥镜检测、侧扫声呐、浅地层剖面漏点探测及路由调查等新技术、新方法准确定位漏点，为以后海底管道运维提供借鉴。

开展管网巡检工作，全年累计巡查供水管网线路6.7千米，检出漏点441个。6月，完成东港、沈家门区域供水管网冲洗排放工作。

【营销服务】 2022年，普陀自来水营业所本部（含普陀山）累计完成供水量2096.80万吨，完成售水量1903.88万吨；全年本部累计购销差率8.19%，比上年同期上升约0.98个百分点。受理承诺服务8083件，无重大投诉。新增供水开户4726户，销户1246户，水费回收率99.22%。

落实优化营商环境各项政策，将单位用户报装受理时间缩短至一天内，针对特殊企业用户，创新推出“上门办理”服务。

配合政府做好旧城改造，在拆迁地块现场驻点办理拆迁户

工作人员通过内窥镜检测海底管道漏点位置（普陀自来水营业所提供）

水表销户工作，累计办理销户1000余户，集中驻点90天，派驻100多人次。

持续推进违章用水整治，发放《关于开展擅用消防栓行为的专项整治通知书》100余份(包括物业、社区、村委等)，处理消防违规用水、黑表、私接等违章用水32起，追补水量32930吨。累计处理违章用水44起，追补水量49516吨。

组织落实供水设施防冻保暖工作，累计完成立管保温长度12824米，1120个单元立管保温，水表保温7100余只，不规范水表改造1000只，DN15口径塑壳水表更换1000余只。

对受疫情影响无力足额缴纳水费小微企业和个体工商户，实行"欠费不停供"惠企政策。全年惠及230户用户，金额74387.48元。为减轻企业、个体工商户负担，落实缓缴污水处理费和水资源费政策。

【供水水质】 普陀自来水营业所执行国家饮用水标准，实施ISO 9000质量认证体系，实行公司、水厂、班组三级检测制度。检测所获数据与经济利益挂钩，保证供水水质。2022年出厂水四大指标综合(浊度、游离余氯、细菌总数、总大肠菌)合格率100%，管网水四项综合指标(细菌总数、大肠菌群、游离余氯、浊度)合格率100%，水质标准达到国家饮用水标准。

(撰稿：王诺)

管道燃气供应

【工程改造与管道铺设】 2022年，舟山市蓝焰燃气有限公司普陀销售分公司(简称蓝焰普陀燃气公司)完成同济路、菜市路、新开路、健民路、宫下路等铸铁管改造合计3048米。在辖区内新铺设PE管道7157.9米。其中，低压3384.6米，中压3773.3米；管径150~300毫米管线3751.3米，管径150毫米以下管线3406.6米。至年底，普陀城区建有调压站(箱)377座。

【安全生产】 2022年，蓝焰普陀燃气公司开展员工安全意识教育和隐患排查及安全技能比武等活动，实现预期安全目标。重大伤亡、重大设备、重大责任事故和重大责任停气事故以及车辆交通事故发生率继续保持零；内部隐患整改率100%；全年接燃气报警电话1811起，其中：内线报警合计1409次；其他问题报警处理330次；应急联动报警72次；外线地下管抢险0次。危险性较大的抢险抢修和带气作业施工等安全率100%。

蓝焰普陀燃气公司安全负责人和安全员等参加舟山市蓝焰燃气有限公司安全生产例会12次。在年初分别与下属3个科队签订《安全生产目标管理责任书》和《行风建设与服务工作目标责任书》。开展新员工、转岗员工三级安全教育累计20人次。不同类型安全检查80次。开展燃气安全宣传服务活动10次，其中社区设摊宣传9次，联合政府部门宣传1次。开展应急抢险演练11次，应知应会考核1次。组织业务知识培训及安全知识教育48次。1—12月，完成辖区民用户户内安全检查73290户，并对查出隐患及时进行整改或作妥善处理。做好重点设备维护保养和隐患整改工作，全年进户管沉降、锈蚀整改734处；立管锈蚀整改366根；架空管锈蚀整改21处；穿墙管锈蚀整改189处。随手拍参与率100%；民用户一级隐患2465处；调换计划到期民用表5875只，工商户到期表21只，工商户罗茨表清洗67只；调换坏表116只；调换坏火嘴883只；加强泄漏点检测力度，消除中、低压管网泄漏点1处。实施二级管网巡查制度，确保管网安全运行。开展城镇燃气专项治理、公司百日攻坚行动及安全生产月等活动，完成区域内全部568户工商户报警器安装。加强对用户宣传、管理，采取回访、检查和服务，确保用户安全用气。

【供气与价格】 2022年，燃气申请用户5319户，其中民用用户5237户，非民用用户82户，安装用户81户，点火用户4528户。全区供气2351万立方米，其中居民用气981万立方米，占总用气量的41.73%，公共福利用气51.8万立方米，占总用气量的2.2%，营业用气1318.2立方米，占总用气量的56.07%。

居民生活用管道天然气供

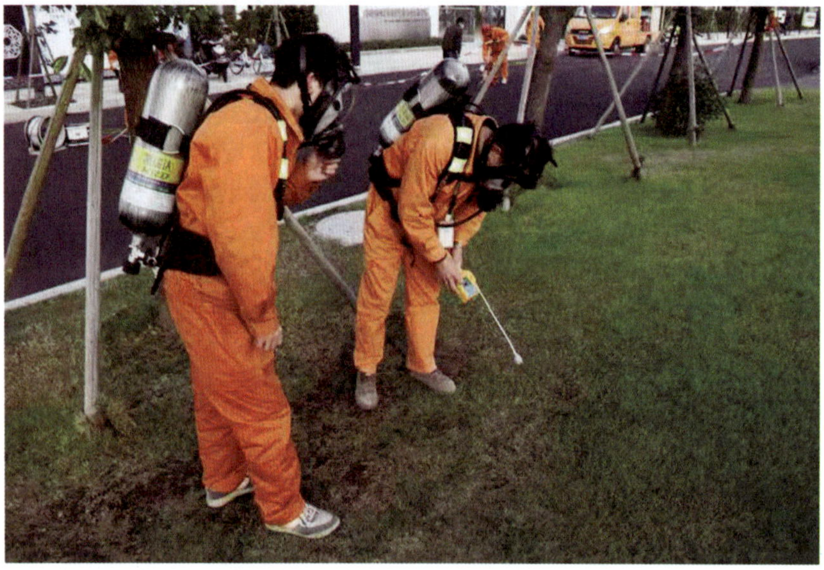

埋地管应急演练（蓝焰普陀燃气公司提供）

气价格：第一阶梯（0~324立方米）民用气2.95元/立方米，第二阶梯（324~1800立方米）民用气3.5元/立方米，第三阶梯1800立方米以上，民用气4.5元/立方米，执行居民气价的非民用户3.25元/立方米。

根据《浙江省城镇燃气价格管理办法》有关规定，9月1日起对非居民管道天然气最高销售价格从4.84元/立方米调整为4.49元/立方米。

（撰稿：王毅）

自然资源和规划

【概况】 2022年，舟山市自然资源和规划局普陀分局（简称区资源规划分局）围绕市局和区委区政府中心工作，完善国土空间规划体系，夯实自然资源底层基础，统筹全域生态整体修复，推动自然资源领域数字化改革。全年土地供应47宗，总面积1370亩（约91.33公顷）。其中，划拨27宗，面积455亩（约30.33公顷）；出让20宗，面积860亩（约57.33公顷）。完善和落实耕地保护监管机制，确保耕地保护补偿资金发放到位。全区完成土地征收751.44亩（约50.09公顷），涉及征地四项补偿4926.98万元，安置农业人口160人，保障劳动力人数160人。完成普陀区国土空间总体规划编制，划定“三条控制线”，启动乡镇级国土空间规划编制。争取中央财政支持海洋生态保护修复项目。推进田长制、林长制工作。全年完成国土绿化420亩（28公顷），开展“千万亩森林质量精准提升”2500亩（约166.67公顷），完成年度林地占补平衡库编制工作，深化“一村万树”三年行动。推进自然资源行政审批数字化改革，完成各类项目选址52件，规划行政审批138件，林地行政审批33件，海域行政审批50件。推行“天巡地查”自然资源全要素监管模式。完成全区11个水域资源调查成果核实确认工作并通过专家组验收。启用不动产“智治”系统，实现全流程线上办理“跑零次”。联合公证处全新推出公证服务+登记一件事办理业务。全年完成各类自然资源和不动产登记发证约3.2万件。

【土地出让】 2022年，普陀区土地供应47宗，总面积1370亩（约91.33公顷），其中划拨27宗，面积455亩（约30.33公顷）；出让20宗，面积860亩（约57.33公顷），出让金8.65亿元。完成农转用报批13个批次30个项目，新增各类建设用地面积约720亩（48公顷）。

区本级出让经营性用地3宗，用地面积112亩（约7.47公顷），出让金5.96亿元。其中住宅用地2宗，面积110亩（约7.33公顷）；商服用地1宗，面积2亩（0.13公顷）。

出让工矿仓储用地14宗，用地面积709亩（47.27公顷），出让价款24294万元；划拨交通场站1宗，用地面积4亩（0.27公顷），划拨价款207万元。

【国土空间规划编制】 2022年，按省市国土空间规划编制工作要求，普陀区完成国土空间总体规划编制，完成“三区三线”（根据城镇空间、农业空间、生态空间三种类型的空间，分别对应划定的城镇开发边界、永久基本农田保护红线、生态保护红线三条控制线）划定工作，形成区级国土空间规划阶段性成果。启动乡镇级国土空间规划编制。参与功能岛规划、启动编制普陀区5个“小岛你好”特色海岛村庄规划编制。

【控制性详细规划编制】 2022年，普陀区结合城西片区开发，优化完善《普陀城西智创城控制性详细规划和整体城市设计》；结合“星辰大海”计划，推进东港山坡地整体规划编制；结合旧城更新发展，完成一批沈家门旧城更新拆后利用土地控规编制；结合产业发展，编制完成虾峙金钵盂岛、经济开发区展茅片区等重点产业片区规划编制。

【专项规划编制】 2022年，普陀区创新陆海统筹规划融合，完成沈家门一港两岸综合性规划研究。启动编制一批海洋、林业等方面专项规划研究，加强和相关行业部门在规划上多规融合。

【自然资源领域数字化改革】 按上级统一部署，普陀区做好“多规合一、耕地智保、地灾智防、天巡地查、浙地智用、森林防火”等一系列数字化改革应用贯通，2022年各类应用场景均已按要求进行贯通，作为试点展茅街道相关应用底层数据库已全部完成并投入使用，其余乡镇街道在试点基础上正全面推进；夯实数据底层基础，按全域全要素、分区分类型、精准动态化标准归集，做好分局数据仓建设工作，完成8个一级类、37个二级类、若干三四级类普陀区自然资源数据仓体系建设，并编制完成

9月28日，普陀区召开第一次区级总田长、总林长会议（区资源规划分局提供）

《普陀区分仓数据治理数据库标准规范》，基本实现本区自然资源业务数据图层标准化管理；完成普陀本岛城区、展茅街道建成区、东极庙子湖岛、葫芦岛实景三维倾斜摄影数据采集工作，并完成建模及数据发布；加大数字化改革成果应用，升级传统业务工作模式，优化工作流程，初步建立统一标准、统一平台工作体系。

【自然资源的统一登记确权】 2022年，普陀区有序推进不动产权、海权、林权、地下空间权等自然资源统一确权登记相关工作，完成全区11个水域资源的调查成果核实确认工作并通过专家组验收。

【田长制、林长制】 2022年，普陀区构建具有海岛特色区、镇（街道、管委会）、村（社区）三级田长制、林长制组织体系，明确各级田长和林长。制定并印发《普陀区关于落实最严格的耕地保护制度全面推行“田长制”的实施方案》和《舟山市普陀区林长制工作实施方案》。9月28日，普陀区召开全市首个区级总林长、总田长会议，在会上签发1号总林长令，并审议通过林长制、田长制相关配套制度。“耕地智保”“森林防火”等数字化应用全面推广使用，建立起“人防+技防”自然资源巡查体系。

【国土绿化美化】 2022年，普陀区围绕美丽普陀建设，谋划推进生态廊道，推进绿化造林和湿地等森林资源保护，全年完成国土绿化420亩（28公顷），投入绿化资金1600万元。开展“千万亩森林质量精准提升”2500亩，完成年度林地占补平衡库编制工作，深化“一村万树”三年行动，完成桃花镇大石头村“一村万树”示范村建设。完成省市对普陀区林业管理各项考核，获评全省湿地

东港应家湾水库北侧菩提林建设（区资源规划分局提供）

保护修复先进集体，获省关注森林活动15周年成绩突出集体。

【耕地保护】 2022年，普陀区继续全面攻坚垦造耕地三年行动计划，实施推进项目有6个：六横小郭巨围垦区块造地项目（约2200亩），已进场施工；六横红卫盐场造地项目（约700亩）、桃花后沙头中心渔港造地项目（18亩）已完成验收，正在入库；虾峙走马塘建设用地复垦项目（45亩）已完成验收，正在入库；虾峙新镇区垦造耕地项目（70亩）正有序推进；登步竹湾养殖水面垦造耕地项目（260亩）正施工中。年度内，普陀区继续推进千亩方集中连片质量提升整治工程，已完成2021年度3000亩耕地集中连片整治工程验收，并落实2022年度3000亩耕地集中连片整治地块和方案编制。

【地质灾害整体智治】 2022年，普陀区新建专群结合监测点3处，累计建成地质灾害专业监测点5处；实施地质灾害隐患治理工程2处，完成地质灾害隐患核销12处；完成六横镇1:2000地质灾害风险调查工作，启动东港、展茅街道2个区域调查评价。

【矿山智治】 2022年，完成废弃矿山三年行动计划要求整治的21处废弃矿山治理工作；基本完成6个第二轮中央生态环境保护督察废弃矿山修复整治工作和市委巡察反馈的废弃矿山整治工作。加强绿色矿山建设，推进六横豁蛋岙、六横燕子山复核入库和展茅梁横山矿创建入库工作；东极镇获评全国第二批三星级地质文化村，成为全国首个海岛地质文化村。

【资源节约集约利用】 2022年，普陀区本级完成批而未供消化土地711亩（47.4公顷），其中2009—2018年批次400亩（约26.67公顷）；完成低效土地再开发利用622亩（约41.47公顷）；完成闲置土地处置300亩（20公顷）；完成盘活存量建设用地658亩（约43.87公顷）。推动历史围填海问题分类处置，完成历史围填海问题15个图斑共计面积1365亩（91公顷）的整改处置验收工作。

【不动产登记】 2022年，普陀区全面启用不动产“智治”系统，实现全流程线上办理“跑零次”。优化办理流程，科学配置业务窗口数量，推行不动产登记、税务、交易“一窗受理、并行办理”，实现二手房转移、一般抵押登记等1小时内办结，查（解）封登记、注销登记、异议登记等业务即来即办、立等可取和抵押登记“不见面审核”和“一次都不跑”全流程线上办理。提高不动产登记便民利民水平，区资源规划分局联合公证处全新推出公证服务+登记一件事办理业务。全年完成各类自然资源和不动产登记发证约3.2万件。

【“最多跑一次”改革】 普陀区推进行政审批事项“掌上办、网上办”，实现网上办理率、电子证件应用率百分百。实施项目审批标准化、规范化建设，持续优化审批流程和整合管理职能，把项目审批中涉及规划额度指标、新增用地计划指标、土地盘活指标、林地使用指标等各类指标管理统一纳入一个科室（用途管制科）管理，全面实现一个科室指标统管、前期统筹全流程模式。

探索各类行政许可事项合并办理、并联审批改革工作，2022年已实现规划选址和土地预审、建设工程规划复验与建设用地复核验收等事项合并办理，建立完善相应工作机制，强化标准化、规范化和并联审批统一，整合建设项目报批流程，优化便民惠企营商环境。

【“天巡地查”监管模式】 2022年，依托省市空间治理数字化平台，普陀区推行“天巡地查”自然资源全要素监管模式。以国土空间基础信息平台数据为支撑，整合相关职能科室资源，利用数字化改革“一张图”成果，对耕地资源、林地资源、矿产资源等进行统一底图底数的全域全要素监管。强化立体监控体系，通过卫星遥感、高清摄像头、无人机等现代科技手段实现全时段监控。依托铁塔公司，基本完成对全区大部分耕地和林地的高位高清摄像头全覆盖，通过耕地智保等数字化改革应用场景，形成“信息收集—对比分析—问题报警—查处整改—销号”闭环机制，形成自然资源完整管理链，实现“管控查”一体化全方位智能化管理。解决区域内自然资源违法占地用地、破坏森林资源难以发现或发现滞后难题。

【执法监察】 区资源规划分局推进自然资源领域执法监察工作，做好大综合一体化执法改革重大专项工作，开展大棚房整治、违建别墅清理、农房乱占耕地等专项活动，按时完成年度卫片和季度卫片核查整改、立案查处等工作。2022年，普陀区立案查处自然资源违法违规案件15起，做出处罚决定21个（其中6个为2021年立案，2022年处罚），立案案件收缴罚没款129.55万元。

（撰稿：徐思齐）

生态环境保护

【概况】 2022年，舟山市生态环境局普陀分局（简称区生态环境分局）抓好中央生态环境保护督察整改，深化环保领域改革创新，提高环境治理能力和治理体系现代化水平，服务经济转型升级、发展，确保生态环境质量不下降，增强群众生态环保获得感，持续巩固提升生态环境核心竞争力。1—12月，全区环境空气优良率98.0%，同比下降0.5个百分点；$PM_{2.5}$平均浓度15微克每立方米，同期持平。全区县级以上集中式饮用水水源地和市控以上地表水监测断面水质100%达标。3月11日，《浙江日报》、浙江省生态文明研究院联合公布“美丽浙江十大样板地”活动荣誉榜，普陀区获“美丽浙江十大样板地”县区级第一名。7月8日，在浙江省建设新时代美丽浙江推进大会暨生物多样性保护大会上，普陀区获2021年度“五水共治”工作优秀市县“大禹鼎”。

【生物多样性调查】 2022年，普陀区编制完成首个陆域生物多样性调查与评估工作报告、技术报告及相关图表文件（评审稿），初步形成系列调查成果。采用遥感技术和地面调查相结合方式首次全域调查生态系统，查明森林、湿地等8大类生态系统类型和空间分布特征。森林生态系统面积98.63平方千米，陆域占比21.51%；湿地总面积71.63平方千米，陆域占比15.62%。组织4

普陀条孢牛肝菌（区生态环境分局提供）

次大型真菌调查，填补历史空白。采集大型真菌标本1247份，通过ITS测序和形态观察已鉴定出物种208个，其中食用菌42种、药用菌25种、兼具食药用价值8种。继普陀鹅耳枥、普陀南星等物种后，本次调查又发现目前仅见于普陀的全球新记录种“普陀条孢牛肝菌”，相关论文已发表于国际权威分类期刊，再次冠名“普陀”。“普陀角蟾”等10余种疑似全球新种逐个开始整理发表。

【落实减排任务】 2022年，普陀区完成市下达主要污染物减排任务，化学需氧量减排量250吨、氨氮减排量35吨、氮氧化物减排量30吨、挥发性有机物减排量5吨。

【水污染防治】 2022年，区生态环境局分局深化“五水共治”碧水行动，统筹水环境治理、水生态保护、水资源利用。抓牢源头管控关键节点，完成沈家门生物园区工业区“污水零直排”建设。推进“污水零直排区”建设，2019—2022年累计完成3个污水零直排工业园区和109个污水零直排区生活小区的基础创建工作，实现审定的集镇区全域“零直排”。实施无人船走航巡河49千米，形成数据237组。开展“五水共治”专项行动，发现问题301项，已整改完成295项，整改率98%。

【大气污染防治】 2022年，区生态环境分局深化固定源、移动源治理，实施氮氧化物与挥发性有机物协同减排，实现$PM_{2.5}$和臭氧“双控双减”。推进挥发性有机物源头替代，实施清新空气行动，已完成低VOCs原辅材料源头替代1家，VOCs低效设施治理9家，VOCs治理突出整改任务9个，工业企业臭气异味整治6家；完成非道路移动机械新能源替代(辆)16辆、非道路移动机械登记上牌81辆、柴油车路查路检88辆；完成工业企业臭气异味整治4家；开展船舶行业VOCs专项治理，在落实各项治理措施前提下，采取重点时段管控，错峰安排涂装生产环节，减少臭氧峰值发生期间VOCs排放。

【净土清废】 2022年，区生态环境分局提请区政府制订并印发《普陀区“无废城市”建设工作实施方案及四张清单(2022—2025年)》，开展无废细胞建设活动帮扶指导，将重点指标和任务分解落实；通过海报、宣传册、报纸、新媒体等各种形式宣传，提升企业公众对无废城市建设知晓率、满意度，引导公众投身“无废城市”创建；发动相关单位对工业废物、建筑垃圾、生活垃圾、海洋废弃物等固废治理工作亮点进行挖掘，提炼全区海洋亮点特色，上报的《争创全域无废城市 普陀区凸显海洋特色》列入省级“无废巡礼”典型案例。申报“无废城市”建设。24个“无废细胞”(其中无废工厂4个、无废学校15个、无废医院1个、无废工地2个、无废小区2个)全部完成创建并通过区级评估。依托“浙里无废”系统，区域内10家产废和危废处置单位已应用“浙固码”开展危废转移等工作；6家(动态更新)隔离点完成涉疫废物转移的线上申报；14家企业实现危废处理线上交易及合同网签，在保障危废转移全程可控前提下，缩短办理时间，提高办理效率。

指导企业开展土壤污染隐患排查工作，麦哲伦公司已完成土壤污染隐患排查报告编制工作，辖区内暂未发现受污染地块。牵头开展农村环境整治，展茅街道黄杨尖村通过验收。

【生态环境执法】 2022年，区生态环境分局对存在轻微环境违法行为、未对环境造成危害后果且能及时改正企业，以责令改正和说服教育为主，落实助企纾困政策促进经济稳定发展，建立监督执法“正面清单”、轻微违法行为不予处罚等分级分类监管模式，下达责令改正决定书21份，限期改正决定书6份，企业服务提醒单14份，轻微违法不处罚6起。对“散乱污”企业加大监管力度，先后开展“绿剑2022”、生态环境安全隐患“拉网清零”等专项执法行动结合“双随机”执法检查，累计出动执法人员2300余人次，检查企业900余家次，立案查处环境违法行为26起，拟处罚款150余万元，移送公安刑拘2起，移送公安行拘1起，查封扣押4起。《舟山市普陀某废旧物资回收站超标排放水污染物》获评2022年度生态环境保护执法优秀案卷。

【抓好各级督察迎检保障和问题整改工作】 区生态环境分局以"七张清单"问题管控力提升统领督察整改,管控力指数全省排名持续上升,根据9月重大生态环保督察清单县(市、区)指数评价结果,全区"生态环境"管控力指数为95.67分,位列全市第一、全省第八。以生态环境"大排查、大整治、大曝光"行动为牵引,中央、省生态环保督察反馈问题和长江经济带生态环境问题年度整改任务按时序完成。至12月底,第二轮中央生态环境保护督察交办的4件信访件均已按时完成整改销号工作。全区纳入七张问题清单之"重大生态环保督察问题清单"主动上报问题33个,其中省级主动发现问题6个,正在有序整改中,市级21个,已完成整改销号12个;区级6个,已完成整改销号。被动发现省级问题4个,其中3个已完成整改并销号。

6月5日,在杉杉普陀天地举行"6·5"世界环境日宣传活动(区生态环境分局提供)

【生态环保主题宣传活动】 2022年,区生态环境分局组织生态环保主题节日活动,围绕5·22国际生物多样性日、6·5世界环境日等重点节日,开展"共建地球生命共同体"主题宣教活动,包括叶拓画制作、生态瓶制作、海洋生物拼图及公益彩绘等互动活动;开展线上"生物多样性"知识竞答;制作并投放"为所有生命共建共同的未来"公益宣传视频,在区政府驻地电子屏轮播;开展"共建清洁美丽世界"杉杉广场现场宣传活动;搭建自主宣传平台,打造1家低碳民宿试点、1家生态文明教育馆。开展5次环保设施公众开放日活动,覆盖学生、成人120余人次。

【提高环境监测水平】 2022年,区生态环境分局实施芦东、应家湾和沙田岙3个县级饮用水水源地勘界定标、建设饮用水水源地自动监测站、安装电子围栏实时监控,实现饮用水水源地保护。做好重点单位自动监控安装联网工作,结合排污许可管理名录,完成29家重点排污单位安装任务;推进工矿监控建设,6家排污许可简化管理VOCs有组织排放企业工况监控安装;推进在线监控标准化建设提升,完成监控设施自动质控5家、门禁建设5家、计量检定8家。加强对产废单位信息化监管手段,完成"低小散"船舶修造企业视频监控18家。

(撰稿:江姿谕)

编辑:魏斌

金 融

综 述

2022年年末,全区金融机构本外币各项存款余额709.5亿元,比年初增加110.4亿元,同比增长18.4%。其中,住户存款余额459.4亿元,比年初增加76.7亿元,同比增长20.1%;非金融企业存款余额144.6亿元,比年初增加14.2亿元,同比增长10.9%。各项贷款保持平稳增势。年末,本外币各项贷款余额665.9亿元,比年初增加70.7亿元,同比增长11.9%。其中,住户贷款余额293.6亿元,比年初增加15.0亿元,同比增长5.4%;非金融企业及机关团体贷款余额371.7亿元,比年初增加55.0亿元,同比增长17.4%。全区民营企业(单户授信3000万元以下)贷款余额105.1亿元,比年初新增22.5亿元,同比增长19.8%;普惠金融口径小微企业贷款余额173.9亿元,比年初增加30.7亿元,同比增长30.9%,高出各项贷款增速19个百分点。小微企业贷款利率持续稳中有降。2022年12月,全区小微企业贷款利率为5.12%,

2022年普陀金融机构信贷收支、保险、证券统计表

表33 单位:亿元

指标名称	2022年	2021年	比2021年增减(%)
一、人民币各项存款	701.24	591.22	18.61
其中:单位存款	228.06	199.49	14.32
个人存款	457.47	380.91	20.10
二、人民币各项贷款	665.16	594.76	11.84
其中:制造业贷款	49.33	46.24	6.68
水产加工业	28.64	27.33	4.79
船舶修造业	1.73	3.65	-52.60
海运业	42.69	36.04	18.45
房地产建筑业	25.61	26.47	-3.28
旅游业	23.71	22.97	3.27
商贸业	88.15	70.68	24.84
渔业贷款	44.74	34.87	28.31
个人消费贷款	154.20	161.72	-4.65
不良贷款	4.56	6.30	-27.62
不良率(%)	0.69	1.06	-0.37
三、外币存款(万美元)	11859	12291	-3.51
外币贷款(万美元)	1097	770	42.47
四、保费收入	7.12	7.05	0.99
其中:产 险	2.62	2.62	0.04
寿 险	4.50	4.43	1.74
赔款支出	0.98	1.22	-19.67
五、股票成交量	377.15	422.33	-10.70

同比下降22BP，全年小微企业贷款加权利率5.05%，同比下降17BP。全区金融机构信贷资产风险总体可控，不良贷款持续“双降”。年末，全区不良贷款余额4.6亿元，比年初减少1.7亿元，不良贷款率0.69%，比年初下降0.37个百分点。

全年保险公司保费收入4.83亿元，同比下降14.84%。其中，财产保险费收入0.4亿元，同比下降85.86%；人身险保费收入4.43亿元，同比下降13.47%。

（撰稿：姜玲燕　陆九华）

11月10日，人民银行舟山市中心支行行长明秀文（中）到普陀万洋众创城开展银企对接会（区人民银行提供）

区人民银行

【概况】 2022年，中国人民银行浙江省分行舟山市普陀区支行（简称区人民银行）围绕舟山市中心支行“促引领、守底线、强基础、争先进、聚合力”的目标，推动各项工作规范化、制度化、精细化进行。区人民银行内设办公室、信贷统计监测部和金融业务管理部3个部门，在编员工19人，办公地址东港街道麒麟街233号南楼。

【货币信贷管理】 区人民银行贯彻落实稳住经济政策，出台7项金融支持措施，与区金融发展中心联合印发《关于进一步做好金融助企纾困、服务稳进提质工作的通知》《2022年金融支持普陀区经济高质量发展指导意见》，提出七方面15条指导意见，指导金融机构强化信贷支持与金融服务。做好两项直达货币政策的接续转换工作，落实普惠小微贷款的资金支持比例由1%提高至2%的措施，指导金融机构加大普惠小微信贷投放，落地激励金额2513万元，发放支持小微再贷款3.7亿元。推动设备更新改造贷款、碳减排贷款、科技创新贷款、政策性开发性金融工具落地，指导金融机构主动宣传、精准对接，保障重点领域企业和重大项目资金需求。

【小微企业金融服务】 区人民银行全年累计拓展小微领域（小微企业、个体工商户和小微企业主）首贷户923户，发放首贷户贷款12.2亿元，贷款平均加权利率4.76%，低于全区小微企业贷款平均利率29BP；普惠小微企业信用贷款和普惠小微企业无还本续贷分别增长47.5%和20.4%，高于各项贷款增速，普惠小微企业信用贷款占比稳步提升。实现全区“专精特新”企业走访对接100%全覆盖，“专精特新贷”“科创贷”“人才贷”等专属信贷产品和知识产权质押贷款投放有力。全年新增“科创贷”贷款企业32家，科创企业贷款增长15.4%；新增“专精特新贷”贷款企业5家，专精特新企业贷款增长21.8%；发放科创类专项信贷产品1亿元，同比增长24.2%；知识产权质押贷款成效取得新突破，为轻资产企业融资方式开辟新途径。

【国库管理】 区人民银行树立“两条底线”，规范业务操作流程，实现“零差错、零事故、零风险、零案件”的工作目标，促进全区预算收支顺利完成。全年完成涉及社保、企业复工复产、防疫防控、公共服务等各类支出拨款1180笔，金额45.63亿元。配合地方税务部门落实减税降费政策，排查退库堵点，简化退库流程，实施退库滚动审核模式，提升退库效率。完成退库36052笔，金额22.21亿元。

【征信管理】 区人民银行与区市场监管分局共同签署《关于共同推进普陀区征信市场治理工作的合作备忘录》，构建联合监管框架，综合整治征信市场乱象。提升征信宣传教育实效，通过《今日普陀》刊载《警惕“征信修复”骗局依法维护自身权益》。优化征信对外服务，完善金融服务基础设施，新增布放1台企业信用报告自助查询机，提升企业查询信用报告便利。全年普陀区查询个人信用报告14171笔，企业信用报告989笔，国家机关查询6笔；受理个人异议8笔，企业异议9笔。优化企业融资质押担保方式，推广动产融资统一登记公示系统和应收账款融资服务平台，全年受理动产融资统一登记公示系统常用户审核5个。

【电信反诈】 区人民银行持续强化打击电信网络诈骗工作力度，通过约谈涉案账户较多的5家银行、现场督查全辖11家邮政银行代办点打击电信网络诈骗工作、编辑2期风险提示简报、召开专题通报会等方式，进一步压实银行机构主体责任。持续强化涉案倒查工作，对37户可疑个人账户开展排查工作。搭建警银联系机制，在全辖联合发布一起涉嫌老年人诈骗的风险提示，为受骗者挽回24万元。组织辖内银行机构开展“打击治理电信网络诈骗犯罪集中宣传月”活动，提高宣传针对性与有效性。

【账户管理】 区人民银行提升账户管理与服务质效，压实商业银行账户管理主体责任，切实做好“两个不减、两个加强”，全年共审核办理账户开立3869户、销户1671户、变更1644户。以电话暗访及现场走访的方式，督促辖内银行网点做好优化银行账户服务工作，覆盖率达100%。持续督导银行机构落实减费让利工作，做到应减立减，督促辖内银行机构涉及支付结算减费让利合计563.3万元。指导与督促辖内5家银行机构做好本外币合一银行结算账户试点工作，全力确保试点行按时按要求开办业务。

（撰稿：姜玲燕）

6月15日，人民银行舟山市中心支行在杉杉普陀天地开展电信反诈集中宣传活动（区人民银行提供）

银行保险监管

【概况】 2022年7月，舟山银保监管分局普陀监管组（简称区银保监组）办公地址从沈家门街道118号建设银行大楼6楼搬迁到东港街道麒麟街211号东港财富中心B座10楼。主要职责是：在舟山银保监管分局领导下，依法依规负责所在县区银行保险机构及其业务活动的监管工作，收集所在县区有关金融风险的信息并向上级机构报告，承担交办的其他工作。2022年年末，普陀区域内有银行业金融机构22家，营业网点105家，银行从业人员1454人。有保险业金融机构19家，营业网点11家，保险从业人员677人。银行业各项存款余额701.05亿元，比年初增加105.9亿元，增长17.79%；各项贷款余额663.71亿元，比年初增加66.73亿元，增长11.18%。账面不良贷款余额4.56亿元，较年初减少1.74亿元，不良率0.69%，比年初降低 0.37 个百分点。全区全年累计保费收入 7.12 亿元，赔付支出 2.57 亿元，为普陀区经济发展累计提供 11205 亿元风险保障。其中，财险公司保费收入 2.62 亿元，赔付支出 1.59 亿元；人身险公司保费收入 4.5 亿元，赔付支出 9767.18 万元。

【监管引领与金融服务】 2022 年，区银保监组根据舟山银保监管分局的要求，落实国务院《扎实稳住经济的一揽子政策措施》，支持普陀经济建设。强化金融帮扶。指导辖内银行机构推广应用无还本续贷、中期流动资金贷款、年审制贷款、“随借随还”产品，对符合续贷条件的企业应续尽续，6 月 1 日至 10 月 31 日，辖内银行机构累计发放企业“连续贷+灵活贷”机制贷款 660163.12 万元，发放企业流动资金贷款 515972 万元。6 月 1 日至 10 月 31 日，普陀辖内银行机构累计为 11804 个客户减免贷款利息 1882.01 万元，其中涉及旅游、民宿、餐饮等服务业领域 1464 户共计 135.27 万元；为 1808 个客户减免手续费 29.65 万元，其中涉及旅游、民宿、餐饮等服务业领域 137 户共计 7.03 万元。截至 2022 年年末，辖内银行机构为近 1600 户、近 35.58 亿贷款实施延期还本付息，推动各类手续费应免尽免、应减尽减。推动深化“连续贷+灵活贷”机制，企业“连续贷+灵活贷”机制贷款占企业流动资金贷款的 67.17%。参与普陀区个体工商户发展部门联席会议，与政府部门、其他金融机构协作配合，强化金融帮扶，通过建立重点纾困帮扶的企业及个体工商户“白名单”，提升个体工商户融资可得性。督促辖内各银行机构通过电话联系、线下走访等形式了解企业经营状况、融资需求等，前期各银行机构已对清单内 9 家企业累计授信 9505 万元，清单下发后，已为清单内企业提供 400 万承兑额度支持，实现贷款需求落地 3 户，贷款金额 1330 万元，对清单内企业共计授信 10835 万元。

【风险化解与金融稳定】 2022 年，区银保监组持续开展信用风险监测，摸清风险底数，全面控制普陀区信用风险水平。推进全辖银行业常态化开展风险排查工作，督促银行业金融机构严格执行资产质量分类标准，实现不良贷款率控制在 1%以内。截至 2022 年 10 月末，普陀区不良贷款余额 4.99 亿元，较年初减少 1.31 亿元，不良贷款率 0.78%，较年初与上年同期下降 0.28 和 0.31 个百分点。普陀农村商业银行结合大额不良贷款实际，加强与地方政府、司法部门沟通联动，加速风险出清。2022 年 1—9 月新发生不良贷款金额为 2.91 亿元，累计处置不良 3.98 亿元。全年全区共处置化解不良贷款 5.3 亿元，信用风险整体稳定向好。加强重点领域风险化解，参加普陀区房地产项目风险防控工作专班工作，联合区住建局、区人民银行、区金融发展中心等单位，研究相关楼盘风险化解工作，督促辖内各银行机构严格执行房地产信贷政策要求，促进房地产市场平稳发展。截至 11 月 10 日，邮储银行普陀支行、工商银行普陀支行、建设银行普陀支行、农业银行普陀支行发放按揭贷款共计 61 笔、2990 万元，恒大贴息贷款共计 21 笔、1341 万元。落实关于打击防范电信网络诈骗、养老诈骗等工作部署，不断推进防范电信网络诈骗、养老诈骗宣传，营造全民反诈氛围。指导辖内银行业金融机构继续完善非法集资风险监测预警机制，并及时上报风险报告，用强硬的手段和措施有效防范和打击非法集资犯罪，维护金融秩序稳定。

【机构日常监管工作】 2022 年，区银保监组对普陀稠州村镇银行开展现场督导，通过监管提示、约谈、走访等形式，加强市场定位监测和监管政策传导，不断提示机构回归业务本源，坚持小而散、小而精的战略布局，引导机构坚守支农支小市场定位。加强案件警示教育，组织观看《穿透 3》等警示教育片，开展包商银行严重信用风险事件背后监管腐败案件专题警示教育，联系实际开展专题讨论，筑牢干部道德防线。建立月度监管台账，掌握风险情况，加强督导。根据常态化开展银行保险机构股权和关联交易专项整治有关工作要求，持续推进机构问题股东处置。加强对银行保险机构员工履职行为的监管，推动行业自律和内部廉洁建设。

区银保监组召开普陀区银行业文明城市建设管理工作点位长点位责任培训会议（区银保监组提供）

【银行网点文明服务】 区银保监组落实普陀区全国文明城市建设管理工作相关会议精神和各项工作部署，抓好落实，确保工作要求落实到每个窗口网点。督促辖内各银行机构对所有网点开展自检自查，对发现的问题立即整改。开展银行网点常规性督导检查。建立健全督查通报制度，强化督查问题的“回头看”，确保发现的问题及时整改，建立长效机制。2022 年文明城市建设相关测评过程中，普陀银行业点位未扣分。

（撰稿：蔡翔）

农发行普陀支行

【概况】 2022 年，中国农业发展银行舟山市普陀区支行（简称农发行普陀支行）内设 2 部（综合部、客户部），正式员工 17 人。营业地址在沈家门街道东海中路 954—956 号。年末各项存款余额 14.58 亿元，比年初增加 6.66 亿元，增幅 84.17%；各类贷款余额 70.70 亿元，比年初增加 3.47 亿元，增幅 5.17%，日均贷款余额 74.28 亿元，比年初增加 6.94 亿元，增幅 10.31%。

【贷款业务】 2022 年，农发行普陀支行以“现代海洋产业新高地、现代品质海岛大花园、现代社会治理新样板”发展定位，大力提供金融服务。夯实政银战略合作，自 2021 年 11 月签订战略合作框架协议以来，已完成对接项目 3 个，金额 37.60 亿元、审批 3 个项目，审批金额 24.20 亿元。

推动政策性金融，4 月，农发行普陀支行获批城乡一体化项目贷款 9.5 亿元，并投放首笔贷款 2000 万元，用于支持舟山市普陀区智创城西开发建设有限公司沈家门海洋生物园区提升改造工程项目建设。助力普陀建设共同富裕示范区。9 月，农发行普陀支行投放普陀区首笔农发基础设施基金 13.2 亿元，用于支持宁波舟山港六横公路大桥工程（二期工程）项目，也是浙江省单笔投放最大额度的农发基础

区人民银行行长等到农发行普陀支行走访（农发行普陀区支行提供）

设施基金。制造业长期项目投放，累计发放贷款 0.29 亿元。

聚焦粮食主业，做好粮棉油信贷管理工作，保持普陀区粮食收储平稳运行，年末粮油储备贷款余额 1.18 亿元，全年粮油贷款累计投放 0.83 亿元，累计收回 0.74 亿元；全年共计完成 10.85 万吨粮食入库。

农业农村基础设施中长期贷款是农发行普陀支行核心业务。2022 年初审批贷款 10 亿元，支持普陀区共同富裕建设项目（一期），实现整区域的养老公寓建设工程、普陀区市民中心建设工程项目和东塘线市政道路改造工程落地；8 月审批贷款 8.6 亿元，支持大蒲湾地块安置房建设工程。9 月，获批 5.6 亿元农村土地流转和土地规模经营固定资产贷款，首笔 4200 万元贷款于 10 月 17 日投放落地，用于支持六横小郭巨垦造耕地项目，有效盘活海岛滩涂资源，该笔贷款从获批到首笔投放仅用时 3 个工作日。截至 2022 年年末，农发行普陀支行中长期贷款余额 69.15 亿元，累计投放中长期贷款 15.75 亿元。

落实小微企业优惠政策。对接新增 1 家小微企业，为 3 家普惠小微企业实现续贷。其中，为 2 家小微企业实现无还本续贷 0.14 亿元。全额承担小微企业涉及的资产评估和保险等各类费用。年末农发行普陀支行普惠小微贷款余额 2130 万元，累计为小微企业让利约 10 万元。

农发行普陀支行与浙江普陀经济开发区管委会机关党支部开展结对共建活动，联合开展“普及金融知识　党建共建宣传”主题党日活动（农发行普陀支行提供）

【存款业务】 2022 年年末，农发行普陀支行实现各项存款余额 14.58 亿元，比年初增加 6.66 亿元，增幅 84.17%；日均存款余额 16 亿元，比年初增加 7.04 亿元，增幅 78.49%。

【减费让利】 2022 年，农发行普陀支行发放的 4 笔贷款，在合同借款利率的基础上有所下浮。其中，3 笔借款利率优惠 80BP，1 笔贷款优惠 50BP，合计优惠 8.01 万元。减免支付结算手续费累计减费让利 2362 笔，金额 5.64 万元。根据《中国人民银行关于支持金融机构对普惠小微贷款阶段性减息有关事宜的通知》要求，农发行普陀区支行减息的小微企业 4 家，共减息 5.44 万元。

【风险控制】 农发行普陀支行开展操作风险和案防自评估工作，及时发现解决风险隐患和管理不足，提升操作风险和案防管理水平。每月逐客户、逐项目开展全面风险排查、分析，对地方储备粮客户、政府性项目贷款客户侧重不同风险点排查。严防信贷风险，继续推行信贷全流程标准。强化办贷、管贷、放贷环节合规性，提升信贷管理基础水平。摸清资产风险底数、信贷操作合规底数、信贷管理能力底数，在日常信贷工作中树立合规理念，优化办贷流程，强化制度执行，提升专业素质，严控信贷风险。全年对 26 家客户开展洗钱风险评级，做好每日维护、监测工作，配合区人民银行开展反洗钱分类评级自评工作，未发现中风险及以上风险级别客户。

（撰稿：邱芬）

工行普陀支行

【概况】 2022 年，中国工商银行股份有限公司舟山普陀支行（简称工行普陀支行）下辖有 9 家网点，其中外岛网点 3 个（朱家尖支行、六横支行、普陀山支行），本岛网点 6 个（本级营业部、沈家门支行、浦西支行、东港支行、水产城支行、港城支行），在编员工 131 人。工行普陀支行助力实体经济发展、服务区域经济，实现各项业务平稳发展。年末，各项本外币存款时点余额91.34亿元，各项贷款余额47.93亿元。实现拨备前利润1.46亿元，净利润1.32亿元，中间业务收入3137万元。

【存款业务】 工行普陀支行坚持存款立行不动摇，通过核心客户走访力度、开展职场营销、提高代发留存，对接挖转拆迁资金等，夯实存款。2022年年末，各项本外币存款时点余额91.34亿元，比年初增加11.93亿元，增幅15.02%。其中，储蓄存款时点余额54.68亿元，比年初增加6.1亿元，增幅12.58%，增量创近五年新高。公司存款时点余额16.3亿元，比年初增加4.53亿元，增幅38.49%，为近两年最高增幅。机构存款时点余额20.36亿元，比年初增加1.29亿元，增幅6.76%。

【贷款业务】 2022年，工行普陀支行坚守“服务实体”属性，助力当地经济发展。截至12月末，各项贷款余额47.93亿元，其中公司贷款余额24.13亿元，个人贷款余额23.75亿元。通过成立普惠贷款营销小分队、开展普惠劳动竞赛办法、加大普惠客户走访力度等，年末普惠贷款余额7亿元，较年初新增1.28亿元，创新高增量。其中，小微企业贷款新增8299万元、个人经营性贷款新增4521万元。全年累计拓展农户e贷客户565户，授信1.03亿元，发放贷款4493万元。推动各项创新业务落地，持续打造业务发展新支点。成功首次办理船舶预付款保函2016万美元、发放进口TT融资1000万元。成功投放工行全市系统内首笔设备更新改造再贷款、首笔商户贷、支行首笔新渔业贷。首次与区文化投资集团合作，投放桃花岛旅游项目贷款1.5亿元。

【风险管理】 工行普陀支行加强风险大户管控力度，稳步推动不良处置。年末，不良贷款余额15846万元，不良贷款率3.31%，分别比年初减少4622万元、降低1.17个百分点，实现“双降”。

【客户服务】 工行普陀支行围绕建设“人民满意银行”目标，全面改进服务体验，持续提升服务水平。成功挂牌开业2个“兴农通”农村普惠金融服务点，服务范围分别涵盖展茅街道、六横村镇；上线“兴农通”数字乡村综合服务平台，成功营销普陀区朱家尖街道三和村股份经济合作社上线。持续完善网点基础设施，以“工行驿站便民小屋”为阵地，提升公益惠民服务温度。辖内沈家门支行联合普舟医院开展惠民义诊活动，让客户办理业务的同时享受健康咨询、中医把脉等现场服务。持续开展反诈、反洗钱宣传，常态化组织推动金融宣教活动。其中，辖内沈家门支行成功阻止一名80余岁老年人被骗，为客户止损3万元。办理此业务员工被舟山市打击治理电信网络新型违法犯罪工作联席会议办公室评为“反诈标兵”。

（撰稿：张益琼）

农行普陀支行

【概况】 中国农业银行股份有限公司舟山普陀支行（简称农行普陀支行）是中国农业银行股份

工行普陀支行展茅街道“兴农通”开业（工行普陀支行提供）

有限公司下一级支行机构，隶属于中国农业银行股份有限公司舟山分行。农行普陀支行内设4个部室，下辖8家营业网点，在编员工150人。2022年年末，各项本外币存款余额828163万元，贷款余额800858万元，全年实现营业收入26282万元，拨备后利润17821万元，净利润14372万元，利息净收入20381万元。获2022年度舟山分行安全保卫工作先进单位称号。

台风“梅花”过后，农行普陀支行走访六横鑫誉家庭农场，帮助销售滞销火龙果（农行普陀支行提供）

【存款业务】 农行普陀支行通过加强客户分层营销管理，提升精细化服务水平，做好存款业务，全年存款业务实现有序增长。2022年年末，各项本外币存款余额828163万元，比年初增加167649万元。其中，个人存款余额461388万元，比年初增加68427万元；对公存款余额366775万元，比年增加99222万元。全年日均存款余额758223万元，比年初增加103356万元。其中，个人存款日均424375万元，对公存款日均333849万元。

【贷款业务】 2022年，农行普陀支行加大对实体经济的信贷支持力度，助力稳经济。各项贷款余额800858万元，比年初增加53416万元。其中，个人贷款余额240301万元，比年初增加4627万元；法人贷款余额560557万元，比年初增加48788万元。是年，农行普陀支行新获批5个项目，分别是普陀区科技产业孵化园建设工程、舟山正山智能二期（未来工厂）新建项目、展茅街道美丽乡村振兴建设项目、普陀交投集团建设海事服务产业园项目、普陀城投集团城市有机更新（一期）项目。5个项目合计金额31.60亿元。2022年农行普陀支行累计投放项目贷款13.78亿元，分别是舟山夏新未来社区建设9.4亿元、舟山正山智能二期（未来工厂）新建项目0.13亿元、普陀区科技产业孵化园建设工程2.2亿元、展茅街道美丽乡村振兴建设项目0.55亿元、普陀交投集团建设海事服务产业园项目0.5亿元、普陀城投集团城市有机更新（一期）项目1亿元。践行普惠金融，全年银保监管口径普惠贷款净增17888万元；普惠领域农户贷款净增10515万元；“小微e贷”净增4877万元；“惠农e贷”净增6617万元。

【经营效益】 2022年，农行普陀支行全年清收处置不良贷款2762.92万元。其中，现金收回贷款46户，金额1430万元；非重组上调17户，金额1317万元。诉讼案件12件，涉及金额10376万元，审结判决10件，全部胜诉。至2022年年末，农行普陀支行不良贷款余额3863万元，比年初增加2204万元；不良率0.48%，比年初增加0.26个百分点。全年实现营业收入26282万元，拨备前利润20639万元，拨备后利润17821万元，净利润14372万元，利息净收入20381万元。手续费及佣金收入3267万元；手续费及佣金净收入2740万元。

【公益慈善】 2022年，农行普陀支行组织人员进村下乡、进企业、进商场、进社区等开展“3·15金融消费者权益日”、“普及金融

农行普陀支行在全市农行“喜迎二十大　奋进开新局”主题活动暨“七一”表彰大会上合唱歌曲《走向复兴》（农行普陀支行提供）

知识，守住‘钱袋子’”、“金融知识普及月”、新版人民币与反假币、存款保险制度、防范电信网络诈骗等专题宣传活动，帮助金融消费者和投资者理性选择产品和服务、远离非法金融活动，弘扬金融正能量。全行 94 名志愿者 2022 年累计服务 3292 小时；138 名员工参与“慈善一日捐”，筹得善款 16351.1 元。加强人文关怀，做到“入职有欢迎、在职有欢聚、退休有欢送”；组织员工到展茅里羊岩开展秋游活动，开展廉洁征文、“廉洁文化”演讲比赛、线上运动会、健步走等活动。开展网点午餐配送和“夏送清凉、冬送温暖”等慰问职工关怀活动。在全市农行第十八届业务技术比赛中，农行普陀支行获团体综合奖第一名，同时包揽柜面业务操作、反洗钱业务、单指单张点钞三个单项第一名。

（撰稿：叶蓓露）

建行普陀支行

【概况】 2022 年，中国建设银行股份有限公司舟山普陀支行（以下简称建行普陀支行）内设综合管理部（党务工作部）、个人金融部（职能部门）、公司客户经营部（直营机构）、业务运营中心（业务中心）4 个部门；下设营业部、六横支行、东港支行、东港新区支行、浦西支行、渔市支行 6 个网点支行，其中六横支行为海岛网点。在编职工 100 人。建行普陀支行把握区政府打造“自由贸易港区先行区、海上花园城市会客厅”发展要求，坚持稳中求进，实现党建和业务工作融合发展局面。年末核心存款时点余额 55.56 亿元，比年初新增 6.23 亿元。

【存款业务】 建行普陀支行推进存款业务，抓好账户营销，夯实存款基础。长期派专人入驻有关部门，为新企业提供从注册到开户的全流程服务。持续推进工程质量保证金专户、农民工工资保证金账户营销工作。以省行“双抢双提”专项活动为抓手，狠抓个人客户源头。以“五走进、三联动”专项活动为契机，走访重点客群，拓宽源头客户。加强数字化工具运用。引导客户经理学好用好零售营销平台、云工作室、微信生态等数字化平台营销工具，提升服务效能。至年末，建行普陀支行核心存款时点余额 55.56 亿元，比年初新增 6.23 亿元；日均存款余额 52.13 亿元，比年初新增 2.69 亿元。其中，对公存款核心时点余额 25.02 亿元，比年初新增 2.95 亿元，日均存款余额 23.81 亿元，比年初新增 1.45 亿元；个人核心存款时点余额 30.54 亿元，比年初新增 3.28 亿元，个人核心存款日均余额 28.32 亿元，比年初新增 1.24 亿元。

【贷款业务】 建行普陀支行立足普陀实际，支持重点项目，推进普惠金融业务拓展，以大数据信息为抓手，挖掘存量小企业金融需求，提升网点小微企业信贷业务，推广小微快贷、双保贷、农担贷等产品。深化银企合作，创新推出“渔船担保贷”，为舟山市普陀区融资担保有限公司完成综合授信 1 亿元；为舟山市正源标准件有限公司发放舟山市首笔跨境融资性风险参与贷。以“共富贷”等普惠产品为切入点，结合裕农通服务点加大对农村市场拓展力度，提升普惠金融品牌在农村市场影响力。年末，对公非贴贷款余额23.15亿元，比年初减少10.27亿元。个人类贷款余额24.6亿元，比年初减少1.97亿元。其中，个人住房贷款发放402笔，累计2.67亿元；发放“共富贷”40笔，累计1247万元。

【金融服务】 建行普陀支行加快手机银行、“建行生活”用户拓展及促活。年末，个人手机银行月活动客户26371户，新增“建行生活”注册用户16172户。是年，建行普陀支行与展茅街道路下徐村以党建共建为契机，联合26家展茅街道路下徐商户开展为期2天的舟山市创业共富市集乡村振兴专场活动。集市专场活动开启后，“建行生活”用户参与800余人，消费1604笔，新增“建行生活”客户260户、新增龙支付客户近300户。

建行普陀支行依托金融科技优势，建设金融服务民生应用场景，至12月底，成功搭建智慧停车场40个，其中新拓7个。拓宽民生应用场景，提升建行普陀支行龙支付用户活跃率。建行普陀支行助力区政府完善住房保障体系，推动“住房租赁”战略落地，成功与普陀区住房保障服务中心合作上线公租房系统。与舟山市普陀城市投资发展集团有限公司合作推进普陀南海市场保障性住房租赁项目，实现贷款投放4400万元。

建行普陀支行在展茅街道路下徐助力舟山市创业共富市集乡村振兴专场活动（建行普陀支行提供）

建行普陀支行助力乡村振兴，推进共同富裕。联合区供销社及裕农通服务点，依托“建行生活”平台开展多轮次合作，打开本地农户、农企销路。与区残联、区就业创业中心沟通联系，开展普陀区首场主题为“关心关爱残疾人　创业就业促共富”的公益助残直播活动，助力拓宽残疾人创业就业渠道，促进残疾人就业增收。成功营销舟山市鑫亚船舶修造有限公司国际信用证业务。联动自由贸易金融部，通过信用证+业务模式，为舟山恒尊集团有限公司提供低成本信贷资金。

（撰稿：张晨）

中行普陀支行

【概况】 2022年，中国银行股份有限公司舟山普陀支行（简称中行普陀支行）营业地址东港麒麟街215号。下辖营业部、东港支行、平阳浦支行、沥湾支行、沈家门支行（原海印路支行）、六横支行6个对外营业部门；员工76人。是年末，本外币存款余额34.24亿元，较上年末增加3.69亿元，增幅12.08%；本外币各项贷款余额28.2亿元，较上年末增加0.31亿元，增幅1.11%；不良贷款余额948.98万元，比上年末减少16.02万元，贷款不良率0.34%。实现营业收入9854万元，非利息净收入1051万元；实现拨备前利润6992万元，净利润3862万元。

6 月 18 日，中行普陀支行乔迁开业（中行普陀支行提供）

【提升金融服务】 2022 年 6 月 18 日，中行普陀支行从沈家门同济路 85 号迁至东港街道麒麟街 215 号，新址位于普陀区行政中心和商业中心，毗邻普陀区政府，地理位置优越。海印路支行搬迁至沈家门同济路 85 号（原中行普陀支行本部大楼）并改名沈家门支行，维持老城区各项业务稳定发展。对东港支行进行网点装修，优化营业环境及完善配套设施，经过改造升级多个网点融入更多科技元素，复杂业务向自助机具转移，提升网点智能化设备服务能力及效率，改善客户服务体验。与中远海运集团、东极海运有限公司、白沙岛管委会等单位签订党建共建协议。向扬帆集团股份有限公司、东极海运有限公司推广中行普陀支行“复兴壹号”平台党费、工会模块，成功吸收党员、工会会员 701 人。

【支持地方经济社会发展】 中行普陀支行与区政府签订《金融支持普陀高质量发展建设共同富裕示范区先行典范战略合作协议》后，中行普陀支行内挖潜力，强化项目储备，融入地方政府支持重大项目建设，服务实体经济，推动绿色金融发展，为建设共同富裕示范区先行市提供助力。随着城市有机更新“八大攻坚行动”全面启动，普陀新夏未来社区项目作为城西未来智创城的先期启动版块开工投入建设。中行普陀支行探索“绿色金融”和“城市更新改造”两个领域深度融合，实现全市首笔工业有机更新项目贷款新增投放。支持区域经济稳健发展，对涉及国计民生的重大投资、重大项目优先保证信贷资金供给，2022 年新增中国水产舟山渔业公司等多家国有企业信用总量，累计叙做多笔银承及信用证业务；中行普陀支行还持续创新授信品种，获批蚂蚁岛管委会管辖企业红帆文化中期流贷，以金融行动支持舟山“小岛你好”海岛共富行动；获批舟山创生会养老服务有限公司中期流贷，助力区域内养老产业健康发展，推动共富区先行市建设；上报浙能六横电厂二期等 3 笔重大项目贷款。

【助力小微企业发展】 2022 年，持续提升金融普惠力度，中行普陀支行“两增两控”口径普惠贷比年初增加 1.5 亿元，贷款增速 49.4%。执行稳经济一揽子政策措施，以实际行动解决小微企业资金需求，帮扶企业快速复工复产以及达产。全年为民营和小微企业解决融资 16643 万元，新增小微企业贷款客户 33 户，实现贷款投放 13155 万元。

围绕普惠小微、科技创新、绿色发展、乡村振兴和海洋经济五大领域，加大金融资源供给，提升金融服务质效。创新推出“首贷培育贷”，2022 年，中行普陀支行普惠小微领域新增首贷户数 25 户，持续推进“连续贷+灵活贷”机制建设，推广应用无还本续贷、中期流动资金贷款、线上抵押贷、信用贷、银税贷、外贸贷等“随借随还”产品，通过走进中创海洋新材料船舶产业园区、万洋产业园区、六横五金产业园区等，开展普惠浙里行活动，宣导普惠金融政策；对接“专精特新”企业，累计批复 5 家，金额合计 7.61 亿元。

推广渔农贷、对接新型农业经营主体，确保海岛现代化渔农业、美丽乡村建设、乡村人才等金融需求得到保障。2022 年年末，涉农贷款余额 39852 万元，批复并投放新型农业经营主体户贷款，优化完善海洋经济金融服务机制，推进授信担保方式的创新，新增批复“海运贷”产品，通过油化品船抵押解决海运企业的资金需求。精准滴灌绿色低碳领域，落实国家“碳达峰、碳中和”战略部署，加大绿色特色产品研发推广力度，创新推广“惠如愿·碳惠贷”半线上产品，推动普惠小微企业低碳转型发展。

【提升风险防控能力】 贯彻落实中央八项规定精神，重点加强“三重一大”决策、信贷领域、费用管理、公车使用、营销礼品、客户交往中收受礼品礼金、领导干部操办婚丧喜庆等监督。中行普陀支行党总支2次专题研究党建和党风廉政建设工作，签订廉洁伙伴2家，签订党风廉政建设责任书9份。开展落实整改常态化建设，推动各级党组织做深做实上级行巡察、检查“后半篇文章”，持续开展清廉金融文化建设。

开展员工异常行为专项排查、“外规内化、警钟长鸣”案件警示教育、“屡查屡犯”问题专项整治工作、操作风险专项治理行动和案件高风险领域强化治理工作，防范各类违规现象反弹。落实基层网点负责人六项规定动作，组织全员典型案例警示教育学习15批次，开展重点岗位人员飞行检查66人次，开展排查全员个人征信、涉诉、经商情况234人次。组织全员反洗钱合规知识和防范侵犯客户信息类案件、防范非法集资5批次；加强高风险客户、涉赌涉诈可疑客户风险管控，持续改善全行反洗钱工作质量。坚持做好反诈“百日攻坚战”，通过各网点分发宣传折页不断向客户宣传反诈信息，成功推广反诈App378户，营造安全稳定生产环境。

中行普陀支行员调研智创城西项目（中行普陀支行提供）

（撰稿：俞辉）

交通银行自贸区支行

【概括】 交通银行股份有限公司浙江自贸区支行(简称交行自贸区支行)，营业地址在东港街道海洲路727号。2022年年末，交行自贸区支行总资产87482.50万元，负债82874.75万元。各项存款余额52996.73万元，比年初增加10454.70万元。各项贷款余额87611.03万元，比年初增加13020.30万元。

【普惠小微】 交行自贸区支行立足区域经济实际，深耕小微领域，形成“线上+线下”“标准+定制”产品库，支持小微客户多样化金融服务需求。围绕舟山海洋经济特点，建立海产品质押项目制贷款。利用科技赋能推进线上产品推广。围绕个人线上抵押贷、线上税融通、普惠E贷、烟户贷等产品，在普陀区域形成涵盖对公加对私、抵押加信用线上产品体系，满足客户产品需求。结合上级行规定和市场需求，不断调整普惠贷款优惠利率。贷款期限1年以内(含)抵押类(保证类)普惠两增贷款，可申请利率优惠，利率下限为一年期LPR-45BP(3.2%)。根据总分行“普惠金融数字化转型”要求，将拓客模式优化和客户结构调整相结合，持续加强普惠E贷、线上抵押贷、兴农e贷等线上产品宣传和推广，截至年末，普惠类线上类贷款余额6657.71万元。是年

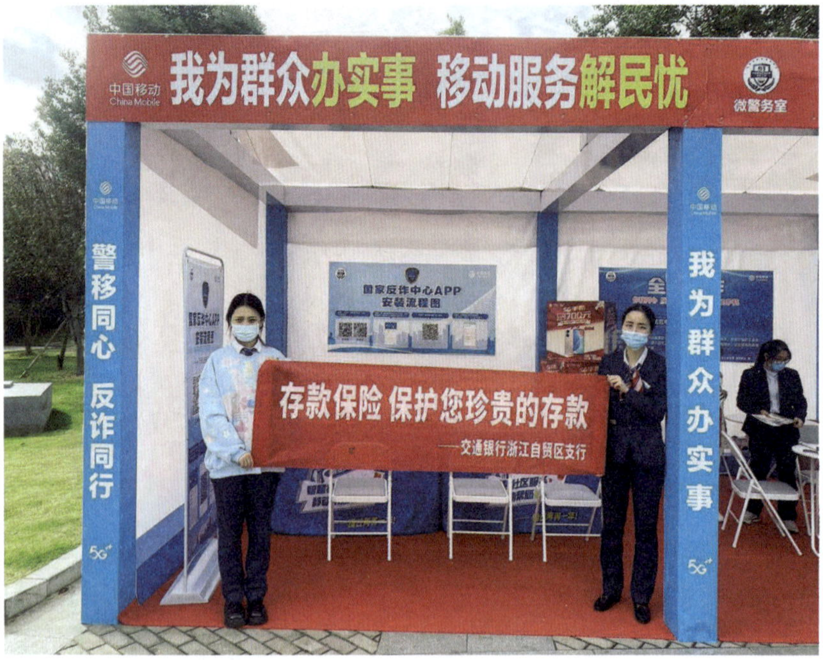

交通银行自贸区支行存款保险宣传（交行自贸区支行提供）

持续推进场景+金融定制产品“烟户贷”，该产品是针对烟草商户推出的一款“线上申请、自动审批、无须担保、随借随还”信用贷款产品，是年烟户贷客户贷款余额380.71万元。持续加大舟山特色水产行业供应链海产品质押项目制发展，对接海产品加工企业下半年旺季流动资金需求，全年累计发放贷款6210万元。

【个金资产】 2022年，交行自贸区支行储蓄存款日均新增158万元，比上年日均增长量提升295%。加大个金资产投放力度，对区内符合条件一手房楼盘做到“应入尽入”，个人住房按揭贷款投放128笔，合计金额9286万元，非房消费贷，新增430万元。

（撰稿：应立伟）

邮储银行普陀支行

【概况】 2022年，中国邮政储蓄银行股份有限公司舟山市普陀区支行（简称邮储银行普陀支行）内设综合管理部、风险合规部、零售金融部、公司金融部4个部室。下辖区支行营业部、新街支行、普东支行、台门支行、六横支行5个支行。有员工70人。机构地址沈家门街道兴建路358号。年末，各项贷款余额23.42亿元，各项存款余额47.01亿元。获2022年度“舟山市文明单位”称号。

【存款业务】 2022年，邮储银行普陀支行推动落实共同富裕工作。通过“一网一品、一岛一策”发展思路，打造六横支行“金晖”主题网点，优化网点营业环境，深化老年客群关系，提升辖内邮储银行养老金融服务品牌。与六横管委会签订“共同富裕岛”六横试点建设合作框架协议，设立以“千岛共富”为主题的助农点。支持风电、清洁火电、LNG能源等项目，为能源岛项目提供账户、结算、融资等综合金融服务。年末各项存款余额47.01亿元，净增4.85亿元，同比增长11.51%；存款规模列区银行机构第五，存贷比201.14%。经营发展稳步向上，收入年均增幅16%，中收年均增幅37%，绩效考核得分连续3年全市第一。

【贷款业务】 邮储银行普陀支行贯彻落实金融支持。发展绿色信贷，促进绿色产业发展升级。2022年发放30万元的生猪养殖绿色贷款和2000万元的小企业绿色贷款，绿色贷款余额占比较年初提高0.84个百分点，绿色贷款余额较年初增长24.4倍。科创企业的贷款结余15户，金额18016万元。全年发放各项贷款余额23.42亿元，同比增14.28%，净增2.93亿元，增幅14.30%。贷款规模占比3.53%，较上年提高0.09个百分点。

【自营收入】 2022年，邮储银行普陀支行自营收入7643万元，同比增长12.67%。净利润4270万元，同比增长20.46%。手续费及佣金收入788万元，同比增长61.88%。成本收入比38.51%，同比下降1.74个百分点。

邮储银行普陀支行员工到部队开展“八一”拥军活动（邮储银行普陀支行提供）

【资产质量】 2022年年末，邮储银行普陀支行资产质量不良率0.12%，较年初下降0.08个百分点，资产质量进一步夯实。实现营业收入10351万元，同比增加10.91%；全年利润3765万元，同比增加11.40%。

【内部管控】 2022年，邮储银行普陀支行持续开展强化反腐倡廉宣传教育。组织全体员工收看警示教育片、先进人物纪录片，筑牢拒腐防变道德防线。落实疫情常态化防控工作。引导客户“戴口罩”“测体温”“亮核酸、行程卡”“一米线”，员工食堂实行“分餐制”。强化反洗钱管理，做好电信网络诈骗工作。承办由人民银行组织的“打击治理电信网络诈骗犯罪集中宣传月”活动。落实账户分类分级管理要求，做好风险账户的排查、核实及管控，落实网银限额管理要求，落实“开户码”应用。提高柜面风险防控能力。开展“慈善一日捐”“义务清扫街道”“扶贫帮困”“普及金融知识万里行”等公益活动。

（撰稿：杨倩）

普陀农商行

【概况】 2022年年末，浙江舟山普陀农村商业银行股份有限公司（简称普陀农商行）各项存款余额240.45亿元，比年初增加37.74亿元；各项贷款余额178.76亿元，比年初增加27.62亿元；不良贷款余额1.49亿元，不良率为0.83%；实现各项收入11.45亿元，实现拨备前利润3.3亿元。存贷款总量、增量再创历史新高，稳居全区银行业第一。承担全区近1/2的农户贷款和2/5的小微企业贷款，金融服务覆盖40万客户。全年上缴税收1.18亿元，连续多年位居全区前列。

【助力稳经济稳主体】 普陀农商行围绕普陀“现代化海洋产业新高地”战略部署，打造“一条鱼”“一艘船”等产业链金融，保障区域支柱产业和重点领域金融供给。至2022年年末，全行“一条鱼”产业链贷款42.07亿元，“一艘船”产业链贷款余额13.99亿元。先后与市民宿协会、区经信局、区远洋渔业协会、舟山国际水产城等部门签订战略合作协议，共同推进地方特色产业再造和产业链提升工程。与市区融资担保公司开展业务合作，并在桃花支行发放全市首笔“小岛你好”共富保专项担保贷款。与区市场监管分局共同搭建“普惠E企”小微企业培育库平台，累计完成辖内3.76万家小微企业信用评级建模工作，发放信用贷款13.93亿元。先后制定落实稳经济一揽子政策工作措施方案、助力“双保”惠企十项升级措施和金融支持百万市场主体行动方案。实施“连续贷+灵活贷”机制，累计受理无还本续贷业务876户32.64亿元。实施“名单制”延期还本付息，累计办理601户15.39亿元。加大减费让利力度，持续下调普惠领域贷款利率，制定出台辖内民宿主贷款“不申即免”等地方特色产业稳进提质专项支持政策，在全区金融机构中率先运用央行普惠小微阶段性减息支持工具，各项惠企措施为民营小微企业让利近5000万元。

普陀农商行授信乡创基地（普陀农商行提供）

【支持海岛共同富裕】 普陀农商行围绕区委区政府“小岛你好”共富行动实施方案，助力未来乡村建设。先后与东极镇、展茅黄杨尖村签订未来乡村数字金融服务战略合作协议，设立200万元“未来海岛、共同富裕”专项基金。承办展茅“群团星、促共富”乡创未来·共富市集开集仪式，被区乡村振兴领导小组命名为普陀区“强村富民”主办银行。与团区委共同发布普陀区青年共富基金，并整体授信全区青年创新创业项目5亿元。修订丰收驿站管理办法，启动“三员一站”助力共同富裕金融服务体系建设，探索构建区域特色数字网格“三色图”。持续推进农户家庭资产负债表业务，2022年年末，累计完成2.11万户农户家庭资产负债表信息建档，覆盖全区农户31%。

【深化数字化改革】 普陀农商行不断提升数字贷款管理质效，创新推出“共富贷”与“无还本续贷”等数字贷款线上产品，年末数字贷款16.49亿元。加快数字场景拓展，参与普陀区“普渔乐”数字化服务平台建设、展茅未来乡村数字服务平台、鑫通客运“智慧码头”扫码购票等各类生态场景47个。与区农业农村局合作建设“海岛e建房”两掌一端数字化应用平台，定制上架数字民宿贷产品。该项目被省委改革办列入全省11个地市数字化改革重点工作，上线后已成功引流22户，发放民宿类贷款1086万元。承担全市第三代社保卡换发工作，至2022年年末，累计开立第三代社保卡金融账户超18.88万张，发卡18.29万张，社保卡账户时点余额4.37亿元，比年初增加3.3亿元。依托“一网通办”平台，推进“四个办”模式向渔农村延伸，解决老百姓服务痛点，以“跨岛服务”体验倒逼政银“数据整合”，打通政务服务海岛“最后一海里”。

【推动合规稳健经营】 普陀农商行强化全面风险管理，动态实施信用风险排查，监测跟踪集团大额、空壳企业、不法中介、平移处置、延期还本付息的小微企业等高风险领域，摸清信用风险底数。加强员工行为管理，紧盯风

普陀农商行支持地方特色产业稳进提质（普陀农商行提供）

险背后"人"的因素，制定出台《异常行为员工分级管理办法》，对异常行为员工实施分层分类管理。注重合规文化培育，围绕监管部门"屡查屡犯"问题专项整治工作要求，先后举办6期"合规大课堂"，增强全行干部员工廉洁合规意识。

（撰稿：赵小波）

其他银行机构

【普陀稠州村镇银行】 2022年，浙江舟山普陀稠州村镇银行股份有限公司（简称普陀稠州村镇银行）实现资产总额11.50亿元，负债总额8.63亿元，所有者权益2.87亿元，营业收入3604.69万元，账面净利润1316.64万元，较上年基本持平。成本收入比64.75%，同比下降4.75个百分比。

2022年年末，普陀稠州村镇银行各项存款余额8.26亿元，较年初新增0.42亿元，增幅5.41%。其中，储蓄存款余额6.58亿元，占比79.66%，分别较年初新增5648.48万元和上升3个百分点。个人价值户4097.86户，较基数新增254.26户。各项贷款余额7.55亿元，较年初减少0.46亿元，降幅5.72%；贷款户数2022户，较年初新增6户。其中抵质押贷款余额占比58.57%，保证贷款余额占比27.59%，信用贷款余额占比13.84%，分别较年初降低2.58个百分点，上升1.5个百分点和0.7个百分点。贷款主要投向"三农"和地方特色产业，涉农贷款占比62.04%。不良类贷款634.46万元，占比0.84%，比年初减少146.53万元，占比减少0.13个百分点，拨备覆盖率356.35%，较年初减少23.65个百分点。资本净额29560.19万元，资本充足率为41.52%，一级资本充足率和核心一级资本充足率均为40.39%。集团客户授信集中度8.46%，单一客户贷款集中度8.46%，拨贷比2.99%，监管指标符合监管要求。

普陀稠州村镇银行支持乡村振兴，支持三农金融供给。依托"乡村振兴贷"推动整村授信活动，实现客户全流程线上化操作体验，为村民送上"备用钱包"。2022年整村授信37个村居，纳入白名单户数37252户，系统预授信额度18亿元，签约户数1203户，签约额度1.5亿元。依托营业网点，通过走村入户、进社区、进校园、入周边商圈等形式，以"小小银行家"、专项金融知识宣传月、现金服务大篷车等活动进行宣传。2022年累计宣传90余场次，受众人数1600人次左右，发放宣传资料1500余份，建档7546户。

普陀稠州村镇银行深入客户群体，传导惠企助企政策，出台12项稳经济措施，助力纾企解困。2022年累计走访1500余户企业，了解小微企业融资诉求。下放无还本续贷款的审查审批权限，将全额抵押类贷款（限自有住宅房产类）审批权限下发至各支行，缩短审批链条，充分运用"普惠金融无还本续贷"等信贷产品，做到应续尽续、应转尽转，降低小微企业转贷成本，2022年年末，"连续贷+灵活贷"机制贷款累计金额6.37亿元。运用省综合金融"E舟融"平台功能，为企业提供"一站式"融资服务。实现

普陀稠州村镇银行开展"小小银行家"活动（普陀稠州村镇银行提供）

减免费项目总和占全部支付服务项目的100%，对小微企业和个体工商户的支付服务项目实现100%免收费。累计惠及小微企业和个体工商户73户。

（撰稿：何嘉莉）

【浙商银行股份有限公司舟山普陀支行】 浙商银行股份有限公司舟山普陀支行成立于2014年3月12日，是浙商银行股份有限公司舟山分行辖内首家支行。营业地址在东港街道麒麟街211号东港财富中心A座。2022年年末各项存款余额110968.41万元，其中对公存款余额44538.03万元、个人存款余额66430.38万元。持续支持普惠型小微企业发展，抓住“双保贷”业务机会，通过客户走访，增加船舶抵押贷款投放。运用各小企业特色产品，优化小企业贷款申请平台，贷款种类覆盖房屋类贷款、经营类贷款、流动资金类贷款、消费类贷款、小微组织类贷款等。年末各项贷款余额72424.97万元。其中，小微企业贷款48954.36万元，占总贷款额的67.59%；房屋类贷款3480.54万元，经营类贷款40609.23万元，流动资金类贷款18000万元，消费类贷款160.9万元，小微组织类贷款10265.13万元。中间业务以手续费收入为主，包括：结算业务、银行卡业务和担保承诺业务。全年发放银行卡864张，实现中间业务收入12.66万元。营业收入3163万元；上缴各项税金86.39万元。

（撰稿：周迷娜）

稠州银行舟山分行设立农村金融服务站（稠州银行舟山分行提供）

【浙江稠州商业银行股份有限公司舟山分行】 浙江稠州商业银行股份有限公司舟山分行于2014年3月17日成立，经营地址在东港街道海天大道2701号浙江海中洲国际广场西楼102室、104室、203室、204室。2022年，与定海区政策性融资担保有限公司、普陀区政策性融资担保有限公司建立合作关系，推出“政保贷”产品，缓解小微企业融资难问题。实施“连续贷+灵活贷”机制，落实延期还本付息政策“应延尽延”“能延尽延”，合理设置贷款期限和还款方式，结合行内无还本续贷、中期流动资金贷款、随借随还等模式，做到“应续尽续”“应贷尽贷”。在定海区和普陀区设立5家农村金融服务站。以“整村授信”模式为基础开发上线“乡村振兴贷”信用产品，实现“一次核定、随用随贷、动态调整”。授予南岙村乡村振兴贷“整村授信”4000万元。发行乡村振兴卡，满足用户存取现金、转账结算、消费、理财等功能。在业务受理自助化、线上线下一体化、营销获客精准化、风险控制智能化、运营管理可视化五方面提升网点服务能力。智慧柜员机、智能现金柜、指静脉生物识别技术、移动授权等上线，客户可通过柜员机自助办理业务。单位结算账户开立、个人开卡、现金取款、挂失换卡等线下交易中90%以上业务可在线上自助完成。2022年年末，各项存款余额254974万元，其中单位存款余额94934万元、个人存款余额160040万元。贷款余额140321万元，其中对公贷款83623万元、个人贷款56698万元；小微零售贷款余额59582万元，中小微企业贷款余额81549.75万元，增量25970.84万元，增速46.73%，全年营业净收入4282

万元，上缴各项税金 504 万元。

（撰稿：韩芳芳）

【中信银行股份有限公司舟山普陀支行】 原名中信银行股份有限公司沈家门小微企业专营支行，成立于 2015 年 10 月 21 日，2018 年 6 月 27 日升格更名为综合性支行，是中信银行股份有限公司舟山分行所辖唯一支行。营业地址为沈家门渔市一路 95 号海贸大厦一楼，在职员工 15 人。2022 年年末各项存款余额 6.51 亿元，其中对公存款 3.42 亿元、个人存款 3.09 亿元；各项贷款余额 28.58 亿元，其中对公贷款 21.62 亿元、个人贷款 6.96 亿元；不良资产 267.94 万元，不良率 0.09%，全年营业收入 1.2 亿元。

（撰稿：苗海静）

【中国民生银行股份有限公司舟山普陀小微企业专营支行】 成立于 2017 年 3 月 22 日，是中国民生银行股份有限公司舟山分行辖内第一家支行。有员工 15 人。2022 年，支行立足小微金融业务，持续深化“民营企业的银行”定位，做透民企服务，提升服务质效。每周定期召开一次全行工作会议，进行业务知识学习、每周经营分析、反洗钱反诈骗等风险案例剖析、安全管理培训等。是年，各项存款余额 44913.77 万元，其中单位存款 30344.56 万元，个人存款余额 14569.21 万元；各项贷款余额 26588.21 万元。

（撰稿：孟彬丽）

杭州银行普陀支行员工上街设摊进行“打击非法集资防范金融诈骗”宣传（杭州银行普陀支行提供）

【华夏银行舟山普陀小微企业专营支行】 2018 年 7 月 5 日成立，隶属于华夏银行舟山分行。2022 年设有综合部、营业中心、业务部 3 个部门。有正式员工 9 人，营业地址东港街道昌正街 82 号昌正大厦 101-1 室、201-1 室。主要经营业务范围包括吸收公众存款，发放短期、中期和长期贷款，办理国内结算，办理票据承兑与贴现，代理保险业务，经银行业监督管理机构批准的其他结算业务。是年，该支行加强金融安全反假币知识宣传，做好防范电信网络诈骗和存款保险等现场活动，加强收付结算服务，升级柜面系统，强化重点环节监控力度，提供加固安全防护措施，防范财务风险。开设“企业开户绿色通道”，提高企业开户效率，开启“能量满满·邀约有礼”活动，增加存款量。年末贷款余额 1.3 亿元，年末各项存款余额 3.9 亿元，其中对公存款余额 3.2 亿元、对私存款 0.7 亿元。

（撰稿：张挺）

【杭州银行股份有限公司舟山普陀支行】 杭州银行普陀支行是落户舟山的第一家城市商业银行。2022 年，杭州银行普陀支行经营业绩稳中有进，综合实力保持区域前列。年末，各项存款余额 14.86 亿元，较年初新增 0.82 亿元，各项存款日均 15.9 亿元，较年初新增 1.98 亿元。其中，公司存款日均 10.12 亿元，较年初新增 0.86 亿元，完成全年预算的 39.4%；小微存款日均 1.95 亿元，比年初增加 0.37 亿元，完成全年预算的 106%；零售存款日均 4.08 亿元，较年初增加 0.75 亿元，完成全年预算的 83%。推进重点业务发展，提升中收内生增长力。全年中间业务余额3.82亿元。其中，承兑业务3.3亿元，比年初增加0.07亿元；信用证4000万元；云易信1000万元：支行授信总行购债余额19.3亿元。各项表内贷款余额38.91亿元，较年初新增6.19亿元。其中，公司贷款余额30.36亿元，较年初新增5.41亿元；小微贷款余额5.49亿元，较年初新增加0.74亿元；零售贷款余额3.06亿元，较年初新增0.09亿元。贴现业务余额519.6万元，结构性融资8亿元，资产证券化1.27亿元。支行整体信贷资产不良率0.05%，整体风险率0.39%。其中，公司条线不良率及风险率分别为0.04%和0.13%；小微条线不良率和风险率分别为0.07%和0.49%；零售条线不良率和风险率分别为0.06%和1.65%。对电信诈骗、理财投资、反洗钱等加强合规管理。推进“清廉杭银”建设，持续开展“5+N”岗位廉洁排查，开展“除险保安”安全风险隐患集中排查整治，提升“平安杭银”创建工作质效，营造安全、稳定的经营环境。

（撰稿：许英姿）

【浙江民泰商业银行股份有限公司舟山普陀支行】 该支行成立于2009年6月26日。营业地址在东港街道山海街2号。2022年，各项存款余额25.16亿元，全年净增存款余额5.56亿元；各项贷款余额26.43亿元，净增2.56亿元，存贷款总规模51.59亿元。推进小微企业主、股东、船东随借随还贷款业务，2022年总计授信随借随还贷款2.3亿元，总计新增信用类信用贷款9200万元。年平均贷款利率比2021年下降0.8个百分点，让利近2000万元，支持小微企业发展。加大“贷款续航模式”推广，通过推广贷款提前周转模式、无还本续贷，结合自主循环贷款和中长期贷款，缓解客户短期还款压力，2022年无还本续贷占全年累放68.91%。通过优化流程对房产类抵押贷款采取线上办理，实现从受理、审批到放款各节点T+0时效，提升办贷效率。以“乡村振兴”工作为指引，持续开展“进村入居”营销与服务，通过伙伴村居签约授牌，对接村内各家各户金融服务需求，共建设伙伴村居26个，其中达标村居21个，涉农贷款余额达33482亿元。10月，联合区人民银行与普陀国际健康产业中心8家企业举行“同心携手 助企稳经促发展”政银企洽谈会，互动交流，达成授信意向，已发放E链通等贷款1000万元。是年，实现利润2938.91万元，完成存款FTP利润1786.04万元，完成贷款FTP利差1579.79万元。被评为“浙江省财贸系统工人先锋号”。

（撰稿：黄巧蓉）

【台州银行股份有限公司舟山普陀支行】 该支行成立于2012年4月17日，隶属于台州银行舟山分行。营业地址在沈家门街道滨港路142—153号。2022年，支行下辖勾山小微企业专营支行、东港小微企业专营支行、朱家尖社区支行，有正式员工67人。年末存款余额121824万元，比年初增加26749万元。其中，对公存款15165万元，比年初增加3626万元；储蓄存款106659万元，比年初增加23123万元。贷款余额217752万元，比年初增加41199万元。不良贷款余额1657.25万元，比年初增加186.20万元，不良率为0.76%，比年初下降0.07%。是年，支行下发“深化三服务，助企解难题”专项服务方案，开展客户拜访工作，了解客户真实需求。制定“一户一策”金融服务。全年累计走访客户近1万户，发放贷款利息抵用券1568张，券面金额合计48.38万元，抵扣利息金额合计25.44万元，助力小微企业发展。加大科创小微企业贷款投放规模和力度，科创领域信贷稳步增长。年末有贷款余额科创企业22户，贷款余额7471.95万元，同比增长5381.95万元。与科创型企业、园区等合作设立“科创易贷”专属信贷产品，推出“科创人才贷”贷款产品，客户可享受贷款利率下浮0.3个百分点，助力科创企业发展。

（撰稿：林瑛）

【浙江泰隆商业银行股份有限公司舟山分行】 该分行位于东港街道海印路841号，成立于2016年3月30日。2022年下辖6个网点，有142名员工。落户舟山7年，泰隆银行舟山分行以打造“小而精、精而美”的“好银行”为目标，强化风险管控，提高小微金融和普惠金融服务质量。年末各项存款余额25.51亿元，贷款

泰隆银行舟山分行员工服务客户（泰隆银行舟山分行提供）

余额24.73亿元，贷款客户6107户，户均贷款40.49万元，不良贷款率为0.77%。是年，泰隆银行舟山分行以客户为中心，建立与小微企业基本特征及融资需求相匹配的产品体系，为小微企业提供定制化产品的金融服务需求。全年开展小鱼集市、电瓶车展销、反诈联盟、社区团购等活动576场，到场21365人次。新客户8672人，开户2207个，新增存款37061万元。开创泰隆“越来越好”借记卡，至2022年年末，累计办理“越来越好”卡9752张，其中靓号定制需求卡254张。

（撰稿：颜榕）

【定海海洋农商银行普陀支行】 2013年11月21日成立，位于普陀区东港街道海印路831—835号，是定海海洋农商银行首家跨地区分设机构。有员工22名。2022年，定海海洋农商银行普陀支行以“支持小微，服务三农”为市场定位，推出“渔船贷”“小微简贷”“海洋市民贷”“续贷通”“小微政担贷”“仓单质押”等贷款产品，为普陀经济发展提供高效、优质、便捷的金融服务。在营业厅开展各类金融知识宣传外，还组织员工进社区、进企业、进机关，开展反电信诈骗、反假、反洗钱、存款保险、现金大篷车、整治拒收人民币、优化老年人服务等金融知识宣传活动。年末各项存款余额45942万元，比年初增加18.21%；其中对公存款余额9561万元，对私存款36381万元。年末各项贷款余额176974万元，比年初增加8.75%，其中对公存款余额92000万元，对私存款84964万元。

（撰稿：卓文玲）

【绍兴银行股份有限公司舟山普陀小微企业专营支行】 该支行于2016年9月28日正式开业。2022年，设5个部门和1个沈家门社区支行营业网点，有员工27人。是年，开展首贷户拓展行动，通过存量客户转介绍上门服务，主动了解客户需求，为其制定授信方案，简化业务流程，提升放贷效率，全年新增51户首贷户，

定海海洋农商银行员工在浦东社区给老年居民讲解反诈金融知识（定海海洋农商银行普陀支行提供）

贷款新增4441万元。重视渔民客户的服务,多次到舟山海洋渔业协会和区海洋与渔业局,了解普陀区渔业发展情况,订制一款渔民贷产品——船舶抵押贷款,用来支持当地渔业发展。每周定期到各个渔村走访,宣传渔民贷政策,还给予渔民个体户一定的减息补贴。推出"战疫免息贷"产品,统筹安排2亿元专项贷款额度,单户500万元及以下新增贷款给予1个月的免息优惠,用信满12个月后予以一次性返还;对医护人员个人贷款实行"一减二免"利率优惠等。对部分小微企业给予一年期"无还本续贷",减轻企业转贷压力。全年累计办理"无还本续贷"199户、255笔,贷款金额22537万元。到企业、社区开展"反恐防恐""防范电信网络诈骗""守住钱袋子""金融知识万里行""人民币知识宣传""大额现金管理""网络安全"等宣传活动。年末各项存款余额121943万元,其中对公存款85127万元、个人储蓄存款36816万元。各项贷款余额82275万元,其中企业贷款余额10080万元、个人贷款余额72195万元。

(撰稿:厉娜)

【上海浦东发展银行有限公司舟山普陀和馨花园社区支行】 上海浦东发展银行有限公司舟山普陀和馨花园社区支行成立于2016年8月19日,位于沈家门街道兴建路323号,是浦发银行舟山分行辖内唯一一家社区支行。9月11日,利用十周年庆活动,作为"2022年舟山市青年歌手大赛"赞助商,在普陀大剧院开展"金融普及月 金融知识进万家 争做理性投资者争做金融好网民"的现场宣传活动。2022年年末,个人本外币储蓄存款余额8633万元,较年初新增1418万元,融资余额28469万元,较年初新增1422万元。个人贷款余额13015万元,较年初减少426万元。

(撰稿:周宏巍)

绍兴银行普陀支行征信宣传(绍兴银行普陀支行提供)

小额贷款公司

【舟山市普陀区汇润小额贷款股份有限公司】 该公司成立于2009年3月27日,是舟山市首家小额贷款公司。注册资本5000万元,其中浙江浩顺商贸有限公司占股40%。公司实行董事会领导下总经理负责制,有员工12人。营业地址在沈家门街道滨港西路58—62号201室,主营中小微企业、个体工商户和个人小额贷款业务。公司秉承"诚信、便捷、创新、共赢"经营理念,坚持"支农支小""小额、流动、分散"市场定位,依法合规经营,服务"三农(渔)"小微企业。强化内部管理,实行岗位责任制,掌握客户信息、动向,跟踪客户的经营情况,严格控制风险,做到贷前调查仔细、贷中严格审查、贷后跟踪到位。优化信贷结构,开拓和创新小贷业务。2022年,累计发放贷款5672万元,年末贷款余额1.38亿元,营业收入361.2万元,实现税后利润39.9万元。公司被省金融办评为2021年度浙江省A+级优秀小额贷款公司;被浙江省小额贷款公司协会选为理事单位;是舟山市小额贷款协会会长单位;被市政府办公室授予2021年度社会贡献奖。

(撰稿:贺妙妙)

【舟山市普陀区东港小额贷款股份有限公司】 该公司成立于2012年10月26日，注册资金1.5亿元。浙江欧华造船有限公司为主发起人，投资4500万元、占比30%，舟山强仁进出口有限公司、海力生集团有限公司（原舟山震洋发展有限公司）、浙江天海置业发展有限公司各投资3000万元，占比20%，马驰洲投资1500万元，占比10%。营业地址在东港麒麟街215号5楼，主营小额贷款业务。2022年年末各项贷款余额16030万元，营业收入496万元，各项支出494万元。2012年10月开业至2022年年末共发放各项贷款2857笔，贷款总额346095万元。

（撰稿：娄文红）

【舟山市普陀区汇龙小额贷款有限公司】 该公司成立于2012年12月25日，注册资本5000万元。由舟山市龙山船厂有限公司为主发起人，投资2000万元，占比40%，联合3名自然人各投资1000万元，各占比20%。实行董事会领导下总经理负责制，有员工6人。营业地址在六横镇六横路285号电信大楼4楼。主要从事经营中小微企业、个体工商户和个人小额贷款业务，办理小企业发展、管理、财务等咨询业务，以及其他经批准的业务。重点解决渔农业、种养殖业、农渔产品加工业生产者、中小企业资金周转需要。公司建立完整的客户信息档案，办理贷款业务秉承"快、爽、便"的经营理念，为客户提供便捷、优质的融资服务。2022年年末，各项贷款余额2906万元，其中公司业务1250万元、个人业务1656万元。全年实现各项业务收入387万元，各项支出160万元，上缴各项税费106万元，实现净利润195万元。

（撰稿：蒋凤）

证 券

【华宝证券股份有限公司舟山普陀麒麟街证券营业部】 该营业部于2021年3月25日由原华宝证券有限责任公司舟山普陀麒麟街证券营业部更名。地处东港财富中心一楼，营业面积192平方米，为C类营业部。营业部代理证券交易主要包括：沪深证券交易所A股、B股、证券投资基金（包括ETF、LOF）、国债、国债回购、可转换债券、企业债券等，北京证券交易所新三板精选层股票。并开展融资融券、股权质押、沪港通、深港通、股转系统交易、代销金融产品等业务，能满足客户多样化的投资理财需求。和中国银行、工商银行、农业银行、建设银行、交通银行、邮政储蓄、中信银行等多家银行开通客户资金第三方存管业务。2022年11月26日，舟山普陀麒麟街证券营业部变更为华宝证券股份有限公司舟山解放西路证券营业部，移址定海。截至2022年11月26日，华宝证券股份有限公司舟山普陀麒麟街证券营业部客户资产合计（人民币）157639.16万元，其中指定与托管证券市值143253.03万元，指定与托管限售流通证券市值1453.07万元，代办股份转让系统证券市值641.92万元，柜台客户交易结算资金余额12291.14万元。期末资金账户14317户，A股账户26,550户，B股账户46户，基金账户605户。固定收益类产品销售额1485万元，权益类产品销售额49521.23万元，混合类产品销售额696万元。各类证券业务交易合计3103296.2万元。其中，A股主板股票1520628.57万元，A股创业板股票451841.77万元，A股科创板股票112780.24万元，B股（折人民币）158.58万元，全国中小企业股份转让系统挂牌股票1527.94万元，公募基金30471.44万元，债券16321.79万元，债券融券逆回购交易957055.7万元，北交所股票9157.27万元，沪港通2135.45万元，深港通1140.7万元，存托凭证76.75万元。

（撰稿：虞梅娜）

【长城证券股份有限公司舟山昌正街证券营业部】 该营业部成立于2020年5月，营业地址在东港昌正街82号昌正大厦101室、201室，营业面积211平方米。2022年年末，营业部客户资产合计23118.99万元。其中，指定与托管证券市值20420.84万元，指定与托管限售流通证券市值2698.15万元。期末资金账户2487户，A股账户4314户，基金账户981户，同比分别增长82.47%、78.41%、388.06%。全年各类经纪业务交易总额累计

长城证券舟山昌正街证券营业部投教活动（长城证券舟山昌正街证券营业部提供）

542840.02 万元，同比增长 147.73%；其中，A 股 381958.54 万元，基金 39625.95 万元，债券 4473.15 万元，债券融券回购交易 110963.64 万元，其他证券 5818.73 万元。

（撰稿：刘一姗）

财产保险

【概况】 2022 年，全区有财产保险公司 7 家：中国人民财产保险股份有限公司舟山市普陀支公司、中国太平洋财产保险股份有限公司舟山市普陀支公司、中国人寿财产保险股份有限公司普陀区支公司、中华联合财产保险股份有限公司舟山中心支公司普陀支公司、中国平安财产保险股份有限公司浙江分公司普陀支公司、阳光财产保险股份有限公司舟山市普陀区支公司、大地财产保险股份有限公司舟山市普陀支公司。

【中国人民财产保险股份有限公司舟山市普陀支公司】 2022 年，中国人民财产保险股份有限公司舟山市普陀支公司内设 7 个部门，下辖六横镇、朱家尖街道 2 个营销服务部。有在编职工 30 人。主营船舶险、企业财产险，机动车辆保险、各类家庭财产保险、建筑安装工程保险、货运险、人身意外伤害险、责任险、政银保、科银保短期出口信用保险、国内贸易信用保险，城乡居民在校学生人身伤害意外保险、非机动车第三者责任保险等险种。全年保费（储金）收入 10772.33 万元，同比增长 1.06%。处理赔案 6938 件，同比下降0.87%；支付赔款金额 9695.87 万元，同比下降

2022 年普陀区各财产保险机构基本情况表

表 34

机构名称	地址	主要业务
中国人民财产保险股份有限公司舟山市普陀支公司	沈家门街道同济路 327 号	船舶保险、企业财产保险，机动车辆保险、农业保险、各类家庭财产保险、建筑安装工程保险、货运保险、人身意外伤害保险、责任保险、政银保、科银保、短期出口信用保险、短期健康险、国内贸易信用保险，城乡居民在校学生人身伤害意外保险、非机动车第三者责任保险等
中国太平洋财产保险股份有限公司舟山市普陀支公司	东港财富中心 A 座 3 楼	机动车辆保险、船舶保险、财产保险、货运保险、工程保险、责任保险、人身意外伤害保险和短期健康保险
中国人寿财产保险股份有限公司普陀区支公司	东港街道海洲路 727 号 801-809 室	船舶保险、企业财产保险、机动车辆保险、各类家庭财产保险、责任保险、建筑安装工程保险和人身意外伤害保险、货物运输保险等

续表 34

机构名称	地址	主要业务
中华联合财产保险股份有限公司舟山中心支公司普陀支公司	海中洲国际广场商务西楼 802 室北	企业财产损失保险、家庭财产损失保险、建筑工程保险、安装工程保险、货运运输保险、机动车辆保险、船舶保险、能源保险、一般责任保险、保证保险、信用保险(出口信用险除外)、短期健康保险、意外伤害保险业务;经中国保监会批准的其他财产保险业务。(依法须经批准的项目,经相关部门批准后方可开展经营活动)
中国平安财产保险股份有限公司浙江分公司普陀支公司	东港街道海洲路 727 号 406 室	经营机动车保险,企业 / 家庭财产保险及工程保险,一般责任保险,船舶 / 货运保险,短期健康 / 意外伤害保险,信用保证保险,能源保险业务;经营上级机构在银行保险监督管理机构批准业务范围内授权的其他业务。
阳光财产保险股份有限公司舟山市普陀区支公司	东港街道海印路 821 号海天大厦 1201 室	船舶保险、企业财产保险、机动车辆保险、各类家庭财产保险、责任保险、建筑安装工程保险、人身意外伤害保险、货物运输保险等
中国大地财产保险股份有限公司舟山市普陀支公司	东港街道海印路 821 号海天大厦三楼	船舶险、车险、各类责任保险、企业财产损失保险、家庭财产损失保险、意外伤害保险、建筑工程保险、货物运输保险等

10.21%。其中,舟山市旅游客运服务有限公司险种企业财产一切险,出险原因台风,赔款金额 104 万元。舟山市宏洲船舶修造有限责任公司险种雇主责任险,出险原因意外事故,赔款金额 100 万元。

2022 年,中国人民财产保险股份有限公司舟山市普陀支公司以下属 2 个营销服务部为基础,在六横镇、朱家尖街道的村社设立"三农"服务站 2 家,设立村级"三农"服务点 20 个,形成普陀区域内的"三农"服务体系。全年为农户提供普陀区政策性种植业、养殖业和林木保险各类产品保障金额 19680.41 万元,收取保险费 337.69 万元,支付赔款 923.77 万元,赔付率 273.56%。政策性种植业主要是水稻、小麦、油菜、大棚蔬菜、露地蔬菜、大棚西瓜、露地西瓜和葡萄等。参保面积 29120 亩(约 1941.33 公顷),保障金额 5248.3 万元,收取保费 200.72 万元,支付赔款 858.67 万元,赔付率 427.79%。其中,水稻参保面积 9526 亩(约 635.07 公顷),投保户数 38 户次,保障金额 952.59 万元,收取保费 47.63 万元,支付赔款 459.11 万元;水稻还参保完全成本保额补充保险,保障金额 354.48 万元,收取保费 17.72 万元,支付赔款 179.8 万元。小麦参保面积 1948 亩(约 129.87 公顷),投保户数 8 户,保障金额 116.87 万元,收取保费 4.38 万元,支付赔款 40.28 万元;油菜参保面积 2732 亩(约 182.13 公顷),投保户数 10 户,保障金额 136.6 万元,收取保费 4.1 万元,支付赔款 0 万元;设施农业大棚参保面积 3328 亩(约 221.87 公顷),投保户数 102 户,保障金额 3530.37 万元,收取保费 108.81 万元,支付赔款 171.28 万元;大棚西瓜参保面积 1722 亩(114.7 公顷),投保户数 76 户,保障金额 103.31 万元,收取保费 13.95 万元,支付赔款 6.17 万元;露地西瓜参保面积 161 亩(约 10.73 公顷),投保户数 6 户,保障金额 4.83 万元,收取保费 0.58 万元,支付赔款 0 万元;葡萄参保面积 178 亩(约 11.87 公顷),投保户数 12 户,保障金额 49.25 万元,收取保费 3.55 万元,支付赔款 2.03 万元。政策性养殖业主要是能繁母猪和生猪,参保头数 23857 头,保障金额 2893.71 万元,收取保费 123.64 万元,支付赔款 61.16 万元,赔付率 49.47%。其中,能繁母猪参保头数 1029 头,投保户数 5 户,保障金额 154.35 万元,收取保费 9.26 万元,支付赔款 7.05 万元;生猪参保头数 22828 头,投保户数 5 户,保障金额 2739.36 万元,收取保费 114.38 万元,支付赔款 54.11 万元。公益性森林保险主要是公益性林木火灾、商品性林木综合。参保面积 257409 亩

人保财险普陀支公司协助普陀区"共富方舟·守护健康"医疗队伍下岛医疗服务(人保财险普陀支公司提供)

(17160.6 公顷),保障金额 11538.41 万元,收取保费 13.34 万元,支付赔款 3.8 万元,赔付率 28.49%。其中公益性林木火灾参保面积 248409 亩(16560.6 公顷),投保户数 3 户,保障金额 11178.41 万元,收取保费 11.18 万元,支付赔款 0 万元;商品性林木综合参保 9000 株,投保户数 1 户,保障金额 360 万元,收取保费 2.16 万元,支付赔款 3.8 万元。政策性农村住房保险,全区承保农户数 46610 户,其中普通参保农户数 45551 户,低保户参保数 1059 户。为农户提供住房保障 104872 万元,保费 46.61 万元,支付赔款 8.25 万元,赔付率 17.7%。其他政保类项目落实学幼险续保工作;独家中标舟山市普陀区农业农村局和舟山市普陀区慈善总会联合牵头的普陀区医疗救助责任保险项目并签订三年合作协议,连续 5 年为辖区 3705 位"三低"人员提供近 16.34 亿元的风险保障。协同区慈善总会、区民政局等部门做好普陀区民生救助保险工作。借助网络媒体和基层社区等扩大宣传,推介"政府+慈善+保险",提高百姓政策知晓率;连续 6 年中标全区老年人意外险,独家为全区近 12000 名老年人提供 6 亿元左右的意外险保障。对接区卫健局,成立专项服务小组,协助普陀区"共富方舟·守护健康"医疗队伍每月 2 次下岛医疗服务,为医疗小组和岛上群众提供金融保险服务,助力实现海岛共同富裕。

(撰稿:赵妍璐)

【中国太平洋财产保险股份有限公司普陀支公司】 2022 年,中国太平洋财产保险股份有限公司普陀支公司内设 4 个部门,下辖 1 个六横营销服务部,有在编员工 17 人。营业地址在东港财富中心 A 座三楼。主营船舶险、企业财产险、机动车辆险、意外险、责任险、非机动车综合保险、城乡居民在校学生人身意外险等近百个险种,业务涉及汽车、机械、建筑、船舶以及高科技产业等各个领域,为客户提供全面专业保险保障。公司秉承"诚信天下、稳健一生、追求卓越"的价值观,是年相继召开各类车险、非车险业务、联谊交流会等会议,提高保险服务质量。全年实现保费收入 6027.33 万元,同比上升 8.80%,市场份额占普陀保险市场的 22.98%,其中车险保费

表 35

2022 年太保财险普陀支公司部分重大赔案情况表

被保险人	险　种	出险原因	出险日期	赔款金额（万元）
某企业	车险	人伤	2022.4.25	30.75
某企业	车险	自然灾害	2022.9.14	17.30
某海运公司	船舶险	触碰	2022.5.26	22.64
某海运商会	雇主险	意外伤害	2022.8.7	28.00
某工程公司	雇主险	过失	2022.7.10	49.90

太保财险普陀支公司半年度工作会议（太保产险普陀支公司提供）

收入 2446.54 万元，同比上升 7.72%；非车险业务保费收入 3580.79 万元，同比上升 9.55%。

（撰稿：沈苗苗）

【中国人寿财产保险股份有限公司普陀区支公司】 2022 年，该公司内设 10 个职能部门，下辖六横 1 家营销服务部。有在编职工 26 人。主要经营的险种有：船舶保险、企业财产保险、机动车辆保险、各类家庭财产保险、责任保险、建筑安装工程保险和人身意外伤害保险、货物运输保险等。是年，公司以“享你所想，TO 必安心”为主题，推动人民群众出行、健康、生活等方面的保险服务。年末，承担保险金额 2935320.47 万元，同比增长 2.26%；全年保费（储金）收入 4216.25 万元，同比下降 16.84%。处理赔案 1696 件，同比下降 36.10%；支付赔款金额 3921.13 万元，同比下降 7.13%，综合赔付率 57.19%。

（撰稿：邱燕）

【中国平安财产保险股份有限公司浙江分公司普陀支公司】 中国平安财产保险股份有限公司浙江分公司普陀支公司成立于 2006 年 7 月。经营机动车保险，企业、家庭财产保险及工程保险，一般责任保险，船舶、货运保险，短期健康、意外伤害保险，信用保证保险，能源保险等业务以及经中国保险监督管理机构批准的其他业务。根据《中国银保监会舟山监管分局关于印发 2022 舟山辖内银行保险机构“内控合规管理建设年”活动实施方案的通知》要求，公司开展“内控合规管理建设年”活动，加强绩效考核管理，加强操作风险管理，关注重点内外部风险，落实自查自纠工作，提升合规自律意识。与普陀区展茅街道沙井村建立党建共建关系，探索“保险+”的发展模式，为共建点定制乡村振兴保，涉及医疗、意外等全方位一体化保险保障。2022 年，实现保费收入近 3000 万元，同比增长 9.6%。其中，车险保费收入 2000 余万元，同比下降 10.9%；非车保费 900 余万元（其中船舶险保费 77.98 万元），同比增长 118.1%。全险种市场份额 10.9%，其中车险市场份额 16.5%。

（撰稿：陈宣琏）

【中华联合财产保险股份有限公司舟山市普陀支公司】 该公司于 2004 年 5 月 10 日成立。营业地址在东港街道海天大道 2701 号舟山海中洲国际广场西楼 802 室，内设 2 个职能部门，下辖六横营销服务部，有在编职工 4 人。主要经营险种有企业财产保险、机动车辆保险、船舶保险、各类家庭财产保险，建筑工程保险、货运保险、责任保险、保证保险、信用保险、人身意外伤害保险等多个保险险种。2022 年实现保费收入 1067 万元，同比增长 44.2%。赔款支出 909 万元，简单赔付率 85.19%，年结案率达 90% 以上。其中，赔付 5 月 10 日出险的某船务公司船舶险（碰撞）12 万元，赔付 12 月 25 日出险的某水产中心企业财产险（台风）360 万元。

（撰稿：唐峰敏）

人寿保险

【概况】 2022年，普陀区境内有人寿保险公司8家：中国人寿保险股份有限公司舟山市普陀区支公司、中国太平洋人寿保险有限公司舟山市普陀支公司、中国人民人寿保险股份有限公司舟山市普陀支公司、阳光人寿保险有限公司舟山市普陀区支公司、泰康人寿保险股份有限公司舟山中心支公司普陀区营销服务部、富德生命人寿保险股份有限公司舟山中心支公司普陀营销服务部、中国平安人寿保险股份有限公司舟山中心支公司普陀营销服务部、华泰人寿保险股份有限公司浙江分公司普陀营销服务部。

【中国人寿保险股份有限公司舟山市普陀区支公司】 2022年，该公司内设5个职能部门，下设六横、朱家尖2个营销服务部，有正式员工24人、销售人员175人。营业地址在东港麒麟街211号（东港财富中心A座四层）。主要保险业务有非分红险、意外险、健康险、分红险四大业务180余个险种。公司推进乡村振兴工作，开展文化礼堂结对活动，将乡村振兴作为“一把手”工程，班子成员带头到扶结对点开展专题调研和结对慰问活动。同时，公司聚焦保险主业，推广小额保险、两性安康等保险产品，提供全面的扶贫保险保障。做好2022年度重点风险专项治理工作、防范和处置非法集资宣传月活动、人身保险市场乱象整治等工作。从落实到开展再到整改都认真梳理，做到积极整改，不留死角。根据2022年《舟山分公司“问题整改年”工作实施方案》，推进从严治党问题整改年各项工作；明确牵头领导及责任部门，做到事事有人抓、件件有落实，确保反馈的各项问题在限期内都得到整改。推广电子化服务，优化服

2022年普陀区各人寿保险机构基本情况表

表36

机构名称	地址	主要业务
中国人寿保险股份有限公司舟山市普陀区支公司	沈家门街道东河路128号	人寿保险、健康保险、意外伤害保险等人身保险业务
中国太平洋人寿保险股份有限公司舟山市普陀支公司	东港街道麒麟街215号701室	人寿保险、健康保险、意外伤害保险等各类人身保险业务
中国人民人寿保险股份有限公司舟山市普陀支公司	东港街道中昌街101号3幢302室	人寿保险、健康保险、意外伤害保险等各类人身保险业务
阳光人寿保险股份有限公司舟山市普陀区支公司	东港街道麒麟街211号东港财富中心B座5楼	健康险、意外险、保障险、分红险和投资5大部分
泰康人寿保险股份有限公司舟山中心支公司普陀区营销服务部	东港街道沙田街66号1101室	人寿保险、健康保险、意外伤害保险等各类人身保险业务；经营上级机构在银行保险监督管理机构批准业务范围内授权的其他业务。
富德生命人寿保险股份有限公司舟山中心支公司普陀营销服务部	东港街道兴普大道338号舟山海中洲国际广场西楼	有个险、银保、团险3个系列，险种重大疾病保险、终身寿险、防癌疾病保险、两全保险、年金保险、费用补偿医疗保险等
中国平安人寿保险股份有限公司舟山中心支公司普陀区营销服务部	东港街道沙田街66号301-1、302、303室	人寿保险、健康保险、年金保险、意外伤害保险、机动车辆保险、企业财产保险、家庭财产保险、货物运输保险、船舶保险、工程保险、责任保险、信用保险、保证保险等
华泰人寿保险股份有限公司浙江分公司普陀营销服务部	东港街道沙田街66号普陀商会大厦501、502室	保险业务（依法须经批准的项目，经相关部门批准后方可开展经营活动，具体经营项目以审批结果为准）

2019—2022 年中国人寿普陀支公司赔款、年金给付情况

表 37

年　份	赔案件数（件）	赔款金额(万元)			年金给付（万元）
		小　计	其中医疗给付	其中死亡给付	
2019	1437	2093	631	121	479
2020	1355	2654	2182	272	894
2021	949	2184	1022	244.9	135
2022	930	1323	819.14	409.88	123.23

务流程，提高客户服务 E 化率。继续做好“极速赔”“国寿 e 店”理赔服务，推进“重疾一日赔”“全流程智能化”项目。支持和参与舟山市保障体系建设工作，如农村小额保险、城乡居民大病保险、两性安康保险、舟惠保等；继续办好 6.16 中国人寿客户服务节，开展“圆梦微心愿”“文化礼堂结对”“扶贫帮困”“慈善一日捐”“义务献血”等社会公益活动。全年实现保费(储金)收入 14766 万元，同比增长 3.54%。累计处理赔案 930 件，支付赔款 1323.69 万元，简单赔付率 95.86%。是年，中国人寿普陀支公司获省级卫生先进单位、舟山市巾帼文明岗、舟山市文明单位等荣誉称号。

（撰稿：郑满君）

【中国人民人寿保险股份有限公司舟山市普陀支公司】 该公司成立于 2008 年 3 月 17 日。经营地址在东港街道中昌街 101 号颐景园 3 幢 302 室。主要经营范围为人寿保险、健康保险、意外伤害保险等各类人身保险业务。设立客户服务中心，推行《浙江省保障“最多跑一次”改革规定》，落实减证便民政策，让客户办理业务“最多跑一次”。推广自助服务，以客户办理业务“零上门”“不要跑”为目标。新契约方面，持续推进 E 动神州、人保 E+、微信等电子化出单方式的应用。保全服务方面，“中国人民人寿 E 服务”微公号、人保寿险管家等线上程序，在限额内客户可线上自助申请保全变更。理赔服务方面，优化理赔服务，做到无实物资料小额度线上理赔。2022 年全年保费收入 654.48 万元，处

2022 年中国人寿普陀支公司重大赔案给付情况表

表 38

被保险人	险　种	出险日期	出险情况	赔款金额(万元)
夏某	国寿新绿洲团体意外伤害保险(B 款)	2022.3.28	不慎烧伤，4 月 5 号不治身故	60
王某	国寿新绿洲团体意外伤害保险(B 款)	2022.4.27	车祸不治身故	30
贾某	国寿附加国寿福提前给付重大疾病保险(臻享版)	2022.2.16	因肺恶性肿瘤浙江大学医学院附属邵逸夫医院治疗	30
刘某	国寿康欣终身重大疾病保险	2022.6.29	左侧甲状腺癌	30
杜某	国寿鑫福赢家年金保险	2022.4.7	因前列腺恶性肿瘤身故	25
黄某	国寿福终身寿险(臻享版)	2021.12.18	身故	20
张某	国寿绿洲团体意外伤害保险(A 型)(2013 版)	2022.8.24	因车祸身故	20
王某	国寿附加国寿福提前给付重大疾病保险(至尊版)	2022.2.14	因慢性肾脏病 5 期于浙江大学医学院附属第一医院住院治疗	20
李某	国寿附加祥瑞提前给付重大疾病保险	2022.11.9	直肠中分化腺癌	20
潘某	国寿康宁终身重大疾病保险(2012 版)	2022.3.17	卵巢透明细胞癌	18

理理赔案件8件，赔款支出124918.7元，死伤医疗44918.71元，无重大赔案。

（撰稿：徐洁）

【中国太平洋人寿保险股份有限公司舟山市普陀支公司】 该公司位于东港街道麒麟街215号701室。设有个险营销部、团险业务部、营运服务部和1个六横营销服务部，有正式员工15人。主营业务人寿保险、健康保险、意外伤害保险等各类人身保险业务。2022年，公司围绕人民群众健康医疗保险需求，加强政保合作，参与构建多层次的社会保险体系，提供专业化服务。作为舟山市商业补充医疗保险项目(舟惠保）的首席承保商，2022年普陀区块承保份额35%，参保8.06万人，保费806万元。公司的“健康服务+保险产品”一体化“太保蓝本”专属健康增值服务，为客户搭建“足不出户”到家式医疗服务体系，做到惠民、利民、便民。持续推进“闪赔”“秒赔”，即时理赔服务，同时百万医疗产品附加垫付功能，缓解客户就医时的经济压力。“云柜面”模式的推广应用，打通服务“最后一公里”。为维护客户权益，推出四项暖心举措及六项服务承诺。是年实现保费收入1.93亿元。其中，个险新保保费1786.52万元，续期保费1.47亿元；团寿险保费126.05万元，团险意外与健康短期险保费1044.48万元，银保保费1618.53万元。各项赔款金额2013.82万元，给付1748.93万元。

（撰稿：林韩红）

【泰康人寿保险有限责任公司浙江舟山普陀营销服务部】 2022年，该服务部有在职内勤员工3人，营销员70人，续期服务员2人。重视新产品开发，推出“保险+医养康宁”大健康战略，满足人们的健康长寿与财富管理三大需求。分别是年金险+养老服务形成长寿解决方案，健康产品+健康服务+生态形成健康解决方案，保险金+资管服务形成财富解决方案。推出的“小额快赔、重疾先赔”等特色康乃馨理赔服务，全年累计有13人享受康乃馨探视服务。是年，和舟山市人民医院、普陀区人民医院、白泉瑞金医院、舟山市广安医院4家医院建立健保通一站式理赔合作，更好地服务普陀泰康客户。全年实现总保费收入976.84万元，其中个险新单141.55万元，10年以上期缴保费87.07万元，办理各类理赔案件16件，结案率100%，累计支付赔款64.44万元，满期给付金额124.86万元，年金给付金额212.74万元。

（撰稿：夏文武）

典当与融资

【典当行业】 2022年，全区有典当行7家：舟山恒泉典当有限责任公司、浙江商旅典当有限责任

2022年普陀区各典当公司基本情况表

表39

机构名称	地址	主要业务
舟山恒泉典当有限责任公司	沈家门缪家塘路8号	动产、财产权利质押典当业务；房地产抵押典当业务；限额内绝当物品的变卖、鉴定、评估及咨询服务
浙江商旅典当有限责任公司	东港街道海天大道2802号	房产抵押，车子抵押，贵重物品抵押，证券类抵押
浙江观自在典当有限公司	沈家门街道小西湖弄46号	典当业务(凭典当经营许可证、特种行业许可证经营)
舟山市禾薪典当有限责任公司	东港街道香榭街91号网点	动产质押典当业务；财产权利质押典当业务；房地产抵押业务；限额内绝当品的变卖；鉴定评估及咨询服务
舟山海升典当有限责任公司	沈家门街道东海中路918号	动产抵押典当业务；财产权利质押典当业务；房地产(外省、自治区、直辖市的房地产或者未取得商品房预售许可证的在建工程除外)抵押典当业务；限额内绝当物品的变卖；鉴定评估及咨询服务；商务部依法批准的其他典当业务

续表 39

机构名称	地址	主要业务
浙江炳炳典当有限公司舟山分公司	东港街道海印路 765 号海景时代广场 2 幢 816 室	典当业务
舟山市万隆典当有限责任公司普陀分公司	沈家门缪家塘 33 号	财产权利质押典当业务；房地产抵押典当业务；限额内绝当物品的变卖；鉴定评估及咨询服务

公司、浙江观自在典当有限公司、舟山市禾薪典当有限责任公司、舟山海升典当有限责任公司、浙江炳炳典当有限公司舟山分公司、舟山市万隆典当有限责任公司普陀分公司。

【区融资担保公司】 舟山市普陀区融资担保有限公司（简称区融资担保公司），是国有政府性融资担保机构，主要服务于普陀区中小微企业和"三农"。实行董事会领导下的总经理负责制，注册资金 1 亿元。其中，区人民政府国有资产监督管理办公室出资 8800 万元，占股 88%；六横镇资产经营有限公司、沈家门街道资产经营有限责任公司、勾山经济发展总公司（2013 年 8 月划归东港街道）各出资 300 万元，各占股 3%；虾峙镇资产经营有限责任公司、朱家尖街道资产经营有限责任公司、展茅街道集体资产经营有限责任公司各出资 100 万元，各占股 1%。区融资担保公司主营融资性担保业务，兼营非融资性担保业务，与担保业务有关的财务顾问、咨询中介服务，按规定以自由资金进行投资。2022 年，公司实现营业收入 273.50 万元，营业外净收入 185.29 万元，各类营业成本 456.18 万元，缴纳各项税费 10.50 万元，实现净利润 1.97 万元。是年，公司继续被杭州联合资信评估有限公司评为 A 级信用评级。被舟山市人民政府办公室评为"舟山市金融支持地方经济发展单项奖（创新奖）奖"。

2022 年，区融资担保公司加强对普陀区中小微企业和"三农"扶持力度。为 113 家企业新增、续增担保业务 131 笔，担保金额 33307.8 万元，同比增长 73.40%；为 65 家企业解除担保业务 82 笔，解保金额 22821.5 万元；年底，有在保业务 122 笔，涉及企业 111 家，在保余额 32028.8 万元，缓解企业资金困境。是年，公司推出"稳外贸担保贷"等服务产品。与建行普陀支行、普陀农村商业银行、定海海洋农商银行普陀支行、民泰商业银行舟山普陀支行等签订"双保"合作协议，拓展业务规模，扶持当地经济。为 97 家企业转贷 123 笔，转贷总额 42246.4 万元。其中，为 71 家用户办理"T+0"转贷业务 89 笔，涉及转贷金额 28746.4 万元，占全部转贷 72.36%及全部金额的 68.04%，为企业减少转贷成本近 60 万元。转贷业务涉及市

调研申请担保企业（区融资担保公司提供）

内各家银行，与银行衔接做到确保转贷资金安全平稳运行，确保转贷企业无一笔贷款逾期。在全区范围内持续推广“T+0”转贷项目，发挥银担协作，整合业务流程等，提高转贷效率，实现转贷业务上的“最多跑一次”。对受疫情影响严重的餐饮、旅游、交通运输等行业、个体工商户和汇率避险业务免除担保费，对首次申请担保的企业按照0.5%减半收取担保费，对其他企业收取不超过0.8%的担保费。全年为企业累计减免担保费211.50万元。

（撰稿：缪敏阳）

编辑：陈莉

综合经济管理

经济发展调控

【概况】 舟山市普陀区发展和改革局(简称区发改局)是主管全区国民经济和社会发展战略规划、总量平衡、结构调整、军民融合、社会建设、金融、能源、物价和指导推进和综合协调经济体制改革等工作的区政府工作部门,挂区政府金融工作办公室牌子。区委社会建设委员会,作为区委派出机关,与区发改局合署办公。区委军民融合发展委员会办公室设在区发改局;2022年12月,经国防动员体制改革后,加挂区国防动员办公室牌子,撤销国民经济动员办公室牌子。暂时加挂区人民防空办公室牌子,区人防事务中心调整为由区发改局管理。区发改局辖有5个下属事业单位:区金融发展中心(副科级全额拨款事业单位)、区人防事务中心(副科级参公事业单位)、区重点项目前期服务中心(正股级全额拨款事业单位)、区价格认证中心(正股级全额拨款事业单位)、区新能源产业发展研究中心(正股级全额拨款事业单位)。

【年度计划编制与实施】 2022年,区发改局编制年度计划草案,内容包括经济社会发展指导思想、调控预期目标、工作重点及对策措施。2022年度计划草案提出的经济增长(GDP)计划目标,比上年增长6.5%左右,提交区十八届人代会第一次会议审议,经批准后由区政府下达实施。后经区第十八届人民代表大会常务委员会第五次会议通过,经济增长(GDP)计划目标调整为比上年增长5%左右(舟普人常〔2022〕35号)。全区聚焦“现代海洋产业新高地、现代品质海岛大花园、现代社会治理新样板”发展定位,统筹推进疫情防控和经济社会发展,统筹做好发展和安全,打出稳进提质、除险保安、塑造变革组合拳,区经济运行稳中向好,但未能完成全年计划目标。2022年实现地区生产总值409.7亿元,按可比价计算比上年增长4.0%,与计划目标差距1.0个百分点。第一产业实现增加值80.6亿元,增长6.4%;第二产业实现增加值98.1亿元,增长1.9%;第三产业实现增加值231.0亿元,增长3.9%。三次产业结构比例调整为19.67∶23.95∶56.38。

【经济运行监测】 区发改局履行经济形势监测和分析职能,2022年加强对省经济运行监测网工业企业样本22家,服务业企业样本41家管理,分季直报经济运行监测信息,做好经济运行监测工作,为省委省政府决策提供参考。围绕全区总体发展目标和定位,建立季度全区经济分析例会制度,加强与相关经济管理部门的沟通与衔接,分析预判经济社会发展宏观环境和发展趋势,对经济运行情况进行动态预警,形成以季度、半年度、年度经济社会运行综合分析报告。强化主要经济指标管控,围绕市考核县(区)的GDP、固定资产投资、规上工业增加值、城乡居民“两项收入”等11个指标,分解至各镇街(管委会)、相关部门,压实工作责任,明确攻坚目标,制订冲刺措施,在全市“争先进位”中取得较好名次。建立健全以行业、GDP相关联的14个指标的监测、预测、预警分析报告体系,以及跟踪、督查的工作机制,实现全区经济“稳进提质”的目标。

【课题调查研究】 区发改局围绕发展海洋经济，谋划海洋产业发展方向，开展前瞻性、战略性课题研究，为区委区政府科学决策提供依据。2022年相继完成《扎实推动共同富裕的普陀实践路径研究》《关于普陀区海洋产业发展的路径研究》《关于葫芦岛打造海岛共同富裕样板的产业发展建议》《普陀区飞机拆解行业发展思路研究》《关于普陀城西产业发展定位初步谋划情况的报告》《黄兴岛海上训练基地初步思路》等一批重大课题研究，其中《扎实推动共同富裕的普陀实践路径研究》区级重点课题，入选区政研室编辑的2022年度《普陀调研成果汇编》。

【规划管理与编制】 区发改局统筹全区规划管理工作，从规划经费管理入手，2022年印发《舟山市普陀区区级预算单位规划经费管理办法（试行）》。牵头编制完成《舟山市普陀区产业发展空间规划》等区重点规划。配合市发改委做好功能岛规划编制，加强谋划虾峙金钵盂、东西白莲等功能岛建设。督查全区“十四五”专项规划和其他重大规划编制工作，确保规划编制各项任务的完成。指导部门编制完成《舟山市普陀区卫生健康事业发展“十四五”规划（2021—2025年）》《舟山市普陀区综合交通运输“十四五”发展规划》《舟山市普陀区民政事业发展“十四五”规划》《普陀海岛公园建设规划（2020—2035）》，在浙江省规划管理数字化平台录入，实现规划成果数字化。

2月22日，虾峙金钵盂临港产业园开工（区投资促进中心提供）

【省市重点项目】 2022年，区发改局向上对接协调，强化重大项目申报。普陀夏新未来社区建设项目、普陀鲁家峙至东港公路项目、金钵盂岛年产70万吨精密不锈钢板带及配套精加工项目、浙能六横电厂二期2×1000兆瓦工程、浙江省宁波舟山港六横公路大桥项目二期工程5个项目列入省重点建设计划，总投资144.55亿元，全年计划投资16.0亿元，年度完成投资17.95亿元，完成年度计划投资的112.2%。其中，普陀鲁家峙至东港公路项目已建成通车，年度完成投资1.5亿元，完成年度计划投资的149.9%；普陀夏新未来社区建设项目，年度完成投资7.79亿元，完成年度计划投资的111.3%；浙能六横电厂二期2×1000兆瓦工程，年度完成投资5.66亿元，完成年度计划投资的113.1%。舟山市污水处理厂配套主管网工程、东白莲岛油品储运工程、普陀鲁家峙至东港公路工程、半升洞高端休闲街区项目、舟山（普陀）万洋众创城项目、普陀水街旅游综合开发项目、东港（半升洞）客运站场（码头）及城市广场建设工程、东港陈家后新农村改造项目、东港健康养生馆项目、夏新未来社区建设项目、普陀区金钵盂岛临港产业园、永兴村地块安置房建设工程、普陀区科技产业孵化园建设工程、城北大道建设工程、普陀北部海洋科技产业孵化基地项目、江湾滨海公园建设工程、现代智能冷链物流平台项目、普陀区沈家门老城区有机更新水系管网提升改造工程、茶湾地块新建学校项目、普陀区DT-07地块养老公寓建设工程、普陀区市民中心新建工程、普陀区市民教育中心建设工程、大蒲湾安置房项目、舟山市普陀区海塘安澜工程(乡镇海塘)、东塘线市政道路改造工程、普陀区老旧小区提升改造工程、东港一期市政道路提升改造工程、东港新建学校项目、螺门渔港配套桥梁工程29个项目列入市重点项目,全年计划投资35.87亿元,年度完成投资56.99亿元,完成年度计划投资的158.85%。其中,舟山市污水处理厂配套主管网工程、普陀水街旅游综合开发项目、东港陈家后新农村改造项目(一期)、江湾滨海公园建设工程、现代智能冷链物流平台项目等6个项目年底前按时竣工。

【区级重点项目】 2022年,区发改局与镇街、相关局办联动,梳理、筛选金钵盂临港产业园项目、中海海洋生物肽及未来食品城项目、舟山(普陀)万洋众创城项目、普陀区智能机械制造项目、海欣海洋生物精深加工及海洋肽制造项目、现代智能冷链物流平台项目、正山智造二期厂房新建项目、舟山瑞盛装备制造有限公司厂房建设项目、华泰检测基地项目、和盛金枪鱼海洋蛋白肽产品项目、普陀绿色渔业玻璃钢船舶及装备产业中心、中远重工船坞及码头建设工程、普陀北部海洋科技产业孵化基地项目、普陀城西观碶头未来科技产业园一期工程(氢能产业园)、未来智创城海洋生命科学园项目一期工程、国际水产城冷链物流产业园、舟山海事服务岸基基地海事服务综合大楼提升改造工程、浙能舟山六横液化天然气接收站项目、中石化浙江舟山六横LNG项目、浙能六横电厂二期工程、普陀区滩涂光伏发电项目、东白莲岛油品储运工程、中奥能源油品储运扩建工程、盛达保税燃料油中转加注基地项目、半升洞高端休闲街区项目、东港健康养生馆项目、普陀水街旅游综合开发项目、普陀区科技产业孵化园建设工程、夏新未来社区商务服务中心建设工程、桃花岛景点提升改造工程、白沙岛海洋牧场项目、舟山海奥可再生资源利用项目、展茅3万吨工业污水厂工程、六横污水处理厂二期及整体提标工程、普陀区海洋生态保护修复项目(东海岸)、普陀区海岸生态工程建设项目、六横小郭巨垦造耕地项目、普陀区登步岛垦造耕地项目、沈家门老城区有机更新水系管网提升改造工程项目、普陀区渔农村生活污水治理五年行动建设项目、舟山市普陀区海塘安澜工程(乡镇海塘)、舟山市普陀区城西区域水系整治工程、普陀鲁家峙至东港公路工程、东港(半升洞)客运站场(码头)及城市广场建设工程、宁波北仑岭头车客渡码头(站场)工程、城北大道(暂名)建设工程、东塘线市政道路改造工程、六横大岙至龙山公路工程、螺门渔港配套桥梁工程、东港一期(2022年度)市政道路提升改造工程、半升洞智能停车库项目、中央山体公园建设工程、江湾滨海公园建设工程、"红动蓝湾·和美普陀"共同富裕示范带项目、梁横区块基础设施建设工程、金钵盂岛基础设施建设工程、小郭巨二期围垦区一阶段场地回填工程、茶湾地块新建学校项目、东港新建幼儿园项目、东港新建小学项目、普陀区市民教育中心建设工程(区委党校)、沈家门第一小学扩建工程、六横医共体综合提升项目、舟山市(普陀区)美术馆改建工程、普陀区市民中心新建工程、夏新未来社区建设项目、夏新未来社区安置小区二期工程(暂名)、东港陈家后新农村改造项目、普陀区大蒲湾安置房项目、普陀区永兴村安置房项目、普陀区DT-07地块养老公寓建设工程、普陀区2022年度老旧小区提升改造工程72个列入全区实施类重点建设项目,总投资769.84亿元,全年计划投资70.0亿元,年度完成投资80.6亿元,完成年度计划投资的115.15%。其中,33个续建项目加快推进,全年完成投资56.3亿元,完成年度计划的129.5%。有5个项目推进未完成年度计划,分别是半升洞高端休闲街区、白沙岛海洋牧场、沈家门老城区有机更新水系管网提升改造、盛达保税燃料油中转加注基地和普陀区永兴村安置房项目。39个新建项目按序推进。30个新建项目实现年内开工,全年完成投资24.3亿元,完成年度计划的91.7%。有9个项目正在开展前期工作,分别是普陀区智能机械制造项目、中海海洋生物肽及未来食品城项目、未来智创城海洋生命科学园项目一期工程、沈家门第一小学扩建工程、展茅3万吨工业污水厂工程、普陀区海洋生态保护修复项目(东海岸)、国际水产城冷链物流产业园、六横大岙至龙山公路工程、六横医共体综合提升项目。有 11 个项目年底前按时竣工，分别是海欣海洋生物精深加工及海洋肽制造项目、现代智能冷链物流平台项目、舟山瑞盛装备制造有限公司厂房建设项目、华泰检测基地项目、和盛金枪鱼海洋蛋白肽产品项目、中奥能源油品储运扩建工程、普陀鲁家峙至东港公路工程、普陀水街旅游综合开发项目、东港陈家后新农村改造项目(一期)、江湾滨海公园建设工程、普陀区 2022 年度老旧小区提升改造工程。

【向上争取资金】 2022 年，区发改局争取省级预算内资金 1832.71 万元，其中省公共建设资金 500 万元(普陀区美术馆改建工程 200 万元，东港新建幼儿园项目 300 万元)、省级低碳试点县建设专项奖励资金 1000 万元、省级新能源汽车推广应用奖补资金 308.6 万元（其中六横 296.5 万元)、新能源汽车充电基础设施奖励 24.11 万元；争取发行地方政府专项债券额度 1.9 亿元，其中普陀区 2022 年老旧小区提升改造工程 8000 万元、东港新建幼儿园项目 3000 万元、金钵盂临港产业园基础设施建设工程 8000 万元；申报普陀城西未来智创城科技产业园一期、展茅工业污水处理厂建设工程、普陀海事综合服务产业园二期建设工程等政策性开发性金融工具项目 7 个，拟申请资本金贷款 3 亿元，其中普陀城西未来智创城科技产业园一期 8000 万元已获国开行投放；争取企业发债项目 2 个，其中区国资公司绿色债券发行 12 亿元获国家发展和改革委员会通过，区城投集团 12.5 亿元公司债券上报省发展和改革委员会。

【深化“省级大花园示范县”建设】 2022 年，普陀区以打造“全省海上大花园样板区”为目标，深化“省级大花园示范县”建设。推进城乡风貌整治提升行动，东港城市风貌样板区列入浙江省首批试点建设名单，安康社区等 4 个社区入选全省第五批旧改类未来社区创建名单，蚂蚁岛管委会蚂蚁岛村、白沙岛管委会白沙港村、桃花镇塔湾村列入第二批未来乡村创建，虾峙镇完成美丽城镇省级样板验收；推进海塘安澜工程和幸福河湖建设，实施 28 条海塘提升加固建设工程，开展城区西片区水系综合治理工程和六横岛中小流域综合治理工程；持续推进万里骑行绿道工程，新建绿道 2.2 千米，完成新改建社区、口袋公园 5 个，建成优质综合公园 3 个，建成省级园林式居住区 1 个、完成省级绿化美化路 1 条；打造美丽公路精品名片，普陀区晓辉至朱家公路(螺塘线）获评 2022 年浙江省首批“十大最美农村路”，开展“千灯万带”、公路交通安全设施精细化提升等 11 项工程，打造全域美丽航线，完成全区 6 个主要海岛客运站人脸识别系统应用建设，手持式验票终端所有客运航线实现全覆盖；持续推进国土绿化美化，累计完成国土绿化 5800 亩(约 386.67 公顷)，大面积种植红楠、舟山新木姜子、普陀樟等珍贵乡土树种，人均公园绿地面积 14 平方米，居民出行“300 米见绿地、500 米见公园”；推进全域旅游发展，以“全岛全景”蓝图编制全省首个县域景区规划；打造沈家门渔港等文化标识，完成沈家门“一港两岸”景观亮化提升，推进“蓝色岛链”特色工程，完成蚂蚁、庙子湖、虾峙等客运码头风貌提升，开通“普陀之星”跳岛游航线，引导创建旅游风情小镇、A 级旅游景区、A 级景区村庄等多层次全域化核心品牌，创成桃花岛旅游风情小镇、沈家门渔港特色小镇 AAAA 级景区，成功创建 AAA 级景区城 1 个、AAA 级景区镇 6 个，基本实现景区村全覆盖。培育壮大绿色产业，绿色引领“一艘船”，建成全国最大的绿色修船基地，完成全球最大的 LNG 双燃料动力集装箱船及豪华邮轮等高技术修理业务。万邦船舶重工(舟山)、舟山中远海运重工有限公司被授予全国仅有的 2 家“绿色修船示范企业”称号；科技赋能“一条鱼”，打造集渔需物资采购服务、渔业产业供应链服务、渔业创新贸易服务等于一体的“普渔乐”全产业链数字平台，成功创建省级渔业转型发展先行区，全面建设国家绿色渔业实验基地；绿色能源跑出加速度，实施“风光倍增”工程，建成投运全省首个大型海上风电项目，年发电 7 亿度以上，建成投产全省首个“不拆瓦”屋顶光伏项目，启动装机容量 1600 兆瓦海上风电场测风工作，推进“海上氢岛”建设，创新氢能场景应用，交付投运4辆氢能公交车、3辆氢能环卫车及1辆冷链物流氢能示范应用车，建成全市首艘氢能动力船和全市首座加氢站；深化改革创新机制，深化“两山银行”试点工作，成立区新农村投资开发有限公司作为普陀区“两山合作社”实体化运作平台，并挂牌普陀区“两山”生态资源资产运营平台。以盘活闲置资产为切入点，实施“盘活一处农房、招引一家企业、带来一批项目、重塑一村活力，富裕一方村民”的“五个一”行动，打好“宅基地盘活+乡村建设”集成改革组合拳，逐步创新推行“同舟共富，小岛你好”渔村保护利用新模式，成功打造展茅路下徐、白沙陌领·佑舍、河泥漕特色民宿综合体等网红打卡地；深化绿色金融改革创新，引导银行机构加强对绿色金融产品的推广，精准支持绿色低碳项目，支持开展排放权、排污权等多种形式抵质押贷款，成功发放全国首笔海洋资源开发与保护抵押补充贷款；组织开展特色宣传活动，倡导绿色低碳生活方式宣传，推动形成绿色低碳生活方式和生态文明新风尚，开展反食品浪费行动，强化粮食生产环节日常监督检查，开展流通领域食品销售监督检查，强化食品流通环节临期食品销售提醒；持续推进国家级、省级文化和旅游消费试点示范工作，成功入选省级文化和旅游消费试点城市，获全省夜间经济示范区称号，位列2022年全国市辖区旅游综合实力百强第七位。

【推进长三角一体化工作】 2022年，区发改局强化区域联动，推进互联互通，加快攻坚六横公路大桥、北仑圆山码头等重点项目；推进甬舟一体化，与宁波镇海区组建“跨区域城乡义务教育共同体”，开展各项活动130余次。深化“海陆普陀”合作，普陀湾（上海）众创码头新入驻企业7家，驻办公企业15家，入驻率100%；累计招引人才65人，其中博士5人、硕士11人。全面推进“放管服”改革，设立长三角通办专窗和“甬舟一体化”通办专窗，“一网通办”率90.24%。深化产业联动，强化文旅产业合作，在长三角地区各城市开展旅游交易会、推介会，并在当地主流媒体、机场登机牌、高速加油站等进行宣传营销，吸引长三角地区游客赴普旅游。强化科创合作，与上海海洋大学签署《校地合作协议》，在前期双方合作共建“东海海洋生物资源工程技术中心”基础上，共同成立海洋生物科学国际联合研究中心普陀分中心，进一步强化普陀食品工业、海洋渔业、海洋生物医药等产业产品的研发能力。强化产业招商，区委区政府领导带队到长三角地区招商30余次，签约落地来自长三角地区投资亿元以上项目9个，跟踪对接在谈六大百亿产业项目30余个。推动开放发展，创新大宗贸易推进体系，出台自贸区首个大宗商品领域体系化政策，全省率先构建准入会商机制，首家浙气（舟山）供应链管理有限公司完成会商注册。推进全省首个大宗商品贸易企业服务中心建设，提升以油气为核心的大宗商品资源配置能力，招引大宗贸易企业320家，实现大宗商品贸易额857亿元。强化“双碳”集成改革，推进能源、工业、交通、建筑、渔农业、居民生活和科技创新“6+1”领域节能降碳工作，加快全域绿色转型。普陀诸湾美丽海湾建设获全省2022年度美丽海湾优秀案例，并被推荐参评全国优秀案例。开展“千船联动 治塑海洋”中国舟山（普陀）首届海洋生物多样性保护志愿大行动，推动建立“百长共治、千船联动、万员协同”海洋治塑格局。

【开展东西部扶贫协作】 2022年，区发改局制定印发《2022年普陀—万源东西部协作任务书》，两地党政主要领导开展互访交流2次：完善双向挂职交流机制，选派13名专业技术人才到万源挂职帮扶（教师4名、医生3名、农技人才3名、其他人才3名）。做好干部和技术人才培训，组织开展乡村振兴干部培训班6期，培训干部754人次；进行乡村振兴专业技术人才培训班7期，培训人才1400人次；举办劳务协作培训班21期，培训农村劳动力951人。开展多领域交流，做好实质性结对帮扶。两地乡村振兴系统围绕乡村振兴工作开展交流活动，做好镇村结对，普陀六横镇与万源长坝镇、普陀峧头村与万源渔窝池村建立结对关系，通过经验交流、资金捐助、技术指导等，助力结对镇村乡村振兴；两地文广旅体系统签订《东西部协作战略合作协议》，搭建文化旅游体育战略合作机制，立足两地丰富的旅游资源，开展互设疗休养目的地等旅游合作；两地医疗系统指导共同谋划推动“山地方舟”建设，借鉴普陀“共富方舟·健康守护”行动，复制推广普陀服务离岛群众医疗需求的创新做法，筹措500万元启动资金，援助并指导万源开展“山地巡诊·共护健康”行动，共建“山地方舟”；两地教育开展学术交流、互派人才挂职、人员培训等结对活动，沈家门第一小学等3家学校与万源市河西学校等5家学校建立结对关系，开展同步直播课堂等做法，推进万源教育事业高质量发展。推进消费帮扶，开展产销对接，加大万源农特产品推介宣传力度，累计实现消费帮扶4200万元。扎实推进产业基地共建，继续推进茶叶现代农业园区、魏家硒李现代农业园区建设，引导入园园区企业2家，新增实际投资额1500万元，吸纳50名农村劳动力就业。做好援建帮扶(就业)车间建设，建成农副产品、手工艺品、电子产品等领域特色帮扶车间12家，吸纳就业人员292人，其中脱贫人口122人。建设高标准茶叶基地2700亩(180公顷)、茶叶加工厂3座以及蓝莓基地等项目。合作共建万源市茶叶现代农业园区等3个园区，实际到位投资2200万元。动员社会力量投入帮扶，联系推动普陀有关部门、企业、社会组织等各方力量对万源开展精准帮扶活动，全年筹集社会帮扶资金(包含捐物折款)845.4万元，其中普陀山佛教协会捐赠帮扶资金300万元，用于援建永宁镇敬老院项目。

【持续优化营商环境】 2022年，区发改局制定出台《普陀区建设最优营商环境2022年行动方案》，推进20大类52项具体举措，编制30项重点指标任务清单。贯通落地浙里营商数字化平台，做好“无感监测”跟踪，开办企业、注销企业、登记财产为标杆指标，及时处置预警3次，组织云讲坛8期，上报创新案例10期。编制《扎实稳住经济一揽子政策措施实施方案》，创新推出第一批“免申即享”“免审即享”政策清单44项，兑付单位3544家，兑付总金额4295.9万元。围绕获得信贷、知识产权活力、公共服务等指标加大数字赋能，推进普惠e企、数字渔民画、智慧人才公寓等区级特色应用培育。推出举措创新，探索柔性监管(触发式监管)模式，实现全区20家金融机构无还本续贷业务全覆盖，创新推出海洋人才“普汇”新政15条，政务服务便民站点实现村(社区)全覆盖。牵头推进要素市场化配置综合改革，推进民营经济发展监测应用的落实。

【牵头推进数字社会系统建设】 2022年，区发改局完善推进机制，设置数字社会系统专题组，区委副书记任组长，22个单位参与，吸纳群团部门加入。出台《2022年普陀区数字社会系统建设工作要点》，细化双月作战图，完成周报41期、双月总结6期，强化监测跟踪、专项督查和综合评价。紧跟数字社会系统架构3.0版，形成8条跑道，按照省市部署推动26个重大应用落地，设置10个区级应用。加快特色应用谋划建设，新上线6个，在建1个，谋划3个。推进党政统领整体智治、数字政府、数字经济和数字社会领域中9项省级重大应用贯通，“普陀运行调度e中心”成功入选省首批“经济调节e本账”建设试点；应急物资在线平台已全面应用，全区168个应急仓库已录入系统并开展仓库物资的入库、盘点；营商环境集成应用已贯通落地，开展“无感监测”跟踪，及时处置预警4次，组织云讲坛9期；浙里“民生关键小事”智能速办应用，15名体验员被授予省级首批100名优秀小事体验员，全省第一，体验员人均反馈数量全省第一；浙里基本公共服务实现全区七大领域共784项数据归集；浙里新市民列入全省第二批复制推广试点，推进积分管理办法修订，应用完成浙里办上线。搭建普陀区项目数字化管理平台，设置问题卡点、进度预警、在线督办等功能。4月上线以来，通过数字化手段对重大项目推进情况进行绩效评价通报排名，对进度滞后单位、滞后项目进行亮灯预警，提高项目管理效率。推进助残志愿服务、未来社区(乡村)、浙里捐赠、退役军人创业系统等省级试点争创，社会组织服务、健康方舟获评省级优秀案例，获得省部级领导批示2次、厅局级领导批示3次，省级主要简报刊发12次，推荐2个应用参加省市路演5次。

【牵头推进信用体系建设】 2022年，区发改局制定印发《2022年普陀区社会信用体系建设工作要点》。推进展茅创建市级“诚信示范街道”，贴画报86张、电子屏播放宣传标语528条、发放宣传手册900余份，组织63家企业参加信用修复专题培训会。“普惠e企”获得全市路演第一，获评全市信用应用场景“示范推广项目”，“信用+培育”举措被《浙江政务信息》录用。健全信用分级分类监管机制，双随机抽查应用信用规则率93.90%，指导市场主体移出经营异常名录139条，浙江同博科技发展有限公司续展浙江省信用管理示范企业。拓展信用在住房保障领域的应用，完成对368户困难家庭户的信用核查。持续推进信易贷，平台累计注册企业2311家（占全市的39%），累计授信额114.29亿元（占全市的34%）。纳税信用案例获省发改局领导批示推广。

【牵头推进社会领域改革】 2022年，区发改局调整社会体制改革专项小组，推进浙里善育、“双减”、浙里长寿、共富基本单元4项改革，出台《普陀区关于促进3岁以下婴幼儿照护服务发展的实施意见》《舟山市普陀区婴幼儿照护服务资金补助方案》，舟山市普陀小学课后服务工作入选省首批“双减”优秀实践案例和省“双减”年度十佳样本，在天颐老人之家完成智慧养老院建设，6个社区入选省未来社区创建名单；抓好大救助、人才引育等全面深改社会体制改革，推进“为民办事智能速办”省共富示范区十大标志性成果落地实施。加大试点争创引导，新增社区药事服务站、城乡风貌样板区、持续深化婚俗改革、交通强国试点县、农村公路养护体制改革、药品流通监管创新、文化保障卡建设、现代社区电梯质量安全提升、农村房屋安全使用一件事等13项社会体制改革省级试点。

【推进共同富裕工作】 2022年，普陀区在全市率先绘制完成《舟山市普陀区高质量发展建设共同富裕系统架构图（1.0版）》，根据省市标准结合普陀实际制定《2022年普陀区共同富裕“1+7+N”重点工作清单》《2022年普陀区共同富裕“1+5+n”重大改革清单》《普陀区“扩中”、“提低”行动方案》《2022年普陀区扎实推动高质量发展建设共同富裕示范区工作要点》等系列方案（文件）。发挥统筹抓总、横向协同、纵向联动的职能，召开共同富裕工作推进会、共同富裕考核指标分析会、重大改革座谈会，推动各项共富工作落地。“普渔乐渔业全产业链建设”“葫芦岛共同富裕示范岛”成功申报成为省高质量发展建设共同富裕示范区第二批试点；“东极未来海岛建设”“打造‘健康方舟’打通海岛健康服务‘最后一海里’”分别获得省级第一批、第二批最佳实践。聚焦“三个一批”，率先探索突破缩小城乡差距、缩小收入差距、推进公共服务等领域。加快“红动蓝湾·和美海岛”共同富裕带建设，由普陀新农村投资公司和桃花、蚂蚁、登步三岛七村联合成立全市首家跨岛域强村公司“舟山市普陀区红动蓝湾强村经营发展有限公司”，累计完成项目投资5474万元，盘活闲置农房170余套，流转2000余亩（超133.33公顷），为农户带来户均上万元收益；构筑高质量就业创业体系，打造没有围墙的海岛创业园，把创业服务向海岛、乡村延伸，聚集创业生态50余家，解决就业300余人；构建新型慈善体系，推动三次分配目标精准化，设立精准募捐等方式，以公益创投方式带动更多社会力量参与慈善事业；构建“普渔乐”渔业全产业链，完成“普渔乐”商标品牌注册，渔需物资采购服务平台于8月1日上线，吸纳优质供应商20余家，上架商品1000余种，完成渔船注册400余艘。推进“健康方舟”行动，促进优质医疗资源下沉，实现海岛基层健康全覆盖；完善教育均衡布局，落实教育“双减”，义务教育校际差异系数均控制在0.3以内，达到省内领先水平；提升“一老一小”照顾服务体系，开展“海岛支老、一起安好”活动，为老人提供各类服务6000余次。加快“双向托底”政策落地，在全省率先推出给予收托补助和一次性建设补助，逐步提升群众的幸福感。

【推进“小岛你好”建设工作】 2022年，区发改局全面梳理产业、生态、基础设施等全区小岛状况，蚂蚁、白沙、庙子湖、东福山、葫芦5个岛屿列入舟山市首批“小岛你好”建设名单，入列数居各县区第一。申报登步岛、悬山岛作为第二批小岛。完善“小岛你好”工作制度，印发《普陀区“小岛你好”海岛共富行动实施方案》《普陀区“小岛你好”海岛共富行动工作规则》，建立区领导联系制度，由5名区领导和5个区属部门分别联系结对首批示范岛。完成首批5个小岛的整体规划编制工作，明确小岛建设方向和目标体系，推进差异化发展，形成特色鲜明海岛产业结构，并通过市级“小岛你好”海岛共富行动首批12个创建示范岛规划方案评审。坚持项目牵引，梳理形成首批5个小岛55个项目的“小岛你好”海岛共富行动项目清单，建立项目建设“周报送、旬分析、月评价”的工作机制，实施挂图作战，累计启动47个项目建设，累计完成投资2.58亿元。对照创建标准，开展重点工作任务督查，形成专项督查报告，推进“小岛你好”建设工作。

【推进能源工作】 2022年，区发改局围绕能耗“双控”（能源消耗总量、单位GDP能耗）目标，紧盯全区重点用能企业，通过线上和线下方式对6家重点用能企业进行用能监督；提升能源监察力度，与11家旅游宾馆签订节能承诺书。制定印发《2022年全区有序用电实施方案》，安排企业错峰生产，确保电网稳定运行，保障全区经济社会平稳发展。全区单位GDP能耗下降3.2%。对3家“两高”（高耗能、高排放）企业实现全省用能实时监测。严控“两高”项目盲目发展，根据省、市要求，严把“两高”项目审批关。制定印发《舟山市普陀区“新能源汽车充电难”问题专项治理工作方案》，加快推进新能源汽车充电设施建设，全年建设充电站10座，合计充电桩147个，提升普陀区充电服务保障能力。持续谋划能源结构转型，发展太阳能光伏，区级新增光伏并网量31兆瓦。开展电力市场化改革相关工作。推进能源项目建设，华泰东白莲岛油品储运工程（一期）全年完成投资3.5亿元，建成库容45万立方米。拟建的3个海上风电场测风工作已启动。

【行政审批制度改革】 区发改局巩固企业投资项目审批改革成果，以方便企业和群众办事为导向，从项目立项、规划许可、施工许可和竣工验收4个阶段入手，进一步精简审批事项和环节、优化审批流程和阶段。2022年受理新赋码项目235个，项目立项168个，其中审批类46个、核准类1个、备案类121个。企业投资项目审批“最多80天”累计实现率保持100%，其中开工前审批“最多50天”、竣工验收“最多30天”实现率也均保持100%。推进项目审批“一网通办”，完善投资在线平台3.0建设，通过统一在线平台加强各部门各事项间电子证照共享共用，全流程网办助力“不见面”审批模式。全年投资在线平台办结行政审批事项731件，立项阶段在线征求相关审批部门意见97件，项目审批全过程网上受理、网上办理、跟办、协办、督办，为项目业主带来“不来即享”和“最多跑一次”。持续完善投资项目全过程监管，加强投资项目全流程审批跟踪和监测预警，做好平台在库项目数据质量的监测和管理，确保国家重大项目库与省在线平台异常项目及时清零，抓好平台应用考核绩效，提高浙里投资在线浙政钉端的应用实效。落实省行动专班抓项目开工率的工作要求，每两周对平台未开工项目逐个督促、跟踪项目建设进度。着力推进“一站式”企业服务升级，及早介入项目审批工作，为项目前期工作做好向导；开展项目申报业务培训，全面营造“我来办”良好氛围；落实联审联办，推进部门间“最多跑一次”。

【推动服务业提质升级】 2022年，区发改局出台印发《普陀区服务业增量培育三年行动计划（2022—2024年）》，明确经济总量、市场主体等四方面工作目标，聚焦商贸流通业、现代物流业等八大领域，形成企业培育提升工程、产业招商提质工程等十项重点任务，强化职责分工，健全工作机制，逐步完善服务业增量培育体系建设。按照低效企业整改方向，通过自主提升、政府收储、出租盘活、关停淘汰、兼并重组、司法处置6种方式，为低效企业制定“一企一策”整治提升措施，全年完成整改低效服务业企业15家。舟山国际水产城、普陀宏基水产申报成功入选省级冷链物流园区。牵头组织贯通省级数字化平台“战略和应急物资在线”和“物资管家”，全区168个应急仓库录入系统，其中区级仓库23个、乡镇级仓库15个、村级仓库130个，组织在系统上进行仓库物资的入库、盘点，实现应急物资的数字化管理，应急物资在线平台的“覆盖率”“盘点率”达100%。围绕服务业投资目标，建立动态服务业重大项目库，全区现代智能冷链物流平台项目等12个项目列入全市服务业重大项目，总投资126.9亿元，年度计划投资17.8亿元，全年完成28.12亿元，年度投资计划完成率为158%。培育放心消费单位1500家，其中无理由退货单位660家、其他放心消费单位733家、放心工厂107家；放心消费商圈2个；长三角异地异店无理由退货承诺单位2家；建立消费维权联络站(点)13个，放心消费乡村2家。放心消费建设覆盖行业20个以上，全面提升放心消费单位覆盖面，全域优化消费环境，扩大全区服务业消费，促进消费提质升级。

【金融监管工作】 2022年，区发改局出台《关于金融支持普陀区高质量发展建设共同富裕示范区的若干措施》《2022年金融支持普陀经济发展指导意见》《普陀区关于进一步做好金融助企业纾困、服务稳进提质工作的通知》等文件，落实系列金融支持实体经济政策，引导金融机构进一步扩大信贷规模、创新金融产品，提升金融机构服务实体经济的质效。聚焦重点领域风险，牵头成立房地产行业金融风险处置工作组，关注房产项目舆论动向，推动房地产行业风险防范和化解工作，第一时间排查全区房地产项目断供风险；密切关注类金融等领域风险，继续高质量推进类金融企业联合会商工作，会商通过类金融企业20家次，其中注册10家，完成对注册在区内的86家股权投资类企业，进行实缴资本和实际经营地的排摸，类金融企业质量得到提升。加强小贷公司、典当行的风险防控情况进行专项检查。做好地方金融组织变更事项审核，完成小额贷款公司变更1家，典当行变更1家、新设1家。联合区银保监组加快区内不良贷款的处置工作，全区不良贷款余额合计4.56亿元，较年初减少1.74亿元，不良率为0.69%，较年初下降0.37个百分点；关注类贷款余额合计8.93亿元，较年初减少4.15亿元，占总贷款余额的1.34%，较年初下降0.85个百分点，不良率下降明显，不良风险得到明显改善。持续推动金融改革创新，建立并完善全市首个QFLP联合会商机制，牵头会商认定外商投资股权投资企业4家。招引落地新能源产业基金浙能巨化(浙江自贸区)股权投资基金，推进中财招商投资集团在普陀区设立典当行分公司，带动5000万元市外资金落地。

【价格管理工作】 区发改局做好重点领域和关键环节成本监审，2022年开展岛间客运、学校住宿、体育设施、小学托管等成本调查、监审和预测共11次。开展城市道路占用、挖掘修复收费情况专题调研，为重新制定城市道路占道、挖掘收费标准提供依据。履行政府定价职责，依法依规做好价格审批，全年开展价格审批24批次，涉及乡镇公墓、停车服务、物业服务、岛间客运等收费标准的制定和调整。围绕重要民生商品保供稳价，强化价格监测预警，定期对49种“菜篮子”价格，以及粮油、药品等334种重要民生商品价格动态进行监测分析，密切关注价格运行中的苗头性、倾向性问题。建立城镇供水供电供气行业收费工作协调机制，印发《普陀区发改局关于供电供气供水企业欠费不停供政策执行有关事项的通知》，减轻个体工商户负担；开展行政审批中介服务领域涉企收费自查自纠，进一步落实涉企违规收费专项整治。依法开展价格鉴证工作，受理完成涉案、涉纪及行政执法部门的价格认定案件179件，价格认定总金额13729万元。

(撰稿：孙斌)

财　政

【概况】 舟山市普陀区财政局是主管全区财政工作的政府工

作部门，挂区人民政府国有资产监督管理办公室牌子，内设办公室（政策法规科、行政审批科）、政工科（国企党建科）、预算局（债务管理科）、经济建设科、预算执行局（国库支付科）、行政事业科（政府采购管理科）、社会保障科、综合科（资产管理科）、农业科（基层财政管理科）、国企管理科、企业科、财政监督局（绩效管理科、会计科）12 个科室。2022 年，全区实现财政总收入 48.27 亿元，同比下降 7.3%，其中一般公共预算收入 32.23 亿元，同比下降 3.8%；全区支出 67.65 亿元，同比增长 9.6%，其中本级一般公共预算支出 44.05 亿元，同比增长 2.6%。

【组织财政收入】 2022 年，区财政局关注留抵退税等政策对收入影响，加强部门联动。对接市财政局、区税务局做好收入测算和分析，强化镇街、管委会组织收入主体责任。建立全区促进税收充分落地工作机制，紧盯重点项目和重点行业，做好统筹协调等各项收入组织工作。加强非税收入“收支两条线”管理，加快闲置资产资源盘活处置，按规定及时足额入库。向上争取资金支持，争取到中央资金支持减税降费和重点民生直达资金 3.14 亿元、省市财力结算补助资金 4.50 亿元，争取到债券资金 4.40 亿元，其中专项债券 2.40 亿元，一般债券 2 亿元。

【保障重大项目部署落地】 2022 年，区财政局集中财力支持重点项目，筹措 7.4 亿元保障东港新建初中、茶湾地块新建学校、金钵盂临港产业园、老旧小区提升改造、海塘安澜工程、渔农村生活污水治理工程等项目，支出 1.51 亿元用于医疗设备购置、一线人员补贴等新冠防疫工作。支持共同富裕示范区建设，拨付“小岛你好”海岛共富行动资金 5225 万元、“红动蓝湾·和美海岛”项

2022 年普陀区财政收入和财政支出（数据）情况表

表 40　　单位：万元

科目	2022 年	2021 年
一、财政总收入	482672	520769
一般公共预算收入	322274	335095
税收收入	248762	268352
非税收入	73512	66743
上划中央税收收入	160398	185674
二、财政总支出	676535	617103
一般公共服务	58773	60863
国防	767	715
公共安全	35267	35285
教育	82483	81082
科学技术	16869	14632
文化旅游体育与传媒	14119	13545
社会保障和就业	65577	74481
卫生健康	56030	45896
节能环保	15653	14531
城乡社区	102182	63209
农林水	151965	135105
交通运输	17657	17198
资源勘探信息等	11444	10025
商业服务业等	6374	3685
金融	80	110
援助其他地区	717	717
自然资源海洋气象等	2829	4113
住房保障	12540	18005
粮油物资储备	2516	1561
灾害防治及应急管理	4331	4116
债务付息支出	17970	17606
债务发行费用支出	33	76
其他支出	359	547

目资金3000万元。推进政府数字化，投入2650万元推动信息化基础设施集约建设和信息资源共享利用。发挥产业引导基金作用，联合浙江省能源集团有限公司、巨化集团有限公司设立全市首只新能源产业基金，首期规模5亿元，区级和省级产业基金各出资1亿元和4亿元；与浙江浙财资本管理有限公司、浙江舟山转型升级产业基金有限公司等5家企业签订舟山浙财腾云高质量发展基金合伙企业之基金合作框架协议。

3月10—11日，区财政局联合区农业农村局赴蚂蚁岛开展2022年度第一期财政支农政策培训班（区财政局提供）

【助推经济发展】 2022年，区财政局落实国务院、省市稳住经济一揽子举措，出台稳经济10项财税政策，成立局“5+4”政策专班。落实组合式税费优惠政策5.72亿元，其中留抵退税5.22亿元、制造业中小微企业缓缴税费0.17亿元。减免国有房屋租金2736万元，惠及1211户小微企业和个体工商户。加快惠企资金下达，通过舟山市惠企政策兑现平台兑付惠企资金7.04亿元。投入产业扶持资金1.8亿元，其中落实新一轮制造业“腾笼换鸟、凤凰涅槃”战略专项资金826万元，支持传统产业升级和海洋高新产业发展；投入航运业资金3159万元，推动航运业健康发展；投入商贸资金1524万元，助力构建双循环格局。推进财政绿色转化专项激励政策，投入专项资金4000万元，实现绿色转换项目累计投资9.5亿元。

【提升民生福祉】 区财政局2022年民生支出55.27亿元，增长11.5%，占一般公共预算支出的81.7%，其中区级民生支出34.23亿元，占本级支出的77.7%。实施民办义务教育购买学位政策，提高学前教育和小学生均公用经费标准，教育支出8.25亿元；支持“共富方舟·健康守护”行动，出台婴幼儿双向托底照护服务政策，卫生健康支出5.60亿元；推进百城万村文化惠民工程，文化旅游体育与传媒支出1.41亿元；支持国家AAAAA级婚姻登记中心建设，首次将“双女户”纳入计划生育奖扶范围，社会保障和就业支出6.56亿元；助力乡村振兴，推进美丽海岛、未来乡村建设，实施减船转产助力传统渔业转型，农林水支出15.20亿元。

【推进财政数字化改革】 2022年，区财政局应用预算管理一体化系统，覆盖135家行政事业单位和全部镇街。“浙里报”上线9个场景，覆盖98家预算单位。浙里办票（涉及非税票据）应用开通电子票据单位455家，覆盖率100%。建立“线上公物仓”，实现行政事业单位国有资产共享共用。全区首个慈善捐赠项目“共富方舟·健康守护”争取到省级试点，入驻“浙里捐赠”平台。全面推行政采云“分散服务市场”，实现预算单位所有政府采购货物、服务和工程采购的全覆盖和全监管。

【推进国企改革三年行动】 区财政局健全管理制度，2022年出台《关于加强区属国有企业内部审计工作的通知》，强化对“三重一大”事项重点审计；出台《区属国有企业过渡性资产租赁管理办法》，规范过渡性资产租赁行为。

以专项检查规范国企运营，开展“三查三联三清”国企收费情况专项督查、钢结构材料“以料抵工”行为专项检查、薪酬分配专项监管、国企制度情况专项检查。探索职业经理人制度，完成在区交投集团的国企经理层成员任期制和契约化改革试点。提升国企董事会规范化水平，区属重点国企的下属企业基本实现外部董事大于内的调整。

【加强监督管理】 区财政局推进预算绩效管理改革，2022年启动8家单位试点公用经费改革，实施9家单位部门整体绩效预算试点，对上年试点的3家单位实施部门整体绩效预算评价结果应用。强化部门资金绩效意识，收缴盘活2022年部门执行进度滞后的各类资金6891万元。落实党政机关过紧日子要求，下发《公务支出正负清单》，压减一般性支出2655万元，“三公”经费支出同口径下降5.2%。加强政府投资项目管理，完成造价审核472个，核定金额56.92亿元，净核减率7.95%；结算审核215个，核定金额11.81亿元，净核减率11.05%。加强国有资产管理，开展国有房产（土地）清查，完成账外资产评估入账2240处15.49亿元、完工项目转固102个22.46亿元。在全市首推行政事业单位国有资产监督绩效评价，形成三大类指标及28个子类指标的评价体系。升级打造夜排档，将沈家门海鲜夜排档移交区文旅集团管理，完成滨港路经营地建设工程。

9月，沈家门海鲜夜排档12号台风抗台工作（区财政局提供）

【防范化解风险】 区财政局加强债风险防范化解，规范举债程序和行为，及时分析债务率变化趋势。通过统筹落实偿债资金、加快存量土地出让等方式，做好隐性债务化解工作，完成2022年度债务化解任务。建立健全“三保”执行动态监控、风险预警和处置机制，加强分析研判、督导应对，“三保”支出16.59亿元。规范基层财政运行，实施镇街内控指引建设。开展区与镇街财政管理体制方案新一轮调整，拟定镇街财政管理体制方案。

【做好会计核算工作】 2022年，区财政局深化国库集中支付改革，完成所有单位会计记账职责的返回工作。扩大授权支付范围，实施预算单位自行审核与财政审核相结合的支付审核模式。推进电子化支付改革，“浙里报”应用实现区级预算单位全覆盖。上线预算执行一体化系统，保障留抵退税、新增债券支出、疫情保障、项目建设等资金及时拨付。继续实施窗口审核与软件监控相结合的动态监控，全年拦截不合规支出2282万元，确保财政资金支付安全。

（撰稿：唐伟）

国有资产管理

【概况】 舟山市普陀区国有资产投资经营有限公司（简称区国资公司）成立于2000年6月，注册资金为8.5亿元，股东为区财政局占股90%、浙江省财务开发有限责任公司占股10%。公司设立董事会，由5名成员组成。公司作为区政府授权的投资机构，对授权范围内的资产行使出资者所有权，主要以控股、参股方式从事资产经营活动，并对授权资产安全和增值负责。区国资公司坚持稳中求进的工作总基调，深挖自身潜力，助力建设共同富裕示范区先行典范。2022年年底，公司本级总资产为126.17亿元，总负债74.88亿元，所有者权益(净资产)为51.29亿元，资产负债率约59.35%。

【加强融资工作】 区国资公司配合债券对接工作，拓展多渠道融资。根据国家金融政策，推进12亿元企业债、30亿元私募债申报和发行工作。落实2022年到期债务本息资金，保障重点支出资金需求。企业债方面，7月，区国资公司举办2022年企业债发行首场线上路演，参会161人；8月，成功发行“2022年舟山市普陀区国有资产投资经营有限公司公司债券（品种一）”(22普陀国资债01)，发行规模6亿元，纯7年期，票面利率3.27%，全场认购倍数5.62倍，创全国AA级主体企业债发行利率历史新低；12月，成功发行“2022年舟山市普陀区国有资产投资经营有限公司债券（品种二）”(22普陀国资债02)6亿元。私募债方面，2月，上海证券交易所出具《非公开发行公司债券挂牌转让无异议的函》，同意区国资公司30亿元私募债挂牌转让事宜；6月，区国资公司回售19舟普01私募债本金1000万元；11月，回售19舟普02总额2亿元。

2022年，区国资公司完成杭州银行1.5亿元、温州银行3亿元、光大银行2亿元流动资金贷款置换工作。配合区智创城西公司，完成国开基础设施基金(国开行)8000万元贷款发行工作。完成2021年度合并财务报告的编制和披露工作。

【规范资产管理】 2022年，区国资公司零星资产房租收入1299万元。开展经营性房屋资产网上公开招租10次，涉及房屋121处。做好区人才公寓管理工作，办理人才入住70套、公寓续租134套、公寓退租94套，完成人才公寓维修工作116次，维修金额约7.19万元。

做好2022年国有企业房屋租金减免工作。按《浙江省国资委关于做好国有房屋租金减免工作促进服务业领域困难行业恢复发展的通知》要求，区国资公司成立工作专班，细化租金减免方案，筛选出符合条件的承租户，于5月底前完成房屋租金减免主体工作。全年受惠非国有小微企业及个体工商户247户，减免金额约365.4万元，其中小微企业37户，减免租金约134.07万元；个体工商户210户，减免租金约231.33万元。

开展中沙头地块环境整治工作。按区政府要求，完成中沙头地块原水泥厂、原百信肉类公司、机修机配市场3个区域的环境整治工作，种植乔木，加快卫生整治，规范车辆停放，树立彩光板，进行相关通道整改。开展行政事业单位集中管理房屋的接收工作。完成普陀医院8套房屋、区商务局5套房屋的移交接收工作。开展低效资产的处置清理专项行动。针对新桥弄、长兴弄3处房屋资产的老旧、难以利用等问题，制定相关维修方案，修复破损设施，对内部进行简装，以便招租。

视察海滨沿岸（区国资公司提供）

【推进对外投资】 2022年，区国资公司设立浙能巨化（浙江自贸区）股权投资基金，基金首期规模5亿元，采用双GP模式。对接浙江省能源集团有限公司（浙能股权投资基金管理有限公司），完成浙能巨化（浙江自贸区）股权投资基金合伙企业（有限合伙）工商注册登记，举办基金设立签约仪式。完成基金银行账户的开立、中基协备案等相关事宜，根据合伙协议约定及管理人要求缴付首期出资600万元，引进市外基金2400万元。

【企业帮扶】 2022年，区国资公司根据区政府帮扶工作部署和律师意见，通过司法程序向浙江欧华造船股份有限公司反担保人追偿，申请执行完毕；浙江永跃控股集团有限公司债权全额转让区交投集团并收回相应资金款项；临时借款给北京建龙重工集团有限公司1.5亿元，借款分3期，每期5000万元，用于处理扬帆集团股份有限公司融资租赁帮扶所产生的债权债务关系。

（撰稿：傅诗琪）

税　务

【概况】 2022年，国家税务总局舟山市普陀区税务局（简称区税务局）完成各项税收收入38.55亿元，减少7.44亿元，下降16.18%；办理出口退税6.73亿元。六横税务分局被评为市“最美税务人”（团队），区税务局“培源”劳模创新工作室被市总工会命名为“舟山市劳模（高技能人才）创新工作室”。1人被评为“2020—2021年度浙江省青年岗位能手”，1人被评为“全省税务系统老干部工作表现突出个人”，多人获评市优秀共青团员、市“最美税务人”、“舟山好人”等荣誉称号。区税务局在市税务系统市考县组织绩效考核中位列第一。

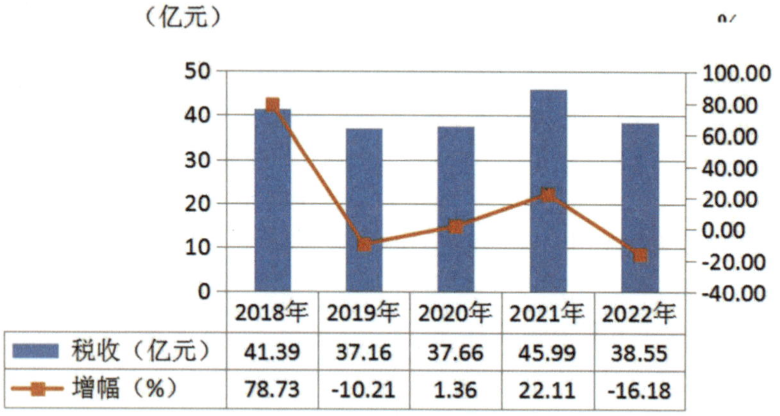

图6　2018—2022年普陀区税收收入情况统计图

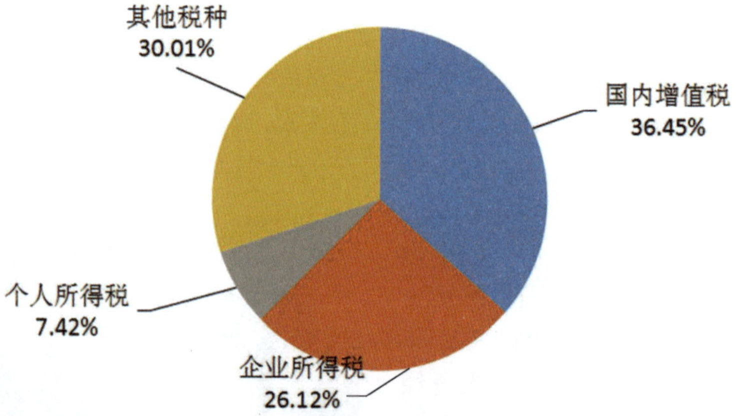

图7　2022年普陀区税收收入分税种结构图

【社会保险费和非税收入】 2022年，区税务局规范社会保险费和非税收入征收工作，推进森林植被恢复费和草原植被恢复费两项非税收入征管职责划转工作。组织社会保险费19.2亿元，同比增长16.35%，占税费总量的24.32%；其中，企业职工基本养老保险费9.59亿元、城乡居民基本养老保险费0.15亿元、机关事业单位基本养老保险费1.94亿元、职工基本医疗保险费4.62亿元、城乡居民基本医疗保险费1.03亿元、失业保险费0.33亿元、工伤保险费0.27亿元、职业年金0.99亿元、其他社会保险费0.28亿元。组织非税收入21.2亿元,同比增长124.98%,占税费总量的26.85%;其中,教育费附加0.68亿元、地方教育附加费0.45亿元、文化事业建设费62万元、残疾人就业保障金收入0.22亿元、海域使用金收入1.24亿元、无居民海岛使用金收入54万元、水土保持补偿费收入222万元、防空地下室易地建设费收入636万元、排污权出让收入224万元、水利建设基金1万元、国有土地使用权出让收入18.40亿元、其他收入845万元。

【税务法治】 区税务局完善税务行政执法案卷审查工作,编制税务执法文书范本和全流程系统操作指引,实践探索"说理式执法"。推广行政执法公示平台,新增税收执法权责清单,建立健全权力清单和责任清单动态调整机制,2022年公示各类行政许可信息1536条。完善税务司法协作机制,对司法处置中被执行人普通房产、整体资产等各种类型资产拍卖及对应所涉税费缴纳情况进行跟踪,清理28户次资产处置案件,入库税款及滞纳金3540万元。加强破产企业债权申报工作,关注破产重组过程,保障税收合法债权,维护税法权威。对11家破产企业进行债权申报,获债权分配3153万元。

7月22日,区税务局举办个人所得税专项附加扣除政策及优惠政策解读会(区税务局提供)

【办税缴费服务】 2022年,区税务局推广131条"便民办税春风行动"举措和45条"春雨润苗"举措,重点优化税收营商环境,将全区企业全年报税时间压缩至75小时内。通过推进财行税合并申报实现全年申报次数在4次以内。全区正常业务出口退税平均办理时间压缩至4个工作日,增值税留抵退税平均办理时间压缩至4.5个工作日以内。全区重点涉税事项"掌上办"比例较上年提升72.47%,"好差评"年度好评率达100%。

【征收管理】 2022年,区税务局成立税收充分落地工作专班,以"制度保障先行、特定行业切入、典型案例突破"工作思路,对外来建筑业、金融业、快递物流业、油品贸易业等五大行业加强税收源头管控,动态掌握数字化项目税收落地情况,充分构建起"党政领导、财政牵头、税务主管、部门联动、信息共享"的专项工作机制,不断凝聚跨部门协同治税合力。

【电子税务】 2022年,区税务局打造"电子税务精细赋能中心"项目,推出"智能云呼"语音导航系统、"RPA数字员工"24小时值守等功能,自动受理业务超12800笔,办结效率提升超70%。探索税收大数据模型化应用,构建企业资金拆借涉税监控模型、海上工程作业企业风险模型和船舶修造企业风险管理监控模型,完成36户典型案例调查。

【服务地方中心工作】 区税务局深化"放管服"改革,优化税收营商环境,持续开展"银税互动"活动,构建"以税促信、以信换贷、以贷促微"的良好格局,帮助小微企业融资贷款,增强企业动力,激发市场活力。2022年,全区开展"银税互动"授信636户次,发放信用贷款5.1亿元，其中小微企业占比85%。推进海岛共富示范区建设，助力"办问协同"智税中心扩围，转型升级"税朋邮"纳税服务品牌，多点打造离岛微税厅，发挥征纳沟通平台优势，提升精准辅导效率。开展税宣进岛、税惠上岛等活动，联合组建税收管户联盟，推动小岛特色农业、旅游业、民宿业等快速发展，探索海岛共富的实践路径。落实税收政策宣传闭环管理，创新打造"海岛政策直播间"，发挥宣传团队作用，助力"小岛你好"共同富裕行动计划。

（撰稿：高晗）

审　计

【概况】 舟山市普陀区审计局是主管普陀区审计工作的区政府工作部门，下辖普陀区国家建设项目审计中心、普陀区内部审计指导中心2个事业单位。区委审计委员会办公室设在区审计局。2022年，区审计局完成审计项目18项，查出主要问题金额27672万元、非金额计量问题126个，移送问题线索3起，审计报告、审计专报被区委区政府领导批示14篇次，审计建议被采纳59条，审计后促进增收节支(挽回经济损失)3436万元，促进制定完善制度22项。审计信息被各级采用35篇；向社会公告审计结果14篇。2个审计项目和1个审计方案、1篇大数据审计案例获评市级优秀。

【区委审计委员会办公室运行】 2022年，区审计局筹办召开区委审计委员会第三次会议，学习贯彻习近平总书记对审计工作的重要指示批示精神，传达贯彻中央、省、市审计委员会精神。落实审计工作重大事项报告机制，向审计委员会上报各类审计报告18篇次，获区委、区政府主要领导批示7次。推动出台区属重点国有企业试点总审计师制度，印发审计发现共性问题清单，协助做好省市两级审计工作报告涉及问题整改。实现审计部门主要负责人固定列席区政府常务会议。

【重大审计问题清单】 2022年，区审计局强化"七张问题清单"政治引领，履行重大审计问题清单主管部门职责，完善区领导领衔分清单推进机制和内外考核办法，优化问题发现和清单生成机制，制定重大审计问题清单配套工作要点，强化整改统筹协调、闭环管理。2个审计问题纳入省级清单，14个审计问题纳入市级清单，5项异地举一反三工作获省审计厅认可，创建市级整改示范案例4个，2个整改案例分获市、区领导批示肯定，推动完善制度16项。普陀区重大审计问题清单管控力指数年度排名全省第八。

【财政审计】 2022年，区审计局完成财政同级审、部门预算执行专项审计及虾峙镇财政决算审计3个审计项目，查出问题金额6356万元，非金额问题14个，加快专项资金周转5244万元，上缴财政结余资金284.42万元，促进59份经济合同按规定备案，推动制定海岛民宿产业发展等制度3项，提高财政资金使用效率。

【国企审计】 2022年，区审计局完成区文旅集团和舟山国际水产城两家重点国企审计项目，重点关注国有资产管理、工程建设管理、经营风险防范、合同履约规范等事项，查出问题金额11695万元，非金额问题29个，移送问题线索2起，追回租金681万元，促进国有企业加强内部管理，防范经营风险。

【投资审计】 2022年，区审计局完成部分水利工程、部分交通码头站场、东港新建初中建设工程、东港街道陈家后拆迁安置房工程4个审计项目，重点关注合同履约、施工进度、价款支付、工程质量等事项，查出问题金额3729万元，非金额问题23个，追回多付工程款36万元，收缴参建单位违约金10万元，推动水利部门完善施工现场影像考勤制度。

【经济责任审计】 2022年，区审计局完成虾峙镇党委政府、登步岛管委会、区交通运输局、区供销社、区总工会5家单位领导干部经济责任审计和登步岛管委会自然资源资产审计，重点关注领导干部权力运行，查出问题金额5171万元，非金额问题41个，移送问题线索1起，上缴非税收入 2425 万元，推动制定工会经费补助管理等制度 2 项。召开经济责任审计工作联席会议，完善领导干部离任经济事项交接制度，完成 20 家单位 42 名领导干部离任交接。

【民生审计】 2022 年，区审计局完成区储备粮管理、普陀医院、区慈善总会、区红十字会 4 个审计项目，重点关注储备粮油管理运营情况、医改控费指标完成情况、定向捐赠资金实际使用情况、救助支出程序规范性等事项，查出问题金额 721 万元，非金额问题 19 个，推动完善储备粮各类管理制度 5 项。

【内部审计】 区审计局贯彻《浙江省内部审计工作规定》要求，2022 年出台内管干部经济责任审计办法等 3 项工作制度。强化内审工作“三服务”机制，“一年一主题”对 27 家内审机构开展培训指导。深化国家审计与内部审计协作，指导开展内部审计项目 128 个，3 家机构、4 名人员、3 个项目获省市表彰。内审指导工作在全市作经验交流。

【审计管理】 2022 年，区审计局多方面推进审计数字化改革。推进审计常态化“经济体检”，参与审计整改一体化智能管理系统试点工作，做好领导干部“经济体检”应用贯通测试，为社保智审应用提供审计方法 15 条、应用语句 10 条、审计思路 2 条。推进“审计大脑”建设，参与 3 个任务模块建设，谋划 2 个自主模块和 1 个创新场景建设。推进大数据审计，形成审计案例 3 篇，1 篇获评市级优秀。

抓好审计质量管理。以打造优秀审计项目为导向，制定审计质量提升十项任务清单，强化审计业务质量全流程控制机制，落实审计项目审理制和审计业务会议制度，提升审计质量。强化工作专班引领，落实优秀审计项目目标责任制，2 个审计项目、1 个审计方案获评市级优秀。

强化审计整改落实。贯彻落实区人大常委会审计整改监督办法、整改人大满意度测评办法及审计整改联席会议制度。强化审计整改工作闭环管理和重大审计问题现场督查机制，加强审计整改事中跟踪检查。持续优化审计跟踪、政府督办、人大督查、年度考评的整改体系，审计问题整改率和整改成效提升。

提升审计成果运用。深化“1+3”成果共享联动机制，推进完善审计与组织、纪检、巡察三个部门的成果共享联动，参与反腐败协调小组工作，实施经济责任审计专题汇报、重要审计线索共同研判、重点单位审计巡察联动。全年共实施 4 家单位巡审联动，向区纪委移送问题线索 3 条。加强审计结果公开，出具审计结果公告 14 篇。加强审计成果提炼，审计专报被领导批示 6 篇，审计信息被各级采用 35 篇次。

（撰稿：周燕）

7 月 8 日，区审计局召开内审工作座谈会（区审计局提供）

统计管理

【概况】 2022 年，舟山市普陀区统计局有干部职工 33 人，内设机构 4 个，辖有普陀区社会经济调查队、普陀区普查中心 2 个事业单位。统计业务包括综合、国民经济核算、统计名录库、渔农业、工业、批发零售、住宿餐饮、能源、服务业、劳动工资、建筑业、固定资产、房地产、科技、城乡一体化住户调查、粮食生产监测、低收入农户统计监测、劳动力调查、产业集聚区监测、规模以下工业抽样调查、限下商贸业抽样调查、限下服务业抽样调查、特色小镇统计监测、自贸区统计监测24项专业统计。

【统计资料发布】 2022年,区统计局发布《舟山市普陀区2021年国民经济和社会发展统计公报》《舟山市普陀区2021年统计年鉴》。按月编印《普陀统计信息》,及时反映全区各行业生产运行、经济效益等情况及全市各县区主要经济指标横向比较情况,发送区、镇街党政主要领导和主要部门,《普陀统计信息》月印数为300本。编印《普陀统计手册》600册、《普陀统计年鉴》200本。发挥统计"数库"优势,体现"智库"作用,紧盯全区重点任务。全年共撰写调研课题2篇、统计专报13期、统计分析14篇、统计信息78篇。撰写《舟山市普陀区人口老龄化现状及策略研究》重大课题1篇,获全省第七次人口普查课题评审一等奖,为全市唯一。

【统计业务培训】 2022年,区统计局针对参训人员的不同岗位和实际业务能力状况,分专业、分层次、分批次开展统计人员精准化培训,注重培训的实用性,细致讲解统计指标口径、填报规范、审核要求、联网直报操作等业务知识,结合案例着重分析统计工作重点、难点、易错点,为全面提高统计人员业务能力和全区统计数据质量打下扎实基础。全年共开展各种统计业务培训31期,培训统计人员1500余人次。

【统计数字化改革】 2022年,区统计局推进"统计大脑+应用"建设,提升应用活跃率和使用率,不断完善"数据浙江"普陀模块系统的建设,保持数据更新的持续性,助推数字经济一号工程建设。初步建立统计网格化管理体系,制定完善责任制度和管理制度,发挥镇街、部门统计力量,共同承担统计调查和数据质量管控职能,已建立统计网格38个,注册企业数761家。开展浙企"最多报一次""统计e家"等平台应用推广工作,各企业建立企业网格组织体系,明确网格分组及网格长、副网格长等,做好企业培训工作,督促企业使用平台,提高应用平台活跃率和上报率。

【统计执法监督】 2022年,区统计局加强统计法治建设工作,制定出台《舟山市普陀区统计造假不收手不收敛问题专项纠治实施方案》,成立统计造假不收手不收敛专项纠治领导小组,明确专人专班,严格落实责任。严肃统计执法,严谨认真调查取证,做到程序合法合规、证据不缺不漏;做到立案查处监管,对检查中发现的违法行为,敢于执法亮剑,对统计违法实行"零容忍"。全年共执法检查企业40家,处罚1家,罚款5600元。组织各专业统计干部,通过查看企业营业执照、核对财务账目、税务系统、统计台账等手段,对"四上"单位和固定资产投资项目进行审查。全年共核查入库企业126家,退库54家。加大普法宣传力度。全年共发送普法宣传资料3600余份,普法2000余人次。

【统计专项调查】 2022年,区统计局开展粮食产量、海洋产业集聚区、低收入农户全面小康、特色小镇、自贸区等专项统计监测,组织实施企业发展环境调查、全面从严治党民意调查、公共交通分担率和交通满意度调查、平安浙江人民群众安全感满意率调查、人口变动情况调查等,组织开展平安乡镇(街道)人民群众安全感满意率调查、住户调查大样本轮换摸底调查等,共调查城乡居民家庭5200余户、企业90家。

(撰稿:叶根杰)

编辑:刘玥

市场监督管理

综　述

舟山市市场监督管理局普陀分局（简称区市场监管分局）为舟山市市场监督管理局派出机构，挂舟山市知识产权局普陀分局牌子。下设6个正股级派出机构：沈家门市场监督管理所（辖沈家门街道区域，不含登步岛、蚂蚁岛）、东港市场监督管理所（辖东港街道、东极镇、白沙岛区域）、桃花市场监督管理所（辖桃花镇、蚂蚁岛、登步岛区域）、虾峙市场监督管理所（辖虾峙镇区域）、展茅市场监督管理所（辖展茅街道区域）、国际水产城市场监督管理所（辖国际水产城及周边街区）。2022年7月，舟山市普陀市场监管综合行政执法队更名为舟山市普陀市场监管行政执法队。

舟山市市场监督管理局六横分局（简称六横市场监管分局）为市市场监督管理局派出机构，负责六横镇区域市场监督管理事务。普朱管委会辖区市场监督管理事务由舟山市市场监督管理局普陀山分局负责。

工商行政管理

【信用监督管理】 2022年，区市场监管分局依托浙江省行政执法监管平台（“互联网+监管”），推进部门联合“双随机、一公开”工作。全区执法人员账号开通率100%，全年通过浙江省行政执法监管平台开展执法检查8604次，其中“双随机”抽查4267次，占49.59%，掌上执法率100%；全区共发起“双随机、一公开”抽查任务341件，任务按期完成率100%，应用信用规则率92.41%，其中各部门参与跨部门抽查任务80件，跨部门联合监管率23.46%；全区共处置投诉举报、基层综治、风险预警事件1744件，事件处置率100%，处置告知承诺25件，告知承诺按时核查率100%。推进2021年度市场主体年报工作，截至2022年6月30日，全区企业年报率94.19%、个体工商户年报率89.95%，分别较2021年度提升2.81%、3.49%，农民专业合作社年报率继续保持100%。以“无事不扰、有事才查、容错自纠、失信必查”为思路开展柔性监管（触发式监管）试点工作，对非重点领域、非重点对象探索以投诉举报、舆情、交办转办件为主要触发源的触发式监管，减少执法扰企，确定首批柔性监管事项127个；坚持以信用为导向，允许市场主体自行纠正轻微违法行为，指导开展信用修复。2022年，企业、个体工商户因未按时年报等原因被列入经营异常名录或标记异常3106条，被列入严重违法失信名单309条，通过补报年报、重新取得联系、注销等方式移出经营异常名录4011条。探索“信用+培育”机制，建设“普惠e企”普陀小微企业精准培育数字服务平台，建立2个信用评价模型、6类培育库、3个行业经营分析，对信用等级高的市场主体加大培育政策倾斜和资金扶持力度。截至2022年年末，导入涉企数据30.2万条，初步筛选省市县培育库企业2650户、特色培育库企业2280户次，对37554户市场主体进行信用评价。联合普陀农商行推行“信用+信贷”融资模式，向企业授信1533户，其中信用贷款1081户，信用贷款余额12.19亿元；向个体工商户授信5853户，

区市场监管分局与交通、人力社保、应急管理、公安等部门开展“综合查一次”联合检查（龙珊珊摄）

其中信用贷款3844户，信用贷款余额5.84亿元。“普惠e企”获选全市信用应用场景“示范推广项目”、入选全市优化营商环境十大典型案例评选。浙江同博科技发展有限公司被浙江省企业信用促进会公布为2022年度续展“浙江省信用管理示范企业”。

【非公有制企业党建工作】 2022年，普陀区民营企业协会、个体劳动者协会紧盯“小个专”（小微企业、个体工商户、专业市场）党建薄弱环节，探索实践“共建互助、抱团发展”的产业链党建新途径。以浙江飞鲸新材料科技股份有限公司党总支为依托，以实现党建经验共享、企业文化影响、管理经验分享为工作目标，建立产业链党建组织体系。根据联盟企业所需要素制定项目管理台账，梳理出涉及人才储备、原材料购买、运输渠道、行政审批、财政补助等项目清单43条。为企业解决车辆管控、原材料价格磋商、缩短配置时间等问题11件。联合举办两期专业技能培训，培训职工100余人次，助推产业链党建联盟高质量发展。配合区委、区政府建立机械制造行业党建联盟的创建工作，在联盟组织架构、联盟运行机制等方面做好参谋服务工作，组建起一支由6家机械制造企业组成的行业性党建联盟。以座谈访问、电话访问、问卷调查相结合的方式开展外卖骑手党员调查活动，通过对外卖骑手党员的问卷及相关人员的访问了解实际情况，开展外卖行业党建工作。全年组织“小个专”党员集中观看“两新”党组织集体云党课6场，集中70余名个体工商户党员观看，另有500余名个体工商户党员通过手机App观看党课。参与浙江省民营企业发展联合会、省个体劳动者协会换届选举工作，舟山市正源标准件有限公司、舟山里肯医药连锁有限公司等5家企业作为常务理事、理事、会员代表参加省民营企业发展联合会第五次会员代表视频会议，小媳妇火锅店、华必和宁兴美食城等5位个体工商户作为理事、会员代表参加省个体劳动者协会第六次会员代表视频会议。

【行政许可服务】 2022年，区市场监管分局出台《舟山市市场监督管理局普陀分局容缺受理信用服务制度》，破解申请人因材料不全“多次跑”、项目申报慢等问题。办理容缺收件各类业务132件，办理容缺审批业务41件，减少群众跑动次数310余次，压缩办件时长1000余天。推行歇业备案登记制度，减轻市场主体生存压力，普陀区有10家市场主体办理歇业备案，其中2家歇业备案登记市场主体享受到房租全免的优惠政策。推动“证照分离”改革，实施准入准营“一件事”。办理证照分离事项3775件，办理食品及餐饮经营准入准营一件事联办26项。设立“疑难问题”解决专窗，解决群众企业在办理商事登记、食品药品许可、特种设备等行政审批方面遇到的“疑难杂症”42件。推进“数字化+政务服务”，推出“秒懂市监”系列视频办事指南，建立“掌上”宣传覆盖体系。投放7项业务指南视频，发放二维码宣传图500余张，点击查看量5000

7月29日，区市场监管分局开展巾帼伴成长活动（张益瑜摄）

余人次。以创建全国巾帼文明示范岗为契机，打造“蔚蓝心窗”品牌，开展岗村共建、“巾帼伴成长—小小注册员”窗口开放日等活动。

【实施“小微企业三年成长计划”】 2022年，普陀区新增小微企业1328家，其中八大万亿产业小微企业255家；全区小微企业达到8443家，其中八大万亿产业小微企业达到1995家；有9家企业通过专利质押1.40亿元，4家企业通过商标质押1.1亿元，全区有效注册商标达5290件，5家企业完成专利许可备案24件，申请PCT国际专利2件；

2022年普陀区内资企业、个体工商户、农民专业合作社基本情况表

表41

项目			在册总数	2022年新设
内资企业		企业数(家)	9814	2126
		注册资金(万元)	15549815	2200906
其中:私营企业		企业数(家)	9338	2077
		注册资金(万元)	13698158	2107586
		从业人员数(人)	34103	3118
个体工商户		户数(户)	20805	3939
		资金数额(万元)	370972	93573
		从业人员数(人)	38930	6527
其中	台湾居民个体工商户	户数(户)	5	3
		资金数额(万元)	37	20
		从业人员数(人)	9	5
	港澳居民个体工商户	户数(户)	1	0
		资金数额(万元)	1	0
		从业人员数(人)	2	0
农民专业合作社		合作社数(家)	118	11
		出资总额(万元)	21858	1050
		成员总数(人)	823	0

说明:本表数据不含六横。

2022年普陀区内资企业各行业登记情况表

表42

行业分类	内资非私营企业		私营企业		个体工商户	
	在册总数	2022年新设数	在册总数	2022年新设数	在册总数	2022年新设数
合计	476	49	9338	2077	20805	3939
农、林、牧、渔业	11	0	119	11	233	26
采矿业	1	0	7	0	0	0
制造业	33	4	671	105	625	61
电力、热力、燃气及水生产和供应业	8	2	15	5	1	0
建筑业	21	5	676	110	697	112
批发和零售业	110	11	3118	766	11290	2356
交通运输、仓储和邮政业	44	2	667	136	802	85
住宿和餐饮业	22	4	176	18	3183	680
信息传输、软件和信息技术服务业	15	2	333	58	205	30
金融业	39	1	107	5	3	3
房地产业	21	2	209	18	285	36
租赁和商务服务业	72	8	1678	544	1173	140
科学研究和技术服务业	40	3	736	186	108	28
水利、环境和公共设施管理业	13	1	82	9	17	2
居民服务、修理和其他服务业	8	2	234	30	1862	321
教育	1	0	53	4	35	1
卫生和社会工作	5	0	81	8	55	0
文化、体育和娱乐业	12	2	375	64	231	58
其他	0	0	1	0	0	0

说明：本表数据不含六横。

建成“普惠e企”普陀小微企业精准培育数字服务平台，截至2022年年末，归集数据30.2万条，建有6类培育库，筛选出可培育企业4930户次，搭建2个信用评价模型，评出信用A级以上企业2650户、个体工商户1590户；深化与普陀农村商业银行战略合作，对全区企业授信总额达到182.41亿元，授信户数1501户，贷款余额62.01亿元，贷款用信户数1360户。推动区政府办公室出台《关于进一步扶持个体工商户纾困发展的实施意见》，形成“政府部门+金融机构”纾困扶持体系。全年为全区个体工商户减免税收1693万元、减免房屋租金1774.59万元、社会保险类补贴698.25万元、水电气费缓缴优惠113.92万元、检验检测费用减免161.19万元(含体检费用)、防疫消杀支出补贴1.68万元；阳光厨房安装减免费用45.7万元；发放3轮文旅消费券96万元。

【合同管理】 2022年，区市场监管分局加强企业合同格式条款备案登记工作，全年有14份(包括9份商品房和5份二手房)房屋买卖合同通过审核在网上备案，召开3次商品房买卖合同评审会。开展2022年度“守合同重信用”企业（简称“守重”企业）网上申报工作，申报企业24家。其中，延续申报公示7家AAA级“守重”企业，新申报公示1家AAA级“守重”企业，延续申报公示9家AA级“守重”企业，新申报公示3家AA级“守重”企业，延续申报公示4家A级“守重”企业。

【广告管理】 2022年，区市场监管分局查处广告案件43件，开展漠视侵害群众利益问题网络直播营销违法行为专项治理、整治借重大活动从事违法违规商业广告宣传工作、推进虚拟货币“挖矿”及交易炒作行为整治等涉及违法广告的各类专项整治活动。落实省市场监督管理局《关于深入开展坚决制止餐饮浪费公益广告宣传活动的通知》和《关于开展2022年度“讲文明　树新风”“文明健康　有你有我”公益广告征集评选活动》精神，确定普陀广播电视台和舟山新威广告装饰公司参与公益广告创作工作，推荐公益广告作品10件。

【市场规范管理】 2022年，区市场监管分局落实省委“加快‘最多跑一次’改革延伸拓面，推动公共场所服务大提升”的决策部署，完成舟山市普陀昌正消费品综合市场“五化”（便利化、智慧化、人性化、特色化、规范化）改造行动。年底，全区有商品交易市场24家，市场建筑面积115014.43平方米，年成交额2041692.66万元。2022年普陀区金叶消费品综合市场、舟山市普陀区乐业消费品综合市场、普陀区城北生活里农贸市场、普陀区展茅农贸市场、舟山市普陀昌正消费品综合市场和普陀区平阳浦农贸市场被延续认定为“省三星级文明规范市场”，普陀区金叶消费品综合市场、舟山市普陀区乐业消费品综合市场、普陀区城北生活里农贸市场、普陀区展茅农贸市场被延续认定为“浙江省放心农贸市场”。做好市场垃圾分类和限塑指导工作，在城区市场内全部安装微信扫码免费领取可降解环保塑料袋的机器，与全区18家农贸市场举办方签订“限塑”责任状，明确双方工作责任、监管责任、法律责任，要求其建立农贸市场塑料购物袋集中统一购销制度和台账。督促农贸市场主办方与经营户签订“限塑”责任书，将“限塑令”执行情况列入对经营户的信用考核体系。做好农贸市场疫情防控与创建文明城市农贸市场整治工作。

【网络经济服务与管理】 2022年，区市场监管分局加强网络市场监管，以“双五”竞赛为抓手，开展漠视侵害群众利益问题网络直播营销违法违规行为专项治理行动、2022网络市场治理专项行动、“双十一”网络商品和服务信息专项监测等工作。动态维护属地电商主体数据库，上报新增电商主体300家，摸排水产行业网络直播营销经营主体45家，定向监测网络经营主体3126家次；通过“市监保”在线固证309条，对下发的111条网络违法线索完成落地闭环处置，查处涉嫌虚假宣传、价格违法、侵害消费者权益等网络直播营销违法案件14起；组织开展小微水产直播电商合规辅导培训，涉及39家水产电商企业56人。

【消费维权】 2022年，区市场监管分局受理处置消费咨询投诉举报2554件，包括咨询51件、投诉1347件、举报1156件，为消费者挽回经济损失45.44万元。开展以“共促消费公平　赋能放心消费”为主题的消费维权年活动，联合区融媒体中心举行网络直播线上宣传活动，发布典型案例，普及消费知识。开展“放心消费大声说”活动，宣传推广“消费宝”（消费者端数字化应用）1858家，超目标任务数23.8%。深化“放心消费在浙江”创建活动，共培育放心消费单位1529家，其中放心工厂112家，无理由退货682家，放心消费商圈2家，放心消费乡村2个。建设消费维权联络站14个，建成消费纠纷在线调解ODR企业10家。普陀消保条线在全年的五星月赛中保持满分，被市市场监管局评为“双五”竞赛先进集体。

知识产权保护

【概况】 2022年，普陀区授权专利414件，其中发明专利授权148件，实用新型授权246件，外观设计授权20件；申请商标791件，注册商标708件，截至2022年12月15日，有效注册商标

5374件(数据来自国家知识产权局商标局)。立案查处商标案件7件，案值17.59万元，罚没款13.89万元。

【知识产权管理】 2022年,区市场监管分局做好知识产权宣传执法工作,围绕“知识产权与青年:锐意创新,建设未来”主题,开展“4月26日世界知识产权日”线上线下宣传活动。开展知识产权奖补资金使用专项检查工作,做好舟山市普陀博达机械制造有限公司、浙江飞鲸新材料科技股份有限公司、浙江中科立德新材料有限公司、扬帆集团股份有限公司、舟山国际水产城5家企业的奖补资金自查工作。完成知识产权奖补及惠企平台申报工作,发放省级、市级、区级知识产权专项补助资金184.75万元。3家企业通过市级专利示范企业认定,1家企业通过省级专利示范企业认定,9家企业通过知识产权贯标认证。开展“普陀佛茶”地理标志证明商标专项检查工作。完成浙江知识产权在线专利、商标、规模以上企业的注册及线上培训,共有188家企业上线。完成专利保险3家;申请PCT国际专利2件;完成专利质押9家企业13958万元,商标质押4家企业1.1亿元;完成国家专利调查企业2家;完成专利许可备案5家企业24件,完成公共存证3件。完成经开区品牌指导服务站搬迁工作。通过保护和运用好地理标志“金字招牌”,优化市场经济环境。实施地理标志专用标志溯源管理,31家水产企业被许可使用舟山海水产品地理证明商标,10家茶叶经营单位被许可使用普陀佛茶地理证明商标,2家登步黄金瓜种植合作社被许可使用登步黄金瓜地理证明商标,1家水仙种植合作社被许可使用普陀水仙地理证明商标,70%地理标志使用商户完成“浙食链”系统录入。探索建立由市场监管、农业等多部门联合执法体系,查处盗用、假冒或伪造地理标志等违法侵权行为,维护地理标志持有人的合法权益。

4月，《浙江省知识产权保护和促进条例》学习会（陈珊珊摄）

质量技术监督

【质量强区】 2022年,普陀新增“品字标”企业2家,培育产生3家区政府质量奖获奖组织,恒尊建设集团有限公司获2022年度舟山市政府质量奖，落实2021年度政府质量奖奖励资金60万元;推进普陀区水产品精深加工产业质量基础设施一站式服务平台建设并通过省级验收;召开全区质量标准化工作会议,开展质量强区宣传报道,提高全社会对“质量月”活动的关注度和参与度。

【标准化建设】 区市场监管分局帮扶企业参与“浙江制造”标准制定,2022年新增1项“浙江制造”标准,累计发布“浙江制造”标准12项;推动“浙江制造”品牌专项资金落实到位,落实专项奖励资金80万元；开展2021年度标准化统计监测工作,全区82家规模以上工业企业和121家限额以上服务业企业均完成填报，申报率分别达到100%和390.3%;开展对标达标质量提升专项行动，工作开展3年以来，普陀区32家水产品企业完成对标达标，数量位居全市第一;是年，舟山市慧达水产制品有限公司参与制定并发布全市第一项国际标准；推进国家基本公共服务标准化专项试点工作，准备试点验收。

【特种设备安全监察】 2022年，普陀区检查特种设备使用单位227家，抽查特种设备518台，排查一般隐患14项，排查严重隐患19项，发出安全监察指令书28份，立案8起，处罚金额11万元。推进浙江省特种设备在线应用落地，全年接收网上告知364台次，网上设备状态登记变更22条，在用特种设备赋码率99.8%、电梯扫码维保率100%，规范扫码维保率95%以上，处置387条新增问题隐患，547家特种设备使用单位分类评价率93.4%。推动"电梯运维管控一件事"改革，推进现代社区建设电梯质量安全提升试点工作，完成1295台住宅小区电梯物联智控。依托省市场监管局"双五"竞赛任务，开展承诺书签署"回头看"，督促150余家使用单位重新签订承诺书并上传，以"重点先行、全面推广"模式推进叉车自主扫码上岗工作，610台叉车扫码上岗19557辆次，扫码上岗率95%以上。加强宣传培训，筑牢安全意识，开展"进企业、进社区、进学校、进农村、进家庭"、大型游乐设施应急演练等特种设备安全宣传活动，开展安全管理人员、特种设备作业人员培训200余人次，切实压实特种设备使用单位的主体责任，提升特种设备安全治理水平。

【计量管理】 2022年，区市场监管分局开展"5·20"世界计量宣传日活动，服务企业40余家，发放宣传册300余册，在广场LED屏幕播放计量宣传片2次。开展计量标准专项监督检查、"优化计量、提质增效"企业帮扶、粮食领域市场监管工作专项整治"回头看""双随机、一公开"检查等工作。完成血压计检定报告信息录入673条；完成多参数监护仪检定报告信息录入207条。检查辖区内带数显燃气报警器258台，并登记成册。开展计量除险保安行动，检查压力表20台，未发现问题；检查强制检定计量器具961台，完成整改超过检定周期电子秤10台；检查3家企业5台血压计，完成整改超过检定周期血压计。开展双碳工作，在广场LED屏幕播放节能宣传片2次，在微信群发布节能减排相关宣传信息13条，发放节能宣传册300余份，展示双碳宣传展板6块。开展计量标准器具核准工作，发放1家企业3张计量标准考核证书。

9月，区市场监管分局工作人员指导特种设备使用单位抗台工作（李忠波摄）

【合格评定】 2022年，区市场监管分局开展"世界认可日""有机产品认证宣传周""绿色产品认证与标识宣传周"等活动。开展全省检验检测机构专项整治，检查检验检测机构4家。开展电动车专项整治行动，出动执法人员58人次，排查70家次电动车销售单位。开展煤气灶具排查工作，出动检查人员16人次，检查燃气器具经营单位25家，检查燃气器具94台，依法处理无3C认证标识燃气器具3台。开展小微企业质量管理体系认证培育工作，召开培训会2次，参会企

5月，区市场监管分局在区科技节活动中设摊宣传（刘冰摄）

业70家次，其中2家企业通过质量管理体系认证。

食品药品监督管理

【食品安全工作责任机制建设(全区)】 2022年，普陀区以打造省级食品安全示范区为目标，持续提升食品安全区域治理现代化水平，全区食品安全形势总体稳定向好，在年度市对区食品安全评议中排名全市第一。成功创建省级食品安全示范区。成立创建工作领导小组，推进省级食品安全示范区创建工作。将食品安全工作纳入政府工作报告、政府民生实事项目予以重点部署，将食品安全作为政府的综合考评项目、实行"一票否决"。推动落实"两个责任"。构建分层分级、层级对应的包保工作机制，推动食品安全属地管理责任落地见效。排摸食品生产经营主体7120家、包保干部523名。包保干部与包保主体100%建立包保关系、100%签订承诺书、100%完成首次督导。指导辖区989家食品生产经营单位实现食品安全"两员"应配尽配，督促落实"日管控、周排查、月调度"工作机制。强化基层食安办建设。是年新增五星级食安办1个（桃花镇）、四星级食安办1个(沈家门街道)。

【食品生产流通监管】 2022年，区市场监管分局推进落实食品生产经营许可改革，参与食品生产许可证现场核查64家次，其中新设企业12家。指导办理《食品经营许可证》111份，食品小作坊18家，小食杂店324家，截至2022年年底，全区有食品生产企业122家，食品流通经营户1500家，小食杂店2375家，小作坊137家。深化食品生产企业和经营单位风险等级评价工作，累计完成在册食品生产企业风险等级评价122家，覆盖率100%。流通领域食品经营许可单位和小食杂店风险等级评定4119家，整体评级覆盖率100%。落实"双随机、一公开"及"互联网+监管"检查任务，制定食品生产企业、食品销售单位、食品小作坊、特殊食品销售、食用农产品市场销售监督检查等"双随机"抽查任务，抽查907家次。监督食品企业制度落实和人员落实。执行食品安全自查制度，实现企业自查报告率100%。组织年度食安员抽考，参加考试213人，合格率100%，覆盖率100%。抓好新冠肺炎疫情防控期间的"冷链食品"安全监管，206家企业激活"浙冷链"系统，入库233799笔，溯源码212482个，出库5820笔，经营采购扫码率持续保持100%。落实进口冷链食品行业重点接触人员核酸检测和疫苗接种工作，落实《物防积分管理办法》，创新"ABC"三级分类监管模式对辖区进口水果经营主体进行分类监管。对照管理事项清单对辖区进口冷链食品和进口水果经营主体开展监督检查，对全区98家进口冷链(含水果)主体进行物防积分扣除。从严查处进口食品违法违规经营行为，查处涉嫌非法经营进口冷链食品案27起，涉及罚没款7.5万余元。发挥食品监督抽检作用，提高监管效能。全年完成监督抽检363批次，完成风险监测15批次，对辖区8个渔农村集中交易点开展食用农产品快检检测200余批次，对11批次监督抽检不合格食品和1批次风险检测问题产品落实闭环处置，罚没款25350元。数字赋能，高质量推进“浙食链”“GM2D”项目落地推广。2022年全区累计建成食品生产企业“阳光工厂”114家，实现在产食品生产企业全覆盖，规模以上食品生产企业全覆盖，发现食品安全隐患428个，全部整改到位。率先推进保健食品、固体饮料、包装饮用水等9家食品生产企业导入CCP（关键控制点）防控措施。依托“GM2D”示范区县域先行试点建设，实现二维码在地理标志海产品的深度应用，实现全区190种水产制品包装赋码。通过提质扩面，以包装饮用水、调味料、粮食加工品等重点品类食品为突破口，推进赋码、扫码、用码升级，全年实现全区食品生产企业实体包装赋码品种270个。制定二维码识读系统改造超市名单，实现舟山市普陀区猫头鹰生鲜超市、浙江凯虹集团有限公司华之友城市广场分公司等5家商超商品“浙食链”二维码结算。聚焦民生，高质量推进卤肉食品安全“一件事”集成改革。上链卤肉销售单位10家，卤肉食品小作坊6家，上链作坊卤肉食品286批次，交易记录1215条。实现全区五化市场内卤肉销售单位“浙食链”激活上链100%，监控安装100%，显示屏展示100%。供应五化市场的卤肉食品小作坊实现改造提升100%。挖掘地域特色，建设集“标准化、园区化、文旅化、数字化、阳光化”为一体的食品小作坊高质量发展新模式。借力乡村振兴和特色旅游，深耕普陀地方文化，结合“舟山特色伴手礼”申报，重点打造“燕归来虾峙大麻饼”“传统自酿酒”作坊文化，创建“文旅化”小作坊2家，创建“5S”现场管理小作坊5家。以创建“省级食品安全示范区”为抓手，发挥普陀海洋生态创新谷产业聚集优势。依托食品生产企业“阳光工厂”建设、CCP关键控制点导入，“浙食链”系统深度应用，产品包装赋码升级，先进体系认证，知识产权培育保护等构建谷内食品生产企业数字化、智慧化、品牌化、特色化的一体化监管发展模式，做优做强海洋数字经济产业链，提升普陀海洋生态创新谷食品安全水平。年底，谷内有在产食品生产企业43家，实现普陀海洋生态创新谷“阳光工厂”全覆盖，其中5家食品生产企业导入CCP（关键控制点）防控措施，15家企业建立实施HACCP、ISO 22000、BRC等先进管理体系，24家企业拥有注册商标92件，26家企业完成产品包装实体赋码，包装赋码120个品种。该项工作被列入区示范引领项目及省考“创新性工作”重点培育项目。持续开展食品安全领域突出问题专项整治。梳理食品生产流通环节中潜在风险点和存在问题，结合“守底线、查隐患、保安全”专项行动，“除险保安”专项行动，开展保健食品、金银箔粉、白酒、杨梅桑葚、牛蛙、粮食安全等各项专项检查，检查生产经营单位4531家次，发现各类食品安全隐患598个，实现生产经营主体检查全覆盖，整改闭环全覆盖。结合地域特色，开展梭子蟹、带鱼、小黄鱼等海水产品网络销售专项治理，重点打击无证生产经营食品、伪造

市市场监管局党委书记、局长蔡朝才（左二）到普陀区督查冷链食品监管工作（戴力摄）

篡改生产日期、无食品标签或食品标签不规范、直播虚假宣传等违法行为。

【餐饮食品监管】 2022年,区市场监管分局辖区内有餐饮服务经营者2813家，其中特大型餐饮8家、大型餐饮44家、中型餐饮239家、小型餐饮544家、小餐饮1791家、学校（含幼托机构)食堂45家、养老机构食堂15家、其他食堂127家。全年先后开展进口冷链食品物防、疫情集中隔离点食品安全保障、校园守护行动、网络餐饮安全整治提升等专项检查工作。督查进口冷链食品经营主体62家次，发现问题34个；检查疫情隔离点供餐单位884家次，检验各类食材695批次；春秋季开学检查学校食堂92家、学校周边餐饮店182家,发现各类隐患54个;开展中高考、学业水平考试、世界油商大会等食品安全保障6次,快检蔬菜农残130批次、食用油27批次;开展含金银箔粉食品违法行为专项整治,检查相关餐饮单位31家,责令整改1家,立案2起；开展网络餐饮单位专项整治,检查经营单位1500家,责令整改200余家,立案30余起;开展小餐饮食品安全专项整治,检查餐饮单位3493家次，发现各类风险隐患573个,责令整改80余家;开展居家养老机构食堂联合整治,检查养老机构和居家养老中心食堂46家，发现各类安全隐患113个。完成东港杉杉普陀天地阳光餐饮街区建设;结合省市场监管局“三比一讲”活动任务，累计建设阳光厨房1200余家,外卖商家936家,在线外卖商家“阳光厨房”871家,建设率达91.40%,阳光厨房上线率达到87.44%，商户端激活897家，激活率达94.12%。制作发放宣传画报2000份、桌牌2000只、桌贴2000张、垃圾分类标识1000只、外卖封签250万张、公筷公勺1000套。推出餐饮单位食品安全“红黑榜”10期,对42家餐饮单位以“红榜”,37家餐饮单位以“黑榜”的形式在掌上普陀等媒体进行公示。针对餐饮监管对象组织5期餐饮食品安全培训，培训人员314人;强化监督抽考和食安培训,完成监督考核主体250家,完成率90%,取得食品经营许可证的餐饮单位从业人员食品安全培训完成859家,完成率100%。开展纾困帮扶提升餐饮企业活力,全年新安装阳光厨房745户,为商户减免安装费用约45万元；新印制发放250万份外卖封签，减免费用6万元；对辖区内1500余家(150平米以下)取得合法资质的餐饮店进行统一投保食品安全责任保险,保费12万元。

【食品安全专项整治行动（全区)】 2022年,全区行政立案查处食品案件299起，移送公安7起,罚没款49万余元。加强全程管控。以食品安全“守底线、查隐患、保安全”和食用农产品“治违禁、控药残、促提升”两大专项行动为工作主线,推进食品安全风险治理,实现从田间到餐桌的全程管控目标。检查农产品生产经营主体99家，食品生产经营主体9816家次，排查风险隐患1443个。《“依所连岛”提升海岛食品安全治理能力》工作专报获副市长孙小晓批示肯定。加强抽检监测。全年全区食品(含食用农产品）抽检监测量938批次，发现不合格15批次，均落实核

7月29日，区市场监管分局首次开展“送检进海岛”活动（魏海东摄）

查处置,后处理立案率100%。完成省级农产品例行监测145批次,不合格1批次。完成食品微生物及其致病因子风险监测160批次,合格率100%;完成食品污染及其有害因素风险监测200批次,合格率95.5%。

【食品安全宣传】 区市场监管分局以省级食品安全示范区创建为契机,挖掘辖区食品药品安全监管特色亮点,开展线上线下主题宣传近50次。线下发放宣传资料3.6万份、宣传品3800份,张贴海报700张;线上发送宣传短信22万条次、推送朋友圈广告60万条次;开展创建有奖问答1次、参与2.43万人次、发放奖品7229份,提升辖区群众对创建工作的知晓率和满意度。在全市率先开展食品安全“云课堂”进校园和渔农村文化大礼堂保健食品科普“点单配送”活动,在市级以上媒体发布食药安全专题报道131篇,其中“查处梭子蟹网络直播案件”先后获《人民日报》微信公众号、中央广播电台、中国蓝新闻、《钱江晚报》等媒体宣传报道,消费者转发评论超百万。

【药品、医疗器械和化妆品管理】 2022年,区市场监管分局开展药品、医疗器械经营企业信用等级评定,评出药品零售单体(门店)企业守信企业46家、基本守信企业37家、轻微失信企业3家,医疗器械经营企业诚信企业21家、守信企业8家、警示企业1家。全年上报药品不良反应226例,其中新的严重的83例;医疗器械不良事件73例,其中新的严重的4例;化妆品不良反应报告16例;监督抽样药品100批次,化妆品20批次,检验结果全部合格。以药品安全专项整治暨打假治劣“药剑”行动为载体,部署开展药品经营和使用、中药饮片专项、抗原检测试剂、美容美发等专项行动,强化渠道安全,加强对疫情防控相关品种监管,严防药品流弊,办结药械化案件23起,罚没款34万余元。以疫情防控为重点,开展地毯式全方位巡查,确保各经营企业严格执行相关规定,着重加强对咳嗽退热药品、医用口罩、防护服、额温枪等防疫物资监管,确保药械产品质量安全和市场价格稳定有序,检查药品、医疗器械、化妆品经营使用单位1075家次,因防疫不当责令关停9家次。以“3·15”消费者权益日、化妆品科普宣传周、安全用药月等宣传活动为契机,线上线下相结合,宣传安全合理用药用械用妆;对接普陀区“共富方舟”健康服务项目,将“送药上山进岛”便民服务点覆盖全部16个悬水小岛,提供送药上山进岛业务20次,代购药品152盒,货值8055元;联合辖区内“民生药事服务站”“民生械事服务站”,打造全市首支数字化药事服务团队,建成省级社区药事服务站试点1个,新增民生药事服务站2家;推进2022年省级药品流通监管创新试点项目,落地11台24小时“数智药柜”,上线“沉浸式”终端寻药应用“普药智搜”,优化“自动式”监管预警应用“云驾驶舱”,构建高水平数字购药服务体系,调研简报《普陀倾力打造药品智慧监管海岛共富风景线》获省药品监督管理局副局长苏志良、陈魁批示;深化化妆品“百千万”美丽消

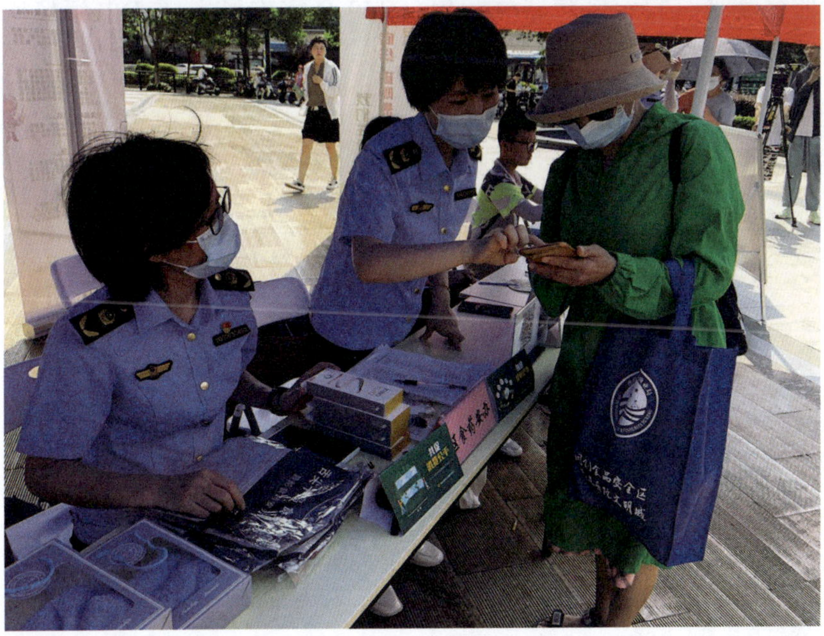

7月,区市场监管分局开展2022年食品安全周现场宣传活动(童姣姣摄)

费示范工程提升行动，累计创建示范商场2家，示范经营单位10家。

【违法行为查处】 2022年，区市场监管分局通过开展民生领域案件查办“铁拳”行动、“亮剑2022”保障民生安全综合执法行动、网络直播营销专项治理工作、打击养老诈骗专项整治行动、“一打三整治”专项行动、药品安全专项整治暨打假治劣“药剑”行动、过度包装和“天价”月饼集中整治等一系列专项行动，在食品药品安全、特种设备安全、旅游市场整治、商业贿赂整治、虚假广告等重点领域开展执法工作，全年办结各类案件507件，其中大要案63件，简案快办212件，罚没款255.39万元。根据案件分类，其中综合监管案件153件，食品监管案件296件，价格监管案件36件，药械化监管案件22件，移送公安机关并立案8件。

【公平竞争审查】 2022年度，全区各单位根据《公平竞争审查制度实施细则》要求，应审尽审，落实征求利害关系人意见或向社会公开征求意见要求，审慎适用例外规定。清理和废除影响公平竞争的各类补贴保护政策，创造公平竞争的市场环境，释放市场活力。审查增量文件31件，清理存量文件17件，其中修改5件，废止3件。率先引入第三方评估工作，提高审查质量。2022年1月4日，与浙江民鸿律师事务所签订常年法律顾问合同，在全市各县区中率先引入公平竞争审查第三方评估工作，为各部门符合公平竞争的文件提供公平竞争审查建议，推进公平竞争审查制度落实落地。全年区市场监管分局以区公平竞争审查联席会议办公室名义向区委组织部、区经信局等单位出具文件公平竞争审查建议10份，提出修改意见16条。

（撰稿：郑夏雯）

六横市场监督管理

【概况】 舟山市市场监督管理局六横分局（简称六横市场监管分局）为舟山市市场监督管理局的派出机构，主要承担六横区域内市场综合监督管理，市场主体统一登记注册，监督管理市场秩序，产品质量安全监督管理，特种设备安全监督管理，食品安全监督管理，药品、医疗器械和化妆品安全监督管理，统一管理计量、标准化、检验检测工作，知识产权监督管理等职能。

【“六稳”“六保”工作开展情况】 2022年，六横市场监管分局全年完成原进口冷链食品经营户39轮回头看检查、59家小冷库冷链食品现场排查及线上备案工作，检查相关市场主体7000余家次，查处违反进口水果相关规定的违法行为27起，约谈市场举办方8家次，约谈不遵守疫情防控规范的2家药店3次并责令停业整顿，9月完成六横首起越南进口火龙果涉阳排查调度任务。10月起，牵头开展沿街店铺“小门”管控检查工作，联合相关部门，分领域、分行业、分片区进行“清街扫店”，确保沿街店铺“全受控、无遗漏”，其间出动执法人员110余人次，检查各类市场主体2700余家次，其中550余家存在问题并责令整改，帮助150余家市场主体新申领场所码。牵头开展辖区个体工商户纾

2022年六横内资企业、个体工商户、农民专业合作社基本情况表

表43

项　目		在册总数	其中：2022年新设	同比增长（%）
内资企业	户　数（户）	1306	126	5.2
	注册资本（万元）	1445087	395397	8.2
个体工商户	户　数（户）	4922	833	9.2
	资金数额（万元）	76851	11437	4.1
农民专业合作社	户　数（户）	43	0	
	资金数额（万元）	4253	0	

5月27日，六横市场监管分局督查农贸市场防疫措施落实情况（陆霄霞摄）

困工作，制定六横管委会扶持个体工商户发展部门联席会议制度，出台《六横管委会贯彻落实扶持个体工商户纾困发展若干意见的实施方案》，2022年减免税费、租金等1500余万元；通过政府补贴、商家让利、数字技术助力等，分4轮发放“嗨购六横”消费券200万元，成功帮助小微商家引流，带动市场消费1000余万元。

【深化数字化改革】 2022年，六横市场监管分局动态认领浙江企业在线、浙江质量在线、浙江市场在线等集成系统贯通任务，加强对市场主体、消费者的宣传引导，提高用户激活率和应用活跃度，辖区完成电子营业执照下载市场主体达76%，常态化药店疫情监测数据实现100%上报，“浙江特种设备在线”隐患预警信息及时处置率100%，“浙江外卖在线”问题闭环处置率100%。创新运用“云视频监控+互联网技术”，打造“源头可追溯、全程可监控、风险可预警、证据可留存”的零售药店数字化监管新模式，全年整改落实各类不规范问题35项，对10家药师不在岗销售处方药或甲类非处方药的行为进行当场处罚，立案查处涉嫌药师“挂证”药店1家，解决捆绑销售药品举报1起。

【市场主体登记注册】 六横市场监管分局以“最多跑一次”改革为牵引，深化企业开办、注销便利化，实现“一窗通办、一人帮办、一次办结、一单速达”，2022年，办理开业、变更、注销登记3866件，其中网上申报办理2851家、证照联办登记124件、企业简易注销登记96件、前置改后置审批113户、容缺受理12件；办结食品经营许可证203件，其中新设49件、变更44件，注销110件；办结第二类医疗器械变更6件、特种设备登记证232本、特种设备使用人员证书363本；实行企业开办全环节首套印章刻制费用政府买单，为119家企业减免印章刻制费用57120元。深化招商引资落户快捷化，开通绿色通道，助力30家招商引资企业成功落户六横，注册资本48.473亿元，其中外资18亿元。深化“证照分离”改革试点全面化，推进落实食品经营涉企项目审批改备案、实行告知承诺制、优化审批服务等改革举措，办结仅销售预包装食品经营备案13家、办结食品经营实施“告知承诺”46件；推行“最多核一次”办结65件；实施“三小一摊”多证合一备案113件。深化住所申报登记自主化，根据《六横管委会商事主体住所（经营场所）登记实施办法》规定，落实商事主体住所（经营场所）登记申报承诺制，是年，382家市场主体通过住所自主申报登记经营地址。

【市场秩序监管】 2022年，六横市场监管分局利用掌上执法平台加强日常监管，开通人员账号18个，账号开通率、掌上执法激活率均达到100%。深化“双随机、一公开”监管，全年设置双随机计划36个、双随机任务82个、专项任务7个，组织执法检查544次，其中双随机抽查371次，专项检查80次，即时检查80

次，事件核查13次，跨部门监管率37.93%，应用信用规则率100%。规范市场价格行为，开展明码标价专项整治、殡葬服务专项检查、教育收费专项检查、面向未成年人无底线营销食品专项、除险保安“百日攻坚”等专项行动20余个，发现违法行为20起，立案18起。查处2件违法销售国家保护动物案件，实现此类案件查处零突破；联合六横反走私办、六横港航分中心等部门，查获1起涉嫌进口冻品走私案，查封无合法来源走私进口冻肉303.81吨。全年办理各类违法案件197件，大要案（除药械化案件）7件，案件罚没款45万余元，普通案件办理量比去年同期增长54.2%。其中立案查处提交虚假材料取得主体登记系列案件17起。加快推广使用“简案快办”掌上执法2.0版，实现移动办案与PC端案件管理全面融合，完成简案快办43件，促进执法办案效能提升。

【质量管理】 2022年，六横市场监管分局加强质量工作培训，帮扶8家五金仪表生产企业完成先进管理模式导入并通过ISO 9001认证。组织开展五金仪表行业质量提升座谈会，提升相关负责人的高质量发展意识。邀请行业专家对企业标准编制工作开展指导帮扶，完成Y30型压力表企业标准编制并通过型式批准正式投产。委托省计量院开展六横仪表企业型批一致性专项检查，对34项不合格项目全部制定整改计划，全年6类新产品压力表通过型式批准，涉及耐震压力表、非国标压力表等多个类型。开展企业计量实验室专项检查，对实验室强检计量器具校准检验，提高企业自检能力水平。

【市场、合同、广告监管】 2022年，六横市场监管分局结合全国文明城市复评，推进农贸市场提升改造、“限塑”及垃圾分类工作，指导峧头集贸市场和台门农贸市场成功续创浙江省放心农贸市场暨三星级文明规范市场。在辖区4家农贸市场举行限塑及垃圾分类宣传活动，向消费者发放环保袋300只、宣传资料100份，宣传受众500余人。全年收缴不合格超薄塑料袋2.5千克，向市场举办方发放可降解塑料袋15万只。继续开展“守合同重信用”单位延续工作，完成“AAA级”企业延续1家、“AA级”企业延续1家、“A级”企业延续1家，完成合同备案8家。强化对已备案的12家网站（一级域名）及19家网店（二级域名）的联网广告监测，全年监测互联网广告120条次；以学校市场周边、码头、公交、大型超市等人员聚集场所和公共区域为重点场所，以户外广告、电子显示屏广告等为重点内容，分阶段开展检查，出动执法人员54人次，检查户外广告110余条，办结违法广告案件3起，罚款1.78万元。

【产品质量安全监管】 2022年，六横市场监管分局加大对生产企业产品质量抽检力度，全年抽检配装眼镜、一般压力表、带毛细管压力表等生产领域产品16批次，其中3批次不合格，对相关生产方进行立案调查。针对民生领域开展流通领域产品监督抽查，涵盖液化石油气、电动自行车充电器、母婴用品、劳保用品、床上用品、复合肥料、商品煤、油品等多个种类28批次，对4批次不合格商品进行依法查处。开展燃气领域、电线电缆、非

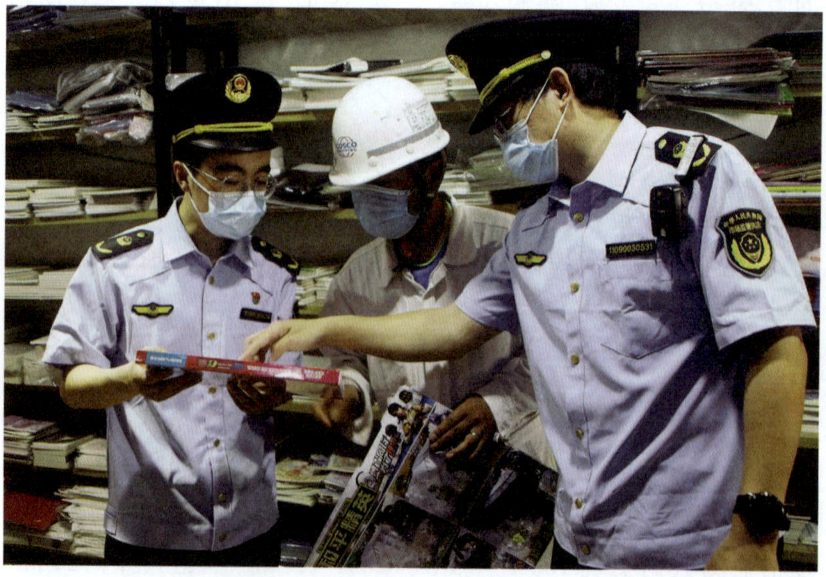

5月27日，六横市场监管分局开展儿童用品集中排查（刘生国摄）

医用口罩、儿童玩具等产品专项检查，全面摸排辖区主干街道、背街小巷，下架三无产品3批次。推进非标电动自行车提前淘汰置换，六横全年淘汰备案非标电动车23144辆，淘汰占比91.28%，其中通过浙江e行在线淘汰车辆8705辆，占比37.6%。

9月16日，台风后开展特种设备安全检查（代长春摄）

【特种设备安全监管】 2022年，六横市场监管分局严格落实特种设备安全监管责任，围绕重点时段、重点场所、重点单位、重点设备，强化四重设备安全监管，开展人员密集场所、涉危化学品特种设备、燃气领域等专项检查以及日常监管，出动执法人员180人次，检查特种设备使用单位93家次，检查特种设备178台，制发特种设备安全监察指令书17份，排查一般隐患19项，完成整改19项，立案3起，处罚没款3.2万元，消除使用未经检验特种设备、充装过期气瓶等重大安全隐患4起，消除舟山市凯久电源科技有限公司使用自制起重机械区级挂牌督办安全隐患1起。落实企业安全主体责任，联合六横安监站等多部门开展“安全月”宣传进社区、进船厂等活动，发放宣传资料224份。组织设备数量多、种类多、运行参数高、风险高的48家使用单位开展安全教育培训，在舟山深能燃气发展有限公司小湖LNG气化站进行泄漏事故应急演练。推进特种设备数字化监管，依托“浙江省特种设备在线”平台，推进辖区在用起重机械完成双限位安装，电梯维保单位落实电梯鼓式制动器拆解保养以及场（厂）内专用机动车辆、锅炉等特种设备作业人员的扫码上岗，落实临期设备落实报检提醒，全年未发生使用超期未检特种设备的违法违规行为。

【食品安全监管】 截至2022年年底，六横辖区有食品主体1197家，其中持有食品生产许可证8家、食品经营许可证348家（餐饮类137家、食品销售165家、单位食堂46家）、“三小一摊”811家（小餐饮181家、小食杂615家、小作坊15家）、仅销售预包装食品备案30家。聚焦风险管控，对辖区食品生产企业、食品经营主体和“三小一摊”登记主体实行安全风险分级管理工作，全年完成食品生产销售风险分级788家、餐饮单位量化分级318户，实现风险量化分级100%覆盖；以查处问题为导向，开展抽检分离式食品抽检160批次（含“链上点检”抽检8批次、风险监测10批次），其中3批次产品监督抽检不合格，6批次产品风险监测存在隐患，均已完成核查处置，完成自消毒餐饮具抽检61户次共366件，有4户次共14件不合格，简案快办当场警告4起，开展农贸市场农检快检工作，及时通过浙江省农贸市场综合监管平台公布检测结果；联合食安办排查辖区农村家宴厨师，要求所有厨师定期办理健康证明，食品安全技能培训30余人次，全年指导农村集体聚餐20家次。聚焦校园安全，提高学校食堂量化分级A/B级比例，提升学校食堂餐饮食品安全自身管理水平，8家学校量化等级评定为A级，创建普陀区校园食品安全“精细化管理示范食堂”2家；联合镇食安办开展校园食堂现场检查，督促各学校食品安全和疫情防控主体责任双落实，全年检查辖区学校食堂 34 家次，下发监督意见书 22 份，收到书面整改报告 12 份；联合教育部门开展学校食堂食品安全工作年度考评，及时将春秋季开学检查发现的问题反馈给教育部门，加强校园食堂及学校周边监管，检查校园周边食品经营单位 25 家次，下发监督意见书 5 份，检查发现的问题均整改到位。聚焦民生实事，开展文旅化小作坊与 5S 管理小作坊创建工作，根据不同生产规模及生产种类对 3 家小作坊进行分类指导，完成文旅化小作坊和 5S 小作坊管理提升及验收工作；推行企业 CCP 风险监管制度，接入物联设备，打造 3 家阳光工厂 2.0，指导辖区所有食品生产企业建设阳光工厂，完成阳光工厂 100%覆盖；推进无纸化猪肉改革，开通辖区 27 家肉商浙食链并进行进货报备，猪肉无纸化交易率 100%；加强抗疫保供食品安全监管，对照生产环境、进货查验、生产过程控制、产品检验、贮存交付、从业人员管理、食品安全自查等内容对辖区 3 家在产企业进行现场检查；对“阳光工厂”预警信息、设备损坏问题未及时处理的进行提醒，对未完整上链、信息填写不全等问题要求企业及时整改。聚焦智慧监管，加强“防疫餐饮在线”平台应用，开展集中隔离点供餐单位建设指导，落实每天线上巡查及每周 2 次现场检查制度，开展线上巡查 170 次、现场检查 82 次，发现并整改各类问题 130 余项，保证隔离点供餐正常运转；推进“浙江外卖在线”平台应用，指导外卖餐饮单位按点位安装摄像头并接入平台，已接入 41 家，每日线上检查并对数据进行实时维护更新，对接美团、饿了么平台开展未安装摄像头外卖商户的平台下架处理工作，自《浙江省电子商务条例》实施以来，发放责令改正 8 份，立案 2 起。聚焦便民服务，探索实施食品经营行政许可云核查模式，结合六横 2020 年食品经营行政许可云核查工作方案，对辖区 150 平方米以下餐饮单位，通过微信实现远程指导与审核，全年使用云核查模式审核经营单位 50 家；做好食品生产经营单位“三服务”工作，提前介入许可证临近到期的经营单位进行现场指导，完成舟山中远海运重工有限公司、东鹏船厂、浙能港口、蛟头中学、台门学校等食堂改造。聚焦餐饮环节，实施红黑榜制度，梳理汇总当月餐饮单位日常巡查数据筛选红黑榜名单，通过线上公众号定期公示，全年推出“红黑榜”4 期；联合普陀区民政局和六横镇民政局对养老机构食堂及居家养老食堂开展专项检查，督促养老机构食堂负责人落实食品安全主体责任，提高食品安全意识，确保养老机构的食品安全。聚焦宣贯培训，联合食药检院开展食药安全宣传“科技周”活动，开展名贵中药材鉴定、食药知识科普、养生保健品鉴别等特色宣传活动，分发各类科普宣传资料 200 余份，惠及群众 100 余人；开展各类食品安全宣传活动，邀请食药检院专家开展“你点我检”宣传活动，由消费者自主选择蔬菜开展农产品农药残留检测，现场检测结果均合格；联合镇食安办开展食品宣传进社区、进商超、进农村活动；在蛟头休闲广场和天合广场等地

8 月 2 日，六横市场监管分局开展奶茶店突击检查（陶阳摄）

播放《保健食品不是药物》《路边蘑菇别乱采》《食品安全公益广告》等宣传片6场次。全年开展食品安全管理员培训活动3次，开展基层食安协管员培训2次，参会120余人次，持续督促引导企业自觉遵守法律法规。

6月6日，六横市场监管分局开展药械专项执法检查（陆霄霞摄）

【药械安全监管】 2022年，六横市场监管分局开展无菌和植入性医疗器械检查、口腔诊所类医疗机构专项检查、含兴奋剂药品治理、中药饮片专项检查、医疗器械“清网”行动、药品网络销售违法违规行为专项整治、新冠肺炎病毒检测试剂专项检查、规范装饰性彩色隐形眼镜生产经营行为专项整治、打假治劣“药剑”行动。完成各类药品批发、零售企业交叉飞行检查、医疗器械经营企业交叉飞行检查，对零售药店和药品使用单位飞检比例均超过30%，实现对疫苗接种单位、辖区18家药店及46家医疗机构循环检查全覆盖。完成1家新设药店许可检查及二类器械备案后检查，完成药品经营许可证变更7家，药品经营许可证注销2家，二类器械变更备案2家。召集辖区内18家药店和46家医疗机构开展药品和医疗器械相关法律法规知识培训，重点讲解常见违法违规行为的法律义务和责任。先后召集药店开展疫情防控线下线上培训指导，开展做好亚运会和亚残运会含兴奋剂药品的专题线上培训；完成1家已注销的药店“民生药事服务站”转站建设及1家新民生药事服务站建设工作，自药事服务站建成以来，开展各类药事指导服务群众2500余人次、举办知识（宣传）讲座场次6场次，受众4000余人。开展主题为“安全用药·同心同行”的安全用药月活动，向辖区500余名中老年人赠送总价值约5000元的必备常用药；开展主题为“安全用械·共治共享”的全国医疗器械安全宣传周活动，向市民分发宣传册1000余本。完成舟山市年度药品抽检任务25批次，抽检合格率100%；全年上报评价ADR报表55例，MDR报表18例。

【化妆品安全监管】 2022年，六横市场监管分局以“日常巡查+专项检查”模式抽查化妆品经营使用单位70家次、进口母婴用品店7家次、进口化妆品店8家次，重点开展化妆品“线上净网线下清源”专项整治、儿童化妆品专项检查，对经营的产品生产标签、进货渠道、店堂宣传告示、验收台账等进行检查。在“5.25”护肤日开展以“安全用妆·携手童行”为主题的活动，主要宣讲儿童化妆品“小金盾”标识与儿童化妆品的安全使用，播放公益视频50余次、摆放化妆品知识科普展板10块、发放宣传手册800余份、答复咨询100余次，向市民推广“化妆品监管”App并对产品线上查询功能进行现场演示。开展2022年化妆品“百千万”美丽消费示范工程建设工作，新增化妆品示范经营单位3家、化妆品示范商场1家。全年上报化妆品不良反应5例。

【计量、标准化、检验检测】 2022年，六横市场监管分局全面推广e-CQS强检信息系统应用，集中指导农贸市场、医疗机构等强制检定计量器具使用单位应用该系统实现计量器具管理与检定申报。开展农贸市场电子秤集中检定工作，为辖区4家农贸市场307台电子计价秤提供免费检定，检定合格率97.7%，对检验不合格的计量器具当场由市场主办方没收。开展能效水效标识计量专项、定量包装、在用计量器具、计量单位使用情况、免予办理强制性产品、自愿性认证获证组织等监督检查。加强定量包装商品生产企业专项检查，对产品进行现场检测，严查短斤缺两行为。对接辖区燃气、自来水公司，完成在用居民燃气表、民用水表检定备案工作，完成燃气表备案400块、民用水表备案9000块。开展计量器具生产企业全覆盖检查，联合省计量院开展仪表生产企业型式批准一致性检查，指导企业合规生产。指导舟山中远海运重工有限公司申报浙江省标准创新贡献奖。质检院、特检院六横工作站持续服务六横企业，是年为辖区50余家企业单位检测各类设备7000余件，为40余家企业检定校准安全阀460余只，为企业节约运输成本15万余元。

【知识产权保护】 2022年，六横市场监管分局辖区内有效注册商标数量稳步增长，从2021年度掌握的450个上升至489个，增长幅度8.7%；全年新增发明专利5件、实用新型专利76件、外观设计专利8件。完成知识产权质押融资1600万元，缓解企业疫情期间资金紧张局面。

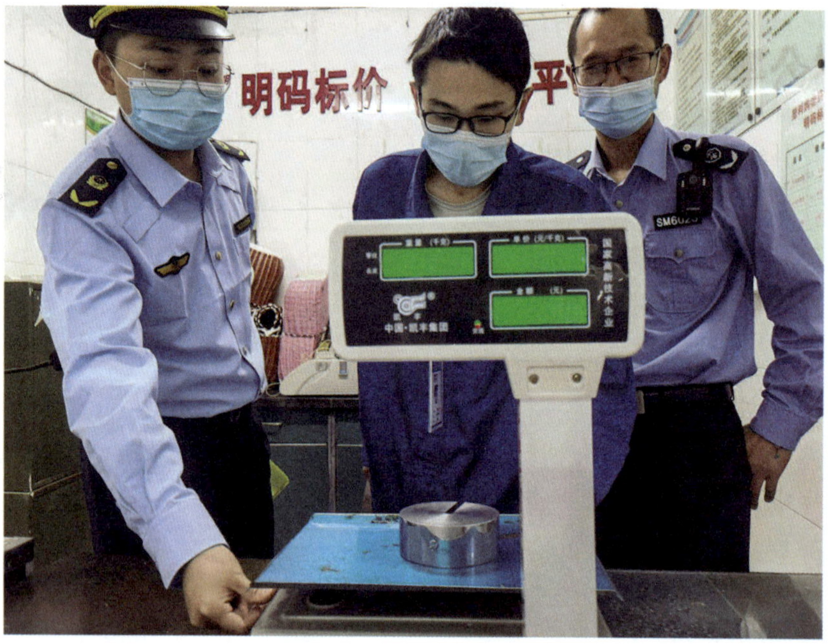

5月10日，免费开展电子计价秤检定活动（林文杰摄）

2022年六横辖区内商标注册情况表

表44

项　目		2022年
申请件数		45
注册件数		39
累计有效注册量		489
地理标志证明商标	新增	0
	累计	1
国际商标	新增	0
	累计	25

【消费维权】 2022年，六横市场监管分局接受消费咨询25次，接到12315投诉36个，受理29个。接到六横管委会综合指挥室移送信访件26件，办结率100%。接到举报13个，其中立案2个，消费申诉主要为价格投诉、食品安全和服务质量。开展3·15“共促消费公平，赋能放心消费”宣传活动、网络直播营销专项检查、网络促销日商品和服务专项检查、网络销售防疫物资专项检查等。深化“放心消费在浙江”行动，全年培育放心消费单位164家，其中无理由退货单位67家、放心工厂3家、放心消费金融单位5家、放心消费商圈1个、放心消费乡村1个。

（撰稿：施雪）

编辑：刘玥

教　育

综　述

2022年，普陀区有幼儿园30所，在园幼儿7289人。义务教育学校20所，在校学生22938人。有区教师进修学校1所，浙江开放大学普陀学院1所，镇街成人文化技术学校8所。全区中小学幼儿园教职工总数3129人。

推进清廉学校建设，开展普陀区中小学校清廉学校示范校创建工作，沈家门小学获评首批浙江省清廉学校建设示范校（全市2所），普陀小学获评2022年舟山市清廉建设示范单位（全区5家单位），普陀小学、沈家门小学、沈家门第一小学、沈家门第四小学、舟渔学校获评2022年舟山市清廉学校建设示范校、普陀区首批清廉学校建设示范校。加强对外协作交流，派遣1名教师参加支援新疆教育工作，4名教师参加支援四川教育工作，1名教师参加支援嵊泗教育工作。

制定出台《普陀区2022—2025年省、市现代化学校创建计划表》，全区已完成省现代化学校验评6所、通过省级网评4所，占全区学校总数17.24%，列全市四县（区）前茅。

推进“省小学生综合评价改革试点区”建设，制订出台《舟山市普陀区小学生综合评价改革推进方案》，融合“智在评价”平台，创新打造区域基础教育生态监测评价“普陀模式”，工作成果在省“数据驱动教育教学改进”试点地区年度总结会上作分享报告。发挥教育科研支撑驱动和引领作用，持续深化《真实性学习区域探索》课题研究，强化项目化学习，促进教育教学质量蝶变跃升。普陀第二中学、沈家门小学、沈家门第四小学7个项目化学习案例入选省项目化学习资源众筹库，全区30名教师加入省项目化学习研究共同体；普陀第二中学、沈家门小学等4所学校获评省教育学会实验学校，朱家尖小学、沈家门第四小学等6所学校获评市创新教育实验学校。沈家门第四小学获省第5届STEAM教育大会暨首届项目化学习资源众筹建设与深化研究活动“综合优胜奖”，区教育局获“优秀组织奖”。

结合“县管校聘”“积分进城”等制度，深化校长教师交流的政策导向，促进教师资源合理配置。是年，教师校际交流91人，其中积分进城18人、交流到

舟渔学校“喜迎二十大　争做好队员”六一活动（区教育局提供）

海岛学校18人。普陀区教育现代化发展水平连续5年位居全省县区第一梯队(A等)。

学前教育

【概况】 2022学年,全区有幼儿园30所,其中公办17所、民办13所;在园幼儿7289人,教职工1226人。是年,虾峙中心幼儿园撤并入区实验幼儿园,荷叶湾幼儿园停办。推进高品质体育活动项目,拓宽实施路径,提升体育活动品质,全年开展相关活动7次,2篇相关论文获省三等奖、16篇在市级获奖,区中心幼儿园、朱家尖中心幼儿园2项课题在省级立项。

【学前教育管理】 普陀区持续完善学前教育公共服务体系,实施学前教育发展第四轮行动计划(2021—2025),制定完成《普陀区幼儿园布局专项规划2022—2025年》,启动全国普及普惠县创建工作。规范全区公办幼儿园插班流程,完成虾峙中心幼儿园撤并、荷叶湾幼儿园停办及幼儿安置工作。落实"同舟善

2022学年普陀区幼儿园基本情况表

表45

幼儿园名称	类别	等级	班级数(个)	在园幼儿数(人)	教职工数(人)	占地面积(平方米)	建筑面积(平方米)
区中心幼儿园	县级教育部门	一级	18	453	82	8860	5397
区实验幼儿园	县级教育部门	一级	15	404	66	5543	4950
沈家门幼儿园	县级教育部门	一级	15	358	65	5420	4816
东港幼儿园	县级教育部门	一级	30	848	124	14449	11115
城北幼儿园	县级教育部门	二级	18	475	74	8502	6634
鲁家峙幼儿园	县级教育部门	二级	9	214	43	5769	3274
海城铭园幼儿园	县级教育部门	二级	6	157	29	2648	1920
平阳浦幼儿园	县级教育部门	二级	16	420	67	5557	2902
展茅中心幼儿园	集体	一级	9	191	38	5027	4375
朱家尖中心幼儿园	集体	一级	19	500	84	10616	7323
六横中心幼儿园	集体	一级	9	167	41	7464	4461
六横实验幼儿园	集体	二级	12	282	52	6436	3297
六横镇双屿港幼儿园	集体	二级	12	277	52	8118	5308
桃花中心幼儿园	集体	二级	3	42	14	2126	982
螺门幼儿园	集体	二级	4	91	21	1364	1569
龙山幼儿园	集体	二级	4	57	19	5235	1852
双塘幼儿园	集体	三级	1	9	7	1579	381
城建幼儿园	民办	二级	9	259	35	1917	870
北安幼儿园	民办	二级	9	263	36	1687	1301
颐景幼儿园	民办	二级	9	263	36	1192	1540
和润幼儿园	民办	二级	6	156	25	1550	2020
蓝盾幼儿园	民办	二级	8	221	32	1420	1322
三盛幼儿园	民办	二级	8	184	32	3500	2392

续表 45

幼儿园名称	类　别	等　级	班级数（个）	在园幼儿数（人）	教职工数（人）	占地面积（平方米）	建筑面积（平方米）
小茨星实验幼儿园	民办	二级	12	325	46	3780	2807
物资幼儿园	民办	三级	4	96	13	667	523
小天地幼儿园	民办	三级	6	126	21	1475	745
新苗幼儿园	民办	三级	6	168	24	1595	701
动动王国托幼中心	民办	三级	5	140	21	979	702
和津苑幼儿园	民办	三级	4	55	14	786	1075
朱家尖三八幼儿园	民办	三级	3	88	13	2997	1320

育”要求，试行幼儿园放学后园内托管服务，实现有需求幼儿园和幼儿全覆盖。制订《舟山市普陀区托幼一体化工作实施方案》，统筹安排朱家尖中心幼儿园、六横镇双屿港幼儿园开展托幼一体化试点，鼓励有条件幼儿园增设托班，12 所幼儿园完成“托育部”挂牌，推进学前教育托幼一体化模式。东港幼儿园、朱家尖中心幼儿园、展茅中心幼儿园 3 所幼儿园由二级幼儿园升为一级幼儿园，螺门幼儿园通过二级复评。普陀区公办幼儿园比例、普惠性幼儿园比例分别达到 57%、90%，等级幼儿园比例保持100%。

【幼儿教养】 2022 年，区教育局继续落实“以游戏为基本活动”课改理念，探究多样化教育活动路径。聚焦高品质体育活动、基于儿童立场的环境创设、高质量科学活动、幼小科学衔接，持续推进幼儿园课程改革。基于问题形成教研主题，推进高品质体育活动项目实施。5 月，在东港、展茅举办现场会展示高品质体育活动多样路径。11 月，承办舟山市教育学会学前教育分会第一次代表大会，东港幼儿园向全市幼儿园展示室内外环境及“教研赋能：儿童自主游戏中的教育支持”教研活动，浙江省学前教育研究会公众号进行报道。区中心幼儿园《TACC:幼儿园体育精准化教学新样态的行动研究》被列为省大数据精准教学项目“十四五”立项课题，朱家尖中心幼儿园《酷乐潮玩：指向幼儿体育素养的跑酷教学研究实践》被列为 2022 年省教研规划课题。18 篇论文、案例分获省一、二、三等奖，38 篇论文、案例分获市一、二、三等奖。以儿童立场为基点，通过全员培训、课题引领、试点园校联盟、联合教研等开展幼小科学衔接活动。东港幼儿园、区中心幼儿园、区实验幼儿园、城北幼儿园被评为舟山市幼小衔接示范园。启动区域推进幼儿园科学活动项目，通过调研科学教育现状，专业阅读、专家讲座等为项目实施做好准备。依托分层阅读、外出参观、专家指导等提升教师优化环境水平。规范教研活动，通过举办业务园长综合素养提升班提升教研实效。朱家尖中心幼儿园、平阳浦幼儿园教研团队在东海风文化节上进行教研展示。

【区实验幼儿园】 位于沈家门街道东海中路 695 号，占地面积 5543 平方米，建筑面积 4950 平方米。2022 年年末，有班级 15 个，在园幼儿 404 人，教职工 66 人。是年，该园获“普陀区校园食品安全精细化管理示范食堂”“全园阅读优秀单位”“年度安全工作考核优秀”“市级近视防控特色幼儿园”“共同体考核优秀”等荣誉称号。

【城北幼儿园】 位于东港街道状元街 10 号，占地面积 8502 平方米，建筑面积 6634 平方米。2022 年年末，有 18 个班，在园幼儿 475 人，教职工 74 人。专任教师大专及以上学历为 100%。是年，该园以市规划课题《游戏赋能：PBL 视域下幼儿科学素养培育路径的研究》为依托开展幼儿园高品质科学教育，提升教师教

朱家尖中心幼儿园第六届海洋运动会（区教育局提供）

育技能。2月，获“浙江省青少年校园足球特色幼儿园”称号。

【朱家尖中心幼儿园】 位于朱家尖街道银鹰路105号，占地面积10616平方米，建筑面积7323平方米，绿化面积3749平方米，有跑酷、沙雕、科探等专用功能厅10个。2022年年末，有班级19个，在园幼儿500人，职工84人，其中专任教师46人。专任教师平均年龄35周岁，大专及以上学历100%，一级教师9人，二级教师37人。是年，该园通过浙江省一级幼儿园认定；被命名为2022年度舟山市健康促进学校银牌（幼儿园）；获浙江省足球特色学校称号。

义务教育

【概况】 2022年，普陀区深化海岛学校教育质量提升“燎原工程”，开展微教育联盟、送教到岛等活动40次。全区建有城乡义务教育共同体结对帮扶学校7对14所（共建型5对10所，协作型2对4所），公办义务教育学校覆盖率达到94%，实现区域内海岛、农村城乡义务教育共同体结对帮扶全覆盖，相关工作获《中国教育报》《浙江日报》《浙江教育报》等媒体报道。至年底，普陀区有义务教育学校20所，其中初中8所（包括展茅中心学校、中旭科创实验学校2所九年一贯制学校），小学12所。有在校学生22938人，教职工1903人，其中专任教师1770人。是年，虾峙学校撤并入沈家门第四小学，普陀第二中学教育集团武岭校区正式投入使用，全年新增义教段公办优质学位450个。

【中考情况】 2022年，全区有2105名学生参加中考，其中舟山中学录取113人，南海实验学校录取112人，浙江省定海第一中学录取35人，普陀中学录取305人，沈家门中学录取343人，六横中学录取122人。重点高中录取合计565人，录取率26.84%，普通高中录取合计1255人，录取率59.62%。2022年中考总平均分全市第二（其中语文学科平均分四县区第一）。

中旭科创实验学校达芬奇仿生飞行实验室（区教育局提供）

2022 学年普陀区义务教育学校基本情况表

表 46

校名	学制	班级数（个）	在校生数（人）	教职工数（人）	占地面积（平方米）	建筑面积（平方米）
普陀第二中学教育集团城北校区	3	31	1318	128	62048	24328
普陀第二中学教育集团武岭校区	3	26	1085	98	38181	23363
沈家门第一初级中学	3	30	1193	128	19464	14725
东港中学	3	37	1494	147	60236	28924
展茅中心学校初中部	3	13	433	41	33793	11338
朱家尖中学	3	12	459	50	28121	6739
蚂头中学	3	24	909	81	45509	16994
中旭科创实验学校初中部	3	10	205	32	33615	18907
普陀小学	6	59	2443	157	36942	28391
沈家门小学	6	69	2894	201	43601	29389
沈家门第一小学	6	40	1639	141	29255	13550
沈家门第四小学	6	27	1092	87	18163	11066
城北小学	6	36	1540	109	27817	19041
舟渔学校	6	26	1002	80	16160	7556
展茅中心学校小学部	6	12	458	41		
朱家尖小学	6	24	942	74	14141	7463
六横中心小学	6	36	1400	95	35327	14108
台门学校	6	11	290	34	38068	11817
桃花中心学校	6	6	108	16	14652	6050
龙山小学	6	6	158	16	10724	3138
中旭科创实验学校小学部	6	24	744	65		
育才学校	6	30	1132	82	32440	8662

【教学工作】 2022 年，普陀区加强“浙江省中小学劳动教育实验区”建设，完善普陀三色劳动教育新体系，打造具有区域特色的“看见劳动”新样态；区内中小学“一校一品一特色”局面初步成型。4 月，城北小学在浙江省第二届中小学劳动教育大会上作《新时代劳动教育三维清单的构建与实施》观点报告；9 月，《健全劳动教育评价方式》入选浙江省深化新时代教育评价改革单项试点项目。深化课堂教学改革，编印“真实性学习的区域探索”论文集和案例集。“对标课堂”研究有成效，初中信息科技学科获全国标杆奖，初中语文、数学学科获省优质课一等奖，初中社会、小学劳动学科获省优质课二等奖，中小学有 5 节课获省精品课。推行教研员“下水”上课制度、一周教学巡导制度，通过点对点精准帮扶指导，推动提质强校。优化教育生态，开展作业设计和管理研究，推进“智在阅读”应用场景、小学生综合评价改革，“双减”成果初见成效。普陀小学、沈家门第四小学获第九届“浙江省义务教育精品课程”；普陀小学获 2022 年浙江省中小学课后服务优秀实施方案；沈家门小学、沈家门第四小学获浙江省小学非纸笔测评优秀案例；沈家

普陀小学国学教室（区教育局提供）

门第一小学、普陀小学、东港中学获浙江省中小学“五育并举”工作优秀实施方案；沈家门第四小学获浙江省项目化学习资源众筹建设与深化研究综合优胜奖，普陀教研室获优秀组织奖；普陀小学、朱家尖小学获浙江省“双减”优秀实施案例。教研室《“下水”上课，方知“深浅”——教研员“下水”上课制度的普陀实践》作为全省教研工作创新实践典型案例在浙江省教研室主任会议上作交流。

【德育工作】 2022年，普陀区德育工作秉持立德树人教育，做好全视野发展顶层设计，聚焦中青年班主任专业化发展。“带班育人方略”项目作为统领区域德育教研重点推进工作，突显从理论—实践—融入的3D实践探索，助力班主任专业素养发展。德育教研秉持《全面推进“大思政课”建设的工作方案》精神，打造“大思政·小课堂”德育品牌项目，通过新载体“小课堂”建设，突出思想政治教育方式方法创新，强化问题意识，提高“大思政课”实效性。普陀小学1名教师获省中小学班主任基本功大赛二等奖和3个单项二等奖。普陀小学、东港中学、沈家门第一初级中学3名教师分获市班主任基本功大赛一、二等奖，普陀小学、东港中学、沈家门第一初级中学3名教师分获市主题班会评比一、二等奖。朱家尖小学六（2）班等10个班级获评市级优秀班集体。

义务教育学校选介

【武岭中学】 又名普陀第二中学教育集团武岭校区，成立于2022年7月，位于东港街道海华北路11号。占地面积38181平方米，主体建筑由教学楼、综合楼、体艺馆、报告厅、餐厅和田径场组成，并配建398个地下智慧停车位。有班级26个，学生1085人，教职工98人，全国优秀教师1人，浙派名师名校长培养对象2人、市教坛中坚2人、区第七届中小学学科带头人6人，区人民满意教师1人，中学高级教师35人。学校推进基于现代教育技术和教育资源的新型教学模式，引导学生进行学习方式转型，提高学科质量。打造“品牌德育”“自在课堂”“课程改革”“海洋研学”“品质团队”“智慧校园”“国际教

2022年武岭中学首届运动会开幕式（区教育局提供）

育”等教育名片。是年，学校获评智慧校园达标校，35 人次学生获省级奖项，253 人次获市区奖项，10 余人次教师在省市比赛中获奖。

【东港中学】 位于东港街道灵秀街 91 号，占地面积 60236 平方米，建筑面积 28924 平方米，绿化面积 21700 平方米。2022 年年末，有教学班 37 个，学生 1494 人；其中，桃花分部教学班 3 个，学生 52 人。教职工 147 人，省、市、区级学科骨干 21 人。是年，东港中学获浙江省教育现代化学校荣誉称号；学校“五育并举”方案入选浙江省中小学“五育并举”工作实施优秀方案；学校田径队在浙江省第十七届运动会中获 1 金 3 银 4 铜；学校获浙江省青少年阳光体育田径比赛团体第六名；学校合唱队节目《彩虹》《天空》获浙江省中小学生艺术节一等奖，并受邀参加颁奖晚会。

【沈家门第四小学】 位于沈家门街道中洲路 29 号，总占地面积 18163 平方米，建筑面积 11066 平方米。2022 年年末，有教学班 27 个，学生 1092 人，教职工 87 人，其中专任教师中级职称 71 人，高级职称 6 人。学校以“创建现代化海洋学校”为办学目标，立足“书法、艺术、体育、中草药、综合实践”五大特色品牌打造。是年，学校获浙江省项目化学习资源众筹建设与深化研究活动综合优胜奖，被评为浙江省 STEM 教育与项目化学习基地学校、第三批浙江省近视防控特色学校。学生在全国“共赢未来”第二届中外人文交流小使者书画集体展示活动（书法）中，6 人获一等奖，9 人获二等奖，15 人获三等奖。在喜迎二十大“垦荒杯”2022 浙江省中小学生毛笔书法比赛中，获 1 个一等奖，2 个二等奖，2 个三等奖。获第 23 届浙江省学生信息素养提升实践活动创客竞赛第二名。周军海获浙江省特级教师称号。《探秘蕴芳园》课程入选第九届浙江省义务教育精品课程。

【朱家尖小学】 位于朱家尖街道庆丰路 23 号，占地面积 14141 平方米，建筑面积 7463 平方米。2022 年年末，有 24 个班级，学生 942 人，专任教师 74 人。是年，学校获舟山市示范型儿童之家、浙江省第十二批“双减”优秀实践案例、市优秀班集体等荣誉称号，学校关工委被评为 2022 年浙江省教育系统关心下一代工作先进集体。

普通高中教育

【高考情况】 2022 年，普陀区境内有普陀中学、普陀第三中学、六横中学 3 所普通高中，皆归市教育局管辖。高考报名数 1022 人，录取总计 1016 人，其中普通类 723 人、艺术类 51 人、体育类 12 人、高职类 230 人。

【普陀中学】 2022 年年末，该校有班级 30 个，学生 1263 人，教职工 141 人。是年，学校获评市综合考核优秀；1 名教师获省学科论文评比二等奖，12 名教师获市学科论文评比一、二等奖；1 名教师获省课堂教学评比活动二等奖，13 名教师获市课堂教学评比活动一、二等奖；1 名教师课例获评教育部基础教育精品课，4 名教师课例获评省级精品课。参加高考学生 429 人，特殊线普通

朱家尖小学阳光体育“悦动”大课间（区教育局提供）

普陀中学喜迎二十大活动（区教育局提供）

类上线 124 人，一段线上线 396 人。录取指定高校 106 人，录取率 24.7%，录取本科 365 人，本科率 85%。体艺类录取 18 人。

【沈家门中学】 2022 年年末，该校有班级 32 个，学生 1461 人；在编教师 139 人，银龄教师 2 人。是年，学校获舟山市劳动示范优秀校称号，获舟山市第九届中小学生阳光体育运动会校园足球比赛暨浙江省第十四届中小学生校园足球联赛舟山赛区市级赛冠军；多名教师论文在国家核心期刊发表。学生参加高考报名 445 人，录取 445 人，其中普通一段 179 人、艺术类 29 人、体育类 7 人、高职类 230 人。

【六横中学】 2022 年年末，该校有班级 12 个，学生 520 人；在编教师 49 人，支教教师 6 人，银龄教师 3 人。是年，在“两区一城”（普陀、定海、新城）范围内招生，录取新生 187 人。选送 10 名高一优秀学生到普陀中学插班学习。六横管委会出资 2000 万元建设的新门卫室投入使用，新增计算机房 1 间，配置 45 套云计算机。学校获评舟山市劳动教育优秀校、舟山市无废学校，并获浙江省健康促进学校铜牌等。参加高考 148 人，录取 148 人，其中普通类 139 人、艺术类 6 人、体育类 3 人。

职业教育

【舟山旅游商贸学校】 该校是集学历教育和职业培训于一体的国家级重点中等职业学校，舟山市教育局直属公办中等职业学校。设普陀芦花和新城勾山两大校区，占地约 80 亩（约 5.33 公顷）。中高职一体化专业和单独考试升学班占 80%以上，形成“海洋旅游（烹饪）”“财经商贸”和“健康教育”三大专业群 10 个专业方向，旅游服务与管理专业是浙江省中职示范、骨干、品牌和高水平专业（A 类）。2022 年年末，有班级 42 个，学生约 1500 人，教职工 140 余人。是年，1 人在浙江省中等职业学校职业能力大赛（教师技能类）中获二等奖；1 人获省黄炎培杰出教师奖；1 人获 2022 年省“春蚕奖”；教师参加省中式烹饪职业技能大赛获个人三等奖 2 人，团体三等奖；青年教师获 2022 年全市中式烹调师技能精英大赛一、二等奖。学生在浙江省中等职业学校职业能力大赛（学生技术技能类）酒店服务项目获二等奖；1 人首次代表舟山市在 2022 年省创新创业大赛中获二等奖；1 人在 2022 年第七届浙江省学生“学宪法 讲宪法”知识竞赛中获二等奖；学生在舟山市中小学心理发展中心 LOGO 设计比赛中获 1 个一等奖和 2 个二等奖；1 人获 2022 年浙江省第七届“梦想杯”中职学生征文大赛二等奖。市属学校教课优秀成果获省级一等奖 2 项，三等奖 1 项；获舟山市人民教育基金会教学成果奖一等奖；入选教育部、联合国儿童基金会青少年“核心能力提升”项目。学校获首批舟山市中小学校清廉学校示范校、舟山市“无废学校”、舟山市“智慧校园”；入选浙江省中小学教师信息技术应用能力提升工程 2.0 第二期示范校；通过省中小学心理辅导一级站评估；获省中职高中水平专

舟山旅游商贸学校师生参加2022舟山海鲜节（区教育局提供）

业（A类）建设中期绩效评价优秀单位。

（撰稿：钟林男）

【浙江舟山群岛新区旅游与健康职业学院】 该校地址在朱家尖街道学院路99号，占地256.54亩（约17.10公顷），校舍面积92903平方米，教学行政用房55271平方米，实训、实验用房面积21711平方米，学生宿舍面积24262平方米，固定资产27868.13万元，教学科研仪器设备总值2849.82万元。图书馆馆舍面积6120平方米，纸质图书28.01万册。校内外实训基地464个（其中校内69个、校外395个）。设有旅游学院、健康学院、商务学院、人文社科与体育部、继续教育学院。专任教师120人。2022年，全日制招生1585人，在册学生3252人。成人函授教育在籍学生2105人，在校生全日制专升本考试录取113人，中医大函授录取150人；开展各级各类培训达1617人次。

联合普朱管委会、区委党校共建"礼尚往来"工作室、马克思主义研究中心，全年申报各类课程思政示范项目15项，建设思想政治理论课实践教学基地11个。持续实施《干部教育培训三年行动计划（2021—2023年）》，全年累计开展干部培训16天。加强年轻干部培养，选拔优秀年轻后备干部15名，选派5名干部到相关单位挂职锻炼。出台《高层次人才引进与聘任实施办法（试行）》等制度，柔性引进高端人才11人。实施新教师、青年教师、骨干教师、专业带头人、教学名师"五阶"梯度培养计划工程，开展教师教学能力培训和测评2.0版，培育校级教学创新团队12个，师徒结对22对。实施博士培养工程，4名教职工已入学读博。

修订《专业建设管理办法》《专业动态调整管理办法》，增设大数据与技术专业，与马来西亚林肯大学学院合作健康管理专业并首次招生58人。开展导游专业"世界旅游组织专业质量认证"（UNWTO），构建旅游、健康、商贸三驱并进、互融互通专业群架构。持续推进以导游为核心专业的康养旅游专业群，完成市级"双高"项目中期检查，建成"双高"项目专题网站，搭建"双高"绩效系统，新增"康养旅游产品设计"、"康养旅游项目策划"等10门专业群融合类课程，建设完成健康旅游学等康养旅游方向在线精品课程3门、新形态教材4门，推进康养旅游实训室建设。成立课程思政教学研究中心，建设"课程思政"教育网站，立项浙江省"课程思政教学项目"11项。持续推进《课堂教学创新三年行动计划》，第一批8门校级在线精品课程全部上线，建设完成第二批校级在线精品课程10门，并申报省级在线精品课程5门。验收第一批新形态教材8本，立项第二批新形态教材5本，并申报省"十四五"重点教材5本。立项5个市级教学创新团队。开展"课堂教学能力竞赛""课程思政示范课""优课优酬"等评选，1人在浙江省职业院校教师教学能力比赛中获二等奖。依托浙江旅游健康职业教育集团，共建"酒店英才学院""临床护理学院"等一批"教学工场"，市级康养旅游专业群产教融合实习实训基地等"产教融合"项目立项5项。校企合作实习单位达到395个，建立"二三二"实习管理机制，即院校"两级"管理模式、校企"三级"对接模式、"双导师"协同管理模式，打造实习管理闭环。学生在省级竞赛中获一等奖 11 人次、二等奖 11 人次、三等奖 25 人次，“1+X”证书通过率 98%。

开展社会服务行动。组建高水平人才“智库”，举办讲座、沙龙 10 余场，获批省部级项目 2 项、市厅级项目 33 项，获省哲学社会科学优秀成果奖二等奖 1 项、市社会科学成果奖三等奖 2 项。获 1 项软著专利和 1 项发明专利。发起成立浙江旅游健康职业教育集团，并当选为第一届理事长单位。与普陀区委党校签订合作协议，打造具有海岛特色的思政教学基地。持续深化展茅街道“产业学院”建设，拓展服务内容。为马岙街道设计 IP 形象“马小岙”。为企业开展健康知识讲座、应急救护培训、员工礼仪培训等 38 次，举办护士、导游、育婴师、美容师、健康管理师、茶艺师等职业技能考证培训班 13 场，培训企业员工 6300 余人次。新推出整理收纳师公益考证培训，作为舟山市 2022 年度第二批职业技能“项目制”培训，48 人已完成初级整理收纳师课程培训并通过考证。为舟山市老年人提供智能技术日常应用普及培训 1800 人次以上。与中厦国际厦门安亦盛人力资源公司合作开展波音 737 客机改货机钣金专业理论与实操培训。1150 人成人高考填报本校，实现年度招生录取 953 人，函授生规模突破 3000 人。建成继续教育教学信息化平台，已有 78 门课程投入教学使用，其中新上线 16 门，实施线上线下混合教学。有序做好舟山电大划转舟山开放大学工作。

制订绿色学校创建发展目标，完成绿色学校评审验收工作。投入 300 余万元，完善校园安全设施，建立完善校园防控体系，制订各类防控制度、措施和方案 90 余项。全年完成教工宿舍、图书馆、食堂、学生社区服务中心等项目改造和教职工健身中心、海洋博物馆建设等基建工作 22 项。

第七届中华经典诵读大赛总决赛现场（浙江舟山群岛新区旅游与健康职业学院提供）

毕业生满意度从 2021 年度的 87.76%提升到 91.42%，全省排名第 34。2022 届毕业生 1428 人，就业率（至 12 月 31 日）96.36%，其中专业对口率 73.04%，升学率 8.68%，在舟就业率 18.02%。

（撰稿：王珏）

成人教育

【概况】 2022 年，普陀区成人教育以浙江开放大学普陀学院转型升级为契机，打造海岛特色社区教育，探索区域终身教育体系构建，融合推进劳动力技能培训教育、市民素质提升教育（社区教育进文化礼堂）、老年教育、家庭教育、学历教育。全年接受社区教育服务对象约 20 万人次，占常住人口 52%。推进成人教育内涵发展，品牌特色活动成果丰硕。沈家门成校“银龄融入数字生活”普及培训、“老年智能手机系列教程”分别获评国家级“智慧助老”优质教育培训项目和优质课程资源。

【渔农村劳动力技能培训教育】 2022 年，全区开办各类农村实用人才培训班 10 期，受训 411 人次；开办高素质农民培训二期 50 人；举办“浙派工匠”技能培训班 18 期，受训 866 人，351 人获得技能人才证书;完成双证制培训631人。

【老年教育】 2022年,普陀区开展老年人智能技术日常应用普及行动,实施面向社会各类群体老年教育,提高老年人综合素质、丰富老年人生活。全区开设“老年人智能技术”培训服务213场次,服务7501人次。其中,开设长学制班129个,就读老年人3594人次,志愿服务、短期专项培训84场次,服务老年人3907人次。全区送教入院5次,受教123人次。创建老年智能手机培训技术应用视频资源33个,编写校本教材4本。60岁以上接受老年教育45214人次,占全区老年总人数50%;老年教育短期培训39984人次,占全区成人接受服务人次的46%。

【市民素质提升教育】 2022年,普陀区举办系列活动,丰富居民群众业余文化生活。实施“教育服务下基层,千名教师进社区”新区市民素质提升工程,开展契合市民实际需求各类教育培训。全区有9个镇街(管委会)、85个社区学校开展活动;参加活动教师志愿者、大学生及社会志愿者184人;举办各类教育活动272期,参加8891人次。开展市民大课堂1429期,参加90037人;组建垃圾分类指导员和宣传员队伍,督促各镇街做好“生活垃圾分类”宣传推广工作,举办垃圾分类培训200期,参与18529人次。开展以“深化全民学习　助力‘两个先行’”为主题2022年全民终身学习活动周,活动周期间,全区开展各类学习活动近100场次,参与线上线下学习、培训7000人。依托文化礼堂,拓展“社区教育进礼堂”品牌项目,加快“文化礼堂+”功能整合,提高老百姓对社区教育满意度。全年社区教育进农村文化礼堂覆盖率100%,服务22912人次,服务435场,平均服务场次为6.8次,其中宣讲类服务121场次、培训服务类105场次、志愿服务类57场次、文化活动服务类152场次。

【家庭教育】 普陀区家长总校发挥“落地式”家长学校办学特色,强化普陀特色家校品牌。以“送法进万家家教伴成长”为主题,发挥落地式家长学校师资平台,通过组织《家庭教育促进法》系列宣传学习活动提升家长科学育儿水平。2022年开展家庭教育讲座400余场,受教家长9万余人次。每月开设不同年龄段专家直播课程,开展家庭教育学习活动32期,线上家长读书沙龙活动380余期,参与学习家长4万多人次;开展学习型、孝爱、文明、书香家庭与爱心、阳光、孝爱家长等评比,全区有1072户家庭和3386位家长获得荣誉。通过线上网课学习视频,线下集中考核方式,全区826名幼儿园、小学、中学、早期教育机构范围内教师及后勤辅助岗位教师通过线上系统理论课程培训与考核。完善数字家长学校创建工作,强化家庭教育“互联网+服务”,开展线上家长会、线上家访、云家长课堂、云阅读沙龙等线上家校联系活动。全区义教阶段中小家长学校,全部完成市数字家长学校认定工作,其中沈家门小学和沈家门第一小学已被评定为省数字家校联盟校;4所市示范家长学校通过复评。

浙江开放大学普陀学院揭牌仪式（区教育局提供）

【学历教育】 2022年，浙江开放大学普陀学院拓宽服务渠道，促进各类人才成长。通过线上和线下双渠道开展招生报名工作，把握招生数据录入和入学资格审核环节，编排考试考场，编订考务手册，组织考风考纪教育，执行国家开放大学规定，全年无严重违纪舞弊事件发生。开设开放教育行政管理（本、专）、法学（本）、会计学（本）、学前教育（本）、汉语言文学（本）5个专业，累计招收开放教育新生110人，其中专科52人、本科58人。累计毕业学生169人，其中专科85人，本科84人；在校生总人数301人。

其他教育

【特殊教育】 2022年，普陀区义务教育阶段和学前教育特殊儿童入学率为100%，区内学校特殊教育公用经费下拨近63万元，通过政府购买学位形式，委托舟山市特殊教育学校培养32名残疾儿童，总计投入384万元。实施融合教育，推进随班就读工作，2022学年送教上门率比2021年下降12.18%。鲁家峙幼儿园获评市级学前融合教育示范点，普陀小学、沈家门小学、蚂头中学和展茅中心学校获评市级合格资源教室。加强特殊教育师资队伍建设，组织教师参加部、省、市级相关培训和比赛，其中沈家门第四小学王敏珠获市级特殊教育教学基本功比赛一等奖，东港幼儿园张璐玲获市级融合教育优秀教育教学案例一等奖；组织6名教师参加特校教材国家级示范培训，11名教师参加省学前融合教育培训，5名教师参加宁波市资源教师专业能力提升培训，组织55名教师参加区级融合教育线上培训活动。全区6~14周岁残疾儿童、少年义务教育安置81人，非义务教育安置4人，

【民办教育】 全区由区教育局审批民办学校2所、幼儿园13所、校外培训机构3家（成人培训机构）。2022年9月，完成对全区15家学科类机构压减工作，学科类培训机构已“清零”，并完成剩余学费退还工作。继续推进校外培训机构规范化管理整治行动，统一规范运用“全国校外培训监管平台”“浙里培训”和“舟学培训”等平台对各学科类机构进行资金监管，累计监管资金32.4万余元。根据中央有关“双减”文件和舟山市“双减”要求，各校办学许可证、学校章程、办学管理各项制度、课程内容、收费情况等内容全部上“舟学培训平台”公示。区教育局联合区市场监督局对经区教育局审批校外培训机构“双随机、一公开”联合执法2次，联合区市场监管分局、区公安分局和区综合执法局不定期对校外培训机构进行检查，处罚违规培训2起、金额34400元，下发意见书及责令改正通知书6份，督促限期整改落实。

【青少年宫】 2022年，区青少年宫开展主题活动57场，参与1万余人次。普陀区红领巾学院开展各类阵地活动36次，参与1500余人次。暑期，为8个社区40户家庭解决假期孩子无人照顾难题。寒假，推出“疫线你守护·萌娃我照顾”医务人员子女

2022学年普陀区流动儿童少年在校就读情况表

表47

	流动儿童少年（人）						随迁子女就读（人）					
	总数	本市外区（县）	本省外市	外省	其中 港澳台侨	外国籍	总数	公办学校就读数	民办学校就读数	其中 购买学位数	公办学校就读率%	其中 除购买学位数
合计	7514	1214	466	5829	29	5	6619	5318	1301	1230	98.93	80.34
初中	1925	330	133	1461	17	1	1706	1706			100	100
小学	5589	884	333	4368	12	4	4913	3612	1301	1230	98.55	73.52

2022年普陀区中小学生五小星比赛（区教育局提供）

托管志愿服务，减轻医务人员家庭负担。普陀区流动少年宫走进学校、海岛、社区，服务全区未成年人，开展活动12次，服务青少年近5000人。其中“百节校外公益课助力‘双减’进海岛学校活动”，11名青年教师准备34节校外教育优秀课程，为台门学校、龙山小学、舟渔学校、朱家尖小学近2000名师生送去公益课堂。青少年宫学员77人次在声乐、舞蹈、跆拳道、越剧、美术、棋类、乒乓球等项目中获奖。教师获第九届浙江省校外教育“好玩的知识”微课大赛三等奖、第三届浙江省“红领巾学院”思政微队课二等奖、舟山市第三届“红领巾学院”思政微队课比赛一等奖、舟山市第三届“红领巾学院”思政微队课比赛三等奖、“助力青少年成长，展校外教师风采”主题摄影作品比赛三等奖。

【社会教育考试】 2022年，全区有2113名考生参加中考英语听说能力首次考试，2113名考生参加初中毕业生学业水平考试，2156名考生参加2023届初中毕业生游泳选项考试，168名考生参加游泳替代项目1500米长跑考试。全年组织全国英语等级考试2次，报考470人；组织成人高校招生考试，报考381人；接纳高等教育自学考试报名审核349人，办理毕业6人（本科4人、专科2人）。全区8所学校建成标准化考点，其中普陀第二中学武岭校区为国家级标准化考点。

素质教育

【学校体育】 2022年，做好“浙江省校园足球示范县区”各项工作。全区中小学校有足球场地26个，其中笼式沙滩足球场4个、笼式校园足球场2个；有足球教师38人，其中专职教师8人。全年组织普陀区中小学体育教师校园足球专题培训近70人次。举行全区中小学足球联赛分男女组别58场次，各校校级、班级联赛400多场次。普陀小学“全景足球”活动受邀参加2022年浙江省校园足球文化节开幕式论坛发言交流。继续加强对普陀区少体校分校重点运动队伍、重点训练项目和重点教练队伍监督管理，推选3所省级阳光体育后备人才基地3名体育教师参加省级优秀教练员培训班。东港中学田径队在第17届省运会中获1金3银4铜，在参加省级比赛中获个人奖项40人次，其中9金8银5铜，在浙江省青少年阳光体育比赛中获团体第六；普陀第二中学获浙江省青少年阳光体育游泳比赛团体第五名，沈家门小学获浙江省少年儿童短式网球锦标赛女乙团体第四名、男乙团体第五名，在第十七届运动会短式网球比赛中获女子团体第六名、男子第八名、女子丙组第七名、女子丁组第八名；舟渔学校在省阳光体育小学生篮球比赛中获小学女子组团体第六名。在2022年市级比赛中普陀区获团体奖项63项，其中第一名19项，第二名22项，团体前三名50项，沈家门第一小学连续三次获市田径运动会团体第一名。在全市举办的首届“市长杯”三大球比赛，普陀9支代表队参赛，获县区团体总分第二名。是年，普陀第二中学、东港中学等12所中小学体育特色项目获市首届校园体育“一校多品”特色项目。

2022年普陀区中小学生田径运动会（区教育局提供）

【艺术教育】 2022年，组织普陀区中小学生集体类艺术节目现场赛、五小星比赛和优秀美术作品评选活动，推荐优秀节目和作品参加省市艺术节评比，首次获全国中小学生艺术展演优秀组织奖。在浙江省中小学生艺术节中，全区有57个节目或作品获奖，其中，沈家门小学和东港中学合唱节目获音乐表演类一等奖；沈家门第四小学、普陀小学、城北小学、沈家门第一初级中学、朱家尖中学和普陀第二中学教育集团6个作品获美术作品一等奖。在舟山市中小学生艺术节中，全区有18个音乐表演集体类节目和75个美术作品获奖。10月，完成2022年普陀区义务教育阶段中小学生艺术素养监测。

【科技教育】 组织2022年普陀区中小学科技运动会，有470余名师生学生参加科技创新作品、科技竞技现场类和机器人项目比赛。舟山市中小学生科技节中，普陀区在科技创新作品、科技现场竞赛、机器人创意赛和初中Python程序设计能力赛等项目中获39个一等奖，69个二等奖。在第36届浙江省科技创新大赛中，获一等奖4个，二等奖3个，三等奖7个。在第二届浙江省科技创新作文大赛中，区教育局获优秀组织奖，峧头中学教师潘婷婷指导的作品《置身银河》获特等奖，沈家门第一初级中学教师张霜梅指导的作品《3085年的冬天》获一等奖，峧头中学和普陀第二中学教育集团5个作品获二等奖。

【海洋教育】 2022年，举办第三届普陀区海洋教育文化节。开展第二届幼儿海洋教育课程故事大赛、中小学海洋教育精品拓展课程教育设计大赛和教学比武活动、中小学生海洋教育精品拓展课程作品制作大赛。组织学生和志愿者开展海洋日活动。普陀电视台渔港会客厅就海洋教育文化节作专题采访，《今日普陀》专版刊登。完成幼儿海洋教育课程的前期编写工作，基本完善从幼儿到高中海洋教育课程体系。继续与宁波大学、中国海洋大学、浙江海洋大学等高校和海洋教育研究机构合作，开展海洋教育研究。参加全国海洋教育联盟组织的2022年世界海洋日论坛活动，并做《两山理论的海洋实践》专题报告。是年，海洋教育研究成果《普陀样态：中小学海洋教育的区域实践》获2021年度浙江省基础教育成果二等奖。

【心理健康教育】 2022年，组织教师参加心理健康教育各类培训工作。新培训B级证书教师18人，C证续期培训350人。组织全区心理健康教育专兼职教师开展心理健康教育辅导课说课比赛及教学研讨活动，开展心理危机筛查及动态管理专题培训、学生心理危机干预流程和高危学生一生一案专题培训。完成区政府为民办实事中的“润泽心灵”行动任务。组织全区中小学开展“阳光心理，健康成长”心理健康教育活动。完成创城任务中关于中小学心理健康教育“阳光成长”说明报告。完成对全区6个心理健康教育省一级站复评自评督查工作，新申报省心理辅导一级站2所。完成2022年春季开学前后中小学生心理健康测评工作。3月，做好隔离师生心理服务工作，做到一周一报。完成所有中小学校心理危机动态管理平台上报工作。组建普陀区心理专家团队，开展心理专家进校园活动。组织开展心理健康教育送心理辅导课2次（桃花中心学校和六横中心学校）。邀请区内外心理专家进校园开设讲座4堂，指导学校开展心理健康教育工作5次。组织各中小学开展《拥抱青春——呵护长大未成年的你》《备战中考的家庭教育策略》等心理辅导活动21次。做好市区两级心理热线电话的宣传和接待工作。接待学生电话咨询28人次，面询20人次。协助区关工委开展中小学生心理健康调研工作。全年两次对全体中小学生开展心理筛查，对发现的二类、三类心理高危学生进行及时干预，并建立一人一档，专人负责干预与跟踪。组织教师参加舟山市小学心理课题评比活动并获二等奖。组织全区教师参加省、市“心理三优”评比。省级评比中，教师获1个省二等奖和2个省三等奖。市级评比中，获一等奖4项、二等奖8项、三等奖15项。沈家门小学通过浙江省心理辅导一级站验收。

师资队伍

【概况】 2022年，全区招聘新教师63人，银龄教师2人，从区外学校调入1人，退休36人，解除合同8人，调出学校6人。至年底，全区中小学幼儿园教职工总数3129人。初中专任教师634人，小学专任教师1136人，幼儿园专任教师608人。

【专业培训】 2022年，区级培训班55个，教师人均总学分104.08分，“教评学”完成率100%，“学评教”满意率99.02%。“东海风”教学文化节邀请省特级教师、知名专家33名，邀请市内专家12名，近1200名一线教师参与培训，培训满意率99%。100%完成全区公办中小学、幼儿园教师提升工程2.0培训，推进海岛教师技术共富。区进修学校推送案例《借力“提升工程2.0”，推进海岛教师技术共富》在浙江省中小学教师信息技术应用能力提升工程2.0第二期优秀成果评选中获区县级组织实施优秀案例；《区域教师信息化能力整体提升的2.0版本》被确定为“浙江省中小学教师信息技术应用能力提升工程2.0”认定性课题；《借力“提升工程2.0”，推进海岛教师技术共富》发表于浙江科学技术出版社出版的《浙江省中小学教师信息技术应用能力提升工程2.0的规划与实施》。是年，区教师进修学校被评选为2019—2021年度浙江省师干训先进集体，沈家门小学获2019—2021年度浙江省校本研修先进集体。

【教师城乡交流】 2022年，在18所义务教育阶段学校中开展三轮“县管校聘”工作，无待岗人员。教师校长校际交流86人，其中骨干教师19人，占交流教师22.09%，其中交流到海岛学校教师9人。是年，有35人提交进城申报表，通过积分公示录取19人，1名教师参加支援新疆教育工作，4名教师参加支援四川教育工作，1名教师参加支援嵊泗教育工作。

【骨干教师】 2022年，普陀区以“特级教师工作室”为平台，驱动骨干教师专业化成长。引进初中语文、初中数学、初中英语、初中科学、小学语文、小学数学、小学科学、小学英语、教师培训九大特级教师工作室，开展教育教学重点问题研究，解决学科教学难题，发挥先行研究、交流研讨、示范引领作用，带动课堂教学质量提升及教师素质提高。开展特级教师工作室活动24次，近3000人次中小学骨干教师和特级教师零距离交流。全区首届93名名优教师高端研修班学员结业，第二届93名名优教师高端研修班开班。5名教师在省级、市级研训活动中分别作专题讲座、专家点评、观点报告和交流展示9次；有302项论文、案例、课堂教学评比在省市获奖；15项成果信息在省市发表、报道、播出；18名骨干教师加入第四轮省级名师网络工作室；80人加入宁波市第四轮省级名师网络工作室；4人与宁波市乡村名师骨干带徒结对；1人参加中小学思政课骨干教师培训班；1人参加浙江省小学名班主任培训；1人参加中小学教师网络法治教育培训班；1人参加浙江省第十八期中华经典诵读教育骨干教师培训班。

2022年普陀区学校、幼儿园专任教师情况表

表48

类别			2022年
初中教师	专任教师总数		634
	专科毕业及以上(学历合格)	人数(人)	634
		占总数(%)	100
	专业技术职称(中一职称及以上)	人数(人)	451
		占总数(%)	71.14
	年龄结构(35岁及以下)	人数(人)	181
		占总数(%)	28.55
小学教师	专任教师总数		1136
	高中阶段毕业及以上(学历合格)	人数(人)	1136
		占总数(%)	100
	专业技术职称(小高职称及以上)	人数(人)	712
		占总数(%)	62.68
	年龄结构(35岁及以下)	人数(人)	530
		占总数(%)	46.66
幼儿教师	专任教师总数		608
	高中阶段毕业及以上(学历合格)	人数(人)	608
		占总数(%)	100
	专业技术职称(幼一职称及以上)	人数(人)	492
		占总数(%)	79.23

教育保障

【教育经费与管理】 2022年,全区教育经费总投入10.14亿元,比上年增加6.51%。其中财政性教育经费投入9.04亿元,占总投入89.13%;一般公共预算安排的教育经费投入8.74亿元,占总投入86.12%。公办幼儿园教育经费支出16786万元,其中公用经费7935万元;公办小学教育经费支出37522万元,其中公用经费10618万元;公办初中教育经费支出30759万元,其中公用经费11720万元。公办幼儿园一般公共预算生均教育经费18401元,生均公用经费8819元,生均日常公用经费预算定额1200元;公办小学一般公共预算生均教育经费26453元,生均公用经费7234元,生均日常公用经费预算定额1100元;公办初中一般公共预算生均教育经费43203元,生均公用经费12277元,生均日常公用经费预算定额1340元。是年,对《普陀区民办教育扶持专项资金使用管理办法》进行修订,新增新居民子弟学校购买服务补助和生均公用经费补助,并提高普惠性民办幼儿园生均办学经费补助标准,其中新居民子弟学校生均办学经费补助为小学每生每年5000元、初中每生每年6000元,并按公办中小学预算定额标准再给予生均公用经费补助;普惠性民办幼儿园生均办学经费补助标准提高到每生每年2800元。拨付民办教育扶持专项资金1382.8万元,拨付中旭实验学校购买义务教育学

生教育服务费1233.82万元。民办幼儿园教育经费支出3194万元，公用经费677万元，生均教育经费13202元，生均公用经费2798元；民办小学教育经费支出4836万元，公用经费2027万元，生均教育经费25066元，生均公用经费10506元；民办初中教育经费支出981万元，公用经费145万元，生均教育经费43343元，生均公用经费6406元。是年，政府性基金预算安排教育经费支出3051.5万元，其中地方政府专项债券收入安排教育经费支出3000万元。

【学生资助】 按上级政府关于学生资助的文件精神开展困难学生营养餐、生活补助、幼儿免保教费、离岛补助工作。2022年资助义教段困难学生营养餐1150人次，资助金额846000元；生活补助1172人次，资助金额319892.5元；幼儿免保教费128人次，资助金额435500元；离岛补助194人，补助金额485000元。

【学校基本建设】 2022年，投资25509万元的茶湾地块新建学校项目完成主体结构施工，年度投资12000万元；投资18055万元的东港新建小学项目完成前期工作并进场施工，年度投资1000万元；投资6820万元的东港新建幼儿园项目完成主体结构施工，年度投资3000万元。完成中小学校舍设施维修改造项目32个，投资1804万元，其中区级及以上资金1706万元，镇街资金64万元，学校自筹资金34万元。

【教育技术装备】 2022年，全区中小学教育技术装备总量达到15324.76万元（含图书，下同），生均6671.06元，其中小学生均6183.51元，初中生均7761.19元；全年教育技术装备经费投入3132.99万元，年生均投入1363.83元，其中小学生均997.04元，初中生均2183.96元。不含图书全区教育技术装备总资产13778.37万元，全年投入2963.80万元，生均投入1290.18元，其中小学生均950.11元，初中生均2050.56元。全区中小学有计算机7880台，有效生机比2.92:1。全区中小学有各类多媒体1544套，其中交互式1214套，新增交互式多媒体一体机143套，多媒体进教室比例达到100%，普通教室中安装交互式多媒体一体机589套，占全部教室100%。全区中小学纸质图书装备总量1263293册，新增图书89477册，生均图书54.99册，其中小学生均50.06册，初中生均58.67册，另有各类电子图书319971册。全区中小学有实验教师112人，信息技术教师69人，图书管理员33人。各中小学有专用教室662个，其中创新实验室39个，学科教室38个，各类功能教室420个，普通实验室及图书馆室165个。是年，完成智安校园（三期）、中考标准化考点、智在阅读、智慧校园特色建设（智慧停车、灵瞳系统、教室智能控制灯）等项目，有18所中小学被市教育局确认为“舟山市智慧校园标准校”，区域内义教段学校智慧校园标准校达到90%。“智在阅读—全区智慧阅读一件事应用”入选全省“一地创新、全省共享”“一本账”S0。

（撰稿：钟林男）

编辑：魏斌

科 学 技 术

综 述

2022 年，普陀区高度重视创新驱动发展战略，聚焦海洋科技产业体系建设，探索“双循环”新发展格局下的海洋产业发展机遇，挖掘海洋科技创新潜能，引导全社会加大科技创新投入，提升企业自主创新能力，为全面建设现代化新普陀提供科技支撑。2022 年区财政科技投入 1.7 亿元，同比增长 15%。全区实施科技项目 126 项；新培育国家高新技术企业 16 家，省级科技型企业 48 家，省级高新技术企业研发中心 2 家；3 项科技成果获省科学技术进步奖，其中由中国水产舟山海洋渔业有限公司参与的“海捕渔业资源低碳高效开发与船载高质加工关键技术及应用”填补国内多项领域空白，获 2021 年省科技进步奖一等奖，为普陀区企业历年来在该奖项上的最高等次。

科技项目与实施

【概况】 2022 年，普陀区启动区级“揭榜挂帅”行动，出台《舟山市普陀区“揭榜挂帅”（重点研发）科技攻关项目管理办法（试行）》，着力突破新业态船舶修造、海洋生物高值化利用、高端装备制造等关键技术，组织实施区级“揭榜挂帅”项目 5 项，省级以上科技项目 79 项，其中国家

2022 年普陀区国家级科技项目一览表

表 49

项目名称	承担单位	计划类别
舟渔鱿鱼高效精准捕捞与高值化加工重点实验室能力建设	中国水产舟山海洋渔业有限公司	中央引导地方科技发展项目
浙江数智化绿色船舶修造研究院创新能力建设	舟山中远海运重工有限公司	中央引导地方科技发展项目

2022 年普陀区省级科技项目一览表

表 50

项目名称	承担单位	计划类别
超高强度新能源车防撞边梁	浙江炜驰机械集团股份有限公司	省级新产品
动车双表	舟山市庆丰铁路仪表有限公司	省级新产品
抗氧化密封垫片用聚丙烯材料	舟山市大展耐火材料制品有限公司	省级新产品
C01 前横梁外板加强件	浙江炜驰机械集团股份有限公司	省级新产品
微型压力表	舟山市佳尔灵仪表有限公司	省级新产品
随形冷却的免热处理铝合金压铸技术	舟山市东欣仪表有限公司	省级新产品
飞机起落架试验台装置预埋套筒 M36×500/600	舟山市正山智能制造科技股份有限公司	省级新产品

续表 50

项目名称	承担单位	计划类别
干燥剂塞入机(BPG-200S)	舟山市鲨鱼制药机械有限公司	省级新产品
防撞智能数字压力表	舟山市东欣仪表有限公司	省级新产品
枸杞原浆灌装生产线	浙江新炜食品机械有限公司	省级新产品
大量程高精度远程智能超声波燃气流量计	舟山市东欣仪表有限公司	省级新产品
球阀金属密封面的喷焊技术	舟山海旺达五金制品有限公司	省级新产品
外六角叶片螺栓的研究与制造 M36×600	舟山市正源标准件有限公司	省级新产品
燕窝灌装封罐组合机	浙江新炜食品机械有限公司	省级新产品
高光免喷涂 PMMA/ASA 材料	舟山腾宇航天新材料有限公司	省级新产品
5G 基站电源用触点材料	舟山腾宇航天新材料有限公司	省级新产品
高能量密度新型锂电池	舟山市鸿杨安防科技有限公司	省级新产品
全固态二次电池	舟山市鸿杨安防科技有限公司	省级新产品
4K3D 显微成像系统	浙江明致科技有限公司	省级新产品
城市智慧交通云边端一体化管控系统	舟山君耀科技发展有限公司	省级新产品
高效大容量光、储、充、换电站技术	浙江明致科技有限公司	省级新产品
基于 5G 通信的低时延高同步远程驾驶终端系统	浙江明致科技有限公司	省级新产品
高功率密度三合一车载充电技术	浙江自由贸易试验区恒升科技有限公司	省级新产品
基于 IPM 的高温环境下新能源空调制冷技术	浙江明致科技有限公司	省级新产品
高比能铅炭动力电池	舟山市鸿杨安防科技有限公司	省级新产品
基于 SAAS 的智能仓储物流管控平台系统	浙江自由贸易试验区恒升科技有限公司	省级新产品
能源材料绿色制备及循环利用技术	浙江明致科技有限公司	省级新产品
智慧楼宇照明、安防、消防联控系统多路集成控制技术	舟山君耀科技发展有限公司	省级新产品
数字光技术的微型近红外光谱模块	浙江自由贸易试验区恒升科技有限公司	省级新产品
视频监控系统云台镜头控制技术	舟山东迅信息科技有限公司	省级新产品
农林水利监测系统高精准 GPRS 技术	舟山东迅信息科技有限公司	省级新产品
渔光互补低碳高效养殖系统构建技术	浙江明致科技有限公司	省级新产品
基于 e-GaN　FET 的 SIP 形式电源管理芯片技术	舟山市鸿杨安防科技有限公司	省级新产品
智能分离膜技术	浙江明致科技有限公司	省级新产品
淀粉基塑料环保袋	舟山创美环境服务有限公司	省级新产品
医用防护服用无纺布单面抗疏水整理技术	浙江京恩医疗科技有限公司	省级新产品
硫酸氨基葡萄糖(低钠型)	浙江舟山普陀新兴药业有限公司	省级新产品
高性能环保纳米染料制备技术	舟山市大展耐火材料制品有限公司	省级新产品
医用胶原蛋白的绿色生物制造技术	浙江京恩医疗科技有限公司	省级新产品
医用双层隔离膜	浙江京恩医疗科技有限公司	省级新产品
有害生物预防控制技术	舟山创美环境服务有限公司	省级新产品
人工智能的冠状动脉三维重建以及血管斑块的识别技术	浙江京恩医疗科技有限公司	省级新产品
便携式轻型锂离子电池	舟山市鹏龙科技有限公司	省级新产品

续表 50

项目名称	承担单位	计划类别
智能传感器的消防监测系统	舟山君耀科技发展有限公司	省级新产品
光传感半导体激光器芯片	舟山市元能电气有限公司	省级新产品
高强低渗复合膜材料	舟山市大展耐火材料制品有限公司	省级新产品
HJT 太阳能电池	舟山市鹏龙科技有限公司	省级新产品
高可靠便于安装高压法兰	浙江巨航智造科技有限公司	省级新产品
长寿命高压法兰	浙江巨航智造科技有限公司	省级新产品
高强度耐氧化锚链	舟山中南锚链有限公司	省级新产品
远程智能监控系统	浙江自由贸易试验区恒升科技有限公司	省级新产品
耐高温增强改性 PBT 复合材料	舟山市大展耐火材料制品有限公司	省级新产品
森林资源火灾遥感侦测系统	舟山君耀科技发展有限公司	省级新产品
束流输出校正电源	舟山市元能电气有限公司	省级新产品
智能建筑综合布线系统	舟山市知创科技开发有限公司	省级新产品
石化仓储码头安全生产信息化管理平台	浙江自由贸易试验区恒升科技有限公司	省级新产品
一卡通门禁状态系统自动化监测系统	舟山市知创科技开发有限公司	省级新产品
耐腐蚀锚链	舟山中南锚链有限公司	省级新产品
拉丝回火高韧性高强度锚链	舟山中南锚链有限公司	省级新产品
远程医疗智能会诊系统	舟山市知创科技开发有限公司	省级新产品
智慧海洋牧场大数据监测平台	舟山君耀科技发展有限公司	省级新产品
金枪鱼高效蒸煮装置	浙江企润食品有限公司	省级新产品
天通船载卫星电话 CTBT-H-T3	浙江同博科技发展有限公司	省级新产品
金枪鱼块整形装置	舟山佳必可食品有限公司	省级新产品
海鱼清洗除杂装置	浙江新天久海产有限公司	省级新产品
阻尼式耐震压力表	舟山市庆丰铁路仪表有限公司	省级新产品
复兴号专用机车单针压力表	舟山市庆丰铁路仪表有限公司	省级新产品
长安汽车车身多工位冲压模具	浙江炜驰机械集团股份有限公司	省级新产品
压力表专用气密检测装置	舟山市佳尔灵仪表有限公司	省级新产品
医用球囊压力泵专用压力表	舟山市佳尔灵仪表有限公司	省级新产品
易拆卸新型免烧结轻骨料保温墙	恒尊建设集团有限公司	省级新产品
新型可重复利用的建筑工地用移动总配室	恒尊建设集团有限公司	省级新产品
新型高精度防锈 PP 塑板预埋管固定器	恒尊建设集团有限公司	省级新产品
新型城市道路雨水清污分离蓄排结合系统	恒尊建设集团有限公司	省级新产品
建筑楼地面变形缝整体式防渗漏创新技术	恒尊建设集团有限公司	省级新产品
高渗透性装配式轻钢人行透水道路板及高质量高效处理技术	恒尊建设集团有限公司	省级新产品
高强度抗冻无釉陶瓷基保温材料	恒尊建设集团有限公司	省级新产品

2022 年普陀区市级科技项目一览表

表 51

项目名称	承担单位	计划类别
超高分子量水性锂离子电池黏结剂的研发及产业化	浙江中科立德新材料有限公司	市级科技合作项目
舟山“南红北柳”生态系统固碳增汇关键技术研究与应用	舟山赛莱特海洋科技有限公司	市级科技计划项目
船用锚链闪光对焊智能控制系统关键技术研发及示范	舟山中南锚链有限公司	市级科技计划项目
深厚软土地区千吨级基桩竖向承载力堆载试验的关键技术研究	浙江宏宇工程勘察设计有限公司	市级科技计划项目
单基因肥胖症遗传辅助诊断系统开发	浙江麦大基因科技有限公司	市级科技计划项目
一种新型的海洋冲击式触探装备研发及应用示范	浙江极海海洋产业开发有限公司	市级科技合作项目(主动设计)
AI 赋能与区块链增强的文旅数据分析、挖掘与应用(以舟山一码通为例)	浙江同博科技发展有限公司	市级“揭榜挂帅”科技攻关项目
轻量便携营养微功能化海产制品创制及产业化	浙江融创食品工业有限公司	市级“揭榜挂帅”科技攻关项目
氢燃料动力无轴推进海洋渔业辅助船关键技术研究与示范	舟山市普陀金鑫船舶修造有限公司	市级“揭榜挂帅”科技攻关项目
船舶燃料电池系统的技术攻关与应用示范	浙江中科立德新材料有限公司	市级“揭榜挂帅”科技攻关项目
船用 CCUS 关键技术攻关与装备研制	海汇海洋工程技术(舟山)有限公司	市级“揭榜挂帅”科技攻关项目
基于乳腺癌智能早筛的数字健康关键技术研发和乳腺癌二级防控体系的构建及示范应用	云上华佗数字健康(浙江自贸区)有限公司	市级“揭榜挂帅”科技攻关项目
自制多功能安全型气切套管保护套的临床应用研究	普陀医院	市级公益类项目
基于 ctDNA 甲基化特征的海岛胃癌早期风险评估模型及性能分析	普陀医院	市级公益类项目
颈突症术后运用顾氏咽痛汤的疗效观察	舟山市顾氏倪诚股骨头疾病研究所	市级公益类项目
数字化乳腺断层融合技术在乳腺良恶性病变诊断中的应用研究	普陀医院	市级公益类项目

2022 年普陀区科技项目验收情况表

表 52

项目名称	承担单位	组织单位
基于特异性 DNA 甲基化位点检测的宫颈癌早筛试剂盒的开发和推广	浙江自贸区锐赛生物医药科技有限公司	省级验收
高品质即食章鱼加工关键技术及设备开发	浙江海士德食品有限公司	市级验收
桩基础竖向承载力的高应变检测方法应用研究	浙江宏宇工程勘察设计有限公司	市级验收
基于建筑固废和免烧轻骨料的再生混凝土预制墙板研发与工程应用示范	恒尊建设集团有限公司	市级验收
电梯曳引轮槽型磨损检测和激光修复技术的研究	舟山市南炜通力电梯工程有限公司	市级验收
HSD17B12 促进结直肠癌细胞重新获得干细胞特性关键靶蛋白筛检及其分子机制研究(领先学科科技项目)	舟山市普陀区人民医院	市级验收
海洋鱼类副产物生物活性肽制备关键技术研发	舟山市常青海洋食品有限公司	市级验收
智能化金枪鱼精准捕捞系统的研究及产业化	平太荣远洋渔业集团有限公司	区级验收

续表52

项目名称	承担单位	组织单位
智慧海洋牧场大数据监测平台研发及产业化	浙江屹洋科技发展有限公司	区级验收
基于鱿鱼墨营养功效因子的特色营养食品研制及应用	中国水产舟山海洋渔业有限公司	区级验收
上电B63风电机组配套紧固件的研制与开发	舟山市正源标准件有限公司	区级验收
全自动柱状干燥剂投放机的关键技术研究	舟山市鲨鱼制药机械有限公司	区级验收
冻熟星鳗制品提升加工工艺研究	舟山市泓辰海洋食品有限公司	区级验收
优质高蛋白鱼粉的生产制备工艺关键技术攻关及产业化	浙江丰宇海洋生物制品有限公司	区级验收
基于EEDI-II能效规范的油轮设计技术研究	舟山中远海运重工有限公司	区级验收
三疣梭子蟹反季节繁养技术研究与应用	浙江省海洋水产研究所试验场	区级验收
条纹锯鮨、大黄鱼与褐菖鲉海水网箱混养关键技术研究与示范	舟山市普陀区优辰水产养殖专业合作社	区级验收
基于超低温冷冻技术的高端金枪鱼溯源保真关键技术研究	浙江荣舟海洋产业股份有限公司	区级验收
船舶气缸套节油网纹硬质涂层的电沉积工艺研究	舟山特铬力科技有限公司	区级验收
大容量长距离绞吸式挖泥船清淤疏浚技术研究及产业化	浙江舟龙海洋工程有限公司	区级验收
高速异形盖注胶机研制	浙江金鹰食品机械有限公司	区级验收
水冷却系统设计在支线型集装箱船中的研究与应用	扬帆集团股份有限公司	区级验收
水产品陆海联动低温冷链物流品质监控技术研究	舟山汇丰冷藏物流发展有限公司	区级验收
基于RPA重组酶聚合酶扩增技术的多种病原菌高效快速同步检测关键技术研究	浙江伊渼源检测科技有限公司	区级验收
高端生态围网养殖高效起捕装备研发	舟山天沐水产科技有限公司	区级验收

级2项。有25个项目通过专家验收，其中，省级验收1项，市级验收6项，区级验收18项。

【普陀海洋高科技园区】 普陀区推动打造普陀海洋农业科技园为传统渔业转型升级先行园区。2022年，该园区获评省级优秀农业科技园区。园区拓展人才链，提升智力支持。出台人才引培政策，打好外地引进、本地培育、专家返聘等和住房补贴、生活补助、落户支持等“政策+服务”组合拳，拓宽农业科技人才池。2022年，引育高精尖人才26人，引进“银龄”人才14人，新培养高技能人才1894人，引育质量排名全市四县区第一。园区延伸平台链，形成科研合力。依托海洋生态创新谷等重大创新平台，与大学名校建立校地产学研合作机制，围绕产业瓶颈联合攻关，加快海洋肽“食药妆”一体化产品体系等优秀科技成果落地，实施各类各级科技项目43项，获得省科学技术奖7项、省财政补助70万元。园区完善产销链，推动更大产值。融合实施水产品精深加工综合体利好政策，支持园区企业引进先进设备、提升关键技术，补助企业研发设备购置资金400万元。建立农产品电商平台，鼓励企业开拓电商渠道，增强品牌战略意识。发挥中国舟山国际水产城一站式供应链平台优势，以原料、物流、营销等为支撑，推动园区全产业链整合升级。

【科技型企业培育】 2022年，普陀区完善科技企业“微成长、小升高、高壮大”梯次培育机制，聘请专业科技中介对培育库内企业开展点对点上门辅导，提升研发费用归集及知识产权管理能力，为科技企业制定系列发展规划。全区新认定省级高企研发中心2家，省级科技型中小企业48家；新培育国家高新技术企业16家，培育数均为全市第一。

2022年普陀区科技企业认定情况表

表53

单位名称	认定类别
舟山中南锚链有限公司	国家高新技术企业
浙江荣舟海洋产业股份有限公司	国家高新技术企业
浙江巨航智造科技有限公司	国家高新技术企业
舟山商文机器人科技有限公司	国家高新技术企业
舟山市普陀金鑫船舶修造有限公司	国家高新技术企业
浙江自由贸易试验区恒升科技有限公司	国家高新技术企业
浙江自贸区锐赛医学检验实验室有限公司	国家高新技术企业
舟山牛力信息科技有限公司	国家高新技术企业
舟山市航鑫船舶设备有限公司	国家高新技术企业
舟山威嘉智能科技有限公司	国家高新技术企业
舟山市九众传媒有限公司	国家高新技术企业
舟山市知创科技开发有限公司	国家高新技术企业
浙江自贸区安柯电气科技有限公司	国家高新技术企业
浙江莲盛智能网络科技有限公司	国家高新技术企业
舟山麦哲伦环保科技有限公司	国家高新技术企业
浙江天都科技有限公司	国家高新技术企业
舟山市和朴海洋生物科技有限公司	省级科技型中小企业
浙江舟山嗨呗电子商务有限公司	省级科技型中小企业
舟山市普陀同舟电子科技有限公司	省级科技型中小企业
浙江万航文化传媒有限公司	省级科技型中小企业
浙江汇迪亚海洋科技有限公司	省级科技型中小企业
浙江华栩实业有限公司	省级科技型中小企业
舟山天沐水产科技有限公司	省级科技型中小企业
舟山市海誉机械制造有限公司	省级科技型中小企业
浙江中鲨工业科技有限公司	省级科技型中小企业
舟山信合环保科技有限公司	省级科技型中小企业
舟山鸿飞生物科技有限公司	省级科技型中小企业
舟山船奇科技有限公司	省级科技型中小企业
浙江自由贸易试验区麦说云游供应链管理服务有限公司	省级科技型中小企业
浙江振骐科技有限公司	省级科技型中小企业
云上华佗数字健康(浙江自贸区)有限公司	省级科技型中小企业
浙江和盛海洋科技有限公司	省级科技型中小企业
浙江鸿马新能源有限公司	省级科技型中小企业
浙江莲盛智能网络科技有限公司	省级科技型中小企业

续表 53

单位名称	认定类别
浙江普慧医疗科技有限公司	省级科技型中小企业
浙江企润食品有限公司	省级科技型中小企业
浙江舟山凯西姆船舶科技有限公司	省级科技型中小企业
浙江舟山森方环保科技有限公司	省级科技型中小企业
舟山博庭爬海食品有限公司	省级科技型中小企业
舟山橙谷文化传媒有限公司	省级科技型中小企业
舟山登登登文化传媒有限公司	省级科技型中小企业
舟山对的人信息科技有限公司	省级科技型中小企业
舟山恒明石化有限公司	省级科技型中小企业
舟山辉扬文化旅游发展有限公司	省级科技型中小企业
舟山匠品全屋定制有限公司	省级科技型中小企业
舟山匠心石文化发展有限公司	省级科技型中小企业
舟山鲁腾建设工程有限公司	省级科技型中小企业
舟山陆明水产食品有限公司	省级科技型中小企业
舟山三根鱼文化创意有限公司	省级科技型中小企业
舟山市阿甘鲜生电子商务有限公司	省级科技型中小企业
舟山市嘉铭船舶服务有限公司	省级科技型中小企业
舟山市普陀区郑记水产有限公司	省级科技型中小企业
舟山市同德信建筑装饰工程有限公司	省级科技型中小企业
舟山市讯术科技有限公司	省级科技型中小企业
舟山市雅森工程有限公司	省级科技型中小企业
舟山市元能电气有限公司	省级科技型中小企业
舟山市舟小丸电子商务有限公司	省级科技型中小企业
舟山威信智能科技有限公司	省级科技型中小企业
舟山瑶图装饰工程有限公司	省级科技型中小企业
舟山掌鲜网络科技有限公司	省级科技型中小企业
舟山正蔬园农业开发有限公司	省级科技型中小企业
舟山中邦信息科技有限公司	省级科技型中小企业
舟山麦哲伦环保科技有限公司	省级科技型中小企业
舟山市隆源仪表有限公司	省级科技型中小企业

表 54

2022 年省级企业研发平台认定情况表

平台名称	依托单位	认定类别
浙江省融创特色营养海洋食品精深加工高新技术企业研究开发中心	浙江融创食品工业有限公司	省级高新技术企业研发中心
浙江省锐赛精准医学高新技术企业研究开发中心	浙江自贸区锐赛生物医药科技有限公司	省级高新技术企业研发中心

科技成果

【概况】 2022 年,普陀区有 3 项科技成果获 2021 年省科学技术进步奖。中国水产舟山海洋渔业有限公司(下称“舟渔公司”)参与的“海捕渔业资源低碳高效开发与船载高质加工关键技术及应用”项目获浙江省科学技术进步奖一等奖;浙江飞鲸新材料科技股份有限公司参与的“环保型多功能氟硅防污树脂与涂层材料关键技术及其应用”项目获浙江省科学技术进步奖二等奖;浙江金鹰食品机械有限公司参与的“大吨位高速冲床及关键技术”项目获浙江省科学技术进步奖三等奖。

普陀区推进中央引导地方科技发展资金项目。舟渔公司在中央引导地方科技发展资金项目资助下,为促进“舟渔鱿鱼高效精准捕捞与高值化加工重点实验室”建设,主要围绕远洋鱿鱼高效精准捕捞技术与装备、鱿鱼自动化智能化加工技术与装备、鱿鱼加工边角料和废弃物高值化利用方向,进行技术攻关、产业化应用工作。

【舟渔鱿鱼高效精准捕捞与高值化加工重点实验室能力建设】 2022 年,舟渔公司针对远洋渔业选择性捕捞与高效节能装备的共性关键技术瓶颈,加大研发投入,新建 2 艘新型高效远洋鱿钓船,进行高效船型与“船—机—桨—渔具”优化配置技术研究,并开发出新型诱鱼灯系统、智能化鱿鱼钓机等精准捕捞装备,示范应用于远洋鱿钓船。新型诱鱼灯系统可解决传统集鱼灯指向性低、燃油成本高等问题,优化作业光场照度条件,改善船上作业环境。新型鱿鱼钓机可实时采集、显示及输出钓钩水深、水层温度、鱼线张力、捕捞对象重量等参数,为鱿钓机自动起钓提供信息反馈,减少船员使用量和劳动强度,提高作业生产效率。借助于新技术、新装备推广应用,舟渔公司 2022 年捕捞海水鱼总产量首次突破 5 万吨,达 50140.28 吨。

舟渔公司推进水产加工生产线全流程自动化智能化改造,促进企业转型升级。推进鱿鱼快速解冻机、智能鱿鱼切片机、自动化包装装备、AGV 小车、MES 信息化管理系统等新技术、新装

自动搅拌泡药设备(区经信局提供)

备在明珠工业园新工厂应用，建立冻品、调味鱿鱼胴、鱿鱼丝、鱼片等自动化智能化加工生产线，年加工鱿鱼原料2万吨以上，部分工序实现“机器换人”，新建生产线比旧生产线用工量减少30%以上。

舟渔公司加强与浙江大学舟山海洋研究中心、上海海洋大学、浙江工业大学、浙江省海洋水产研究所等科研院校合作，“海捕渔业资源低碳高效开发与船载高质加工关键技术及应用”项目获得浙江省科技进步奖一等奖、“东太平洋鱿鱼可持续开发与养护关键技术及应用”项目获全国农牧渔业丰收奖一等奖。全年推动新技术、新产品成果推广应用10余项，研发鱿鱼制品新产品5个以上。

科技服务

【科技创新券】《舟山市普陀区创新券推广应用实施管理办法（试行）》于2017年修订。2022年，普陀区科技工作人员深入企业宣传创新券实施办法，讲解创新券的申领条件和使用方法，并对提出的问题予以解答，调动企业使用创新券的积极性，全年共发放科技创新券500余万元。

【产业创新服务综合体】 2020—2022年，普陀区高位打造水产品精深加工产业创新服务综合体。平台整合浙江大学海洋学院等名校14家，引进服务机构17家，具备技术攻关、检验检测、创业孵化、工业设计等六大创新服务功能，三年建设期间孵化企业37家，年均服务企业超百家。

（撰稿：苗晓）

气象监测与服务

【气象监测与预报预警服务】 2022年，普陀区气象局完成区两会、中高考、佛茶文化节、“文化夜市”、“共富方舟　健康守护”、帆船赛等重大社会活动气象服务，保障各类活动正常进行。在春节、清明、五一、国庆假期来临前发布节假日气象专题预报，为公众旅游出行和假日安全提供气象保障。向新能源开发利用等重点项目提供气象资料服务，为浙能舟山六横LNG大型能源基础设施建设、虾峙东白莲油品储运等仪器选型、项目选址提供气象数据支撑。将项目建设企业相关负责人纳入气象信息服务对象，点对点提供气象预报预警服务。完成各类气象灾害预警和服务工作，发挥气象信息先导性作用，应对台风“轩岚诺”“梅花”袭击，为政府决策和人民群众生命财产安全提供保障。全年制作发布重要天气报告和气象呈阅件12期、专题气象服务188期、台风预测报告和快报22期，发送各类决策气象服务短信1190条、气象灾害预警131次。利用微博、微信、小程序等新媒体以及气象电子显示屏、农村应急大喇叭等渠道，发布气象微博817条、微信2233条。

【气象现代化】 2022年，普陀国家气象观测站增设北斗通信系统、太阳辐射观测、雪深观测、道面监测等设备各1套，区域自动站增设3部天气现象智能观测仪，迭代升级15个区域自动站监测数据采集传输模块，提升气象灾害监测能力。新建6个休闲渔业气象指标站，开发建成数字化休闲渔业气象服务平台，依托智能网格预报技术，开展分区域精细化风力预报和突发性强天气预警服务。打造气象服务新时代美丽乡村东极示范点，“普陀气象随你行”旅游气象服务平台接入“畅游东极”微信小程序，研发日出日落和星空气象指数等旅游气象服务产品，在东福山、庙子湖、青浜岛的旅游景点分别布设微型自动气象站，为旅游气象服务提供数据支撑。深入挖掘气候景观资源，打造台风景观石——“浪送石”，定制一期《天气旅行家》节目，宣传普陀区乡村优质生态气候资源。

【气象防灾减灾】 区气象局开展面向全区所有基层防汛责任人、基层网格员的气象防灾减灾知识培训，提升普陀基层防汛责任人和网格员的业务水平和管理能力。推进气象防灾减灾标准化建设，提高基层气象灾害防御和应急处置能力，全区建成气象防灾减灾标准化村（社区）68个，2022年完成六横镇青山村、沈家门街道小干社区等10个村（社区）创建申报和桃花镇茅山村、展茅街道黄杨尖村等5个村提标申报。开展“气象进文化大礼

寒潮爆发前对裸露水管进行防冻保温处理（中国舟山普陀公众号提供）

堂”建设。全区累计建成渔农村文化礼堂气象科普点12个。与虾峙镇兴港村签订“礼堂伙伴”结对共建协议，资助文化礼堂建设经费2万元，通过“公益服务菜单”点单活动，深入礼堂开展气象科普知识宣讲活动，增强村民防灾减灾意识和避灾自救能力。

完成气象灾害应急预案修订。牵头开展《舟山市普陀区气象灾害应急预案》(下称《预案》)修订工作并由区政府印发，修订后的《预案》进一步强化各部门在气象灾害应急工作中的主体责任，确保气象灾害应急处置工作有力有序有效开展。完成台风、暴雨、干旱、高温、低温、冷空气大风、雨雪冰冻、风雹、雷电9类气象灾害致灾因子调查，形成《普陀区气象灾害风险普查和评估区划报告》，为有效开展气象灾害防治工作提供决策依据。

【气象依法行政】 2022年，区气象局全面融入“大综合一体化”行政执法改革，加强与城市管理、应急管理、资源规划、农业农村、交通运输、海洋与渔业等部门的联系与合作，对重点地区的安全检查和巡查，联合综合执法部门强化对违法违规施放气球行为的执法，全年全区未出现违规升放气球事件。

【气象安全监管】 区气象局联合审定联合检查，强化防雷安全监管。召开2022年度全区气象灾害防御重点单位评议会，联合应急、教育、经信、港航等14个职能部门，公布78家企业为2022年度气象灾害防御重点单位。落实防雷安全监管责任，联合各职能部门、属地完成48家防雷安全重点单位全覆盖检查；完成危化企业“防雷安全风险码”赋码，提升气象安全监管数字化、智慧化水平。联合区文广旅体局对全区AAA级以上景区进行实地检查。

（撰稿：乐方琼）

编辑：刘玥

文化与体育

综　述

2022年，普陀区以打造文旅助力共同富裕美好生活海岛样板为目标，促进文化体育事业发展。普陀区获评首批“浙江省体育现代化县（市、区）”，“渔民画云码头”入选省文化和旅游数字化改革第二批试点应用名单；普陀公共文化服务现代化评估实现全市九连冠；完成《普陀区创建浙江省公共文化服务现代化先行县规划（2022—2023）》编制；推进文化保障卡试点工作，已完成第一批文化保障卡1000余张申领；沈院和中国普陀国际佛茶文化节、普陀渔民画展分别入选首批省级公共文化国际交流基地和项目。

深化公共文化服务。打造公共文化服务网络，舟山市（普陀区）美术馆改建工程开工，朱仁民艺术馆和沈家门渔港文旅驿站装修工程完工，建设首家文化馆企业分馆和125个“15分钟品质文化生活圈”、1家文化驿站、2家城市书房、4家乡村博物馆。定制“你好小岛　共富未来”文化惠民品牌，开展送戏送培训送展览讲座（含线上）900余场次，送书30595册次，受益群众10余万人次；推进全民艺术普及，开设公益课程500余节，创作歌曲、舞蹈等作品13个；打造“自在普陀”公共文化品牌，举办第十四届中国国际普陀佛茶文化节、“喜迎二十大　唱响共富曲”“十里渔港　共富未来”2022中国·沈家门渔港诗会、“书香享共富　阅见新普陀”普陀区第十五届全民读书节、2022普陀海稻音乐节等系列活动。

发展公共体育事业。完善全民健身场地设施，完成3片社区多功能运动场、2个农村百姓健身房建设及验收工作；完成4千米登山步道建设、600余件健身路径安装；打造“自在普陀”系列赛事，举办2022年全国新年登高健身大会（舟山分会场）暨“北京冬奥　一起向未来”迎新活动、舟山市第四届篮球俱乐部联赛暨浙江省篮球超级联赛舟山赛区选拔赛、美丽舟山千里行第一站（展茅）徒步活动、“星辰大海遇见小岛你好”普陀全民体育节荧光夜跑、2022年浙江省社区运动会普陀站（广场舞、气排球）等活动。

（撰稿：姜慧芬）

文化团队与设施

【概况】 2022年，全区有文化馆1个，镇街综合文化站7个，在职人员59人，建筑面积23268平方米，藏书175959册。全区建成85家渔农村文化礼堂，有210名专业文化干部，各类业余文化团队424支。

【文化团队】 2022年，有夕阳红艺术团、海沙沙艺术团、海滨炫舞艺术团等文化团队424支，成员13373人。夕阳红艺术团健身秧歌《幸福中国一起走》在中国体育彩票第五届舟山市全民体育生活节暨舟山市第二届操舞大赛中获老年组第一名。海沙沙艺术团在舟山市全民体育生活节操舞大赛中获自选规定一等奖。海滨炫舞艺术团在2022年浙江省社区运动会普陀站（广场舞）比赛中获自选动作一等奖，规定动作三等奖。

【文化设施】 2022年，舟山市

2022年各镇街综合文化站基本情况表

表55

文化站	建筑面积（平方米）	等级	藏书（册）	从业人员（人）
六横镇综合文化站	10568	一级	72500	6
桃花镇综合文化站	3500	一级	30259	4
虾峙镇综合文化站	2200	二级	30000	5
东极镇综合文化站	1000	二级	4700	3
沈家门街道综合文化站	1500	一级	12000	6
东港街道综合文化站	2000	二级	9000	4
展茅街道综合文化站	2500	一级	17500	4

（普陀区）美术馆改建工程已开工，建筑面积11209平方米；朱仁民艺术馆（建筑面积1160平方米）和沈家门渔港文旅驿站（建筑面积500平方米）装修工程已完工；建成125个“15分钟品质文化生活圈”、1家文化驿站、2家城市书房和首家文化馆企业分馆即区文化馆舟山中远海运重工分馆；普陀大剧院、六横镇综合文化站获评首届“浙江省最美公共文化空间”。

5月3日，文艺星火赋美活动（区文广旅体局提供）

文化活动与交流

【概况】 2022年，全区送戏送讲座送展览646场次，9万余人次参与；举办2022普陀·海稻音乐节、第十四届中国国际普陀佛茶文化节、2022普陀区全民艺术节、“文艺赋美　自在普陀”文艺活动、“十里渔港　共富未来”2022中国沈家门渔港诗会等“自在普陀”系列品牌文化活动207场次，累计12万余人次参与。

【文化培训和送戏下乡活动】 2022年，普陀区开设“新普陀·‘艺’同行”——2022普陀区全民艺术普及公益课堂，全年完成渔民画、合唱、书法、摄影、综合形体训练18个门类公益培训合计300场次，5800余人次参与。对接区业余文艺团队、文化站、文化礼堂等开展下乡辅导工作，分音乐、舞蹈、曲艺、文学、美术、摄影六个门类，由各镇街、社区、业余团队点单选择课程，举办秧歌、曳步舞、刺绣、手工布艺、瑜伽等文化艺术公益培训85场次，3000余人次参与。开设2022“新普陀·艺同行”公益培训暑期课程，设置少儿美术、少儿跆拳道、少儿表演、少儿硬笔书法、少儿街舞5门课程，开课25节，280人次参与。

开展“喜迎二十大·唱响共富曲”和“小岛你好·共富未来”主题文艺送戏下乡巡演360场次，吸引观众8万余人次。

送戏下乡活动（区文广旅体局提供）

【送讲座、展览活动】 2022 年，普陀区探索新型艺术普及方式，除“线下”外，尝试“线上”艺术普及。扩充“云端”系列，包括“云端悦展”“云端悦赏”“云享课堂”“云端悦猜”“云端走亲”等栏目，开设成人和未成年人艺术普及课程；组织举办普陀文化大展厅主题展览 14 场次，开展送展览下乡 224 场次，举办普陀人文大讲堂系列讲座 17 场次、普陀云上大讲堂 204 场次和“莲洋沙龙”城市书房主题讲座 11 场次；开展 2022 年普陀区群文工作成果展、周一鱼拓艺术展、“喜迎二十大·唱响共富曲”送展览下乡等活动。

【活动品牌】 2022 年，继续扩大“普陀人文大讲堂”“普陀文化大展厅”“莲洋沙龙”和“全民读书节”等活动品牌影响力。组织开展第十五届普陀区全民读书节、展览、讲座、市民阅读推广等全民阅读系列线上线下活动，围绕喜迎中共二十大、庆祝新中国成立 73 周年、建设新普陀等主题开展各类活动，累计接待参与群众 30 余万人次。“乐读享书香 阅见新普陀”全民读书节系列活动从 7 月底开展以来，以读书节启动晚会仪式，紧跟线上线下配套活动，活动范围覆盖全区各镇街，直接参与人次超万人。

【区域文化交流活动】 2022 年，普陀区与宁波、台州、嘉善举办“喜迎二十大·同走共富路”舟山普陀·宁波宁海文化走亲渔民画展、“奋进新时代 同绘共富路”普陀·嘉善文化走亲民间绘画交流活动等 20 场。与金华金东区举行“自在普陀 人文金东”2022 普陀·金东文化走亲活动。通过文化走亲活动，丰富和活跃广大群众精神文化需求，共同推进两地文化繁荣发展。

【文学艺术创作表演】 2022 年，美术作品《小康渔家》获“喜庆二十大，奋进新百年”首届全国农民画邀请展优秀奖。

摄影作品《印象茗溪》获省文化馆主办的浙江省摄影名家

舟山市普陀区第十五届全民读书节（区文广旅体局提供）

普陀·象山文化走亲渔民画交流活动（区文广旅体局提供）

走进余杭摄影比赛二等奖。

舞蹈《黄昏里的青春》获浙江省三十二届群众舞蹈大赛金奖；舞蹈《VR少年》获“庆建党百年 享美好生活”浙江省首届青少年艺术大赛（舞蹈）一等奖；舞蹈《海塘上的摇篮》获“喜迎二十大·同走共富路”2022年舟山市文艺创作作品展演创作三等奖、表演三等奖。

女声组唱《听江南》获2022年浙江省“群星奖”和2022年度浙江省“十佳优秀歌曲”及2019—2022年度舟山市精神文明建设“五个一工程”奖；男声独唱《回首少年时》获2022浙江省第二届原创流行歌曲大赛金奖；男声组唱《望潮》获浙江省第二十一届群众音乐大赛金奖；男声二重唱《行》获“喜迎二十大·同走共富路”2022年舟山市文艺创作作品展演创作三等奖、表演三等奖。

小品《花的心》获浙江省第三十三届群众戏剧大赛金奖。

普陀木偶戏获2022浙江非遗年俗短视频大赛二等奖；海岛布艺、普陀渔民画、普陀传统制香技艺等6个视频获“海宁杯”浙江省传统工艺短视频大赛二等级、三等奖、优秀奖和人气奖。

作品《盼归故里》《一勺一碗》获“歌颂新时代 喜迎二十大”全省歌词大赛铜奖；论文《青年干部，传统文化传承和创新的先行者》获浙江省群众文化青年干部培训班结业论文三等奖。

（撰稿：刘佼佼）

文化娱乐市场管理

【概况】 2022年，全区有网吧17家，歌舞娱乐场所49家，游艺娱乐场所2家，演出场所5家。文化市场监督员33人。区文广旅体局出动执法检查人员2136人次，检查各类文化场所1068家次。处理文化类举报投诉15起，办理各类审批业务128项，接受各类咨询1580余次。

【文化市场审批管理】 2022年，区文广旅体局持续深化“最多跑一次”改革和文旅系统“数字化改革”，“最多跑一次”事项按政务服务2.0工作要求进行梳理和整合，整合后由原先117项变更为112项。全年办理各类审批业务128项；帮助企业和群众网络

舞蹈《VR少年》（区文广旅体局提供）

申报126家次,接受各类咨询1580余次。通过优化审批流程和压缩审批时限，业务办结率100%,“跑零次”事项比例达到100%,“掌上办理”事项实现100%。

【文化市场执法管理】 2022年,文化市场管理部门根据省市统一部署,推进“大综合一体化”执法改革,执行“互联网+监管”工作要求，组织日常执法检查和“双随机”抽查,开展“春季行动”“暑期整治”“秋冬文旅体市场综合整治工作”“平安护航党的二十大文化和旅游市场百日攻坚行动”等专项行动,推进“扫黄打非”整治工作,重点整治互联网上网服务营业场所、娱乐场所等存在违法违规行为,及时处理投诉案件。

全年出动执法检查人员2136人次，检查各类文化场所1068家次。组织开展“双随机”抽查12次,其中跨部门“双随机”抽查4次,本部门“双随机”抽查8次，出动执法检查人员178人次,抽查涵盖文化、文物、广播电视等各类文化场所62家次。立案查处违法违规行为2起,结案1起,警告1家次,罚款8000元。处理文化类举报投诉15起。

【安全生产】 2022年,区文广旅体局加强安全生产日常监管,守牢安全工作底线,确保文化市场安全生产零事故。开展线上学习和线下培训相结合,提高企业安全治理能力。通过微信群、电话等途径及时向各场所业主宣传安全教育知识,组织开展文化市场安全生产工作会议及消防疏散演练,提升文化市场经营业主和从业人员的安全技能。通过部门联动检查、安全专项排查,对全区各网吧、娱乐场所、演出场所等进行常态化安全检查。发现安全隐患问题13个，全部落实整改。执行文化市场防疫工作各项要求,开展专项检查,加强日常管理和日常巡查。

（撰稿:何慧芬）

图书馆室

【概况】 区图书馆馆舍面积0.56万平方米(含共有面积),阅览座席0.03万个。2022年,公共图书馆经费投入591.95万元,文献总量37.68万册(件),累计发放有效借书证4.6万张，外借图书77.38万册，图书馆网站访问量18.32万人次，全年总流通人次47.56万人次，读者活动次数762次,参加人数87.19万人次。

【公共文化服务体系】 2022年,新建知否书屋、岚汀城市书房,并采购、安装自助借还系统。年度采购馆藏图书16851册。征集地方文献64种、146册。完成报纸杂志477种记到、上架工作。全年完成送书下乡67000余册次。赴展茅、桃花、东港等镇街分馆业务指导8次。完成全区100%社区(村)综合文化服务中心、文化礼堂纳入图书馆自动化业务管理系统。

【基础设施建设】 2022年,已建立镇街万册图书分馆7家,建立村社特色农家书屋、文化礼堂图书室70家，建立城区学校图书馆分馆2家,城市书吧和城市书房7家,驻军、残疾人康复中心等图书流通站7家。区图书馆有“最多跑一次改革”事项11大项,18子项,覆盖率达到100%。

【读者服务】 2022年,区图书馆办理新证1380余张。实行双休日、节假日、寒暑假不闭馆,周开

东极岚汀城市书房（区文广旅体局提供）

2022年"小小志愿者"走进普陀区图书馆活动（区文广旅体局提供）

放时间超过72小时，网上资源24小时对外开放，开放时间走在全市公共图书馆前列。继续推行一站式服务模式、"一卡通"借阅等便捷特色服务，开展馆际互借服务，降低文献拒借率，加强对分馆业务管理。

【特殊群体服务】 2022年，利用公共电子阅览室为部队军人、外来务工人员提供免费上网、指导网上购票等服务。为视障人群办理借书证，建立普陀区康复中心图书流通站，免费提供盲文图书和听书设备，并全程提供陪同服务。继续完善相关设施设备，馆内配置母婴室、学雷锋志愿者服务站，免费提供老花眼镜、充电宝、茶水、应急药品，方便读者。

组织开展《这里是中国》讲座、"童心未泯 暖心服务"阅读活动、"小小图书管理员志愿者活动"等各类未成年人活动48场次，累计参与者超过1200人次。

（撰稿：刘佼佼）

文物保护

【概况】 2022年，全区有东亭山灯塔（浙东沿海灯塔群）、定海测候所旧址等文物保护单位27处，其中国家级1处、省级1处、市级4处、区级21处；路下徐徐氏祖茔等区级文物保护点7处。公布普陀区2015—2021年新发现不可移动文物点名录。完成浙东第一功摩崖题记、张煌言蒙难处、青龙山革命烈士纪念碑等3处区级文物保护单位记录档案编制。出台《普陀区业余文保队伍管理办法》。重点开展"全区文物建筑消防安全三年专项整治行动"。

【文物建筑消防安全三年专项整治行动】 文物建筑消防安全三年专项整治行动于2020年8月启动，2021年11月至2022年年底为集中攻坚整治阶段。开展文物安全整治工作，根据排查结果，按"轻重缓急"原则，对文物安全隐患实施分级分类整改。2022年开展文物安全检查132次，出动230人次，发现隐患和

普陀区2015—2021年新发现不可移动文物点一览表

表56

名　称	公布等级	类别	年代	地址	公布日期
茅洋外小山碉堡群	一般文物	近现代重要史迹及代表性建筑	现代	展茅街道茅洋新村郑家东侧外小山中部及东北坡	2022.3
茅洋下郑家井	一般文物	古建筑	清	展茅街道茅洋新村郑家路23号北侧3米	2022.3
沙家湾石拱桥	一般文物	近现代重要史迹及代表性建筑	1957年	东港街道红旗村村委北约60米红旗河上	2022.3

续表 56

名　称	公布等级	类别	年代	地址	公布日期
泗湾陈家塘井	一般文物	古建筑	清	沈家门街道中大社区陈家塘路中部路边	2022.3
虾峙大岙李家井	一般文物	古建筑	清	虾峙镇灵和村大岙五区 7-8 号南侧	2022.3
虾峙革命烈士纪念碑	一般文物	近现代重要史迹及代表性建筑	现代	虾峙镇晨港村沙峧太白山顶	2022.3
王亚凤、周叙玉纪念碑	一般文物	近现代重要史迹及代表性建筑	现代	虾峙镇晨港村沙峧馒头山顶西侧	2022.3
沙峧老方井	一般文物	古建筑	清	虾峙镇晨港村二小区 95 号西侧	2022.3
栅棚海宴亭	一般文物	古建筑	清	虾峙镇晨港村栅棚老码头北侧路边	2022.3
六横双屿港烈士陵园	一般文物	近现代重要史迹及代表性建筑	现代	六横镇双屿港村锚山北坡	2022.3
王正义墓	一般文物	古墓葬	清	六横镇双屿港村史家外湾路 74 号民居北约 20 米山坡	2022.3
陈家岙陈家井	一般文物	古建筑	清	六横镇青山村陈家 84 号民居东南侧 5 米	2022.3
干岩古道	一般文物	古遗址	清	六横镇青联村干岩岙北侧馒头山两侧	2022.3
棕榈湾古道	一般文物	古遗址	清	六横镇棕榈湾水库库区北侧坡地至双屿港村大岙南侧山岭	2022.3
棕榈湾遗址	一般文物	古遗址	东周	六横镇棕榈湾水库库区东侧坡地	2022.3
田岙岭古道及石墙	一般文物	古遗址	清	六横镇高峰村至田岙村之间山岭	2022.3
坟虫岭石墙	一般文物	古遗址	清	六横镇台门社区蚊虫山与撩箬湾之间山岭	2022.3
平峧岭石墙	一般文物	古遗址	清	六横镇平峧村里平峧城子岗	2022.3
苍洞岭古道	一般文物	古遗址	清	六横镇高峰村与苍洞村之间山岭	2022.3

问题 122 项，并督促落实整改，整改率 100%。

【普陀区博物馆】 2022 年，普陀区博物馆（含沈院）免费接待游客 19.2 万人次；举办“渔都风情展”和“沈清孝文化展”2 个固定展览，“渔都雅赏”——粉彩瓷器收藏展等临时展览 7 次；新征藏品 80 件（套），现有藏品 1698 件（套），珍贵文物 1 件（套）。开展“5·18 国际博物馆日”、文化和自然遗产日等活动，开展线下各类主题活动 34 场次，受益人群 5000 余人次。继续开发设计灯塔系列主题文化创意产品。加强海洋系列（民间）博物馆免费开放和管理，成功创建东极历史文化博物馆、六横里岙民俗风物馆、白沙渔俗馆、虾峙风情馆等 4 家馆为省第二批乡村博物馆。展茅五匠馆、白沙渔俗馆、东极历史文化博物馆、六横里岙民俗风物馆、虾峙风情馆 5 家分馆接待游客 7.95 万人次。

非物质文化遗产保护

【概况】 2022 年，全区有非物质文化遗产名录 107 项，其中国家级 1 项（普陀传统木船制造技艺）、省级 12 项、市级 31 项、区

6月，“十里渔港　共富未来”2022中国沈家门渔港诗会在杉杉普陀天地举行（区文广旅体局提供）

级63项；非物质文化遗产代表性传承人38名，其中国家级1名、省级4名、市级11名、区级22名；非物质文化遗产传承(教学)基地31个，其中省级2个、市级14个、区级15个。有国家级非物质文化遗产项目保护单位1个(浙江岑家木船文化发展有限公司)、省级非物质文化遗产宣传展示基地1个(展茅五匠馆)、市级非物质文化遗产生产保护性示范基地3个、市级非物质文化遗产体验基地3个、区级非遗工坊5家。省级非物质文化遗产旅游景区—民俗文化旅游村2个(干施岙村、东极村)、非遗主题小镇1个(东极镇)。开展文化遗产活动，举办“文化和自然遗产日”系列宣传活动、“非遗进文化礼堂”展示展演活动等30余场次。

【2022年“文化和自然遗产日”宣传展示活动】 6月11日下午，在普陀天地杉杉广场举行，分为非遗节目舞台演出、第五届“少年非遗说”浙江传说故事讲述大赛普陀赛区决赛、普陀福集和文博展区四部分。该“文化和自然遗产日”活动主题是“连接现代生活　绽放迷人光彩”“文物保护:时代共进　人民共享”，展示普陀文化遗产资源及文化遗产保护传承与利用发展成效，活动现场吸引众多市民、游客。

【区级非遗工坊】 10月17日，区文广旅体局公布首批区级非遗工坊，“传统木船”区级非遗工坊——浙江岑家木船文化发展有限公司、“德顺坊老酒”区级非遗工坊——浙江东海酒业有限公司、“普陀佛茶”区级非遗工坊——舟山市普陀特产有限责任公司、“观音饼”区级非遗工坊——浙江冠素堂食品有限公司、“葆仁堂传统中药”区级非遗工坊——普陀医药药材有限公司等5家单位入选。

【非遗培训和活动】 2022年，普陀区非遗“进社区、文化礼堂、进校园”活动，开展渔民画、渔绳结编织技艺、传统布艺、盘扣制作技艺、传统制香技艺培训、鱼拓画培训、舟山船拳培训、船模艺术等培训展演系列活动135场次；启用展茅古村书场，开展演出16场。

（撰稿：陈凤阳）

体育组织

【普陀区体育中心】 区文广旅体局下属股级全额拨款事业单位，指导全区群众体育活动，指导基层体育设施建设，实施全区综合性运动会等重大体育竞赛、体育后备人才培养，实施全区国民体质测试。2022年，组织开展“星辰大海遇见小岛你好”普陀全民体育节荧光夜跑、2022年浙江省社区运动会普陀站（广场舞、气排球）、2022舟山群岛帆船跳岛拉力赛、全国沙滩足球锦标赛预选赛暨2022年“浙能绿城”浙江省男子沙滩足球赛等赛事活动30余场次；联合区教育局举办普陀区中小学篮球、田径、羽毛球、排球、棋类等项目10场次；组队参加省、市各级青少年运动会共110个项目，获省团体和个人前八50项，获市级团体前三72项；开展国民体质监测活动，监测1650人。

【普陀区体育总会】 全区具有

8月8日，2022年普陀区全民体育生活节荧光夜跑活动（区文广旅体局提供）

独立法人资格的体育协会18家；全年开展赛事、培训活动20余次，参与3500余人次。普陀区体育总会通过AAA等级社会组织评估。2022年体育协会考核结果为：一等奖：羽毛球协会；二等奖：老年人体育协会、门球协会；三等奖：武术协会、瑜伽协会、社会体育指导员协会、围棋协会、篮球协会。

【普陀区老年体育协会】 会员95586人。4月，展茅街道沙井村获评四星级新时代浙江省老年体育现代化村（社区）；7月，举办全区老年人广场舞、扇舞培训班；9月，组队参加舟山市老年人柔力球（竞技）竞赛交流活动，获团体第三名。

【普陀区武术协会】 会员6065人。7月，举办2022年全区健身气功交流赛，22支代表队178名运动员参加；组队参加第五届舟山市全民体育生活节暨2022年舟山市武林大会，获集体项目3金2银，个人项目8金6银；11月，组队参加省老年人健身气功交流赛，获《导引养生功二十法》优胜奖、《五禽戏》优秀奖。

【普陀区篮球协会】 会员280人。9月，承办2022年杉杉普陀天地首届三对三篮球争霸赛，12支代表队60余人参加。

【普陀区羽毛球协会】 会员421人。3月，召开普陀区羽毛球协会换届选举第二次会员代表大会暨四届理事会第一次会议，傅毅当选新一届理事会会长；5月，承办普陀区中小学生羽毛球比赛；6月，协办2022年“自游宝杯”舟山市羽毛球俱乐部业余联赛，全市28支队伍近300人参赛；7月，举办2022年普陀区第四届党建杯羽毛球混合团体赛，16支队伍参加。

【普陀区围棋协会】 会员66人。2月，承办2022年舟山市“迎春杯”县区围棋队际赛，全市40余名棋手参加；5月，举办2022年普陀区迎五一围棋等级赛，240人参加；12月，举办2022年普陀区冬季围棋等级赛，70余名小棋手参加。

【普陀区门球协会】 会员84人。3月，举办2022年度普陀区“庆三八”女子门球赛；5月，召开普陀区门球协会第二届会员代表大会，周虹担任会长；组队参加2022年舟山市老年人门球交流，普陀代表队获亚军；7月，承办“全民健身日—全国门球大联动”浙江门球俱乐部精英巡回赛（浙江普陀分会场）；10月，举办2022年“健乐重阳”趣味三人制门球赛，16支队伍参加；11月，参加省第四届单双打精英赛，沃绵安、应章祥组合获第三名。

【普陀区瑜伽协会】 会员115人。4月，承接民政局公益项目：瑜你同行，新居民女性瑜伽减压培训；11月，组队参加浙江省首届健身瑜伽精英赛，获双人瑜伽项目第四名。

【普陀区气排球协会】 会员45人。7月，组队参加中国体育彩票第五届舟山市全民体育生活节“喜力杯”气排球比赛，男女队均获三等奖；9月，组织两支队伍参加浙江省社区运动会气排球比赛，分获二等奖、三等奖；承办普陀区“快乐健身人人练”气排球公益培训，30余人报名参加；12

月，举办2022年普陀区第五届“迎春杯”暨首届“农商杯”气排球比赛，8支队伍50余名运动员参加。

【普陀区象棋协会】 会员50人。6月，承办2022年普陀区老年象棋赛，全区各镇街36名老年棋手参加。

【普陀区体育舞蹈协会】 会员50人。1月，承办2022年元旦舟山市体育舞蹈联谊活动，120人参演；9月，组队参加浙江省老年人体育舞蹈交流活动，获优胜奖。

【普陀区社会体育指导员协会】 会员52人。承办普陀区送体育培训下乡活动，全年开展18期；承办2022年普陀区国民体质监测项目。

【体育俱乐部】 2022年，成立青少年体育俱乐部2家：普陀区海边青少年体育俱乐部、普陀区砺志青少年体育俱乐部；注销青少年体育俱乐部8家：普陀区小莲娃青少年体育俱乐部、普陀区蓝色风暴青少年体育俱乐部、普陀区东港青少年体育俱乐部、普陀区六横阳光青少年体育俱乐部、普陀区海贝贝青少年体育俱乐部、普陀区龙人武术俱乐部、普陀区海鹰青少年体育俱乐部、普陀区博雅青少年体育俱乐部。年底，体育俱乐部106个，会员53145人。

（撰稿：王兴帆）

体育设施

【概况】 2022年，全区体育场地面积106.39万平方米。新增体育场地52个、4.46万平方米，人均体育场地面积为2.76平方米，较上年增加4.38%。其中新建省级社区多功能运动场3个（六横镇佛渡村社区2个、台门村社区1个）、农村百姓健身房2个（六横镇嵩山村1个、双塘村1个）、新建“环浙步道”30千米、新增全民健身路径612件，其中二代智能健身路径80件，新建东港武岭中学，体育场地含300米环形田径场、足球场、3片标准篮球场、2片排球场、1片小运动场、1座室内篮球馆、1个室内乒乓球房，合计体育场地面积11350平方米。

普陀区体育场地一览表

表57

镇街（管委会）	健身路径		篮球场（片）	乒乓台（片）		羽毛球场（片）	门球场（片）	网球场（片）	游泳池（馆）室内
	场地数（个）	器材数（件）		室内	室外				
六　横	192	1664	41	28	3	8	2	0	0
桃　花	70	380	6	6	1	1	0	1	0
虾　峙	23	200	4	3	1	1	0	0	0
东　极	4	32	1	1	0	0	0	0	0
沈家门	83	632	4	15	0	2	0	2	6
东　港	130	855	10	22	3	30	3	4	10
展　茅	30	320	6	6	3	2	1	0	1
白沙岛	4	35	1	1	0	0	0	0	0
蚂蚁岛	12	110	1	1	0	1	0	0	0
登步岛	13	70	1	1	0	1	0	0	0
小　计	561	4298	75	84	11	46	6	7	17

说明：以上数据按各镇街（管委会）区域分布统计，包括镇街（管委会）、社区（村）、机关企事业单位，不包括学校体育场地。

表 58

学校体育场地统计表

场地类型	场地数量(个)	场地类型	场地数量(个)
体育场	1	羽毛球房(馆)	13
田径场(运动场)	27	棋牌房(室)	5
足球场	17	篮球场	56
室外游泳池	5	排球场	22
室内游泳池	1	室外网球场	6
篮球房(馆)	13	乒乓球场(房)	19
体操房(馆)	11	沙滩足球场	3
综合馆	5	合　计	204

【普陀区国民体质监测中心】 5—11 月，全区组织完成 1650 人次国民体质监测任务，通过国民体质测试仪器对参与监测人员身体形态、身体机能、身体素质三大方面进行监测，测试项目包括身高、体重、肺活量、握力、坐位立体前屈、闭眼单脚站立、仰卧起坐、选择反应时、台阶测试等 16 项（按不同年龄段进行对应的 8~11 个项目测试）进行监测，受测人群为 3~69 周岁，合格率 95%以上，优秀率 25%以上。是年，普陀区国民体质监测站点开通"浙里办—浙里健身"预约系统，正式开展日常预约监测工作。

（撰稿：陈中耀）

学校体育

【概况】 2022 年，普陀区竞技体育坚持"突出特色，强化重点，努力巩固原有重点项目，不断拓展新的优势项目"原则，抓好重点训练项目——田径、网球业余训练工作。全区青少年运动员参加省、市各级运动会 110 个项目，获省团体和个人前八 50 项，获市级团体前三 72 项。

（撰稿：缪冬）

表 59

2022 年普陀区青少年参加省市级比赛成绩表

赛事	组别	名次
2022 年舟山市第九届中小学生阳光体育运动会(田径比赛)暨舟山市第三十七届中小学生田径运动会	县(区)团体总分	第一名
	小学(甲、乙)组团体	第一名
		第三名
	初中组团体	第二名
2022 年舟山市第九届中小学生阳光体育运动会羽毛球学校团体赛	小学男子丙组	团体第一、第三名
	小学女子丙组	团体第一名
	小学女子丁组	团体第二名
	小学女子乙组	团体第二、第三名
	小学男子乙组	团体第三名
	小学男子丁组	团体第三名

续表 59

赛事	组别	名次
2022 年舟山市中小学生棋类比赛	围棋组团体总分	第一名
		第三名
2022 年舟山市小学生短式网球比赛	女子乙组	团体第三名
	女子甲组	团体第三名
	男子甲组	团体第二名
2022 年浙江省少年儿童短式网球锦标赛	女子乙组	团体第四名
	男子乙组	团体第五名
浙江省第十七届运动会短式网球比赛	女子	团体第六名
	男子	团体第八名
2022 年舟山市中小学生网球比赛	男子甲组	团体第一名
	男子乙组	团体第一名
	男子丙组	团体第二名
	女子乙组	团体第一、第二名
	女子丙组	团体第一名
2022 浙江省第十七届运动会（网球比赛）	女子丁组	团体第八名
	女子丙组	团体第七名
2022 浙江省第十七届运动会（航海模型）	迷你级遥控帆船	第二名
	仿真遥控帆船	第二名
	1 米级遥控帆船	第三名
2022 年浙江省青少年航海模型锦标赛	迷你级遥控帆船模型	第一、第三、第四、第六名
	微型遥控帆船模型	第一、第二、第五、第六、第七名
	仿真遥控帆船	第二、第四名
	1 米级遥控帆船	第二名
2022 年舟山市第九届中小学生阳光体育运动会游泳比赛	初中组	团体第二名
	小学组	团体第三名
2022 年舟山市第九届中小学生阳光体育运动会沙滩足球比赛	初中女子	第一、第二、第三名
	初中男子	第二、第三名
	小学女子	第二、第三名
	小学男子	第二名

续表 59

赛事	组别	名次
2022 年舟山市中小学生阳光体育运动会中小学生篮球比赛	小学女子	第一、第二名
	小学男子	第二、第三名
2022 年浙江省青少年田径锦标赛	15~16 岁组女子跳高	第三名
	15~16 岁组女子 400 米	第五名
	15~16 岁组男子三级跳远	第三名
	14 岁组男子 400 米	第七名
	14 岁组男子跳高	第七名
	14 岁组女子跳高	第七名
	14 岁组男子 100 米	第四名
	14 岁组男子 200 米	第六名
	15~16 岁组男子八项全能	第六名
2022 年浙江省少年儿童冠军赛	15 岁乙组男子三级跳远	第一名
	15 岁乙组男子 110 米栏	第一名
	15 岁乙组女子 200 米	第一名
	15 岁乙组女子 400 米	第一名
	14 岁乙组男子 200 米	第一名
	14 岁乙组男子 100 米	第二名
	15 岁乙组女子跳高	第一名
	15 岁乙组男子跳高	第二名
	12 岁以下乙组女子跳高	第二名
2022 年浙江省青少年阳光体育(体育传统项目学校)比赛中学生田径	初中男子铅球	第二名
	初中男子标枪	第二名
	初中男子跳高	第一、第三名
	初中男子跳远	第四名
	初中男子 400 米	第八名
	初中女子跳高	第八名
	初中女子三级跳远	第八名
	初中女子 200 米	第四名
	初中男子三级跳远	第二名
	初中男子 110 米栏	第一名

续表 59

赛事	组别	名次
2022 年舟山市第九届中小学生阳光体育运动会女子排球比赛	初中女子组	第三名
2022 年首届“市长杯”三大球男子篮球比赛	男子乙组一队	第二名
	男子乙组二队	第三名
	男子丙组一队	第三名
2022 年首届“市长杯”三大球男子足球比赛	男子甲组一队	第三名
2022 年舟山市第九届中小学生阳光体育运动会校园足球比赛	小学男子甲组	第三名
	小学男子乙组	第三名
	小学女子组	第二、第三名
	初中女子组	第一、第二名
2022 年舟山市第九届中小学生阳光体育运动会健美操、啦啦操、快乐体操比赛	小学甲组规定花球啦啦操	团体第二名
	小学乙组规定花球啦啦操	团体第一名
	小学甲组自编花球啦啦操	团体第二名
	小学技巧集体规定	团体第二名
	初中自编有氧舞蹈	团体第三名
	初中大众三级操	团体第二名
2022 年舟山市第九届中小学生阳光体育运动会乒乓球比赛	小学男子甲组	团体第二名
	小学女子甲组	团体第一、第三名
	小学男子乙组	团体第一、第二名
2022 年舟山市第九届中小学生阳光体育运动会乒乓球比赛	小学女子乙组	团体第二、第三名
	小学男子丙组	团体第一、第二名
	小学女子丙组	团体第一、第三名
	初中男子	团体第一、第三名
	初中女子	团体第二名
2022 年舟山市中小学生毽球比赛	男子 4×30 计数赛团体	团体第二名
	混合五人传球计数赛团体	团体第一名
	混合三人赛团体	团体第三名
	男子双人赛团体	团体第三名

群众体育

【全民健身“双员”队伍建设】 2022年，全区面向社会体育指导员、基层体育委员开展广场舞、健身秧歌、体卫融合等业务培训班4期，200余人参加；提升社会体育指导员队伍素质，加强社会体育指导员管理，至年底，“浙里办”身份激活1133名。构建全区“基层体育委员”组织体系，建立一支由100余名热心公共体育事业，有奉献精神，有一定专业技术专长、较强组织管理能力人员组成的基层体育委员队伍，打通公共体育服务“最后一公里”。全年送体育培训下乡活动均由基层体育委员根据群众需求统计上报，累计开展健身腰鼓、太极拳、健身瑜伽、围棋等培训18期。

【体育公益培训】 2022年，开展“快乐健身人人练”体育公益培训活动，开设排舞、健身瑜伽、毽球、气排球等课程4期，培训学员1000余人次。

【大众体育赛事活动】 区内举办2022年全国新年登高健身大会（舟山分会场）暨“北京冬奥 一起向未来”迎新活动、“浪潮春天”2022Salomon越野跑舟山站年终训练赛等区级体育赛事15次，3446人次参与。

（撰稿：周琼）

2022年普陀区体育活动一览表

表60

名称	举办单位	地点	时间	参加人数（人）
2022年全国新年登高健身大会(舟山分会场)暨“北京冬奥 一起向未来”迎新活动	舟山市实施全民健身计划领导小组	普陀绿道晓辉岭	1月1日	100
“浪潮春天”2022Salomon越野跑舟山站年终训练赛	浪潮体育俱乐部	普陀登山步道	1月16日	300
2022年美丽舟山千里行第一站(展茅)徒步活动	市文广旅体局	展茅田园综合体	6月25日	500
中国体育彩票第五届舟山市全民体育节——普陀区健身气功站点交流赛	区体育总会	普陀体育馆	7月3日	400
2022年普陀区第四届“党建杯”羽毛球混合团体赛	区体育总会	全民健身中心羽毛球馆	7月16—17日	100
2022年舟山市第六届全民休闲皮划艇赛	市文广旅体局、区文广旅体局	朱家尖西岙码头	7月23—24日	120
中国体育彩票第五届舟山市全民体育节——2022年舟山市首届幼儿跆拳道比赛	市文广旅体局、市体育总会、区体育总会	普陀体育馆	7月30—31日	200
“星辰大海遇见小岛你好”普陀全民体育节荧光夜跑	区文广旅体局	莲花洋广场	8月8日	744
2022普陀区“共富杯”五人制足球赛	区体育总会、东港街道	普陀全民健身中心	8月6—27日	160
2022年度“普陀农商行”杯区政协机关趣味运动会	区政协	普陀体育馆	4月16—17日	50
2022年浙江省社区运动会普陀站（广场舞）	省委宣传部、省体育局、省住房和建设厅、省总工会	普陀体育馆	9月2日	204
2022年浙江省社区运动会普陀站（气排球）	省委宣传部、省体育局、省住房和建设厅、省总工会	普陀体育馆	9月2日	133

续表 60

名称	举办单位	地点	时间	参加人数（人）
“2022 年世界健身气功日”展示活动	舟山市健身气功协会	莲花洋广场	9 月 10 日	200
2022 舟山群岛帆船跳岛拉力赛	市文广旅体局、区文广旅体局	普陀海域	11 月 4—6 日	85
全国沙滩足球锦标赛预选赛暨 2022 年“浙能绿城”浙江省男子沙滩足球赛	省体育局	桃花岛	11 月 5—6 日	150

体育赛事

【2022 年浙江省社区运动会普陀站(气排球、广场舞)比赛】 9 月2—4 日,由中共浙江省委宣传部、省体育局、省住房和城乡建设厅、省总工会主办,省气排球协会、省广场舞排舞协会、区文广旅体局、区总工会承办的 2022 年浙江省社区运动会普陀站(气排球、广场舞)比赛在普陀体育馆举行。全省各地 14 支气排球社区代表队及 12 支广场舞社区代表队 300 余名运动员参赛。温岭市滨海镇东片区、衢州市常山县天马街道渡口社区、温州市平阳县雁门社区、杭州市上城区四季青街道钱塘社区获气排球比赛一等奖;舟山市普陀区东港街道安康社区、台州市椒江区海门街道景元社区、杭州市上城区紫阳街道上羊市街社区、嘉兴市嘉善县干窑镇范东村获广场舞比赛一等奖。

【2022 舟山群岛帆船跳岛拉力赛】 11 月 4—6 日,2022 舟山群岛帆船跳岛拉力赛在普陀举行,13 支参赛队 85 名运动员从朱家尖国际邮轮港起航,沿舟山东南部岛屿开展为期 3 天帆船航海之旅。本次赛事分 4 个航段,总航线距离约 40.5 海里。途经朱家尖岛、白沙岛和桃花岛三

9 月，2022 年浙江省社区运动会普陀站（气排球、广场舞）比赛（区文广旅体局提供）

11 月，全国沙滩足球锦标赛预选赛暨 2022 年“浙能绿城”浙江省男子沙滩足球赛（区文广旅体局提供）

大特色旅游主题岛屿。赛事设统一组和公开组两个组别,统一组为桃花岛塔湾海域场地赛和长航赛,公开组航线为朱家尖舟山国际邮轮港—普陀山—洛迦山—白沙岛—桃花岛—乌柱山岛—朱家尖舟山国际邮轮港跳岛拉力航线。传成航海队、上海淀山湖人队、宁波万博鱼航海队分获统一组冠、亚、季军;自由人队、嗨翻风暴骑士队、逸帆航海商学院联队分获公开组冠、亚、季军。本次赛事由市文广旅体局、区政府主办,区文广旅体局、舟山普陀交通投资发展集团有限公司、舟山市帆船帆板运动协会承办。

【全国沙滩足球锦标赛预选赛暨2022年"浙能绿城"浙江省男子沙滩足球赛】 11月4—6日,全国沙滩足球锦标赛预选赛暨2022年"浙能绿城"浙江省男子沙滩足球比赛在桃花岛塔湾金沙景区举行。浙江特普优康、绍兴上虞、浙江海洋大学、浙江德清、舟山嵊泗、舟山普陀桃花、舟山六横7支队伍参赛,浙江特普优康、浙江海洋大学、绍兴上虞分获冠、亚、季军。本次比赛由省体育局主办,省足球协会、市文广旅体局、区政府承办,市足球协会执行操办。

(撰稿:缪冬)

文化体育产业

【普陀大剧院】 2022年,普陀大剧院完成演出、活动164场次,其中公益活动74场次,接待观众3.4万余人次,引进"五个一工程奖"话剧《立秋》、"文华大奖"获奖话剧《柳青》、国风大剧《大唐雅韵》音乐会、痛仰乐队《三四五巡演》演唱会、红色题材音乐剧《一抹红》、杭州越剧院《碧玉簪》《红楼梦》等。是年,普陀大剧院获评"首届浙江省最美公共文化空间"和"普陀区中小学生研学实践教育基地"。

【体育场馆】 2022年,普陀全民健身中心和普陀体育馆合计开放592天,累计接待健身16.7万人次;举办体育赛事活动19场次,其中免费举办体育讲座、展览等4场次。体育健身技能培训800人次,运动健身指导2000人次。

【体育彩票】 2022年,普陀区体育彩票总销售量1.83亿元,其中乐透型0.32亿元、竞猜型1.22亿元、即开型0.29亿元。年底,全区体育彩票销售网点72家。全年按比例筹集体育彩票公益金405万元,用于全区体育事业支出,其中用于资助或组织开展全民健身活动类支出22万元,用于援建和维护公共体育场地363万元,"竞技体育"资助类项目20万元。

(撰稿:唐华)

【舟山普陀文化旅游集团有限公司】 区属国有控股公司,由区政府国有资产监督管理办公室、浙江省财务开发有限责任公司共同出资10000万元设立。内设办公室、党群部(人力资源部)、计划财务部、投资管理部、文旅产业部和影视产业部6个部门,有员工152人,地址东港街道海印路426号(普陀广播电视大楼6~7层)。下属核心企业9家:舟山普陀文化发展有限公司、舟山普陀体育发展有限公司、舟山市普陀区桃花岛旅游开发投资有限公司、舟山东海极地旅游开发有限公司、舟山市普陀区白沙岛海洋牧场有限责任公司、舟山普陀蚂蚁岛红帆文化发展有限公司、舟山普陀普有旅游发展有限公司、舟山普陀东润交旅发展有

11月,2022舟山群岛帆船跳岛拉力赛(区文广旅体局提供)

限公司、杭州沈家门海鲜排档管理有限公司。自主经营管理沈家门海滨电影院、朱家尖星海湾别墅；管理普陀国际影视创新产业园、普陀国际健康产业中心等相关产业。参股企业：舟山上东实业有限公司、浙江白沙海洋科技发展有限公司、浙江自贸区普拓影视传媒有限公司、舟山市普陀武搏体育发展有限公司、浙江华清海岛旅游规划设计有限公司等，拥有浙江华数广电网络股份有限公司相应股权。

2022 年，区文旅集团在“深度融合”上因地制宜，通过打造白沙耕海牧渔轻奢体验岛群、东极极地风情度假休闲岛群、桃花侠侣·爱情·文化主题探寻岛群、葫芦岛“福·禄”活力休闲康养岛群，构建“海岛共荣”全域旅游发展新模式。在“创新发展”上铸强品牌，通过“文创+”“民宿+”“影院+”“渔港+”四大品牌输出，塑造滨海文旅产业融合个性 IP 金名片。在“滨海休闲”上纵深推进，通过“莲花洋+”“公路+”“康养+”三大融合，塑造海岛产业竞争新优势。实现营业收入 4257 万元。

7 月 9 日，桃花岛塔湾金沙景区举办舟山市沙滩足球锦标赛；同月，在莲花洋广场举办“星辰大海”东海晚风市集暨 2022 普陀全民艺术节；8 月 4—6 日，塔湾金沙景区举办“狂浪夏季·乐动桃花”海浪音乐节活动；8 月 13 日，桃花海上飞拉达试运营；同月，区文旅集团下属舟山普陀文化发展有限公司与区舞蹈家协会共同举办“筑梦东海·共富未来”2022 年普陀区周末文化夜市活动、“以舞会友·舞动全城”全民少儿舞蹈大赛；9 月 3 日，浙江省体育局公共场馆服务大提升完成情况考核组莅临普陀全民健身中心、普陀体育馆开展全面核查，根据核查评价结果，普陀全民健身中心、普陀体育馆评价分值为 91.5 分和 92.5 分，均为“优秀等次”；9—10 月，区文旅集团与大舟山联合举办莲花洋广场创意集市；10 月，桃花岛塔湾金沙休闲运动基地被评为“浙江省运动休闲旅游示范基地”。

8 月 13 日，桃花海上飞拉达试运营（区文旅集团提供）

（撰稿：应珍珍）

广电监管及服务

【广电惠民服务】 2022 年，根据《浙江省应急管理厅浙江省广播电视局关于进一步推进全省农村应急广播体系建设的通知》实现“全省统一、上下贯通、分级授权、可管可控”要求，推进全区渔农村应急广播（村村响）系统改造建设，于 12 月底完成改造。落实“广电低保”数字化工程，确保全区低保户 2902 户 3935 人全部免费观看有线数字电视基本节目。

【广电行政监管】 2022 年，以中共二十大、省第十五次党代会安全播出等保障任务为重点，督促广播电视播出机构、网络传输机构落实安全播出保障职责。开展广播电视行业安全播出大检查工作，完善安全播出工作机制，强化广播电视节目和广告管理，确保广播电视安全播出和网络安全、无事故，完成全年其他重要节点、重要活动安全播出保障工作。持续推进非法卫星电视接收设施专项整治工作，3 家宾馆境外卫星电视节目播出有证有序。市、区广电行政部门会同执法部门联合行动，对泗湾社区进行检查，收缴非法地面卫星接收设施 5 个。

（撰稿：徐广）

编辑：魏斌

新闻传媒与信息产业

综 述

2022年，普陀区融媒体中心（区广播电视台）围绕学习宣传贯彻中共二十大、省第十五次党代会、市区党代会、“两会”精神，发挥媒体深度融合和聚合共振效应，提高新闻舆论传播力、引导力、影响力和公信力，推出全媒体重大主题报道12组以上。《今日普陀》报刊登新闻约5000条，累计刊出252期，每期印发量12000余份；普陀电视台播出新闻约2900条、专题节目159档；普陀人民广播电台播出新闻约2800条。普陀新闻网发布稿件28049篇（其中本地新闻5181条）、“掌上普陀”App刊发新闻35410条、“中国舟山普陀”微信公众号推送微信1066条；“嗨普陀”抖音号发布短视频3106条，总点赞量5200万个，总播放量120亿次左右。

广播电视

【普陀人民广播电台】 全天播音时间为16小时50分，周一至周五，日直播节目时间达到6小时，通过调频FM93.3频率传输。自办5档新闻类节目：《新闻早八点》《普陀新闻》《933快报》《下班路上》《共富蓝海》。开设《越听越动听》《一听就可乐》《乐活杂志》等专题栏目。全年播出自办

2022年普陀人民广播电台城市频率节目时间表

表61

时间	周一至周五	周六	周日
5:10—6:10	补白音乐		
6:10	开始曲		
6:15—6:30	转播舟山气象		
6:30—8:00	转播中央台《新闻和报纸摘要》《新闻纵横》		
8:00—9:00	新闻早八点（933快报）	当诗遇见歌	
9:00—10:00	乐活杂志（933快报）	似水年华	精彩故事会
10:00—11:30	乐听乐动听（933快报）	音乐旅途	天下奇谈
11:30—12:00	听世界		
12:06—12:30	转播中央台《新闻30分》		

续表 61

时间	周一至周五	周六	周日
12:30—13:00	空中书苑		
13:00—13:30	听见好时光		
13:30—14:00	带上音乐去旅行		
14:00—14:30	时间的歌		
14:30—15:00	打开文化之门		
15:00—16:30	一听就可乐 （933 快报）	音乐旅途（重播） 似水年华（重播）	
16:30—17:00	不老歌		
17:00—18:00	下班路上	理财宝典 成长日记	当诗遇见歌 （重播）
18:00—18:30	普陀新闻 普广气象	天下奇谈（重播） 普广气象	
18:30—19:00	转播中央台《新闻联播》		
19:00—19:30	共富蓝海	精彩故事会（重播）	
19:30—20:00	打开文化之门（重播）		
20:00—20:30	听世界（重播）		
20:30—21:00	听见好时光（重播）		
21:00—21:30	带上音乐去旅行（重播）		
21:30—22:00	时间的歌（重播）		
22:00—22:30	我们说电影		
22:30—23:00	不老歌（重播）		
23:00	结束曲		
23:00—23:59	补白音乐		

说明：1.每周二 13:00—16:00 机修；

2.每日直播节目整点、半点插播气象；

3.农村调频播出时间 6:10—12:00，17:00—20:00。

节目 2000 余档。

【普陀电视台】 全天播出时间 16 小时 30 分钟，每天一档 15 分钟《普陀新闻》和一档 15 分钟的社教节目，全年播出电视新闻约 2900 条，社教节目 159 档。其中，电视新闻在做好常规宣传报道基础上，发挥舆论监督作用，继续推出《渔都聚焦》《阿宝在现场》等舆论监督报道，聚焦百姓关心的难点热点焦点问题。其中，《渔都聚焦》推出 9 期，有 2 期得到区委书记孙志龙批示。社教栏目有《平安渔都》《幸福普陀》《阿法讲大道》《渔港会客厅》4 档，节目类型涉及新闻访谈类、法制类、对农类、方言类、生活服务类和少儿类。加强电视新闻和电视专题深度合作，承办 2022 年民生“关键小事”电视问政节目，通过电视、网络进行全程直播，并在节目后对相关问题整改情况进行跟踪报道。

2022年普陀电视台新闻综合频道节目时间表

表 62

时间段	节目内容
8:00	节目预告(白天)
8:01	广告(4分钟)
8:05	白天电视剧1
8:50	广告(8分钟)
9:00	周二至周日重播《普陀新闻》周一重播社教节目《阿法讲大道》
9:20	广告(10分钟)
9:30	白天电视剧2
10:15	广告(10分钟)
10:25	白天电视剧3
11:45	广告(20分钟)
12:00	周二至周日重播《普陀新闻》周一重播社教节目《渔港会客厅》
12:20	广告(1分30秒)
12:21	重播社教节目
12:35	广告
13:40	电视剧1(重播)
14:25	广告(5分钟)
14:30	电视剧2(重播)
15:15	广告(5分钟)
15:20	电视剧3(重播)
16:05	广告
17:00	电视剧(每日一集)
17:45	广告(15分钟)
18:10	少儿剧场
18:50	广告(10分钟)
19:00	转播中央台《新闻联播》
19:30	周一至周六《普陀新闻》(周六为一周要览,新闻中插1分30秒广告) 周日播出社教节目《平安渔都》
19:50	广告(1分30秒)
19:52	气象(周日无)
19:55	广告(5分钟)
20:00	社教节目

续表 62

时间段	节目内容
20:15	广告(5 分钟)
20:20	电视剧 1
21:05	广告(5 分钟)
21:10	电视剧 2
21:55	广告(5 分钟)
22:00	周一至周六重播普陀新闻　周日重播社教节目
22:20	广告(2 分钟)
22:22	电视剧 3
23:07	广告
00:35	全天节目结束

说明:社教节目安排:周一《阿法讲大道》重播上周,周二《渔港会客厅》重播上周,周三《聚焦新普陀》每周一期,周四《阿法讲大道》每周一期,周五《平安渔都》两周一期,周六《渔港会客厅》两周一期,周日《聚焦新普陀》重播周三。

报刊传媒

【《今日普陀》报】 每周五刊,每刊 4 版,其中第一、二版为时政综合版和综合新闻版,三版为专版,包括理论、自贸观察、渔都警界、以案说法、反诈之窗、社科理论、视界及新闻专版,四版以生活艺术类专版为主。2022 年,累计刊出 252 期,每期印发量12000 余份,刊登新闻稿件约 5000 条。

【普陀新闻网】 2022 年,区融媒体中心围绕区委、区政府中心工作,强化"新闻+政务+服务"整合对接,把握舆论导向,全年开设《喜迎二十大　奋进新征程》《学习贯彻党的二十大精神》《我在防疫一线》《建设共同富裕示范区》《实干争先　跨越发展　建设现代化新普陀)》《精准防控　普陀在行动》《共守美好家园》《奋进新征程　建功新时代》等专题专栏 50 余个。发布稿件 28049 篇,其中本地新闻 5181 条。

【"掌上普陀"App】 2022 年,区融媒体中心围绕"新闻+政务服务商务",完善平台功能。上新"积分商城",协同商家打造积分兑换新模式,推出冲鸭福来 day、迎国庆积分兑好礼、全城寻找阿凡达等活动。开设"人文""旅游""文化礼堂"等自有栏目和"健康""金融"和"老干部"等合办栏目,宣扬文明新风,丰富平台内容。开发互动平台,推出中共二十大知识答题竞赛、电影文化消费季电影抢票、健康达人投票、谁执法谁普法评选等线上活动,增强用户黏性,提高下载量。全年刊发各类新闻 35410 条,累计阅读量超 3000 万人次,其中 30 余篇阅读量超 10 万人次,100 余篇阅读量超 5 万人次,客户端下载量突破 15 万次。

【"中国舟山普陀"微信公众号】 2022 年,紧扣区委、区政府中心工作和群众资讯需求,围绕中共二十大、省第十五次党代会、市"两会"、区"两会"、疫情防控、共同富裕等内容,用图文、短视频、H5、原创漫画等形式做好宣传报道。全年推送微信 1066 条,累计阅读量超 400 万人次,粉丝数突破 14 万。

【"嗨普陀"抖音号】 通过短视频内容，宣传普陀城市形象。2022年发布短视频3106条，总点赞量5200万人次（其中点赞量超1万人次的有800余条），总播放量约120亿次，粉丝数从年初20万增长到超70万个。抖音融媒指数在全省名列前茅，其中1月、10月、11月和12月分列全省第3、第10、第7和第2名。

新闻宣传报道

【概况】 2022年，区融媒体中心围绕区委、区政府中心工作，构建网上网下一体、内宣外宣联动主流舆论格局，巩固主流思想舆论阵地，全年推出中共二十大、省第十五次党代会、市"两会"、区"两会"重大主题报道12组以上。

【中共二十大宣传报道】 根据会前、会中、会后三个节点，陆续推出《喜迎二十大　普陀这十年》等专栏，既有宏观全景式成就报道，也有平凡人、标志性地标等微观报道。结合"实干争先"和"共同富裕"系列报道，宣传全区上下实干争先迎接中共二十大实际行动。会后，推出《奋进新征程　建功新时代　贯彻落实党的二十大精神》专栏，做好各地各部门学习贯彻落实中共二十大精神宣传报道。全年推出相关宣传报道约200条次。

【省第十五次党代会宣传报道】 开设《聚焦浙江省第十五次党代会》《创造新业绩　喜迎党代会》《奋进新征程　建功新时代　贯彻落实省党代会精神》等专栏，宣传报道全区各界收看大会开幕直播，各地各部门宣讲、热议、学习等内容；转载系列评论、理论学习文章等。累计推出报道340余条次。

【市区党代会、"两会"宣传报道】 通过专版专栏、延长广播电视节目时长、直播、H5、长图文、评论、访谈等报道方式，分会前会中会后3个阶段，做好代表委员风采、民生实事项目、提案议案回头看、大会盛况、分组讨论审议、代表委员谈感受、学习贯彻会议精神等内容宣传报道。累计推出相关报道300余条次。

区融媒体中心工作人员在新闻一线（区融媒体中心提供）

【"实干争先　跨越发展"宣传报道】 安排各媒体统一开设"实干争先　跨越发展　建设现代化新普陀"专题专栏，聚焦项目谋划、招大引强、项目建设、企业服务、要素保障五大攻坚行动，重点报道在建设现代化新普陀进程中区委、区政府高度重视、群众关心关注的重大项目，全方位、多角度展现项目建设态势，及各地各部抓落实奋斗姿态，营造全区良好舆论氛围。全媒体推出相关报道约500条次。

【"攻坚克难　稳进提质"宣传报道】 聚焦职能部门在提补贴、促消费、解难题等方面如何提振企业、消费者的信心，从而实现社会经济稳健发展。全年推出《文旅业挺得住过难关有奔头》《5700余人足不出户沉浸式"探企"》《我区推进高品质商业街建设》等相关报道50余条次。

【建设共同富裕示范区宣传报道】 2022年，安排记者深入海岛基层一线，宣传普陀在海洋经济、开放创新、城乡均衡、生态文明、社会治理、人民幸福和精神文明等方面取得成果，反映普陀一年来发展建设共同富裕示范区先行典范的突破性进展、亮点特色和经验举措。挖掘报道一批具有一定影响、群众有感、可示范推广成果。结合市区推出的“小岛你好”“共富方舟·健康守护”等相关活动，讲好共同富裕普陀故事。全媒体推出《实现“普有厚得” 推进共同富裕》《白沙：擘画海岛渔村“共富新景”》《小岛你好海岛共富行动座谈会召开》等相关报道400余条次。

【数字化改革宣传报道】 全媒体开设《数字化在普陀》专栏，报道全区在城市管理、旅游产业、气象服务、渔业经济、证件办理等方面数字化成效。全年推出相关报道80余条次。

【媒体融合转型升级】 以全省融媒指数考核为指标，聚焦“掌上普陀”App、中国舟山普陀微信公众号以及“嗨普陀”抖音号三大新媒体平台传播力、影响力建设，提升新闻策划、内容生产、舆论传播等方面水平，2022年媒体融合发展指数全市第一，其中10月、11月、12月位列全省第三十八、第十四、第二十四名。

组建融媒指数提升小组，形成由一把手牵头，其他班子领导分工合作，多部门联动工作格局。做好新媒体平台内容发布，聚焦党委政府中心工作及社会热点新闻，传递、解读党的政策方针，依托一线记者采写稿件及拍摄素材，第一时间权威发声；结合国内热点，在舆论引导、回应社会关切等方面发出主流媒体好声音。通过举办电影文化消费季线上抢票活动、推出积分商城、完成掌上普陀新闻客户端推荐版块改版及增加地推活动等举措，增强用户黏性，提升用户活跃度。组建宣发团队进行全域传播。以抖音平台为例，至12月底，抖音号推出阅读量超百万人次的内容1000余条，阅读量和点赞量比上年增长近5倍，粉丝数突破70万个。

【对外宣传报道】 2022年，区融媒体中心加强与上级媒体日常对接，专人每日挑选稿件推送，重点稿件重点推送。结合省市媒体报道重点，筛选普陀典型经验做法、特色举措、鲜活事件、优秀人物等，提高外宣录用率。为省市媒体提供人员支持，协助做好采摄工作。至年底，被中央级媒体采用13条（其中由中心记者拍摄的反映普陀船舶修造业的图片新闻历史性地登上人民日报头版），被省级媒体采用973条，被市级媒体采用345条。搭建面向世界宣传的“出海通道”，在Facebook、Twitter等境外平台发布普陀相关新闻150余条，助力扩大普陀国际“朋友圈”。

【专题片拍摄制作及现场直播录播】 2022年，区融媒体中心制作普陀区民生项目汇报片、普陀作风建设宣传片、区政协宣传片《请你来协商 民生议事堂》、区委组织部电视教育片《乡村振兴与农村集体经济》《小区党旗红》、区委人才办《智汇普陀》等多个宣传片。各类小视频30余个，参与直播、录播活动13场，其中直播区十八届人大一次会议第一次全体会议、政协第六届舟山市普陀区委员会第一次会议开幕会、2022年人大电视问政、省广电“共同富裕在浙江”走进普陀专访区委书记直播活动、“共富浙江 直播东极”、全区防疫演练等11场。完成16部外接专题片拍摄制作。

【公益广告宣传及制作】 2022年，区融媒体中心利用全媒体平台，安排刊登和播出森林防火、“岗

2022年民生“关键小事”电视问政现场直播（区融媒体中心提供）

位学雷锋”、健康浙江、全国征兵、国家安全教育日、《信访工作条例》、民法典、游泳安全和预防溺水教育、拒绝网络沉迷、倡导绿色上网等各类公益广告。根据疫情防控、疫苗接种具体要求，组织各媒体做好疫情宣传公益广告策划制作刊播，推出疫苗接种健康提示及疫情防控相关公益广告作品。保持普陀电视台公益广告平均每天160条次，公益广告播出时间占普陀电视台全部广告时间70%；普陀人民广播电台安排播出公益广告平均每天95条次；《今日普陀》报每天至少保持3篇公益广告刊登量。在“掌上普陀”App开机页面、普陀新闻网首页、中国舟山普陀微信公众号文章显著位置等，刊出文明城市常态化管理、未成年人保护、节能减排、网络安全、节约粮食、光盘行动、公勺公筷等各类公益广告300余篇次。1件广播公益广告作品在舟山市2022年度公益广告征集活动中获广播类三等奖。

传媒业务管理

【编委会工作】 2022年，区融媒体中心完善编前会机制，编前会由原来的每周五上午调整至每周一上午召开，根据一周新闻线索和本周区委主要领导工作安排、重点选题，及省市级媒体近期关注的报道重点进行策划。针对重大新闻选题，由策划部（总编室）牵头，组织各媒体负责人碰头进行专题性策划，确保报道方案合理完善。针对突发新闻选题，在事件发生后，第一时间召集策划小组进行策划，投入精准化报道。

【通讯员队伍建设】 完善稿费发放流程，重新梳理、补充和汇总通讯员联络名单，打通和通讯员之间新闻线索联系通道，方便基层通讯员投稿交流，调动报料、写稿积极性、主动性。加强评论员队伍建设，在《今日普陀》报、《阿法讲大道》栏目专门开设评论版块，发挥评论舆论引导和监督作用。

【技术维护工作】 2022年，区融媒体中心完善管理、审核、值班等制度，明确岗位职责及赏罚机制。加强设施设备管理及日常巡视和维护保养，及时排查处置隐患漏洞。开展应急演练培训，提高值班人员应急处置能力。在中共二十大安保期间，强化责任落实，做好安全隐患排查，严把技术安全关、内容安全关，落实“三审三校”等流程制度，把安全要求贯穿到采编播发各环节，确保安全刊播各项工作责任到岗、任务到人，防范安全播出事故。

（撰稿：刘星）

普陀电信公司

【概况】 中国电信股份有限公司舟山普陀区分公司（简称普陀电信公司）内设综合支撑中心、市场部、政企部、云网运营部4个职能部门。下辖沈家门（桃花、蚂蚁、登步、虾峙）、渔市、东港、城北（展茅）、六横、朱家尖、普陀山、政务行客、工业行客、城区政企10个支局。2022年，公司主营业务收入1.2亿元，电话移动用户11.7万户，比上年增加0.5万户；宽带用户7.5万户，比上年增加0.6万户；固定电话用户4.5万户，5G终端用户3万户。政务行客支局获评2022年度省级先锋支局、苗萌笋获评优秀支局长，乐赛娜获省级优秀员工荣誉称号。

【市场业务发展】 2022年，普陀电信公司围绕“改革再深化，发展再聚焦”整体部署，推进企业发展。全年完成签约合同数225个，其中签约额100万元以上项目6个，如：健康驿站建设储备、防疫机器人外呼、共享法庭二期等项目。海洋宽带发展45户，天通卫星电话新增1000余户。启动“警翼·云盾”共建协作，打开数字化社区警务工作新通道，在疫情防控、基础管理、便民服务、防范宣传等方面发挥作用。与全区38个村签约数字乡村云平台合作，安装208台智能看家设备，依托电信5G、AI、物联网、视频、云网融合等助力打造平安数字乡村。从客户需求出发，每月定期开展星级用户购机会、智能终端品鉴会、进小区宽带千兆提速、智慧社区服务等优惠活动。

【优化核心网络】 2022年，普陀电信公司完成沈家门机房省网核心路由器思科CRS-1设备替换成为中兴T8000，实现核心路由器更新换代，为未来十年业务发展奠定基础。完成金钵盂岛宽带微波开通。对六岛光缆虾峙—六横段路由进行迁改，对六岛波分、宽带等网络进行调整割接，助力政府开发项目顺利进行。

【5G网络建设】 2022年，完成安装5G站点49个(其中开通45个)，普陀片入网5G室外站350个站(863套设备)。全年安装开通18个3.5GRRU的合路、176个21GRRU的替换、3个35GPRRU的建设，普陀片入网5G室分共315个室分点（216个RHUB+1479个PRRU+250个RRU)。

【宽带强基】 2022年，提升光网质量，对PON网络进行优化：东港、沈家门、六横、朱家尖、普陀山等机房XGPON板卡扩容；接应集团公司千兆带宽战略，推进以城区为主的42个网格“千兆小区全覆盖工程项目”，已累计完成470个XGPON端口割接。

【疫情防控保障】 2022年，普陀电信公司接应市公司关于萤石云防疫平台相关管理工作，做好居家隔离点的防疫监控数据配置，完成858个点位上线。年底，根据区政府要求，配合区疾病预防控制中心紧急开通16门外呼座席，装维部门迅速响应连夜奔赴安装现场，奋战近两个小时，完成安装任务，保障通信畅通。

【通信保障】 2022年，实施普陀区10个镇街(管委会)、社区、村委共计119个点位政法云视频ET维护、会议保障工作。做好公安治安监控扩容、码头监控、公安智安小区等8个项目652个点位新建、扩容项目管理。配合市公司承接省农村农业厅渔船精密智控项目，完成普陀区域1385条渔船精密制控设备安装交付工作，保障渔船顺利出航。

渔船精密设备安装现场（普陀电信公司提供）

【政务支撑】 2022年，普陀电信公司与区公安分局启动“警翼·云盾”共建警企合作，加强资源优势互补，推动科技兴警战略落实，在疫情防控、流口管理、反诈宣传等方面开展创新合作模式，推广“警翼·云盾”共建成果，形成社会治安共建共治共享格局。与登步竹东村结对共建“礼堂伙伴”，提高渔农村文化礼堂“建管用育”水平，满足渔农民群众精

“警翼·云盾”共建启动仪式（普陀电信公司提供）

神文化新需求,促进文化活动有序开展,免费发放老年手机,解决当地留守老年人后顾之忧。完成智慧停车电路项目370条电路安装、开通工作。完成区法院乡村共享法庭项目44个点(含云电脑),触发新装宽带44条。配合完成舟山市公安第一个"智慧5G岗亭"示范项目。

(撰稿:余华莹)

普陀移动公司

【概况】 2022年,中国移动通信集团浙江有限公司普陀分公司(简称普陀移动公司)下辖沈家门、东港、勾山、普朱、六横、桃花6个网格,自办营业厅12家,授权渠道75家,全年完成主营业务收入3.35亿元。年末,普陀移动手机用户34.67万户,年度宽带客户10.96万户。普陀移动公司连续17年获区、市、省三级文明单位称号。

【市场业务发展】 2022年,普陀移动公司聚焦"建设现代海洋城市"重大使命,发挥数据资源、数据能力、规模和技术优势,支撑"六个提升"奋斗目标,推进全区5G智慧海洋建设,培育和发展以海洋电子信息产业为核心数字经济,打造共同富裕海岛样板、推动普陀区海洋数字经济建设。

普陀移动公司为推动老年人融入数字时代,组织"银龄跨越数字鸿沟"科普活动130余场。结合服务门店规模优势,响应区工会和市公司号召,推动建设户外劳动者服务站点,助力社会资源共建共享,全区共建移动之家12家,为户外工作者提供软硬件服务设施及个性化特色服务关怀。与公安、人民银行成立"红舟护航"反诈联盟,为群众开展公益反诈宣讲等活动。创新警移合作模式,与区公安分局携手成立全市首家"警移联盟宣防中心",通过主题直播、现场设摊宣传、张贴宣传展板等形式推进反诈宣传,形成"1+1>2"联防优势,至12月,累计开展各类反诈宣传活动超过140场次,完成国家反诈App下载4300余户。被《人民公安报》等媒体报道。贯彻落实区委、区政府建设现代海洋城市、发展建设共同富裕示范区先行典范,推动渔农村思想政治工作、乡风文明建设、文化服务供给迭代升级,发挥普陀移动省级文明单位先进示范作用。7月19日,普陀移动公司党支部与虾峙镇晨港村开展"礼堂伙伴"结对共建活动。关心弱势群体,与展茅街道5户贫困家庭结成帮扶对子,通过领导带队走访慰问等方式,每年资助帮扶款项8000元。5G赋能"健康共富方舟"新升级项目,旨在通过整合医疗资源,为海岛老人提供全方位健康服务,并通过打通数据壁垒,为海岛老人建立全面且精准的健康画像,入选2022年中国移动通信集团浙江有限公司乡村振兴帮扶示范点和数智乡村最佳实践案例。

【助力经济社会转型升级】 2022年,普陀移动公司助推现代海洋城市建设,打造智慧海洋5G专网。实现5G网络50千米内全覆盖,50千米外协同卫星开展网络覆盖。提升卫星多媒体应用支撑能力,构建"海上的信息高速公路"。参与数字化改革,依托区委、区政府发展数字经济政策举

9月21日,普陀移动公司与区公安分局成立全市首家"警移联盟宣防中心"(普陀移动公司提供)

措，结合移动优势，双方持续推进海洋旅游、海岛民宿、智慧海钓等创新场景谋划落地，其中“社会组织服务一件事”应用入选省民政厅数字化改革第二批优秀案例。助力海岛共富建设，发挥信息化对海岛共富驱动引领作用，对纳入“小岛你好”项目计划的东极岛、白沙岛、蚂蚁岛、葫芦岛等岛屿实施5G信号覆盖，共同推进智慧海岛管理、智慧海岛旅游等信息化建设。探索5G+智慧海洋赋能未来，5G赋能“健康共富方舟”新升级，通过5G专网、数智平台建设，补齐海岛就医短板，获中国移动浙江公司2022年度数智乡村最佳实践案例和浙江省高质量发展建设共同富裕示范区最佳实践(第二批)名单。推动蓝碳经济发展。在海上风电、海上光伏、智慧养殖、海洋生态监测等方面加强合作，利用技术创新，争取普陀区成为蓝碳经济发展样板地。

【夯实海岛网络基础】 2022年，普陀移动公司发展5G网络建设，构建全区5G精品网络，已建成5G基站超800个，实现行政村100%覆盖，重要客运航线和锚地连续覆盖。持续巩固网络基础能力，突破岛际传输瓶颈，实现全区49个有人岛屿光缆接入，有线接入率达到92%。重点建设蜈蚣峙码头—柱子山、登步—西山岛—鲁家峙等3跳10GE微波，提升普陀东南部岛际传输能力，为海岛业务发展奠定网络基础。提升宽带品质，普陀移动家庭宽带覆盖规模24.6万户，千兆宽带覆盖22.8万户，实现全区重要乡镇千兆覆盖。

六横新客船信号查勘现场（普陀移动公司提供）

【安全生产和通信保障】 2022年，普陀移动公司按安全生产目标责任制要求，防范安全事故发生，开展“安全生产月”、安全生产大检查、安全宣传教育培训等活动，推进安全生产基础工作，提高企业本质化安全水平。

落实安全生产规章制度，公司领导牵头深入一线开展安全检查，全年开展安全生产各种检查50余次，排查出安全隐患100余条，并完成整改。开展各类安全培训200余次，组织各种应急救援和演练活动6次，定期召开季度安全例会和临时性安全工作会议10余次，提高员工安全防范意识，提升事故应对能力。强化应急保障队伍，设置无信号区域卫星电话指挥、涉水布放光缆和运送救灾物资、光缆抢修、机房抢修、应急发电等项目，提升防汛抗灾能力。全年完成普陀区大型项目通信保障7场，完成节假日重点景区通信保障6场。

（撰稿：陈莹）

普陀联通公司

【概况】 中国联合网络通信集团有限公司舟山市普陀区分公司(简称普陀联通公司)内设综合市场部、政企客户部和网络支撑部；下辖城区、勾山、朱家尖和六横4个区域网格经营中心；拥有自有营业厅6家，社区沃店和社会合作专营店12家；全年累计完成主营业务收入5358万元。至年底，5G用户数19357户，手机用户数38235户，宽带用户数14047户。

2人分获2022年度省级个人优秀CEO及政企营销状元；

16人获市级各类荣誉；3次获市级优秀支撑团队、模范营业厅及安全先进班组荣誉。

【网络数字创新引领】 2022年，普陀联通公司发挥“一个联通、一体化能力聚合、一体化运营服务”优势，按“抢卡口、树标杆、重自研、强能力、快复制”整体思路，实战实训数改攻坚，锻造交付运营体系，创新突破步伐，持续提升行业影响力。全年普陀联通突破100万元以上项目4个，50万~100万元以上项目3个。

普陀联通公司围绕数字化改革、深耕五大主责主业，在大计算、大数据、大应用、大安全等各领域，发挥联通优势，如：实施普陀区电梯运维管控一件事项目等；在数字乡村建设中，中国联合网络通信集团有限公司授予浙江省舟山市小乌石塘（“一套房”项目）“全国五百强数字乡村标杆村”荣誉证书。

工作人员对网络做优化调整（普陀联通公司提供）

【强化网络保障】 2022年，普陀联通公司推进“1+9+3”战略工程，重点开展“新型数字基础设施建设行动计划”，继续以“双心行动”目标开展网络保障工作。

开展“新基建”重点攻坚。做精5G、低频900M建设，完成4G托底，打造具备差异化优势高品质网络，助力高品质服务。推进5G网络建设，全年新建宏站133个，5G流量分流比从年初23.3%提升到33.85%，全网5G流量驻留比由年初24.55%提升至70.77%。持续推进4G室分一张网，提升4G网络覆盖。电信与联通开通共享小区73个。

全国五百强数字乡村标杆村荣誉证书（普陀联通公司提供）

承载网能力建设：完成主干光缆工程新建光缆40皮长公里，新建光缆交接箱35个，完成基站及室分接入光缆180皮长千米，完成新建通信管道10孔千米。完成省干ROADM后续站点建设工作，新增六横双塘站点扩容，完成东极和东福山多载频微波安装。实现区域出口双上联保护，为优质网络打下基础。数据网能力建设：根据网络扩容及业务能力要求，规划完成六横汇聚对MR4设备4台，完成部分SRV6网络改造。运力保障能力建设：完成普陀螺门等站点市电扩容改造工作，为无线、传输、数据城域网等专业提供配套环境。完成朱家尖小乌石塘等自建美化站点及室分外打站点电力引入工作，保障市场业务拓展。

【提升用户感知】 2022年，普陀联通公司持续为客户服务，客户日每月开展不同主题线下活动，

普陀联通“智慧助老体验中心”——普陀东海路营业厅（普陀联通公司提供）

通过全触点引导用户参与线上扫码领福利活动，累计触及用户18000人次。落实“银龄专享”服务计划，聚焦“便捷服务、温情陪伴、智趣生活”三个主题服务举措，搭建服务载体，拓宽服务领域，全年以志愿服务为契机，持续开展助老、助农、助残公益活动10余场。完成“智慧助老体验中心”（普陀东海路营业厅）挂牌，满足银发族多元需求。

（撰稿：黄燕）

普陀华数公司

【概况】 2022年，舟山普陀华数广电网络有限公司（简称普陀华数公司）权责总收入7350万元；其中，大众业务总收入2985万元，集客业务总收入3279万元，智慧家居产品销售收入228万元，配套费等收入858万元。实现盈利670万元。大众数字电视出账主终端81241个，出账副终端10742个。其中，付费频道主终端出账用户35121户，占出账用户43.23%；互动52154个，渗透率57.15%。宽带26669条，渗透率30.62%。互动宽带合计渗透率87.77%。集团用户数字电视主终端17683个，其中互动12411个。集客宽带3965条。大网传输基本包标清节目75套、高清节目54套，标清付费节目28套，高清付费节目19套，境外节目24套，广播节目12套。

是年，普陀华数公司被浙江华数广电网络股份有限公司评为中共二十大安全保障先进集体；被省广播电视局评为2022年度有线广播电视运营服务升级优秀单位。刘莹莹被华数数字电视传媒集团有限公司评为“最美华数人”暨2022年度优秀员工。

【大众市场业务】 2022年，普陀华数公司对网格化绩效考核制

“华数智家·冰点一夏”暑期特卖会（普陀华数公司提供）

度进行调整，新增网格业务收入考核，通过落实省公司“数字化营销竞赛”“美好生活冠军套餐推广”“小程序异业联盟”“智家特卖会”等市场业务活动，调动网格营业人员、网格装维人员业务营销积极性。全年完成智家组网销售497套，销售金额20万元；完成智家监控销售117套，销售金额5.47万元；发展华数合伙人238个，完成业务订单1073单，销售金额46.2万元。加大抢新团队营销激励，对新建小区、次新小区制定新装政策，组织开展点对点营销工作，其间，完成基础业务新增122户，双向业务新增254个，收入15万元。深化装维营一体化、网格精准化运营，发挥网格团队主观能动性作用，加强用户维系拓展工作，较好控制基础用户流失，实现流失率年均4%以内。推广TVOS智能终端，发展4K超高清业务，“高清整转”成效显著。实现市场策略、市场活动、市场宣传、销售渠道精细化运营，完成用户分层需求细分，持续扩大可运营用户规模，提升户均ARPU值。落实百名科学家进校园重点工作，完成中小学机顶盒安装276台，实现所覆盖的28所学校747个班级华数电视班班通。按集团“六网六平台”建设要求，完成农村文化专网建设，实现所辖区域文化礼堂电视、宽带、监控100%全覆盖。以家庭光纤线路升级、4K超高清终端升级为切入点，继续推进光改整转营销工作。10月起，扩大5G业务试商用，已完成营业厅门头改造、系统操作培训、业务政策解析、终端适配调研、5G信号测试、营销渠道拓展、品牌宣传落地、社会代理签约等一系列工作。出台激励考核政策，实行全员营销机制，提前完成省公司下达指标任务，完成率100.91%。

【集客市场业务】 2022年，普陀华数公司深耕商业客户和行业客户两大市场，结合酒店业务大走访，扩大集客业务规模，推广ICT业务，以产品个性化，业务多样化，服务优质化来争取用户。年内，商业电视用户到期22户，涉及终端2602个，续签率100%。新用户拓展5户，共计202终端；老用户升级5户，共计616终端；他网用户策反4户，共计64终端。其中朱家尖智慧电梯专项行动共签订酒店服务合同30份，金额20万元。参与地方数字化改革、数字经济发展和智慧城市建设，拓展商企市场，获得多个重点领域项目落地。主要包括展茅黄杨尖乡创未来共富市集应用项目(未来乡村)、入园创业一件事平台建设、舟山(普陀)美术馆信息系统建设、海福社会福利中心机构养老建设、智慧场馆提升改造、人防指挥中心改造、中奥油库扩建工程及消防“一短三快”智能化建设项目等。至年底，ICT业务营收超3000万元，占集客总营收的88.24%，较上年增长10%。签订合同金额3800万元。持续加强集客维护工作和客情维系工作，提高服务质量和效率。优化绩效考核制度，强化绩效考核力度，以销售人员月通报，支撑人员季考核方式，发挥激励导向作用。优化集客业务流程和招投标工作，规范合同管理，强化合同履行，做到集客项目合规、有序。

【网络基础设施】 2022年，普陀区完成渔农村网络改造18个立项工程，用户改造5200户，完成城网网络改造10个立项工程，用户改造10500户，完成投资219万元。完成东港海莲路区域干线建设工程等14个立项工程，敷设光缆105.20千米，投资金额117.57万元。完成桃花至虾峙、六横至佛渡海缆维修工程，投资金额112.93万元。完成管道建设18个立项工程，管道敷设24千米，投资金额180万元。完成新建小区建设3500户，投资金额182万元。推进光纤入户改造，提升光纤覆盖率和入户率，全区光纤覆盖率已达到97%以上，为TVOS终端规模化部署、100M大带宽提速等提供网络支撑。

根据业务发展情况，对省网各业务上联链路进行扩展和优化。互动点播带宽使用量由2021年峰值13Gbps上升至16.46Gbps。云宽带业务数据由2021年峰值12Gbps上升到17.04Gbps，带宽利用率42.6%。更新升级完成城域网6个汇聚节点汇聚交换机，所有上联链路均已割接至S10506X，业务汇聚层ARP承载量由12K增至32K，规划满足未来五年内业务网络终端接入。完成办公网优化调整，部署网络安全动态感知系统和行为分析系

网络基础投资预算推进会（普陀华数公司提供）

统，确保办公用网安全。加快支撑平台建设，完成葫芦岛微波传输系统重建工作及东极青浜岛应急卫星直播信号接收和调试工作。完成应急广播主备服务器升级工作，对桃花、展茅，朱家尖等区域村中小广播进行更新替换，完成374个终端和100个IP话筒上线工作。实施监控互联网访问平台优化升级，完成二级等保评定工作。开展对小餐饮项目监控设备故障大排查，全年累计修复465次。建立办公网内NAS文件共享系统，提升办公文件传递高效性和安全性。对公司视频会议系统进行整体硬件升级，提升公司线上会议便捷性及实时性。做好集客运维工作，全年处理集客工单数据1171单，工单平均响应及时率98.13%，回访用户满意率100%。

【内控管理工作】 2022年，普陀华数公司强化责任落实，优化内控机制和业务流程，执行“三重一大”集体决策制度，严格投资管控和市场管控。围绕企业经营重点领域和关键环节，完善公司各项管理制度建设。通过每季度一次经营管理分析会，加强公司内部运行管理情况和市场环境分析和研判，及时调整战略规划和管理思路，提高运营效益。落实中央八项规定精神自查、国有企业国资监管文件执行情况自查及2022年度公司内控自评等工作。执行会计制度、预算内部控制制度和财务内部审计监督制度，实行公司银行资金收支两条线管理，分设收入账户与支出账户。配合集团公司通过集团资金管理系统完成对银行账户及资金管理和调度等措施，强化公司资金管理，提高公司资金使用效率，保证资金安全运行。

落实2022年安全保障工作各项措施，将安全生产责任分解落实到各部门、各分公司。多次召开党总支委员（扩大）会议专题研究安全保障工作，并相继开展隐患排查、干线巡查、实训演练等工作。执行领导带班制度、关键岗位24小时值班制度和“零报告”制度，完成中共二十

户外线路维修施工现场（普陀华数公司提供）

大、北京冬奥会及多个台风灾害天气等重要保障期安全播出保障工作。全年完成安全培训11场，受训员工100余人次，应急演练11次，无重大播出责任事故、无重大安全生产责任事故。

继续做好用户投诉处理工作。全年受理投诉31起，投诉解决率100%，投诉解决满意率100%。接听电话63266起，转单35844起，在线解决27422起，在线解决率43.34%，接听率89.36%。

（撰稿：叶磊）

普陀铁塔办事处

【概况】 中国铁塔股份有限公司舟山市分公司普陀区办事处（简称普陀铁塔办事处）负责普陀区移动、联通、电信3家运营商铁塔建设、维护、运营；基站机房、电源、空调配套设施和室内分布系统建设、维护、运营及基站设备维护工作。

有合同制员工及代维人员31人，应急车辆9辆，移动+预埋油机合计138台。

2022年，备战台风期间，普陀铁塔办事处出动人员120人次，累计发电39站次，排查基站187站次，发现整治隐患145站次。2月，普陀铁塔办事处借助政协会议平台，通过区政协代表提出《关于统筹推进低速电动车"共享出行·服务大众"的建议》政协提案，助推共享换电业务发展。9月19日，东港邻里中心杆站完成5G信号开通。至年底，普陀区域有基站720个，其中自建站167个，运营商移交站点553个，其中移动注入333个，电信注入96个，联通注入124个；运营商机房保留站点223个。

东港邻里中心路灯杆站安装（普陀铁塔办事处提供）

【铁塔站点落实】 3月，普陀铁塔办事处与普陀移动公司建立周交流制度，通过面对面例会或视频会议形式，对站址落实、工程进度、物业管理等工作进行交流，保证双方信息互通，解决各项工作疑难问题。4月26日，铁塔普陀办事处推动普陀区政府办公室组织召开《普陀5G基站站址相关事宜协调会》并出具会议纪要，区经信局、区综合行政执法局、区经开区管委会、相关镇街、企事业单位参与本次会议。会议听取中国铁塔股份有限公司舟山市分公司对5G专项规划、建设计划及方案汇报，对18个新建站点方案进行讨论，并落实下一步工作目标。区经信局牵头开展城区杆站联合踏勘，并组织方案交流，完成普陀城区杆站的站点备案。6月，普陀铁塔办事处对接普陀山公路局、公管中心等单位，打通普朱片区站点审批流程，推动站点落实规范化。11月，与普陀移动公司联合规划并走访，推进六横小郭巨地块批量站点落实。至12月底，落实新建站点27个，改造站35个。

【参与土地出让与评审】 前期，普陀铁塔办事处与区资规分局已建立紧密固化关系，上半年与六横管委会和普朱管委会也建立常态化沟通模式，参加功能区的控规及方案评审会，确保通信基站在土地规划阶段纳入土地出让条件；《舟山市建筑物移动通信基础设施设计导则（试行）的通知》《舟山市人民政府办公室关于推进5G移动通信基础设施建设的实施意见》《建设工程配建5G移动通信基础设施技术标准》等一系列支持5G建设相关文件在评审会时得到推广与应用。至12月底,铁塔普陀办事处累计参加20个地块规划评审会,要求有规划的5G基站纳入土地出让条件;参加8个地块方案评审会,要求新建楼宇预留地下室机房、楼面基础等相关设施。

【柱子山无人岛基站试运营开通】 中国铁塔股份有限公司舟山市分公司向政府部门汇报,在普朱管委会等有关部门指导支持下,推动项目选址论证和建设方案审查会召开,以会议纪要方式明确建设方案,为后期合法建站提供保障。落实低碳发展理念,联合运营商、设计及施工单位,根据现场条件研究低成本解决方案,最终确定采用"微波+太阳能+油机"相结合建设方式,实现无人岛屿建站方式新突破。通过多专业协调施工及日常工程巡查抽检等举措强化工程质量及安全管理。2月28日,柱子山无人岛基站试运营开通。该站是中国铁塔股份有限公司舟山市分公司成立以来建成的第一个无人岛基站,标志着朱家尖蜈蚣峙码头至普陀山航线信号覆盖弱问题得到解决。

(撰稿:胡柯迪)

编辑:魏斌

卫生健康

综述

2022年，普陀区有各类医疗卫生机构268家。其中，公立医院3家：普陀医院、普陀区第二人民医院、普陀区浦西医院；公共卫生单位4家：普陀区疾病预防控制中心、普陀区卫生监督所、普陀区妇幼健康服务中心、普陀区健康教育所；基层医疗卫生机构105家：卫生院7家、社区卫生服务中心4家、社区卫生服务站14家、村卫生室80家；民营医院9家：普陀仁济医院、普陀广华医院、舟山顾鹤传骨伤医院、舟山健达中医骨伤医院、普陀存济口腔医院、普陀康久医院、普陀立德医院、普陀东大康复医院、普陀普舟医院；个体诊所94家；其他医疗机构53家。有三级乙等综合医院、二级乙等综合医院、二级甲等中医骨伤医院各1家。

全区从事卫生健康行业事业单位2247人，其中正式在编1708人、编外539人。在编卫生专业技术人员1610人中，高级专业技术职称274人、中级专业技术职称714人。民营医疗机构工作人员（含医务、行政、后勤等）1012人。全区执业（助理）医师1371人，注册护士1148人，核定医疗床位数1893张。

全年普陀区本地户籍出生人口989人，其中“一孩”742人、“二孩”235人、多孩12人。出生率3.41‰，人口自然增长率-5.4‰。年度出生人口性别比106.9。孕产妇死亡率0，围产儿死亡率 2.06‰，新生儿死亡率0，婴儿死亡率0，5岁以下儿童死亡率1.03‰；早孕建卡率97.58%，孕产妇系管率95.68%，孕产妇贫血率20.99%，产妇住院分娩率100%，剖宫产率51.08%；3岁以下儿童系统管理率95.34%，7岁以下儿童健康管理率99.62%，6个月内纯母乳喂养率65.2%；婚前医学检查率81.18%，出生缺陷率13.35‰。全区无甲类传染病报告；乙类传染病报告894例，发病率为233.48/10万，同比下降11.04%(894/1005)；丙类传染病报告1622例，发病率为423.61/10万，同比上升199.26%（1622/542）。传染病发病数居前5名病种依次为：流行性感冒、病毒性肝炎、梅毒、其他感染性腹泻病、淋病。

健康普陀建设

【健康行动】 2月28日，区委副书记、区长徐炜波主持召开健康普陀建设（行动）工作推进会。区健康办通报2020年健康浙江考核情况、2021年健康普陀建设工作开展情况和下步工作安排。区农业农村局、区市场监管分局、东港街道相关负责人做交流发言。3月9日，通过2021年度健康浙江考核省级现场考核。持续深化浙江省公共政策健康影响评估工作，开展海岛民宿产业发展健康影响评价，6月，在全国健康教育所长骨干培训班中，普陀区学员代表浙江省介绍经验。7月30日，普陀区被省委省政府健康浙江建设领导小组办公室评为2021年健康浙江建设考核优秀县级单位。

【健康细胞培育】 2022年，普陀区实施健康细胞培育工程，新建健康示范社区3个、健康社团1个、各类健康单位11个。新建市级健康家庭300户、区级健康家庭550户，开展健康家庭大奖赛，评选出首届5名“健康达人”。创新建设健康促进学校和健康促进幼儿园，建成健康促进学校（铜牌）2所、健康促进幼儿园（铜牌）2所。推进健康村镇建设，1镇3村通过省级评估，2镇4村建成市级健康镇（村）。

【爱国卫生】 2022年，普陀区结合文明城市常态化管理，加强对城乡环境卫生整治督查力度，落实“浙江有礼”主题实践活动。坚持以环境治理为主的防治方针，开展除“四害”活动，控制病媒生物密度。强化公共场所控烟力度，推送戒烟知识10万条。加强示范村建设，指导展茅街道黄杨尖村申报省级除“四害”样板村，全年申报省级卫生村40家、省级除“四害”村7家。通过国家卫生城市省级综合评估年度复审。

健康产业

【招商引资】 2022年，普陀区新注册健康类企业20家，实际到位市外资金1.55亿元，全年总营业收入6.4亿元，同比增长51%。累计培育国家高企6家、省级高企研发中心1家、科技型中小企业8家。促成舟山罕见病药事服务基地项目一期签约，云上华佗数字健康公共服务平台项目入驻，重点项目希诺赛（舟山）生命科技研究院投入运营。

【发展路径】 编制完成《普陀国际健康旅游先行区建设方案》。

10月13日，省卫生健康委员会党委书记、主任王仁元考察希诺赛（舟山）生命科技研究院（区卫生健康局提供）

市自贸区管委会协调市卫健委、普陀区政府等6部门共同研究出台《支持浙江自贸试验区舟山普陀区块探索开展细胞技术创新发展备忘录》，迈顺生物、中航生物依规率先重启细胞技术业务。

【人才引进】 2022年，发挥人才引擎作用，全市首个引进诺贝尔奖获得者——兰迪·谢克曼，引进“高精尖”人才4名。成立全市首个健康产业联合工会。

医院选介

【普陀医院】 2022年，引进招录各类卫技人员21人，其中本科11人（硕士3人），有职工1218人，其中卫生技术人员1048人。正式在编职工1016人，其中正高级职称66人、副高职称152人、中级职称473人。本科及以上学历868人。

全年完成门（急）诊120.84万人次，比上年减少8.88万人次。全年出入院27682人次，同比增加1150人次，增幅4.33%；完成医疗收入54456万元，同比增加3858万元，增幅7.63%。

建立多学科联合诊疗模式，提升县域危急重症救治能力和抢救成功率，严重创伤患者抢救成功率98.7%；胸痛中心完成急诊PCI33例，全年平均D2B时间80.7分钟；卒中中心2022年急性缺血性脑卒中患者接受静脉溶栓比例86%，同比提升6个百分点。全年完成溶栓70例，DNT时间中位数50分钟，完成取栓35例，较上年增加28例。介入中心完成各类介入手术1856例，同比增长61%。早期胃癌肠癌发现率处于全市领先地位，消化科开展早癌内镜切除手术（ESD手术)560台;眼科白内障手术例数占全市2/3以上。

全年新立项课题15项,其中省医学会3项(2项为“山海”提升工程专项)、省医药协会1项;完成结题5项,其中市科技局2项;发表医学论文60篇,其中SCI论文4篇,中华一级1篇,一级杂志4篇。在建重点学科为市卫健委优势学科——普通外科(甲状腺方向),2022年,新申报省级临床重点专科——消化内科。

2月19日,注销“普陀区中医院”名称。8月22日下午,普陀医院—浙江大学医学院附属邵逸夫医院范顺武专家工作站签约仪式在普陀医院综合楼会议室举行。8月29日,浙江省卫健委发文,确定普陀区人民医院通过三级乙等综合医院复评。

浦西医院(区卫生健康局提供)

【浦西医院】 设立于2019年12月15日,为中国水产舟山海洋渔业有限公司所属的职工医院移交后重新设置的一家非营利性公立医疗机构。总占地面积7000余平方米,建筑面积4000余平方米,核定床位30张,实际开放150张。设内科、外科、儿科、妇科、全科医疗科、中医科、针灸推拿科、五官科、皮肤科、口腔科等门诊科室,拥有面积500平方米以上体检中心。医技科室配备PHILIPS彩超,500毫安MEDNVA数字化X射线成像系统(DR),十二导联心电图仪,全套进口检验设备,各种监护及呼吸支持等医疗设备。职工41人,医护、医技人员21人。2022年,门诊16035人次,出院38人次,入院41人次,医疗收入286.7万元。

【桃花镇中心卫生院】 位于桃花镇公前村文卫路12号,建筑面积2576.61平方米,集医疗、预防、保健、康复、健康教育和计划生育于一体的公办非营利性医疗机构,城乡居民和城镇职工基本医疗保险定点医疗机构,承担着辖区43.1平方千米内7个社区、19个行政村居民基本医疗和公共卫生工作。设全科医疗科、口腔科、药剂科、妇幼保健科、预防保健科、医学检验科、医学影像科、B超室、心电室、中医科、肠道门诊、发热门诊、慢病门诊等科室。在编职工41人,编外职工25人,其中卫技人员54人,执业(助理)医师19人,执业护士10人,乡村医生12人。下设6家村卫生室,实行一体化管理。

2022年,卫生院门(急)诊120262人次,医疗收入661.09万元。辖区常住人口15689人,建立健康档案13041份,规范化电子健康档案覆盖数9815人,档案开放9821份。纳入高血压管理1917人,规范管理率81.38%。纳入糖尿病管理492人,规范管理率78.25%。登记在册重性精神病患者104人,规范管理率93.1%。65岁以上老年人健康管理2772人,管理率64.86%。65岁以上老年人中医药体质辨识3065人,管理服务率71.71%。完成常住人口规范签约8017人,签约率51.10%,重点人群签约率86.48%。

【沈家门街道社区卫生服务中心】 位于沈家门街道西大街192号,业务用房1100平方米,设预防接种科、妇保计生科、儿童保健科、精神卫生科、院感、慢病管理科、医技科室等,配备有自动体外除颤仪、超声彩色诊断仪、视力筛查仪、热成像测温一体机、全自动血液分析仪等医疗设备。下设10家社区卫生服务站,主要承担沈家门街道38.47平方千米内21个社区(包括平阳浦分站)及15个村(社)基本医疗和基本公共卫生服务工作。在编职工45人，编外职工52人。卫技人员88人，其中高级职称4人，中级职称20人。执业(助理)医师38人，执业护士26人。

2022年，门(急)诊397380人次，医疗业务收入3338.14万元。辖区常住人口113318人，电子健康档案建档65128人。辖区高血压患者管理6416人，糖尿病患者管理2002人，在册严重精神障碍患者463人，规范管理460人，管理率99.77%。全年免费服药救助3437人次，减免药品费166408元。完成家庭医生规范签约人数38727人，重点人群签约率85%。

【舟山顾鹤传骨伤医院】 位于沈家门街道南泥山路1号，占地面积7000平方米，总建筑面积2万余平方米，核定床位149张，实际开放160张。设正骨科(舟山市重点学科)、脊柱科、创伤科、手足外科、关节科、运动医学科、风湿病专科、腰腿痛专科、针推科、康复科、中医科、内科等多个临床科室，先后引进德国西门子1.5T超导磁共振、西门子32层螺旋CT、西门子数字X线成像系统(DR)、中医热CT(TMT)、蔡司Tivato700手术显微镜、美国施乐辉三晶片关节镜、德国Joimax椎间孔镜、水木天蓬超声骨刀等设备。

有职工200余人，其中卫技人员140余人，中高级以上卫生技术职称42人，硕士研究生6人，省医坛新秀1人，非遗代表性传承人1人，区级名中医1人。2022年，门诊量8万余人次，总业务收入近8000万元。

舟山顾鹤传骨伤医院（区卫生健康局提供）

医政科教

【公立医院建设】 2022年，推进公立医院综合改革评价，公立医院门急诊均次费用、住院均次费用等指标达到省定要求，医疗服务收入占比首次突破35%。7月29日，省卫健委发文公布第四周期第五批综合医院等级评审结论，普陀医院被确定为三级乙等综合医院。

【医教科研】 2022年，加快提升中医药服务能力，推广中医药适宜技术38项，新招录基层中医师承培养对象17人。规范住院医师规培工作，15人参加规培医师结业考核，通过率100%。加强继续医学教育管理，提升医院内部教育质量和水平，全年承办国家级继续医学教育项目1期，市级6期。

【“山海”提升工程】 7月2日，浙江大学医学院附属邵逸夫医院“小心肝”全省肝病筛查公益联盟在普陀医院挂牌成立，旨在尽早发现并诊断治疗原发性肝癌，促进治疗方案个性化、专业化、规范化，帮助提升基层临床医师在肝癌诊疗方面的能力和水平。

医疗基层服务

【基本公共卫生服务项目】 1月8—13日，普陀区完成2021年度基层医疗卫生机构国家基本公共卫生服务项目市级现场绩效评价工作，沈家门、朱家尖街道社区卫生服务中心代表普陀区接受评价，评价结果在全市四县区中排名第一。

7月10日，蚂蚁岛乡贤名医

7月2日，浙江大学医学院附属邵逸夫医院“小心肝”全省肝病筛查公益联盟在普陀医院挂牌成立（区卫生健康局提供）

工作室启动仪式在蚂蚁岛文化礼堂举行。

【“共富方舟·健康守护”行动】7月16日，普陀区举行“共富方舟·健康守护”行动启动仪式。该活动相关创新举措获省人大常委会党组书记、副主任梁黎明批示肯定，入选浙江省高质量发展建设共同富裕示范区最佳实践（第二批）名单（公共服务优质共享先行示范），“健康方舟”应用入选第一批全省卫生健康数字化改革优秀案例（基层）。

2022年，“共富方舟·健康守护”行动先后开展10站，分别走进葫芦、白沙本岛和柴山、虾峙湖泥和双山、六横悬山、蚂蚁、登步、桃花、虾峙黄石、东极诸岛、六横佛渡等15个海岛，为2024人提供健康体检，开展义诊3361人次，线上申请签约医生服务2874人次。驻岛老年人健康体检率90.34%，同比增长22.32个百分比。10类重点人群签约覆盖率88.89%。600余种医保药品可由“共享药房”配送，免费用药目录达22种，自费及特殊药品配送范围覆盖15个海岛。

人口监测与家庭发展

【老龄工作】 2022年，持续推进银龄跨越数字鸿沟科普专项行动，全区开设“老年人智能技术”培训服务212场次，服务7000余人次。开展打击整治养老诈骗专项行动，组织对养老机构、医养结合机构开展隐患排查，维护老年群体合法权益，提高老年人识骗防骗能力。实施老年健康与医养结合基本公共卫生服务项目，率先出台《普陀区老年健康和医养结合服务项目考核办法》。开展老年友善医疗机构创建活动，持续推进老年医疗服务能力，加强老年医学科规范建设，推进安宁疗护服务工作，实现老年友善医疗机构全覆盖。是年，展茅街道螺门村、东港街道莲安社区、桃花镇青龙村3家社区（村）通过审核验收，被命名为市级老年友好型示范社区

7月16日，“共富之舟·健康守护”行动启动仪式后，开启首站行动（区卫生健康局提供）

（村）。沈家门街道茶湾社区教学点被命名为老年电大省级示范教学点。

【婴幼儿工作】 2022年，出台《普陀区关于促进3岁以下婴幼儿照护服务发展的实施意见》。推进普惠性托育服务体系建设，联合区教育局、区财政局下发《舟山市普陀区婴幼儿照护服务资金补助方案》，2022年度已备案托育机构一次性建设补助资金累计发放34万元，已备案托育机构收托补助资金累计发放43.37万元，社会办幼托一体机构婴幼儿照护服务补助资金累计发放11.59万元，婴幼儿入托减免补助资金累计发放31.76万元。推进家庭照护支撑体系建设，是年，分别在东港街道文康社区建设1家区级养育驿站；在沈家门街道鲁东社区建设1家社区级养育驿站，面向社区婴幼儿家庭提供育儿技能指导、亲子游戏陪伴、儿童健康管理等内容。

【人口监测与关怀】 2022年，普陀区为1220对符合政策条件夫妇办理生育登记。完成全区2021年度计划生育公益金补助资金30.30万元。

疾病防控

【重大传染病防控】 2022年，全区新报告艾滋病26例（HIV19例、AIDS7例），新增抗病毒治疗29例。进行羁押人员、流动人口、性病门诊就诊者等群体HIV监测。开展肺结核防控工作，结核病原学阳性病人治愈率92.16%，非结防机构网络报告率96.64%，病人密切接触者筛查率99.07%。防治肠道传染病，肠道门诊登记数887人，采样检测452份，重点人群监测4538人，水产品采样检测105份，水体采样检测105份，结果均为阴性。持续防控呼吸道传染病，根据H7N9外环境采样要求，采样60份，检测结果均为阴性，无人感染H7N9禽流感病例报告。根据“普陀区流感样病例哨点监测实施方案”要求，普陀医院作为监测哨点，每周采集5份流感样病例标本，送检标本245份，检出甲型流感28份，乙型流感14份，其余均为阴性。规范开展布雷图指数监测，全年无登革热、疟疾及发热伴血小板减少综合征病例报告。3月、5月、7月、9月对外环境中的游离蜱密度进行监测，监测结果均为0只/（布旗100米·小时）。

【慢性病、地方病管理】 2022年，全区报告户籍新发糖尿病786例，全年发病率251.77/10万；报告户籍新发冠心病急性事件96例，发病率30.75/10万；报告户籍新发脑卒中715例，发病率235.75/10万；报告户籍新发恶性肿瘤1543例，发病率509.94/10万；报告新发伤害卡片4701张。累计报告户籍死亡个案2648例，粗死亡率为8.48‰。开展孕妇碘营养水平及子代健康影响调查，完成250名孕妇及其228名满18个月的子代调查。完成碘缺乏病终期评估工作，学生食用碘盐覆盖率48.57%，碘盐合格率100.00%，合格碘盐食用率48.57%，学生尿碘中位数为210.60微克/升；孕妇家食用碘盐合格率100%，合格碘盐食用率43.81%，105名孕妇中，49名孕妇食用补碘制剂，孕妇尿碘中位数为108.78微克/升。

【食品安全监测】 2022年，普陀医院作为普陀区食源性疾病主动监测哨点医院，累计上报病例223例，副溶血性弧菌、志贺氏菌、沙门氏菌、创伤弧菌阳性率为4%。

卫生监督

【卫生行政处罚】 2022年，区卫生健康局受理投诉举报48件，办结48件，办结率100%，其中涉及公共场所35件、非法行医12件、医疗卫生1件。立案实施卫生行政处罚360件，累计罚没款118.13万元。给予警告314件；没收违法所得3件、违法金额0.32万元；没收违法药品等物品7件，没收物品器械价值60万元。行政诉讼2起、行政复议1起，均为医疗卫生案件。

【卫生监督检查】 2022年，抽取“双随机、一公开”被监督单位537家，国家级、省级“双随机”任务完成率100%，“双随机”跨部门率15.78%，通过“双随机”监督查处违法行为结案161件。进行“综合查一次”联合检查，联合生态环境、文体、公安、教育、人保、市场等部门，发起医疗机构医疗废物联合检查、医疗美容行业联合检查、职业病危害企业、托育机构联合检查场景任务4个；参加学校幼托机构、住宿场所等场景联合任务5个。全年完成行政检查事项覆盖100%。

【卫生监督数字化改革】 2022年，先后完成医疗机构诊疗行为智能监管、医疗废物智能监管、口腔消毒灭菌在线监测、阳光医美手术室项目等数字化改革项目。全区有173家医疗机构纳入智能监管平台。落实住宿场所透明保洁智能监管系统安装运行。

【专项监管】 2022年，实施职业卫生分类监督执法，监督检查199家用人单位，完成170家职业病危害风险评估。进行新型墙体材料制造行业职业病危害专项整治，检查用人单位4家，发出监督意见书3份。开展公共场所卫生监督，进行游泳场所及婴幼儿沐浴场所专项整治，辖区内20家游泳场所全部完成在线监测，全年监督检查游泳场所38家次，落实经营场所自查100%。检查婴幼儿沐浴场所7家，合格6家，监督抽检5家。先后进行校园卫生安全健康全面检查、学生防近视宣传、生活饮用水安全保障、医疗乱象治理等工作。

妇幼保健

【母婴健康保障】 2022年，执行高危妊娠管理工作，落实孕产妇妊娠风险筛查与“五色”分级评估。全区高危产妇763人，高危发生率80.15%，成功救治重症孕产妇24例，高危孕产妇住院分娩率100%。加强孕期与自然分娩宣传，严控社会因素剖宫产，提高自然分娩率。加强基层适龄妇女孕情摸底调查与计划生育技术服务指导，完善孕产妇管理漏洞。加强艾滋病、梅毒、乙肝感染孕产妇及所生儿童规范治疗和随访管理，确保母婴传播得到有效阻断。全年孕期接受艾滋病、梅毒、乙肝检测892人，非住院分娩2人，检测率99.78%，孕早期检测869人，检测率97.20%，其中HIV检测阳性孕妇1人；梅毒感染产妇数8人，梅毒感染产妇所娩活产数9人；乙肝表面抗原阳性产妇数43人，乙肝表面抗原阳性产妇所生活产数44人，首剂乙肝疫苗接种同时注射乙肝免疫球蛋白率100%。

卫生监督所工作人员正在进行执法检查（区卫生健康局提供）

【儿童保健】 2022年，做好0~3岁儿童发育监测和筛查项目，全区0~3岁儿童发育监测4042人，发育监测率95.06%，发育筛查3463人，发育筛查率95.58%，筛查出可疑和异常537人，发育评估103人，确诊发育迟缓24人。做好0~6岁儿童眼保健和视力检查项目，全年筛查视力9927人，全区覆盖率99.62%，其中6岁儿童视力不良233人，检出率11.38%。做好2022年春季及秋季幼儿入托入园体检工作，累计完成2000余人次。完成2021学年33家托幼机构卫生保健考核工作合格率100%。

妇女健康检查服务（区卫生健康局提供）

【妇女全生命周期健康管理】 5月底，启动“两癌”检查工作，累计完成宫颈癌检查7692人次，确诊宫颈癌1例，乳腺癌检查7812人次，确诊乳腺癌7例。规范计划生育技术服务，开展绝经期宫内节育器取出技术指导，做好绝经期妇女取环服务。

【出生缺陷综合防治工程】 2022年，实施35周岁及以上舟山市户籍孕产妇享受孕期超声筛查项目、0~3岁儿童发育筛查项目和自闭症筛查项目等高龄孕产妇特殊补助项目。落实免费婚前医学检查和国家免费孕前优生健康检查工作，完成婚前医学检查907人，婚前检查率81.18%，国家免费孕前优生健康检查901人，检查率85.32%。重视高风险人群早孕随访和指导，指导其接受产前筛查及产前诊断，全年产前筛查885人，筛查率92.96%，产前诊断253人，确诊11人。做好新生儿疾病筛查和听力筛查，新生儿疾病、听力筛查率均为100%。做好新生儿先天性心脏病筛查，共筛查883人次，筛查率98.22%，双指标筛查阳性59人，转诊56人，转诊率94.92%，1人确诊先天性心脏病。全年出生缺陷率13.35‰。

医疗保障

【公共服务标准化建设】 2022年，区卫生健康局推广“网上办”“掌上办”“就近办”服务，扩大医保业务经办渠道，打造医保经办“15分钟服务圈”。设置医保“甬舟政务服务通办专窗”，2个事项实现跨区域线下通办。经办服务窗口实现“一窗通办”，18个事项实行“一证通办”，全部事项实现“全市通办”。落实异地就医直接刷卡覆盖面，区内所有定点医院和大部分个人门诊部实现全国异地医保直接刷卡结算功能。拓展医保服务空间，推进“互联网+医保”，完善医保电子凭证场景应用，全区定点医药机构100%实现医保电子凭证结算。全年医保服务群众满意度超99%，普陀医院成功创建首批省级医疗保障服务示范点。

【落实医保惠民政策】 2022年，提高生育待遇水平，调整“三孩”生育保险待遇政策，追溯补齐2021年6月21日以后符合条件的生育津贴差额部分，累计补发256人次、金额173.61万元。做好防范化解因病致贫返贫工作，救助金额近1300万元，惠及16万余人次，困难群众医疗救助实现两个100%。推动“医保+商保”紧密衔接融合发展，发挥“舟惠保”在健全医保制度体系，减轻群众就医负担方面的重要作用，至年底，全民参保率99.9%，商业补充医疗保险参保率30.15%。

【打击欺诈骗保】 2022年，区卫生健康局开展辖区内所有定点医药机构规范使用医保基金自查自纠工作，对辖区内定点医药机构开展线上线下检查，全年追回医保基金463.45万元。

【职工基本医疗保险】 2022年7月19日起，施行市医疗保障局、市发展和改革委员会、市财政局、国家税务总局舟山市税务

医保中心工作人员在窗口开展服务（区卫生健康局提供）

局联合发布的《关于阶段性缓缴职工基本医疗保险单位缴费的通知》，中小微企业实施阶段性缓缴职工基本医疗保险单位缴费政策，全面推行“免申即享”经办模式，缓缴期间参保人待遇应享尽享。

至年底，全区参加职工基本医疗保险单位5095家，参保人数107703人，其中在职职工79968人、离退休人员27735人。

【城乡居民基本医疗保险】 根据舟山市医疗保障局、舟山市财政局、国家税务总局舟山市税务局联合下发的《关于做好2022年全市城乡居民基本医疗保险和大病保险参保筹资工作的通知》，全市城乡居民基本医疗保险筹资标准为：成年人每人每年1820元，其中个人缴费680元，各级财政补助1140元；未成年人每人每年1420元，其中个人缴费540元，各级财政补助880元；大学生每人每年1120元，其中个人缴费400元，各级财政补助720元。上述筹资标准含人均100元大病保险筹资，其中个人缴费40元，各级财政补助60元。

9月29日、10月14日，分别在区税务局、区商务中心召开学校、社区城乡居民基本医疗保险参保征缴工作会议，对参保征缴工作进行布置和业务培训，通过多种形式宣传，推进城乡居民医保集中参保征缴工作。至年底，全区参加城乡居民基本医疗保险157764人，参保率99.29%。

（撰稿：许玉竹）

编辑：魏斌

人力资源和社会保障

综　述

2022年,普陀区人力资源和社会保障局(简称区人力社保局)把握“奋进新征程、走好共富路”的工作主题,把全面提高民生福祉、加强人才引育和培养、解决企业发展难题、优化营商环境等作为工作重点,提高人力社保局服务水平和效率。开展劳动监察与仲裁,受理劳动监察案件93件,劳动人事争议仲裁案件403件。做好社会保险工作,全区参加城镇职工基本养老保险单位4785家,参保人数153837人;参加工伤保险单位5876家,参保人数87539人;参加失业保险参保单位4929家,参保人数56242人;参加机关事业单位养老保险单位301家,参保人数10973人。区人力资源市场登记用人单位406家次,提供各类就业岗位11317个。有12220人参加各类技能培训,引进大专以上学历4596人。

是年,区人力社保局、普陀湾众创码头服务中心获评浙江省人力资源和社会保障系统先进集体;普陀湾众创码头被省科学技术厅评为“省级优秀众创空间”。普陀区就业管理服务中心获评浙江省2022年度推进农民工返乡合作创业成绩突出单位。推荐的创业项目“军魂铸就红色物业团队”获“中国创翼”浙江省选拔赛劳务品牌专项赛一等奖。

事业单位管理

【事业单位人事综合管理】 2022年,区人力社保局完成事业单位工作人员公开招聘总计117人,其中教育系统63人,卫生系统34人,统一招聘14人,融媒体中心2人,面向优秀村社干部招聘2人,面向大学生退役士兵招聘2人。完成事业人员岗位变动审批975人,转正定级158人,办理事业单位人员退休91人(含事业改企单位)。做好人员流动调配,累计调配事业人员136人次,其中调出区外10名,区外调入2名。做好2021年度考核审核工作,全区事业单位工作人员4852人参加考核,其中优秀744人,不定等次145人。

【工资福利】 2022年,区人力社保局做好事业单位工作人员薪级工资正常晋升工作,累计完成4842人次;日常办理人员交流、岗位变动、津补贴调整、退休等工资变动业务2400余人次;完成新录用人员连续工龄认定65人次。

【退休干部管理服务】 2022年,区退休干部活动室落实“一月一课”学习制度,深化“两学一做”学习教育活动。组织党员理论学习6次,参加党员146人次。开展党支部书记送课上门活动12人次。组织老党员观看《党的二十大开幕会》视频、观看《党课开讲——华春莹讲外交政策》、观看学习《网络安全》。9月16—26日,在区档案图书大楼展览大厅开展“喜迎党的二十大胜利召开”书画展,展出书法和绘画作品88幅。组织直管退休干部开展趣味运动会、春季考察等活动2项。组织直管退休干部265人进行年度健康体检。摄影协会开展作品展2期;夕阳红艺术团下乡下海岛(社区)展演12场。全年走访慰问退休干部70余人。为全区254名机关事业单位年满70、80、90周岁退休干部每人赠送一份生日蛋糕。

年底，全区有行政机关、事业单位退休干部4065人（行政机关1241人，事业单位2824人），其中原转体单位退休干部272人。

就业管理与服务

【人力资源市场】 区人力社保局宣传推广“引才云”，2022年新增企业用户50家，发布岗位信息2640条，新增个人用户216人。推进跨省劳务协作，拓展用工渠道。区人力社保局对接四川省万源市、安徽省砀山县、贵州省六盘水市等地公共就业机构，借助“引才云”、微信平台推送岗位信息，累计向协作地推送岗位需求3934个次。同时赴外开展招聘活动，参与线下招聘会6场，通过岗位代招推出各类就业需求497个，达成就业意向116人；协同万源市农民工服务中心举办线上招聘会2场，参会企业29家，推出岗位106个。与贵州省六盘水市钟山区签署劳务合作协议并建设劳务合作站。全年累计组织招聘会28场次，吸引520家企业参与，推出岗位2640个。

【职业技能培训】 2022年，区人力社保局开展职业技能和专项能力培训补贴工作，帮助劳动者提升就业择业能力。全年发放就业技能培训补贴、岗位技能提升培训补贴、职业培训补贴（机构）、高级工一次性证书补贴603.65万元，累计培训5729人次；累计开展创业培训10期，培训359人次，发放补贴14家，补贴金额43.65万元。

【落实就业创业扶持政策】 区人力社保局开展高校毕业生就业帮扶行动，对全区537名离校未就业高校毕业生开展调查摸底工作，通过短信、电话等方式推送就业岗位、招聘会信息等，实现帮扶率100%。全年普陀区新增就业见习基地4个，就业见习岗位443个，105名高校毕业生参与见习。发放高校毕业生就业补贴313.87万元，惠及高校毕业生795人。

开展重点人群认定和就业帮扶工作。通过线下走访、电话联系，为帮扶对象提供一对一服务，全年针对各类重点群体完成摸底排查1552人、开展帮扶援助4389人。落实降低失业保险费率政策，实施失业保险费稳岗返还，自5月26日《失业保险稳岗返还有关事项的通告》发布至12月底，累计发放稳岗补贴金额1921.43万元，惠及企业3188家，职工43416人。是年，全区城镇新增就业人数5663人，城镇登记失业率1.39%，城镇失业人员再就业1224人；就业困难人员再就业473人。

优化创业生态，通过创业无感智推服务主动联系，推送创业、贷款政策，全年累计发放各类创业补贴资金271.06万元；发放创业担保贷款732万元，贴息45.17万元；扶持创业411人，带动就业1629人。

6月，区人力社保局对接四川省万源市开展东西部劳务协作专场招聘会（区人力社保局提供）

【基层劳动保障平台建设】 区人力社保局借助区、镇街、社区（村）三级劳动保障就业服务网络，完善信息采集，通过社区劳动保障协管员对各镇街、社区内符合条件援助对象进行上门走访，将情况录入系统。开展争创高质量就业社区平台活动，完成2022年高质量就业社区评选，推进基层劳动保障平台建设制度化、标准化、信息化。已认定区级高质量社区12家,推选市级高质量就业社区5家,朱家尖街道南沙村、六横镇五星村被推选为2022年省级合作创业村。

【普陀湾众创码头】 2022年,普陀湾众创码头持续深化"二中心四园区"建设布局,推进以普陀湾众创码头和"普陀军创园"为中心,以东港园区、鲁家峙园区、上海园区和城西园区为重点的空间联动布局建设。新引进企业71家,新培育规模以上企业2家,新培育各类省级以上科技型企业21家、国家高新技术企业2家,到位市外注册资金8700万元。全年新增大学生、退役军人就业186人。累计入驻来自全国28个省(市、区)的506个创业团队,在园孵化实体144家,带动就业4800余个,其中普陀退役军人创业园累计入驻来自全国16个省(直辖市、自治区)的95个退役军人创业团队。园区累计培育省级以上科技型企业102家,其中国家级高新技术企业9家。2022年园区总产值为8.7亿。围绕共同富裕和乡村振兴,普陀区创新实施"小岛你好 打造没有围墙的海岛创业园"行动,把创新创业的阵地、政策、资源向海岛和乡村延伸,形成"城乡互融、合力共创"的创业氛围。2022年普陀湾众创码头展茅乡创基地、东极乡创基地成立,集聚创业生态50多家,带动就业300多人。是年10月,普陀湾众创码头被省科技厅评为"省级优秀众创空间";12月,园区服务中心被省人社厅评为"全省人社系统先进集体";8月,园区"小岛你好 打造没有围墙的海岛创业园"工作获省人社厅党组书记、厅长吴伟斌充分肯定;2022年9月,《舟山市普陀区"四无四有"打造"没有围墙的海岛创业园"》被第20期《浙江人社政务信息》以专报形式刊发全省。园区有3位创业者分获省级创业大赛一等奖、二等奖和三等奖。有2位创业者被评为市"助力共富"创业之星,1位创业者被评为市"小岛你好"创业之星。有1名创业者被授予市"最美退役军人"称号,2名创业者被授予区"最美退役军人"称号。

劳动监察与仲裁

【劳动保障监察】 2022年,区劳动监察科做好日常咨询、投诉、举报和信访接待等职责工作,在全区开展各类劳动保障专项行动,加强在建工程项目巡查力度,开展上门指导服务,全方位构建起欠薪治理体系。累计处理各类劳动纠纷投诉1360件,其中国务院欠薪线索(含安薪码、监管平台)373件,12345欠薪线索469件,应急联动欠薪线索425件。

为减轻在建工程项目农民工管理工作负担,区劳动监察科安排业务骨干上门服务。全年上门指导服务30次,组织劳资员集中培训2次,培训新进劳资员55名,发放《保障农民工工资支付条例》等宣传资料600余份。

落实《保障农民工工资支付条例》,推进建筑工程领域六项制度建设,推进根治欠薪工作高压态势。全年全区90家在建工程项目全部落实"浙江无欠薪"六项长效机制,其中新增55家,完工28家,全部实现六项制度电子化、工资支付线上化。全区政府投资项目全部实现工资性工程款和普通工程款按月足额支付。

开展根治欠薪冬季专项行动。检查企业288家,其中涉及各类工地58个、加工制作企业131家、其他企业99家。涉及职工人数10994人,其中农民工人数8425人。处理欠薪隐患企业15家,涉及劳动者1715人、工资款约3055.3万元。

开展清理整顿人力资源市场秩序专项行动。共检查劳务派遣公司34家、职业中介公司24家。检查发现的问题,各职业中介机构和用工单位均能配合整改。

开展"安薪护航迎亚运"排查整治欠薪隐患专项行动。共检查在建工程项目47处,检查其他行业企业256家。处置欠薪隐患3起,涉67人,工资款77.49万元。

开展"除险保安百日攻坚"根治欠薪专项行动暨根治欠薪秋季专项行动。各镇街(管委会)、行业主管部门、各区属国资公司对辖内劳动密集型企业、在建工程项目进行全面欠薪隐患排查,未发现新增隐患。在中共二十大召开前实现普通案件全面清零,重大复杂案件

发放《保障农民工工资支付条例》（区人力社保局提供）

风险有效稳控。

是年，全区立案受理劳动监察案件93件，涉及劳动者1158名，涉及金额约2083.39万元，其中帮助1139名劳动者追回工资款约2026.04万元，行政处罚5件，罚款5万元，行政处理1件，处理金额108.6万元。

畅通劳动者欠薪维权渠道，做好安“薪”无忧“酬”工作，组织开展根治欠薪问题领导集中接访日活动，区委常委俞能、区防处办成员单位负责人参加活动。活动期间，接访领导与来访群众面对面交谈，对来访群众提出的问题逐个解答。对现场不能立即解决的问题，协商解决办法、要求相关部门认真调查、厘清事实、依法依规、限时办结、妥善解决。确保件件有落实、事事有回音。该活动接待来访群众5批次，涉及欠薪投诉案件3起，涉及人数235人、金额524万元。

接访日活动现场（区人力社保局提供）

【劳动争议仲裁】 巧用“网络通讯”，提高办案效率。优化调解仲裁网络平台功能，推广“浙里办”“微仲裁”等移动端服务，提升当事人使用便利度。通过加大网络平台宣传，引导当事人通过网络申请调解仲裁，明确1名工作人员负责平台的后台跟踪服务，第一时间对提交的信息进行受理，保障办事群众在线申请受理。全年通过网络平台受理仲裁案件173件，网络办案率42.9%。

借助网络科技，通过网上立案、在线调解、远程开庭等形式，网络庭审6起案件，通过线上调解成功促成65起案件达成一致。

借助普陀区“东海渔嫂”劳动人事争议调解工作室，累计调解劳动纠纷案件225件，涉案金额650.93万元。

2022年，区人力社保局坚持调解优先、调解为主原则，提供免费法律服务，开通“绿色通道”。全年立案受理劳动人事争议仲裁案件403件，比上年同期下降38%，涉案金额2883.29万元，已结案件396件，结案率

98.3%，结案金额1053.45万元。其中裁决112件，调解179件，裁定105件，基层调解174件，调解率80%。

【劳动关系】 区人力社保局做好2022年度企业薪酬调查工作。对全市范围内正常生产经营的样本企业及由企业支付工资的所有全日制在岗职工和劳务派遣人员，针对企业基本情况、企业人工成本情况、企业从业人员工资报酬情况开展调查，累计填报73家企业，填报数量居全市第一。

9月7日，普陀区召开2022年度协调劳动关系三方会议第一次会议，就关于印发《舟山市普陀区全面推广电子劳动合同赋能企业高质量发展工作方案》征求意见，汇报交流2021年“和谐同行”三年行动计划、打造和谐劳动关系示范区工作、打造金牌劳动人事争议调解组织工作成果及下一步工作思路。在2021年工作基础上，2022年对全区205家企业完成劳动用工体检；组织614名劳动关系协调员完成业务技能培训，已提前完成劳动关系协调员培育三年目标。

根据舟山市人力资源和社会保障局等5部门关于印发《舟山市全面推广电子劳动合同赋能企业高质量发展工作方案》的通知，要求在2023年底前，提升企业对电子劳动合同的知晓度与认可度，实现电子劳动合同在全市的基本覆盖。9月21日配合市局开展第三期“浙里电子劳动合同（协议）在线”操作实务培训，对部分普陀企业演示电子劳动合同在线平台操作流程，解答相关实务问题，指导和帮助企业开展电子劳动合同签订工作，9月27—29日期间，到六横镇现场指导因故无法参加培训的部分企业进行实务操作。全年上传电子合同5801份。

按照《舟山市打造百家金牌劳动人事争议调解组织实施方案》，结合全区实际，计划通过三年的努力，培育、选树一批工作基础好、制度机制全、办案能力强、服务水平高的金牌劳动人事争议调解组织，重点打造10家市级金牌调解组织。上年普陀区完成5家金牌调解组织评选，其中舟山中远海运重工有限公司通过省级金牌调解组织评选，2022年被推荐为全国金牌劳动人事争议调解组织。

人才工作

【人才引进】 2022年，区人力社保局组织线上线下高校毕业生招引活动9场。其中，线上创新开展“智汇海洋　共创梦想”系列直播带岗活动3场，组织“舟创未来·普聚海洋”大型招聘夜市活动1场，组织企业赴江苏科技大学、武汉交通职业学院、九江学院等高校招聘5场，参与企业58家次。普陀区全年新引进高校毕业生4596人，引进总数为四县区第一。按学历分：博士8人，硕士86人，本科1682人，专科2820人；按引进单位分：机关事业单位、国有企业522人，非国有企业、自主创业4074人。发布《2022年舟山市普陀区部分事业单位紧缺专业人才招聘公告》，10家事业单位推出10

电子劳动合同操作实务培训（区人力社保局提供）

区人力社保局在区融媒体中心演播厅进行直播带岗（区人力社保局提供）

个紧缺专业岗位，经过面试、体检、考察等程序，实际聘用8名紧缺专业人才。

【流动人员人事档案管理】 2022年，区人力社保局新接收应届毕业生档案1316人（回原籍毕业生数1216人），其中博士2人，硕士60人（回原籍毕业生数49人），本科647人（回原籍毕业生数613人），专科580人（回原籍毕业生数543人）。根据《人才市场管理规定》和《流动人员人事档案管理暂行规定》，对中心现存人事档案进行规范化和信息化建设。至年底，保管人事档案18223份。

【技能等级认定】 2022年，区人力社保局开展浙派工匠民生实事项目，全年开展职业技能培训12220人次，新增技能人才5062人，新增高技能人才1994人。王恩云、刘丽萍、王少昕、梅相鹤、姚金强、李龙明、江东、蒋璐、李晓晓入选“浙江青年工匠”。开展普陀工匠系列遴选工作，共推选产生“普陀大工匠”5人、“普陀杰出工匠”10人、“普陀工匠”10人、“普陀青年工匠”8人。

【专业技术人才职称晋升】 区人力社保局做好教授（专家）工作室和博士后工作站组建工作。2022年新建专家工作室2家，完成年度考核目标100%；新建博士后工作站3家，完成年度考核目标300%。做好专业技术任职资格初定和中高级专业技术人员推荐晋升工作。全年新增培养晋升专业技术人才1224人，其中晋升高级职称66人，晋升中级职称582人，晋升初级职称576人。

社会保障

【城镇职工基本养老保险】 区人力社保局落实人力资源和社会保障部办公厅、国家税务总局办公厅《关于特困行业阶段性实施缓缴企业社会保险费政策的通知》（人社厅发〔2022〕16号）规定，对受新冠疫情影响生产经营出现暂时困难的所有中小微企业，以单位方式参保的个体工商户，餐饮、零售、旅游、民航、公路水路铁路运输等5个特困行业和国家规定的其他特困行业，实施阶段性缓缴三项社保费，2022年缓缴企业45家，缓缴企业职

职业技能等级认定考核（区人力社保局提供）

工养老保险费715.87万元,工伤保险费35.81万元,失业保险费25.56万元。

根据省人力资源和社会保障厅、浙江省财政厅《关于2022年调整退休人员基本养老金的通知》,全省2021年12月31日前已按国家和省有关规定办理退休退职手续的人员,可按本通知规定调整基本养老金。全区有60763名退休退职人员提高养老金,平均增资109.83元。年底,全区参加职工养老保险参保人数153837人。全年基金收入95759万元,基金支出191408万元。

根据2019年《舟山市人民政府办公室关于进一步提高传统海洋捕捞渔民养老保障水平的通知》文件规定对相关捕捞渔民进行待遇调整,从2020年1月起,将每满一年发放10元/月的渔民生活补贴提高到16.7元/月。

【工伤保险】 2022年,全区申报工伤案件1162件,办结1060件,其中工伤认定1032件、不予认定工伤17件、不予受理11件,期限内结案率100%。职工丧失劳动能力鉴定656人次。

至年底,全区参加工伤保险单位5876家,参保人数87539人。全年享受工伤待遇960人次。全年工伤基金收入2682万元,基金支出3845万元。

【失业保险】 推进失业人员登记、失业保险金应发尽发,全区参加失业保险参保单位4929家,参保人数56242人。全年正常发放失业保险金待遇2179.09万元,惠及失业职工12506人(1—7月每人每月发放1656元,8—12月每人每月发放1863元);发放失业补助金258.7万元,惠及失业人员5174人。

【城乡居民社会养老保险】 根据市人力资源和社会保障局、市财政局《关于调整城乡居民基本养老保险基础养老金标准的通知》文件规定,从2022年7月1日起,全市城乡居民基本养老保险基础养老金标准由每人每月225元调整为每人每月265元,同时对年满80周岁及以上的高龄老人,高龄补贴增发10元/月。一次性丧葬补助费调整为5300元。

至年底,全区参加城乡居民基本养老保险人数57397人,其中享受待遇人数35105人;全年城乡居民基本养老保险基金收入18345万元,基金支出16662万元。

【机关事业养老保险】 根据省人力资源和社会保障厅、省财政厅《关于2022年调整退休人员基本养老金的通知》,从2022年1月1日开始调整退休(职)人员基本养老金。调整范围为全省2021年12月31日前已按国家和省有关规定办理退休、退职手续的人员。调整采取定额调整、挂钩调整和适当倾斜相结合的办法。全区有3641名退休(职)人员养老金待遇得到提高,人均月增资223.86元。

至年底,全区参加机关事业单位养老保险单位301家,参保人数10973人,其中在职职工7259人,离退休(职)人员3714人。全年基金收入18357万元,基金支出32425万元。

【被征地农民社会养老保障】 2022年年底,全区被征地农民基本养老保障累计参保人数3279人,其中生活补助人数1824人,缴费人数1455人。享受待遇人数1699人。

(撰稿:林书伊)

编辑:陈莉

民　　政

综　述

2022年,普陀区有各类养老服务机构19所,养老机构床位2526张,入住老人890人。全区有镇街示范型居家养老服务中心7家,社区(村)居家养老服务照料中心52家,年服务老年人4万余人次。新建2个具有海岛特色的社区"居民会客厅"。加强社区工作者队伍管理和培育,全年开展两次统一招聘工作,共招聘46名工作人员。2022年开始全面开展社会救助"物质+服务"工作,全年送达幸福清单8699份,送达率100%,入户探访关爱21867人次,探访率100%。在全省首创困难群众关爱服务由户籍地向常住地"呼叫转移"新模式,该模式已惠及试点海岛32户离岛困难群众,自2022年3月以来,累计探访120余人次,解决实际困难13件。2022年年末,全区有注册登记的社会组织306家,其中社会团体159家、民办非企业单位146家、基金会1家,备案社区社会组织1140家。区社会组织公共服务中心上线"社会组织服务一件事"应用,赋能社会组织参与社会治理,纳入全省"一地创新、全省共享""一本账"S0,同时入选省民政厅数字化改革第二批优秀案例。2022年9月普陀区对标国家AAAAA级婚姻登记场所投入使用,婚姻登记新址被列入"浙江省十佳婚姻登记机关"之一。开展全省第二批婚俗改革暨首届"福彩暖万家·十佳婚姻登记机关"选树活动启动仪式。推进省级婚俗改革试点工作。在普陀区和六横镇两个婚姻登记点,以政府购买服务方式委托第三方社会组织开展婚姻家庭辅导。2022年,按照《浙江省公益性节地生态公墓、骨灰堂建设管理标准(试行)》要求,指导六横镇完成横安生态公墓地改造,成功申报全省第二批公益性节地生态安葬示范点。完成国家地名信息库数据质量建设专项行动,开展全省地名地址数据质量提升行动。完成关联省地名地址数据91444条,关联率100%,完成新版普陀区政区图制作。

社会救助

【城乡最低生活保障】 2022年,区民政局贯彻落实省、市、区关于"扩中""提低"和高质量发展建设共同富裕示范区有关决策,落实各项社会救助政策,全面助力困难群众共同富裕。是年,全区有最低生活保障对象2558户、3247人。其中,新增255户、340人,注销293户、356人。全年发放低保金3442.3万元。

【特困供养】 2022年,全区有特困供养人员247人。其中,129人实行集中供养,118人分散供养特困人员全部签订四方委托照料服务协议。

【社会救助家庭经济状况核对】 2022年,区民政局落实《浙江省社会救助家庭经济状况认定办法》,做好低保、支出型贫困家庭、低保边缘家庭、公共租赁住房申请家庭经济状况核对工作。全年全区核对公共租赁住房申请家庭424户。核对救助对象领取养老金家庭11657户15562人,其

乡镇工作人员入户调查（区民政局提供）

中低保家庭10273户12905人，低边家庭1384户2657人。

【助学】 2022年，区民政局根据《舟山市人民政府办公室关于建立舟山市社会救助工作联席会议制度的通知》，明确低保低边家庭、重点优抚对象家庭、特困职工家庭、特困残疾人家庭为五类助学救助重点对象。是年，普陀区资助困难大学生92人，52.84万元，其中区民政局资助支出资金31人，支出资金15.6万元。

【开展社会救助“物质＋服务”工作】 2022年，区民政局根据《浙江省困难群众探访关爱制度（试行）》规定，开展社会救助“物质+服务”工作。按照救助对象家庭及身体状况类型，分别开展周探访、月探访和季探访活动，每季度送一次幸福清单。全年累计送幸福清单8699份，送达率100%，入户探访关爱21867人次，探访率100%。

【首创“呼叫转移”新模式】 区民政局聚焦普陀海岛人户分离的实际，遴选东港街道葫芦岛开展试点，在全省首创困难群众关爱服务由户籍地向常住地“呼叫转移”新模式，惠及32户试点离岛困难群众。自2022年3月以来，累计探访120余人次，解决实际困难13件。

社会福利

【机构养老】 2022年，全区有各类养老服务机构19所，其中区直属1所，镇街敬老院（养老服务中心）7所，社区办托老所4所，民办4所，公建民营4所。全区有养老机构床位2526张，入住老人890个。

【居家养老】 2022年底，全区有镇街示范型居家养老服务中心7家，社区（村）居家养老服务照料中心52家，全年累计服务老年人4万余人次。

登步岛养老服务中心开展“海岛支老、一起安好”支老行动（区民政局提供）

开展白沙岛海岛支老活动（区民政局提供）

【儿童福利】 2022年，普陀区孤儿基本生活费标准为福利机构养育孤儿每人每月2126元，社会散居孤儿每人每月1701元，全区在册困境儿童221人，孤儿2人，其中散居孤儿2人，发放保障金187.44万元。

【残疾人福利】 2022年，全区累计发放残疾人两项补贴2442.62万元。其中，享受困难残疾人生活补贴1976人，发放补贴708.82万元；享受重度残疾人护理补贴5481人，发放补贴1733.8万元。

【残疾人集中就业企业】 2022年，全区有残疾人集中就业企业10家，实现工业总产值15480.71万元，完成产品销售收入15693.27万元，纳税总额824.52万元，退减增值税681.1万元，赢利总额823万元，全区残疾人集中就业企业在职职工374人，安置残疾职工137人。

【老年福利】 2022年，全区有养老服务补贴对象124人，发放补贴资金34.085万元，其中一类补贴对象108人，二类补贴对象16

2022年普陀区残疾人集中就业企业基本情况表

表63

企业名称	职工总数(人)	其中残疾职工(人)	销售收入(万元)	利润(万元)	纳税总额(万元)
舟山市普陀腾尔达仪表有限公司	22	10	512.4	3.2	18.4
舟山市普陀区通源电线电缆厂	30	15	3964.1	16	98.8
浙江柏润机械有限公司	48	15	1886.1	206.8	114.6
舟山市引纸包装有限公司	28	11	762.3	-2.8	19.3
舟山市普陀晨阳铜业有限公司	32	13	1177.1	19.9	122.8
舟山市吉祥工艺香品有限公司	35	16	1377.87	35.7	77.75
舟山市庆丰铁路仪表有限公司	96	26	4222.2	409.2	263.4
舟山市大通包装彩印有限公司	40	11	1320.3	87.7	59
舟山市普陀元昌制衣有限公司	25	10	259.7	84.5	32.5
舟山市东海塑料制品厂	18	10	211.2	-37.2	17.97
合计10家	374	137	15693.27	823	824.52

2022年普陀区百岁老人基本情况表

表64

姓　名	性别	出生年月	家庭住址	备注
曹文英	女	1917.8.25	六横镇峧头新村坦岙	
石冬梅	女	1920.10.4	六横镇小郭巨村	
夏桂芳	女	1920.12.16	六横镇青联村	2022.3.13去世
庄彩荷	女	1920.6.5	沈家门街道海星社区	2022.10.31去世
张云庆	男	1920.11.24	东港街道南岙村	2022.9.15去世
王月仙	女	1920.7.24	桃花镇塔湾村	
泮根宝	男	1920.11.12	桃花镇青龙村鹁鸪门	2022.5.7去世
蒲莲云	女	1920.8.3	展茅街道大展村	2022.5.28去世
励春塘	女	1921.2.9	六横镇五星村	
林玲娣	女	1921.7.6	六横镇小郭巨村	
王朝宝	男	1921.9.15	六横镇双塘新村	
俞冬梅	女	1921.12.27	六横镇青联村	
张善如	男	1921.1.5	沈家门街道平阳浦村	
王荣宝	男	1921.6.4	沈家门街道教场社区	
王志升	男	1921.12.14	沈家门街道中兴社区	2022.7.23去世
戴金花	女	1921.8.18	东港街道永兴村	2022.12.25去世
王杏林	女	1921.3.22	展茅街道茅洋新村	
夏金葵	男	1922.10	六横镇苍洞村小岙	2022.10百岁
邬杏仙	女	1922.4	虾峙镇东晓村凉湖村	2022.4百岁
陆银利	女	1922.1	虾峙镇东晓村凉湖	2022.1百岁
芮秀菊	女	1922.10.15	浙水院路16号	2022.10百岁
周杏仙	女	1922.1.2	鲁家峙瑞和家园19幢203	2022.1百岁，2022.9.22去世
沈友莲	女	1922.2	东港街道葫芦村	2022.2百岁

人。发放老年人意外保险总额31.8897万元，有11811个老年人享受。发放高龄老人长寿保健补助金179.26万元，有5835人享受，其中100周岁以上（含100周岁）老年人23人。2022年根据《普陀区留守老人关爱服务项目实施方案》发放相关资金12.25万元，全年制作老年优待证3024张。

【收养登记】 2022年，区民政局办理收养登记2起。分别由2对夫妇收养，被收养人2人，均为社会福利机构收养的弃婴儿童。解除收养关系0起。

【社会福利院】 区社会福利院有孤弃儿童4名。其中，2名在宁波恩美儿童福利院接受康复治疗，1名在家庭寄养，接受高中教育，1名寄养在舟山市儿童福利院。集中供养的城镇8名“特困人员”自2022年4月起由原籍沈家门街道保障供养。做好公建民营养老机构业务管理和指导工作,委托运营方——普陀天颐老人之家有休养老人218人,其中护理型212人,自理型6人,床位利用率55.05%,普陀天颐老人之家利用配套建设的普陀康久医院资源,将医疗、康复、护理全面融合到养老服务。

【舟山市普陀区海福社会福利事务服务有限公司】 2022年,该公司做好老年人养护服务、殡葬设施(公墓)建设及销售管理工作。根据数字化改革工作要求,与普陀华数公司合作,开发海福智慧养老服务平台,项目一期实现入住办理、能力评估、智慧安防、智慧照护等多个服务场景的应用。

根据《浙江省2022年认知障碍照护专区床位建设实施方案》,新增20张标准化认知障碍照护床位。依托大数据搭建护理系统平台,开发服务功能模块,实现专区照护服务线上、线下精准衔接。建立"一人一档"档案,系统运用多种非药物干预疗法,为认知症老人提供日常生活照护、能力训练、精神支持等综合性照护服务体系。

开展"岛连岛·心连心"共建奔富行动,累计派出4批次、23名人员支援葫芦岛托老所养老服务,服务老人192人次。

配合区政府关于城西区块开发建设坟墓迁移安置工作,推进陵园生态公墓、骨灰纪念堂规划建设,弄塘湾福陵二区、弄塘湾拆迁安置墓、岳泉公墓墓区改造等工程。

社会事务

【区划地名工作】 2022年,区民政局完成国家地名信息库数据质量建设专项行动,开展全省地名地址数据质量提升行动。根据民政部、省民政厅相关要求,修改完善国家地名数据库第二阶段2371条数据并上报市级审核。完成关联省地名地址数据91444条,关联率100%,完成浙江省区划地名数据库的地名数据归集和上图工作。是年,与浙江省测绘科学技术研究院联合完成新版普陀区政区图制作,于8月底印刷出版。完成《浙江省标准地名录》普陀部分编纂工作,通过审核,收录地名138条。

命名新地名4条(其中住宅小区1个,道路1个、建筑物2个)。全年编制门牌号1206只,制作安装门牌221块,设立维修路牌31块,印发门牌证1502本。开展普陀城区路牌、沿街商铺门牌日常巡查维护工作,检查出问题门牌220余块,重新制作装订。完成"定普线"年度联合勘界工作。完成东港三期、鲁家峙区域以及城北区域路名标识牌增设工作。在东港三期增设路牌10个,鲁家峙区域增设路牌10个,城北区域增设路牌5个,同时更换东港一、二期区域、沈家门城区损坏路牌6个。

【殡葬管理】 区民政局落实防控要求,张贴疫情防控流程图。按照全省民政服务机构"人物同防、应管尽管、应检尽检"要求,落实殡葬服务重点人员7天一检,服务场所每天消杀。组织开展社会事务领域安全生产大检查专项行动。对重点殡葬服务机构、区婚姻登记中心和救助管理站等开展风险辨识管控和隐患排查治理,对发现问题立查

认知障碍照护专区怀旧场景布置——拾忆屋(区民政局提供)

立改。

做好春节、清明期间疫情防控和安全祭扫工作。召开专题会议，发布《倡议书》，成立普陀区清明期间疫情防控和安全祭扫工作专班，下发《关于做好2022年清明节疫情防控和安全祭扫工作的通知》，制定应急处置措施预案，落实防疫措施和各项保障措施。清明期间（4月1—5日），全区公墓累计接待祭扫群众4.1万人，各类车辆2523辆，参加保障人员1515人次。其中4月3—5日，全区新墓预约祭扫群众7282人。

推进文明治丧专项整治，按照《舟山市人民政府关于规范丧事活动提倡文明治丧的通告》要求，限定区域内主次干道从事出殡漫游、绕行及燃放烟花爆竹、抛撒纸钱、鼓号奏乐、路祭念经等殡仪活动，劝导丧户家属丧事简办和文明办丧。对主城区家中办丧户联合相关街道、社区三级联动，进行上门宣传，现场监督。全年发放800余份文明治丧倡议书，现场监督510人次。倡导树葬、花葬、草坪葬和骨灰撒海等方式，全年接待骨灰撒海40例，其中普陀本地6例。

推进绿色节地生态安葬。按照《浙江省公益性节地生态公墓、骨灰堂建设管理标准（试行）》要求，指导六横镇完成横安生态公墓地改造，改造成集骨灰堂、草坪葬、壁葬、树葬、花坛葬等节地生态安葬点，成功申报全省第二批公益性节地生态安葬示范点，通过验收投入使用。完善配套供给。启动区级节地生态安葬（放）设施建设，开展区级生态安葬墓区建设项目，项目总投资约1000万元，规划用地约3600平方米（占地约6亩），设计建造1000套节地生态墓位，包含树葬、壁葬、草坪葬、花坛葬等，预计2023年9月底前完成项目总体验收并投入使用。启动区级骨灰堂选址、设计，计划总投资约5000万元，项目占地约8亩（约0.53公顷），设施规模可容纳20000个格位，满足本岛未来20年的骨灰安葬需求。

六横镇横安节地生态墓园（区民政局提供）

推进海岛殡葬设施建设。完成六横镇殡仪服务中心建设，项目投入3700万元，建筑面积约4320平方米，项目包括：悼念厅、办事大厅、守灵室、厨房、餐厅、守灵休息室等，可满足6户丧户同时办丧，服务范围覆盖六横镇、虾峙镇等海岛。加快推行乡镇文明集中办丧，规范乡村海岛丧事活动。

实施基本殡葬服务全流程免费。2022年1月起，殡葬所执行四项基本费用减免的基础上实行基本殡葬服务全流程免费政策。通过制作展板、小册子等方式宣传基本殡葬服务全流程免费项目。保证免费项目和减免人员数量一个不少。免费力度全市最大，免费项目涉及22项殡仪服务，覆盖治丧全程，减轻群众治丧负担。全区累计免除基本服务费用580万元（包括海岛遗体接运费用），受益2493人，减免率100%。做好节地生态安葬奖补，在免海葬服务费（4000元）的基础上，每例奖补5000元，累计发放6例。

【婚姻登记】 区民政局开展婚姻登记机关标准化建设工作。普陀区对标国家AAAAA级婚姻登记场所于2022年9月建成投入

“福彩暖万家·十佳婚姻登记机关”选树活动启动仪式（区民政局提供）

使用。新址位于东港海洲北路18号，总占地面积约8000平方米，其中室内面积约700余平方米，室外公园面积约7000平方米，由两幢中式建筑和室外公园组成。9月28日，由省民政厅、市政府主办，省福利彩票管理中心、市民政局、区政府承办的全省第二批婚俗改革暨首届“福彩暖万家·十佳婚姻登记机关”选树活动启动仪式在婚姻中心新址户外场地举行，普陀区婚姻登记新址被列入“浙江省十佳婚姻登记机关”之一。

区民政局推进省级婚俗改革试点工作。在普陀区和六横镇两个婚姻登记点，以政府购买服务方式委托第三方社会组织开展婚姻家庭辅导。全年提供婚前个案辅导46起，危机婚姻个案辅导189起，其中76起最终放弃离婚，劝和率40.2%，满意率100%。依托全区三级社会组织公共服务中心，建立全区婚姻家庭辅导社会组织、社工和志愿者数据。三级社会组织公共服务中心共为群众开展婚姻家庭辅导1200余人次，相关文艺宣传100余场次。开展婚俗不正之风专项整治和全区婚丧礼俗写入村规民约。全区覆盖率100%。2022年8月，普陀区在浙江省第一批婚俗改革实验县（市、区）评估中获评优秀，同时被列入省民政厅持续深化婚俗改革7个重点推进县（市、区）之一。

做好集中补证工作。区民政局落实《中华人民共和国民法典》，维护婚姻当事人合法权益，深化“互联网+政务服务”，推进减证便民。根据《浙江省民政厅关于集中开展补领婚姻登记证试点工作的通知》，原先在乡镇（街道）办理婚姻登记的做到能补尽补，2022年累计补结婚证2828对。全年结婚1425对，其中复婚202人，再婚745人，补办登记23对，离婚585对，出具未婚证明9份。

【救助管理】 2022年，舟山市普陀救助管理站累计为577人次求助人员提供食宿、医疗、通信、返回、接送、安置等服务。其中本省籍163人次，外省籍144人次，无法查明地址270人；按性别分男295人，女282人；按年龄分未成年人2人，青壮年314

“6·19”全国救助管理机构开放日现场（区民政局提供）

人，老年人 261 人；按身体状况分健康人员 106 人，危重病人 3 名，精神病人 458 人，肢体残疾人员 10 人。安置无法查明地址的长期寄养人员 13 人，寻亲服务成功 2 人，死亡 1 人；危重病人、残疾人、精神病人和智障患者 471 人次，跨省救助护送 25 人次。

舟山市普陀救助管理站根据《中共中央办公厅国务院办公厅关于加强和改进生活无着的流浪乞讨人员救助管理工作的意见》《关于开展生活无着的流浪乞讨人员救助管理服务质量大提升专项行动的通知》文件精神，进行专项行动。是年，2 月 16 日市政府召开《舟山市社会救助工作联席会议》，形成《专题会议纪要》。6 月联合市公安局定海分局协同开展长期滞留人员寻亲服务工作，对 13 名滞留人员进行 DNA 血样采集检测及人脸比对，经公安户籍信息数据库分析，成功为浙江三门籍及湖北仙桃籍 2 名长期滞留人员找到家人。7 月 29 日，实际长期滞留人员为 10 人，全部落户安置在公办福利机构(舟山市定海区第三社会福利院)。

舟山市普陀救助管理站携手普陀区社会组织公共服务中心、普陀区网络义工协会于 6 月 17 日上午在区社会组织公共服务中心开展以“救助，让弱有所扶更温馨”为主题的全国第十个救助管理机构“开放日”宣传活动。此活动落实疫情防控要求，采取“线上+线下”相结合的方式进行宣传。通过展板以及电子屏滚动播放展示十年来在巡查、医疗、寻亲、安置、返乡等方面救助成效，利用“猜灯谜”形式宣传救助相关政策法规，对咨询问题进行讲解，发放宣传资料、宣传品 300 余份，提高救助管理工作知晓率和参与度。

“6·19”全国救助管理机构开放日宣传活动（区民政局提供）

2022 年 7—9 月和 11—12 月，舟山市普陀救助管理站在常态化街面巡查基础上，持续做好“夏送清凉、冬送温暖”专项救助行动，尤其在重大节假日及恶劣天气来临之前，增派人员及车辆，增加街面巡查频次和夜间巡视，劝导流浪乞讨人员放弃乞讨，接受救助，做到“应救尽救、可救尽救”，杜绝发生冻死、饿死、中暑等事件发生。保障流浪乞讨人员的基本生活权益。

【社会组织登记管理】 2022 年，区民政局开展社会组织年检工作。应检社会组织 329 家，参检社会组织 312 家，参检率 95%，合格 299 家，注销 45 家。4 月，向社会公开征集区级公益创投项目，有 36 个项目入选。年末，全区有注册登记社会组织306 家，其中社会团体 159 家（区级 94 家、镇街级 65 家）、新增社会团体 5 家(学术性 1 家、行业性 2 家、联合性 2 家)，民办非企业单位 146 家(教育类 26 家、文化类 18 家、体育类 25 家、其他类 77 家)，基金会 1 家。备案社区社会组织 1140 家。2022 年普陀区社会组织公共服务中心开展志愿服务活动 1300 余场，受益人群近 12 万人。

区社会组织公共服务中心上线“社会组织服务一件事”应用，赋能社会组织参与社会治理，纳入全省“一地创新、全省共享”“一本账”S0，入选省民政厅数字化改革第二批优秀案例。

基层群众自治组织建设

【社区建设】 2022年,区民政局开展现代社区建设工作,指导全区村(社区)规模依法调整,完成沈家门街道鲁家峙社区分社、东港街道新设新北社区、莲洋社区等工作,指导开展社区组织建设、选举、建章立制等。打造2个具有海岛特色社区“居民会客厅”。加强社区工作者队伍的管理和培育。制定年度城市专职社区工作者核编方案,出台招录工作实施细则,开展两次统一招聘工作,招聘46名工作人员。参与省市区“社区工作领军人才”、最美村社(工作者)等选树工作,选树1名市级社区工作领军人才,10名最美村(社)工作者。

【基层政权】 2022年,区民政局开展基层政权建设调研工作,调研沈家门街道、展茅街道等地村务公开民主管理规范化建设、村规民约(社区公约)及自治章程修订等情况。落实浙江省村民代表工作规程宣传工作,制作1000册分发到各村社。排摸全区各地村社异地办公情况,制定异地办公整治工作清单。完成异地办公整治工作。加强信息化建设工作。更新基层群众性自治组织架构,核对名称、地址及联系方式。完善全省基层群众性自治组织信息系统数据采集录入核对工作。是年,普陀区实际管辖4个镇、3个街道,建有居民委员会34个、村民委员会74个;有居民委员会主任34人、副主任34人、委员112人,居民小组948个;村民委员会主任74人、副主任41人、委员260人,村民小组1218人。

【社会工作】 2022年,区民政局开展乡镇社会工作站建设工作,完善5个存量乡镇社工站建设,指导其以政府购买服务方式聘用第三方运营团队开展试运营;完成六横镇、东极镇2个乡镇社工站建设,实现乡镇社工站全覆盖。加强社会工作人员培养力度,实施社会工作国家职业资格考试宣传、动员、报名、培训“一条龙”服务,是年新增持证社工58人;与区社会组织促进会签约社工培养项目,组织开展社会工作者考前培训等相关工作。

(撰稿:于英喆)

编辑:陈莉

社 会 生 活

城乡居民生活

【概况】 2022年,普陀区经济运行稳中向好,城乡居民生活继续改善。2022年全区地区生产总值为409.67亿元,按可比价格计算,比2021年增长4.0%;按常住人口计算,人均GDP10.63万元,比2021年增长3.7%。城乡居民个人存款余额达459.36亿元,比2021年增长20.1%。全体居民人均可支配收入62442元,比2021年增长5.0%;全体居民人均生活消费支出35994元,比2021年增长5.8%。

【城镇常住居民生活】 据抽样调查,2022年普陀区城镇常住居民人均可支配收入为70491元,比2021年增长4.1%。从四大类收入来源看:人均工资性收入42792元,比2021年增长4.1%,对可支配收入增长的贡献率为61.3%,是城镇常住居民收入增长的主要来源和增长点;人均转移净收入15307元,比2021年增长4.4%,对可支配收入增长的贡献率为24.9%,是城镇常住居民收入增长的次要来源和增长点;人均经营净收入9398元,比2021年增长3.3%,对可支配收入增长的贡献率为10.9%;人均财产净收入2994元,比2021年增长4.3%,对可支配收入增长的贡献率为2.9%。

2022年,居民收入持续提高,促进消费支出稳步提升。据

2022年普陀区城镇常住居民收入和支出情况表

表65 单位:元

收入项目	2022年	比2021年增长%	支出项目	2022年	比2021年增长%
人均可支配收入合计	70491	4.1	人均生活消费支出合计	38376	5.3
1.工资性收入	42792	4.1	1.食品烟酒	12337	4.7
2.经营净收入	9398	3.3	2.衣着	3827	4.8
3.财产净收入	2994	4.3	3.居住	4765	5.9
4.转移净收入	15307	4.4	4.生活用品及服务	2007	5.2
			5.交通和通信	4643	5.9
			6.教育文化娱乐	4368	5.7
			7.医疗保健	3953	5.8
			8.其他用品和服务	2476	5.5

抽样调查,全年全区城镇常住居民人均生活消费支出38376元,比2021年增长5.3%。从八大类消费支出看,呈现全面稳定增长态势。其中:食品烟酒支出12337元,比2021年增长4.7%,占生活消费总支出的比重(恩格尔系数)为32.1%,比2021年下降0.2个百分点;居住支出、交通和通信支出、教育文化娱乐支出、医疗保健支出占居民生活消费总支出的比重为12.4%、12.1%、11.4%、10.3%,分别比2021年增长5.9%、5.9%、5.7%、5.8%;衣着支出、其他用品和服务、生活用品和服务三类消费支出相对较少,占居民生活消费总支出的比重为9.9%、6.5%、5.3%,分别比2021增长4.8%、5.5%、和5.2%。

2022年,居民家庭居住条件继续改善,全区城镇常住居民人均住房建筑面积39.1平方米,比2021年增加0.5平方米。2022年城镇常住居民家庭主要耐用消费品每百户拥有量:家用汽车37辆,洗衣机94台,电冰箱116台,彩色电视机195台,电动自行车117辆,空调192台,家用电脑98台,移动电话223部。

【渔农村常住居民生活】 据住户抽样调查,2022年全区渔农村常住居民人均可支配收入为45570元,比2021年增长7.0%,增幅高于城镇常住居民可支配收入2.9个百分点,城乡居民收入差距继续缩小,城乡居民收入比由2021年的1.59∶1缩小为1.55∶1。

从四大项收入来源看:工资性收入较快增长,仍是渔农村常住居民收入增长的主要来源,2022年渔农村常住居民人均工资性收入23254元,比2021年增长7.2%,对可支配收入增长的贡献率达51.9%;经营净收入稳定增长,是渔农村常住居民收入增长的第二大来源,2022年渔农村常住居民人均经营净收入13294元,比2021年增长6.4%,对可支配收入增长的贡献率达27.7%;财产净收入和转移净收入平稳增长,是渔农村常住居民收入增长的有效补充,2022年渔农村常住居民人均财产净收入2596元,比2021年增长7.6%,对可支配收入增长的贡献率为6.1%;2022年渔农村常住居民人均转移净收入6426元,比2021年增长7.5%,对可支配收入增长的贡献率为14.3%。

2022年,居民收入持续提高,促进消费支出稳步提升。据住户抽样调查,全年全区渔农村常住居民人均生活消费支出31005元,比2021年增长6.6%。从八大类消费支出看,呈现全面稳定增长态势。其中:食品烟酒支出9484元,比2021年增长

2022年普陀区渔农村常住居民收入和支出情况表

表66 单位:元

收入项目	2022年	比2021年增长%	收入项目	2022年	比2021年增长%
人均可支配收入合计	45570	7.0	人均生活消费支出合计	38376	5.3
1.工资性收入	23254	7.2	1.食品烟酒	12337	4.7
2.经营净收入	13294	6.4	2.衣着	3827	4.8
3.财产净收入	2596	7.6	3.居住	4765	5.9
4.转移净收入	6426	7.5	4.生活用品及服务	2007	5.2
			5.交通和通讯	4643	5.9
			6.教育文化娱乐	4368	5.7
			7.医疗保健	3953	5.8
			8.其他用品和服务	2476	5.5

5.7%,占生活消费总支出的比重(恩格尔系数)为30.6%,比2021年下降0.3个百分点;居住支出、医疗保健支出、交通和通信支出占生活消费总支出的比重为21.8%、13.4%、10.4%,分别比2021年增长7.4%、7.6%和7.6%;教育文化和娱乐支出、其他用品和服务支出、衣着支出、生活用品及服务支出占生活消费总支出的比重为7.2%、6.1%、5.8%、4.7%,分别比2021年增长7.0%、6.7%、4.9%和5.8%。

2022年,居民家庭居住条件继续改善,全区渔农村常住居民人均住房建筑面积57.2平方米,比2021年增加0.3平方米。2022年渔农村常住居民家庭主要耐用消费品每百户拥有量:家用汽车26辆,洗衣机67台,电冰箱119台,彩色电视机191台,电动自行车98辆,空调130台,家用电脑61台,移动电话227部。

(撰稿:叶根杰)

物　价

【价格指数】 2022年市场物价总体稳定,全年居民消费价格比上年上涨1.7%,其中服务项目价格下跌0.3%,消费品价格上涨3.1%,商品零售价格上涨3.3%。八大类商品中,居住类价格下跌0.6%,医疗保健类价格上涨0.3%,食品烟酒类价格上涨3.2%。

【价格监测】 2022年,区发改局围绕重要民生商品保供稳价,定期对49种“菜篮子”价格,以及粮油、药品等334种重要民生商品价格进行采集、分析、公示、上报,密切关注价格运行中的苗头性、倾向性问题,加强预警预判,全年编写《“菜篮子”价格监测信息》36期,编写《部分常用药品价格监测信息》《民生商品价格监测信息》各12期,并在普陀政务网、《今日普陀》报进行公示。2022年全区各类生活必需品供应充足,总体零售价格保持稳定,主要商品价格运行情况呈以下特点:大米价格平稳。综合各期数据,监测的集市普通晚籼米、普通晚粳米、江苏产精制晚粳米、东北产精制晚粳米全年平均零售价每500克分别为2.3元、2.3元、2.7元、2.8元,普通晚籼米、普通晚粳米同比分别下跌4.17%,江苏产精制晚粳米同比下跌0.18%,东北产精制晚粳米与上年持平。面粉价格稳中有涨,综合各期数据,监测的集市特一面粉年平均零售价每500克为2.4元,同比上涨0.83%;特二面粉年平均零售价每500克为1.8元,同比上涨10%。食用油价格上涨幅度较大。综合各期数据,监测的集市5升装菜籽油、大豆油、大豆调和油年平均零售价分别为80.31元、65.43元、77.56元,同比分别上涨29.30%、25.56%、22.99%。猪肉价格总体下跌。1—3月猪肉零售价格持续下跌,进入7月,受全国范围内

2022年普陀区居民消费价格指数(以上年价格为100)统计表

表67

居民消费价格总指数	101.7
服务项目价格指数	99.7
消费品价格指数	103.1
一、食品烟酒	103.2
其中:粮食	100.9
鲜菜	99.7
畜肉类	95.3
水产品	103.0
二、衣着	97.6
三、居住	99.4
四、生活用品及服务	101.3
五、交通和通信	105.6
六、教育文化和娱乐	101.5
七、医疗保健	100.3
八、其他用品和服务	100.6
商品零售价格指数	103.3

2022 年 1—12 月普陀城区粮食采集平均价统计表

表 68

名 称	规 格	零售价格
普通晚灿米	二级	2.3
普通晚粳米	江苏二级	2.3
精制晚粳米	江苏	2.7
精制晚粳米	东北	2.8
江苏普通面粉	特一粉	2.4
江苏普通面粉	特二粉	2.0

生猪价格持续上涨影响，全区集市猪肉零售价格显著上涨，综合各期数据，普陀区监测的集市精瘦肉、肋条肉、后腿肉、肋排年平均零售价每 500 克分别为 20.60 元、21.94 元、17.62 元、27.56 元，同比分别下跌 10.61%、12.20%、12.78%、7.91%。鸡蛋零售价格略有上涨。综合各期数据，监测的鸡蛋年平均零售价为每 500 克 6.41 元，同比上涨 10.23%。水产品价格稳中有涨。重点监测的带鱼、养殖黄鱼、对虾每 500 克集市年平均零售价分别为 26.45 元、24.08 元、42.05 元，与上年相比，分别上涨 3.74%、5.50%、17.76%。淡水鱼价格总体上涨，综合各期数据，监测的集市草鱼、鳙鱼、鲫鱼年平均零售价每 500 克分别为 15.55 元、16.39 元、17.76 元，同比分别上涨 9.88%、8.56%、5.52%。蔬菜价格涨多跌少。综合各期数据，监测的 28 个品种蔬菜的年平均零售价为每 500 克 5.12 元，呈“20 涨 6 跌 2 平”态势，同比上涨 5.28%。其中，大白菜、土豆、蒜苗、韭菜、莴笋、青南瓜的价格涨幅超过 10%，而花菜的价格跌幅超过 10%。瓶装液化气价格总体上涨。2022 年全区液化气价格有 10 次调整，其中 6 次调涨 4 次调跌。年初监测的沈家门、东港瓶装液化气零售价格为 125 元/瓶，12 月份市场零售价格为 133 元/瓶。综合各期数据，2022 年监测的瓶装液化气的年均零售价格为每瓶 134.88 元，同比上涨 20.3%。

2022 年 1—12 月普陀城区“菜篮子”采集平均价统计表

表 69

单位：元 /500 克

名 称	规 格	零售价格	名 称	规 格	零售价格
猪肉	精瘦肉	20.60	海蟹	活白蟹 250 克以下	44.44
猪肉	新鲜条肉	21.94	海蟹	活膏蟹 250 克以下	32.95
猪肉	新鲜后腿	17.63	海蟹	活白蟹 250 克以上	102.62
猪肉	小排	27.57	海蟹	活膏蟹 250 克以上	166.09
牛肉	新鲜	55.95	草鱼	1 千克左右	15.55
牛肉	牛腩肉	59.28	鲤鱼	500 克左右	13.68
羊肉	新鲜	48.65	鲢鱼	白鲢 500~1000 克	8.94
鸡肉	开膛上等	17.94	鳙鱼	花鲢 1000~1500 克	16.39
鸡蛋	新鲜完整	6.41	鲫鱼	250 克左右	17.76
带鱼	新鲜 250 克左右	26.45	芹菜	中等	5.06
黄鱼	500 克左右	24.08	大白菜	中等	2.12
大虾	对虾体长 10 厘米左右	42.06	青菜	上海青	3.55

续表 69

名　称	规　格	零售价格	名　称	规　格	零售价格
黄瓜	平板黄瓜	5.03	冬瓜	切块零售	2.45
萝卜	长萝卜	2.21	莴笋	带皮	4.61
茄子	新鲜红茄	6.62	青南瓜	中等	3.78
西红柿	中等	5.56	香菜	中等	10.27
豆角	扁豆　荷兰豆	11.99	小葱	中等	5.42
土豆	中等	2.82	生菜	中等	5.10
胡萝卜	中等	3.22	毛山药	中等	7.47
青圆椒	中等	6.96	绿豆芽	中等	2.84
尖椒	中等	5.96	毛豆	带壳	7.68
包心菜	兰州包心	2.37	豆腐	中豆腐散装	2.42
蒜苗	中等	8.49	橙子	国产一级	7.79
韭菜	中等	5.49	苹果	红富士一级	7.22
花菜	白花菜	4.93	香蕉	国产一级	4.49
西兰花	中等	6.60	梨	鸭梨一级	5.72
洋葱	中等	2.48	西瓜	普通瓜	4.51

【政府定价管理】 2022年，区发改局开展价格审批24批次，涉及乡镇公墓、停车服务、物业服务、岛间客运等收费标准的制定和调整。

核定登步岛一期生态公墓最高销售价格：双穴15500元/座；核定六横镇戎家堂二期公墓最高销售价格：双穴15500元/座，三穴18000元/座；核定虾峙镇第十一期公墓最高销售价格：双穴14800元/座，三穴18500元/座。

核定舟山市普陀区上师大附属中旭实验学校中、小学学费基准价25000元/生·学期，允许按20%上下浮动，住宿费380元/人·月。

调整普陀体育馆室内篮球场、笼式足球场、室外网球场收费标准：周一至周五白天，室内篮球场200元/小时·场、100元/小时·半场，笼式足球场100元/小时·场，室外网球场80元/小时·场；周一至周五晚上，双休日、节假日全天，室内篮球场300元/小时·场、150元/小时·半场，笼式足球场140元/小时·场，室外网球场100元/小时·场。

核定“舟山群岛昌盛”普通客船营运嵊泗沈家湾至普陀东极航线票价：下舱座位130元/客，下舱卧铺220元/客，中舱座位200元/客，上舱座位260元/客，包厢卧铺和头等舱座位为380元/客。

下调六横、桃花、虾峙、登步4个海岛共计39条客运线路票价，预计每年为海岛居民节省出行费用约179万元。

临时调整普陀区六横、桃花、虾峙至宁波渡航船客运票价，票价下调50%。

核定新建商品房前期物业服务收费标准：璟兴佳苑小区前期物业服务收费标准按舟山市住宅小区物业服务收费等级二级执行，高层住宅（含中高层）最高物业费标准为1.70元/月·平方米；四季山海大观·海悦苑小区高层住宅（含中高层）最高物业服务费标准为2.3元/月·平方米；如意府小区普通住房前期物业服务收费标准按舟山市住宅小区物业服务收费等级二级执行，高层住宅最高物业费标准为1.8元/月·平方米；函景湾小区在业主委员会未成立前，普通住宅前期物业服务收费标准为多层公寓住宅（电梯楼）1.7元/月·平方米，高层住宅最高不超过1.95元/月·平方米。

【收费管理】 2022年，区发改局制定出台《舟山市普陀区电力接入工程费用分摊机制实施办法》，进一步减轻全区企业电力接入负担。落实水资源减征政策，除居民用水外，各供水企业向用户收取的水资源费在现行收费标准的基础上按照80%执行。

【价格评估鉴定】 2022年，区发改局依法开展价格鉴证工作，受理完成涉案、涉纪及行政执法部门的价格认定案件179件，价格认定总金额13728.85万元。

（撰稿：虞金波）

慈善事业

【概况】 舟山市普陀区慈善总会成立于2003年5月，是由热心慈善事业的自然人、法人和其他组织自愿参加的，面向社会公众开展慈善活动的全区非营利社会组织，业务主管单位为区民政局，内设办公室、社会救助科、宣传筹资科3个职能科室，分支机构为各镇街（管委会）、教育、公安、卫健、城管、交通运输、海洋与渔业、义工等16个分会。2022年，全区有社区（村）慈善工作站93个，占应建社区总数的88.57%。

【区慈善总会第四届理事会第五次会议】 2022年6月24日上午，舟山市普陀区慈善总会第四届理事会第五次会议在东港商务中心召开。副区长朱彦波出席会议并作重要讲话。区人大常委会副主任、区慈善总会会长陈春汉出席会议。区慈善总会常务副会长俞旭文主持会议。区慈善总会第四届理事会单位理事、个人理事和区慈善总会慈善资金监理小组成员参与会议。会议听取并审议通过《舟山市普陀区慈善总会第四届理事会第五次会议工作报告》；听取并审议通过《舟山市普陀区慈善总会2021年度慈善资金收支情况和2022年度慈善资金收支计划报告》；审议通过《舟山市普陀区慈善总会第四届理事会第五次会议选举办法》；通过大会监票人、计票人名单；补选区慈善总会第四届理事会个人理事2名，辞去区慈善总会第四届理事会个人理事2名。

【慈善募捐】 2022年，区慈善总会慈善资金总收入1439.28万元。全年捐赠收入达1171.25万元，其中322家单位捐款941.86万元，15670位爱心人士捐款212.14万元，捐赠物资17.25万元。

8—10月，全区开展第十九次“慈善一日捐”活动，共募集慈善资金393.83万元。总会募集112.05万元，16个分会共募集250万元，92个村（社区）慈善工作站募集31.78万元。

全区开展日常捐赠、定向捐赠和冠名捐赠等多种渠道募集善款。全年6家爱心企业和113位爱心人士日常性捐赠65万

8月11日，阳光装饰“一老一小”适改造慈善专项基金启动仪式（区慈善总会提供）

元。恒尊建设集团有限公司、舟山中远海运重工有限公司、桃花百润水产品有限公司、普陀东极海运有限公司、浙江省渔业互保协会普陀办事处、万向集团民生通惠公益基金会、舟山正山智能制造科技股份有限公司、国家电力浙江舟山海上风电开发有限公司、浙江永跃控股集团有限公司、舟山新舟丰食品有限公司、普陀骏海水产有限公司、浙江荣舟海洋产业股份有限公司12家单位捐赠153.584万元定向用于普陀区助困、助医、助学、助老和公益事业建设。舟山市都市阳光装饰有限公司、舟山市普陀卓海水产有限公司、普陀农村商业银行股份有限公司3家企业，2022年捐赠建立“冠名慈善救助基金”共计99万元。

【慈善救助】 2022年，区慈善总会继续以慈善助困、助医、助学、助老、助残及慈善公益六大类开展慈善救助活动，重点解决贫困群体实际困难，发挥慈善救助在社会救助中的拾遗补阙和社会保障中的补充作用。全年发放慈善救助金1098.23万元，受益6351人次，受益公益机构46家次。

慈善助困活动包括开展“情暖千家万户”送温暖救助活动，春节期间发放慈善救助慰问金25万元，用于救助普陀区困难家庭和爱心企业困难职工；继续开展慈善“造血型”扶贫基地项目，省、市、区三级慈善总会共扶持困难家庭65户，扶持慈善资金达36.8万元；开展女性“两癌”困难病人救助项目，对普陀区41名生活困难“两癌”妇女发放救助慰问金5万元；安排20万元慈善资金继续开展慈善超市补助项目。

慈善助医活动包括开展企业冠名基金医疗救助项目，“永航—同茂肿瘤救助慈善基金”和“东润—爱心助行慈善基金”2个救助项目全年资助89人次26.7万元；开展低收入户慈善医疗保险救助项目，共救助1705人次73.5万元；开展贫困群体尿毒症血透病人救助项目，共救助32人次11.34万元；开展重大疾病医疗救助项目，共救助649人次181.18万元；开展困难群体医疗救助项目，共救助252人次53.8万元。

慈善助学活动包括开展“金秋助学”慈善帮扶项目，2022年共资助262人次56.88万元；开展困境儿童慈善助学项目，资助孤困儿童21人次19.71万元。

慈善助老活动包括开展“光明行动”贫困白内障老人康复医疗救助项目，全年共救助577人次138.91万元；开展“夕阳安老”助老服务项目，重阳节期间共救助136人次6.8万元；开展重阳节慰问敬老院活动，慰问老人137人次2.72万元。

慈善公益活动包括开展公益组织边远海岛支老服务项目，2022年开展公益志愿服务活动137场次，服务11426人次；开展“护苗行动”单亲少年儿童关爱项目，全年开展“护苗行动”77场次，关爱单亲少年儿童2341人次，发放资金14.03万元。

【慈善宣传】 2022年，区慈善总会弘扬慈善文化，做好慈善宣传工作，营造向善可善浓厚氛围。借助新闻媒体，以“中华慈善日”和各种活动为契机，开展慈善文化宣传，通过普陀慈善网报道慈善信息41篇，舟山市普陀区慈

9月30日，普陀区慈善总会重阳慰老服务活动（区慈善总会提供）

善总会微信公众号推送慈善信息 48 篇。浙江省慈善联合总会微信公众号推送普陀慈善信息动态 14 篇，浙江慈善网刊登 13 篇，《浙江慈善》刊登 5 篇，《舟山晚报》刊登 3 篇，舟山市慈善总会网站刊登 20 篇，《今日普陀》刊登 4 篇。

（撰稿：李丹妮）

民族与宗教

【概况】 普陀是汉族聚居区，常住人口汉族占 97%以上，户籍人口汉族占 99%以上。常住人口稍多的少数民族有苗族、土家族、回族、彝族、瑶族、侗族、满族、壮族和佤族等，以居住在沈家门街道为多。普陀区是全市民族宗教工作重点县（区），有佛教、天主教和基督教三大宗教，有依法批准登记的宗教活动场所 43 处，其中佛教 24 处、天主教 11 处、基督教 8 处，民间信仰活动场所 106 处。

2022 年，区民宗局在普陀区民族宗教领域开展学习贯彻中共二十大和全省第十五次党代会精神系列活动；开展爱国主义教育主题活动，组织各宗教团体和宗教活动场所开展“迎国庆·升国旗”活动；贯彻落实全国宗教工作会议精神，组织宗教界开展崇俭戒奢教育；在宗教领域开展反诈宣传，教职人员下载安装国家反诈 App，提高反诈防骗的意识。全区性宗教团体联合发出《关于崇俭戒奢的共同倡议》。全区宗教界在区统一战线助力共同富裕活动中筹措善款近 80 万元。

【宗教领域数字化改革】 2022 年，区民宗局按省民宗委数字化改革要求，组织各镇街（管委会）统战委员、干事和网格员开通“浙里民宗快响”App，举办“浙江掌上宗教 App3.0”应用培训会，督促各镇街（管委会）做好每月“浙江掌上宗教”App 巡查和信息录入，推广和提高“浙江掌上宗教 App3.0”应用率。深化“互联网+政务服务”和“互联网+监管”改革，推进宗教场所财务信息化管理。组织互联网宗教信息服务管理工作培训视频会议，开展普陀区互联网宗教信息服务主体存量排摸统计，全区互联网宗教信息服务的宗教场所共 10 处。

【民宗领域“除险保安”工作】 4 月 20 日全省民宗系统“除险保安”专项行动部署会后，普陀区召开续会部署此项工作。7 月 14 日，召开全区宗教领域“除险保安”工作推进会。印发《普陀区民宗领域安全生产“除险保安”排查整治工作暨消防安全水平提升月活动实施方案》，加强电力、燃气、用火安全检查，组织开展消防安全知识培训和消防安全演练，做好场所燃气泄漏报警器安装，抓好日常平安巡查、消防大检查、建筑大检查，及时发出预测预警，全面找出问题隐患，实行“闭环式”管控，落实网格员巡查—场所负责人整改—民宗干部复核—结果晾晒的巡查闭环管理机制，确保各类隐患“大清零”。开展民间信仰场所管理整治月活动，对乱搭滥建、游僧入驻、消防安全等问题要求限期整改，并组织“回头看”。

【加强民族团结进步建设】 2022 年，区民宗局印发《关于做好 2022 年度全国民族团结进步创建重点培育单位和“浙里石榴红”品牌培育相关工作的通知》，发动各镇街（管委会）力量，在全区范围内排摸全国民族团结进步创建重点培育单位和“石榴红”家园、驿站、工作室、志愿服务队等，培育区民族团结进步促进会普陀石榴红青年志愿服务队作为“浙里石榴红”品牌创建单位，培育沈家门西河社区作为省级民族团结进步重点培养单位，推进“浙里同舟石榴红”创建工作。印发《普陀区 2022 年度民族团结进步创建宣传月活动方案》，9 月，开展“普心铸牢共同体·喜迎党的二十大”民族团结进步创建宣传月活动，在沈家门街道西河社区开展民族政策宣传展览活动。落实党的民族政策，做好 24 位少数民族身份中考学生的身份核查和优待审核工作。

【区民族团结进步促进会】 2022 年，区民族团结进步促进会推进铸牢中华民族共同体意识教育，学习贯彻中共二十大精神以及中央、省委、市委民族工作会议精神，成立“普陀之江同心·石榴红”家园，打造区民族团结进步促进会展示阵地。会员们在各个领域参与读书会、公益讲座、公益捡垃圾、疫情防控、创城迎检、党员知识竞赛、体育活动等各类志愿服务活动,共同建设中华民族共有精神家园。

【区佛教协会】 2022年,区佛教协会带领全区(不含普朱)佛教界落实思想政治理论学习,实施以宪法为主题的“十百千万”普法工程,开展“五进”佛教活动场所活动,进行“爱党爱国爱社会主义”主题教育,结合佛教界实际学习“四史”。以“文化引领、文化兴教”为宗旨,推进佛教中国化。举办全区佛教界第十届讲经交流会,以黄荆寺书画院为平台,举办“之江问道”僧众书法比赛、迎国庆书画展系列活动。投入70余万元助力乡村振兴、同心共富、帮扶弱势群体等公益慈善事业。

【区天主教爱国会】 2022年,区天主教爱国会组织开展中共二十大精神学习。组织开展崇俭戒奢教育,践行全面从严治教。做好天主教领域“除险保安”大排查大整治,开展场所消防应急演练。开展为偏远海岛老年人免费理发、剪指甲、打扫等志愿服务活动。

【区基督教两会】 2022年1月11日,区基督教两会(舟山市普陀区基督教三自爱国会和舟山市普陀区基督教协会)组织各堂点的会计、出纳开展财务培训。6月11日,组织各堂点在朱家尖基督教堂举行消防应急演练活动。10月16日,组织各堂点教职同工收看中共二十大开幕会。是年,区基督教两会投入社会公益慈善事业近10万元。

(撰稿:马玲)

普陀山佛教协会

【概况】 普陀山是中国四大佛教名山之一,岛上寺院众多。普陀山佛教协会第七届理事会会长道慈,是中国佛教协会副会长、舟山市佛教协会名誉会长、中国佛学院普陀山学院院长、观音法界管理中心主任、普济禅寺方丈。普陀山佛教协会第七届理事会副会长有信光(常务、法雨禅寺监院)、惟航(宝陀讲寺监院)、智宗(兼秘书长)、门肃、会闲、定明、心遐。2022年12月29日,中共中央统战部以电视电话会议形式召开首届全国宗教界先进集体和先进个人表彰大会,普陀山佛教协会获评首届全国宗教界先进集体,道慈获评先进个人。

【主要佛事活动】 2022年1月10日(农历腊月初八),普陀山普济禅寺于圆通宝殿举行腊八纪念释迦牟尼佛成道日祈福法会,道慈主持。2月3日(农历正月初三),普济禅寺于圆通宝殿举行新春抗疫祈福斋天法会,道慈主持。5月8日(农历四月初八),释迦牟尼佛圣诞日,普济禅寺举行浴佛法会,道慈主持。6月2日(农历五月初四),普陀山佛教协会组织普济禅寺僧众在西闪岛和寨峰山岛举行放生法会,倡导佛教护生思想与保护生态环境,道慈主持。7月17日(农历六月十九),观音成道日香会期,道慈和市委统战部副部长、市民宗局局长陈宏成等现场调度指挥,普朱管委会以及公安、消防等部门派人维护秩序,佛教协会各部门与普济禅寺各寮口协作值班。10月14日(农历九月十九),观音出家纪念日香会期,市委统战部(市民宗局)、普朱管委会以及公安、消防等部门负责现场秩序维护,佛教协会各部门与普济禅寺各寮口协作值班。8月12日(农历七月十五),普济禅寺举行盂兰盆传供法会,道慈主持。9月10日(农历八月十五),普济禅寺举行“礼拜月光菩萨”祈福法会。9月30日(农历九月初五),第九个烈士纪念日,普陀山全山各寺院举行英雄先烈超荐祈福法会。

【佛教文化交流与调研】 5月23日,第十四届中国国际普陀佛茶文化节在舟山东港塘头佛茶园开幕,道慈出席开幕式。6月26日(农历五月廿八),衢州市龙游县竹林禅寺举行戒成方丈升座庆典,道慈、惟航等一行应邀出席。7月6日(农历六月初八),杭州市天目山禅源寺举行智严方丈升座庆典,道慈等一行应邀出席。8月31日(农历八月初五),杭州市临安玲珑山卧龙寺举行乾良方丈升座庆典,道慈一行应邀出席。11月4日,由中国佛教协会主办,浙江省佛教协会、中国佛教讲经交流基地协办,湖州市佛教协会承办的“2022中国佛教讲经交流会”在湖州市开幕，在开幕式后的背经环节，中国佛学院普陀山学院2021级3名学员分别背诵《金刚经》《地藏经》《药师经》。11月5日，由中国佛教协会主办，浙江省佛教协会协办，中国佛教讲经交流基地、杭州市佛教协会、杭州佛学院承办的“2022佛教论辩会”在杭州佛学院开幕，论辩会以“践行佛教中国化”为主题，道慈在开幕式上致辞。11月12日(农历十月十九)，湖州德清高峰禅寺举行佛教中国化佛艺禅心大憨画展暨大憨升座庆典。道慈、信光、惟航一行应邀出席。11月13日，《本来如一藏》编委会向普陀山佛教协会捐赠藏书仪式在观音法界举行，农工党中央联络委主任黄泰康，市委常委、市委统战部部长王高瞻，副市长、农工党舟山市委会主委孙小晓，大国学院副总干事刘鹃，普朱管委会党委书记、主任应朝阳，普陀山佛教协会道慈、信光、惟航、智宗、门肃、定明等出席仪式。

10月10—11日，省委常委、统战部部长邱启文到舟山调研并主持召开座谈会。省委统战部副部长、省民宗委主任鲍秀英参加调研。邱启文听取舟山市统战工作情况汇报，并就相关问题作深入交流。11月10日，中国宗教杂志社社长刘金光一行在省民宗研服中心主任余凯，市委统战部二级调研员周开龙的陪同下到访普陀山考察交流，道慈在普济禅寺方丈殿接待。

12月14日上午，舟山市佛教协会第六次代表会议在中国佛学院普陀山学院国际会议中心开幕，全市佛教界80余名代表(含特邀代表)参加会议。王高瞻、陈宏成、道慈，浙江省佛教协会秘书长金幸祥到会祝贺并致辞。

【慈善工作】 8月31日，浙江省红十字会第八次会员代表大会在杭州召开，普陀山佛教协会获评浙江省红十字事业博爱贡献奖先进集体。9月2日，第七届浙江慈善大会在杭州召开，普陀山佛教协会获第七届“浙江慈善奖”机构捐赠奖。

【爱国主题活动】 10月1日，普陀山佛教协会组织全山各寺院(单位)举行升国旗仪式等系列爱国主题活动，迎接中共二十大召开。10月10日，“之江问道 喜迎二十大 文润普陀 永跟党走”普陀山佛教协会摩崖石刻拓片展在普陀山宝陀讲寺佛教书画院开展。10月30日至11月3日，普陀山佛教协会各寺院(单位)组织全体僧众职工学习中共二十大精神。

(撰稿：张豪)

编辑：刘玥

镇街(管委会)综情

六横镇

【概况】 六横镇位于普陀区南部,东濒东海,南、西南临磨盘洋、牛鼻山水道与宁波市象山县涂茨镇、贤庠镇隔海相望,西、西北濒汀子门水道、佛渡水道与宁波市北仑区梅山街道水域相连,北、西北傍佛渡水道与宁波市北仑区、白峰镇隔海为邻水域相连,东北隔条帚门与虾峙隔海相邻。由六横、佛渡、悬山、凉潭、大蚊虫、台门对面山、砚瓦山、笔架山、野佛渡、汀子山、牛山、外青山、大铜盘、悬山后门山14个有居民海岛和144个无居民海岛组成,陆域面积139平方千米(含小郭巨围垦区20平方千米),镇政府驻蛟头三八路101号,距普陀城区24.8千米。2022年,六横镇地区生产总值同比增长3.6%;完成规模以上工业产值120亿元,同比增长17.3%,规模以上工业增加值增速5.4%;完成固定资产投资25亿元,同比增长53.7%;实现地方财政收入5.45亿元,按自然口径计算增长0.24%。城镇和农村居民人均可支配收入分别增长8%和9%。

【招商引资】 2022年,六横镇全年实际使用外资3259万美元,超额完成3000万美元的年度目标任务;到位市外资金30.5亿元,超额完成30亿元的年度目标任务。抓住宁波舟山港六横公路大桥开工机遇,对接宁波及周边地区的汽车及船舶配件、机械零部件企业;在招引投资1亿元以上"短平快"制造业项目方面累计签约6个项目,其中5个已取得土地,1个近期完成供地;对接三宁化工、博汇化工、鑫甬生物、大中矿业等龙头企业,力争尽快签约落地。

【重大项目】 2022年,六横镇开展"项目攻坚年"行动,保障项目建设加快推进,11个省市项目超额完成年度目标。其中,六横公路大桥政策处理专班完成各项政策处理工作任务,保障大桥11月初正式进入开工建设;LNG接收站地基处理工程稳步推进,于12月初获得国家发改委项目核准;浙能电厂二期争取到建设容量、能耗指标等关键要素,主厂房建设全面启动;围绕打造氢能全产业链示范,全市首座加氢站建成投运、首条氢动力示范船舶下水、首批氢动力环卫车投入使用。

氢动力示范船舶(六横双屿港文化传媒有限公司提供)

10 月 12 日，鑫亚船舶与法国 GTT 签署 LNG 技术合作协议（六横双屿港文化传媒有限公司提供）

【临港工业】 2022 年，六横镇船舶修造业向智能制造转型，全年修船 868 艘，其中外轮 674 艘，实现产值 63.4 亿元，同比增长 17.4%。中远海运重工完成全球最大 LNG 双燃料动力集装箱船修理业务，鑫亚船舶成为国内首家获 GTT 薄膜型 LNG 船修理资质的民营修船企业。综合能源产业持续发力，全年完成火力发电量 120 亿千瓦时，光伏发电 1550 万千瓦时，海上风力发电 7 亿千瓦时，实现产值 52.4 亿元。六横港区全年货物吞吐量首次突破亿吨，同比增长 17.7%，跻身亿吨港区行列。五金仪表行业加快技术升级，全年完成产值 1.6 亿元。激励企业创新提质，新增国家高新技术企业 1 家、国家科技型中小企业 9 家，新增省级科技型中小企业 3 家。

【产业规划】 2022 年，六横镇开展产业规划设计，完成六横清洁能源材料产业园发展规划和小郭巨产业园区总体规划编制。结合三区三线规划调整，将 2.21 万亩（约 1473.33 公顷）现状稳定耕地全部调出永农划定范围；结合宁波舟山港总体规划调整修编，争取凉潭岛、棕榈湾、台门港等重点产业区块码头规划调整和双屿门进港航道锚地规划调整。紧盯政策窗口，对接上级部门，争取落地 3 个政策性金融工具重大项目，共计资本金 19.03 亿元；全年整治完成低效企业 30 家，盘活闲置工业用地 100 亩（约 6.67 公顷），全部完成市里下达的年度目标。

【城市建设】 2022 年，六横镇推进海上花园城市建设，推进宁波六横水务一体化、医共体建设，悬山交通旅游码头、冷热联供二期工程等重点项目建成投运，全新岛际交通客船、新能源公交车投入运营，完成 C 级危房解危、坦岙安置小区环境提升等民生工程建设任务。加快推进政务服务标准化建设，建立健全“前台综合受理、中台分类审批，统一窗口出件”的服务运行机制，全年完成业务办理 4760 件，实现政务 2.0 收件率 95.33%。

【乡村振兴】 2022 年，六横镇推进美丽乡村建设，完成小湖、悬山、和润 3 个市级美丽乡村创建。渔农业深入走特色化精品化发展道路，打响五星土豆、悬山大黄鱼等特色品牌，全年实现渔

冷热联供二期工程（六横双屿港文化传媒有限公司提供）

12 月 17 日，举办五星海岛土豆节（六横双屿港文化传媒有限公司提供）

农产值 8.49 亿元。村集体经济发展壮大，全年村集体经济总收入达 6500 万元，其中经营性收入达 5500 万元。推进国际海钓公园建设，谋划悬山岛“小岛你好”，申报成功第七批国家级海洋牧场示范区，“一条鱼产业链”现代海洋牧场综合体项目纳入国家农业农村基础设施重大项目储备清单。“浙里钓”特色应用上线应用，外门沙七彩沙滩露营基地投入试运营，双屿古道五星、沙浦、棕榈湾段已建成，推动海岛渔农旅融合发展。

【城乡环境】 2022 年，六横镇开展城乡环境综合整治，完成六横路延伸段精品示范街、峧头政府广场“席地能坐”保洁区、峧头学前路“门前三包”示范街等创建任务，全年拆违 8130 平方米，清运处置生活垃圾 2 万余吨。打好蓝天保卫战，按要求完成中央、省环保督察反馈问题及长江经济带警示片“举一反三”反馈问题整改。开展“五水共治”工作，完成六横岛中小流域（双塘片）综合年度治理任务，完成 2 个美丽山塘、3 座美丽池塘创建，打造水清岸绿良好环境。开展五彩六横建设，完成省级园林城镇创建。

【民生保障】 2022 年，六横镇推进十大民生实事项目，完成六横中学改扩建工程二期、污水处理厂二期等重点工程，推进各中小学校舍改造提升以及村卫生室、暖心家园建设。六横农贸市场成功创建浙江省放心农贸市场。推进文化惠民工程，改造文化礼堂 5 家，新建数字文化礼堂 2 家，成立六横文学艺术界联合会，打造 39 个“15 分钟品质文化生活圈”，开展文艺下乡系列演出活动，推进海岛文化事业繁荣发展。双拥、计生、就业、优抚等工作均有序开展。

（撰稿：施涵博）

污水处理厂二期（六横双屿港文化传媒有限公司提供）

桃花镇

【概况】 桃花镇位于舟山群岛东南海域，包括桃花、悬鹁鸪山 2 个有居民海岛和附近海域的 60 个无居民海岛，陆域总面积 45.20 平方千米。东北与登步岛、西北与蚂蚁岛合围成桃花一级渔港，西南隔虾峙门水道（国际航道）与虾峙岛相邻，东南临东海洋鞍渔场。2022 年，辖青龙、茅山、盐厂、对峙、公前、沙岙、塔湾7个村和公前1个居委会。桃花岛区位优势明显，有独特的渔、港、景资源，经济发展“以旅游为主导产业、海洋运输为支撑、渔农为基础”，旅游产业发展迅速。年末户籍人口15667人，常住3257户，常住人口7052人。2022年全镇地区生产总值28.3亿元，同比增长3.65%。实现渔业总产值3.47亿元，农业总产值0.65亿元，旅游门票收入733.9万元。全年财政总收入10799.3万元，其中地方财政收入4031.86万元。渔农民人均纯收入2.95万元。固定资产投资5亿元。

桃花岛是省级风景名胜区，国家AAAA级景区。2022年3月桃花岛获评舟山市职工疗休养基地，8月获省级健康乡镇称号，11月获评全省湿地保护修复成绩突出集体。

【党建与共富行动】 2022年，桃花镇实施“红动党建·共富桃花源”行动，动员各级党组织开展常态化入企、入村、入户活动，精准服务企业、盘整闲置资产；利用“桃园义警”巡防队、景区纠纷特邀调解员等品牌，在旅游旺季动员百余名兼合式党支部党员参与景区治理，优化旅游环境。持续完善“青桃学社”青年干部培养模式，是年有学员45人。结合农旅融合发展需要，依托小桥头旅游服务中心，打造“桃源共富基地”；开辟农旅产品展销空间、搭建网络直播阵地、提供合作交流平台，加快人才集聚。搭建完成网络直播平台，开展桃花农旅产品直播推介活动1次。

青桃学社活动（桃花镇提供）

【网格综治】 2022年，桃花镇综治工作实行综治、司法、网格管理“三位一体”，资源共享，承担网格走访、民情收集、巡逻维稳、信息汇总、综合研判、流转督办等基层基础工作。镇综治办以“除险保安”专项行动为抓手，抓实“三化、三力、三提”建设，确保中共二十大等重要敏感节点期间全镇“人员零上访、社会零扰序、生产零事故”。推进社会治安综合治理，刑事案件发案率得到遏制，做好反诈App推广、防范养老诈骗等工作。开展不稳定风险隐患排查，开展矛盾纠纷调解专题培训，推动“浙江解纷码”数字法治场景应用落地，为基层矛盾纠纷讼前化解提供新渠道，全年镇人民调解委员会成功调解矛盾纠纷18起。围绕平安建设和疫情防控等工作，优化编制“最小单元”。调整网格组织体系，搭建“9网格+31个微网格”构架，实现网格细化。加强网格力量配备，完成网格“1+3+N”和微网格团队“2+5+N”人员配置，组建“三位一体”网格治理团队。

【旅游业】 2022年，桃花镇挖掘用好桃花特色禀赋资源和丰厚文化底蕴，发展海岛旅游新业态，创新开发滨海旅游新产品，全年接待游客28.34万人，门票收入733.86万元，旅游收入22704.58万元。

是年，桃花镇投入2500万元推进景区提档升级，塔湾金沙提升改造工程历时1年，景区外立面、景观、绿化实现整体性升级，景区产品和运营主要围绕滨海体育运动布局发展，完成海上飞拉达二期项目，并于10月投入运营。浙江省运动休闲旅游示范基地、舟山市足球协会沙滩足球训练基地挂牌。美化桃花寨景区。发挥桃花寨景区“山间谷地、靠山面海”的自然资源优势,实施游步道景观改造、休闲茶室改造,绿化美化栈道沿途景观,更加符合旅游摄影打卡趋势。激活射雕影视城景区。面对金庸武侠文化 IP 热度逐渐褪去的问题,利用景区仿古建筑资源,打造沉浸式剧游项目,配套建设全息水幕投影等项目打开新市场。挖掘安期峰景区。利用“安期生炼丹修炼”仙道文化,打造安期生道家文化康养基地项目,成立桃花岛安期生道家文化研究中心。推出特色文旅体活动,举办“狂浪夏季 乐动桃花”沙滩音乐节、“桃花岛”杯舟山市沙滩足球锦标赛等赛事活动,引入长三角游客。完成民宿协会提升工作,制定《桃花镇海岛民宿经营管理办法》《桃花镇民宿门前三包制度》《桃花镇民宿行业红黑榜制度》。年底,桃花镇有酒店、民宿 112 家,床位 2090 张,其中加入民宿协会的有 87 家,星级民宿约 18 家,其中省级银宿 2 家、四星级民宿有 4 家、精品民宿 6 家。

海上飞拉达(桃花镇提供)

【渔业】 2022 年,桃花镇渔业突出渔业绿色、生态、优化转型和推进“一打三整治”、巩固“三战”成果的工作重心,不断夯实渔业稳镇基础。全镇有渔船管理服务站 1 个,渔船信息点验中心 1 个,休闲渔业公司 1 家,近岸涉渔生产村 1 个。按户籍口径统计,全镇有渔业户 2216 户,渔业人口 6269 人,本地渔业相关从业人员 2324 人,其中捕捞劳动力 1289 人,养殖劳动力 140 人。全镇有各类大小渔船 138 艘,其中 60 马力以上 114 艘(捕捞渔船 95 艘,渔运船 17 艘、渔油船 2 艘),60 马力以下 24 艘(含休闲渔船 1 艘),总功率 28613 千瓦,总吨位 19098 吨;2022 年全镇渔业总产量 42158 吨,其中捕捞产量 37156 吨,海水养殖产量 5002 吨,渔业总产值 3.47 亿元。完成“帆张网”渔船整治,在禁渔期前提前完成帆张网作业渔船清零任务;巩固“雷霆行动”战果,打击涉渔“三无”渔船,开展联合执法行动,2022 年取缔“三无”渔船 14 艘;推进渔业基础设施与发展环境的改善,完成塔湾养殖围塘提升改造。

塔湾金沙入口(桃花镇提供)

【农业】 2022 年,桃花镇重点推进农田提升改造和农业水利基础设施建设,发展特色效益农业。全镇有耕地 6399 亩(426.6 公顷),山林面积 47530 亩(约 3168.67 公顷),其中国家级重点公益林面积 40750 亩(约

2716.67 公顷），果园 1200 亩（80 公顷）；家庭农场 22 家，农业龙头企业 2 家，各类农业专业合作社 18 家，农业联合社 1 家，入股的农户 475 户，全年产值 1250 万元；在 2021 年对 2800 亩（约 186.67 公顷）耕地非粮化整治的基础上，2022 年对耕地进行整体规划和流转，由 5 个外地大户承租 2300 亩（约 153.33 公顷）耕地，用于粮油种植，整治后全镇尚有橘园 700 亩（约 46.67 公顷）；种植大棚葡萄、大棚小白瓜、大棚柑橘等设施农业种植面积 230 亩（约 15.33 公顷），其中大棚小白瓜（甜瓜）面积 160 亩（约 10.67 公顷），大棚柑橘（红美人）30 亩（2 公顷）；茶园面积 1080 亩（72 公顷），其中有机茶园 780 亩（52 公顷）；桃园面积 380 亩（约 25.33 公顷），水仙花种植面积 200 亩（约 13.33 公顷），年产水仙花商品球 60 万只，其中黄色普陀水仙 25 万只。2022 年全镇启动茅山农田基础设施提升、蚂蝗坑水库至盐厂畈灌溉引水工程等项目，谋划桃花镇农事服务中心、海上桃花源未来农场、2023 桃花镇高标准农田提升改造（绿色农田）、小桥头周边农田水系提升改造等重点农业项目工作。2022 年度水利工程维修养护已基本完成，投资 200 万元建设蚂蝗坑水库管理配套设施改造提升工程，投资 380 万元建设塔湾朝阳泵站建设工程，投资 140 万元建设海塘安澜工程（乡镇海塘）——鹁鸪门海塘，投资 450 万元建设学耕海塘提升工程（一期），投资 1600 万元建设海塘安澜工程（乡镇海塘）——协耕海塘。10 月 28 日，桃花镇以“把中国人的饭碗牢牢端在自己手上”为主题，举办“海上桃花源 2022 年桃花岛首届丰收节”活动。

海上桃花源桃花岛田园综合体（桃花镇提供）

【工业与海运】 2022 年年底，全镇有工业企业 73 家。按企业规模分，产值在 500 万元及以上 1 家，产值在 500 万元以下 72 家。按企业注册登记类型分集体企业 4 家，股份合作企业 3 家，有限责任公司 2 家，私营企业 7 家，个体独资企业 2 家，其他企业 55 家。工业总产值 5105 万元。海运（海洋工程）企业在桃花镇注册并运营 62 家，分公司 82 家，个体单船 21 艘。全镇海运企业和单船船只 193 艘，运力 87.3 万载重吨。其中，油船 138 艘，总载重吨运力 46.4 万吨；化学品船 26 艘，总载重吨运力 9.8 万吨；货船 26 艘，总载重吨运力 30吨。

【教育文化】 2022 年，桃花镇有中心学校 1 所。小学部有 6 个教学班，年末在校学生 108 人，教职工 16 人；初中部隶属东港中学桃花分部，年末有 3 个教学班，在校学生 49 人，教职工 11 人。中心幼儿园 1 所，设有 3 个教学班，在园幼儿 42 人，教职工 14 人。成人文化技术学校 1 所，有专职教师 3 人，兼职教师 15 人，村（居）教育干事 8 人，社区教育义工 20 人，社区教育志愿者 42 人。桃花镇成校建有校外六大实训基地，投入 3.2 万元建设桃花镇烹饪、面点培训基地。是年，开展居民素质提升教育活动 68 次，合计参加 2292 人次，其中老年教育 26 次，合计参加 1494 人次，开展老年智能技术日常应用培训 5 期，共有

225 人参加;其他 42 次,合计参加 798 人次。组织开展实用技能及实用人才培训 4 期，合计参加 120 人。2022 年进 7 个文化礼堂开展社区教育活动,组织活动 61 次，合计 1992 人次参加。

全镇有文体业余团队 16 支,各类业余文艺教练 41 人,文体骨干 300 余人。全年开展节庆、群众文体活动及各类培训 50 余场次,举办“狂浪夏季·乐动桃花”海浪音乐节暨全国大学生短视频拍摄邀请赛“普陀水仙奖”颁奖活动、海上桃花源 2022 年桃花岛首届丰收节、2022 年“浙能绿城”浙江省男子沙滩足球比赛、2022 年桃花岛杯舟山市沙滩足球锦标赛暨第八届渔农村沙滩足球锦标赛,协助举办帆船跳岛赛。完成全镇 9 个 15 分钟品质生活文化圈的挂牌工作。完成镇图书馆和各村农家书屋图书更新工作,完成省文化和旅游厅公共文化场馆服务功能拓展先行先试试点单位的验收工作。举办 2022 年桃花镇“书香送军营”读书分享活动，赠送各类图书 800 余册。完成所有文保点的巡查及保护工作,对发现的安全隐患第一时间通知当事方整改。完成桃花中心学校第二届“少年非遗说”传说故事讲述大赛的拍摄录制，完成“来找郎头侯·舟山《贺郎调》”挖掘传承工作,做好市级非物质文化遗产“桃花会”的挖掘传承工作。对“三普”文物点进行复查,成立桃花镇“东海渔嫂”护宝队,不定期巡查所辖村域的文保点,确保文物安全。

年底,全镇 7 个建制村均建有文体活动室、室外文体广场和健身路径等。全镇文化礼堂达到 9 家。

【医疗卫生】 2022 年,桃花镇中心卫生院下辖 6 家村卫生室。服务网络覆盖整个桃花镇，构建“二十分钟服务圈”,为居民提供基本医疗和公共卫生服务。年底，健康电子档案建档率 83.12%,居民规范化电子健康档案覆盖率 74.26%；签约率 51.10%,重点人群签约率 86.12%;高血压患者规范管理率81.38%,管理人群血压控制率 67.81%;糖尿病患者规范管理率 78.25%,管理人群血糖控制率 64.02%;严重精神障碍患者规范管理率 91.35%,严重精神障碍患者稳定率 98.08%;辖区内适龄儿童建卡率 100%，五苗接种率 100%,早孕建卡率 94.29%,孕产妇系统管理率 94.29%，产后访视率 97.14%;7 岁以下儿童管理率 100%,高危儿及营养性疾病儿童管理率 100%,0~6 岁儿童眼保健和视力检查覆盖率 94.36%;完成居民健康体检 2849 人次,65 岁以上老年人 2537 人次，参保老人 2418 人次。全年发热门诊诊疗 621 人次。全镇新出生人口 40 人,其中二孩 4 人。

【基础设施】 2022 年，桃花镇“三改一拆”完成拆除违建面积 480 平方米。完成“四边三化”点位 3 处。加强地质灾害防范,全年全镇投资 20 万元完成沙岙村 3 弄 7 号民居后侧边坡应急治理工程,通过上级单位验收。为体现人居生态美,推进美丽海岛建设，投资 1766 万元推进塔湾未来乡村建设，对塔湾村网红凉亭、水井打造、牌坊修缮、小百货廊架、村委广场提升、中国梦景墙、庭院廊架等节点进行建设。投资约 300 万元,推进对峙村乌石子村庄环境综合提升改造项目,对乌石子墙体刷白、网红节点打造和环境整治。投资 50 万元完成 2022 年桃花镇森林质量精准提升实施面积约 300 亩(20 公顷)。总投资约 60 万元,新建对峙村乌石子老年协会公厕 1 座，改造茅山村茅山庙旁厕所、青龙村后沙头篮球场旁厕所各 1 座。推进渔农村截污纳管工作,总投资 1050 万元完成桃花镇茅山村渔农村生活污水提标改造工程,铺设管网 6939 米,新建生活污水终端 3 处，受益农户 433 户;投资 700 万元推进桃花镇青龙、公前、对峙 3 村渔农村生活污水提标改造工程,已完成主管铺设 2000 米，路面修复 1500 米,完成接户 115 户,新建化粪池 60 座;投资 10 万元完成连治山 1 号终端提标改造工作。推进“河长制”提档升级工作,全面优化河(湖)巡查,通过“河长在线”App，镇村两级河长全年完成巡河湖 1620 次。投资 200 万元对公前集镇区主路街面楼宇房屋、店面及公共设施和塔湾村民宿进行亮化改造提升。

全镇有 1 家养老服务中心和 6 家养老服务照料中心。镇养老服务中心和残疾人之家由舟山市普陀区馨悦养老服务中心

桃花镇桃源中路灯光夜景（桃花镇提供）

托管，庇护残疾人 25 人。截至年底，镇养老服务中心有 32 名老年人居住，为 18 名老人开展送餐服务。

全镇公路全长 57696 米。其中，县道 4 条、25.35 千米，乡道 3 条、17664 米，村道 15 条、14682 米。2022 年，桃花镇对上船跳接线公路、塔湾至乌石子公路、庵根至千步沙道路提升改造，对老埠头海防执勤道路、桃宫线、公蚂线部分维修。沙乌线沙河桥提标改造工程，完成总工程量的 60%。对客运站进行提升改造，计划总投资 1.68 亿元，年底完成总工程量的 20%。

市自来水有限公司桃花营业所日供水量最大为 8000 吨，日用水量高峰 2400 吨。年总蓄水量 52 万吨。全年工业用水 5 万吨，旅游用水 15 万吨，居民用水 20 万吨，年人均用水量约 28 吨。有污水处理厂 1 座，设计日污水处理能力 2000 吨，日处理污水为 1500 吨；污水处理站 1 个，设计日污水处理能力 500 吨，日处理污水 200 吨。

桃花镇有 35 千伏及以上变电所 1 座，主变压器 2 台，总容量 30 兆伏安，高压输电线路 2 条，总长度 22.5 千米，用电负荷 6000 千瓦。全年供电量 0.418 亿千瓦时，销售电量 0.398 亿千瓦时，供电可靠率 99.9%。

桃花邮政支局有 1 个营业厅和 1 个邮政储蓄所，投递路线单程总长度 71 千米，乡村通邮率 100%。年底，有电信企业 1 家，服务网点 1 个，固定电话用户 1336 户，电信宽带接入用户 922 户。有移动企业 1 家，服务网点 2 个，移动电话用户 6638 户，移动宽带接入用户 1120 户，移动基站 23 只。舟山普陀华数广播网络有限公司桃花虾峙分公司下设华数桃花营业厅，年末全镇有数字电视用户 3192 户，华数宽带用户 1372 户，互动终端 2384 户。

（撰稿：史久斌）

虾峙镇

【概况】 虾峙镇位于普陀区中南部，东濒东海，南、西南临笤帚门与六横镇隔海相望，西北濒峙头洋与宁波北仑区白峰镇隔海相眺，北、东北隔虾峙水道与桃花镇为邻。陆域总面积 23.59 平方千米，包括虾峙岛、湖泥山、东白莲、西白莲、大双山、小双山、走马塘、金钵盂 8 个有居民海岛和 116 个无居民海岛。2022 年辖晨港、兴港、灵和、东晓、黄石、湖泥 6 个渔农村村民委员会，灵和 1 个居民委员会，6 个经济合作社。年末户籍人口 6917 户、20666 人。镇政府驻灵和村大岙一区 20 号，距普陀城区 21.5 千米。

虾峙以渔为主，山多地少，种植以番薯为主的少量旱粮农作物，大涂面、沙峧地块零散种植有大棚蔬菜。沟头井土猪肉是虾峙名优农特产品。林地面积 22492 亩（约 1499.47 公顷），全镇植被以杉木和乔木为主，森林覆盖率 50.75%。

2022 年，虾峙镇四项主要经济指标位列全区第一，渔农村居民人均可支配收入同比增长 8%，八件民生实事项目完成。

【渔业】 虾峙镇作为全国最大群众远洋渔业基地，远洋鱿钓船占全区三分之一,素有“鱿钓之乡”美誉。2022年,全镇有远洋船舶150艘,其中捕捞船145艘,捕捞辅助船5艘,实现渔业总产量21万吨,总产值19.0193亿元。

【工业】 2022年,虾峙镇有规模以上工业企业2家。东白莲油品储运项目码头工程累计完成水工结构总量的99%,库区工程累计完成库区工程总量的47%,累计完成行政区工程总量的5%;加快推进西白莲二期技改项目建设,码头、宿舍楼全面开工。全年接洽客商25批次,实际利用市外资金7.2亿元,完成外资178万美元,新招引亿元以上重大项目1个。金钵盂冷轧钢项目进行桩基础工程施工;物流仓储码头布局纳入宁波舟山港总规修编初稿范围;完成产业园配套厂房建设,办公楼、宿舍楼完成工程施工,进行精装修改造升级。2022年新建化工品、油品等航运船舶5艘,海运业总运力达到45万载重吨。

【环境建设】 2022年,虾峙镇成功创建黄石、灵和市级美丽乡村精品村。建成美丽镇口杜鹃花广场,打造三星级美丽庭院35户,新增“一米菜园”15亩(1公顷),完成杆线序化整理5千米,开展渔农村环境卫生网格化管理行动50余次,试行第三方环卫公司运营模式。完成森林精准提升300亩(20公顷),治理西白莲边坡、南岙废弃宕口、小虾峙废弃矿山等10个边坡。渔农村污水

第一届“虾意生活节”活动现场(虾峙镇提供)

终端实现标准化运维管理,被浙江省治水办评为2021年度全省五水共治优秀乡镇。

【教育文化旅游】 2022年,虾峙小学撤销。镇成人文化技术学校1所,专任教师3人,兼职教师10人。文化站1个,村文化圈8个,图书室7个,图书箱200只,村村设老年活动中心。全域创成区级三星级文化礼堂,开展文化活动30余场。举办第一届“虾意生活节”及元宵渔乐会文艺演出,参与群众演员100余人次,观看群众2000余人次。发放旅游发展扶持奖励资金68万元;新培育省级金宿1家、银宿2家,岛内运营民宿增至19家,全

“共富方舟”活动(虾峙镇提供)

年过夜游客量超6万人次。

【社会民生】 2022年，虾峙镇成功打造民宿共富工坊5个，新增家门口就业人数200余名，村集体经济经营性总收入增长5%。开展“共富方舟”活动2场，受益群众超500人次；取消骨灰纪念堂格位费和管理费；完成东晓托老所提升、湖泥幸福驿家建设；实现镇敬老院和居家照料中心精细化管理运维；镇便民服务中心、灵和村便民服务中心获评市级政务服务标杆示范大厅。

2022年年底，虾峙镇有中心卫生院1所，卫生服务室7个，卫生从业人员80余名，初级卫生保健网覆盖全镇6个建置村，开设远程视频诊疗。

【基础设施建设】 2022年，虾峙镇完成老厂跟海塘加固工程，金钵盂海塘加固工程完成70%，完成全镇一米菜园建设工程。灵和至东晓、黄石饮用水管网工程建成通水，顺利完成湖泥老厂根海塘、石棚港水库等10个水利设施除险加固工程。正式运营朱家尖至虾峙客渡航线，重启栅棚至东白莲航线，提升农村道路2千米以上，完成全部公交车更新提档，优化提升公交候车亭21个。

（撰稿：吴姿萱）

东极镇

【概况】 东极镇地处普陀区最东端，距沈家门渔港约45.5千米，陆域面积11.72平方千米，海域面积约500平方千米，由庙子湖、青浜、黄兴、东福山、西福山5个住人岛和157个无居民海岛组成。镇政府驻庙子湖岛，下辖1个村1个股份经济合作社，即东极村和东极村股份经济合作社。

2022年年底，全镇户籍数2246户，户籍人口5411人。实际岛上居住人口约2000人，其中老年人约占60%，人口多数集中在庙子湖岛，其中青浜、黄兴、东福山居住人口随着生产季节变化而变动较大。全镇60周岁以上老年人1957人。全镇困难户89户115人。

2022年，东极获国家级三星地质文化村、全国乡村旅游重点村、中国美丽休闲乡村、省级休闲乡村、“浙江省‘一村万树’示范村”称号。

【渔业】 2022年，东极镇突出精耕细作，推动海洋与渔业经济实现高质量发展。年底，全镇有渔业船舶563艘，捕捞作业主要以拖虾和刺网为主。直接从事渔业生产的劳动力3791人（本地劳动力2016人，外地劳动力1775人）。全年全镇实现渔业产量8.9万吨，同比增长2.5%，渔业产值11.1亿元，同比增长7%。统筹协调渔民转产转业，成立3家休闲渔业公司，打造休闲渔船75艘，带动152名专业捕捞渔民由生产性捕捞向休闲体验式捕捞发展；做大培强休闲渔业，以小型观光、垂钓船艇为平台，带动121名渔民转产增收。锚定“绿色渔业示范基地”目标，打造蓝海牧场。2022年全镇有养殖户14家，养殖面积1600余亩（超106.67公顷），主要从事大黄鱼深水网箱养殖和厚壳贻贝养殖。

【旅游业】 2022年，东极镇发挥“旅游+”综合带动功能，打造渔家风味与文艺气息兼具的美丽村口3个、景观小品40余处。激活民宿经济发展潜力，打造有内涵、收益高、效益好的民宿经济新业态。年末，全镇有民宿199家，房间数1993个，床位3599张。其中，省级金宿2家，银宿6家；市级岛居舟山最美民宿15家，市级精品渔农家乐18家，区级星级海岛民宿68家。全年全镇实现旅游人数31万人次，同比增长5.98%，旅游收入3.85亿元，同比增长7.43%。

【基础设施建设与环境整治】 2022年，东极镇用水用电保供能力进一步提升，投资7000万元完成庙子湖电网线路落地工程，完成青浜、东福山应急电力扩容安装工程，完成东极自来水厂市级统一纳管，完成庙子湖、青浜、东福山海水淡化设备维护和更新，完成青浜、黄兴饮用水管网延伸提升改造工程；为保障居民出行，投资3600万元改扩建庙子湖客运码头，实施青浜岛沙角底至西风湾环岛路建设工程，修复黄兴磨里台损码头，完成东福山村道建设及护栏加装；品质乡村初具雏形，实施渔农村“截污纳管”工程，新铺设排污管道3.5千米，新建生活污水处理设施6座，成功创建省级第一批“未来乡村”试点。

海水淡化（东极镇提供）

2022年，东极镇开展“治脏”“治乱”“治差”行动160余次，“蓝海港湾”“田园整治”“青山白化整治”行动成效明显；推进“三改一拆”行动，拆除违章招牌、建筑100余处2000平方米；实施“一村万树”“一米菜园”“美丽庭院”建设，种植香樟树、黄金菊、马尾松等10万余株，覆绿面积500亩（约33.33公顷），完成省级低碳城镇创建，被省林业局评为“浙江省‘一村万树’示范村”；出台《东极镇环境卫生长效管理机制》《东极镇环境卫生考核督查制度》《东极镇雨棚管理办法》等，实现环境卫生建设目标。

【社会事业】 2022年，东极镇推进城乡居民养老保险、医疗保障和渔民参保工作，城乡居民医疗保险参保率99%。加强低保、低边对象动态管理，开展助残、助医、助困、助学等社会慈善活动，发放低保、低边保障金等各类补贴113万元。完善海岛养老医疗体系建设，完成敬老院设施提升，对接省市区优质医疗资源下沉海岛，开展义诊、健康讲座10余次，发放健康宣传资料850份，家庭医生签约1561人。镇退役军人服务站获评首批全国示范型退役军人服务站和省级新时代枫桥式退役军人服务站。

【数字赋能推进“未来海岛”】 2022年，东极镇为加快实现东极治理体系和治理能力现代化，打造东极数字化变革高地，完成“未来海岛”软硬件设施设备建设，累计新装高清监控设备90余套，打造五大应用板块，完成1个数据仓、1张全域信息图和1个数字工具箱，实现数字与渔业管理、旅游服务、社会治理和民生服务无缝连接、全线贯通；融合“141”“大综合一体化执法”“七张问题清单”等体系建设，打造一屏观全域、“线上精准指挥，线下快速行动”的高效管理模式。

【平安建设】 2022年，东极镇集中开展矛盾纠纷排查21次，组织调解矛盾纠纷36起，调解率100%，开展安全巡逻检查，接处

“共富方舟·健康守护”行动到东极开展诊疗服务（东极镇提供）

由东极镇机关干部、城管和派出所组成的安全巡逻队，在旅游旺季开展日常巡逻活动（姚伟摄）

警率上升 3.3%，犯罪率下降 25%；完善“岛自为战”“离岛管家”等海岛自治体系，开展“矛盾纠纷不出岛”邻里化解行动 45 次，完成“除险保安”“党的二十大”等重大维稳任务。加强应急管理体系建设，规范各岛燃气配送和储存，强化海陆交通、渔业、旅游安全等重点行业领域的隐患整治 32 次，发现问题 68 处、整改问题 68 处，整改率 100%，做好“轩岚诺”“梅花”防汛防台工作，实现游客清零，危房户、危险区域居住人员转移率 100%。

（撰稿人：姚伟）

普陀山镇

【概况】 普陀山镇位于普陀区中部偏北，东濒东海，东南与白沙岛隔海为邻，南临普沈水道与朱家尖街道隔海相望，西南、西隔莲花洋与东港街道隔海相邻，北滨黄大洋与岱山县长涂镇隔海相眺，东北隔黄大洋与东极镇海域相连。由普陀山、洛迦山 2 个有居民海岛和 17 个无居民海岛组成，陆域总面积 17.8 平方千米。2022 年年底，普陀山镇辖龙沙社区、白华社区、中山社区、合兴社区。全镇户籍人口 2086 户、5105 人。2022 年全镇实现村级集体经济收入约 1980 万元。

普陀山是中国四大佛教名山之一，素有“海天佛国”“南海圣境”之誉，是著名海岛风景旅游胜地，国家 AAAAA 级旅游景区。

【旅游服务业】 普陀山镇经济主体为旅游经济，产业结构、就业结构、经济收入基本依靠旅游业。居民以经营家庭旅馆、家庭饭店、销售旅游工艺品、提供导游服务为主要就业形式。2022 年，普陀山四星级酒店 1 家，主题酒店（金鼎）3 家，客房数 724 间，床位 1262 张，工商登记在册 36 家酒店，床位约 5133 张。普陀山全年接待香游客 487.5 万人次，实现旅游经济收入 43.3 亿元。

【教育文化】 普陀山镇初中实

7 月，普济寺庭院景观提升改造完工（普朱管委会提供）

行异地委托办学。普陀山学校保留小学部，设6个教学班，2022年有学生62人，在编教职工19人。实行对普陀山籍优秀学生奖励政策，2022年奖励22名学生，发放奖励金7.8万元；完成2021—2022学年教育教学成果奖励工作，奖励24项0.91万元；完成2021—2022学年优秀教师和先进教育工作者评选工作，奖励7人0.96万元。普陀山镇有幼儿园、成人学校、老年大学各1所。有图书室6个，建筑面积125平方米，图书8500余册，文体活动场所7个。

【医疗卫生】 2022年，普陀山镇有社区卫生服务中心（普济医院）1家，社区卫生服务站1家，社区卫生室1家，全部实行紧密型一体化管理；固定资产总值576万元，专业卫技人员66名。完成2022年城乡居民医保筹资缴费工作，1307人参保，参保率100%；老年人福利统筹金每月发放620元。

【基础设施建设】 2022年，普陀山镇基础设施建设按普陀山风景名胜区总体规划实施，实施项目10个，总投资1945万元。其中，投资400万元用于慧济寺(佛顶山)景点环境改造提升工程；投资400万元用于普陀山龙湾地下管网改造工程；投资260万元用于金沙路原硬路肩改造工程；投资280万元用于香林庵入口至千步沙角停车场原步行道提升改造工程；投资200万元用于海防新村地下管线改造工程；投资170万元用于普陀山龙沙一级服务中心(外翻水库段)河渠建设工程；投资55万元用于洛迦山候船厅及连廊排危工程；投资60万元用于普济幼儿园大院前景观提升改造工程；投资60万元用于外畈水库边坡应急治理工程；投资60万元用于海塘闸门维修改造工程。

（撰稿：冯琳郁）

9月24日，沈家门至普陀山航线正式复航（普朱管委会提供）

沈家门街道

【概况】 沈家门街道东与朱家尖街道隔港相望，南与桃花镇、虾峙镇相邻，西与定海区临城街道交界，北、东北与东港街道相连。街道以舟山岛东南区域为主，包括鲁家峙、小干2个有居民海岛和5个无居民海岛，街道陆域总面积47.1平方千米(含蚂蚁岛管委会、登步岛管委会所辖区域)，实际管辖面积26.67平方千米。2022年年底辖东大、荷东、荷外、小干、新街、中大、西大、教场、西河、小蒲湾、大蒲湾、中洲、海星、墩头、茶湾、大干、中兴、鲁东、鲁西、泗湾20个城市社区居委会，泗湾、教场、蒲湾、鲁家峙、马峙、大干、平阳浦、中弄、东岙、大山10个村委会，荷外、鲁家峙、新港、墩头、大干5个经济合作社，1个街道便民服务中心。辖区户籍人口数(不含蚂蚁岛管委会、登步岛管委会辖区)78328人，常住人口数116864人。街道办事处驻茶湾社区北渔市大街8号。境内沈家门渔港曾与挪威卑尔根港和秘鲁卡亚俄港并称世界三大群众性渔港。

2022年，沈家门街道完成固定资产总投资41.03亿元，乡镇公共财政收入2.36亿元。沈家门街道获评首批舟山市法治政府建设示范乡镇(街道)，被市政府评为市第七次全国人口普查市级成绩突出集体。

【工渔海运业】 2022年，沈家门街道有工业企业138家，其中规模以上工业企业31家（船舶企

沈家门渔港（翁盈昌摄）

业5家，水产企业21家，机械制造企业4家，其他企业1家），规模以上工业产值45.31亿元，同比增长20.03%。推动企业转型升级，实现辖区内1762家各类型企业惠企政策宣传全覆盖；提升整治31家低效企业，同步推进企业征收工作。

2022年，沈家门街道辖1个渔船管理综合服务站、10家远洋渔业企业。共有国内渔业船舶191艘，其中拖虾56艘、刺网38艘、钓具14艘、单拖3艘、笼壶2艘、张网2艘、养殖1艘、休闲渔船4艘、渔运船49艘、渔油船21艘、海洋研究1艘，其中高危渔船57艘，60马力以下小型渔船8艘，远洋渔业捕捞船舶164艘。海运企业46家，船只173艘，其中货船81艘，化工船30艘，油品船43艘，工程船17艘，其他类型船舶2艘，总运力约达58万吨。2022年街道水产品总产量16.6万吨，同比增长5%；总产值19.73亿元，同比增长3.8%。其中，国内捕捞产量1.8万吨，同比增长44%，产值3.18亿元，同比增长37.6%；远洋捕捞产量14.8万吨，同比增长1.8%，产值16.55亿元。

【城乡建设】 2022年，沈家门街道坚持“拆、改、建”整体推进，全面提升老城区功能品质，塑造美丽渔港良好风貌。实现石弄、龙湾区块共1005户签约率100%，并全部完成腾空；启动西大街、新街区块危房拆迁工作；初步完成马峙村集体土地128处房屋测绘，开展摸底调查和房屋测绘确权工作；实施老旧小区改造，完成东大楼群、西大楼群、中大宫下路楼群、西河小蒲湾楼群、新街泗湾楼群、教场楼群6标段119幢共3300户老旧房屋改造。成功申报中洲社区和新街社区为第五批旧改类未来社区，启动未来社区一体化创建；推进垃圾分类，完成46个居民小区86个点位“撤桶并点”；提升改造无卫设施家庭290户；推进“污水零直排区”二期项目和集镇子项目建设；持续开展文明创建，开展城乡环境整治124起，攻坚突破24个重难点；开展居民小区专项整治，排查整改各类问题278件；开展市场周边综合环境整治，形成持续性管理氛围。

【旅游业】 2022年，沈家门街道依照省发改委《命名特色小镇三年行动计划编制导则》要求，紧抓小镇内主要项目建设形象进度，启动编制《着力打造普陀沈

秋汛忙加工（翁盈昌摄）

新建夜排档（翁盈昌摄）

家门渔港小镇升级版三年行动计划(2022—2024年)》,做好原沈家门第一小学地块的业态布局规划和概念设计,完成沈家门渔港小镇游客中心（普陀非遗馆)的主要设计,沈家门渔港小镇全年接待游客473.44万人次,旅游总收入66.53亿元。

【社会事业】 2022年,沈家门街道落实解民忧、惠民生、暖民心行动，推动社会事业蓬勃发展。提升便民服务水平,优化一站式服务,推进“最多跑一次”改革,线上线下齐发力,全年线下接待前来咨询、办事群众3440余人次,完成办件量4072项,办结率100%。线上依托省一体化在线政务服务平台,做好便民服务中心大厅收件平台2.0事项领用工作,实现网上收件从265个事项增加到533个事项,完成平台收件1747件。立体打造文明实践阵地，发挥新时代文明实践所(站)功能优势,打通宣传群众、教育群众、关心群众、服务群众“最后一公里”。全年开展理论宣讲、市民教育、文化活动、科普宣传和健身活动等759场次,受益群众5万余人。

【平安创建】 2022年,沈家门街道开展各领域安全生产隐患大排查大整治工作，定期评价传导、晾晒通报,抓实安全风险分级管控和隐患排查治理双重预防,完成沈家门中学避灾安置点规范化建设,做好11号、12号台风避灾安置，集中安置214人。完成渔船点验中心整合提升,构建全域共治现代渔业安全生产。践行“大综合一体化”行政执法改革,5月挂牌成立沈家门街道综合执法队，重构执法队伍、重塑执法体系,“1+8” 部门下沉人员联动配合,形成“一支队伍管执法”工作模式,对照193项赋权事项清单,做到“进一次门、查多项事、一次到位”,实现高频事项“综合查一次”。全年调解各类矛盾纠纷1221起，其中重大矛盾纠纷5起，涉及金额1114.12万元,调处成功率100%。落实领导干部每日接访值守制度，完成1件信访积案化解,其余2件完成程序性化解。受理信访件50件，接待反映问题群众421人次。

（撰稿:余凡）

东港街道

【概况】 东港街道位于普陀区中部偏西北,东濒莲花洋与朱家尖大桥相连，南邻沈家门街道，西接定海区临城街道,北与展茅街道接壤。东北越普陀山至葫芦诸岛礁。包括舟山岛东一部分和1个有居民海岛(葫芦岛),40个无居民海岛，陆域总面积62.38平方千米(其中12.5平方千米划归新城管委会千岛街道管理)，实际管辖陆域面积49.88平方千米。2022年年底,辖有南岙、红旗、芦花、塘头、葫芦、永兴、陈家后7个建制村,安康、莲安、中昌、灵秀、兴普、和津、文康、新北、莲洋9个城市社区,有8个股份经济合作社。全街道有户籍人口2.06万户、5.62万人，常住人口4.57万户、11.53万人。街道办事处驻和津社区康腾路36号。

东港街道是普陀区行政中心,陆上交通枢纽,舟山市海上旅游金三角核心区域。是集行政、文化、体育、商贸、旅游服务为一体的多功能品质新城。辖区内有大型商贸综合体、酒店宾馆、娱乐场所、银行服务业、图书馆、档案馆、体育馆、公园、保利大剧院、普陀长途客运中心等公共设施，浙江普陀医院、健达骨伤医院、普陀中学、普陀第二中学、普陀小学、沈家门小学、城北小学、普陀区中心幼儿园、城北幼儿园等优质医疗卫生服务机构和教育资源。

【工业】 2022 年，东港街道有工业企业 60 家，其中产值 2000 万元以上规模企业 33 家。全年实现工业总产值 37.32 亿元。监管进口货物 93 批、货车 1218 车次，整治提升 32 家亩均税收低于 5 万元的低效企业。

【渔农业】 2022 年，东港街道有 1 个渔船管理服务站。年末有机动渔船 176 艘，总吨位 60330 吨，总功率 83074 千瓦。有远洋渔业公司 3 家，远洋渔船 48 艘；国内生产渔船 128 艘。其中，辅助渔船 45 艘，钢质渔船 168 艘，250 马力（约 184 千瓦）以上钢质渔船 88 艘。全年水产品产量 98500 吨，其中水产养殖产量 600 吨；实现渔业产值 77268 万元，其中水产养殖产值 360 万元。

2022 年，东港街道有耕地面积 7289.63 亩（约 485.98 公顷）。深化耕地“非农化”“非粮化”整治和高标准农田建设，全年整治抛荒农田 260 亩（约 17.33 公顷），统一流转农田 357 亩(23.8 公顷)，示范打造芦花村“美丽农田”。开展低收入农户帮扶结对，落实惠民惠农财政补贴政策，全年发放耕地地力补贴、蔬菜种植补贴、有机肥推广补贴等各类补贴超 80 万元。

芦花村“美丽农田”（东港街道提供）

【环境整治】 2022 年，东港街道以全市“洁美杯”市容环境秩序竞赛活动为抓手，持续提升辖区环境面貌，建立健全文明城市常态化管理目标责任制和督查机制，明确村社包干联系领导责任，完成省城市文明程度指数测评迎检任务。开展渔农村环境卫

万宇·和家园撤桶并点（东港街道提供）

生整治提升,整治主要交通道路沿线两侧农田2600余亩(超173.33公顷),完成全市渔农村环境整治提升"星级"村创建任务。巩固提升"垃圾分类+资源回收"两网融合体系建设,推进79个居民小区撤桶并点工作。推进治水治污行动,完成16个城镇生活小区和集镇区雨污管网排查修复,按进度实施2个渔农村生活污水治理改造工程和23个渔农村生活污水处理终端运行维护。落实"三改一拆"工作,重点对农庄、民宿、公路两侧及居民房前屋后的违章建筑进行集中拆除,全年完成拆违18104.16平方米,拆后土地利用率100%。

【基层治理】 2022年,东港街道探索搭建"小脑+手脚"综合治理运行机制,流转处置"七张问题清单"、基层智治系统、"12345"热线平台等多个应用信息,全年流转处置各类信息3万余条。以现代社区建设为切入口,将网格工作全面纳入村社党组织领导范畴,制定完善专职网格员考核办法和网格工作"实绩晾晒"制度,8名专职网格员被定向聘为城市专职社区工作者。深化居民小区民主自治和民主监督,在东方铭苑创新实行小区业主代表大会制度,选举产生全市首个小区事务监督委员会。紧盯9个易造成群死群伤的重点领域,开展安全生产大检查,重点领域专项整治,区域内未发生亡人安全生产事故。完成渔船点验中心规范化提升,全年登船检查188艘次,落实整改隐患问题86个。

10月,东港街道"喜迎二十大·筑梦共富路"群众文艺会演(东港街道提供)

【民生保障】 2022年,东港街道聚焦"普有"系列民生品牌,紧抓育幼、养老、扶贫、助残等基本民生问题,推动各项惠民纾困政策落地。落实三孩生育政策,提升优生优育服务水平,年底户籍出生人口新增218人。2个"幸福驿家"打造完成并投入使用,居家养老服务采购项目惠及192名老人。深化"物质+服务"的多维救助模式,全年发放困难家庭社会救助金600余万元,开展探访关爱3235次,幸福清单送达461份,送达率100%。推进残疾人辅具配发和无障碍设施进家庭工作,发放残疾人"两项补贴"资金260余万元。推进永兴村安置房建设,完成上戚家、陈家后安置房交付,提升群众住房条件。

【文化教育】 2022年,东港街道聚焦陈家后村、永兴村文化礼堂建筑面积小、功能室缺乏等问题,实施"联建共建"文化礼堂模式,以"主堂+分堂"共建模式推进陈家后村与兴普社区,永兴村与安康社区文化礼堂建设。结合佛茶文化和清廉元素,融入数字化内容,打造塘头村精品文化礼堂。依托文化礼堂广泛组织群众开展"三下乡送春联"、"送戏下乡"、"喜迎二十大·筑梦共富路"群众文艺会演、"学党史教育"读书会、"重阳送戏"等文化活动12场次。加强先进典型培树引导,向上推选"普陀好人"6名。

2022年年底,东港街道辖区内有幼儿园10家,在园幼儿3180人,专任教师242人;小学3所,在校学生6873人,专任教师457人;初级中学3所,在校学生3904人,专任教师339人;普通高中1所。

(撰稿:徐琳)

展茅街道

【概况】 展茅街道位于舟山岛东北部。三面环山、北面临海。区域面积包括梁横岛和17个无居民海岛共34.84平方千米。境内

黄杨尖路下徐全景（展茅街道提供）

四址清晰，东以大展湾岗、雷火地、老虎岩岗与东港街道塘头北区相邻，南以风水岭、塔岭（顶梁尖山）与东港街道南岙村接壤；西以响岩岗、老虎山、黄杨尖、鹅鼻岭和蛏子湾海塘中段分别与东港街道西北部和定海区洞岙、北蝉、小展毗邻。东南距沈家门城区仅7千米，距临城新区约10千米，西距定海城关约18千米。2022年年底，展茅街道有8个村民委员会（经济合作社），1个居民委员会，260个村民小组。年底辖区总户籍人口为7373户20876人。2022年，展茅街道地方财政收入9035万元，较2021年减少13.1%。

展茅街道三面傍山一面临海，有丰富的山水生态资源。境内西部有舟山岛内第一高峰——黄杨尖，高503.6米。境内有多处名胜古迹，如建于清康熙年间的柴家走马楼，光绪年间的翁氏宗祠、龙宫等。展茅街道又是革命老区，是抗日战争和解放战争时期舟山革命武装力量的根据地和活动地，有“茅洋会议”等革命旧址。

【工业与建筑业】 2022年，展茅街道在疫情防控进入常态化的前提下，继续推进工业产业转型提质发展。加快展茅鱿鱼市场、晓辉工业区基础设施的提升改造工程，为招商引资、企业进驻落户提供人力资源和良好的环境条件，多家新引进企业相继落户开工投产。完成26家亩均5万元以下低效企业的整治工作，基本完成从劳动密集型产业向精细化、集中化、高端化经济转型。完成工业集水渠综合治理工程，与AC区污水主管道改造基础环保和整体形象景观等的提升，深入开展工业园区技术创新和新产品的开发研究。年末13个区级重点项目累计完成投资6.7亿元，同比增长30.9%。截至2022年10月，实现规模以上工业总产值38.8亿元，同比增长14.7%。年末，辖区内工业企业78家，比2021年增加4%，工业企业从业人员4478人，比上年增加14.2%。

展茅素有“五匠之乡”之称，以建筑行业为龙头的“五匠”历来是街道的支柱性产业，是辖区内群众经济收入的重要渠道。2022年，街道采取一系列举措，降低疫情对行业的影响，增加五匠行业的就业工作机会。建筑业总产值由2021年的22.08亿元增长到24.48亿元，同比增长10.9%。

【发展特色农业】 2022年，展茅

展茅晓辉工业区（展茅街道提供）

街道加大加快农文旅商融合发展模式，制定《展茅街道2022年乡村振兴行动方案》。完成茅洋畈600亩(40公顷)高标准农田新建和1200亩(80公顷)粮食功能区提升改造。实现4000亩(约266.67公顷)农田的连片经营。推进灌溉沟渠、机耕路等农田基础设施建设。创新“公司+业态”的共富机制，促进农村全面进步，农民全面发展，打造具有海岛韵味、舟山气质、展茅特色的新时代美丽乡村。2022年，展茅街道蔬菜产量3362吨，水果产量902吨，肉产量167.4吨，分别较2021年减少2.8%，减少29%，增长6.2%。

2022年，街道在黄扬尖社区路下徐村新激活闲置农房20余套，引进“公路咖啡”“禾马西餐”“六如境象”“荔枝太太”“日料馆”等新业态10余家。推进田园综合体、路下徐、庙后林吴、上潘孙等村区块组团式发展和黄扬尖片区的整体改造提升。开发“乡创未来，共富市集”数字化运作，促进“田园综合体”区块组团式发展。在建成路下徐“童年杂货铺”“怪兽咖啡店”“蕴香四季民宿”等精品业态基础上，谋划晓辉村烧炭湾生态采摘园、柴家村原砖瓦厂808Bass项目。

【渔业】 展茅素有“鱿鱼之乡”美誉。2022年，展茅街道推进渔业生产的结构调理，完成3艘张网渔船的转产工作。在做好常态化防疫各项措施的条件下，为所属企业排忧解难，完善基础设施，解决招工难问题。发展金枪鱼、鱿鱼加工等主导产业，持续开展“春雷行动”“一打三整治”和伏休期间违规捕捞的排查，确保生产渔船在出海捕捞和伏休维修等环节的安全，使辖区内伏休率达到100%。年末，展茅街道共有机动渔船118艘，总功率2.60万千瓦，其中捕捞渔船91艘，总功率2.01万千瓦。水产捕捞总产量2.4万吨，完成渔业总产值2.70亿元。

春季插秧（展茅街道提供）

【学校教育】 2022年，展茅街道有全日制学校3所，年底在校学生1277人，其中初中学生432人。专任教师112名(其中初中教师48名)。幼儿园2所，入园儿童282人。展茅中心学校位于展茅街道文化路98号，是一所九年一贯制的学校，建筑面积8936平方米。年底有教学班21个，学生728人，在编教师81名。继续开设以“五匠文化、非遗传承”为主体的校本课程，开展“打造我的一海里”等海洋教育主题活动，在科技、艺术、体育诸方面取得一系列成绩，被市教育局评为“舟山市劳动教育优秀学校”“舟山市示范家长学校”“舟山市AAAAA平安学校”等，教师和学生在市、区二级多项竞赛中分别获奖。2022年，展茅、螺门两所幼儿园获评市AAAAA级平安校园，并通过省二级幼儿园复评工作，展茅成校获评浙江省现代化社区学校。

【文化研学活动】 2022年，展茅街道加快实施乡村振兴战略，升级打造美丽乡村建设。围绕干施岙礼孝文化、黄杨尖农耕文化、茅洋红色文化等资源，结合“喜迎党的二十大胜利召开”主题，开展各类研学活动，实现“月月有主题，周周有活动”的目标。年内举办“6.25”文创系列、中秋教师节双节活动，通过“农民丰收节”“海稻音乐节”等民俗节庆活动，进一步提升普陀田园综合体的周边环境体和整体形象。路下

6 月 25 日，路下徐市集萤火歌会现场（展茅街道提供）

徐已成为广大年轻人休闲、旅游的好去处。完成茅洋会议纪念馆的建设，完成市级党员教育基地和省级机关党建活动基地的申报工作。启动展茅综合邻里中心建设项目，2022 年共开展活动 100 余场次，参与人数超 2 万人次。

【环境治理】 2022 年，展茅街道完成省级美丽城镇的创建工作，对辖区内的展城线、展螺线、临螺线两侧的绿化带进行景观提升，进一步丰富乡村道路的艺术风貌和景观特色。完成林吴溪坑、路下徐溪坑的整治和黄杨尖林吴污水二期改造，新建两条活水循环管道，统筹推进渔农村垃圾、厕所、污水“三大革命”，建成“诗化田园，悠悠乡村”省级旅游精品线。

【社会保障与人民生活】 2022 年，展茅街道把不断提高广大人民群众的幸福感和获得感作为各项工作的出发点，优化资源配置，丰富乡村业态。实施村集体经济“113”工程，（建立一套机制，出台一套政策，实施三类项目），以招商引资、“飞地抱团”等具体措施，集聚乡村经济资源、人才资源，打造共富模式。

2022 年，展茅街道提升渔农村人居环境，推进黄杨尖溪坑水循环和防汛体系建设，完成黄杨尖及林吴自然村生活污水提升改造工程二期等工程建设。依托田园综合体资源优势，以路下徐为辐射，串联庙后、林吴、上潘孙等区域，打造共同富裕示范带。2022 年展茅街道投资 120 万元改造修缮展茅敬老院，在此基础上完成敬老院公建民营转换各项工作。建设未成年人保护工作站，加大对残疾人生活救助和创业帮扶工作，全年发放补助资金 156 万元。

截至 2022 年年末，展茅街道居民养老保险参保人数 7128 人，居民医疗参保人数为 14266 人。金融机构存款余额 20.12 亿元，同比增长 13.6%；金融机构贷款余额 19.72 亿元，同比增长 18.8%。其中金融机构居民存款余额 16.88 亿元，同比增长 17.5%。实现各村集体经济年经营性收入增幅达 6%以上，低收入农户增收 25%以上目标。

【道路与交通】 展茅地形三面环山，一面临海，辖区内人口集中，交通以陆路为主。境内交通便捷，4 条高等级公路通往舟山各地，连接跨海大桥。展茅晓辉到东港的舟山最美沿海公路周边景观和附属设施进一步开发完善，已成为市内外众多游客新的打卡地。

2022 年，展茅街道总投资 200 万元，推进“四好农村路”的建设项目。重点对辖区内的道路进行维修优化，完善管理养护体系，增强通行保障和运输。加大对展茅至沈家门、大展至螺门和螺门至临城公路沿线景观带建设，完成海防公路全路段的混凝土浇筑和美丽乡村示范村——晓辉村村道的景观提升美化。公共交通线路多条，往定海方向有 561 路、15 路和 310 路，往临城方向有 39 路，往沈家门、东港方向有 315 路、311 路、312 路、310 路和 313 路。

（撰稿：柴国定）

朱家尖街道

【概况】 朱家尖街道位于普陀区中部偏东，东、东南、南濒临东海，西南、西与桃花镇、登步岛隔海相望，西北临普沈水道与沈家门街道、东港街道隔海为邻，北、东北与普陀山镇隔海相眺，大桥连接东港街道通舟山岛。陆域总面积78.78平方千米（含白沙岛管委会辖区），实际管辖75.3平方千米，包括朱家尖、西峰、羊峙山、柱子山、后门山5个有居民海岛和79个无居民海岛。朱家尖岛东部28.8平方千米与普陀山同属普陀山国家级重点风景名胜区。街道办事处驻福兴社区福兴路1号。

2022年，朱家尖街道下辖中欣、西岙、莲兴、莲花、南沙、三和、莲和、新桉、沙湾、大洞岙、顺母新村11个村，福兴1个居委会。常住人口约2.3万人次。户籍数（不含白沙岛管委会辖区人口）8752户，总人口26563人。全年实现地方税收收入1185万元，同比减少94.87%；限额以上住宿业营业额同比增长4.8%；限额以上餐饮业营业额同比增长13.9%；限额以上批发业销售额同比增长273.7%；限额以上零售业销售额同比增长33.7%。全岛旅游接待656.96万人次，同比减少4.8%，其中大青山景区接待游客59.01万人次，同比增长31.93%；全岛旅游收入46.55亿元，同比减少6.3%。完成固定资产投资29.66亿元，同比减少9.2%，其中服务业固定资产投资减少9.2%，建安工程投资23.5亿元，同比增长1.7%。

开洋大祭（朱家尖街道提供）

【农林牧渔业】 2022年，朱家尖街道实现农林牧渔业及农林牧渔服务业总产值213976万元，比上年同期增长10.34%。其中，渔业总产值203623万元，比上年增长10.73%；农业总产值7071万元，同比增长3.43%；林业总产值199万元，同比减少1.97%；牧业总产值214万元，同比减少24.38%；农林牧渔服务业总产值2869万元，同比增长5.94%。

朱家尖全年经济作物播种面积7590亩(506公顷)，比上年增长8.24%，其中油料作物播种面积922亩（约61.47公顷），同比减少16.1%；油料产量152吨，同比减少0.65%；蔬菜播种面积4423亩（约294.87公顷），同比增长14%；蔬菜产量4323.6吨，同比增长43.97%。果用瓜产量5530.3吨，同比增长13.44%。全年肉类总产量20.72吨，同比增长33.5%。其中，羊肉产量0.175吨，同比增长34.6%；禽肉产量20.54吨，同比增长33.52%。禽蛋产量3.94吨，同比增长20.48%。年末羊存栏量40只，出栏10只。全年水产品总产量52625吨，同比增长3.5%。其中，捕捞产量50781吨，同比增长4.54%；养殖产量1844吨，同比增长4.54%。年末有机动渔船306艘，总吨位53294吨，总功率80829千瓦。其中，捕捞渔船245艘，捕捞船总吨位41726吨，总功率59773千瓦；辅助渔船61艘，辅助船总吨位11568吨，总功率21056千瓦。

【工业】 2022年，朱家尖街道全年实现规模以上工业总产值11.23亿元，同比增加2.51%，实现规模以上工业增加值15933万元，同比增长1.3%；水产品精深加工企业实现产值8.1亿元，同比增加2.5%。全年实现工业出口交货值6.22亿元，同比增长9.5%；水产品加工产量26094吨。

【旅游服务业】 2022年，朱家尖全岛旅游接待656.96万人次，同比下降4.8%，全岛旅游收入46.55亿元，同比下降6.3%。其中，南沙景区接待游客90.23万人次，同比增长23.24%；白山景区接待游客19.94万人次，同比

东沙沙滩（朱家尖街道提供）

增长21.9%；乌石塘景区接待游客26.2万人次，同比增长11.81%；大青山景区接待游客59.01万人次，同比增长31.93%；东沙湾景区接待游客72.45万人次，同比增长91.42%；印象普陀接待游客14.79万人次，同比增长195.91%；舟山旅游集散中心（慈航广场）接待游客101.63万人次，同比减少37.41%。

全年限额以上住宿业营业额25220.1万元，比上年增长4.8%；限额以上餐饮业营业额5485.5万元，同比增长13.9%；限额以上批发业销售额293229.3万元，同比增长273.7%；限额以上零售业销售额2428.2万元，同比增长33.7%；规模以上服务业企业营业收入5.48亿元，同比减少20.9%。

【文化教育卫生事业】 2022年朱家尖街道有学校4所，其中大中专院校1所，在校学生3110人，专职教师236人；中小学校3所，在校学生1768人，专职教师147人。幼儿园2所，在园幼儿561人。

朱家尖街道加强公共卫生服务体系建设，成功创建市级学前教育示范乡镇及省级示范卫生服务中心。共有医疗卫生机构16个，其中社区卫生服务中心1家，村级卫生室10家，个人卫生室5家。卫生技术人员84人，其中助理医师以上职称47人。

【社会保障和人民生活】 2022年，朱家尖街道有5836人参加城乡居民基本养老保险，16062人参加城乡居民基本医疗保险。朱家尖街道慈善分会开展助困助学助医，发放慈善款27.3万元，市慈善总会开展关爱尿毒症患者救助活动，救助4人，发放慈善款3万元；享受重度残疾人护理补贴456人，发放补贴136.86万元，享受困难残疾人生活补贴126人，发放补贴46.94万元。年末有低保户134户、173人，全年发放低保金16.34万元；低保边缘户18户、41人，全年发放低边金1.6万元；特困户18户、18人，全年发放特困金12.73万元。

（撰稿：丁璐）

蚂蚁岛管委会

【概况】 蚂蚁岛管委会辖区位于舟山群岛东南部海域，东与登步岛、南与桃花岛隔港相邻，西濒峙头洋，北连沈家门渔港海域，距沈家门8.5千米。包括蚂蚁岛1个有居民海岛和小蚂蚁岛、点灯山屿、小鼠山屿3个无居民海岛，陆域面积约2.9平方千米，森林面积1760亩（约117.33公顷），森林覆盖率70%。2022年辖1个村民委员会，1个经济合作社，年末在册总户籍1174户，人口3553人。2022年，蚂蚁岛管委会坚持疫情防控与经济发展两手抓，稳保岛内经济形势趋利发展，全岛渔业总值达2亿元，全岛工业总产值达4.406亿元。

【渔业】 2022年，蚂蚁岛管委会辖区内有下海劳动力550余人，其中外来劳动力250余人。大小船舶74艘，总吨位10334吨，总功率15934.4千瓦。其中，大小渔运船15艘，休闲渔船2艘，捕捞渔船57艘。主要作业为单拖、拖虾、围网、流刺网、海底串、张网虾。完善渔业配套设施，网厂、水产品加工厂、渔船修造厂、渔具及石油供应站等能较好满足生产需要。发展海水养殖业，从资金、承包费等方面给予优惠和倾

蚂蚁岛虾塘俯瞰图（蚂蚁岛管委会提供）

斜，延长承包期，鼓励养殖户增加对养殖业投入。2022年，蚂蚁岛村有海水养殖面积225亩(15公顷)，主要养殖南美白对虾等品种，养殖年产130吨，产值495万元。

【工业】 2022年，蚂蚁岛内企业14家，规模以上工业产值4.03亿元，全岛规模以上工业产值增长35%以上；全年实现固定资产投资9044.77万元；完成招商引资市外资金4361万元。浙江东海岸船业有限公司克服船市低迷、资金短缺、交船困难等不利因素，寻求政府、银行的支持，生产经营情况总体平稳。全年完工交付船只3艘，均为1868TEU集装箱船。

【社会事业】 蚂蚁岛管委会推进“四个平台”建设，完善“最多跑一次”服务项目，做好浙江省“一网通办”2.0版“云上大厅”建设。2022年城乡医疗保险参保2142人，参保率达99%。加强蚂蚁岛村居家养老服务照料中心建设，该中心有就餐老年人60余人，为其中45名行动不便的老人开展送餐、洗衣被等上门服务。

做好低收入渔农户脱贫帮扶工作。2022年度列入低收入渔农户32户，干部结对联系走访。加强对弱势群体、困难群众帮扶力度，为蚂蚁岛村内175位低保、低边、80周岁以上老人办理意外伤害保险。全年慰问困难家庭87人次，发放慰问金、困难救助金等19.96万元。

【基础设施建设】 2022年，蚂蚁岛完成总投资100万元全岛路网提升工程，对后岙近1000米村道及工业小区近200米道路提升改造，全岛基础交通设施进一步完善。完成总投资250万元蚂蚁岛渔农村生活污水治理改造二期工程，基本实现全岛生活区生活污水管网全覆盖。完成总投资20万元后岙污水终端提升改造工程，渔农村生活污水治理能力提质升级。完成总投资20万元蚂蚁特色景墙打造工程，提升蚂蚁岛环境景观。总投资1500万元创业广场提升工程主体建

蚂蚁岛创业广场提升工程（蚂蚁岛管委会提供）

筑施工部分基本完工。总投资400万元三间仓库综合体项目主体建筑施工部分基本完工。基本完成总投资120万元蚂蚁岛培训基地宿舍提升改造工程,基地配套住宿设施得到有效补强。基本完成总投资100万元蚂蚁岛垃圾资源化站点建设项目,垃圾回收再利用能力实现突破。总投资300万元蚂蚁岛入岛口提升项目、总投资100万元蚂蚁岛岩家坑山塘维修工程、总投资200万元蚂蚁岛水上餐厅项目、总投资200万元蚂蚁岛养殖塘护岸提升改造工程均完成招投标,开始进场施工。

(撰稿:周雨晖)

小岛胶片冲印馆（白沙岛管委会提供）

白沙岛管委会

【概况】 白沙岛管委会辖区位于舟山群岛东部海域,西距朱家尖2.2千米,西北与普陀山隔海相望,北与洛迦山相邻。由白沙山岛、柴山岛2个有居民海岛和38个无居民海岛组成,陆域面积2.88平方千米,下辖1村、1股份经济合作社,总户数877户,总人口2560人。海域面积51.3平方千米,岸线总长20590米,其中白沙岛15750米、柴山岛4840米。2022年,渔业总产值12635万元,渔业总产量13478吨,旅游人数73410人次,实现旅游经济收入4363万元。

【渔业】 2022年,白沙共有渔业船舶33艘,其中共有高危渔船6艘(流网5艘,围网1艘),其中作业分为流网9艘,单拖1艘,围网1艘,渔运2艘,油运1艘,近海小型渔船8艘(拖虾3艘,钓具3艘,张网2艘),休闲渔船11艘(2艘闲置),编组4组,临时编组1组。下海渔民约180人(其中市外40人)。另有海钓小快艇13艘。

白沙岛管委会建立码头、岙口点位长制并加强巡查,完成56名渔船职务证书、"六小证"培训工作。召开渔业安全工作会议,组织渔船老大面对面教育。完成辖区内7艘"三无"渔船整治工作,7艘帆张网"清零"工作。落实专人负责海上疫情防控工作,对9艘休闲渔船登船检查。

【旅游业】 2022年,白沙岛有中高端各色民宿25家(含柴山岛民宿1家),客房数262间,床位数460余张。有银宿1家,四星海岛民宿2家,三星海岛民宿3家,精品渔农家乐4家,海岛民宿综合体1家。

陌领·佑舍众创小镇后期项目完成总工程量的25%。引入小岛胶片冲印馆,提升大众休闲钓场、渔俗馆。完成全岛标识标牌更新,开展"厕所革命"、村庄外立面修复、杆线序化工程。完成主干道垃圾桶栅栏布置,海钓氛围更浓厚。完成旅游宣传片拍摄、旅游地图更新,实现旅游公众号第三方运营,协办帆船跳岛赛,丰富旅游促销活动,淡季游客数量提升。落地海岛游乐中心项目、海岛婚庆基地;推进中草药基地建设,海岛游乐、体验项目提质增效白沙岛国际海岛民宿村第一阶段14幢民房完成招投标,即将进场施工。陌领·佑舍四期—环岛路道路、观鱼台—V型景点道路正在施工。白沙海洋牧场服务中心、白沙鱼礁公园项目完成征地工作,国家级海洋牧场建设项目稳步推进。柴山岛开发投资方与200余户居民签订房屋租赁协议。

【基础设施建设】 2022年,白沙岛管委会完成朱家尖—白沙岛—柴山岛输水管道铺设总工程量的50%。完成基层公共文化服务中心提升改造工程,白沙港村文化礼堂获评市四星级文化礼堂,依托“礼堂家”“浙影通”等活动,开展点单服务10余次。在“我们的村榜”张贴抗台先进事迹、洪德荣救人事迹等。

白沙岛卫生院改建工程进入施工阶段。推进海塘安澜建设工程,优化完善沿线生态空间,保障汛期安全。

白沙岛卫生院改建工程(白沙岛管委会提供)

购买环卫保洁、病媒防治、绿化养护第三方服务。开展城乡环境卫生综合整治。全岛清理陈年垃圾21处,乱堆放点32处,清理垃圾65吨。重新做栅栏美化,打造“一米菜园”,设立竹篱笆、购买风车并整治窝棚等田间地头脏乱差现象113处。

完成小马鞍、停机坪等重要节点绿化彩化、主干道花箱花卉更换。完成全岛春夏两季彩化工程。北部环岛蓝色花带花海彩林项目正在设计阶段。依托美丽庭院、中草药基地、果木育苗基地建设,将中药材植入主干道、庭院等地的绿化工程,创造绿化新模式。

提升改造污水终端1处、化粪池1处,维修污水管网2处。加强对第三方污水运维单位监管,确保全岛污水治理达标率100%。完成白沙环卫站星级站场创建,更新污水处理和厨余垃圾资源化处理设备,垃圾处理水平进一步扩容。收运海岛厨余垃圾4.5万余千克,无害化处理后转化为肥料1万余千克,用于全岛蔬菜瓜果培育。对接上级,推进垃圾分类数字化改革。

【海岛交通】 2022年,白沙岛设有2条海上交通航线,朱家尖樟州至白沙普客航线,全天正常运营航班4次,交通轮船由区交投集团运营。朱家尖蜈蚣峙至白沙快艇航线旅游旺季4次,快艇由蜈蚣峙新海华公司运营。在原有航班基础上,增加白沙至柴山的对开航班2次,基本解决白沙岛际交通问题。

【社会事业】 2022年,白沙岛管委会在“5·12”“12·4”等宣传日,通过设立宣传点、摆设宣传展板、散发宣传资料等方式开展普法活动。强化归正、社区矫正人员和吸毒人员动态管理。深化网格智治,设置一村一网格,下设微网格3个,网格党总支1个,根据“1+3+N”模式要求设立人员,集中走访41次,走访联系群众1400余人次;协助做好“浙里康养”服务工作。

提升柴山岛便民服务点及村口景观,设置综合业务受理窗口2个,开展村民事务全程代办。修订《白沙岛管委会机关工作人员下沉村社实施方案》,深化逢五进格。

幸福驿家百姓需求点单257次,开展义诊、家电维修等志愿服务26次,依托“共富方舟”“海岛支老,一起安好”专项行动,培训养老护理员4人,提升养老服务规范化和专业化水平。

联合朱家尖供电站对全岛独居老人电线线路和用电安全每季度开展1次排查。白沙岛管委会依托区综合执法局及燃气公司,对白沙岛上常住居民罐装煤气减压阀及管道普遍老化问题，做到减压阀及管线应换尽换，至11月底，更换减压阀及管线240余套。

配合第三方完成全岛自建房安全隐患排查工作，排查房屋926户，其中经营性自建房40户，排查认定，白沙自建房无危房。安排专职网格员对两个山塘开展日常安全巡逻工作；在各海（石）滩入口设置各类警示标志12个，张挂横幅2个，由城管及特警组成巡逻队，对游客进行劝离。

【荣誉】 2022年，白沙岛管委会获评市级现代商贸特色镇，中国式现代化普陀实践先进集体；白沙港村获评省级高标准农村生活垃圾分类示范村；白沙岛影视取景基地纳入第二批省级广播电视和网络视听产业基地（园区）培育对象。

（撰稿：陈毅梅）

登步岛管委会

【概况】 登步岛管委会辖区位于舟山群岛东南部海域，北距沈家门10.2千米，南距桃花岛1.5千米，东北为朱家尖和普陀山。由登步岛、西闪岛2个有居民海岛和25个无居民海岛组成，全岛陆域面积17.53平方千米。2022年辖沙头村、大岙村和竹东村3个建置村，3个股份经济合作社。年末户籍人口1903户、5495人，常住人口1486人。2022年，渔业生产总值10523万元，农业生产总值1728万元，工业生产总值4908万元。

登步岛黄金瓜（登步岛管委会提供）

【基础建设】 2022年，登步岛管委会对照年初重点工作清单，投入8510万元有序实施21个重点项目，补齐基础设施建设短板。推进除险加固，投入1000万元继续推进冯家海塘加固工程、大联海塘加固工程等3个水利工程，提升塘坝防洪（潮）能力。巩固海防基础，投入200万元实施乔家岗至岙底咀海防执勤道路改建工程，保障海防工作顺利开展。挖掘耕地潜力，投入2023万元实施竹山大厂垦造耕地项目，落实耕地占补平衡政策，实现包容性发展。渔旅融合发展，

登步岛富硒水稻收割（登步岛管委会提供）

投入3000万元实施登步岛养殖鱼塘标准化、生态化提升改造项目，将传统养殖塘提升为集休闲互动观光于一体的“渔旅塘”景区，扩大旅游收入。助力交通升级，投入166万元实施登步岛客运站虾塘回填工程，为后续改建客运站、提升交通接驳能力打下基础。

登步岛养殖鱼塘高标准化生态化改造示范项目（登步岛管委会提供）

【农业】 2022年，登步岛管委会创新“党组织—专业合作社—公司—基地—土地流转”模式，通过乡土人才培育、对口技术指导、党员结对帮扶等方式，成功培育登步黄金瓜、杨梅、梭子蟹三大知名产品，其中“登步黄金瓜”已通过国家农产品地理标志认证。登步岛管委会紧扣培育、生产、销售等各个环节，不断推动黄金瓜产业发展，惠民增收。在农业种植方面，抓好特色农业发展，完成粮食播种面积650亩（约43.33公顷）、产量197吨工作任务。通过土地流转的方式盘活闲置耕地，挖掘集体经济发展新增量。在大岙村130亩（约8.67公顷）闲置土地上种植富硒大米，全年稻谷产量30吨，产值20万元。全年整治非粮化农田25亩（约1.67公顷），抛荒农田整治面积40余亩（超2.67公顷），将有限的耕地资源用于粮食生产。推进高标准农田建设，根据农田建设规划和要求，投入资金约118万元完成大岙村和沙头村1100亩（约73.33公顷）的高效农田建设任务，改善全岛农田基础设施。

【渔业】 2022年，登步岛传统渔业平稳发展，海水围塘养殖是支柱产业之一，主要养殖三疣梭子蟹、南美白对虾等品种。全岛有围塘近4000亩（约266.67公顷），其中高标准塘2940亩（196公顷），年产量3000吨，产值10523万元。各类渔船42艘，其中60马力以上17艘，60马力以下25艘，大型钢质捕捞渔船4艘。作业方式有流刺网、帆张网、拖虾及传统作业近洋定置张网、蟹笼等，年产量4500吨，产值2334万元。

【工业】 2022年，登步岛有工业企业7家，其中水产企业1家、船舶企业2家、虾皮加工厂4家。舟山市天元船舶修造有限公司属于规模以上工业企业，全年工业产值2701万元。舟山市普陀区鸡冠船厂全年工业产值659万元。舟山市普陀骏海水产有限公司全年工业产值833万元。

【旅游业】 2022年，登步岛管委会以“全域旅游”为引领，发展民宿经济。投资500余万元实施李家岙二期民宿项目，打造以中高端旅游为特色的民宿度假、休闲观光和文化体验的旅游产品体系，计划于2023年4月底正式运营，逐步将“半日游”转变为过夜经济。为讲好红色故事，组建由老党员、党员干部等组成的志愿宣讲队，2022年登步岛战斗纪念馆接待学习培训团队60余批次、2000余人次，挖掘“登步岛战役”革命历史底蕴，打造红色教育品牌。

【民生服务】 2022年，登步岛管委会结合全国文明城市创建工作，对全岛进行环境整治，建设和美海岛。开展“全民清洁日”活动12次，全年清理各类垃圾210处，乱堆放点170处，清理垃圾500余吨，绿化提升改造790平方米。聚焦田间地头，在田间地头重新做栅栏美化，设立竹篱笆1300米，购买风车400只，代替村民私设网布、木板等，整治窝棚等田间地头脏乱差现象88处。投资2730万元启动竹东村竹山渔农村生活污水治理工程、沿街店铺改造工程等7个项目，全面提升人居环境。

登步岛管委会落实惠民帮扶政策。建立登步岛管委会困难群众定期探访制度，每月走访困难群众，完成困难群众信息采集备案。2022年，对全岛困难群众进行核查，有低保户99户，低边户19户，特困户11户。全年发放低保金127.34万元，低边金22.27万元，特困金21.86万元。在助残方面，登步岛管委会组织党员干部不定期走访慰问困难残疾人。全岛有残疾人292人，均落实残疾人两项补贴申报。其中，103人享受困难补贴，176人享受重度护理补贴。在助学方面，做好困难学生助学救助申报、发放工作，发放“四个一万”工程2021年度助学资金5800元，受助学生3人；浙江永跃控股集团有限公司定向助学资金“永跃助学金”6400元，受助对象8人。对接宁波市南山老年疗养院开展“海岛支老”个性化养老服务，破解区域间养老服务发展不平衡的难题。发挥岛上1个卫生院、3个卫生站作用，配合开展“共富方舟·健康守护”进登步活动，为岛上百余名老年人进行免费健康体检和义诊，实现预约不用跑、报告后台看、咨询线上问。组建登步岛渔嫂助老队伍并组织参加渔嫂联盟培训，提升渔嫂服务老人能力，帮扶空巢老人。

（撰稿：李奕璇）

编辑：刘玥

先进集体与先进人物

模范集体

【2018—2021 年度普陀区模范集体】 2022 年 4 月，区委、区政府表彰：

舟山市龙山船厂有限公司
浙江永航海运有限公司
舟山市普陀区疾病预防控制中心
国家税务总局舟山市普陀区税务局
舟山市普陀鑫通客货运服务有限公司

【2022 年浙江省人民满意的公务员集体】 9 月 23 日，省委、省政府表彰：

舟山市普陀区蚂蚁岛管委会

模范人物

【2018—2021 年度普陀区劳动模范】 2022 年 4 月，区委、区政府表彰：

陈军波 舟山市佳尔灵仪表有限公司总经理
潘春飞 浙江冠素堂食品有限公司总经理
邵汉琦 浙江中科立德新材料有限公司董事长
周　通 六横镇中心卫生院书记、院长
朱玲飞 桃花镇中心学校工会主席
汪文贵 万邦船舶重工(舟山)有限公司副总经理
姜声慧 区文化馆群文副研究馆员
余友杰 浙江普陀医院医务科兼大内科主任，副主任医师
唐剑斌 舟山市鑫亚船舶修造有限公司技师
林　玲 浙江昌屹建设有限公司项目技术负责人
方红玲 舟山市六横鑫誉家庭农场场长
陈　艇 浙普渔 21101 号船船长
余　叶 舟山市普陀区展茅伟叶家庭农场总经理
陈　明 舟山市普陀区沟头井牧场总经理
戴红燕 沈家门街道大干社区党委书记、居委会主任
王秀芬 东港街道安康社区党委书记、居委会主任、区妇联兼职副主席
张诗弦 区发展和改革局社改科科长
沃彦兵 舟山市普陀华通公路养护工程有限公司项目设备部副部长，助理工程师
李浙舟 区公安分局治安大队大队长
徐占民 区委政法委员会区平安建设指导中心主任
邵燕斌 区住房和城乡建设局规划建设科科长
陈　武 国家税务总局舟山市普陀区税务局税政二股股长
徐永华 区海洋与渔业局渔船检验站支部委员会书记、站长
张　立 舟山水产品中心批发市场有限责任公司战略数字科创部部长

【普陀区道德模范】 2022 年 1 月 26 日，“第五届普陀区道德模范”评选活动经推荐评审和社会公示，区委、区政府决定，授予张飞红等 11 人“第五届普陀区道德模范”称号。

孝老爱亲道德模范：
张飞红　蚂蚁岛村居家养老服务中心食堂负责人
李亚珠　虾峙镇灵和村居民

敬业奉献道德模范：
雷建军、唐灵艳　东港中学桃花分部教师
李立峰　普陀医院感染科护士长

助人为乐道德模范：
郑　盼　沈家门街道泗湾社区居民
朱顺舟　六横公安分局辅警、六横爱帮义工协会会长

见义勇为道德模范：
吴小洋　东港街道文康社区宁兴金色海岸花园小区保安
刘兆祥　东极镇居民，浙普渔 68188 船老大

诚实守信道德模范：
陆世杰　浙江冠素堂食品有限公司采购部经理
黄龙年　舟山国际水产城商会副会长

优秀公务员

【2022 年浙江省人民满意的公务员】 2022 年 9 月 23 日，省委、省政府表彰：
潘　洵　普陀区退役军人事务局党组成员、副局长、一级主任科员

【2022 年度舟山市最美公务员】 10 月 26 日，市委表彰：
李朝晖　普陀区委政法委副书记
陈　岷　普陀区海洋与渔业局渔业互保普陀办事处主任
魏　坤　普陀区公安分局东极派出所副所长

（资料提供：区委办等）

编辑：祁家玉

附　录

机构及负责人名录

区委工作部门及直属单位

区纪律检查委员会监察委员会机关

中共舟山市普陀区纪律检查委员会与舟山市普陀区监察委员会合署办公，实行一套工作机构、两个机关名称。

书记、主任　施静海（续—）
副书记、副主任　贺方忠（续—）
　金　科（续—2022.11）

区委办公室

与台湾工作办公室（区政府台湾事务办公室）合署办公。挂区委区政府政策研究室、区保密委员会办公室（区国家保密局）、区委机要局（区密码管理局）、区档案局牌子。

主任（局长）　周磊斌（续—）

区委组织部

挂区委机构编制委员会办公室、区委直属机关工作委员会、区委老干部局、区公务员局牌子。

部　长　吴红卫（续—）
常务副部长　陈　忠（续—）

区委宣传部

部　长　李　明（续—）
常务副部长　戴燕红（女，续—2022.9）
　徐海虹（2022.9—）

区委统一战线工作部

挂区民族宗教事务局、区政府侨务办公室牌子。

部　长　诸葛明海（续—2022.1）
　李　莉（女，2022.1—）
常务副部长　庄小波（续—）

区委机构编制委员会办公室

在区委组织部挂牌。

主　任　邓　晶（女，2022.1—）

区委直属机关工作委员会

在区委组织部挂牌。

书　记　吴红卫（兼，续—）

区委老干部局

在区委组织部挂牌。

局　长　朱　慧（女，续—2022.5）
　胡依娜（女，2022.6—）

区委新经济与新社会组织工作委员会

在区委组织部挂牌。

书　记　邓　晶（女，续—2022.1）
　翁增平（2022.1—）

区公务员局

在区委组织部挂牌。

局　长　陈　忠（兼，续—）

区委党校(区行政学院)

为区委、区政府直属正科级事业机构。

校　长　　　　吴红卫(兼,续—)

常务副校长　　田启录(续—)

区精神文明建设指导中心(区政府创建中心)

为区委直属正科级事业单位，委托区委宣传部管理。

主　任　　　　陈　洲(续—2022.2)

　　　　　　　刘苗苗(女,2022.5—)

区融媒体中心(区广播电视台)

为区委直属正科级事业机构，委托区委宣传部管理。

主任(台长)　　倪立刚(续—)

区委政法委员会

书　记　　　　黄林伟(兼,续—)

常务副书记　　任清祥(续—)

区社会治理综合服务中心

为区委、区政府直属正科级事业机构。

党组书记　　　任清祥(续—)

主　任　　　　缪华杰(续—2022.5)

　　　　　　　缪增辉(2022.9—)

区档案馆(区史志研究室)

为区委、区政府直属的正科级事业机构。

馆长、党组书记　贺林峰(续—)

区委全面深化改革委员会办公室

为区委议事协调机构的办事机构，设在区委办公室。

主　任　　　　黄林伟(兼,续—)

区委依法治区委员会办公室

为区委议事协调机构的办事机构，设在区司法局。

主　任　　　　黄林伟(兼,续—)

区委国家安全委员会办公室

为区委议事协调机构的办事机构，设在区委办公室。

主　任　　　　周磊斌(兼,续—)

区委网络安全和信息化委员会办公室

为区委议事协调机构的办事机构，设在区委宣传部。

主　任　　　　戴燕红(女,兼,续—2022.9)

　　　　　　　徐海虹(兼,2022.9—)

区委财经委员会办公室

为区委议事协调机构的办事机构，设在区委办公室。

主　任　　　　周磊斌(兼,续—)

区委外事工作委员会办公室

为区委议事协调机构的办事机构，设在区政府办公室。

主　任　　　　周　挺(兼,续—)

区委军民融合发展委员会办公室

为区委议事协调机构的办事机构，设在区发展和改革局。

主　任　　　　张海斌(兼,续—)

区委审计委员会办公室

为区委议事协调机构的办事机构，设在区审计局。

主　任　　　　沈舟军(续—)

区委教育工作领导小组秘书组

为区委议事协调机构的办事机构，设在区教育局。

组　长　　　　王岳军(续—)

区委农村工作领导小组(区乡村振兴领导小组)办公室

为区委议事协调机构的办事机构，设在区农业和农村局。原名区委区政府农业和农村工作领导小组办公室,2022年8月更名。

主　任　　　　张峭岭(续—2022.6)

　　　　　　　陈宇宙(2022.6—)

区委社会建设委员会

为区委派出机构,与区发展和改革局合署办公。

主　任　　　　黄林伟(兼,续—)

区委巡察工作领导小组办公室

主　任　　俞　红（女，续—2022.1）
　　　　　乐　毅（2022.1—）

区人大常委会工作部门

区人大常委会机关党组

书　记　　黄芬蕾（女，续—）

区人大常委会办公室

主　任　　黄芬蕾（女，续—）

区人大常委会研究室

主　任　　胡贤表（续—）

区人大常委会代表工作委员会

主　任　　朱　伟（续—）

区人大常委会财政经济工作委员会

主　任　　张新龙（续—2022.2）
　　　　　蔡亿栋（2022.3—）

区人大常委会法制与监察司法工作委员会

主　任　　唐洪涛（续—）

区人大常委会教科文卫与民宗侨外工作委员会

主　任　　陈春艳（女，续—）

区人大常委会渔农业和渔农村工作委员会

主　任　　任建军（续—）

区人大常委会城乡建设环境资源保护工作委员会

主　任　　徐莞军（续—2022.2）
　　　　　陈　洲（2022.3—）

区人大常委会社会建设工作委员会

主　任　　吴海笑（续—）

区政府工作部门及直属单位

区政府办公室

挂区政府外事办公室（区政府港澳事务办公室）、区大数据发展管理局牌子。

主任（局长）、党组书记　　周　挺（续—）

区委区政府信访局

与区委办公室合署办公。机构列入政府序列。

局　长　　张剑锋（续—）

区民族与宗教事务局

与区委统战部合署办公。

局　长　　杨雯忠（续—）

区政府侨务办公室

与区委统战部合署办公。

主　任　　王海刚（续—2022.3）
　　　　　郭开明（2022.3—）

区发展和改革局

局长、党组书记　　李俊伟（续—2022.6）
　　　　　　　　　张峭岭（2022.6—续）

区经济和信息化局

挂区科学技术局牌子。

局长、党组书记　　郭开明（续—2022.3）
　　　　　　　　　魏江涛（2022.3—）

区教育局

局长、党组书记　　王岳军（续—）

区公安分局

局长、党委书记　　张宏华（兼、续—）
政　委　　姚文杰（续—）

区民政局

局长、党组书记　　唐磊盛（续—2022.3）
　　　　　　　　　丁　勇（2022.3—续）

区司法局

挂区行政复议局牌子。

局长、党组书记　　俞海峰（续—）

区财政局

挂区政府国有资产管理办公室牌子。

局长（主任）、党委书记　　史海祥（续—2022.3）
　　　　　　　　　　　　　刘科峰（2022.3—）

区人力资源和社会保障局

局长、党组书记　　缪剑刚（续—2022.3）
　　　　　　　　　周　军（2022.3—）

区住房和城乡建设局

挂区民防局牌子。

局长、党组书记　张　挺（续—2022.3）
　柴国平（2022.3—）

区交通运输局

局长、党组书记　刘琦波（续—）

区农业和农村局

挂区水利局牌子。

局长、党组书记　张峭岭（续—2022.6）
　陈宇宙（2022.6—）

区商务局

挂区粮食和物资储备局牌子。党组称中共舟山市普陀区商务局、中国国际贸易促进委员会舟山市普陀区委员会党组。

局长、党组书记　辛永波（续—）

区海洋与渔业局

挂区海洋行政执法局、浙江普陀中街山列岛海洋特别保护区管理局牌子。

局长、党组书记　汤佩军（续—2022.1）
　张忠代（2022.1—）

区文化和广电旅游体育局

党组书记　王少领（续—）
局　长　孙燕芬（女，续—）

区卫生健康局

挂区医疗保障局牌子。党组称中共舟山市普陀区卫生健康局、舟山市普陀区红十字会党组。

局长、党组书记　徐海虹（续—2022.9）
　王忠挺（2022.9—）

区退役军人事务局

局长、党组书记　张剑敏（续—）

区应急管理局

局长、党委书记　徐军安（续—）

区审计局

局长、党组书记　沈舟军（续—）

区统计局

局长、党组书记　夏海雷（续—）

区综合行政执法局

挂区城市管理局牌子。

局长、党组书记　龚　敏（续—2022.6）
　繆华杰（2022.6—）

区机关事务管理中心

为区政府直属正科级事业机构。

主任、党组书记　郑科华（续—2022.9）
　邬小军（2022.12—）

区审批服务与招投标管理办公室

为区政府直属正科级事业机构。

党组书记　张海斌（兼，续—）
主　任　周　军（续—2022.3）
　张　挺（2022.3—）

区投资促进中心

为区政府直属的正科级事业机构。

主任、党组书记　朱转干（续—）

区供销社

为区政府直属正科级事业单位。

主任、党委书记　袁海轮（续—）

区旧城改造中心

为区政府直属正科级事业机构。

党组书记　张　挺（续—2022.3）
　柴国平（2022.3—）
主　任　柴国平（续—2022.3）
　陈其伦（2022.3—）

区经济建设咨询委员会

主　任　朱国傲（续—2022.3）
　张禾波（2022.3—）

普陀经济开发区管委会

为区政府派出机构。

党工委书记　俞　能（兼，续—2022.2）
　周吉敏（2022.2—）
主　任　郑　磊（续—）

中国（浙江）自由贸易试验区普陀综合事务中心

党组书记　刘科峰（续—2022.3）
主　任　胡恩凯（续—）

区政协工作部门

区政协机关

区政协秘书长　林　伦(续—2022.2)
汤佩军(2022.2—)
区政协机关党组书记　林　伦(续—2022.2)
汤佩军(2022.2—)

区政协办公室

主　任　张　伟(续—)

区政协提案委员会

主　任　缪红波(续—2022.2)
庄海杰(2022.2—)

区政协委员工作委员会

主　任　徐方恩(续—2022.2)
缪红波(2022.2—)

区政协经济委员会

主　任　项安达(续—)

区政协渔农与资源环境委员会

主　任　胡学明(续—)

区政协教科卫体委员会

主　任　周　艳(女,续—)

区政协社会法制民族宗教与港澳台侨外事委员会

主　任　王晓敏(续—2022.2)
刘飞波(2022.2—)

区政协文化文史和学习委员会

主　任　方卫东(续—)

法院和检察院

区人民法院

党组书记、代院长、副院长
卢增华(续—2022.2)
党组书记、院长　卢增华(2022.2—)
副院长　丁汉民(续—)
蓝前飞(女,续—2022.3)
王军伟(续—)
董国杰(2022.3—)

区人民检察院

党组书记、代检察长、副检察长
卢宏辉(续—2022.2)
党组书记、检察长　卢宏辉(2022.2—)
党组副书记　袁伟定(续—2022.3)
陈炳灵(2022.3—)
副检察长　袁伟定(续—2022.3)
陈炳灵(续—)
张　嫔(女,2022.3—)
金　莹(女,2022.3—)

群众团体

区总工会

主席、党组书记　李捍东(续—)

团区委

书　记　杜　若(女,续—)

区妇女联合会

主席、党组书记　张赛娜(女,续—2022.12)
赵　颖(女,2022.12—)

区科学技术协会

主　席　林韩群(女,续—2022.3)
孟阿荣(2022.3—)

区归国华侨联合会

主　席　顾飞波(女,续—)

区工商业联合会

党组书记　孟阿荣(续—2022.3)
唐磊盛(2022.3—)
主　席　董伟国(续—)

区文学艺术界联合会

主　席　戴燕红(女,续—)

区残疾人联合会

执行理事长、党组书记
张惠女(女,续—2022.12)

王海刚(2022.12—)

区社会科学界联合会

主　席　戴燕红(女,续—2022.9)
　　　　张赛娜(女,2022.12—)

镇街(管委会)

六横镇

党委书记　任　挺(续—)
人大主席　俞鹏军(续—)
镇　长　刘　挺(续—)

桃花镇

党委书记　徐宝俊(续—2022.12)
　　　　何俊杰(2022.12—)
人大主席　乐科杰(续—)
镇　长　洪　达(续—)

虾峙镇

党委书记　贺恩盛(续—)
人大主席　虞志跃(续—)
镇　长　丁　晨(女,续—)

东极镇

党委书记　何俊杰(续—2022.12)
　　　　刘　涛(2022.12—)
人大主席　孙恩波(续—)
镇　长　刘　涛(续—2022.12)
　　　　虞卡华(2022.12—)

普陀山镇

党委书记　戚红海(续—)
人大主席　徐友良(续—)
镇　长　沈姗姗(女,续—)

沈家门街道

党工委书记　夏　毅(续—)
人大工委主任　王　平(续—2022.3)
　　　　朱兵雷(2022.3—)
办事处主任　杨平湖(续—)

东港街道

党工委书记　丁　勇(续—2022.3)
　　　　曹　余(2022.3—)
人大工委主任　杜平伦(续—)
办事处主任　胡　洁(女,续—)

展茅街道

党工委书记　陈明雷(续—)
人大工委主任　鲍丽敏(女,续—)
办事处主任　王　哲(续—)

朱家尖街道

党工委书记　潘碧光(续—)
人大工委主任　余协鹤(续—)
办事处主任　贺　磊(续—)

区蚂蚁岛管理委员会

为区政府派出机构。

党工委书记、主任　郑珏琤(续—)

区白沙岛管理委员会

为区政府派出机构。

党工委书记、主任　叶增浩(续—)

区登步岛管理委员会

为区政府派出机构。

党工委书记、主任　曹　余(续—2022.3)
　　　　张　雷(2022.3—)

新区或市驻普陀直属机构

新区六横管理委员会

为浙江舟山群岛新区管理委员会直属机构。

党委书记　孙志龙(兼,续—)
主任、党委副书记　何国忠(续—2022.4)
　　　　张海斌(2022.4—)
副主任　吴子奇(续—)
　　　　李广东(续—)
　　　　吕　辉(续—)
　　　　忻丁世(续—)
　　　　周金荣(续—)

白希勇(续—)
李俊伟(2022.5—)
办公室主任　刘普杰(续—)
党群工作部部长　任　挺(续—)
政策法规处处长　郭　勇(续—)
财政局局长　陈宇宙(续—2022.6)
张宇杰(2022.6—)
经济发展局局长　刘圣峰(续—2022.12)
刘海召(2022.12—)
社会发展局局长
刘　挺(续—)
规划建设与交通局局长
朱　辉(2022.3—)
城市管理局(综合行政执法局)局长
陈　斌(续—)
六横投资促进中心主任　竺豪杰(2022.9—)
六横综合服务中心主任　林海峰(续—)

新区普陀山－朱家尖管委会(市普陀山风景名胜区管委会)

党委书记　干松章(续—2022.8)
应朝阳(2022.9—)
主　任　干松章(续—2022.2)
应朝阳(2022.2—)
党委副书记　陈琳尹(女,续—2022.6)
应朝阳(2022.2—2022.9)
副主任　陈琳尹(女,续—2022.6)
孙军尔(续—2022.3)
许文峰(续—)
张　晖(续—2022.9)
刘方晖(续—)
郭涤寰(续—)
蔡敏波(女,续—)
罗　斌(2022.3—)
夏培一(2022.9)
纪检监察组长　郑方胜(续—2022.2)
朱海光(2022.2—)

市属工作部门驻区机构

不含六横、普陀山机构。列正科级以上负责人名录。

国家税务总局舟山市普陀区税务局

局长、党委书记　许　磊(续—)

市市场监督管理局普陀分局

局长、党委书记　朱　波(续—)

市自然资源和规划局普陀分局

局长、党组书记　史旭东(续—)

市生态环境局普陀分局

局长、党组书记　张红军(续—)

舟山市港航事业发展中心普陀分中心

主　任　陈伟军(续—)

沈家门海事处

处　长　马金勇(续—2022.12)
方益军(2022.12—)
政　委　温从宝(2022.4—)

区烟草专卖局

局长、党组书记　余良峰(续—)

区人民银行

行长、党组书记　顾宏斌(续—)

区银保监组

组　长　王月会(女,续—)

区气象局

局长、党组书记　王　君(女,2022.3　)

市住房公积金管理中心普陀分中心

主　任　楼文奕(续—)

(资料提供:区委组织部等)

区委区政府重要文件目录

2022 年区委重要文件目录

附表 1

文件名	文号	发文日期
关于命名新一届普陀区文明村、文明单位的决定	普委发〔2022〕1 号	2022.1.26
关于表彰“第五届普陀区道德模范”的决定	普委发〔2022〕2 号	2022.1.26
印发《关于开展“实干争先·跨越发展”活动的实施方案》的通知	普委发〔2022〕8 号	2022.4.19
关于表彰 2018—2021 年度普陀区模范集体和劳动模范的决定	普委发〔2022〕9 号	2022.4.28
关于给予王志勇等同志公务员奖励的决定	普委发〔2022〕15 号	2022.7.6
关于表扬“幸福普陀”建设突出贡献个人(优秀教师、优秀教育工作者和“育才奖”获得者)的通报	普委发〔2022〕19 号	2022.9.2
关于给予董星呈等 5 名同志嘉奖的决定	普委发〔2022〕27 号	2022.11.25

(资料提供:区委办公室)

2022 年区政府重要文件目录

附表 2

文件名	文号	发文日期
关于对见义勇为人员朱成国进行表彰的决定	舟普政发〔2022〕6 号	2022.3.21
关于下达 2022 年国民经济和社会发展计划的通知	舟普政发〔2022〕7 号	2022.3.30
关于印发普陀区 2022 年伏季休渔管理工作实施方案的通知	舟普政发〔2022〕13 号	2022.4.26
普陀区贯彻落实国务院、浙江省、舟山市扎实稳住经济一揽子政策措施实施方案	舟普政发〔2022〕16 号	2022.6.17
关于修改《舟山市普陀区政府投资项目管理办法》部分条款的通知	舟普政发〔2022〕19 号	2022.7.25
关于印发舟山市普陀区行政规范性文件管理办法的通知	舟普政发〔2022〕20 号	2022.7.25
关于印发舟山市普陀区全民健身实施计划(2021—2025 年)的通知	舟普政发〔2022〕21 号	2022.7.26
关于大宗商品资源配置基地建设的若干意见	舟普政发〔2022〕22 号	2022.8.15
关于加快科技创新推动高质量发展的若干意见	舟普政发〔2022〕24 号	2022.10.8
关于公布 2022 年普陀区粮食生产功能区认定结果的通知	舟普政发〔2022〕25 号	2022.10.20
关于印发《普陀区推进城乡公交一体化建设工作方案》的通知	舟普政发〔2022〕26 号	2022.10.27

(资料提供:区政府办公室)

编辑:祁家玉

索　引

说明：

1、本索引分主题索引、随文照片索引和图表索引。主题索引首字按数字、字母和汉字排列(不计标点)。其中数字按 0~9 升序排列,英文字母按国际字母表升序排列,汉字按拼音(同音字按声调)排列,首字相同,按第二字排列,依次类推。

2、索引搜索范围为正文及随文照片、图表。主题索引搜索范围包括类目及以下的分目、条目,类目、分目标题以黑体标注。特载、专文不列入主题索引检索范围。

3、标引词后的阿拉伯数字表示页码,数字后的字母(a、b、c)表示自左向右的栏别,没有字母表示在通栏内(类目或分目)。

4、条目省略的主题词,在主题索引中加以补充调整。

主题索引

0～9

A

D

E

F

G

H

J

K

L

M

N

P

Q

R

T

W

X

Y

Z

随文照片索引

图表索引

普陀中心城区

G329
庙园
施家岙
小蒲岙水库
蒲岙
小蒲岙
对头
里山头黄
洪洞岙
水家洋
张家岭
李家
吴家
放干
外山头黄
大树下
陈家
舟山旅游商贸学校
徐家山
泉水岙
张家山
小湾岭
潘家岙
芦花
朱家
外龙桥
老屋基
金家桥
李家塘
博伟食品机械
渔婆婆食品
恒尊钢构
乐家
沙塘
芦花涨
庙面前
舟山市第一小学（勾山校区）
任家
上横
海王食品
舟
舟山市新城第六幼儿园
浦东花苑
亿水产
平塘
周家
上威家
陈家
曙光
浦东
水岸丽都
凯虹集团
中挎
上何家
广播电视大楼
浅水湾城市花园
弄塘湾
刘家湾
浦西市场监管所
和津广厦
陈家
弘臣海洋食品
职教中心勾山校区
和津
百嘉苑
开元大酒店
东港街道
赵家
新塘
宁兴上院
鑫材国际广场
浦西公园
浦西
城北小学
翰城
滨海星城
浦西新村
恒尊园
新北
平阳浦
舟渔宿舍
明珠园
九号府
红旗
夏家
板桥头
普陀二中
普陀长途客运中心
普西医院
洪家
舟山顾氏骨伤医院
黄子湾
阳光地带
舟山海洋渔业公司
中兴
郑家
浙江海鲲食品
庵边
沈家门中学
下段
正源标准件
舟渔公司渔港
平阳
弄塘湾陵园
沈家
翟岙
中段
花树岙
王家堂
开元曼居酒店
石弄
大干
中沙潭
马鞍岗
大岗顶
大茶湾
大蒲
小茶湾
长地片
普陀海洋与渔业局
天打岩
沈家门街道
海林名桂苑
接待寺
和润金樽花园
茶湾
沈家门
金外滩公寓
海珍苑
银色海湾公寓
沈家门客运中心
墩头客运码头
舟山市港航事业发展中心墩头普陀分中心
中联花园
中国
国际水
小干
舟山万邦永跃船舶修造
马峙
癞头圆山屿
沈家门港
马峙岛
小干
峙头洋